Wissenschaftliche Untersuchungen
zum Neuen Testament

Herausgegeben von
Martin Hengel und Otfried Hofius

97

Gebhard Löhr

# Verherrlichung Gottes durch Philosophie

Der hermetische Traktat II im Rahmen
der antiken Philosophie- und Religionsgeschichte

Mohr Siebeck

*Die Deutsche Bibliothek - CIP-Einheitsaufnahme*

*Löhr, Gebhard:*
Verherrlichung Gottes durch Philosophie : der hermetische Traktat II im Rahmen
der antiken Philosophie- und Religionsgeschichte / von Gebhard Löhr. - Tübingen :
Mohr, 1997
   (Wissenschaftliche Untersuchungen zum Neuen Testament ; 97)
   ISBN 3-16-146616-0

© 1997   J.C.B. Mohr (Paul Siebeck) Tübingen.

Das Buch wurde von Martin Fischer in Tübingen aus der Times-Antiqua belichtet, von
Gulde-Druck in Tübingen auf alterungsbeständiges Werkdruckpapier der Papierfabrik
Weissenstein in Pforzheim gedruckt und von der Großbuchbinderei Heinr. Koch in Tübin-
gen gebunden.

ISSN  0512-1604

# Inhaltsverzeichnis

## Auswertung

# Vorwort

Die vorliegende Arbeit wurde im Mai 1994 am Fachbereich Theologie der Universität Göttingen als Habilitationsschrift für das Fach Allgemeine Religionsgeschichte angenommen.

Es könnte vielleicht ungewöhnlich scheinen, sich im Rahmen der Beschäftigung mit dem hermetischen Schrifttum ausgerechnet dem vergleichsweise unbedeutenden zweiten Traktat des Corpus Hermeticum (= CH II[b]) zuzuwenden. Daher möchte ich kurz schildern, wie es dazu kam:

Zum einen lag es natürlich nahe, sich nicht noch einmal die überaus oft kommentierten Traktate CH I (»Poimandres«) oder CH XIII vorzunehmen, zumal zu beiden Texten neuere Abhandlungen vorliegen. Folglich empfahl es sich, den nächstfolgenden Traktat nach CH I, nämlich CH II(b) zu untersuchen. Damit war eine Herausforderung insofern verbunden, als dieser kurze Text nie vorher ins Deutsche übersetzt, geschweige denn eingehend kommentiert worden war. Aber der zweite Traktat hatte auch in folgender Weise mein Interesse erregt: sein erster Satz kam mir aus meiner Beschäftigung mit antiker Philosophie bekannt vor. Er erinnerte mich an die Definition von »Bewegung« in Aristoteles' Physikvorlesung. Warum sollte jemand eine solche Definition an den Anfang eines religiösen Textes stellen? Die hermetischen Traktate waren mir als »gnostische« oder »esoterische« Literatur bekannt; die »Offenbarungsvision« aus dem »Poimandres« und das Einweihungsmysterium aus CH XIII standen mir vor Augen; was aber hatte eine nüchterne philosophisch-naturwissenschaftliche Definition in dieser Umgebung zu suchen? Diese Überlegungen regten mich an, mich in den zweiten Traktat einzulesen und seinen Gedankengang genau nachzuvollziehen.

Aus der historischen und philologischen Arbeit an CH II ergab sich, daß die Erregung von Aufmerksamkeit beim philosophisch gebildeten Leser einer der ursprünglichen Zwecke von CH II gewesen sein dürfte. D.h. der Traktat will durch Verarbeitung philosophischer Traditionen (nicht nur des Aristoteles und nicht nur im ersten Satz!) den gebildeten Leser bei seinen Vorkenntnissen »abholen« und an die hermetische Sicht heranführen. Bei mir hatte also gegriffen, was ursprüngliche Absicht des oder der Verfasser gegenüber ihren eigenen Lesern gewesen sein dürfte. Man könnte demnach sagen, daß ich an einem markanten Punkt in Kontakt mit den Gedanken und Absichten von Menschen getreten war, die vor ca. 1800 Jahren gelebt haben. Diese Vorstellung faszinierte mich. Darin sah ich den Wert einer genauen Erarbeitung der Aussageabsichten eines relativ obskuren und unbedeutenden Textes begründet. Meine Aufgabe für die kommenden Jahre war damit gestellt: die Gedanken und Absichten der Hermetiker anhand eines Textes so genau wie möglich darzustellen und zum Sprechen zu bringen.

Mein Erlebnis hat mir aber nicht nur den Wert der Kommentierung eines hermetischen Textes vor Augen gestellt, sondern die Bedeutung der unverstellten historisch-philologischen Methode überhaupt. Diese Methode ist bekanntlich in den letzten Jahren zunehmend als begründungsbedürftig empfunden worden. Die Möglichkeit »objektiver« historischer Erkenntnis wird bezweifelt, der Sinn eines solchen Vorgehens überhaupt in Frage gestellt. Stattdessen wird die Verwendung anderer Zugangsweisen (hermeneutische Ansätze der verschiedensten Art; linguistische, konstruktivistische, postkonstruktivistische, dekonstruktivistische, und andere Methoden) proklamiert, die existentielle, ästhetische und intellektuelle Bedürfnisse heutiger Betrachter stärker zu befriedigen scheinen. Demgegenüber möchte ich an der eminent humanen Bedeutung der unverstellten historischen Zugangsweise festhalten: sie liegt m.E. darin, daß es mit ihrer Hilfe am ehesten gelingen kann, die Gedanken und Gefühle von Menschen vergangener Zeiten genau und authentisch zu erfassen und sie darin zu ihrem Recht kommen zu lassen. Natürlich weiß ich, daß ein solches Unternehmen immer nur annäherungsweise gelingen kann und immer von Vor-Urteilen des Historikers belastet sein wird; sicher ist auch die vorliegende Arbeit nicht davon frei. Das kann aber kein Grund sein, sich nicht um Objektivität, um die Feststellung dessen, was damals gewesen ist und was die Menschen damals gedacht haben, zu bemühen. Ich denke, ein derartiges Versäumnis wäre geradezu ein Vergehen an Mitmenschen, wenn auch aus längst vergangener Zeit.

In der gegenwärtigen philosophischen Ethik wird gern (und zu Recht!) von unseren moralischen Pflichten gegenüber *zukünftigen* Generationen gesprochen. Meist wird dagegen übersehen, daß wir m.E. auch in einem gewissen Umfang moralische Pflichten gegenüber *vergangenen* Generationen haben. Vielleicht könnte man sogar eine Art »kategorischen Imperativ« in Bezug auf das Verhalten gegenüber Menschen der Vergangenheit formulieren: »Verhalte dich vergangenen Generationen gegenüber so, wie du willst, daß sich künftige Generationen deiner gegenüber verhalten.« Zu den grundlegenden moralischen Pflichten, die wir vergangenen Generationen gegenüber haben, gehört m.E. die *Erinnerung*. Pflichten der einen Seite entsprechen Rechte der anderen, und daher können wir auch von einem *Recht* vergangener Menschen, *erinnert zu werden*, sprechen. Unsere Pflicht der Erinnerung existiert genau so wie unsere Pflicht, uns für unsere heute lebenden Mitmenschen zu interessieren, an ihren Gedanken, Wünschen und Nöten teilzuhaben, sie ernstzunehmen, etc.; die Zeitdifferenz kann kein moralisch relevanter Faktor sein. Dabei ist die Erinnerung das einzige, damit aber auch das höchste und wertvollste, was wir vergangenen Menschen geben können. Somit erhält die Begründung des rein historisch-philologischen Vorgehens bei der Interpretation alter Texte einen deutlich moralischen Akzent. Da es bei der Auslegung vergangener Texte nicht primär um unsere intellektuellen, existentiellen und emotionalen Bedürfnisse geht, halte ich auch die von theologischer und hermeneutischer Seite (etwa der Bultmann-Schule) oft wiederholte Auffassung, man dürfe als Leser und Ausleger versuchen, einen Text besser zu verstehen als sein Autor, für höchst bedenklich. Darin wird nämlich das Recht vergangener Menschen, ihre Gedanken, Vorstellungen und Ideen unverstellt verlauten zu lassen, übergangen. Um es zur Geltung zu bringen, scheint mir die intellektuell sauber angewandte, durch hermeneutische Nebenabsichten nicht veränderte historisch-philologische Methode immer noch einzigartig geeignet zu sein, weshalb sie auch in dieser Arbeit allein angewandt wird.

Ich habe vielfach zu danken. Zunächst ist hier jedoch der Ort für dankbares und ehrendes Gedenken an Professor Dr. Georg Strecker, den Göttinger Lehrstuhlinhaber für Neues Testament, dessen letzter Assistent ich sein durfte. Professor Strecker, der während des Habilitationsverfahrens schwer erkrankte und schließlich, für mich ebenso unerwartet wie unfaßbar, verstarb, hat mich zur Beschäftigung mit der antiken Hermetik angeregt und mir damit die intensive Beschäftigung mit antiker Religionsgeschichte und antiker Philosophie ermöglicht, die meinen Interessen und Neigungen entsprach. Das größte Verdienst eines akademischen Lehrers ist, wie mir scheint, zur selbständigen geistigen und wissenschaftlichen Entfaltung der ihm Anvertrauten beizutragen; dieses Verdienst hat Professor Strecker, nicht nur in meinem Falle. Seine wissenschaftlichen Ideen und Anregungen sind in meiner Arbeit erkennbar und werden fortwirken.

Mein Dank geht an Professor Dr. Dr. Gernot Wießner, der zunächst zusammen mit Professor Strecker, nach dessen Erkrankung allein, die Habilitation betreute. Zu Recht profiliert er unermüdlich die antiken Religionen als wesentlichen Gegenstand seines Faches und sieht in der heidnischen und christlichen Antike eine der wesentlichen Quellen des Faches Religionswissenschaft. Ebenso dankbar bin ich Professor Dr. Ulrich Berner, Bayreuth, von dem ich während meines gesamten akademischen Werdegangs viel gelernt und von dessen Großzügigkeit ich reichlich profitiert habe. Ich möchte das, was ich von ihm gelernt habe, auf die Formel bringen, daß ich nicht nur Wissen, sondern im eminenten Sinne Bildung von ihm empfangen habe. Herzlich danke ich auch Professor Dr. Hans Hübner. In den Gesprächen mit ihm über das Neue Testament, die antike Religion und Philosophie habe ich erfahren, daß er dem Schriftgelehrten gleicht, der aus dem reichen Schatz seiner Bildung »stets Neues und Altes hervorholt«. Professor Dr. Gerd Lüdemann danke ich für anregende, tiefgründige Gespräche über die mit Religion und Historie verbundenen Grundsatzfragen; diese Erörterungen haben mir Lust zur historischen Forschung gemacht und mich darin bestärkt, den Weg in die Religionswissenschaft zu gehen.

Herrn Professor Dr. Martin Hengel danke ich für die Aufnahme dieser Arbeit in die Reihe WUNT. Es war sehr lohnend und spannend, mit Professor Hengel meine Thesen und Ergebnisse sowohl zu Beginn meiner Beschäftigung mit der Hermetik als auch nach der Fertigstellung der Arbeit zu erörtern. Für die damit verbundenen Einladungen in sein Haus danke ich an dieser Stelle herzlich. Ich habe bei diesen Gelegenheiten zahlreiche, z.T. gar nicht mehr in die Arbeit aufgenommene Anregungen erfahren.

Viel verdanke ich den Gesprächen mit meinen Brüdern, Dr. theol. habil. Winrich Löhr und Dr. theol. Hermut Löhr. So geht auf meinen Bruder Winrich z.B. der wichtige Hinweis auf das Motiv der Verfluchung durch die Sonne bei Plutarch (vgl. den Kommentar zu CH II,17) zurück. Auf die wissenschaftlichen Publikationen meiner Brüder, die sich z.T. mit auch für diese Arbeit relevanten Fragestellungen beschäftigen, sei hiermit nachdrücklich aufmerksam gemacht.

Jetzt danke ich noch meiner lieben Frau Heike. Jonathan Lear stellt im Vorwort seines (schönen) Aristoteles-Buches fest, daß die bekannte Formel »... ohne deren Unterstützung diese Arbeit nicht entstanden wäre ...« ein Cliché ist. Er wolle sich nicht in diesem Cliché ergehen. Clichés haben es aber nun einmal an sich, daß sie manchmal auch zutreffen. Deshalb möchte ich hiermit aus vollem Herzen meiner lieben Frau Heike danken, ohne deren vielfältige Unterstützung diese Arbeit nicht zustandegekommen wäre.

Gebhard Löhr                                    Göttingen, 1. Januar 1996

# Abkürzungen

Die Abkürzungen der Schriften Philos sind entnommen aus: Philo in Ten Volumes (And Two Supplementary Volumes), Vol. X, hrg. von *F.H. Colson / J.W. Earp*, London / Cambridge (Mass.) 1971, xxxv–xxxvi.

Die übrigen Abkürzungen richten sich nach S.M. Schwertner, IATG[2]. Internationales Abkürzungsverzeichnis für Theologie und Grenzgebiete, 2. Aufl. Berlin / New York 1992. Darüber hinaus wird nur die Abkürzung KRS für die Vorsokratiker-Ausgabe von *Kirk / Raven / Schofield* (s. Lit.-Verz.) verwendet.

# Einleitung

# Einleitung und forschungsgeschichtlicher Überblick

Die hermetischen Schriften genießen in okkulten Gemeinschaften und esoterischen Zirkeln auch heute noch hohes Ansehen. Sie gelten als Dokumente einer auf Magie, Astrologie und Alchemie beruhenden, mysterienhaften Religion. Die neue englische Übersetzung und Kommentierung hermetischer Schriften[1] von Copenhaver[2] scheint u.a. aus dem Grund vorgelegt worden zu sein, um dem aus okkulten Kreisen der Hermetik wieder verstärkt entgegengebrachten Interesse gerecht zu werden.[3] Aber ist die Hermetik wirklich eine okkulte Wissenschaft oder eine esoterisch-mystische Religion? Verdient sie das Interesse der okkulten Sekten? Damit ist eine Frage berührt, die die Erforscher des Hermetismus immer wieder beschäftigt hat, nämlich die Frage nach dem Wesen der Hermetik, nach ihrem eigentlichen Gehalt. Aber diese Frage ist nur eine von mehreren die ganze Forschungsgeschichte der Hermetica durchziehenden Problemen,[4] die nicht nur einzeln schwierig zu lösen sind, sondern auch noch miteinander verbunden sind, so daß die Lösung des einen Auswirkungen auf die der anderen hat. Diese Forschungsprobleme sollen im folgenden aufgezählt werden; an dem einen oder anderen Punkt soll ein Blick auf die Geschichte ihrer Erforschung geworfen werden, wobei der Forschungsgeschichte seit ca. 1950, seit dem monumentalen Werk von A.-J. Festugière,[5] besondere Aufmerksamkeit gelten soll.[6]

Folgende Fragen haben die Forschung immer wieder beschäftigt:[7]

1. Was ist der religionsgeschichtliche Hintergrund der Hermetica? Ist es die Gnosis, die griechische Philosophie, die iranische, jüdische oder die ägyptische Religion?

---

[1] Übersetzt und kommentiert werden die Traktate des *Corpus Hermeticum* und der lateinische *Asclepius*.

[2] *Copenhaver*, Hermetica (s. Lit.-Verz.).

[3] *Copenhaver*, Hermetica, li; lix. Das ist freilich nicht der einzige Grund, den Copenhaver anführt, und er sollte auch nicht dazu verwendet werden, den Wert besonders der ausgezeichneten Einleitung (p. xiii–lxi) und der Bibliographie (p. lxii–lxxxiii) in Abrede zu stellen.

[4] Vgl. *Copenhaver*, Hermetica, lii.

[5] *Festugière* I–IV (siehe Lit.-Verz.); dazu gehört natürlich auch die Ausgabe der Hermetica zusammen mit *A.D. Nock* (= *Nock/Festugière* I–IV) sowie zahlreiche Aufsätze Festugières zum Hermetismus und zu seinem Umfeld (s. Lit.-Verz.).

[6] Eine umfassende und vollständige Forschungsgeschichte zum Hermetismus ist nicht beabsichtigt, da es schon mehrere hervorragende Darstellungen gibt, z.B. *Prümm*, 544–549; *Nilsson*, Griech. Religion, 557–558; *Tröger*, Mysterienglaube, 1–8; *Grese*, 34–47; *Büchli*, 1–6; *Mahé*, Hermès II, 3–43 (wohl die beste Darstellung); *Copenhaver*, Hermetica, xlv–lix.

[7] Vgl. damit die von *Grese*, 35ff. herausgearbeiteten Fragestellungen.

2. Ist die Hermetik ein rein literarisches Phänomen, oder haben die Hermetiker Gemeinden gebildet, in denen Feiern mit einem hermetischen Kult, z.B.
einem Kultmysterium, vollzogen wurden? Gab es vielleicht so etwas wie hermetische theologische Schulen mit einem Lehrbetrieb und Lehrschriften?
3. Worauf beruht die Identität der Hermetik? Gibt es so etwas wie einen
Kernbestand an hermetischer Lehre?
Eng damit zusammen hängt
4. Ist die Hermetik eher Religion oder eher Philosophie?
5. Wann und wo sind die hermetischen Schriften entstanden?
6. Läßt sich eine sinnvolle Struktur des uns vorliegenden *Corpus Hermeticum* entdecken, oder sind die Traktate mehr oder weniger zufällig aneinan-
dergereiht?

Die vorliegende Arbeit beschäftigt sich mit dem zweiten Traktat des *Corpus
Hermeticum* (= CH II(b)[8]); es wäre vermessen, die genannten Fragen anhand
der Kommentierung eines einzigen hermetischen Textes beantworten zu wollen. Aber eine genaue Untersuchung von CH II(b) könnte, zusammen mit
schon vorliegenden oder noch zu erstellenden Analysen anderer Traktate, eine
Basis für die Beantwortung der genannten Fragen bieten. Die in zwei neueren
Kommentaren zu hermetischen Traktaten erhobene Forderung, umfassende
thematische Abhandlungen zur Hermetik zurückzustellen zugunsten der genauen Kommentierung einzelner hermetischer Texte,[9] ist auch das Anliegen
dieser Arbeit.[10]

Die neuere Erforschung der Hermetica ist durch mehrere Tendenzen bestimmt, die das traditionelle Bild der Hermetik nachhaltig verändern. Dabei
spielt die *französischsprachige* Forschung eine besonders wichtige Rolle. Ihr
hat sich mittlerweile die *englischsprachige* Forschung angeschlossen, zuletzt
ist auf anderen Wegen auch die *deutschsprachige* Forschung zu ähnlichen Ergebnissen gelangt.

Die französischsprachige Forschung hat – in einer Art Gegenbewegung zu
Festugière,[11] aber auch zur *religionsgeschichtlichen Schule* und der deutschen
*neutestamentlichen Wissenschaft* – den *ägyptischen* Hintergrund der hermeti-

---

[8] Die Bezeichnungen »CH II« und »CH II(b)« werden in dieser Arbeit wechselweise
verwendet und sind austauschbar. Der Traktat II wird in der Literatur häufig mit dem Zusatz
»b« versehen, weil man annimmt, daß ein Traktat zwischen ihm und CH I ausgefallen ist,
der als CH II (a) bezeichnet wird. Siehe dazu mehr im letzten Abschnitt der Arbeit: »CH II
im historischen Kontext. 3.) Die Stellung von CH II im *Corpus Hermeticum*«, unten, 297ff.

[9] *Grese*, 44; *Büchli*, 6 und 7.

[10] In ähnliche Richtung geht die Bemerkung von *Prümm*, 547, daß jeder der hermetischen Traktate für sich steht und aus sich heraus verstanden werden muß.

[11] Bezeichnend *Festugière*, L'Hermétisme, 2: Keiner glaubt mehr ernsthaft, daß es sich
bei der Hermetik um alte ägyptische Weisheit handelt. Vgl. dagegen die Kritik von Daumas
an *Festugière*, 4. Siehe auch *Mahé*, Symboles Sexuels, 123–125; *ders.*, Hermès II, 22–26,
bes. n. 139 von 25; *Copenhaver*, Hermetica, xliv–xlv. Der Wert des Werkes Festugières
bleibt dennoch unbestreitbar bestehen; vor allem sind seine vier Bände »La Révélation …«
und die mit Nock erstellte Ausgabe der Hermetica eine schier unerschöpfliche Quelle für
Parallelen, Hinweise, Zitate etc. aus der antiken Literatur.

schen Schriften nachdrücklich hervorgehoben.[12] Der Anlaß für diese Gegenbewegung war zum einen der Fund koptischer Schriften in der Bibliothek von
Nag Hammadi, unter denen sich auch hermetische Texte befanden,[13] zum anderen die archäologische Erforschung ägyptischer Tempel aus der Spätzeit des
Reiches und der hellenistischen (d.h. ptolemäischen und kaiserzeitlichen) Epoche. Entsprechend sind die Vertreter dieser Forschungsrichtung zum einen die
sich mit den Nag-Hammadi-Texten beschäftigenden Wissenschaftler (besonders Mahé), zum anderen die Erforscher der spätägyptischen Tempel von Esna,
Edfou, Dendera, Hermopolis Magna u.a. (Derchain, Sauneron, Daumas, Parlebas),[14] also besonders Archäologen und Ägyptologen.[15]

Die Entdeckung hermetischer Texte im Sand von Nag Hammadi regte dazu
an, den ägyptischen Hintergrund der Hermetica mehr als bisher ernst zu nehmen.[16] Festugière hatte die Meinung vertreten, daß ägyptische Züge in den
Traktaten des *Corpus Hermeticum* und den *Exzerpten aus Stobaios* eher ein
exotischer Farbtupfer als ein den Inhalt der Traktate bestimmendes Element
sind.[17] Die französischen Archäologen entdeckten nun aber Inschriften an den
genannten Tempeln oder an Sarkophagen, die sich ziemlich genau mit gewissen Grundvorstellungen in hermetischen Texten zu decken schienen.[18] Außer-

---

[12] Vgl. z.B. *Doresse*, L'Hermétisme, 442–450. Ein Vorläufer der den ägyptischen Hinter-
grund der Hermetik betonenden Forschungsrichtung ist Stricker. In seiner programmatischen
Mitteilung aus dem Jahre 1949 (Mnemosyne 2, ser. IV, 79–80) nahm er die wesentlichen
Tendenzen der neueren Hermetikforschung, besonders der französischsprachigen, vorweg:
– Der Hermetismus ist eine ägyptische Priesterreligion, die hermetischen Lehren im Kern
eine Darstellung ägyptischer Theologie.
– Das *Corpus Hermeticum* ist eine unter Ptolemaios I. Soter abgefaßte Darstellung der
älteren ägyptischen Lehren unter bewußter Aufnahme griechischer Darstellungsformen (z.B.
der Dialogform), eine religiöse Schriftensammlung im gewollten Gegensatz zum rein huma-
nistischen aristotelischen Corpus.
– Es gibt keinen prinzipiellen Unterschied zwischen einem hohen und einem populären
Hermetismus, zur Hermetik gehören gleichermaßen Philosophie, Wissenschaft und Magie.
Im folgenden wird deutlich, daß diese Auffassungen die neuere Hermetikforschung bestimmen (ausführlichere Darlegung: *Stricker,* De Brief van Aristeas, 111–120); insofern beruft man sich auch gern auf Stricker. Vgl. dazu *Derchain*, 177f.; *Daumas*, 4; *Iversen*, 29 und
63, n. 130.
[13] Nämlich NHC VI, 6, 7, 7a und 8.
[14] *Sauneron* ist z.B. Herausgeber der Bände: Esna I–VIII (Publications de l'Institut Français d'Archéologie Orientale), Kairo 1959–1982; von *Derchain* stammt: Ekab I. Les Monu-
ments Religieux à l'Entrée de L'Ouady Hellal (Publications du Comité des Fouilles Belges
en Égypte), Brüssel 1971; *Daumas* hat Dendera untersucht und seine Ergebnisse publiziert
in: Les Mammisis de Dendera (Publications de l'Institut Français d'Archéologie Orientale
Du Caire), Kairo 1959, und als Mitherausgeber und Herausgeber in den Bänden: *Dendera*
1972–1987.
[15] Siehe z.B. *Sauneron*, La Légende, 43–44.
[16] *Tröger,* Bedeutung, 185–186; *Mahé*, Art. Hermes Trismegistos, 290f.; *Fowden*, xv;
*Copenhaver*, Hermetica, xliv.
[17] *Festugière* I, 85–87; siehe dazu *Mahé*, Symboles Sexuels, 143.
[18] Siehe z.B. *Derchain*, Authenticité, 196; *Sauneron*, La Légende, 46–47 (Vergleich der
Theologie von Esna mit der hermetischen *Kosmopoiie von Leyden*). Vgl. andererseits die
Interpretation des ägyptischen Tempels im *Asclepius, Derchain*, Religion Égyptienne, 134.

dem konnte die Abstammung dieser Motive und Vorstellungen zum Teil bis in
die älteste ägyptische Religion zurückverfolgt werden. Programmatisch wurde
der 1961 erschienene Aufsatz von Derchain.[19] Der Autor entwickelte Kriterien
zur Entdeckung des ägyptischen Vorstellungshintergrundes in hellenistisch-
griechisch überformten Texten.[20] Der große Einfluß der voraufgehenden Forschung Festugières zeigt sich noch darin, daß Derchain zugibt, nicht den
unmittelbaren religionsgeschichtlichen Kontext der von ihm behandelten hermetischen Texte ermitteln zu wollen, sondern ideengeschichtlich vorzugehen
und die Herkunft der Motive zu verfolgen.[21] Daß der soziologisch ermittelbare
Hintergrund der hermetischen Traktate (mit Festugière) griechisch-hellenistisch ist, war Derchain durchaus bereit, zuzugestehen.[22] Doch hinter der griechischen Sprache und Vorstellungswelt sind ägyptische Mythen und Bilder
wiederzuentdecken.[23]

Während Derchain sein Anliegen noch vorsichtig formulierte, die in der Forschung bis dahin übliche Minimierung ägyptischer Einflüsse rückgängig machen zu wollen,[24] waren seine Nachfolger weniger zurückhaltend. In den Abhandlungen von Sauneron,[25] Daumas,[26] Parlebas,[27] Doresse[28] und Mahé[29] wird
Schritt für Schritt der ägyptische Hintergrund wesentlicher hermetischer Vorstellungen präsentiert,[30] angefangen vom Namen »Hermes *Trismegistos*«[31]
und dem religionsgeschichtlichen Hintergrund der hermetischen Dialogpartner.[32] Bei der Lektüre gewinnt man den Eindruck, daß die genannten Autoren
nicht nur eine ideengeschichtliche These, sondern eine literarische und soziologische Theorie vertreten wollen: die Hermetik stammt ihrer Auffassung
nach aus ägyptischen Priesterkreisen und verarbeitet deren Theologie.[33] Die
oben genannte Frage nach dem religionsgeschichtlichen Hintergrund der
Hermetik wird also mit Verweis auf die ägyptische Religion beantwortet.[34]

---

[19] *Derchain*, Authenticité (s. Lit.-Verz.). Programmatisch sind z.B. die Bemerkungen
Authenticité, 180f.

[20] *Derchain*, Authenticité, 180–181.

[21] *Derchain*, Authenticité, 177.

[22] *Derchain*, Authenticité, 177.

[23] *Derchain*, Authenticité, 175–176; 179.

[24] *Derchain*, Authenticité, 176.

[25] *Sauneron*, Le Prêtre Astrologue, 38, n. 1; *ders.*, La Légende, 47.

[26] *Daumas*, 11–23.

[27] *Parlebas*, 25–27.

[28] *Doresse*, L'Hermétisme, 434ff.

[29] *Mahé*, Fragments, 62–63; *ders.*, Symboles Sexuels, 143f. Besonders wichtig sind natürlich seine beiden Bände »Hermès en Haute Égypte« (s. Lit.-Verz.).

[30] Z.B. *Doresse*, L'Hermétisme, 464–469; *Sauneron*, La Légende, 46–47; *Sauneron*, Le
Prêtre Astronome, 38–39; vgl. schon *Derchain*, Authenticité, 181ff.

[31] *Parlebas*, passim; *M.-Th. u. Ph. Derchain*, passim; *Mahé*, Hermès I, 1–3; *Daumas*, 7–
10. Siehe auch die Bemerkung bei *Tröger*, Bedeutung, 186.

[32] *Doresse*, L'Hermétisme, 442–445.

[33] Das wird besonders deutlich bei Daumas. Vgl. auch *Tröger*, Bedeutung, 187.

[34] *Derchain*, Religion Égyptienne, 133.

Die französischen Archäologen und Ägyptologen fanden zunächst ein relativ geringes Echo. Soweit ich sehe, hat ihren Auffassungen größere Aufmerksamkeit gesichert, daß J.-P. Mahé aufgrund seiner Untersuchungen zu den koptisch-hermetischen Dokumenten von Nag Hammadi zu ähnlichen Schlußfolgerungen gelangte wie sie. Auch Mahé betont nachdrücklich den ägyptischen Hintergrund, ja geradezu die ägyptische Identität der hermetischen Schriften.[35] Ausgehend von den armenischen *Hermetischen Definitionen*[36] entwickelt Mahé eine literarkritische und formgeschichtliche Theorie der Entstehung hermetischer Traktate.[37] Diese seien aus aneinandergereihten, definitionsartigen Satzwahrheiten entstanden,[38] die in der ägyptischen Weisheit wurzelten.[39] Diese Einzelsätze seien zusammengestellt[40] und schließlich durch Kommentare und Traditionsstücke nicht-ägyptischer Provenienz verbunden worden.[41] Mahé datiert die frühesten der Weisheitssätze, die sich zum Teil noch in den uns erhaltenen Traktaten freilegen lassen, bis in das 1. Jahrhundert vor Chr;[42] zum Teil liegen die Ursprünge noch viel weiter zurück.[43] Die erhaltenen philosophischen Hermetica sind nach seiner Ansicht Produkte des 1. oder 2. Jahrhunderts n. Chr., aber nur in ihrer letzten redaktionellen Schicht.

Mahé versucht also den Nachweis ägyptischen Ursprungs der Hermetica durch eine Frühdatierung ihrer ältesten literarischen Schicht.[44] Entsprechend erscheinen Elemente der griechischen Philosophie[45] und jüdische[46] oder gnostische[47] Elemente als zu einer späteren Schicht gehörig,[48] nämlich der der Kommentare, die die Weisheitssätze miteinander verbinden.[49] Daraus folgert Mahé, daß die Hermetik ihrem Wesen nach eine *ägyptische*,[50] nicht eine griechisch-hellenistische, jüdische oder gnostische Bewegung war.[51] Besonders wichtig im Hinblick auf die deutsche Forschung ist die These Mahés, daß die Hermetik ihrem Kern nach nicht-gnostisch ist,[52] daß die gnostischen Elemente

---

[35] *Mahé*, Hermès II, 41–42; 449–457; *ders.*, Art. Hermes Trismegistos, 290–291. Vgl. auch *Copenhaver*, Hermetica, lvii. Ähnlich *Doresse*, L'Hermétisme, 448f.
[36] *Mahé*, Hermès II, 38; 41.
[37] *Mahé*, Hermès I, 41; II, 408–436.
[38] *Mahé*, Hermès II, 408.
[39] *Mahé*, Hermès II, 39; 409. Siehe auch *ders.*, Art. Hermes Trismegistos, 290.
[40] *Mahé*, Hermès II, 409–410.
[41] *Mahé*, Hermès II, 41–42; 416–426, Übersicht: 417.
[42] *Mahé*, Hermès II, 409; *ders.*, Art. Hermes Trismegistos, 289.
[43] *Mahé*, Art. Hermes Trismegistos, 289.
[44] Angedeutet schon bei *Mahé*, Hermès I, 6–7.
[45] Z.B. *Mahé*, Hermès II, 451; 453.
[46] *Mahé*, Hermès II, 445f.; 453, auch 448.
[47] *Mahé*, Hermès II, 441 u. 444.
[48] *Mahé*, Hermès I, 6; II, 42.
[49] *Mahé*, Hermès II, 42; *ders.*, Art. Hermes Trismegistos, 290.
[50] *Mahé*, Hermès II, 449–457.
[51] Vgl. *Mahé*, Hermès II, 42.
[52] *Mahé*, Hermès II, 42; 441; 444.

sogar zur spätesten Kommentarschicht in den hermetischen Traktaten gehören.[53]

Mit Mahés Werk hatten die Ansichten der französischen Archäologen und
Ägyptologen anscheinend auch auf literarischer Ebene, durch die Untersuchung hermetischer Texte selbst, Unterstützung gefunden. Letztlich hatte
damit aber auch Reitzensteins ursprüngliche Ansicht über die ägyptischen Ursprünge der Hermetik, vor seiner »iranischen Wende«, eine glänzende Bestätigung erfahren.[54]

Der Einfluß des Werkes Mahés und der anderen französischen Forscher
zeigte sich u. a. darin, daß sich vor allem die *englischsprachige* Forschung, die
bisher eher den jüdischen[55] und griechischen[56] Hintergrund der Hermetik herausgestellt hatte, der neuen Tendenz anschloß. So arbeitet E. Iversen ägyptische Parallelen zu in den Traktaten des CH enthaltenen Lehren heraus.[57] Auch
in dem bedeutenden Werk von G. Fowden[58] wird der ägyptische Hintergrund
des hermetischen Schrifttums freigelegt; der erste größere Abschnitt des Bu-
ches ist bezeichnenderweise überschrieben: »The Durability of Egypt«.[59] In
der Einleitung der neuen Übersetzung der Hermetica von Copenhaver[60] wird
ebenfalls ausführlich auf den ägyptischen Hintergrund eingegangen. Die beiden letztgenannten Forscher unterscheiden sich von den französischsprachigen
allerdings darin, daß sie auch anderen religionsgeschichtlichen Tendenzen innerhalb der Hermetik ihren gebührenden Platz einräumen; Fowden z.B. versucht gerade zu zeigen, inwiefern die Hermetik ein Produkt der *Verschmelzung*
griechisch-hellenistischer und ägyptischer Einflüsse ist. Außerdem interessieren sich Fowden und Copenhaver stärker für die konkreten historischen und
sozialgeschichtlichen Prozesse, die in den hermetischen Dokumenten reflektiert sind,[61] und weniger für die ideen- und geistesgeschichtliche Betrachtung,
die bei den Franzosen vorherrscht. Die französischsprachigen und englisch-
sprachigen Forscher sind sich aber darin einig, daß die Gnosis kein bedeutsa-

---

[53] Nachweis für die mythischen Elemente in CH I: *Mahé*, Hermès II, 42; vgl. auch 428–
431; Zusammenfassung: 441; *ders.*, Art. Hermes Trismegistos, 292.
[54] So auch *Tröger*, Die hermetische Gnosis, 97. Vgl. dagegen das negative Urteil über
Reitzenstein bei *Nilsson*, Griech. Religion, 576.
[55] *Dodd*, The Bible, xii; xv; 99ff.; 244–247; *Pearson*, Jewish Elements, 338ff.; in diese
Richtung argumentiert aber auch *Nilsson*, Griech. Religion, 582; *Philonenko*, Le Poimandrès, 204–210. Im Grunde wird diese Argumentationslinie schon seit Bousset verfolgt, vgl.
*Pearson*, Jewish Elements, 344–345 (Vergleich von CH I mit den *Apostolischen Konstitutionen*).
[56] Hier ist besonders das Werk von *Scott* bzw. *Scott/Ferguson* (Bde. 1–4, s. Lit.-Verz.) zu
nennen, wo neben jüdischen auch reichlich griechisch-philosophische und hellenistische
Parallelstellen zu den einzelnen hermetischen Traktaten angeführt werden.
[57] Siehe Lit.-Verz.!
[58] Siehe Lit.-Verz.!
[59] Teil I, Kap. I, pp. 13–44.
[60] Siehe Lit.-Verz.!
[61] *Fowden*, xiii–xiv; xvi; *Copenhaver*, xvi–xxxii.

mes religionsgeschichtliches Element in der Hermetik ist.[62] Auf sie wird in ihren Abhandlungen deshalb nur am Rande oder gar nicht eingegangen.[63]

Damit ist bereits eine weitere Tendenz der Hermetik-Forschung der letzten Jahre angesprochen: die Hermetik wird nicht mehr als ein gnosisartiges oder gnosisverwandtes Phänomen verstanden.[64] Anders ausgedrückt: die Hermetik ist nach heutiger Forschungsmeinung nicht eine Art von Gnosis, ein Vorläufer der Gnosis,[65] eine heidnische Variante christlicher Gnosis[66] oder ähnliches.[67] In der französischsprachigen und zuletzt auch angelsächsischen Forschung ist die Auffassung mittlerweile so selbstverständlich, daß die Beziehung zwischen Hermetik und Gnosis kaum noch diskutiert wird.[68] Das hat z.b. zur Folge, daß hermetische Texte, in denen gnostische Elemente eine gewisse Rolle spielen, wie die Traktate CH I (»Poimandres«) und CH XIII, nicht mehr als Schlüssel zum Verständnis des Phänomens »Hermetik« aufgefaßt werden.[69] Die *deutschsprachige* Forschung hat sich hingegen immer wieder mit der Beziehung zwischen Hermetik und Gnosis befaßt. Damit steht sie in der Tradition der *religionsgeschichtlichen Schule*, die in der *neutestamentlichen Wissenschaft* (Bultmann, Dibelius, Käsemann, Schmithals, Colpe u.a.m.) stark nachgewirkt hat, insbesondere durch die Annahme eines iranischen Mythos vom gefallenen Urmensch-Erlöser. In der Forschung hat man jahrelang versucht, diesen Mythos religionsgeschichtlich abzusichern und an allen möglichen Stellen nachzuweisen. In den hermetischen Traktaten CH I und XIII sowie in der *Kore*

---

[62] Vgl. die Ablehnung gnostischen Einflusses bei *Mahé*, Fragments, 58 (für die hermetischen Papyri Vindobonenses Graecae 29456 r° und 29828 r°). Mahé weist Hermès II, 441 zu Recht darauf hin, daß eigentlich gnostisch aus der großen Masse der hermetischen Dokumente nur CH I, CH XIII und NHC VI,6 sind. In einigen anderen Traktaten finden sich nur einzelne gnostische Elemente, vgl. z.B. die Unterscheidung von »τέλειοι« und »λογικοί« in CH IV,4 (*Nock/Festugière* I, 50, Z. 15–17); dazu *Copenhaver*, Hermetica, 133 und 135. – Ein Hauptargument der Forscher gegen eine allzu enge Verbindung von Hermetismus und Gnosis ist, daß die Hermetik im Gegensatz zur Gnosis überwiegend keinen ausgeprägten antikosmischen Dualismus kennt (vgl. etwa *Mahé*, Symboles Sexuels, passim, bes. 134; 144).

[63] Z.B. sagt *Mahé*, Hermès II, 36 über die neueren Analysen der im *Asclepius* enthaltenen Weissagung, daß sie »exzessiv hellenisierenden, iranisierenden oder judaisierenden Interpretationen« den Todesstoß versetzt haben.

[64] *Doresse*, L'Hermétisme, 473.

[65] So *Nilsson*, Griech. Religion, 585–586.

[66] So *Nilsson*, Griech. Religion, 586.

[67] Siehe auch *Prümm*, 538ff., der die Hermetik als Variante heidnischer Gnosis abhandelt. Immerhin wird bei ihm aber auf den ungnostischen Charakter der Mehrzahl hermetischer Schriften aufmerksam gemacht, siehe *ders.*, 575–578.

[68] *Mahé*, Symboles Sexuels, 125 macht auch auf den Aspekt aufmerksam, daß die gnostischen hermetischen Traktate schon deshalb für die Erforschung des Ursprungs der Gnosis kaum Bedeutung haben, weil sie vor der großen Menge der 55 nicht-hermetischen gnostischen Traktate aus der Bibliothek von Nag Hammadi fast verschwinden.

[69] Ähnlich schon *Prümm*, 555, der Reitzenstein vorhält, die Bedeutung von CH I für die Erfassung der Hermetik überschätzt zu haben. Anders dagegen noch *Festugière*, L'Hermétisme, 8; *Haenchen*, 335; *Tröger*, Mysterienglaube, 3. Vgl. zur Hochschätzung vor allem von CH I bei Reitzenstein, Bousset, Jonas, Quispel und Dodd *Mahé*, Hermès II, 16.

*Kosmou* (Exc. Stob. XXIII) fand man die Spuren des vorchristlichen, aufgrund seiner iranischen Herkunft offensichtlich unabhängig vom Christentum entstandenen Mythos. Damit schien die nicht-christliche Herkunft der Gnosis gesichert und viele Vorstellungen und Einzelmotive, die sich bei Philo, Paulus und den christlichen Gnostikern fanden, religionsgeschichtlich abgeleitet. Der Forschungsgeschichte des Urmensch-Erlöser-Mythos soll hier nicht weiter nachgegangen werden,[70] zumal er in Traktat II des Corpus Hermeticum keine Rolle spielt,[71] doch sei darauf hingewiesen, daß sich auch in der jüngsten deutschsprachigen Forschung die Tendenz zeigt, sich von der durch die gnostische Frage bestimmten Perspektive zu lösen.[72] Zwar stellt Tröger in seiner Monographie noch den Traktat CH XIII, der neben CH I ein typisches Beispiel hermetischer Gnosis sei, in den Mittelpunkt seiner Untersuchung, doch leitet er die darin verarbeiteten Vorstellungen religionsgeschichtlich nicht mehr ausschließlich aus der Gnosis ab, sondern findet starke mysterientheologische Einschläge.[73] Der Verfasser habe seine Gnosis mit Hilfe mysterienhafter Motive interpretiert.[74]

War Trögers Monographie[75] noch ein vergleichsweise zaghafter Versuch, sich von der vorherrschenden gnostischen Fragestellung zu lösen, so bedeutet die Arbeit Büchlis in dieser Hinsicht einen erheblichen Fortschritt. Büchlis Arbeit ist ein Kommentar zu CH I, also dem *Poimandres*. Der Verfasser beschäftigt sich u.a. ausführlich mit der Frage des Verhältnisses von CH I zur Gnosis. Sein Ergebnis ist, daß der Traktat keinesfalls zum Erweis einer vorchristlichen Gnosis dienen kann.[76] Die Grundhaltung des Traktates ist über-

---

[70] Siehe *Nilsson*, Griech. Religion, 578–582.

[71] Nach dem Urteil der meisten modernen Kommentatoren spielt er auch in CH I keine zentrale Rolle, vgl. z.B. *Nilsson*, Griech. Religion, 582.

[72] Typisch für die ältere Forschung ist noch der Aufsatz von *Haenchen*, vgl. bes. 376–377, doch spricht selbst dieser Autor von einer Abschwächung des Gnostischen an bestimmten Punkten, vgl. ebd., 376, und davon, daß dem Verfasser von CH I das gnostische Prinzip nicht über alles geht, 377. Indem die gnostischen Elemente selbst in CH I als »Darstellungsform« bezeichnet werden, zeigt sich auch hier eine gewisse Tendenz zumindest der *Unterscheidung* der Hermetik von der Gnosis.

[73] So auch *Tröger*, Die hermetische Gnosis, 102. Problematisch ist, ob sich eine so scharfe Trennlinie zwischen Mysterienglaube und Gnosis ziehen läßt, wie Tröger es will (vgl. z.B. Mysterienglaube, V; 84; 164ff.; 169–170), so auch *Mahé*, Hermès II, 32 und die auf dasselbe hinauslaufende Kritik bei *Grese*, 51–53.

[74] Umgekehrt *Tröger*, Die hermetische Gnosis, 102: Traktate, die aus ägyptischem Mysterienglauben hervorgegangen sind, wurden nachträglich gnostisch überarbeitet. Damit reflektiert Tröger die Veränderung, die durch die französischsprachige Forschung (dazu p. 100) eingetreten ist. Allerdings ist seine Auffassung schon in Mysterienglaube schwankend; während p. 168 die Berührung mit der Gnosis der Übernahme mysterienhafter Elemente nachgestellt wird, wird p. 169 der Gnosis zumindest für CH XIII eindeutig der Vorrang eingeräumt; der Verfasser kleide, so meint Tröger, seine gnostischen Anschauungen in ein mysterientheologisches Gewand. Allgemein für hermetische Schriften wird diese These von Tröger auch vertreten in *ders.*, Bedeutung, 181–182.

[75] Vgl. zu Tröger noch *Mahé*, Hermès II, 30–32.

[76] *Büchli*, 210.

haupt nicht gnostisch, doch finden sich gewisse gnostische Elemente, die offenbar auf christlichen Einfluß zurückgehen,[77] genauer auf den Einfluß der origenistischen Theologie.[78] In CH I werden christlich-gnostische Elemente repaganisiert;[79] auf diese Weise entsteht eine Art heidnisches Gegenevangelium gegen die christliche Theologie, möglicherweise besonders gegenüber dem Johannesevangelium.[80]

Damit ist die bis dahin im deutschsprachigen Raum vorherrschende Forschungsmeinung geradezu in ihr Gegenteil verkehrt worden.[81] Manche der Thesen Büchlis dürften überzogen sein, vor allem werden m.E. an zu vielen Stellen christliche Einflüsse oder Motive postuliert, die sich ebenso gut aus griechischer Philosophie oder heidnischer Religiosität ableiten lassen.[82] Doch an der Richtigkeit einiger wesentlicher Grundpositionen Büchlis dürfte es keinen Zweifel geben.[83] Insbesondere ist die Grundhaltung von CH I nicht gnostisch.[84] Dieses Ergebnis[85] verdient um so mehr Beachtung, als es den Resultaten der französischsprachigen und angelsächsischen Forschung entspricht, die einen ganz anderen Forschungsweg beschritten haben.[86] Ohne all-

---

[77] Für christlichen Einfluß vgl. *Büchli*, 134f.; 143; 145; 169; 173ff., u.a.m.; für den Zusammenhang zwischen christlichen und gnostischen Einflüssen vgl. prägnant 203–204.

[78] *Büchli*, 93; 134; 204.

[79] Z.B. *Büchli*, 134–135; 204.

[80] *Büchli*, 20; 30; 47–48; 71; 205.

[81] Vgl. *Büchli*, 209.

[82] Beispiel: die Bemerkungen zu »ἄξιος« p. 146; für fast jeden Begriff will Büchli christlichen Einfluß konstatieren, vgl. das Resümee p. 156. In *dieser* Hinsicht ist die Kritik von Holzhausen an Büchli berechtigt, vgl. *Holzhausen*, Mythos vom Menschen, 38, n. 120; 39, n. 123.

[83] Einige der Positionen Büchlis finden sich in bemerkenswerter Weise vorweggenommen schon bei Prümm, z.B. die Auffassung, daß die philosophische Hermetik spät (Mitte des 3. Jahrhunderts n. Chr., 546; 559; 584; 593) und vom Christentum (z.B. 543; 551; 554–555; 560–565; 597 das Johannesevangelium ist nicht von der Hermetik beeinflußt, 548) und der Gnosis (z.B. 557–558; 562 für CH II; 563 für CH VI) beeinflußt ist, und daß die Hermetik sogar eine Art Gegenbewegung zum Christentum sein wollte (z.B. 538; 569 für die *Kore Kosmou*). Der ungnostische Charakter der Mehrzahl hermetischer Schriften wird deutlich hervorgehoben, 575–578.

[84] Vgl. *Büchli*, 70–71; 89; 99–100. Auf p. 101 wird das gnostische Element in der Anthropogonie nur als eine Art von »Kolorit« bezeichnet. 133–135 wird die Soteriologie von CH I als im Kern ungnostisch bestimmt. Im Sinne der Gnosis-Definition von *Jonas* wird CH I auf p. 199 als nicht-gnostische Schrift mit (p. 200) allerdings gnostischen Einzelzügen bestimmt. In einem weiteren Sinne ist CH I allerdings gnostisch, nämlich insofern, als die γνῶσις θεοῦ Heilsziel ist, vgl. p. 200–201.

[85] Zusammengefaßt bei *Büchli*, 203–205.

[86] Insofern ist die durchgängige Kritik Holzhausens (in: Der Mythos vom Menschen, bes. 1–70, in den notae) an Büchli, trotz einiger bedenkenswerter Detailhinweise, ungerechtfertigt, denn die allgemeine Richtung bei Büchli verdient Zustimmung. Im übrigen trifft sich Holzhausen in einem wesentlichen Punkt mit Büchli, nämlich in der Annahme, daß CH I ungnostisch ist (vgl. Der Mythos vom Menschen, 229f. u.a.); das sollte durch Polemik nicht verdeckt werden. Die weitere Theorie Holzhausens, es habe einen vorgnostischen (und vorchristlichen) »Mythos vom Menschen« gegeben, ist hingegen schlecht begründet: die Konstruktion erfolgt auf einer viel zu schmalen religionsgeschichtlichen

zu sehr die Kommentierung von CH II(b) vorwegzunehmen, kann hier bereits
gesagt werden: auch CH II ist kein gnostischer Traktat; es gibt einige wenige
Motive, die vielleicht dem Einfluß gnostischer Gruppen zu verdanken sind,
aber die Grundkonzeption des Traktates ist ungnostisch. Die Auslegung von
CH II wird also an diesem Punkt das Ergebnis der jüngeren Forschung bestätigen.

Eine weitere Tendenz der neueren Hermetik-Forschung soll hier noch kurz
dargestellt werden: man bevorzugt heute, anders als in der älteren Forschung,
eine »ganzheitliche Betrachtung« der Hermetik. Noch Festugière störte sich
z.b. an der Disparität der im *Corpus Hermeticum* versammelten Traktate: sie
sind nicht nur untereinander widersprüchlich,[87] sondern die einzelnen Traktate
enthalten auch, jeweils für sich betrachtet, gravierende innere Widersprüche.[88]

---

Grundlage: im Grunde wird nur der griechisch-römische und jüdisch-hellenistische Hintergrund betrachtet, und das auch nur in einem sehr begrenzten Zeitraum. Im Lichte der
Forschungsgeschichte der Hermetik und des Urmensch-Mythos hätte angesichts eines derart anspruchsvollen Vorhabens ein möglicher iranischer, vor allem aber der ägyptische religiöse Hintergrund unbedingt diskutiert werden müssen. Der behauptete jüdisch-hellenistische Mythos läßt sich im übrigen an den Quellen offenkundig nicht nachweisen, sondern ist
ein reines Konstrukt (vgl. ebd., 103; 105–108). Bei der Erstellung dieses Konstruktes geht
Holzhausen recht abenteuerlich vor: er legt eine Definition dessen, was Mythos ist, zugrunde (ebd., 5–6). Warum gerade diese Definition (von Sellin) gewählt wird, wird nicht
begründet; der Mythos-Begriff wird auch nicht im Lichte neuerer Ansätze (z.B. K. Hübner;
H. Blumenberg) erörtert. Dabei ist der Begriff für die Arbeit fundamental: aus der zugrunde-
gelegten Definition werden nämlich maßgebliche Vorgaben für die Interpretation z.B. von
CH I bezogen.

Die Anwendung des rekonstruierten Mythos auf verschiedene vom Verfasser untersuchte
Texte läßt sich nur mit Hilfe weiterer ad hoc eingeführter Hypothesen über Modifikationen
des ursprünglichen Mythos und deren Gründe, Entwicklungshypothesen (z.B. 113: die drei
Fassungen des Mythos; 214f.), etc. plausibel machen. Wissenschaftstheoretisch betrachtet
ist demnach die ursprüngliche Hypothese nicht oder kaum unabhängig überprüfbar.

Vermutlich kann auch CH I, wie andere Traktate, als eine Versammlung von Motiven und
Entitäten (z.B. Göttergestalten) gedeutet werden, die aus der mittelplatonischen, stoischen
und jüdischen Ontologie und Theologie zusammengesucht sind. Daraus ergeben sich die
Doppelungen und Unausgeglichenheiten, die immer wieder Gegenstand der Erörterung waren. Es erscheint abwegig, die eher zufällige bzw. aus einem Bedürfnis nach möglichst
umfassender Anknüpfung an die Philosophie der Umwelt erklärbare Konstruktion des
»Poimandres« für die Rekonstruktion eines dann auch in anderen Texten gesuchten Mythos
zu verwenden. Demgegenüber ist Büchlis Annahme, daß es sich um immer wieder abgewan-
delte *Motive* handelt, die behandeln, »wie der Mensch in diese Existenz gekommen ist«
(*Büchli*, 91), viel sensibler.

Da die Arbeit Holzhausens im Detail zahlreiche Mängel aufweist (kurioser Höhepunkt:
die Übersetzung von »ἐνέργεια« durch »Ausstrahlung« auf p. 18, vgl. 19, n. 48 – hier
schlägt wohl die esoterische Rede von ›Energiestrahlen‹ durch!), stellt sie auch in Einzelheiten kaum einen zuverlässigen forschungsgeschichtlichen Fortschritt dar. Ihre übergreifende
These ist eher ein Rückschritt in Richtung auf längst überwundene Fragestellungen.
Vgl. zum Ganzen auch die Kritik an der Arbeit von Holzhausen bei *C. Markschies*, Krise,
90–96.

[87] *Festugière*, L'Hermétisme, 6.

[88] *Festugière* II, IX–X; der Autor zitiert dazu auf p. IX das abwertende Urteil Tiedemanns
über CH II! Vgl. auch *Mahé*, Hermès I, 21, der aber zugleich auf die formale Einheitlichkeit,

Zugleich konstatierte Festugière einen deutlichen Unterschied zwischen den *philosophischen* hermetischen Schriften, wie den im *Corpus Hermeticum* versammelten Traktaten, dem *Asclepius* oder den *Exzerpten aus Stobaios*, und den von ihm sogenannten »populären« (= volkstümlichen) hermetischen Schriften, d.h. magischen oder alchemischen Schriften, Zauberpapyri, etc.[89]

Um mit dem letzteren zu beginnen: die neuere Hermetik-Forschung weist die engen Beziehungen auf, die zwischen den philosophischen und den volkstümlichen, heute meist als »technischen« bezeichneten hermetischen Dokumenten besteht.[90] Fowden ist sogar der Ansicht, daß es sich um zwei Seiten derselben Medaille handelt,[91] Copenhaver ist hier vorsichtiger.[92] Mit Recht kann auf verschiedene magische oder astrologische Motive in den philosophischen Hermetica verwiesen werden, die sich auch in magischen Papyri finden;[93] auch die Erwähnung theurgischer Praktiken bei dem neuplatonischen Philosophen *Jamblichos* verdient in diesem Zusammenhang Erwähnung.[94] Einige der Schriften des Alchemisten *Zosimos* bilden eine Brücke zwischen »technischen« und philosophischen hermetischen Schriften.[95] Eine strikte Scheidung zwischen »hoher« und volkstümlicher Hermetik sollte also, im Einklang mit der neueren Forschung und im Gegensatz zu Festugière, nicht mehr gemacht werden,[96] zumal dann nicht, wenn sie den Blick auf volkstümliche Motive und Vorstellungen in den philosophischen Traktaten verstellt oder zur Abwertung der technischen Dokumente verwendet wird. Wir werden auch in dem ganz philosophischen Traktat CH II ein Motiv finden, das diesen Traktat mit Zauberpapyri verbindet.[97]

In ihrer extremen Form führt diese Forschungstendenz allerdings zu einer regelrechten Abwertung der philosophischen Hermetica zugunsten der alchemischen, astrologischen und magisch-okkulten Schriften. Der »eigentliche« Hermetismus findet sich nach dieser Auffassung nicht in den großen und viel-

---

ja geradezu Monotonie der hermetischen Traktate verweist. Zu Festugières Auffassung s. *Mahé*, Hermès II, 27. Siehe auch *Moorsel*, 9.

[89] Z.B. *Festugière* I, VIII; *ders.*, L'Hermétisme, 3. Vgl. *Saffrey*, Le Père André-Jean Festugière, X. Ganz scharf auch die Unterscheidung von *Moorsel*, 9–10.

[90] *Mahé*, Art. Hermes Trismegistos, 289. Mahé weist die Bezeichnung »populär« (franz.: »populaire«, entspricht im Deutschen etwa: »volkstümlich«) als Bezeichnung für die magischen Hermetica zurück, s. *Mahé*, Hermès II, 22.

[91] *Fowden*, xvi, vgl. auch 172.

[92] *Copenhaver*, Hermetica, xxxiii und ff. Auf p. xxxvi–xxxvii widerspricht Copenhaver sogar der genannten Ansicht Fowdens. Auf p. xxxviii–xxxix zeigt Copenhaver, daß auch in der Antike der kategoriale Unterschied zwischen Magie, Alchemie einerseits und »hoher« Philosophie und Religion andererseits deutlich war (das gilt auch gegen *Mahé*, Hermès II, 22).

[93] Vgl. die Hinweise bei *Copenhaver*, Hermetica, xxxvii–xxxviii, besonders auf astrologische Stücke in den *Exc. Stob.*, sowie *Mahé*, Art. Hermes Trismegistos, 289.

[94] *Copenhaver*, Hermetica, xl.

[95] Vgl. *Festugière*, L'Hermétisme, 3.

[96] So auch *Doresse*, L'Hermétisme, 459.

[97] Es handelt sich um das Motiv der Sternbilder der Bären in CH II,7, s. Kommentar z.St.

beachteten Traktaten CH I, XIII und anderen, sondern in der technischen hermetischen Literatur.[98] Diese Auffassung kann mit dem Argument verbunden
werden, daß die technischen Hermetica oder zumindest die darin verarbeiteten
Traditionen älter als die Traktate des *Corpus Hermeticum* sind;[99] das *Corpus*
wird als späte,[100] byzantinische Sammlung[101] abgewertet,[102] ein kleiner,[103] ten-
denziös zusammengestellter[104] Ausschnitt[105] aus der großen Masse nunmehr
verlorener Dokumente.[106]

Diese Forschungstendenz beweist einmal mehr, wie sehr sich der Hermetismus einer Bestimmung seines Wesens entzieht, zu wie unterschiedlichen
Urteilen die Forscher im Hinblick auf seinen spezifischen Charakter gelangt
sind. Die Beantwortung der Frage nach der Eigenheit der Hermetik dürfte nur
im Rahmen einer noch genaueren und vor allem vorurteilsfreien Betrachtung
des Hermetismus als eines *historischen* Phänomens möglich sein, so weit das
anhand der uns vorliegenden Dokumente möglich ist.

Im Zusammenhang mit der Frage des Verhältnisses von »philosophischem«
und »populärem« Hermetismus zueinander wird in der Literatur häufig auch
zu der Frage Stellung genommen, ob die Hermetik ein rein literarisches Phänomen gewesen ist oder ob es eine hermetische Gemeinschaft mit einem Kult
gegeben hat. Dieses Problem soll hier nur erwähnt werden; es wird im historischen Teil der Arbeit aufgegriffen.[107] Sein Zusammenhang mit der hier behandelten Problematik besteht darin, daß die Forscher, die wie Festugière, den

---

[98] *Doresse*, L'Hermétisme, 431; 434.
[99] *Doresse*, L'Hermétisme, 435–436. Das gilt nach seiner Ansicht vor allem für astrologische Texte. Vgl. zur alchemischen Tradition 439–440.
[100] Vgl. *Doresse*, L'Hermétisme, 470–471.
[101] So schon *Festugière* IV, 262, allerdings mit positiver Tendenz. Kritisch gegenüber
dem CH *Mahé*, Hermès I, 22; 24.
[102] *Doresse*, L'Hermétisme, 431.
[103] *Mahé*, Hermès II, 407.
[104] Die Tendenz wird darin gesehen, daß die christlichen Redaktoren des Corpus magische, alchemische und ähnliche hermetische Texte nicht in ihre Sammlung aufnahmen
(*Doresse*, L'Hermétisme, 459). Als Beleg wird die Glosse des Psellos zu CH I,18 angeführt,
die eine Kritik an der Magie deutlich werden läßt (so *Copenhaver*, Hermetica, xli). Es seien
nur solche Traktate in das *Corpus Hermeticum* aufgenommen oder überhaupt überliefert
worden, die christlichen theologischen Auffassungen entsprachen und für sie als (heidnischer) Beweis angeführt werden konnten. Siehe *Mahé*, Hermès II, 40; vgl. auch *Doresse*,
L'Hermétisme, 431.
[105] *Mahé*, Hermès I, 22–24 stellt sogar die Zuverlässigkeit des uns überlieferten Textes
der Hermetica in Frage: der Vergleich der Manuskripte mit Stobaios beweise starke Abweichungen. Der lateinische Text des *Asclepius* muß, wie der Vergleich mit der koptischen Fassung zeigt, eigentlich als Paraphrase bezeichnet werden. – Die Argumentation Mahés ist
darin fragwürdig, daß nicht gezeigt werden kann (und von Mahé auch nicht gezeigt wird),
daß die Abweichungen der hermetischen Manuskripte gegenüber dem (meist älteren) Text
bei Stobaios irgendeine Tendenz aufweisen.
[106] *Mahé*, Hermès II, 407. Ähnlich *Copenhaver*, Hermetica, xli.
[107] Siehe den Abschnitt »CH II im historischen Kontext. 2.) Hermetische Schule und
hermetischer Kult«, s. unten, 285ff.

»eigentlichen« Hermetismus in den Traktaten des Corpus fanden und von da aus als eine Art religiöser Philosophie auffaßten, dazu neigten, die Hermetik als rein literarisches Phänomen zu interpretieren,[108] während die eher religiös, »gnostisch« oder »magisch« orientierten Hermetikforscher die Existenz hermetischer Gemeinden mit »Gottesdiensten« und kultischen Handlungen postulierten.[109] Diese Auffassung hat sich in der neueren Forschung, in der die ganze Breite der Äußerungen hermetischer Religiosität ernst genommen wird, durchgesetzt; kaum einer der heutigen Forscher stimmt noch uneingeschränkt der Position Festugières zu.

Die Beachtung der Widersprüchlichkeit der hermetischen Traktate untereinander und in sich[110] hatte die ältere Forschung (seit Bousset und Zielinski) dazu veranlaßt, mehrere *Schichten* unterschiedlicher religionsgeschichtlicher Provenienz (stoisch, platonisch, peripatetisch, pantheistisch, dualistisch-gnostisch), die angeblich in den Traktaten verarbeitet worden waren, zu unterscheiden, oder die Traktate verschiedenen *Tendenzen* zuzuordnen.[111] Dabei fand die Einteilung Boussets, aufgenommen von Bräuninger,[112] in eine monistisch-optimistische und eine dualistisch-pessimistische Traktatgruppe am meisten Anklang.[113] In-

---

[108] Siehe *Festugière* I, 81ff.; vgl. auch *Mahé*, Symboles Sexuels, 125.

[109] Z.B. *Mahé*, Hermès I, 54ff.

[110] Vgl. die scharfe Betonung der Disparität der Anschauungen bei *Bräuninger*, 37ff.

[111] *Zielinski* unterschied eine pantheistische Richtung, zu ihr gehören CH V; VI, 2b; VIII; X, 10ff.; XI, XII, Ascl.; eine peripatetische Richtung, zu ihr gehören CH II; VI; X, 1–4; eine platonische Richtung, zu ihr gehören CH IV; VI, 4–6; VII, X, 4–10; XIII, und eine sowohl platonische als auch peripatetische Elemente enthaltende Gruppe, zu ihr gehören CH I und die *Kore Kosmou* (= Exc. XXIII) (*Zielinski* I, passim; Übersicht über die verschiedenen Anschauungen bei *Zielinski* II, 25–27). *Bousset* unterschied eine dualistisch-gnostische, pessimistisch orientierte Schicht, zu ihr gehören CH I; IV; VI; VII; XIII; eine monistisch-optimistische Gruppe, zu ihr gehören CH III; V; VIII; XI; XIV; Ascl., und eine vermischte Gruppe, zu ihr gehören CH IX; X; XII; XV (*Bousset*, Hermes Trismegistos, 107f.; 152–155). Ähnlich *Bräuninger*, passim, bes. 40; er unterschied eine orientalische Gruppe (sie entspricht der dualistisch-gnostischen Gruppe bei Bousset) mit CH I; IV; VI; VII; XIII und dem ersten Teil von CH XII; eine griechische Gruppe (= Boussets monistisch-optimistische Gruppe) mit CH V; VIII; XIV und dem zweiten Teil von CH XII, sowie eine gemischte Gruppe, zu der CH IX; X und XVI gehören sollen. Vergleichbar sind auch die Aufteilungen *Trögers* in eine pantheistisch-hellenistische Gruppe (CH V; VIII; XI; XV), eine dualistisch-orientalische Gruppe (CH I; IV; VI; VII; XIII) und eine gemischte Gruppe (CH IX; X; XII; Ascl.) (vgl. *Tröger*, Mysterienglaube, 6; ders., Die hermetische Gnosis, 102–103; vgl. auch ders., Bedeutung, 178, n. 14), *Colpes* in eine dualistische (CH I; VI; XIII), monistisch-optimistische (CH V; VIII; XI und XII) und eine gemischte Gruppe (CH IX und X) (vgl. *Colpe*. Rel.-gesch. Schule, 12) sowie *Festugières* in eine optimistische »Richtung« (CH II; V; VI; VIII; IX–XII (mit dualistischen Einschüben); XIV; XVI; Ascl. als ganzer; Stücke aus Exc. Stob. XXIII und XXVI) und eine pessimistische (CH I; IV; VII; XIII; Stücke aus dem Ascl. und die Grundstruktur von Exc. Stob. XXIII) (vgl. *Festugière* II, XI, n. 1; ders., L'Hermétisme, 10; dazu *Mahé*, Hermès II, 26). Praktische Übersichten über die Einteilungen bei *Tröger*, Mysterienglaube, 5–6; *Grese*, 43–44 sowie bei *Mahé*, Hermès II, 13–15.

[112] *Bräuninger*, bes. 37–40.

[113] *Festugière*, L'Hermétisme, 10; *Nilsson*, Griech. Religion, 558; *Klein*, Lichtterminologie, 80–81; 84; 135 u.a.; *Doresse*, L'Hermétisme, 461; *Tröger*, Mysterienglaube, 5 (zu Quispel) und 6 (zu Colpe); *Mahé*, Art. Hermes Trismegistos, 289.

teressanterweise wurde bei diesen Einteilungen CH II meistens übersehen,[114] entweder weil sich der Traktat einer eindeutigen Zuordnung zur optimistisch-monistischen Gruppe entzieht (zur dualistisch-pessimistischen gehört er sicher nicht) oder weil er einfach zu unbedeutend schien. Ein weiterer Grund könnte gewesen sein, daß im folgenden im wesentlichen die pessimistisch-dualistische Traktatgruppe, zu der CH I und XIII, nicht aber CH II gehören, im Mittelpunkt des Interesses stand, vor allem wegen der Bedeutung für die Gnosis-Forschung. In den dualistisch-pessimistisch-gnostischen Traktaten sah man die »eigentliche« Lehre der Hermetik,[115] ein Urteil, das in der neueren Forschung nicht mehr geteilt wird.[116] Damit aber gewinnen nun auch wieder die scheinbar unbedeutenderen hermetischen Dokumente Gewicht für die Frage, was eigentlich die Hermetik ist, worin das Gemeinsame der so unterschiedlichen hermetischen Dokumente besteht. Die Antwort wird sich letztlich nur aus der Kombination von aus der sorgfältigen Untersuchung hermetischer Einzeltexte gewonnenen Perspektiven ergeben.

In der neueren Forschung werden die hermetischen Dokumente meist nicht mehr bestimmten Schichten oder Traktatgruppen zugeordnet.[117] Eine theoretische Begründung für die Überwindung dieser Auffassung liefert Mahé mit seiner literaturgeschichtlichen Theorie der Entstehung der hermetischen Traktate.[118] Mahé zeigt nämlich, daß die der ägyptischen Tradition entstammenden Weisheitssätze,[119] die den Grundstock der erhaltenen hermetischen Traktate bilden,[120] in antithetischen Paaren oder Reihen zueinander gestellt zu werden pflegten.[121] Die innere Widersprüchlichkeit der Traktate erklärt sich also aus der kommentierenden Zusammenstellung solcher Antithesen;[122] im hermetischen Schulbetrieb seien solche Antithesen erörtert und dialektisch miteinander verknüpft worden.[123] Die Widersprüchlichkeit von ganzen Traktaten zuein-

---

[114] So bei Bousset, Bräuninger, Tröger, nicht aber bei Zielinski.

[115] Vgl. z.B. *Nilsson*, Griech. Religion, 558 (im Referat von Boussets Auffassung); vgl. auch 567, wo der Dualismus als Kernpunkt der hermetischen Lehre präsentiert wird, und 572–573, wo die (als zentral gnostisch angesehene) Lehre von der »Heimarmene« (dazu auch *Bräuninger*, 29–38) als wichtigstes Element der Aneignung und Auseinandersetzung der Hermetik mit ihrer Umwelt bezeichnet wird (so schon *Bousset*, Hermes Trismegistos, 101).

[116] Wie weit entfernt die heutige Forschung von der Annahme ist, daß Hermetik und Gnosis zusammengehören, zeigt die Ansicht von *Doresse*, L'Hermétisme, 431–433, Hermesanhänger und Gnostiker seien Intimfeinde gewesen!

[117] Typisch ist das Werk von Fowden, vgl. aber auch *Copenhaver*, Hermetica, xxix. Eine Problematisierung der Schichtenanalyse findet sich schon bei *Nilsson*, Griech. Religion, 569.

[118] Vgl. *Mahés* Kritik an der Sicht Festugières, Hermès II, 22.

[119] *Mahé*, Hermès II, 409.

[120] Nachweis bei *Mahé*, Hermès II, 417–422 ( für CH IX,1–5 und Exc. Stob. VI); 425 (für CH X,10); 428–431 (für CH I).

[121] *Mahé*, Hermès II, 414–415.

[122] *Mahé*, Hermès II, 437–439.

[123] Hinweis auf Schulbetrieb: *Mahé*, Hermès II, 408; 422–424.

ander findet eine weniger befriedigende Erklärung, doch können widersprüchliche antithetische Weisheitssätze auch in Traktaten als ganzen entfaltet und diskutiert werden, was dann zum Eindruck der Widersprüchlichkeit von Traktaten untereinander führt.

Ob sich die literaturgeschichtliche Theorie Mahés tatsächlich in allen Einzelheiten durchführen läßt, ob sie sich insbesondere auch auf die ausgeführten philosophischen Hermetica des CH beziehen läßt, darf wohl bezweifelt werden; an diesem Punkt wirken manche Argumente Mahés künstlich und konstruiert. Insbesondere sind manche der von ihm zu hermetischen Sätzen angeführten parallelen Weisheitssätze wenig überzeugend.[124] Doch der hier vorgelegte Kommentar zu CH II bestätigt die Grundüberzeugung der modernen Hermetik-Forschung, daß die Widersprüchlichkeit innerhalb der Traktate gewollt ist oder jedenfalls nicht zu literarkritischen Scheidungen Anlaß geben kann. Wiederholt werden solche Versuche bei der Kommentierung von CH II zurückgewiesen. Was die Widersprüchlichkeit der Traktate des CH *untereinander* angeht, so kann eine endgültige Antwort noch nicht gegeben werden. Sie hängt ab von einer Einschätzung der Entstehung, des Alters und des Aufbaus des *Corpus Hermeticum*, die sich auf eine sorgfältige Analyse aller Traktate stützen muß.

Für die in dieser Arbeit vorgelegte Kommentierung von CH II ergibt sich das Problem, daß der ägyptische Hintergrund, dessen Bedeutung in der jüngeren Forschung oben aufgezeigt wurde, vom Verfasser nicht beurteilt werden kann, denn er ist weder Ägyptologe noch Archäologe. Die Dokumente sind für ihn entweder nicht im Original verständlich, sondern nur in Übersetzungen, oder überhaupt nicht zugänglich; auf die Schwierigkeit einer selbständigen wissenschaftlichen Überprüfung seiner Ergebnisse durch den Leser weist Derchain in seinem programmatischen Aufsatz nachdrücklich hin.[125] Damit besteht die Gefahr, daß die Kommentierung von CH II sozusagen nur aus zweiter Hand erfolgen kann, durch Anwendung von aus ägyptologischen und archäologischen Abhandlungen entnommenen Ergebnissen, die aber nicht selber wieder überprüft werden können.

Diese Gefahr ist aber wohl nicht allzu groß. Denn die im folgenden vorgelegte Kommentierung zielt nicht darauf ab, die Ursprünge der im Traktat verarbeiteten Ideen sozusagen *geistesgeschichtlich* zu verfolgen. Das primäre Interesse ist, festzustellen, woher der Verfasser seine Ideen hat, nicht woher sie letztendlich stammen. Diese beiden Aspekte werden in den Abhandlungen der französischsprachigen Autoren (außer in dem Aufsatz von Derchain) bisweilen

---

[124] *Mahé*, Hermès II, 408–440. Es handelt sich häufig nicht um wirkliche Parallelen, sondern nur um ungenaue thematische Anklänge oder Ähnlichkeiten.

[125] *Derchain*, Authenticité, 197. Der Autor macht zu Recht darauf aufmerksam, daß die Hermetik nur so lange als griechisch-hellenistisches Phänomen erschien, wie sich Altphilologen und Erforscher des Hellenismus mit ihr beschäftigten (die Arbeit von Holzhausen ist ein typisches Beispiel aus jüngerer Zeit dafür); Gräzisten und Ägyptologen wagen es nicht, auf das Gebiet des jeweils Anderen vorzudringen.

durcheinander geworfen, so daß es scheint, als hätten die philosophischen hermetischen Traktate teilweise unmittelbar aus der ägyptischen Tradition geschöpft.[126] Das ist für CH II vergleichsweise unwahrscheinlich; die Kommentierung wird erweisen, daß als traditionsgeschichtlicher Kontext vieler Begriffe und Motive relativ sicher die alexandrinische platonische Tradition bzw. die hellenistisch-synkretistische Gedankenwelt auszumachen ist.

Dabei können *einzelne* Motive und Vorstellungen durchaus der ägyptischen Gedankenwelt entstammen. Sie scheinen aber, zumindest in CH II, die Gesamtaussage des Traktates nicht zu bestimmen; bezeichnenderweise läßt sich in dem Traktat kein einziges Motiv *mit Sicherheit* der ägyptischen Theologie zuweisen.

Es besteht natürlich die Möglichkeit, daß genuin ägyptische Motive in die hellenistisch-synkretistische Tradition Eingang gefunden haben und fortleben. Das ist wieder die *ideengeschichtliche* Fragestellung; angesichts mangelnder ägyptologischer Kompetenz des Verfassers soll sie hier nicht behandelt werden. Aus dem gleichen Grund muß auch offen bleiben, ob die Behauptung Derchains zutrifft, daß einige Motive, die in dieser Arbeit auf den mittleren Platonismus zurückgeführt werden, auch in ägyptischer Theologie vorhanden sind und von dort aus Eingang in die hermetischen Traktate gefunden haben.[127]

Damit soll keinesfalls die Bedeutung der an der ägyptischen Religion orientierten Erforschung der Hermetica bezweifelt werden; die französischsprachigen Forscher scheinen im Gegenteil einen besonders verheißungsvollen Weg gewiesen zu haben, der für die Zukunft noch wichtige Ergebnisse erwarten läßt. Besonders hilfreich erscheint die Integration verschiedener Forschungsrichtungen wie Philologie, Religionswissenschaft, Ägyptologie und Archäologie. Dadurch werden Ergebnisse möglich, die über Reitzenstein hinausgehen.

Für CH II ergibt sich aber ein geschlossenes Bild schon aus der Darstellung des griechisch-hellenistischen Hintergrundes (mit gelegentlichen Einschlägen jüdisch-christlicher Tradition). Das ist ein gutes Argument dafür, daß diese Traditionen für den Verfasser des Traktates bestimmend gewesen sind. Offenbar kann dieses Urteil, wie aus der Literatur ersichtlich, auch auf andere Hermetica ausgedehnt werden.

Die Ergiebigkeit der ägyptologischen Forschungen sollte also nicht den Blick für andere Ableitungsmöglichkeiten verstellen; sie sollte kein Anlaß zu einer »Ägyptomanie«[128] sein. Besonders bei den »philosophischen« Hermetica

---

[126] So besonders in dem erwähnten Aufsatz von Daumas, auch *Doresse*, L'Hermétisme, 431. Auch an Iversens Abhandlung muß diese Kritik geübt werden.

[127] So *Derchain*, Authenticité, 197. Siehe auch *Iversen*, 29 (mit Bezug auf Derchain).

[128] Vgl. den Vorwurf Zielinskis an Reitzenstein, *Zielinski* I, 322; siehe dazu *Tröger,* Die hermetische Gnosis, 97; *Mahé*, Hermès II, 12; *Copenhaver*, Hermetica, lvii. Mit Recht warnt *Tröger,* Die hermetische Gnosis, 100 davor, nunmehr in das Extrem verfallen zu wollen, die hermetischen Vorstellungen en bloc aus ägyptischem Gedankengut ableiten zu wollen. Für eine solche Warnung besteht angesichts von Extrempositionen durchaus Anlaß. Daumas übertreibt z.B., wenn er etwa die negative Theologie und die Lehre von der Transzendenz Gottes auf ägyptische Ursprünge zurückführt (*Daumas*, 22); es wird sogar (*Daumas*, 25)

sind die griechischen Parallelen in vielen Fällen überzeugender als die doch manchmal recht ungenauen und konstruiert wirkenden Vergleiche aus der ägyptischen Religion.[129] Außerdem darf nicht übersehen werden, daß ägyptische Vorstellungen, zumal aus ptolemäischer oder römischer Zeit, selbst wieder unter den Einfluß griechisch-hellenistischen Denkens geraten sein können (das gilt z.b. für die Vorstellungen von Thoth als dem λόγος),[130] also gar nicht als Hinweis auf genuin ägyptische Tradition ausgewertet werden dürfen.

Die Hermetik scheint ein Phänomen zu sein, das sich aus ägyptischer Priesterreligion entwickelt hat. Am Ende der antiken Entwicklung stehen die erhaltenen philosophisch beeinflußten hermetischen Traktate. Die ägyptologische Forschung hat immens dazu beigetragen, diese Texte in die Perspektive einer Gesamtentwicklung zu stellen, die in ägyptischer Religion ihren Ursprung hat. Damit ist etwas über Wesen und Identität der Hermetik gesagt, das teilweise bei Reitzenstein schon zu finden ist, durch die archäologischen Funde und die Verbindung verschiedener Perspektiven aber eine Vertiefung erfährt. Es wäre nun aber falsch und eine Übertreibung, jede Vorstellung der philosophischen[131] Traktate vor dem ägyptischen Hintergrund verstehen zu wollen. Es ist immerhin zu erwägen, ob sich die antike Hermetik nicht am Ende ihrer Entwicklung recht weit von ihren geistigen Ursprüngen entfernt hat.

Die Forschungsgeschichte, besonders die neueren Publikationen (Fowden, Copenhaver) zeigen, daß man dem, was die hermetischen Dokumente sagen wollen, am ehesten mit Hilfe einer »unideologischen« Betrachtungsweise auf

---

angedeutet, daß die platonischen Elemente im Hermetismus auf ägyptische Traditionen zurückzuführen sind, weil Platon ägyptische Vorstellungen übernommen habe. – Übertrieben ist auch, wenn *Doresse*, gleichsam um eventuelle iranische Elemente in der Hermetik auch noch auf ägyptische Ursprünge zurückzuführen, behauptet, daß sich ägyptischer und iranischer Klerus unter persischer Herrschaft im Niltal begegnet seien und die astrologischen Elemente von Iran *über Ägypten* in die Hermetica Eingang gefunden hätten, so in L'Hermétisme, 455–457.

[129] Das gilt schon für die von Daumas und anderen beobachtete grundsätzlich positive Einstellung der Hermetik zum Kosmos (auch in den sog. »dualistischen« Traktaten), vgl. *Daumas*, 16 (s. auch *Doresse*, L'Hermétisme, 474; ebenfalls, wenn auch differenzierter *Mahé*, Symboles Sexuels, 144 u.a.; *ders.*, Hermès II, 454). Diese Beobachtung ist äußerst wichtig und zutreffend, aber sie ist zweifellos zu allgemein, um *eindeutig* auf ägyptischen Hintergrund rückführbar zu sein; immerhin ist es auch die Grundhaltung der griechischen Weltsicht; in hellenistischer Philosophie läßt sich besonders die Stoa anführen. Positiv zur Welt ist auch ein Großteil der jüdisch-christlichen Tradition eingestellt (siehe *Büchli*, 89; 95). In Bezug auf dieses Element kann ägyptischer Einfluß freilich nicht ganz ausgeschlossen werden.

Sehr gesucht wirkt aber, wie Iversen den hermetischen πνεῦμα-Begriff (p. 9–11; 19; 35f.), die Vater-Vorstellung (p. 48) oder besonders die in CH II,2 (p. 31, der Kosmos als σῶμα) und CH II,16 (p. 44–45; 52, die Eigenschaften wie Güte, Schönheit, etc. als inhärent in Gott) enthaltenen Traditionen auf ägyptischen Hintergrund zurückführen will. An diesen Punkten sind die aus hellenistischer philosophischer Tradition stammenden Parallelen genauer und somit überzeugender.

[130] Siehe dazu *Festugière* I, 68–72 mit notae.

[131] oder auch der gnostisch beeinflußten

die Spur kommen kann. Die Untersuchung sollte also nicht von vornherein von einer ägyptologischen, gnostischen, jüdischen oder griechischen Perspektive[132] bestimmt sein, sondern der traditionsgeschichtliche Hintergrund muß sich erst aus der genauen Analyse der Texte ergeben. Vor allem sollte man sich als Forscher die Grenzen der eigenen Perspektive, auch der eigenen Fachkompetenz bewußt machen. Diese Grundsätze sollen im folgenden bei der Untersuchung von CH II(b) im Blick behalten werden. Wenn sich auch, wie bereits angedeutet, recht klar herausstellt, daß dieser Traktat vornehmlich auf dem Hintergrund kaiserzeitlich-griechischer Philosophie zu verstehen ist, so ist doch zugestanden, daß auch dieses Ergebnis von Perspektive und Kompetenz des Verfasser abhängt und durch ägyptologische Untersuchungen noch einmal abgesichert werden müßte.

---

[132] Um nicht zu sagen: von einem ägyptologischen, gnostischen etc. *Vorurteil*.

# Kommentar

# I. Übersetzung von CH II(b)[1]

*Vorbemerkung zur Wiedergabe von* »τόπος« *in Übersetzung und Kommentar:*

Im Traktat spielt der Begriff »τόπος« eine besonders wichtige Rolle. Er kann im Griechischen sowohl die Bedeutung »Raum« (*in* dem sich etwas befindet) als auch »Ort« (*an* dem sich etwas befindet) haben.[2] Das gilt auch für unseren Traktat, wo sowohl der örtliche als auch der räumliche Aspekt von »τόπος« verwendet wird.[3] Wichtig ist aber nun, daß in Übersetzung und Kommentar möglichst immer *derselbe* deutsche Begriff zur Wiedergabe von »τόπος« verwendet wird, da es sich an den verschiedenen Stellen[4] jeweils um dieselbe Entität handelt, von der der Verfasser spricht. »Τόπος« ist also quasi ein feststehender Terminus für diese Entität, was durch die Betrachtung des traditionsgeschichtlichen Hintergrundes der τόπος-Vorstellung noch bestätigt wird: sie scheint, wie noch zu zeigen sein wird, in etwa derjenigen Philos oder mittelplatonisch beeinflußter gnostischer Schriften zu entsprechen; auch aristotelische Einflüsse liegen vor. In diesen Traditionen aber ist »Ort« die angemessene Übersetzung des Begriffes, nicht »Raum«.[5]

---

[1] In der Übersetzung sind meine Ergänzungen in ( ) gesetzt. Den textkritischen Anmerkungen liegt die Ausgabe von Nock/Festugière zugrunde, die auf Heranziehung von 28 Handschriften (vgl. *Nock/Festugière* I, XI–XII; zu deren Charakterisierung vgl. XIII–XXXVI) und Testimonien (vgl. dazu p. XXXVII–LIII), vor allem bei Stobaios, beruht. Nock und Festugières Ausgabe ist die beste zur Zeit vorliegende (vgl. dazu *Rose*, Rez. Nock/Festugière, 102, der vom ersten verläßlichen Text der Hermetica überhaupt spricht; s. auch das überaus positive Urteil von *Johnson*, Rez. Nock/Festug., 262–263; 266; *van Moorsel*, 7 und die Ansicht von *Copenhaver*, Hermetica, lix f.); zumal für CH II haben sich seit ihrem Erscheinen keine grundlegend neuen textkritischen Einsichten ergeben.

In den Fußnoten werden nur die wichtigeren textkritischen Probleme berücksichtigt, vor allem solche, die Auswirkungen auf den Inhalt des Gesagten haben und damit für die Kommentierung von Bedeutung sind.

[2] Vgl. *Sorabji*, Matter, 187.

[3] Vgl. *Köster*, Art. τόπος, ThWNT VIII, 192.

[4] Das gilt allerdings nicht von CH II,11, S. 36, Z. 15 und CH II,14, S. 38, Z. 7.

[5] Zur aristotelischen Tradition vgl. *Köster*, Art. τόπος, ThWNT VIII, 192,14ff.; 39ff.; zu Philo vgl. ebd., 201, bes. 33; 201,36–202,39. Vgl. auch die Übersetzung von »τόπος« in der Ausgabe der aristotelischen *Physik* von *Zekl*, etwa p. VIII und IX und p. 149ff. – In der Tradition kann aber auch zwischen »Ort« (= τόπος) und »Raum« (= χώρα) differenziert werden, und zwar durchaus in Texten, die aus der Zeit stammen, wo CH II eventuell entstanden ist, siehe etwa Sextus Empiricus, Adv. Math. X, 2 (zu Epikur), vgl. auch Philo, Conf. 136. Es gibt aber auch reichlich Philo-Belege, wo beide Begriffe austauschbar sind, siehe *Köster*, Art. τόπος, ThWNT VIII, 201, n. 99; 202, n. 101. Das Verhältnis von »τόπος« und »χώρα« in den wichtigen Traditionen der griechischen und hellenistischen Philosophie verdient sicher eine eigene Untersuchung.

Daher wird in dieser Arbeit »τόπος« mit »Ort« wiedergegeben. So verfahren auch die bereits vorliegenden Übersetzungen von CH II.[6] Dort freilich, wo eher räumliche Konnotationen vorliegen, wird das natürlich im Kommentar angemerkt; erst recht muß »τόπος« mit »Raum« in den neuplatonischen Texten übersetzt werden, wo er als eine Art absoluter Raum verstanden wird.[7] Im Kontext von CH II allerdings geht es darum, durch die Wahl *eines* begrifflichen Äquivalentes deutlich zu machen, daß auch dort, wo »τόπος« den Beiklang »Raum« hat, die eine Entität gemeint ist, die – parallel zu den oben erwähnten Traditionen – *ein* göttliches Wesen und »Ort« der Welt ist.

*CH II(a): Des (dreimalgroßen) Hermes allumfassende Offenbarungsrede an Tat (oder: Thoth)*

*CH II(b): (Titel ausgefallen)*[8]

1[9]  Alles, was bewegt wird, Asklepios[10], wird es nicht *in* etwas und *von* etwas bewegt? – Ja, natürlich. – Ist es nicht erforderlich, daß das, worin das Bewegte bewegt wird, größer ist?[11] – Notwendigerweise. – Folglich ist das, was bewegt,

---

⁶ Nock/Festugière übersetzen mit »lieu«, nicht »espace«, z.B. *Nock/Festugière* I, 32 und 36; *Copenhaver*, Hermetica, 8; 9; 11 spricht von »place«, nicht »space«, und weist ausdrücklich auf die Gottesbezeichnung »place« hin im Kommentar zu CH II,4, p. 125; vgl. auch p. 126 zu II, 6.

⁷ Vgl. den Kommentar etwa zu CH II,3, sowie den Exkurs: »Der religionsgeschichtliche Hintergrund der Auffassung des Ortes als eines göttlichen Wesens«, unten, 64ff.

⁸ In den hermetischen Kodices fehlt der erste Teil von CH II; sie setzen ein mit CH II,4, S. 33, Z. 2: »... ἢ θεὸς bzw. θεὸς τὸ δὲ θεῖον λέγω νῦν ...«. Dementsprechend fehlt auch die Überschrift des Traktates; »Ἑρμοῦ [Τρισμεγίστου] πρὸς [τῶτ oder] Τὰτ λόγος καθολικός« gehört möglicherweise zu einem jetzt verlorenen Traktat (= CH II(a)). CH II(b) war, wie man aus den Überschriften bei Stobaios schließen kann (»Ἑρμοῦ ἐκ τῶν πρὸς Ἀσκλήπιον«, Ekl. I, 18,2, p. 157 *Wachsmuth*; »Ἑρμοῦ ἐκ τοῦ πρὸς Ἀσκλήπιον«, Ekl. I, 19,2, p. 163 *Wachsmuth*, wobei der Singular (»τοῦ« statt »τῶν«) dadurch zu erklären sein wird, daß auf den schon einmal zitierten Traktat Bezug genommen wird, vgl. die Überschrift »Ἐν ταυτῷ« Ekl. I, 18,3, p. 158 *Wachsmuth*), vielleicht mit »Ἑρμοῦ Τρισμεγίστου πρὸς Ἀσκλήπιον« überschrieben (so auch *Scott* I, 134); vielleicht folgte »λόγος καθολικός«, so bei *Ménard*, 17; *Parthey*, 19. Vgl. die Exkurse: »Ist ein Textabschnitt zu Beginn von CH II ausgefallen?«, unten, 94ff., und »CH II im historischen Kontext. 3. Die Stellung von CH II im *Corpus Hermeticum*«, unten, 297ff.

⁹ Die Namen der Gesprächspartner vor jeder Äußerung sind sekundär: sie fehlen in F und P zu Stobaios ebenso wie in den mit A bezeichneten hermetischen Kodices, begegnen dagegen in B und sind dort wohl von zweiter Hand (B²) (vgl. *Nock/Festugière* I, XXXV) nachgetragen worden, wobei statt »Asklepios« »Tat« geschrieben wird, offenbar in Angleichung an die erhalten gebliebene Überschrift.

¹⁰ Zum Vokativ vergleiche BDR § 146, 1–3. Im Koine-Griechisch fehlt die im attischen regelmäßige Interjektion »ὦ« häufig, nur in aus einem Wort bestehenden Anreden wird sie verwendet, oder im Affekt. Mir scheint, daß an unserer Stelle kein besonderer Affekt vorliegt, also dürfte der erste Fall gegeben sein.

¹¹ Größer als das Bewegte, wie *Nock/Festugière* I, 32, n. 1 zu Recht ergänzen. Die im Apparat angegebene Lesart von Patrizzi (»<τὸ> ἐν ᾧ κινεῖται <ἢ> ...«) (übernommen von *Parthey*, 19; *Scott* I, 134; fehlend bei Stobaios, aber eingefügt von *Wachsmuth*, I, 157) ist wohl eine Erleichterung, die lectio difficilior ist hier vorzuziehen, zumal sie gut zur sprach-

stärker als das, was bewegt wird? – Ja. – Notwendigerweise hat also das,[12] in dem etwas bewegt wird, eine dem, was bewegt wird, entgegengesetzte Beschaffenheit? – Aber ja. –

2 Diese Welt[13] ist groß, einen größeren Körper als sie gibt es nicht, (nicht wahr)? – Einverstanden. – Sie ist massiv[14], (nicht wahr)? Denn sie ist angefüllt mit vielen anderen großen Körpern, mehr noch: mit allem, was (überhaupt) Körper sind?! – So ist es. – Die Welt ist (doch) ein Körper? – Ja, ein Körper. – Und ein bewegter?[15] –

3 Aber klar.[16] – Wie groß muß nun der Ort[17] sein, an dem er sich bewegt, und wie muß er beschaffen sein? Muß er nicht um vieles größer sein, damit er die Kontinuität der Bewegung gestattet und damit nicht das, was bewegt wird, durch die Enge (des Ortes) zusammengedrückt, (seine) Bewegung anhält? – Er muß etwas sehr Großes sein, Dreimalgroßer.[18] –

4 Von welcher Beschaffenheit (muß er sein)? Doch wohl von der entgegengesetzten, (nicht wahr), Asklepios? Die einem Körper entgegengesetzte Beschaffenheit ist das Unkörperliche. – Einverstanden. – Der Ort also ist unkörperlich, was aber unkörperlich ist, ist entweder göttlich oder der[19] Gott.[20]

---

lich wenig glatten Ausdrucksweise des Traktates paßt. (Ich bezeichne unseren Text, wie es in der Literatur üblich ist, als einen »Traktat«, ohne damit eine Vorentscheidung über dessen Gattung zu treffen.)

[12] Die beiden (den ersten Teuchos des Werkes des Stobaios bezeugenden) Zeugen F und P schreiben Z. 10: »τὴν« (übernommen von *Parthey*, 19), was sinnentstellend ist, weil damit die φύσις dasjenige wird, worin die Bewegung erfolgt; entsprechend ist *Wachsmuths* (I, 157) Änderung in »τό« berechtigt, sie wird unterstützt von *Scott* I, 134; *Nock/Festugière* I, 32; *Copenhaver*, Hermetica, 125.

[13] Die Ergänzung des Artikels (Z. 12) durch Patrizzi (übernommen von *Parthey*, 20; *Scott* I, 134; *Wachsmuth* I, 157, Z. 19) ist lectio facilior; dem Stil des Traktates entspricht mehr die Fortlassung, wie in F und P bei Stobaios. Vgl. *Copenhaver*, Hermetica, 125.

[14] Für diese Übersetzung von »στιβαρός« siehe den Kommentar z.St.

[15] F und P bei Stobaios fassen die letzten drei Fragesätze als *eine* Frage (des Hermes) auf, vgl. *Wachsmuth* I, 157, App. z.St., der aber (wie Nock/Festugière) gegen die Zeugen die hier vorliegende Aufteilung vornimmt.

[16] *Scott* (II, 87f.) will »Σῶμα δὲ ὁ κόσμος … Μάλιστα« an den Anfang von II, 2 stellen, eine nicht begründbare Konjektur.

[17] Siehe die Vorbemerkung zu Übersetzung und Kommentar, oben, S. 23f.

[18] Für die Bedeutung von »χρῆμα« im Sinne von »etwas« vgl. *Liddell/Scott*, 2005, s.v. χρῆμα, II, 2. Ist es Zufall, daß an dieser Stelle, wo von der immensen Größe des Kosmos die Rede ist, der göttliche Gesprächspartner des Asklepios zum ersten Mal als der »Dreimalgroße« angeredet wird?

[19] Der Artikel fehlt in den hermetischen Kodices und bei Stobaios in Kodex P. Er dürfte aber (mit *Wachsmuth* I, 158; *Scott* I, 134; *Nock/Festugière* I, 33) an dieser Stelle ursprünglich sein.

[20] »ἢ« darf, gegen A und C, nicht wegfallen, sondern ist (in der Form »ἤ«, s. Kommentar z.St.) wohl ursprünglich, vgl. auch *Nock/Festugière* I, XIX (die Auslassung wird als »erreur« aufgelistet); auch *Scott* I, 134 schreibt »ἤ«.

Unter »göttlich« verstehe ich jetzt aber[21] nicht das Gezeugte, sondern das Ungezeugte.[22]
5 Wenn es (= das Unkörperliche) nun göttlich ist, ist es substanzhaft.[23] Wenn es aber Gott ist, wird es sogar substanzlos. Andererseits kann es gedacht werden, und zwar so: Gott kann zuerst von uns gedacht werden, nicht von sich selber.[24] Denn das, was gedacht werden kann, steht dem Denkenden bewußt (= »αἰσθήσει«) vor Augen. Gott kann also nicht von sich selbst gedacht werden. Denn er ist ja nicht von dem Gedachten verschieden, wenn er von sich selbst gedacht wird.[25]
6 Für uns jedoch ist er etwas Unterschiedenes. Deswegen wird er von uns gedacht.[26] Wenn aber der Ort gedanklich erfaßbar ist, dann nicht als Gott, sondern als Ort. Wenn aber als Gott, dann nicht als Ort,[27] sondern als umfangende

---

[21] Die Kodices lassen, wohl nach dem Ausfall voraufgehender Abschnitte (vgl. Nock/Festugière I, XLII), hier das »δέ« fort, bei Stobaios, der normalerweise den besseren Text bietet (dazu vgl. *Nock/Festugière* I, XLII–XLIII; *Casey*, Rez. Nock/Festug., 208), findet es sich, es ist also zu halten, so offenbar auch *Scott* I, 134.
Im Überblick über die drei letzten Anmerkungen ist festzustellen, daß (bis auf die Auslassung des Artikels bei Stobaios in P, vgl. Anm. 19) Stobaios alle drei Wörter schreibt. Der Wegfall in den genannten Zeugen dürfte vermutlich mit dem Fehlen des ersten Teils des Traktates in den hermetischen Kodices zu tun haben.
[22] Hier ist mit einiger Sicherheit mit allen Textzeugen »γεννητόν« und »ἀγέννητον« (statt »γενητόν« und »ἀγένητον«) zu schreiben, gegen die Emendation bei Patrizzi, *Wachsmuth* I, 158 und offenbar *Ménard*, 19, denn hier geht es möglicherweise, wie der Kommentar zeigen wird, tatsächlich um Zeugung (γεννᾶν), nicht einfach um Werden (γενέσθαι)/Vergehen. – Die Bezeugung bei Stobaios endet hier und setzt wieder ein mit »πᾶν [δὲ] τὸ κινούμενον …«, CH II,6, S. 33, Z. 11.
[23] Offenbar liegt hier der Fall eines »ἐάν« + Konj. Präs. in der Protasis im Sinne eines »εἰ« + Ind. vor, der nach BDR, § 373, b, 2 ganz vereinzelt auftritt. Denn es liegt nicht der potentiale Fall vor, sondern der für »εἰ« + Ind. typische Fall logischer Schlußfolgerungen, vgl. BDR, § 372. Vgl. auch *Mayser* II/1, 278f.
[24] Den Sinn dieses Satzes kehrt *Scott*, II, 93f. durch unbegründete Konjekturen in sein Gegenteil um.
[25] Die Schwierigkeit des Satzes besteht darin, daß man eine aktive Verbform erwartet: »Denn er ist ja nicht von sich selbst verschieden, wenn er sich selbst denkt.« Stattdessen wird passivisch formuliert, vielleicht um durch die gewundene Konstruktion des Satzes das Ineinander von Denk-Subjekt und Denk-Objekt im Falle Gottes zu veranschaulichen. – Für diesen ganzen Abschnitt finden sich bei *Scott* (vgl. I, 134–136, Text und App. z.St., sowie II, 92–94, z.St.) zahlreiche, völlig aus der Luft gegriffene Konjekturen, Umstellungen und Ergänzungen, die es nicht lohnen, in den Einzelheiten diskutiert zu werden.
[26] Die beiden Sätze »ἡμῖν δὲ … νοεῖται« (Z. 8–9) fehlen in einigen hermetischen Kodices (B, C, D, Ven. 242, Pal. 53; eingefügt B², Dᶜ; vgl. dazu *Nock/Festugière* I, XX; XXVIII; 33, App. z.St.), vermutlich aufgrund von Homoioteleuton mit »νοεῖται« CH II,5 Ende, Z. 8, so auch *Casey*, Rez. Nock/Festug., 207.
[27] Statt »als Ort« bzw. »als Gott« schreiben die hermetischen Kodices den Artikel (bis auf A und Dᶜ vor dem zweiten »θεός«). Scott ist inkonsequent, vgl. II, 94 und I, 136: er schreibt »ὡς« + Artikel vor dem ersten »θεός«, dann »ὁ τόπος«, dann »ὁ θεὸς οὐχ ὡς τόπος«. Daß statt des bestimmten Artikels der Kodices jeweils ein »ὡς« anzunehmen ist, ist durchaus wahrscheinlich, da »ὡς« vor »ἐνέργεια χωρητική« unbestritten ist. Vgl. auch *Nock/Festugière* I, 33, mit App. z.St.; *Copenhaver*, Hermetica, 126, z.St.

Wirksamkeit.[28] Alles aber, was bewegt wird, wird nicht in etwas bewegt, das selber bewegt wird, sondern in etwas, das feststeht. Auch das, was bewegt, steht aber fest, es kann unmöglich mit ihm bewegt werden.[29] – Wie nun,[30] Dreimalgroßer, wird das, was hier (auf Erden) ist, mit dem, was bewegt,[31] mitbewegt? Denn du sagtest, daß die Planetensphären von der Fixsternsphäre bewegt werden. – Das aber, Asklepios, ist keine gleichläufige Bewegung,[32] sondern eine gegenläufige:[33] denn sie werden nicht in gleicher Weise bewegt, sondern sind einander entgegengesetzt.[34] Die Gegensätzlichkeit bringt aber ein feststehendes Gegengewicht gegen die Bewegung mit sich[35].

7 Denn Widerstand bewirkt Stillstehen von Bewegung.[36] Die Planetensphären nun, durch die Fixsternsphäre in eine gegenläufige Bewegung versetzt, <werden von einander[37], und zwar durch ihr gegenseitiges Zusammen-

---

[28] An dieser Stelle konjiziert *Scott* (I, 136; II, 94) einen weiteren Satz: »ἄλλο τί ἐστι τοῦ θεοῦ ὁ τόπος«.

[29] Die hermetischen Kodices schreiben »ἀδύνατον γὰρ αὐτῷ συγκινεῖσθαι« (so auch *Parthey*, 21), was als nachträgliche Verdeutlichung aufzufassen ist; in C steht »εὐδύνατον …«. Vgl. *Wachsmuth* I, 163, App. z.St.; *Nock/Festugière* I, XLII; I, 33, mit App. z.St.; *Scott* (I, 136) vermutet statt »αὐτῷ« ein »αὐτό«.

[30] Den Abschnitt von hier bis zum Ende des »Schwimmer-Beispiels« CH II,8a hält Scott (I, 137, n. 1) für eine nachträgliche Einfügung in den Traktat.

[31] Hier ist wiederum Stobaios zu folgen, der »κινοῦσιν« schreibt, statt des passivischen »κινουμένοις« der Kodices (übernommen von *Scott* I, 136; auch von *Wachsmuth* I, 163). Das Passiv ist eine Korrektur, vielleicht aus dem Grund, weil im voraufgehenden Satz nur von *einem* κινοῦν die Rede ist, damit würde sich eine Pluralität von Bewegern schlecht vertragen. Vgl. dagegen die (aus inhaltlichen Gründen) zu einem anderen Ergebnis kommenden Überlegungen von *Scott*, II, 96.

[32] Statt, wie bei Stobaios, »συγκίνησις« schreiben die Kodices »κίνησις«, doch das erstgenannte Wort dürfte ursprünglich sein, denn es knüpft an »συγκινεῖσθαι« Z. 14 an. Für »συγκίνησις« spricht sich auch Nock aus in *Nock/Festugière* I, XLII.

[33] Kodex P bei Stobaios läßt diese Wendung aus, vermutlich aufgrund von Homoioteleuton mit »συγκίνησις«.

[34] Stobaios und B² schreiben das Adverb »ἐναντίως« (übernommen von *Parthey*, 22; *Scott* I, 136); das ist eine sprachliche Glättung gegenüber »ἐναντίαι«, nämlich zum einen Angleichung an das voraufgehende »ὁμοίως«, zum anderen Angleichung an »ἐναντίωσις« (»ἐναντίως« bei Stobaios!) im folgenden Satz.

[35] Übersetzung von »ἔχει«.

[36] Statt wie bei Stobaios »στάσις φορᾶς« schreiben die Kodices »στάσεώς ἐστι φορά«, was eine inhaltliche Glättung zu sein scheint. Nock scheint die bei Stobaios gegebene Fassung als ursprünglich zu beurteilen, vgl. *Nock/Festugière* I, XLII; ebenso *Scott* I, 136; *Parthey*, 22 schreibt in Anlehnung an Patrizzi: »στάσις φορᾶς ἐστί«.

[37] Etwa im Sinne von: der Reihe nach, also die zweite von der ersten Sphäre, die dritte von der zweiten, etc … Hier wird der bei *Nock/Festugière* (I, 34) nach den hermetischen Kodices gebotene Text übersetzt, nicht der bei Stobaios stehende (s. *Nock/Festugière* I, 34, App. z.St.; *Wachsmuth* I, 164, App. z.St.), denn der scheint noch weniger sinnvoll zu sein als der hier übernommene. Doch für die Übersetzung kann keinerlei Sicherheit beansprucht werden (angezeigt durch die Einklammerung < >), und vielleicht wäre es besser, den Abschnitt wie bei *Nock/Festugière* (I, 34, vgl. auch n. 7, p. 36–37) in cruces zu setzen und unübersetzt zu lassen (*Scott* I, 137 läßt ihn teilweise unübersetzt). Offenbar soll aber in einem einzigen Satz ausgesagt werden, daß die Fixsternsphäre den Anstoß für eine sich fortpflanzende, zu ihr gegenläufige Bewegung gibt, die um ein mit ihr identisches Zentrum

treffen, um die »Gegenheit« selbst herum von der feststehenden (Sphäre) bewegt.> Anders kann es auch gar nicht sein.[38] Denn diese[39] beiden Sternbilder des Bären, die du weder untergehen noch aufgehen siehst,[40] die hingegen um dasselbe Zentrum kreisen,[41] meinst du,[42] daß sie sich bewegen, oder[43] daß sie stillstehen? – Daß sie sich bewegen, Dreimalgroßer. – In was für einer (Art von) Bewegung, Asklepios? – In einer, die sich (immer) um dasselbe[44] wendet. – Die Kreisbewegung ist aber identisch mit einer Bewegung um das Zentrum, die vom Stillstehen im Zaum gehalten wird.[45] (Wie) die Bewegung um ein Zentrum an einem Ausbruch aus dieser Bewegung hindert, <und zwar weil die Kreisbewegung, wenn sie sich um ein Zentrum herum vollzieht, eben an einem Ausbruch aus dieser Bewegung gehindert wird,>[46] so steht auch die gegen-

---

kreist (ähnlich *Nock/Festugière* I, 35–37, n. 6 und 7). Siehe den Kommentar z.St. Vgl. auch die Übersetzung von Einarson, die ähnlich ist, aber den Gedanken der Bewegung um ein feststehendes Zentrum nicht einbringt:«For resistance is stopping of motion. So then the planetary spheres, in being moved by themselves in opposition to the aplanes, because of their pushing themselves off from this opposite sort of moving thing, are moved by it qua it is stationary« (bei *Nock/Festugière* I, 36–37, n. 7; das Original von Einarson war mir leider nicht zugänglich.). Die Übersetzung von *Copenhaver*, Hermetica, 9 ist weniger klar und textgetreu, vgl. aber seine Anmerkung auf p. 126, daß er sich nach der Rekonstruktion von Einarson richtet.

[38] Dieser Satz wird von Stobaios ausgelassen, vermutlich ein Irrtum, vgl. *Nock/Festugière* I, XLI; auch *Scott* I, 136 schreibt den Satz.

[39] »ταύτας« fehlt in herm. B, findet sich aber in den übrigen hermetischen Kodices sowie bei Stobaios, gehört also schon aus textkritischen Gründen hierher; auch inhaltlich ist der Gestus des Verweises an dieser Stelle wahrscheinlich.

[40] Zur partizipialen Ergänzung des Objektes in Sätzen, in denen eine Wahrnehmung ausgedrückt ist, vgl. BDR, § 416 a).

[41] *Scott* I, 136, App. z.St.; II, 98 möchte, wohl wegen gewisser Variationen in der Textüberlieferung, »περὶ δὲ τὸ αὐτὸ στρεφόμενας« streichen, aber das scheint nicht gut begründet.

[42] Statt des von den hermetischen Kodices (und von einer Korrektur am Rande von P (= P²) bei Stobaios) gebotenen »ἢ οἴει« schreibt Stobaios (ursprüngliche Lesarten von F und P) »ποιεῖ« (ein bei unzialer Vorlage leicht erklärlicher Lesefehler), einer der seltenen Fälle, wo er den schlechteren Text bietet. Als Fehler notiert auch bei *Nock/Festugière* I, XLII; *Wachsmuth* I, 164 übernimmt denn auch »οἴει«.

[43] Stobaios (ursprüngl. Lesart von F und P) schreibt »καί« statt »ἢ«, wiederum ein Fehler (korrigiert am Rand von P), vgl. *Nock/Festugière* I, XLII; *Wachsmuth* I, 164, App. z.St. Mit »καί« ist insbesondere die folgende Antwort des Asklepios nicht verständlich.

[44] Die Version der Kodices »περὶ αὐτὸ στρεφομένην« (*Parthey*, 22; *Wachsmuth* I, 164: »περὶ τὸ αὐτὸ ...«) scheint eine Vereinfachung der bei Stobaios (F und P) gebotenen »περὶ τὰ αὐτὰ ἀναστρεφομένην« und eine Angleichung an Z. 5f. zu sein.

[45] Mit Stobaios wird in Z. 9 der Artikel zwischen »περί« und »αὐτό« zu lesen sein, aber gegen Stobaios (und damit gegen *Parthey*, 23; *Scott* I, 136 u. 137) ist in Z. 8 »τὸ αὐτὸ καί« zu lesen und in Z. 9 »ἐστίν« auszulassen; die Version bei Stobaios stellt hier eine Vereinfachung des Textes dar, so daß die Regel »lectio difficilior probabilior« Anwendung findet.

[46] Diese Übersetzung ist ein (mit vielen Unsicherheiten behafteter) Versuch, aus dem bei *Nock/Festugière* I, 34 gebotenen Text einen Sinn zu ermitteln. Zur Erklärung der Übersetzung: »τὸ γὰρ περὶ αὐτό« = die Kreisbewegung; sie hindert »τὸ ὑπὲρ αὐτό«, also das »Über-es (= das Zentrum der Bewegung)-hinaus«, sie hindert also an einem Ausbruch aus dem Kreis. (Bezeichnend für die Schwierigkeit, die Wendung »ὑπὲρ αὐτό« zu verstehen,

gerichtete Bewegung ortsfest,[47] da sie von der entgegengerichteten Kraft stabilisiert wird.

8 Ich werde dir ein irdisches[48] Beispiel geben, das in die Augen springt.[49] Die irdischen[50] Lebewesen meine ich, wie z.b. den Menschen, schau ihn dir

---

ist, daß A »περὶ αὐτό« schreibt, also auf die Kreisbewegung um ein Zentrum anspielt.) Der mit »κωλυόμενον« beginnende Satzteil bekräftigt die Aussage des übrigen Satzes nur: wenn die Bewegung im Hinblick auf ein Zentrum feststeht (»εἰ ἔστη εἰς τὸ περὶ αὐτό«), ist sie gehindert im Hinblick auf ausbrechende Bewegungen (»κωλυόμενον δὲ τοὺς τὸ ὑπὲρ αὐτό«). Bei Stobaios fehlt die ganze Wendung »κωλυόμενον … περὶ αὐτό«, eventuell wegen Homoioteleuton mit »ὑπὲρ αὐτό«, möglicherweise aber auch, weil sie ihm bereits unverständlich war oder als Wiederholung des zuvor Gesagten überflüssig schien. Vgl. ähnlich *Nock/Festugière* I, XLI. B² und Turnebus lassen das von den meisten Kodices geschriebene »τοὺς« vor »τὸ ὑπὲρ αὐτό« aus, ebenso *Parthey*, 23 und *Scott* I, 136 u. 137, offenbar weil unklar ist, worauf sich der Artikel bezieht. Möglicherweise ist er tatsächlich überflüssig; zu erwägen ist auch *Scotts* »κωλυομένου δὲ τοῦ …« (I, 137, App. z.St.) – *Nock/Festugière* I, 34 übersetzen die von Stobaios ausgelassene Stelle überhaupt nicht; *Scott* I, 137 kehrt das syntaktische und damit logische Verhältnis der beiden eingeklammerten Satzteile um (das »εἰ ἔστη …« drückt gerade nicht das Resultat, sondern die Bedingung aus!), kommt aber ansonsten zum gleichen Ergebnis wie die obige Übersetzung; *Copenhaver*, Hermetica, 9 und 126 übernimmt die Konjektur von *Wachsmuth* (I, 164, App. z.St.) und erhält einen etwas anderen Sinn als den hier vermuteten. Möglich wäre die Übernahme der Konjektur Einarsons (»ἐνέστη«) (so auch *Nock/Festugière*), doch ist auch ihr Sinn nicht klar. – Trotz der großen textkritischen Unsicherheiten in CH II,7 sind, wie der Kommentar zeigt, die Gedankenlinien der Argumentation des Verfassers durchaus erkennbar.

[47] »ἕστηκεν ἑδραία« dürfte mit Stobaios, gegen die hermetischen Kodices, die ursprüngliche Lesart gewesen sein. (Vielleicht sind die Lesarten »ἔστη ἥ« (in A) bzw. »ἔστη« (in B) auf Angleichung an Z. 11 »εἰ ἔστη« zurückzuführen.)

[48] »ἐπίγειον« fehlt in den Kodices (und bei *Scott* I, 136), dürfte aber mit Stobaios zu halten sein, vgl. *Nock/Festugière* I, XLII.

[49] Warum lesen *Nock/Festugière* I, 34 nicht, wie bei Stobaios, »ἐπιπῖπτον« (so z.B. auch *Parthey*, 23)? Vielleicht vermuten sie (vgl. ebd., XLII) Angleichung an »ἐπίγειον«. Berechtigt ist die Vermutung, daß »πῖπτον« in den hermetischen Kodices defektiv ist (schon wegen der Vorliebe des Autors für Komposita); *Wachsmuth* I, 164 (nach Patrizzi) konjiziert »ἐμπῖπτον«, wohl nach der Maßgabe, daß möglichst wenig zu ergänzen ist. Vgl. auch *Copenhaver*, Hermetica, 126.

[50] Zu lesen ist vermutlich nicht »ἐπίγεια« gemäß den hermetischen Kodices (übernommen von *Scott* I, 136), sondern das von F und P bei Stobaios gebotene und von *Nock* und *Festugière* (I, 34, App. z.St. und XLII) übernommene »ἐπίκηρα«. Dafür spricht, daß das Wort selten ist; »ἐπίγεια« könnte nachträgliche Angleichung an Z. 13 »παράδειγμα ἐπίγειον« sein; außerdem könnte nachträgliche Angleichung an die Ausdrucksweise von CH VIII, 4–5 vorliegen. Schließlich verdient auch aufgrund inhaltlicher Kriterien »ἐπίκηρα« den Vorzug: der Verfasser liebt es, in seinen physikalischen Beispielen theologisch gefüllte Wörter unterzubringen (z.B. II, 8 »ζῴου ὑλικοῦ«; II, 9 »καταβαρουμένης«; s. Kommentar). Durch die Wortwahl könnte er auch hier, wie *Nock* und *Festugière* im Anschluß an Euseb, Adv. Hierocl. § 47 vermuten (I, 34, App. z.St.), irdische und himmlische Welt, den Bereich des Sterblichen und den des Unsterblichen, miteinander kontrastieren. Die Abschreiber der Kodices haben vermutlich nicht verstanden, weshalb in einer physikalisch-kosmologischen Abhandlung ein theologisch gefüllter Begriff verwendet wird und den Text daher durch Einfügung eines neutralen, sachlichen Wortes, das auch schon in der Zeile zuvor verwendet wurde, korrigiert. Es scheint aber gerade die Vorgehensweise des Verfassers zu sein, Physik und Theologie miteinander zu verbinden. Dafür liefert die Wortwahl an unserer Stelle einen

an,[51] wie er schwimmt. Während nämlich das Wasser dahinströmt, führt die Gegenbewegung von Füßen und Händen dazu, daß der Mensch stillsteht, so daß er nicht vom Wasser fortgerissen wird. – Das Beispiel ist klar, Dreimalgroßer.[52] –

Jede Bewegung findet also in etwas, das steht, und durch etwas, das steht,[53] statt.

Die Bewegung der Welt[54] und jedes aus Materie bestehenden Lebewesens scheint also nicht durch die Einwirkung dessen, was außerhalb des Körpers[55] ist, zu entstehen, sondern durch die Einwirkung dessen, was im Körper ist, in Richtung auf das, was außerhalb ist, also durch (Wirkung von) geistige(n) Faktoren,[56] wie z.b. einer Seele oder eines Geistes[57] oder irgendeiner anderen, nichtkörperlichen Größe. Ein Körper bewegt nämlich keinen beseelten Körper, ja überhaupt keinen Körper, auch wenn er unbeseelt ist.[58] –

---

kleinen Hinweis; dadurch wird das physikalische Beispiel sozusagen »durchsichtig« auf seinen theologischen Gehalt hin.

[51] Die Version von Kodex B (»θεώρει νηχόμενον«) dürfte gegenüber den Varianten von C (»θεωρεία«), A, D² (»θεωρία«) und bei Stobaios (»νηχόμενον θεώρησον«) ursprünglich sein. Zumindest die beiden Varianten in den hermetischen Kodices dürften auf Schreibfehlern beruhen, die Variante bei Stobaios auf dem Bestreben nach grammatikalischer Genauigkeit.

[52] Die Kodices übertreiben: »σαφέστατον παράδειγμα εἶπες« (übernommen von *Parthey*, 23, aber nicht *Scott*, I, 138). Siehe auch *Wachsmuth* I, 164, App. z.St.; *Nock/Festugière* I, XLIII; I, 35 mit App. z.St.; es ist wahrscheinlicher, daß der Superlativ nachträglich (evtl. in Angleichung an den auch sonst emotionalen Stil des Verfassers) aus dem Positiv entstanden ist als umgekehrt.

[53] Stobaios (sowohl F als auch P) zieht zu einem Wort zusammen: »ὑποστάσεως«. Das ergibt jedoch keinen sinnvollen Satz; auch die Parallelität zu »ἐν στάσει« legt »ὑπὸ στάσεως« (2 Wörter!) nahe; ist die Zusammenziehung zu einem Wort beeinflußt durch die theologische Rede von der ὑπόστασις? Die Lesarten »ὑποστάσει« (herm. Kodices A und D) bzw. »ὑπὸ στάσει« (in herm. M) könnten Angleichung an »ἐν στάσει« sein. Vgl. *Parthey*, 23; *Wachsmuth* I, 164, App. z.St.; *Scott* I, 136; *Nock/Festugière* I, XLII.

[54] »ζῴου« in herm. A, übernommen von Turnebus (statt »κόσμου« bei Stobaios und herm. B,C, und M) dürfte ein Versehen des Abschreibers sein; das Auge irrte vermutlich zu »παντὸς δὲ ζῴου« in derselben Zeile ab.

[55] Statt »τοῦ σώματος« wie bei Stobaios (vgl. auch *Scott* I, 138) schreiben die hermetischen Kodices »τοῦ κόσμου« (so auch Turnebus; *Parthey*, 24); das gibt den Sinn des Gemeinten präzise wieder, insofern es eine Übertragung des allgemeinen Satzes auf den Körper »Kosmos« ist (vgl. die voraufgehende Zeile: »τοῦ κόσμου« in herm. B, C, und M) darstellt. Da aber der Satz im folgenden ganz bei den allgemeinen Ausführungen bleibt (z.B. »τῶν νοητῶν, ἤτοι ψυχῆς ἢ πνεύματος ἢ ἄλλου τινὸς ἀσωμάτου«), dürfte auch an der hier behandelten Stelle der allgemeine Gedanke ausgeführt sein und damit »τοῦ σώματος« zu lesen sein. »Τοῦ κόσμου« stellt dann bereits gleichsam eine nachträgliche Interpretation des Gemeinten dar.

[56] »τῶν νοητῶν« fehlt in den hermetischen Kodices (entsprechend auch bei *Scott* I, 138), vielleicht weil die Abschreiber mit dem damit verbundenen Gedanken nichts anfangen konnten.

[57] »ἢ πνεύματος« wird von *Scott* (I, 138) eingeklammert, ist aber unbedingt ursprünglich (s. Kommentar).

[58] »ἢ« fehlt in den hermetischen Kodices, vermutlich aus einem Übersehen des kleinen Wortes. Auf die vielen kleineren Varianten in diesem Satz sowie die umfangreichen, durch

9 Wie meinst du das, Dreimalgroßer? Hölzer etwa, und Steine und all das andere[59] Unbeseelte[60] – sind es nicht alles Körper, die (sie) bewegen?[61] – Aber nein,[62] Asklepios. Denn das Innere des Körpers, der das Unbeseelte bewegt, das ist kein Körper,[63] der beides bewegt, sowohl den Körper, der (einen anderen) fortträgt, als auch den Körper, der fortgetragen wird. Daher wird etwas Unbeseeltes etwas anderes (ebenfalls) Unbeseeltes nicht bewegen (können).[64] Da siehst du, wie die Seele beschwert wird, wenn sie als einzige[65] zwei Körper schleppt.[66] Und daß nun das, was bewegt wird, in etwas und von etwas bewegt wird, ist offenkundig. –

10 Das, was bewegt wird, muß im leeren Raum[67] bewegt werden, nicht wahr, Dreimalgroßer? – Red' nicht so einen Unsinn,[68] Asklepios. Aufgrund des ontologischen Argumentes ist auch nicht irgendetwas von dem, was existiert, leerer Raum. Denn das, was ist, könnte nicht etwas sein, was ist, wenn es nicht mit Sein gefüllt wäre. Denn das seinsmäßig Vorhandene kann niemals ein Lee-

---

nichts begründeten Konjekturen, Umstellungen und Streichungen bei *Scott* I, 138 und II, 99–100 (Scott nennt eine davon »restoration«) ist hier nicht einzugehen.

[59] Der Sinn erfordert mit den hermetischen Kodices das »ἄλλα«, allerdings fehlt es bei Stobaios. Es könnte tatsächlich nachträgliche verdeutlichende Hinzufügung sein.

[60] »ἄψυχα« wie bei Stobaios verdient aufgrund des Sinns eindeutig den Vorzug vor »ἔμψυχα« in den hermetischen Kodices. Im anderen Falle würde die Pointe des Satzes verfehlt. Siehe auch *Ménard*, 22; *Parthey*, 24; *Scott* I, 138; *Nock/Festugière* I, 35.

[61] »κινοῦντα« könnte eine verdeutlichende Hinzufügung in den hermetischen Kodices sein; bezeichnenderweise fehlt es bei Stobaios (F und P).

[62] »οὐδαμῶς« gehört zu den Lesarten von M, »qui méritent considération« (*Nock/Festugière*, XVIII). Auch Stobaios hat »οὐδαμῶς«, aber nicht »ὦ« vor »᾿Ασκληπιέ« (s. auch *Wachsmuth* I, 165, mit App. z.St.), vermutlich im Irrtum (*Nock/Festugière* I, XLI).

[63] An dieser Stelle wird also mit *Parthey*, 24; *Scott* I, 138; *Nock/Festugière* I, 35 (Text, vgl. dag. App.) »οὗ« gelesen, nicht (mit Einarson) »οὗ«, doch auch dieser Vorschlag ergäbe durchaus (mit *Nock/Festugière* I, 35, App.) einen sinnvollen Satz.

[64] Die hermetischen Kodices schreiben: »διόπερ ἔμψυχον τὸ καθεῦδον ἐπεὶ κινεῖ«, was rätselhaft ist; vielleicht ist mit *Parthey*, 24 (s. auch *Ménard*, 22) zu schreiben: »διόπερ ἔμψυχον τὸ κινοῦν (»τὸ κινοῦν« dann später verschrieben in »καθεῦδον«), ἐπεὶ κινεῖ«, letztendlich verdient aber gegenüber allen Konjekturen (für eine andere vgl. *Scott* I, 138) wohl der Text bei Stobaios den Vorzug, vgl. *Wachsmuth* I, 165, mit App. z.St.; *Nock/Festugière* I, XLIII. Nach den letztgenannten könnte »ἐπεὶ κινεῖ« eine erläuternde Glosse zu »κινήσει« sein.

[65] »μόνη« fehlt bei Stobaios, doch da es sich um eine für den/die hermetischen Verfasser typische, sachlich ganz abwegige Übertreibung handelt, dürfte das Wort ursprünglich sein, vgl. auch *Nock/Festugière* I, XLI.

[66] Hier endet vorläufig die Bezeugung des Textes durch Stobaios; sie beginnt wieder mit CH II,10, S. 35, Z. 19: »οὐδὲ ἓν τῶν ὄντων …«.

[67] »κενῷ« ist eine – wohl zutreffende – Konjektur von Flussas (übernommen von *Parthey*, 25; *Scott*, I, 138; *Nock/Festugière* I, 35; *Copenhaver*, Hermetica, 126); die hermetischen Kodices schreiben »ἐν ἐκείνῳ«, was aber im Hinblick auf das Folgende keinen Sinn ergibt.

[68] Zu Recht konjiziert Parthey »εὐφήμει« statt des in den Kodices stehenden »εὖ φῃς« (»wohl gesprochen«), denn Asklepios liegt mit seiner Ansicht, wie S. 36, Z. 12–13 zeigt, völlig falsch. Vgl. auch *Ménard*, 22; *Parthey*, 25, App. z.St.; *Scott*, 138–139; *Nock/Festugière* I, 35 mit App. z.St.; *Copenhaver*, Hermetica, 126.

res werden. – Gibt es nicht doch etwas Leeres, Dreimalgroßer, wie z.B. einen Kessel, oder einen Tonkrug, oder einen Kelter oder derlei mehr Dinge?[69] – O weh, großer Irrtum, Asklepios. Das, was vielmehr völlig angefüllt und ganz voll ist[70], das hältst du für leer? –
11 Wie meinst du das, Dreimalgroßer? – Ist die Luft nicht ein Körper? – Ja. – Dieser Körper aber, durchdringt er nicht alles, was ist, und indem er das tut, erfüllt er nicht alles? Besteht[71] nicht ein Körper aus der Mischung[72] der vier

---

[69] Hier wird von den Kodices (übernommen bei *Ménard*, 22; *Parthey*, 25) eine abweichende Fassung geboten, die wie folgt zu übersetzen ist: »Nichts von dem, was ist, ist leer, nur das, was nicht ist, ist leer, fremd der Vorhandenheit. (Vielleicht wurde hier ein ursprüngliches »ὑποστάσεως« in Angleichung an das folgende »τὸ ὑπάρχον« in »ὑπάρξεως« »korrigiert«, vgl. *Nock/Festugière* I, 36, App. z.St. zu herm. A). Das Vorhandenseiende kann niemals leer werden. – Ist nicht einiges doch so beschaffen, Dreimalgroßer, wie z.B. ein leerer Krug und ein leeres Gefäß und ein Fluß, als ganzer betrachtet, und anderes Ähnliches?« Nach *Nock/Festugière* I, XLV ist der von Stobaios gebotene Text vorzuziehen (anders jedoch *Casey* in der Rez. Nock/Festug, 208: der ungeschickte Text der hermetischen Handschriften könnte von Stobaios geglättet sein); nach *Reitzenstein*, Poimandres, 209–210 liegt in den Kodices eine vom Redaktor der Sammlung umgestaltete Textfassung vor. Möglicherweise ist aus ihr jedoch der Satz: »μόνον δὲ τὸ μὴ ὂν κενόν ἐστι, ξένον τῆς ὑπάρξεως« in die ursprüngliche, bei Stobaios zu findende Fassung zu übernehmen, wie *Wachsmuth* (I, 158, App. z.St.) vorgeschlagen hat. Auch bei *Nock/Festugière* I, XLV findet sich der Vorschlag der Übernahme dieses Satzes, aber es wird auch (m.E. zu Recht) zu bedenken gegeben, daß der Satz eine »Alternative« zu »τὸ … δύναται« sein könnte und demnach doch *nicht* in den ursprünglichen Text gehört. (Außerdem wird *Nock/Festugière* I, 36, App. z.St. die Übernahme von »πάντα« nach »ἄλλα« in Z. 4 vorgeschlagen, was m.E. überflüssig ist.)
Besonders rätselhaft ist in den Kodices die Wendung »ποταμὸς ὅλος«, der nichts im Text des Stobaios entspricht: vielleicht steht diese Wendung unter dem Einfluß des Schwimmer-Beispiels aus CH II,8 (vgl. auch *Scott/Ferguson* IV, 363, n. 5); auch bei Aristoteles (Phys. 212a17f.: »οἶον ἐν ποταμῷ πλοῖον, ὡς ἀγγείῳ χρῆται μᾶλλον ἢ τόπῳ τῷ περιέχοντι«) ist der Fluß als Beispiel eines Gefäßes genannt. *Reitzenstein* (Poimandres, 210 mit n. 1) schlägt als ursprünglichen Text vor: »ποτήριον (für ποταμὸς ὅλος) καὶ ληνός«; in der obigen Übersetzung wird aber von einer Mischung der Textfassung bei Stobaios und der der hermetischen Kodices abgesehen und die Lesart von Stobaios übernommen. – Von *Scott* I, 138–140 wird dagegen eine Mischversion aus den hermetisch Mss. und Stobaios rekonstruiert und II, 101 verteidigt, die jedoch schon deshalb abzulehnen ist, weil sie auf methodisch fragwürdige Weise zustande gekommen ist. Zu der Mischversion von Parthey vgl. die zutreffenden Bemerkungen von *Reitzenstein*, Poimandres, 209–210.
[70] Die von der Lesart »μεσότατα ὄντα« abweichenden Lesarten können durchweg als Verschreibungen bzw. als Versehen erklärt werden. Das gilt sowohl von der Auslassung von »ὄντα« bei Stobaios (wohl aufgrund der Ähnlichkeit mit »ταῦτα«) als auch von der Lesart der hermetischen Kodices »μέγιστα ὄντα« (»μέγιστα« wohl Verschreibung von »μεσότατα«, und zwar im üblichen übertreibenden Geist des Textes).
[71] Mit Stobaios ist »συνέστηκε« zu lesen; die hermetischen Kodices A und B lassen das Wort aus.
[72] Zu lesen ist »κεκραμένον« (statt »κεκραμμένον«), wie in herm. M, vgl. *Parthey*, 26; *Scott* I, 140; II, 102; auch *Scott/Ferguson* IV, 363; *Nock/Festugière* I, XVIII (eine der Lesarten von M, »qui méritent considération«).

(Körper)?[73] Alles nun, was du leer nennst, ist voller[74] Luft. Wenn aber[75] von Luft, dann auch voll der vier Körper, und so ergibt sich die gegenteilige Schlußfolgerung,[76] daß nämlich das, was du voll[77] nennst, alles leer von Luft ist, weil jenes[78] nämlich von anderen Körpern besetzt wird und keinen Raum[79] mehr hat, wo es die Luft aufnehmen könnte. Das, was du »leer« nennst[80], muß man »hohl« nennen, nicht »leer«. Seinsmäßig[81] ist es nämlich voll von Luft und Geist. –

---

[73] Die Lesart bei Stobaios »τεσσάρων« ist die auf den ersten Blick schwierigere, dabei aber sachlich gehaltvollere gegenüber »σωμάτων« in den Kodices; »σωμάτων« könnte Angleichung an das voraufgehende »σῶμα« sein, weil man »τεσσάρων« nicht genau verstand. Demnach ist als ursprünglich wohl »τεσσάρων« zu lesen. »τεσσάρων σωμάτων« bei *Scott* (I, 140; II, 102) ist eine methodisch fragwürdige Kombination beider Varianten und eine unerlaubte Glättung des Textes (gegen *Nock/Festugière* I, XLIII).

[74] »μεστά«, nicht, wie als Schreibfehler in Kodex P bei Stobaios: »μετά« (Ausfall des »σ«), vgl. unten, n. 77!

[75] Der ganze Satz von »εἰ δὲ …« (*Nock/Festugière* I, 36, Z. 10) bis »τὸν ἀέρα« (ebd., Z. 15) fehlt in den hermetischen Kodices A, B und C. Der Satz findet sich dagegen bei Stobaios sowie in herm. M und als Korrektur am Rand von B (= B^c). Nock vermutet (vgl. *Nock/Festugière* I, XIX, n. 1), daß der Satz im Archetyp vergessen wurde und dann am Rande vermerkt wurde. Diese Randnotiz wiederum ging beim Übergang vom Archetyp zu A, B und C verloren. Nach Nock ist M jedenfalls nicht von Stobaios abhängig. Vgl. dazu auch *Nock/Festugière* I, XVIII und XLVI sowie 36, App. z.St.; *Parthey*, 26, App. z.St. Der Ausfall des Satzes läßt sich vielleicht durch Haplographie aufgrund von »ἀέρος« Z. 11 bzw. »ἀέρα« Z. 15 erklären; zudem weist die ganze Passage wegen ihrer gewundenen Argumentation viele ähnliche Wendungen bzw. gleiche Wörter auf, so daß es zu einem Abschreibefehler kommen konnte.

[76] Das Gegenteil dessen, was Asklepios ursprünglich behauptet hat.

[77] Hier schreiben herm. M und Stobaios (d.h. dieses Mal sowohl F als auch P, siehe dag. oben) wieder »μετά« statt »μεστά«. Wahrscheinlich wurde das »σ« beim Abschreiben versehentlich ausgelassen; in herm. B² ist der Fehler z.B. korrigiert. Vgl. *Nock/Festugière* I, XLVI.

[78] »ἐκείνων« (bei Stobaios, *Wachsmuth* I, 159; *Nock/Festugière* I, 36, App. z.St.) ist sprachlich auffällig und ungeschickt, das Fehlen in herm. M ist daher wohl als nachträgliche Glättung zu interpretieren. Vgl. z.St. *Nock/Festugière* I, XLIII.

[79] Statt »τόπον« wie in herm. M und in der nachträglichen Einfügung des Satzes in B (s. oben) schreibt Stobaios »τοῦτον«, einer der wenigen Punkte, wo bei Stobaios ein (als Verwechslung aufgrund der graphischen Ähnlichkeit der beiden Wörter) gut erklärlicher Irrtum unterlaufen sein dürfte, vgl. *Nock/Festugière* I, XLII. – An dieser Stelle wird »τόπος« nicht im Sinne eines terminus technicus verwendet, weshalb hier die unterminologische Übersetzung »Raum« gewählt wird. Dasselbe gilt von CH II,14, S. 38, Z. 7.

[80] Hinter »φῇς« wird mindestens »κενά«, wenn nicht »εἶναι κενά« zu schreiben sein, gegen die Version bei Stobaios, vgl. *Wachsmuth* I, 159, Text und App. z.St.; *Nock/Festugière* I, XLI, wo die Auslassung als »erreur« charakterisiert wird. Ein Zusammenhang mit der Verschreibung von »μεστά« in »μετά« durch P (Z. 10) bzw. F und P (Z. 13) bei Stobaios könnte zwar vermutet werden, ist aber nicht zu rekonstruieren.

[81] Bei Stobaios dürfte auch hier der ursprüngliche Text bewahrt sein, während die Kodices »ὑπάρξει« offenbar als Verbform mißverstehen, das dann unverständliche Futur in ein Präsens »ὑπάρχει« vereinfachen und den Satz durch Einfügung von »γὰρ καί« glätten. So auch *Nock/Festugière* I, XLIII; vgl. auch *Wachsmuth* I, 159. [*Scott* I, 140 konjiziert wieder einmal: »ὑπάρξεως γὰρ μεστά …«]

12 Das Argument ist unwiderlegbar, Dreimalgroßer.[82] Wie nun nennen wir[83] den Ort, an dem das Weltall bewegt wird?[84] – Unkörperliches, Asklepios. – Was aber ist das Unkörperliche? – Νοῦς[85], der sich als ganzer[86] gänzlich selbst umfaßt, frei von jedem Körper, unbeirrt,[87] unempfindlich, unberührbar,[88] selbst in sich selber ruhend, fähig, alles aufzunehmen,[89] Erhalter alles Seienden, von dem das Gute wie[90] Strahlen ausgeht, die Wahrheit, das Urbild

---

[82] An dieser Stelle wiederholen die herm. Kodices (*Ménard*, 23; *Parthey*, 26f.) gegen Stobaios »σῶμά ἐστιν ὁ ἀήρ, τοῦτο … πληροῖ« aus CH II,11. Die Wiederholung dient offenbar der Verdeutlichung, welcher »Logos« als »unwiderlegbar« angesehen werden soll; es handelt sich offenbar um eine nachträgliche Erleichterung. Dabei wird der Schwerpunkt des voraufgehenden Argumentes verlagert. Vgl. z.St. *Scott* I, 140f. mit App.; *Nock/Festugière* I, XLIII und I, 36, App.

[83] Die Kodices schreiben den Konjunktiv »εἴπωμεν« (übernommen von *Parthey*, 27), der bei Stobaios stehende Indikativ dürfte jedoch ursprünglich sein und sich auf CH II,4 beziehen. Der Aorist Indikativ ist nachträglich in einen Konjunktiv verändert worden, weil er nach dem Ausfall des Anfangsteils des Traktates nicht mehr verständlich war. Vgl. *Nock/Festugière* I, XLIII. Siehe aber die folgende Fußnote!

[84] Heeren weist diesen Satz Hermes Trismegistos zu (– in diesem Falle wäre der Konjunktiv Aor. »εἴπωμεν« statt »εἴπομεν« durchaus wahrscheinlich, siehe auch *Nock/Festugière* I, XLIII –), den folgenden (aber statt »ὦ Ἀσκληπιέ« schreibt er »ὦ Τρισμέγιστε«) dem Asklepios, dann »τὸ οὖν ἀσώματον ἐστι νοῦς …« dem Hermes Trismegistos (vgl. *Wachsmuth* I, 159, App. z.St.; *Scott* I, 141; *Nock/Festugière* I, 37 mit App. z.St.); der Grund für die Auffassung von Heeren scheint zu sein, daß im anderen Falle Hermes Trismegistos als der antwortende Schüler erscheint, zumal in dem Satz: »ἀσώματον, ὦ Ἀσκληπιέ«; das spricht aber gerade dafür, daß diese Aufteilung, die aus dem hermetischen Kodex B (Parisinus) entnommen ist, als die sachlich problematischere (lectio difficilior) ursprünglich sein könnte, während die von Heeren (und etwas anders auch von Scott) vorgenommene Zuweisung der Sätze an die Dialogpartner eine nachträgliche Glättung darstellt.

[85] Dieser Begriff enthält eine solche Fülle philosophischer Konnotationen, daß sie durch einen einzigen deutschen Entsprechungsbegriff nicht genau erfaßt werden könnten; daher soll er unübersetzt bleiben. Am nächsten käme vielleicht »göttlicher Intellekt«.

[86] Stobaios schreibt »ὅλος«, die hermetischen Kodices »λόγος« (offenbar auch von *Ménard*, 24 vorausgesetzt); hierin dürfte ein Versuch vorliegen, die Logos-Gestalt nachträglich in den Traktat hineinzubringen, vgl. den Kommentar z.St. Die Lesart bei Stobaios ist also wohl die ursprüngliche. Auch *Scott* II, 103 hält die Lesart »λόγος« für sekundär, vgl. I, 140f; *Wachsmuth* kombiniert beide Lesarten: »νοῦς καὶ λόγος ὅλος ἐξ ὅλου« (I, 159).

[87] Hier findet sich wieder eine durch nichts begründete Konjektur *Scotts* (vgl. I, 140f., App. z.St.; II, 103): »ἐλεύθερος σωματικῆς πλάνης«.

[88] Statt »ἀναφής« steht bei Stobaios, wohl irrtümlicherweise aufgrund von Buchstabenvertauschung (vgl. *Nock/Festugière* I, XLII; *Wachsmuth* I, 159, App. z.St.) »ἀφανής«; der hermetische Kodex A verbessert ein »ἀφανής« zu »ἀναφής«. Sekundär verdeutlichend haben die Kodices des Corpus (übernommen von *Parthey*, 27) vorher noch »σώματι καὶ« eingefügt.

[89] »συγχωρητικός« bei Stobaios (Kodex F, übernommen von *Wachsmuth* I, 159) statt »χωρητικός« ist wohl eine inhaltlich bedeutungslose Verdeutlichung.

[90] Die hermetischen Kodices schreiben »οὗπερ«, doch die Textfassung bei Stobaios: »οὗ ὥσπερ«, die hier zugrundegelegt wird, dürfte die ursprünglichere sein, die Fassung der Kodices dagegen eine Vereinfachung (Verschmelzung beider Wörter unter Wegfall von »ως-«). Siehe auch *Nock/Festugière* I, XLIII.

des Geistes,[91] das Urbild der Seele.[92] – Was aber ist nun Gott? – Der, der absolut nicht eines der eben erwähnten Dinge ist, der ihnen[93] vielmehr Ursache des Seins ist, ihnen allen und jedem einzelnen von all dem, was es gibt.[94]

13 Auch hat er nichts mehr übrig gelassen, was nicht existiert, alles ist aus dem entstanden, was ist, nicht aus dem, was nicht ist. Denn das, was nicht ist, ist nicht von der Art, daß es entstehen kann, sondern daß es nicht entstehen kann, und wiederum das, was ist, ist nicht von der Art, daß es jemals nicht (wörtlich: nie) sein könnte. –

14 Was sagst du nun aber über »zu irgendeinem Zeitpunkt nicht sein«?[95] – Gott ist nicht νοῦς, sondern Ursache dafür, daß es νοῦς gibt,[96] auch nicht Geist,

---

[91] Es geht textkritisch darum, ob die Wendung ursprünglich »τὸ ἀρχέτυπον φῶς« oder »τὸ ἀρχέτυπον πνεύματος« lautet. Dabei besteht eine Divergenz zwischen den Angaben bei Nock/Festugière und Wachsmuth z.St.; letzterer schreibt »φῶς« den hermetischen Kodices, »πνεύματος« hingegen F und P, den beiden Kodices für Stobaios zu, Nock/Festugière genau umgekehrt. Die Lesart »τὸ ἀρχέτυπον φῶς« ist zwar möglich, doch für die Ursprünglichkeit der anderen Wendung spricht die Parallelisierung mit »ψυχή« (vgl. S. 37, Z. 6f.), die in der Wendung »ἤτοι ψυχῆς ἢ πνεύματος« CH II,8, S. 35, Z. 7 vorbereitet sein könnte.

[92] Die hier vorgenommenen umfangreichen Umstellungen durch *Scott* (vgl. I, 140f. mit App. z.St. und II, 103f.) verdienen keine genaue Behandlung.

[93] Stobaios schreibt »τούτοις«, während herm. B »ταῦτα«, die anderen herm. Kodices »τούτων« schreiben: *Parthey*, 27, *Wachsmuth* I, 160; *Scott* I, 142 (mit Abweichungen) und *Nock/Festugière* I, XLIII (s. auch I, 37) ziehen die Lesart bei Stobaios vor; »ταῦτα« ist sprachlich unmöglich (anders *Nock/Festugière* I, XVII: »leçons dignes d'attention«), »τούτων« erscheint als Angleichung an die ων-Endungen von Wörtern in seiner Umgebung.

[94] Der von den hermetischen Kodices A und B gebotene Satzteil: »ἐπὶ ἑκάστῳ μέρει ἐφ' ἕκαστον τούτων τῶν ὄντων πάντων« ist sprachlich unverständlich, worauf auch schon die Korrektur in B (= Bᶜ) hindeutet, wo »ἐφ' ἕκαστον« gestrichen wird, was den Satzteil ein wenig leichter verständlich macht. Die oben übersetzte Fassung steht, bis auf die textkritisch ohne weiteres vertretbare Änderung von »ἕν« in »ἑνὶ« (übernommen von Patrizzi) in F und P bei Stobaios. *Nock/Festugière* (I, XLIII) vertreten die Auffassung, daß die Version der hermetischen Kodices »un développement maladroit« aus der ursprünglichen, bei Stobaios zu findenden Textfassung sei. – Die Bezeugung des Traktates bei Stobaios endet hier.

[95] *Nock/Festugière* I, 37, App. z.St. vermuten, daß es sich um eine Glosse eines Lesers handelt, der den voraufgehenden Abschnitt nicht verstanden hat; im Anschluß daran auch *Copenhaver*, Hermetica, 127; *Scott* I, 142 mit App. z.St. transponiert den Satz nach II, 12b. Da es sich aber (vgl. den Kommentar z.St.) um eine typische, knappe Frage des Asklepios handelt, mit der er nach der exkursartigen Behandlung eines Einzelproblems den Gedankengang des Gespräches vorantreibt, wie auch z.B. CH II,10, S. 35, Z. 17f.; CH II,12, S. 36, Z. 18 – S. 37, Z. 1 und als wichtigstes Beispiel: S. 37, Z. 7, ist er mit Sicherheit ursprünglich.

[96] Um der Parallelität mit den beiden folgenden Kola willen dürfte die von Scott konjizierte Lesart »νοῦν εἶναι« (siehe *Nock/Festugière* I, 37, App. z.St.) zu übernehmen sein (s. auch *Parthey*, 28; offenbar auch *Scott* I, 142); auch die im herm. Kodex B vorgenommene Korrektur »εἶναι νοῦν« ist möglich (siehe *Nock/Festugière* I, 37, App. z.St.); die *Wortstellung* gibt nämlich keine Auskunft, da sie unterschiedlich ist (»εἶναι πνεῦμα«, »φῶς εἶναι«). »νοῦν« könnte wegen der Ähnlichkeit des Schriftbildes mit »τοῦ« aufgrund von Haplographie ausgefallen sein. *Copenhaver*, Hermetica, 127, z.St. miß-

sondern Ursache dafür, daß es Geist gibt, auch nicht Licht, sondern Ursache dafür, daß es Licht gibt. Daher ist es geboten, daß Gott mit diesen beiden Würdetiteln verehrt wird, die allein ihm und niemand anderem zukommen. Denn weder von den anderen sogenannten Göttern noch von Menschen noch von Dämonen kann jemand – und sei es auch nur in gewissem Maße – gut sein als allein Gott. Und das ist er allein, nichts anderes (ist es).[97] Alles übrige aber kann die Natur des Guten nicht fassen.[98] Leib sind sie nämlich und Seele, daher haben sie keinen Raum, der das Gute enthalten könnte.

15 So gewaltig ist nämlich die Größe des Guten wie die seinshafte Wirklichkeit alles dessen, was existiert, der Körper und des Unkörperlichen, des sinnlich Wahrnehmbaren und des gedanklich Erfaßbaren.[99] Das ist das Gute, das ist Gott! Nenne nun nichts anderes »gut«, denn sonst sprichst du gottlos, und nenne nichts anderes »Gott« als nur das Gute, denn wiederum: sonst sprichst du gottlos.[100]

16 Dem Worte nach wird das Gute von allen im Munde geführt, aber was es letztendlich ist, wird von allen nicht erkannt. Daher wird auch Gott von allen nicht erkannt, sondern aus Unwissenheit nennen sie die Götter und auch einige der Menschen »gut«, die das doch niemals sein oder werden können. Es ist aber von Gott überhaupt nicht wegzudenken[101] und unabtrennbar von ihm, wie er der Gott ist.[102] Die anderen Götter werden nun allesamt als unsterblich ver-

---

versteht den Apparat von *Nock/Festugière* als Votum für die Ursprünglichkeit des *Fehlens* von »νοῦν«.

[97] Zu dieser Übersetzung (und Ergänzung) siehe den Kommentar z.St.

[98] Das von den hermetischen Kodices geschriebene »χωρητά« ist im Zusammenhang sinnwidrig; Nock/Festugière übernehmen aus B^c »ἀχωρητά« (offenbar wurde die Sinnlosigkeit von »χωρητά« also schon früh empfunden) und verweisen auf eine Parallele bei Gregor von Nyssa. Die Konjektur erscheint besser als Tiedemanns »οὐ χωρητά« oder der zweite Vorschlag von Nock/Festugière: »οὐ χωρητικά«. Ein Wort wie »οὐ« fällt nicht ohne weiteres aus. Vgl. *Nock/Festugière* I, 38, App. z.St.

[99] Der Satz steht nur zum Teil im hermetischen Kodex B; er fehlt von »der Körper. …« bis zum Satzende, wird dann aber von einem Korrektor eingefügt und ist zweifellos ursprünglich.

[100] Das Präsens kann, gegen *Scott* (I, 142f.) als ein Präsens der Erwartung o.Ä. (vgl. *Kühner-Gerth* I (nicht wie bei *Nock/Festugière*: II), 138f.) beibehalten werden, eine Emendation wäre eine überflüssige Verdeutlichung.

[101] Für diesen Satz besteht das Problem, wo er beginnt und der voraufgehende endet. Genauer gesagt stellt sich die Frage, ob der voraufgehende Satz mit »γενέσθαι« endet oder erst hinter dem »αν«, da dieses in den Kodices nicht mit »ἀλλοτριώτατον« zu einem Wort verbunden ist.
Die Übersetzung folgt der von Einarson vorgeschlagenen und von *Nock/Festugière* (I, 38) und *Copenhaver* (Hermetica, 127) übernommenen Fassung. Interessant ist die korrigierte Fassung in B, in der sich der Satz moralisierend auf die Ferne der Menschen von Gott bezieht. Der Korrektor nutzt also die Textstelle zu einer kleinen moralischen Predigt über Gottes Güte und die menschliche Sündhaftigkeit; diese Korrektur stammt natürlich aus viel späterer (wohl byzantinischer) Zeit.

[102] Hier ist die sich in den Kodices findende Lesart (»ὤν«) zu wählen, nicht die von Nock und Festugière übernommene Emendation Reitzensteins (*Nock/Festugière* I, 38, App. z.St.), siehe den Kommentar z.St.

ehrt aufgrund der Gottesbezeichnung. Gott aber ist das Gute, nicht aufgrund von verehrender Anerkennung, sondern (seiner) Natur nach. Denn Gott hat eine Natur, das Gute, und beiden ist dieselbe Gattung zueigen, aus der alle (übrigen) Gattungen (entspringen). Gut ist nämlich einer, der alles gibt, aber nichts empfängt. Gott nun gibt alles und empfängt nichts. Folglich ist Gott das Gute[103], und das Gute ist Gott.

17 Die andere Bezeichnung ist die des Vaters,[104] wiederum aufgrund seiner Eigenschaft, alles zu schaffen. Eines Vaters Aufgabe ist es nämlich, zu schaffen. Daher gilt den recht Gesonnenen der größte und Gott genehmste Eifer der Kindeszeugung, und das größte Unglück und die gottloseste Tat ist es, wenn jemand kinderlos aus der menschlichen Existenz freikommt, und dafür wird er nach dem Tode von den Dämonen bestraft. Die Strafe aber besteht darin, daß die Seele des Kinderlosen in einen Leib verbannt wird, der weder die Natur des Mannes noch die einer Frau hat,[105] (und) der von der Sonne[106] verflucht ist. Daher, Asklepios, freue dich nicht mit einem, der kinderlos ist. Im Gegenteil, bedauere (sein) Geschick, da du weißt, was für eine Strafe ihn erwartet.[107]

So viel und solcher Art sei gesagt, Asklepios, als eine Art von Vorauswissen der Natur aller Dinge.

---

[103] Die Einfügung des Artikels wird von *Scott* (I, 144 mit App. z.St.; II, 108) vorgeschlagen, und sie ist sachlich berechtigt, weil nicht gesagt werden soll, daß Gott gut ist, sondern daß er *das Gute selbst* ist. Das bestätigt auch der zweite Teil des Satzes: »καὶ τὸ ἀγαθὸν …« Ob der Artikel allerdings im ursprünglichen Text gestanden hat, ist nicht sicher; vielleicht ist die lectio difficilior ohne Artikel vorzuziehen, allerdings im Sinne der von Scott vorgeschlagenen Lesart zu interpretieren. (Eine elegante Lösung könnte auch »τἀγαθόν« mit *Parthey*, 29 sein.)

[104] Dieser ganze Abschnitt wird – bis auf den letzten Satz des Traktates – von Scott für (textkritisch oder literarkritisch?) sekundär gehalten, vgl. I, 145, n. 2; II, 108.

[105] Hier dürfte mit Ven., Q, S und offenbar (*Nock/Festug.* I, 39, App. z.St.) D die Lesart »ἔχον« (Bezug auf »σῶμα«) vorzuziehen sein gegenüber dem von A, B, C und M gebotenen »ἔχοντος« (das keinen Sinn ergibt und rein äußerliche Angleichung an die Genitive »ἀνδρός« und »γυναικός« sein dürfte), siehe auch *Parthey*, 30; *Scott* I, 144; II, 109; anders *Nock/Festugière* I, 39.

[106] Oder: »unter der Sonne«, vgl. den Kommentar z.St.

[107] Hier könnte das von B, C und M gebotene Futurum »μενεῖ« gegenüber dem bei A und d (vgl. *Nock/Festugière* I, XXV (zu d) u. XXVII (zur Variante)) sich findenden Präsens »μένει« ursprünglich sein, anders *Nock/Festugière* I, 39.

# II. Gliederung von CH II

Das Problem einer Gliederung des Traktates ist, daß sie teilweise von interpretatorischen Entscheidungen abhängig ist, die sachgemäß erst anhand der Analyse des Textes getroffen werden können. Doch gibt es ein offenkundiges Gliederungsmerkmal zumindest für den ersten Teil des Traktates. Der zu Beginn des Traktates stehende Lehrsatz[108] wird immer wieder aufgenommen und dabei, je nach Stand der Argumentation, variiert. An folgenden Stellen ist das der Fall:

- S. 33, Z. 11f.;[109]
- S. 35, Z. 3–4;[110]
- S. 35, Z. 16f.;[111]
- andeutungsweise: S. 36, Z. 18 – S. 37, Z. 1.[112]

Damit ist zumindest ein gewisser Hinweis auf eine Gliederung des ersten Traktatteils gegeben.

Im einzelnen ergibt sich die Gliederung des Traktates wie folgt:

Für den unvoreingenommenen Leser zerfällt er in zwei Teile, nämlich (mit Nock und Festugière)[113] CH II,1–12a (S. 32, Z. 6 – S. 37, Z. 7) und CH II,12b–17 (S. 37, Z. 7 – S. 39, Z. 19). Der erste Teil enthält im wesentlichen eine mit naturphilosophischen Schlußfolgerungen operierende, reichlich gewundene Argumentation, die auf den Erweis der kosmischen Wirksamkeit und Macht des νοῦς hinausläuft. Der zweite Teil (S. 37, Z. 7 – S. 39, Z. 19) setzt abrupt ein mit der Frage nach Gott. Gemeint ist der Gott, der noch über dem νοῦς steht.[114] Zwei der Gott zukommenden Eigenschaften werden ausführlich diskutiert; aus der zweiten wird eine Schlußfolgerung für das richtige menschliche Verhalten gezogen.

Den Schluß dieses Teils und des ganzen Traktates bildet eine kurze Bemerkung, die auf den Überblicks- und Einführungscharakter des Traktates hinweist (S. 39, Z. 18f.).

---

[108] *Nock/Festugière* I, 32, Z. 6f.: »Πᾶν τὸ κινούμενον … οὐκ ἔν τινι κινεῖται καὶ ὑπό τινος;«

[109] »πᾶν δὲ τὸ κινούμενον οὐκ ἐν κινουμένῳ κινεῖται ἀλλ᾽ ἐν ἑστῶτι.«

[110] »Πᾶσα οὖν κίνησις ἐν στάσει καὶ ὑπὸ στάσεως κινεῖται.«

[111] »καὶ ὅτι μὲν ἔν τινι κινεῖται τὰ κινούμενα καὶ ὑπό τινος, δῆλον.«

[112] »τὸν οὖν τόπον τὸν ἐν ᾧ κινεῖται τὸ πᾶν, τί εἴπομεν;«

[113] *Nock/Festugière* I, 30–31.

[114] Das wird im Kommentar gezeigt.

Der *erste* Teil des Traktates reicht, wie gesagt, von dessen Beginn bis S. 37, Z. 7 (»ψυχῆς«).

Diesen Teil kann man als eine fortschreitende Auslegung des den Traktat einleitenden Lehrsatzes (S. 33, Z. 6f.) auffassen. Andersherum gesagt ist dieser Lehrsatz quasi die Überschrift zum ersten Traktatteil.

Ein erster Unterabschnitt des ersten Teils ist CH II,1 (S. 32, Z. 6–11). Der Abschnitt dient einer vorläufigen, noch recht allgemein gehaltenen Näherbestimmung des im Lehrsatz angesprochenen ἔν τινι und ὑπό τινος der Bewegung im Verhältnis zum Bewegten.

Die folgenden Abschnitte explizieren die in II,1 aufgeworfenen allgemeinen Fragestellungen.

CH II,2–3 geht es um das Problem der Größe (siehe II,1 »μεῖζον«, Z. 7); CH II,4–5 Anfang um die Frage der φύσις (siehe II,1, Z. 10).

Zu Beginn des Unterabschnittes CH II,2–3 eröffnet der Verfasser, daß es um den Kosmos und seine Bewegung geht. Der Unterabschnitt zerfällt noch einmal in zwei Teile: in CH II,2 (S. 32, Z. 12–16) geht es um den Kosmos selbst als größten aller Körper, in CH II,3 (S. 32, Z. 16–21) hingegen um den Ort, an dem sich der Kosmos bewegt.

Der folgende Teilabschnitt des ersten Teils umfaßt CH II,4–5, S. 32, Z. 21 – S. 33, Z. 4. Hier wird spezifiziert, welche Natur der Ort hat, an dem sich der Kosmos befindet (bewegt).

Der folgende Unterabschnitt erstreckt sich S. 33, Z. 4–11; darin wird die Frage der Gotteserkenntnis und der Erkenntnis des τόπος behandelt. Man kann diesen Abschnitt als eine Art Exkurs betrachten, an dessen Ende der Verfasser wieder zurück zur Behandlung des τόπος lenkt.

Dann wird, leicht variiert, der ursprüngliche Lehrsatz aus S. 32, Z. 6f. wiederholt (S. 33, Z. 11f.). Damit wird sozusagen der erste Gedankengang des Traktates abgeschlossen und ein neuer eingeleitet. Der Lehrsatz kann wiederum als Überschrift für diesen Abschnitt aufgefaßt werden. Dabei spielt das Stichwort »ἑστῶτι« eine wichtige Rolle, denn die folgenden Ausführungen werden um das »Stehen« kreisen. Der hier beginnende Abschnitt erstreckt sich bis S. 35, Z. 4, ist aber selber noch einmal untergliedert.

Der erste Unterabschnitt beginnt S. 33, Z. 11 und erstreckt sich entweder bis Z. 18 oder bis Z. 19. Wahrscheinlich beginnt mit dem Satz Z. 18 »ἡ δὲ ἐναντίωσις …« bereits das Thema des folgenden Abschnitts.

S. 33, Z. 11–18 behandelt das Problem von συγκίνησις und ἀντικίνησις und verbindet beides mit dem Problem des Stehens. Stehen ist nur bei ἀντικίνησις möglich; συγκίνησις ist also ausgeschlossen.

Nach dieser Abweisung einer nicht geltenden Auffassung führt der Verfasser seine Theorie ein. Diese Darlegung umfaßt den Rest von II,6 sowie den ganzen Abschnitt II,7 (bis S. 34, Z. 12). Sie wird in II,8 durch ein anschauliches Beispiel illustriert, das von irdischen Vorgängen hergenommen ist, im Kontrast zu dem in den voraufgehenden Abschnitt eingelagerten »himmlischen« Beispiel (S. 34, Z. 4–6).

Eine andere Gliederung des Abschnittes erscheint kaum weniger plausibel: demnach würde bis S. 34, Z. 4 die Darlegung der Theorie zu finden sein. Z. 4–8 findet sich das sie illustrierende »himmlische« Beispiel, Z. 9–12 wird die theoretische Darlegung wieder aufgenommen, und zwar im Lichte des Beispiels. In II,8 folgt dann das »irdische« Beispiel zur Illustration der Theorie.

Der Unterschied dieser zur voraufgehenden Unterteilung besteht darin, daß dem Kontrast zwischen »himmlischem« Beispiel in II,7 und »irdischem« in II,8 eine größere Aufmerksamkeit geschenkt wird als in der anderen Gliederung.

Vielleicht hat der Verfasser aber nicht primär himmlisches und irdisches Beispiel miteinander in Beziehung setzen wollen, sondern die ganze himmlische Theorie in II,7 mit einem irdischen Beispiel in II,8 illustrieren wollen. Dafür spricht, daß das himmlische Beispiel dem irdischen gar nicht direkt gegenübergestellt wird, sondern nach dem Verweis auf die beiden Sternbilder die mehr allgemeinen Darlegungen der Theorie zunächst wieder aufgenommen werden (S. 34, Z. 9–12). Erst dann folgt das ἐπίγειον παράδειγμα. Daß es mit dem in II,7 eingelagerten himmlischen Beispiel kontrastiert, ist also wohl ein gelungenes kompositorisches Detail, trägt aber doch kein Eigengewicht. Daher wird im Kommentar der erste Gliederungsvorschlag bevorzugt.

Was genau das »irdische« (»ἐπίγειον«, Z. 13) Beispiel S. 34, Z. 13 – S. 35, Z. 2 erläutern soll, ist zunächst unklar,[115] in jedem Fall aber die unmittelbar voraufgehenden Ausführungen, wie der Stichwortanschluß (»φερομένου« Z. 15 mit »φορά« Z. 11) beweist. Der das Beispiel enthaltene Textabschnitt ist recht geschlossen.

Der S. 33, Z. 11 beginnende Traktatteil wird abgeschlossen durch die Wiederholung des den Dialog einleitenden Lehrsatzes (S. 35, Z. 3f.), allerdings neu formuliert im Lichte der Ergebnisse des voraufgehenden Gedankengangs (mit Stichwortanschluß »στάσις« S. 34, Z. 16 mit S. 35, Z. 3).

Die in diesem Traktatteil zu beobachtende Abfolge Negation (= Verneinung der συγκίνησις S. 33, Z. 18) – positive These oder die Zuhilfenahme von anschaulichen Beispielen findet sich auch im Rahmen kleinerer Argumentationseinheiten des Traktates.

Der folgende größere Unterabschnitt reicht bis CH II,11, S. 36, Z. 17. Zu ihm gehört, wie auch zum vorigen Teil, der (umformulierte) Lehrsatz S. 35, Z. 3–4.

Dieser Teil behandelt zwei Einwürfe des Asklepios:

– Der erste Einwand (S. 35, Z. 9–11) ergibt sich aus der von Hermes Trismegistos S. 35, Z. 4–9 geäußerten These; doch er wird zurückgewiesen (CH II,9, S. 35, Z. 9–17).

– Der zweite Einwand ergibt sich dadurch, daß Hermes Trismegistos einer von Asklepios vertretenen Auffassung (S. 35, Z. 17f.) widerspricht (S. 35, Z. 17 – S. 36, Z. 2). Asklepios versucht, seine These durch ein anschauliches Beispiel zu verteidigen (S. 36, Z. 3–4), doch Hermes widerlegt ihn und beweist,

---

[115] Siehe aber Kommentar z.St.

daß das Gegenteil seiner ursprünglichen Auffassung wahr ist (S. 36, Z. 5–17; auch der erste Satz von CH II,12, S. 36, Z. 18).

CH II,12 ist der Mittel- und Höhepunkt des gesamten Traktates. Denn dieser Abschnitt steht an der Nahtstelle zwischen erstem und zweitem Traktatteil: S. 37, bis Z. 7 gehört er zum ersten, Z. 7–9 zum zweiten Traktatteil. Beide Abschnitte von II,12 werden unten in einem Kapitel zusammen kommentiert, weil sich nur in dieser Zusammenstellung deutlich machen läßt, wie das in beiden Abschnitten Ausgeführte miteinander in Beziehung gesetzt wird.

Der erste Teil des Traktates endet mit dem ersten Teil des Übergangsabschnittes von CH II,12, nämlich S. 36, Z. 18 – S. 37, Z. 7. Hier wird die Theorie des Ortes und des Verursachers der kosmischen Bewegung zusammengefaßt und zum argumentativen Ziel geführt: Der Ort der Bewegung erweist sich als der νοῦς. Dessen Eigenschaften werden ausführlich referiert (S. 37, Z. 2–7).

Zusammen mit den beiden die Einwürfe des Asklepios betreffenden Abschnitten bildet CH II,12a wieder die Struktur Negation – Position ab, die bereits oben angesprochen wurde.

Der *zweite* Teil von CH II reicht von S. 37, Z. 7 bis zum Ende des Traktates. Er beschäftigt sich mit dem Gott über dem νοῦς.

Der erste Unterabschnitt ist der zweite Teil von II,12, S. 37, Z. 7–9. Hier wird der Gott über dem νοῦς eingeführt und als Ursache alles Seins bestimmt.

In CH II,13 (S. 37, Z. 9–14) schließt sich ein Exkurs über Sein und Nichtsein an, der auf Stichwortanschluß mit dem voraufgehenden Text verbunden sein dürfte und selber zu Beginn von II,14 (S. 37, Z. 14) per Stichwortanschluß an den übergeordneten Gedankengang angebunden wird.

CH II,14, S. 37, Z. 14 nimmt zunächst den Gedankengang von II,12 wieder auf und präzisiert die dort vorgenommene Charakterisierung Gottes als der Ursache (S. 37, Z. 14 – S. 38, Z. 1).

Dann werden die zwei den obersten Gott bestimmenden Prädikate eingeführt (S. 38, Z. 1–3).

Der Rest von CH II,14 (ab S. 38, Z. 3) sowie CH II,15 und 16 beschäftigen sich mit der einen der beiden Eigenschaften Gottes, nämlich »gut«.

CH II,17 behandelt die andere Eigenschaft, nämlich »Vater«. Aus ihr wird eine ethische Forderung abgeleitet.

Ein kurzer resümierender Satz (S. 39, Z. 18f.) beschließt den Traktat.

In der Übersicht sieht die Gliederung wie folgt aus:

*I. Teil des Traktates: Die Bewegung des Kosmos, ihr Ort und ihr Verursacher: CH II,1–12a*

1. CH II,1, S. 32, Z. 6–11: Der Lehrsatz von der Bewegung und dem Bewegten
2. CH II,2–5, S. 32, Z. 12 – S. 33, Z. 4: Explikation des Lehrsatzes: er handelt vom Kosmos und seinem Ort
   2.1 CH II,2–3, S. 32, Z. 12–21: Der Kosmos und der Ort seiner Bewegung
      2.1.1 CH II,2, S. 32, Z. 12–16: Der Kosmos als das Bewegte

2.1.2 CH II,3, S. 32, Z. 16–21: Der Ort der Bewegung des Kosmos

2.2 CH II,4–5, S. 32, Z. 21 – S. 33, Z. 4: Die Natur des Ortes der kosmischen Bewegung

3. CH II,5–6, S. 33, Z. 4–11: Exkurs: Das Problem der Gotteserkenntnis

4. CH II,6, S. 33, Z. 11 – CH II,8, S. 35, Z. 4: Das Feststehen des Verursachers der kosmischen Bewegung
   4.1 CH II,6, S. 33, Z. 11–18: Die Unmöglichkeit der Mitbewegung
   4.2 CH II,6, S. 33, Z. 18 – CH II,8, S. 35, Z. 4: Die στάσις als Ursache der kosmischen Bewegung

Zwei Gliederungsmöglichkeiten:

      4.2.1 CH II,6–7, S. 33, Z. 18 – S. 34, Z. 12: Die Bewegung setzt ein Feststehen voraus, wie auch die beiden Bären demonstrieren
      4.2.2 CH II,8, S. 34, Z. 13 – S. 35, Z. 2: Illustration dieser Tatsache durch ein irdisches Beispiel
      4.2.3 CH II,8, S. 35, Z. 3–4: Resümierender Schlußsatz

oder:

      4.2.1 CH II,7, S. 33, Z. 19 – S. 34, Z. 4: Die Theorie der στάσις
      4.2.2 CH II,7, S. 34, Z. 4–12: Das »himmlische« Beispiel und seine Applikation
      4.2.3 CH II,8, S. 34, Z. 13 – S. 35, Z. 2: Das »irdische« Beispiel
      4.2.4 CH II,8, S. 35, Z. 3–4: Resümierender Übergangssatz

5. CH II,8, S. 35, Z. 4 – CH II,11, S. 36, Z. 17: Zwei Einwürfe des Asklepios und ihre Beantwortung durch Hermes Trismegistos
   5.1 CH II,8–9, S. 35, Z. 4–17: Der erste Einwurf des Asklepios
      5.1.1 CH II,8, S. 35, Z. 4–9: Die These des Hermes Trismegistos
      5.1.2 CH II,9, S. 35, Z. 9–17: Der Einwand des Asklepios und seine Zurückweisung durch Hermes Trismegistos
   5.2 CH II,10–11, S. 35, Z. 17 – S. 36, Z. 17: Der zweite Einwurf des Asklepios
      5.2.1 CH II,10, S. 35, Z. 17 – S. 36, Z. 2: Asklepios' These und der Widerspruch des Hermes Trismegistos dagegen
      5.2.2 CH II,10, S. 36, Z. 3–17: Verteidigung der These durch Asklepios und ihre endgültige Widerlegung durch Hermes Trismegistos; Aufweis, daß das Gegenteil zutrifft

6. CH II,12, S. 36, Z. 18 – S. 37, Z. 7: Endgültige Bestimmung des Ortes der kosmischen Bewegung als νοῦς

*II. Teil des Traktates: Der oberste Gott*

1. CH II,12, S. 37, Z. 7–9: Der Gott über dem νοῦς als Ursache von allem

2. CH II,13, S. 37, Z. 9–14: Ein unterstützendes ontologisches Argument

3. CH II,14, S. 37, Z. 14 – S. 38, Z. 1: Wiederaufnahme: Der Gott als Ursache

4. CH II,14, S. 38, Z. 1 – CH II,17, S. 39, Z. 18: Die zwei Prädikate des Gottes
  4.1 CH II,14, S. 38, Z. 1–3: Einführung der beiden den Gott charakterisierenden Prädikate
  4.2 CH II,14, S. 38, Z. 3 – CH II,16: Das Prädikat »gut«
  4.3 CH II,17, S. 39, Z. 7–18: Das Prädikat »Vater« und die daraus folgende ethische Konsequenz
5. CH II,17, S. 39, Z. 18–19: Resümierender Schlußsatz

Es ist im übrigen zuzugeben, daß auch andere Einteilungen des Textes denkbar sind.[116] Das gilt insbesondere im Hinblick auf die hierarchische Gliederung des Sinngefüges.[117] An manchen Stellen hat der Text geradezu den Charakter eines Vexierbildes: die Gliederung kann mit ungefähr gleichem Recht in unterschiedlicher Weise vorgenommen werden, je nachdem, wo man das Hauptgewicht des Gedankengangs vermutet, welche kompositorischen Hinweise beachtet werden und wie man die Aussageabsicht des Verfassers interpretiert.

---

[116] Vgl. z.B. die ähnliche, aber nicht identische bei *Nock/Festugière* I, 30–31.

[117] CH II,5 – II,6, S. 33, Z. 11 kann als Unterpunkt bzw. erläuternde Ausführung zur Unterscheidung von »ϑεῖον« und »ϑεός« S. 33, Z. 2–4 betrachtet werden. Oben wurde bereits dargelegt, daß das Beispiel der beiden Bären in CH II,7, S. 34, Z. 4ff. als Einlage in einen durchlaufenden Gedankengang von S. 33, Z. 18 bis S. 34, Z. 12, aber auch als eigener Abschnitt verstanden werden kann, der die These von S. 33, Z. 18 – S. 34, Z. 4 illustriert und selber wieder S. 34, Z. 8–12 mit der allgemeinen, ihm voraufgehenden These verbunden wird. Man könnte auch CH II,13 als Unterpunkt für ein durchlaufendes Argument von CH II,12b (S. 37, Z. 7) – CH II,14 (S. 38, Z. 1) betrachten (z.B.: in II,13 werden die allgemeinen Grundsätze aufgestellt, die in den anderen Passagen anhand konkreter Prädikate Gottes angewendet werden). Es wäre sogar eventuell möglich, den langen Gedankengang CH II,14–17 (ab S. 38, Z. 1) als erläuterndes Argument in zwei Unterpunkten (entsprechend den beiden Gott zukommenden Eigenschaften) zu CH II,14, S. 37, Z. 15 – S. 38, Z. 1 zu lesen (im Sinne von: Gott als αἴτιον in seinen zwei positiven Aspekten).

# III. Kommentierung von CH II[118]

## 1. CH II,1 (S. 32, Z. 6–11)[119]

Der erste Satz des Traktates ist ein Lehrsatz der aristotelischen Natur-Philosophie, in Form einer Frage ausgedrückt, die eine bejahende Antwort erwarten läßt.[120] Der Verfasser von CH II[121] könnte den Satz in der *Physik* gelesen haben, weil er, wie näher zu zeigen sein wird, wie die aristotelische *Physik* von irdischen Naturvorgängen ausgeht.[122] Allerdings legt die kosmologische Perspektive des ersten Teils unseres Traktates auch den Rückgriff des Verfassers auf *De Caelo* nahe; schließlich ist der Lehrsatz auch in der *Metaphysik* erwähnt.

Eine weitere Möglichkeit ist, daß der Satz einem Schulkompendium aristotelischer Philosophie entnommen ist, oder einem der Kommentare zur aristotelischen *Physik* aus der in Frage kommenden Entstehungszeit des Traktates.[123]

---

[118] Es sei ausdrücklich darauf hingewiesen, daß sämtliche im folgenden angeführten Belege aus antiken Primärquellen anhand von (im Literaturverzeichnis angegebenen) Ausgaben dieser Quellen nachgeprüft wurden, wenn sie der Sekundärliteratur entnommen sind. Diese Nachprüfung ergab z.T. Korrekturen oder Präzisierungen gegenüber den Angaben in der Literatur; entsprechende Verbesserungen wurden stillschweigend vorgenommen. Die in eingeführten Quellen-Sammlungen (z.B. SVF; KRS; FVS; PGrM; *de Vogel*; *Long/Sedley*; Fragmenten- und Inschriftensammlungen wie *Dittenberger*; FGH, AGr u.a.) abgedruckten Texte wurden allerdings meist nicht noch einmal anhand einer Quellenausgabe überprüft, die Sammlungen werden also selbst als zitabel betrachtet.

[119] Die Erklärung der Überschrift erfolgt hier nicht, da sie nicht ursprünglich zu unserem Traktat CH II(b) gehört. Eine Erläuterung findet sich im Abschnitt »CH II im historischen Kontext. 3. Die Stellung von CH II(b) im Corpus Hermeticum«, unten, 297ff.

[120] Vgl. Aristoteles, Phys. 241b34: »Alles, was bewegt wird, muß notwendigerweise von etwas bewegt werden.« Auch 242a47; Phys. 200b20–21: »Ohne Ort, Leeres und Zeit kann Bewegung nicht sein.« Vgl. auch Arist., Met. 1069b36–1070a1 (statt mit κινεῖσθαι mit μεταβάλλειν); 1073a27 (wieder in der ursprünglichen Form); De Caelo 288a27f.

[121] Es gibt, wie noch zu zeigen sein wird, keinen Grund für die Annahme, daß CH II nicht einheitlich ist, also von *einem* Verfasser stammt.

[122] Zur antiken Bedeutung der aristotelischen *Physik* und der in ihr entwickelten Theorie des Raumes (siehe gleich) vgl. *Sambursky*, Physical World, 1.

[123] Unser Traktat wird, wie noch genauer zu zeigen ist, ungefähr zwischen 160 und 250 n. Chr. entstanden sein. Wir wissen z.B., daß der Philosoph Sextus Empiricus (seine Schriften stammen aus der Zeit ca. 180–200 n. Chr.) die aristotelische *Physik* kommentiert hat, insonderheit deren Buch VII, das die Theorie der Bewegung behandelt, und von dem uns Sextus berichtet, daß es ihm in zwei leicht voneinander abweichende Versionen vorlag. Das beweist, daß die aristotelische Naturphilosophie um 200 n. Chr. bekannt war und man sich damals mit ihr beschäftigen konnte. Der genannte Zeitraum ist ungefähr der, in dem auch

Im Bereich von Mittel- und Neuplatonismus, dem unser Traktat, wie noch zu zeigen ist, zuzuordnen ist,[124] hat man durchaus auf aristotelische Philosophie zurückgegriffen.[125] Aristotelisch ist aber üblicherweise nur der Hinweis auf den Verursacher der Bewegung, nicht auf den Ort, an dem die Bewegung stattfindet, im Gegensatz zum ersten Satz von CH II. Die Einfügung des »ἔν τινι« in den Lehrsatz dürfte von unserem hermetischen Verfasser stammen, allerdings liegt sie sozusagen »in der Luft«:

Das »ἔν τινι« meint nämlich, wie CH II,3ff. zeigt, den Raum bzw. Ort (»τόπος«).[126] Ein Blick in die aristotelische *Physik* lehrt, daß die Behandlung des τόπος, an dem sich ein Körper befindet,[127] von Aristoteles in einen thematischen Zusammenhang mit der Behandlung von »Bewegung« gestellt wird.[128] Insofern lag es auch für den hermetischen Verfasser nahe, beides zusammenzustellen.

Vor allem ist die Einfügung des »ἔν τινι« aber ein Hinweis auf den *platonischen Kontext* der hier vollzogenen Aristoteles-Rezeption:

Das κινούμενον ist nämlich der *Kosmos*, wie sich gleich zeigt. Nach aristotelischer Auffassung befindet sich der Kosmos als solcher aber nicht an einem Ort.[129] Diese Theorie hat den späteren Kommentatoren des Aristoteles große Schwierigkeiten bereitet;[130] schon Aristoteles' Schüler Theophrast spricht sie an.[131] Die späteren Mittel- und Neuplatoniker gehen daher davon aus, daß der

---

unser Traktat entstanden sein könnte. Vgl. die Ausführungen zur Datierung und Lokalisierung von CH II, unten, 275ff.

[124] CH II dürfte in die Zeit des Mittel- oder sogar des beginnenden Neuplatonismus gehören, s. dazu den Abschnitt »CH II im historischen Kontext, 1.) Datierung und Lokalisierung«, unten, 275ff.

[125] Genaueres s. unten, hier sei nur verwiesen auf *Moraux* II, 441–505 (zum Mittelplatonismus: [Albinos], anonym. Theaetetkommentar, etc.; kritisch: Attikos); siehe auch Plotin, Enn. VI, 3,5; VI, 3,11; VI, 4,2 u.a.m. – Der Name des Albinos wird in dieser Arbeit in Klammern gesetzt, weil der Streit darüber, ob Albinos oder Alkinoos der Verfasser der *Epitome* ist, noch immer nicht entschieden ist. Nachdem das Verfasserproblem zunächst scheinbar endgültig zugunsten des mittelplatonischen Philosophen Albinos (gegen alle Manuskripte, s. ed. Louis, p. 3, App. z. titulus) geklärt schien (aufgrund eines Aufsatzes von J. Freudenthal; siehe *Witt*, 104–107; *Dillon*, Middle Platonists, 268), vertritt Whittaker in der neuesten Ausgabe der *Epitome* (mit beachtenswerten Gründen, vgl. ebd., VII–XIII) wieder die Meinung, daß der in den Handschriften angegebene Alkinoos der Verfasser des Werkes sei. Siehe dazu auch *Dörrie/Baltes*, Der Platonismus, 238–239 mit n. 8 auf 238. In dieser Arbeit soll zu diesem Problem keine Entscheidung gefällt werden, deshalb die verwendete Schreibweise.

[126] Zur Übersetzung von »τόπος« in diesem Kommentar vgl. Vorbemerkung dazu zu Beginn der Übersetzung von CH II, oben, 23f.

[127] Und auch der Frage, ob Bewegung ein Leeres (κενόν) voraussetzt, Arist., Phys. IV, 6–9.

[128] Siehe Aristoteles, Phys. IV, 1–5 (Ortsbegriff); IV, 8 (Ortsbewegung); V–VIII (jede Art von Veränderung).

[129] Aristoteles, Phys. 212b22; vgl. auch *Sambursky*, Concept of Place, 12.

[130] *Sorabji,* Matter, 194f.

[131] Theophrast bei Simplikios, In Phys. 604,5–11 (vgl. dazu *Sorabji,* Matter, 192). Problematisch war insbesondere Aristoteles' Auffassung, die kosmische Rotation sei keine rich-

Kosmos sehr wohl an einem Ort sei;[132] orthodoxe Aristoteliker hingegen hielten an der Auffassung von der Ortlosigkeit des Kosmos fest.[133]

Die Einfügung des »ἔν τινι« deutet also vermutlich auf die mittel- oder sogar
schon neuplatonische Aristotelesrezeption hin.

Es ist ganz charakteristisch für unseren Traktat, daß in ihm verschiedene
philosophische Traditionen aufgenommen und miteinander verbunden werden.
Meistens läßt sich zeigen, daß diese Rezeption unter *platonischem* Blickwin-
kel erfolgt.

Die – freilich meist recht späten – neuplatonischen Aristotelesexegesen deuten darauf hin, daß Schuldiskussionen und schulische Auseinandersetzungen
der Hintergrund der Beschäftigung mit der aristotelischen Konzeption sind;
vielleicht gilt das auch für die Zeit, in der unser Traktat entstanden ist.

An unserer Stelle können wir erstmals eine für den Verfasser typische Argumentationsstrategie beobachten: er tut so, als sei seine Feststellung ganz allgemein gemeint, als vertrete er einen allgemeinen Lehrsatz über die Bewegung.
In Wahrheit hat er schon längst die Theorie der *kosmischen* Bewegung im
Blick, aber er rückt nicht sofort damit heraus.

Auch wenn man den Lehrsatz nicht sofort im Lichte seiner Anwendung auf
den Kosmos versteht, so ist er doch eher platonisch als aristotelisch gedacht.[134]
Für Aristoteles ist der τόπος ja nicht ein absolut gedachter Raum, in dem sich
die Dinge bewegen, sondern nur sozusagen die Oberfläche der Umgebung eines Dinges.[135] Anders in platonischer Sicht, wo die Auffassung, daß Bewegung
einen Raum in unserem Sinne voraussetzt, geradezu eine Selbstverständlich-

---

tige Bewegung und benötige daher den τόπος nicht (Aristoteles, De Gen. et Corr. 320a21–
24; Phys. 212a35–b1). Die späteren neuplatonischen Kommentatoren weisen nach, daß Aristoteles selbst an einigen Stellen die Rotation zu den ortverändernden Bewegungen rechnet,
siehe Simplikios, In Phys. 595,16–26; 602,31–603,17 (gegen den die Meinung von Aristoteles vertretenden Alexander von Aphrodisias); Philoponos, In Phys. 565,1–8; 565,12–17,
siehe dazu *Sorabji, Matter*, 194, n. 39. Die Anführung dieser Kommentatoren ist, obwohl sie
uns in einen Zeitraum nach der Entstehung unseres Traktates führen, durchaus relevant, da
sie in ihren »Korollarien« die gesamte frühere Diskussion zum τόπος resümieren und alte
Traditionen verarbeiten.

[132] Philo, Som. I, 62f.; Fug. 75; Iamblichos bei Simplikios, In Categ. 363,33–364,1 = bei
*Sambursky, Concept of Place*, 48,27–36. Dieselbe Meinung kommt auch zum Ausdruck in
Simplikios' und Philoponos' kritischer Betrachtung der aristotelischen Argumentation, die
allerdings in die Zeit nach Entstehung von CH II führt, vgl. dazu noch einmal Simplikios, In
Phys. 595,16–26; 602,31–603,17 (Kritik an der Position des Alexander von Aphrodisias);
Philoponos, In Phys. 565,1–8; 565,12–17. *Sorabji, Matter*, 192–195.

[133] Alexander von Aphrodisias bei Simplikios, In Phys. 589,4–8; 595,16–26; 602,31–
603,17; Eudemus bei Simplikios, In Phys. 595,8–9; Themistius (der eine Paraphrase der
aristotelischen *Physik* bieten will), In Phys. 120,15–19. *Sorabji, Matter*, 193–195 mit n. 33
und 34 auf 193 und n. 38 und 39 auf 194. (Wiederum führen die Zeugnisse überwiegend in
die Zeit *nach* CH II.)

[134] Vgl. z.B. die enge Parallele, auch zur Ausdrucksweise »ἔν τινι«, bei Philo, Som. I,
184.

[135] Siehe etwa *Sambursky, Physical World*, 1.

keit ist.[136] Dafür gibt es z.B. das Zeugnis des platonisch-pythagoreischen Pseudo-Archytas[137] oder auch eine Stelle bei Plutarch.[138] Aristotelischer τόπος und platonischer Raum können später ineinanderfließen.[139] Die späteren Neuplatoniker gehen dann fast ausnahmslos zur Konzeption eines absolut gedachten, häufig körperlich vorgestellten Raumes über, in dem sich die Dinge, auch der Kosmos als ganzer, befinden und bewegen.[140] Unser Traktat ist offensichtlich bereits von solchen Vorstellungen mitgeprägt.

Im Sinne der platonisch-mittelplatonischen Theorie wird der Raum/Ort[141] später, nämlich zuerst in CH II,4 (S. 33, Z. 1) und dann in CH II,12 (S. 37, Z. 1) als unkörperlich bestimmt. Dabei dürften zum einen unkörperliche Konnotationen der platonischen χώρα aus dem *Timaios* einwirken,[142] an der späteren Stelle aber vor allem die mittelplatonische Tradition des unkörperlichen göttlichen νοῦς, mit dem der τόπος gleichgesetzt wird.[143] Auch Aristoteles ist der Meinung, daß der Ort eines Körpers nicht selber wieder ein Körper sein

---

[136] Simplikios betont das wiederholt, z.B. in den Abschnitten In Phys. 595,16–26; 602,31–603,17.

[137] Ps.-Archytas bei Simplikios, In Categ. 361,21–25 = bei *Sambursky*, Concept of Place 36,1–4.

[138] Siehe Plutarch, Mor. 1073e.

[139] Schon Aristoteles identifiziert seinen τόπος mit der platonischen χώρα in Phys. 209b11f. (mit Verweis auf den *Timaios*). Wichtig sind in diesem Zusammenhang auch folgende Philo-Belege: Som. I, 62; vgl. auch Fug. 75 sowie Som. I, 68; 127; 184. Die Identifikation beider Größen ist also in der Tradition angelegt, doch könnte sie in CH II,1 auch direkt auf unseren hermetischen Verfasser zurückgehen, weil es Kennzeichen seiner Arbeitsweise ist, unterschiedliche Traditionen miteinander zu verschmelzen. Vielleicht ist die Stelle bei Plutarch auch im Sinne einer Identifikation oder zumindest Annäherung beider Größen zu verstehen, siehe Plutarch, Mor. 1073e: »πρῶτον ὅτι καὶ τῷ κινουμένῳ τόπου δεῖ καὶ χώρας ὑποκειμένης …«, wobei hier, wie an unserer Stelle, von Bewegung die Rede ist. Daß Bewegung den τόπος voraussetzt, ist auch stoische Auffassung, siehe SVF II, 492 (Stob., Ekl. I,19,3 p. 165,15 W.); SVF II, 496 (Simpl., In Phys. 1320,19 *Diels*); SVF I, 95 (Aetius, Plac. I, 18,5) wird gesagt, daß nach stoischer Auffassung die Begriffe »τόπος« und »χώρα« (sowie »κενόν«) dieselbe Größe bezeichnen, nur unter verschiedenem Aspekt; siehe auch SVF II, 503 (Stob., Ekl. I,18,4, p. 161,8); SVF II, 504 (Aetius, Plac. I, 20,1); die Annäherung und Gleichsetzung beider Größen bei Philo (z.B. in Fug. 75) dürfte stoisch vermittelt sein.

[140] Auswahl an Belegen: Syrianos bei Simplikios, In Phys. 618,25–619,2 = bei *Sambursky*, Concept of Place, 54, bes. 11ff.; Proklos bei Simplikios, In Phys. 611,10–618,25 = bei *Sambursky*, Concept of Place, 64–81, bes. 64,20; 70,5–7; 80,20–24 (= besonders wichtige Stelle: offenbar liegen ältere Traditionen über verschiedene Lehrmeinungen zum τόπος zugrunde, dabei fällt Simplikios, In Phys. 618,11 und 618,14 auch das in CH II,12, S. 37, Z. 4 vorkommende Stichwort »χωρητικός«); Damascius bei Simplikios, In Phys. 627,18ff., bes. 22–23 = bei *Sambursky*, Concept of Place, 88,33–89,14. Die Theorien des Johannes Philoponos und des Simplikios selbst sind so spät (z.T. nach der ersten Bezeugung von CH II bei Johannes Stobaios), daß ich sie hier nicht mehr anführe.

[141] Zur Wiedergabe von »τόπος« durch »Ort« in dieser Arbeit vgl. die Vorbemerkung zur Übersetzung von CH II, oben, 23f.

[142] Platon, Tim. 52a2-b2, vgl. damit auch b3–5: »ἀναγκαῖον εἶναί που τὸ ὂν ἅπαν ἔν τινι τόπῳ καὶ κατέχον χώραν τινά …«

[143] Siehe z.B. Numenios, Fr. 4a; 6; 7; siehe unten mehr!

kann.[144] Doch in CH II,12 herrschen die platonischen Traditionen vor, sie werden primär für die Bestimmung des τόπος als unkörperlich verantwortlich sein, zumal es bei Aristoteles ja keinen Ort für den Kosmos als ganzen gibt.

Der Hinweis auf den Verursacher der Bewegung im ersten Satz von CH II (S. 32, Z. 7) dürfte dagegen auf jeden Fall auf aristotelischen (peripatetischen) Einfluß zurückzuführen sein; in den peripatetischen Zeugnissen findet sich dessen Erwähnung immer.[145]

Die traditionsgeschichtliche Analyse des ersten Satzes unterscheidet, was für den hermetischen Verfasser zusammengehört: denn für ihn fließen Bewegungsursache und Ort der Bewegung gleichsam ineinander. Das wird die Kommentierung zeigen, wobei allerdings leider auf den stark verderbten Passagen in CH II,7 besonderes Gewicht liegt. Der Verfasser hat die beiden Größen in dem Lehrsatz zusammengestellt bzw. das »ἔν τινι« in den aristotelischen Lehrsatz eingefügt, weil er die beiden Größen ohnehin als miteinander identisch auffaßt.

Man könnte daher sagen, daß im Lehrsatz zu Beginn des Traktates mit der Nennung von »ἔν τινι« und »ὑπό τινος« geradezu ein Hendiadyoin vorliegt.

Der Verfasser will offenbar die von ihm später als τόπος bezeichnete Größe sowohl hinsichtlich ihres Orts- und Raumcharakters als auch als Verursacher von Bewegung beanspruchen.[146]

Die Gleichsetzung von in unterschiedlichen Traditionen verankerten Größen durch Verbindung oder Verschmelzung verschiedener philosophischer Theorien ist ein Merkmal der Arbeit des Verfassers. Es kann nicht immer entschieden werden, ob die Verbindung in der Tradition bereits vorgegeben ist oder vom Verfasser selbst stammt; immerhin wird er auch dort, wo er die Verbindung selbst vornimmt, von der synkretistischen Tradition seiner Zeit angeleitet sein. Dennoch wird man gerade an solchen Stellen, wo Verbindungen und

---

[144] Aristoteles, Phys. 210b29f.

[145] Die genannte These war in der Antike als aristotelischer Lehrsatz wohlbekannt und wird häufig erwähnt. So hat sich z.B. der Arzt und Naturphilosoph Galen (Schriften um ca. 200 n. Chr.), auf den wir noch zurückkommen müssen, offenbar mit der genannten These, jede Bewegung setze eine Ursache voraus, beschäftigt, wie wir aus einer kritischen Erwiderung des Alexander von Aphrodisias wissen, die erst 1952 in arabischer Übersetzung entdeckt wurde. Vgl. *S. Pines*, Omne quod movetur necesse est ab aliquo moveri: A Refutation of Galen by Alexander of Aphrodisias and the Theory of Motion, Isis 1961, 21–54. Andere Stellen, an denen unser Lehrsatz auftaucht, freilich immer ohne die Erwähnung von »ἔν τινι« (was darauf hinweist, daß für diese Hinzufügung der hermetische Autor verantwortlich ist), sind: Aristides, Apologia 1,2, p. 3 *Goodspeed*; spät dann Johannes von Damaskus, Expositio fidei 4; I, 4, Vol. II, p. 12,17 *Kotter* (= PG 94, 797C).

[146] Die Auffassung, daß der τόπος wirkende Kraft habe, liegt dem aristotelischen Denken nicht fern: Arist., Phys. 208b10ff. argumentiert für die Realität des Ortes: die Tatsache, daß die Elemente, z.B. Feuer und Erde nach oben bzw. unten an den ihnen zukommenden Ort innerhalb des Kosmos streben, zeigt, daß der Ort nicht nur Realität, sondern – wie sich Aristoteles vorsichtig ausdrückt – eine gewisse »δύναμις« hat, die die Bewegungen hervorbringt. Mittelplatonische Aufnahme und Diskussion dieses Motivs findet sich bei Attikos, Fr. 6, 60,67–61,87 *des Places*. Vgl. unten den Exkurs »Der religionsgeschichtliche Hintergrund der Auffassung des Ortes als eines göttlichen Wesens«, unten, 64ff.

Verschmelzungen unterschiedlicher Größen vorgenommen werden, besonders
aufmerksam nach der Aussageabsicht des Verfassers forschen dürfen.

Kann man aus der Aufnahme des Lehrsatzes über die Bewegung folgern,
daß unser Verfasser aristotelische Lehrschriften gekannt hat? Das muß unsicher bleiben. Z.B. finden sich einige der wichtigsten Themen der aristotelischen Naturphilosophie, die in der *Physik* systematisch abgehandelt werden,
in unserem Traktat nicht.[147] Der Verfasser beschränkt sich auf die Aufnahme
einiger weniger, wahrscheinlich allgemein bekannter und in den Schulen dis-
kutierter Begriffe und Theorien. Das gilt auch später in CH II,6f., wenn er auf
die Lehre vom unbewegten Beweger zurückgreift. Andererseits scheint der Argumentation hier und da eine recht genaue Kenntnis der aristotelischen Theorie zugrunde zu liegen, die über reines Schul- und Kompendienwissen hinausgeht und auf eine Beschäftigung mit Aristoteles selbst zurückgehen könnte.
Zumindest hat unser Verfasser die aristotelische Theorie in der Schule gründlich kennengelernt. Auch Plotin greift ja z.b. auf die aristotelische *Physik* zurück, und zwar in ähnlichen thematischen Zusammenhängen (z.b. Lehre vom
τόπος) wie der erste Teil von CH II.[148] Offenbar war also die *Physik* in einem
platonisch beeinflußten Milieu zugänglich. Das zeigen auch die Physik-
kommentare der Neuplatoniker.[149]

Daß unser Verfasser von Schultraditionen abhängig ist, zeigen die von ihm
in den ersten Paragraphen von CH II abgehandelten Themen, die zwar in etwa
Aristoteles, Phys. IV und V entsprechen,[150] aber vor allem traditionelle Gegen-
stände der hellenistischen Naturphilosophie sind.[151]

Der Lehrsatz wird vom Hermetiker ab S. 32, Z. 7ff. genauer ausgeführt, und
zwar hinsichtlich des Verhältnisses von Bewegtem und Ort. Es wird also deutlich, daß das eigentliche Interesse des Autors primär nicht (»aristotelisch«)
dem Verursacher der Bewegung, sondern (»(mittel- bzw. neu-) platonisch«)

---

[147] Z.B. die Behandlung des Unbegrenzten (Phys. III, 4–8) oder der Zeit (IV, 10–14).
Behandelt werden nur die Theorie des Leeren und des Ortes.

[148] Plotin beschäftigt sich in Enn. VI, 3,5 ausführlich mit dem aristotelischen Substanzbegriff; in VI, 3,5,34–35 wird zitiert: »Ὁ δὲ τόπος, πέρας τοῦ περιέχοντος ὤν, ἐν ἐκείνῳ.«
Vgl. auch Enn. VI, 3,11,9; VI, 4,2,6–9 (Rückgriff auf Arist., Phys. 212a); VI, 8,11,15f. (mit
der Identifikation von τόπος und χώρα): »ἐκ τοῦ πρῶτον μὲν τίθεσθαι χώραν καὶ τόπον,
ὥσπερ τι χάος (vg. Arist., Phys. 208b) …«

[149] Die Kommentare des Simplikios und des Philoponos führen allerdings in eine Zeit
erheblich *nach* Entstehung unseres Traktates.

[150] Folgendes sind die Themen der genannten Bücher: Phys. III: 1–3 κίνησις (vgl. CH
II,1–4 u.a.), 4–8 ἄπειρον; Phys. IV: 1–5 τόπος (vgl. CH II,5–6), 6–9 κενόν (vgl. CH II,10–
11), 10–14 χρόνος.

[151] Ähnlichkeiten mit unserer Stelle hat vor allem die lehrmäßige Zusammenfassung des
Sextus Empiricus: »πᾶσα κίνησις τριῶν τινῶν ἔχεται, καθάπερ σωμάτων τε καὶ τόπων
καὶ χρόνων, σωμάτων μὲν τῶν κινουμένων, τόπων δὲ τῶν ἐν οἷς ἡ κίνησις γίνεται,
χρόνων δὲ τῶν καθ᾽οὓς ἡ κίνησις γίνεται« (*Long/Sedley*, Fr. 50F partim = Sextus Empir.,
Adv. Math. X, 121–126 partim). Diese Zusammenfassung, die deutlich schulmäßigen Charakter hat, gleicht so sehr dem, was an unserer Stelle (auch im folgenden) behandelt wird,
daß man auch für CH II auf Schulhintergrund schließen kann.

dem Ort gilt. Ist das vielleicht der Grund dafür, daß er das »ὑπό τινος« im Lehrsatz dem »ἔν τινι« nachgestellt hat, obgleich es doch in der peripatetischen Tradition der ursprüngliche Bestandteil des Satzes ist? Oder liegt hier nur eine für antike Kunstprosa typische, manirierte Redeweise vor, die den erhöhten Tonfall der lehrmäßigen Darlegung unterstreichen soll?[152]

Das Verhältnis von Bewegtem und Ort wird in dreierlei Hinsicht genauer bestimmt: 1. in Hinsicht auf die Größe: der Ort ist größer als das, was sich an ihm befindet (S. 32, Z. 7–8); 2. in Hinblick auf die Stärke: das Bewegende ist stärker als das Bewegte (Z. 8–9); 3. im Hinblick auf die »Natur«: Ort und Bewegtes haben eine gegensätzliche Natur (Z. 10–11).

Diese drei Spezifikationen sind vermutlich vom Verfasser zusammengestellt; sie werden im folgenden der Reihe nach behandelt mit der Tendenz, den τόπος gegenüber dem, was sich an ihm befindet, als überlegen zu erweisen.

Ad 1.: Um die Überlegenheit des Ortes herauszustellen, widerspricht der hermetische Verfasser im zweiten Satz des Traktates einem grundlegenden aristotelischen Theorem aus der *Physik*: In Phys. IV, 212a20f. definiert Aristoteles den Ort eines Körpers als die äußerste Grenze (πέρας) des ihn umfangenden, ruhenden Körpers. Nach Aristoteles' Definition befinden sich die Extrema des umfangenden Körpers an derselben Stelle wie die des umschlossenen Körpers.[153] In der Antike wurde die aristotelische Definition allgemein so verstanden, als sei der Ort nicht größer als das, was sich an ihm befindet. Es ist ziemlich sicher, daß unser Verfasser – wie z.B. Plotin[154] – diese Auffassung gekannt hat; er widerspricht ihr, wenn er den Ort als größer als den in ihm bewegten Körper auffaßt.[155]

---

[152] Vgl. *Norden*, Kunstprosa I, 67f.: das Haschen nach Ungewöhnlichem ist für spätere hellenistische Autoren Anlaß, die gewöhnliche Wortfolge abzuändern. *Norden* zitiert Longinus, Rhet. I, 308,24 *Sp.*: »... μετάθεσις τῶν λεγομένων, ὅταν τῆς συνήθους χώρας ἐκπέσῃ καὶ τῇ πεπατημένῃ κόσμον περιάπτῃ, ὡς ἐὰν λέγωμεν ...«

[153] Arist., Phys. 211a1f.: Der unmittelbare Ort (τόπος) eines Dings ist weder kleiner noch größer als dieses. Vgl. auch 211a33f.: die Ränder von sich berührenden Dingen (wie dem umfaßten Gegenstand und seinem Ort) sind an der gleichen Stelle. Zur aristotelischen Konzeption des Ortes vgl. *Sambursky*, Physical World, 1–2; *Sorabji*, Matter, 187.

[154] Siehe die schon zitierte Stelle aus Enn. VI, 3,5,34–35.

[155] Damit nähert sich unser Verfasser gegenüber der aristotelischen Auffassung des τόπος als eines mit einem Körper verbundenen Ortes der überwiegend von den (Neu-) Platonikern, aber auch von dem Aristoteliker Straton von Lampsakos (vgl. *Sorabji*, Matter, 199; *Sambursky*, Physical World, 2–3) vertretenen Auffassung des τόπος als eines »absoluten Raumes« an, siehe dazu unten! Vgl. auch die Vorbemerkung zur Wiedergabe von »τόπος« in dieser Arbeit zu Beginn der Übersetzung von CH II, oben, 23f. – Hintergrund unserer Stelle könnte auch die antike Meinung sein, die aristotelische Auffassung des τόπος mache Bewegung unmöglich. Wir haben bei Sextus Empiricus, Adv. Math. X, 85f. einen Bericht über ein Argument des Diodorus Cronus, eines Vorläufers der Stoa und Schüler des megarischen Logikers Eubulides, der die Möglichkeit von Bewegung überhaupt leugnet. An dem Ort, an dem sich ein Körper befindet, kann er sich nicht bewegen, weil er (nach der aristotelischen Auffassung) den ganzen Raum ausfüllt, und dieser müßte, um Bewegung zu ermöglichen, größer sein als der Körper. Aber auch an einen anderen Ort kann sich der gemeinte Körper

Unser Text sagt also, der Ort müsse größer sein als das darin Bewegte, denn sonst läßt sich Bewegung nicht erklären.

Ad 2.: »Das Bewegende ist stärker als das Bewegte«.[156] Doch was ist das Bewegende? Das wird zunächst nicht ganz deutlich, aber der Textzusammenhang läßt keine andere Auffassung zu als die, daß es sich um den Ort handeln muß. Vom Ort war zuvor die Rede, und es wird von ihm auch im folgenden die Rede sein, wenn von der Natur dessen, worin sich etwas bewegt, gesprochen wird. Es gibt also vom Kontext her gar keine andere Möglichkeit, als den Beweger mit dem Ort zu identifizieren. Außerdem wird diese Identifikation durch das »ἄρα« (Z. 9) angedeutet, das das Bewegende auf das »ἐν ᾧ κινεῖται« des voraufgehenden Fragesatzes bezieht.

Offenbar wird also bereits hier die später nachzuweisende Identifikation des Ortes mit dem Verursacher der Bewegung, also des »ἔν τινι« mit dem »ὑπό τινος« vollzogen.[157] Im ganzen ersten Teil des Traktates[158] versucht der Verfasser immer wieder, diese Gleichsetzung von verschiedenen Seiten zu erweisen.

Ad 3.: Hier ist wieder eindeutig vom Ort die Rede. Der Gegensatz in der »Natur« zwischen Ort und Bewegtem besteht wahrscheinlich in der oben genannten (platonisch gedachten) Auffassung, daß das Bewegte körperlich, der Ort jedoch unkörperlich ist.[159] Hier ist noch nicht ausgedrückt, daß die Unkörperlichkeit ein Vorzug gegenüber der Körperlichkeit ist, aber das wird später verdeutlicht (CH II,4) und ist in platonischen Kreisen ohnehin selbstverständlich, so daß man auch diese dritte Spezifikation als Hervorhebung des Ortes interpretieren darf.

## 2. CH II,2 (S. 32, Z. 12–16)

Nachdem zunächst der Ort, also das Umfassende, betrachtet wurde, steht CH II,2 das Umfaßte im Vordergrund. In diesem Abschnitt wird endgültig klar, daß

---

nach Diodors Auffassung nicht bewegen, denn dort ist er ja noch gar nicht. Also ist Bewegung überhaupt nicht möglich, wenn man die aristotelische Auffassung vom τόπος zugrunde legt.

Dieses Argument dürfte unser Hermetiker freilich kaum vor Augen gehabt haben. Vermutlich teilt er einfach das antike Unverständnis für die aristotelische Position und geht von der common-sense-Meinung aus, daß sich etwas nicht bewegen kann, das so eng von seinem Ort umschlossen wird, wie Aristoteles das vorauszusetzen scheint.

[156] »Ἰσχυρός« ist Gottesprädikat bei Philo, siehe z.B. Leg. All. III, 204; 206–207. Vgl. auch Aristides, Apol. I, 2 (zitiert unten, Anm. 522).

[157] *Scott* II, 87 hat also nicht Recht, wenn er aus dem »ἄρα« in Z. 9 folgert, die Wendung »τὸ κινοῦν« sei »out of place« und stamme aus einem verlorengegangenen Textstück vor CH II,8b, weil sich die Schlußfolgerung auf »τὸ ἐν ᾧ κινεῖται« bezieht, und das könne kein κινοῦν sein. Doch die Identifikation des Ortes der Bewegung mit deren Verursacher ist gerade der entscheidende Punkt des folgenden Argumentes!

[158] In CH II,1–12a.

[159] Vgl., wenn auch in ganz anderem Zusammenhange CH XII,11: »... πᾶν γὰρ τὸ κινοῦν ἀσώματον, πᾶν δὲ τὸ κινούμενον σῶμα ...«

die allgemeinen Betrachtungen über den Ort und die Bewegung sich auf die Bewegung des größten aller Körper, des Kosmos selbst, beziehen. Später wird gesagt, daß der Kosmos deswegen groß, ja der größte aller Körper überhaupt ist,[160] weil er alle, die es gibt, enthält (S. 32, Z. 13–15). Dieser Aussage nähert sich der Verfasser vorsichtig dadurch an, daß er zunächst negativ feststellt, daß es keinen größeren Körper als den Kosmos gibt (S. 32, Z. 12–13), dann, indem er meint, der Kosmos enthalte *eine Menge* großer Körper (Z. 13–14),[161] bevor er gleichsam damit herausrückt, daß er *alles* Körperliche umfaßt (Z. 14f.).

Der schrittweise Aufbau des Gedankengangs ist typisch für die Argumentationsweise des Verfassers. Sie läßt sich auch an anderen Stellen im Traktat beobachten. Ausgangspunkt sind unstrittige (z.b. auf Erfahrung beruhende) oder bereits bewiesene Behauptungen; aus ihnen ergeben sich die vom Verfasser intendierten. Zum Verfahren gehört, daß einige Behauptungen zunächst durch Verneinung ausgeschlossen werden. Im Grunde ist sogar der ganze Traktat so strukturiert: aus dem allgemeinen Lehrsatz zu Beginn ergibt sich nach vielen Zwischenschritten, der Abwehr von unzutreffenden Meinungen, etc. die Behauptung eines göttlichen νοῦς und eines transzendenten Gottes über ihm (in CH II,12). Das Verfahren könnte pädagogisch geprägt sein und aus dem Schulunterricht stammen.

Zusätzlich zur Größe des Kosmos wird von ihm gesagt, er sei »massiv« (S. 32, Z. 13).[162] Vielleicht soll mit diesem die Körperhaftigkeit betonenden Begriff und auch mit den folgenden Ausführungen (»πεπλήρωται …«, S. 32, Z. 13ff.) der körperliche Charakter des Kosmos besonders betont werden. Welche Vorstellungen dabei im Hintergrund stehen mögen, wird gleich zu untersuchen sein. Hier sei zunächst betont, daß man die Passage Z. 13–15 wohl relativ unabhängig vom übergreifenden Gedankengang auffassen sollte: der Verfasser liebt es, wie noch öfter zu zeigen sein wird, anhand eines Stichwortes kleine wissenschaftliche oder philosophische Exkurse einzufügen, die meist für sich stehen. Vielleicht liegt an unserer Stelle ein solcher kleiner Exkurs vor, bei dem sich der Verfasser über die Körperhaftigkeit des Kosmos ausläßt. Man sollte in

---

[160] Hier dürfte wiederum platonische Tradition im Hintergrund stehen: Platon wählt als geometrischen Körper für den Kosmos den Dodekaeder, der von allen von Platon genannten geometrischen Körpern das größte Volumen (und die größte Ähnlichkeit mit einer Kugel) hat. Vgl. Platon, Tim. 55c4–6 und dazu *Taylor,* Tim., 377; [Albinos], Epit. XIII, 1.

[161] »ἄλλων« grenzt die Körper, mit denen der Kosmos angefüllt ist, von diesem selbst, dem größten aller Körper, ab. Für diese Verwendung von »ἄλλος« vgl. Platon, Tim. 83c3: »Die übrigen εἴδη der Galle« sind die drei schon genannten, im Gegensatz zum einen γένος aus c2.

[162] Das griechische Wort »στιβαρός« kommt selten vor. Die Grundbedeutung ist »fest« (Homer, Il. XVI, 141; vgl. auch Plutarch, Mor. 59b und c). Es kann aber auch »schwer« bedeuten (vgl. Ez. 3,6; Hab. 2,6 LXX) oder »kräftig« (Jos., Bell. Jud. VI, 161 von einem jungen Mann). Die an unserer Stelle einschlägige Bedeutung findet sich z.B. Homer, II. XVI, 136 (von einem Schild wird gesagt, er sei groß und στιβαρός, also massiv, um die Schläge des Gegners abhalten zu können) und Jos., Bell. Jud. VI, 293 (ein Tor aus Erz ist so fest, daß man es schwer aufbrechen kann).

die Zeilen also nicht zu viel hineinlegen, vor allem nicht nach einer engen Beziehung zum weiteren Argumentationsgang suchen.

In dem Exkurs (Z. 13–15, »πεπλήρωται … πάντων ὅσα ἐστὶ σώματα«) greift der Verfasser auf eine in der hellenistischen Philosophie verbreitete, »wissenschaftliche« Definition des Kosmos als »Gesamtheit von Himmel und Erde und aller von beiden umfaßten Gegenständen«[163] zurück, und zwar in einer stoischen Version, die den den »körperlichen« Charakter dieser Gesamtheit betont.[164] Mit Hilfe dieser lehrsatzartigen Definition wird von den Stoikern z.B. für das Fehlen eines Vakuums im Kosmos argumentiert.[165] Das ist eine Auffassung, die auch in CH II vertreten wird, und zwar in II,10, S. 35, Z. 19 und S. 36, Z. 10–11. Unser Verfasser dürfte seine Feststellungen also wissenschaftlichen Schuldebatten zur stoischen Kosmologie entnehmen.[166]

In Z. 15f. wird nun ausdrücklich gesagt, daß der Kosmos derjenige bewegte Körper ist, von dem im folgenden die Rede sein soll. Damit folgt für den Ort der Bewegung dieses Körpers alles das, was sich aus den allgemeinen Überlegungen zur Bewegung in II,1 ergibt: der Ort der Bewegung des Kosmos wird unkörperlich sein, riesengroß und stärker als der bewegte Kosmos.

In anderen Traktaten des Corpus wird explizit ausgesprochen, was an unserer Stelle allenfalls angedeutet wird: der Kosmos wird als eine negative Größe betrachtet. Vermutlich sind die gemeinten Traktate durch den antikosmischen Dualismus gnostischer Gruppen und ihrer Vorstellungen beeinflußt. So wird die Bewegtheit des Kosmos nun ganz deutlich zum Kennzeichen seines gegenüber der unbewegten Gottheit untergeordneten Ranges.[167] Auch seine Körper-

---

[163] Vgl. Pseudo-Aristoteles, De mundo 391b9; SVF II, 527 partim (Chrysipp bei Stob., Ekl. I,21,5, p. 184,8); SVF II, 638 partim (Galen, εἰ ζῷον τὸ κατὰ γαστρός 1); Anon. II in Arat., p. 127,14–15 *Maass*. Ähnlich SVF II, 528 partim (Arius Didymus, Epit. Fr. 31). Siehe *Festugière* II, 494; *Goulet,* 178, n. 6

[164] Kleomedes I, 1,1 (Zählung nach Goulet): »κόσμος ἐστὶ σύστημα ἐξ οὐρανοῦ καὶ γῆς καὶ τῶν ἐν τούτοις φύσεων. οὗτος δὲ πάντα μὲν τὰ σώματα ἐμπεριέχει …« Siehe auch *Scott/Ferguson* IV, 360–361 mit n. 1 auf 361. *Scott* II, 87 verweist auf Asclepius 33 (*Nock/Festugière* II, 342): »Omnia enim mundi sunt membra plenissima … corporibus.« Eine deutliche Parallele zur hier behandelten Stelle steht auch bei Philo, Plant. 7: »… τὸν δὲ δὴ κόσμον καὶ διαφερόντως, ὅτι τὸ μέγιστον σωμάτων ἐστὶ καὶ πλῆθος ἄλλων σωμάτων ὡς οἰκεῖα ἐγκεκόλπισται μέρη.« Diese Parallele bestätigt, daß in platonischer Philosophie die stoische Definition aufgegriffen werden konnte.

[165] SVF II, 528 partim (Arius Didymus bei Euseb., pr. ev. XV, 15,1): »ἐν γὰρ τούτῳ πάντα περιέχεσθαι τὰ σώματα, κενὸν δὲ μηδὲν ὑπάρχειν ἐν αὐτῷ.«

[166] Vgl. die Schlußbemerkung des Kleomedes zu seiner Schrift, der das obige Zitat entnommen ist (II, 7,2). Diese Bemerkung dürfte wohl authentisch sein, vgl. *Goulet,* 44f., n. 127; *Todd,* 84, App. z.St. (beide mit Martini).

[167] Vgl. CH VI,2; X,10 u. 12: Als bewegter ist der Kosmos hyletisch und nicht ἀγαθός, sondern nur καλός (X,10); schlecht ist er deshalb nicht, weil er (nach peripatetischer Auffassung) unvergänglich ist (X,12). In CH IX,4 wird der dualistischen Abwertung des Kosmos entschieden widersprochen: der Ort der Schlechtigkeit ist die Erde, nicht der Kosmos, wie einige gotteslästerlich sagen. Hierbei handelt es sich um einen Topos antignostischer Polemik, wie er sich auch bei Plotin, Enn. II, 9 des öfteren findet, vgl. *Nock/Festugière* I, 76, n. 10 und 103, n. 16.

haftigkeit, die in unserem Abschnitt betont herausgestellt wird (und die auch Leidensfähigkeit impliziert[168]), wird ausdrücklich zum Kennzeichen einer Geringerwertigkeit.[169]

Diese Haltung gegenüber dem Kosmos hat ihren Ursprung im platonischen Gegensatz einer unbewegten göttlichen zu einer bewegten sichtbaren Welt; sie findet sich der Tendenz nach auch im (späteren) Aristotelismus, z.B. in der pseudaristotelischen Schrift *De mundo*.[170] Noch stärker tritt der Gegensatz im gnostischen Denken hervor: diese Welt ist der Bereich des Bösen, das als aktive Gegenmacht zur göttlichen Lichtwelt fungiert. Man kann geradezu mit Hans Jonas von einer weltverachtenden Haltung der Gnosis sprechen.[171] Auch eine Reihe von hermetischen Traktaten enthalten Elemente des Antikosmismus; sie dürften darin vom Dualismus gnostischer Gruppen mitbeeinflußt sein; doch wird die Kritik am Kosmos nirgends zu einem absoluten Gegensatz Gott – Kosmos gesteigert.[172] Der Kosmos wird im allgemeinen im Hermetismus nirgends zu einer völlig negativen Größe, und das gilt auch von CH II. Vielleicht ist es auf den Einfluß der ägyptischen Wurzeln der Hermetik zurückzuführen, daß sich ein absoluter Dualismus trotz platonischer und gnostischer Einflüsse nicht durchsetzen konnte.[173]

Die Fehlen einer dualistischen Haltung hat in CH II aber auch damit zu tun, daß zumindest im ersten Teil des Traktates überhaupt allzu emphatische religiöse Wertungen vermieden werden; dualistische Tendenzen sind allenfalls versteckt angedeutet.[174] Im großen und ganzen bewahrt der Traktat eine mehr nüchtern-philosophische Attitüde; er nennt nur die kosmologischen und physikalischen Tatsachen, nicht deren religiöse Ausdeutung.

## 3. CH II,3 (S. 32, Z. 16–21)

Nachdem in CH II,2 ermittelt worden ist, daß der Kosmos ein Körper ist, wird in II,3 zurückgelenkt auf den Ort dieses Körpers. Mittels zweier Teilfragen (S. 32, Z. 16–18) soll untersucht werden, (a) wie groß der Ort sein muß, an dem

---

[168] Demgegenüber ist der τόπος des Kosmos, der identisch mit dem νοῦς ist, ἀπαθής (siehe S. 37, Z. 4).

[169] Im Corpus Hermeticum besonders hervorzuheben: CH VI,2.

[170] De mundo 392a31–34. Hier wird der göttliche Äther mit dem wandelbaren, sterblichen und vergänglichen Bereich unter dem Himmel kontrastiert; vgl. zu diesem Dualismus unten mehr.

[171] Siehe dazu *Büchli*, 199; *Jonas*, Delimitation, 93.

[172] Das konstatiert z.B. für den Traktat CH I *Büchli*, 199–200 (Zusammenfassung der Ergebnisse), bes. 199.

[173] *Mahé*, Hermès II, 454.

[174] Versteckt angedeutet wird eine negative Bewertung des Kosmos und des Lebens in ihm z.B. in CH II,8 (»ἐπίχηρα ζῷα«, vgl. die Wendung »φθαρτή τε καὶ ἐπίκηρος« an der eben genannten Stelle De mundo 392a34), II,9 in der Rede vom βαστάζειν der Seele und durch den Argumentationsgang von CH II,11–12a. Vgl. den Kommentar zu diesen Stellen!

sich der größte aller Körper (S. 32, Z. 12), der Kosmos, befindet, und (b) von welcher Beschaffenheit er ist. Frage (a) wird im folgenden (S. 32, Z. 18–21) beantwortet, die Frage (b) in CH II,4 zunächst wiederholt[175] und dann beantwortet.

(a) Da der Kosmos alle Körper umfaßt, ist er der größte Körper. Der Ort, an dem sich der Kosmos befindet, muß nach den vorhergehenden allgemeinen Überlegungen in CH II,1[176] noch größer sein. Er ist also als das Größte überhaupt aufzufassen.

Die Tendenz des Verfassers, die Größe des Ortes besonders hervorzuheben, wird durch folgende Betrachtung deutlich:

Der Verfasser spricht ja davon, daß der Ort der kosmischen Bewegung größer, ja sogar *viel* größer als der Kosmos selbst sein muß, um die Bewegung des Kosmos nicht zu behindern.[177] Das ist insofern eine auffällige Feststellung, als die Bewegung des Kosmos ja eine Rotation ist.[178] Das ist in den hier relevanten philosophischen Traditionen vorgegeben,[179] z.B. in der platonischen.[180] Auch Aristoteles vertritt diese Auffassung in *De Caelo*: denn geradlinige Bewegungen nimmt er nur für die Elemente *innerhalb* des Kosmos an;[181] hier jedoch geht es um die Bewegung des Kosmos selbst, und für sie kommt eine gerade Bewegung nicht in Frage.[182]

Bei Aristoteles bedeutet nun eine Kreisbewegung für den kreisenden Gegenstand als ganzen keine Ortsveränderung.[183] Wenn wir diese Auffassung auf den Argumentationszusammenhang von CH II,3 übertragen, so bedeutet dies: der Ort des Kosmos müßte gar nicht größer als dieser selbst sein, um ihm seine Bewegung, die Rotation, zu ermöglichen, und schon gar nicht *viel* größer.

---

[175] Vgl. *Scott* II, 88.

[176] Vgl. bes. Z. 7–8.

[177] Der Gedanke, daß der τόπος die Körper nicht behindern darf (und deshalb unkörperlich sein muß), findet sich auch in dem schon oben erwähnten, bei Simplikios überlieferten, traditionellen Zusammenhang, vgl. Simplikios, In Phys. 618,10–13.

[178] So auch *Scott* II, 88.

[179] Siehe Attikos, Fr. 6, p. 59,45f. *des Places.*

[180] Dazu wird unten noch Genaueres ausgeführt. Vgl. hier Platon, Tim. 36c–d.

[181] Aristoteles, De Caelo 269a17–18.

[182] Aristoteles, De Caelo I, 2. Später wird sich zeigen, daß die Vermutung berechtigt ist, die Bewegung aus II, 3 sei eine Kreisbewegung. In II, 6–7 wird die Bewegung des Kosmos anhand der Kreisbewegungen der Gestirne illustriert; auch die Bewegung, von der in II, 12 (S. 36, Z. 18 – S. 37, Z. 1) die Rede ist, kann aufgrund der voraufgehenden Argumentation (vgl. den Kommentar z.St.) nur eine kreisförmige sein.

[183] Das steht Arist., Phys. 212a34–b1, bes. a35: »als ein Ganzes, alles zugleich, verändert es (i.e. das Weltall) seinen Ort nicht, im Kreis wird es aber bewegt – dies ist der Ort der Teile – …« Vgl. dazu auch Fußnote 50 zu Phys. IV in der Ausgabe von *Zekl* I, 262: »… Dann ist das Gemeinte klar: Als Ganzes ist das All der Translation nicht fähig, wohl aber der Rotation, wie die Gestirnsbewegungen ja zeigen …« Vgl. auch Arist., De Gen. et Corr. 320a21–24; *Sorabji*, Matter, 194 mit n. 38. Auch der orthodoxe Aristoteliker Alexander von Aphrodisias (ca. 200 n. Chr.) vertritt – kritisiert vom Neuplatoniker Simplikios – diese Auffassung, vgl. Simplikios, In Phys. 595,16–26; 602,31–603,17. Siehe auch die Argumentation bei Sextus Empiricus, Adv. Math. X, 50–51.

Ist diese Übertragung einer aristotelischen Theorie, die ja nur innerhalb des
Kosmos gilt – denn nach Aristoteles hat der Kosmos selbst bekanntlich keinen
τόπος – überhaupt legitim? Anscheinend ja, denn wir wissen z.b. von der
Theorie eines Nachfolgers des Aristoteles, nämlich des Straton von Lampsakos.[184] Dieser postuliert auch für den Kosmos insgesamt, im Gegensatz zu Aristoteles selbst, einen Ort im Sinne einer Art absolutem Raum,[185] wie er wohl
auch in der hier betrachteten Passage in CH II vorgestellt ist. Straton sagt nun,
daß dieser Raum vom Körper des Kosmos ganz ausgefüllt wird.

Die Theorie des Straton wird bei Simplikios überliefert, also in neu-
platonischem Kontext. Daraus dürfen wir schließen, daß solche Auffassungen
auch unter Platonikern diskutiert wurden, zumal sie sich eng mit ihrer Auffassung von der χώρα trafen. Vielleicht hat unser Verfasser, der, wie noch weiter
zu zeigen ist, stark platonisch orientiert ist, eine Auffassung wie die Stratons in
platonischen Dikussionen kennengelernt. Jedenfalls charakterisiert er in der
hier betrachteten Passage den τόπος deutlich als Raum im Sinne einer solchen
Theorie.[186]

Die Aussage unseres Verfassers fällt angesichts der aristotelischen Konzeption und der Theorie Stratons dadurch auf, daß der (raumartig aufgefaßte) Ort
des Kosmos als *viel* größer als dieser selbst bezeichnet wird.[187] Darin liegt offensichtlich eine bewußte Übertreibung von der Hand des hermetischen Verfassers; er will den τόπος auch auf diese Weise hervorheben. Wir können auch
wieder das schrittweise Vorgehen des Verfassers beobachten, denn mit »πολὺ
μείζονα« wird offensichtlich vorsichtig auf die abschließende Feststellung:
»παμμέγεθές τι χρῆμα« zugesteuert. Daß unser Verfasser im hier betrachteten
Abschnitt am Werk ist, zeigt auch das gewundene Argument S. 32, Z. 18–20:
es ist nämlich typisch für auch sonst zu findende, ungeschickt formulierte und
komplizierte Sätze, in denen der Verfasser seine besonderen Anliegen zum
Ausdruck bringt.[188] Häufig sind diese Ausführungen sachlich verfehlt; auch an
unserer Stelle geht die gewundene Begründung insofern am Ziel vorbei, als es
nicht gelingt, aufzuzeigen, warum der räumlich gedachte Ort des Kosmos *viel*
größer als dieser selbst sein muß.[189]

Immerhin liegt in unserem Abschnitt der Versuch des Verfassers vor, philosophisch stringent und überzeugend zu argumentieren. Das Argumentationsziel ist, den überlegenen Rang des Ortes gegenüber dem Kosmos zu erweisen.

---

[184] Er war Schüler des Theophrast und starb ca. 269/8 v. Chr. Vgl. zum Folgenden: Straton
bei Simplikios, In Phys. 618,20–25; *Sambursky*, Physical World, 3.
[185] *Sambursky*, Physical World, 3.
[186] Vgl. dazu auch *Köster*, Art. τόπος, ThWNT VIII, 192.
[187] Straton scheint den vom kosmischen Gesamtkörper ausgefüllten Raum als »ἰσόμετρον
τῷ κοσμικῷ σώματι« angesehen zu haben, siehe Simplikios, In Phys. 618,20f. = *Sambursky*,
Concept of Place, 80,28f.
[188] Beispiele: CH II,7, S. 34, Z. 1–3; 9–12; CH II,13, S. 37, Z. 11–14, u.a., siehe jeweils
den Kommentar z.St.
[189] Die Begründung vermag allenfalls zu zeigen, weshalb der τόπος *ein wenig* größer als
der Kosmos sein muß: das würde genügen, um die Rotationsbewegung nicht zu behindern.

Dahinter steht, wie im Verlauf des Textes immer deutlicher wird, die Absicht, den überlegenen Stellenwert des (mit dem τόπος identischen)[190] νοῦς und schließlich des noch darüber stehenden Gottes herauszudestillieren. Die vom Verfasser verwendeten Traditionen werden, an philosophischen Maßstäben gemessen, nicht immer sinngemäß verwendet, sondern dem Argumentationsziel häufig mit Gewalt angepaßt, doch dürfen wir nicht annehmen, daß der Verfasser absichtlich manipulieren wollte. Er wird von der Stringenz seiner Ausführungen überzeugt gewesen sein. An seiner theologischen Aussage gemessen, kann dem Verfahren einer Verbindung von Naturphilosophie und Glauben sogar ein gewisser Reiz nicht abgesprochen werden.[191]

## 4. CH II,4–5 (S. 32, Z. 21 – S. 33, Z. 4)

In diesem Abschnitt wird die Frage (b) beantwortet, von welcher »Natur« der Ort ist.[192] Dem Verfasser ist offenbar sehr an der Beantwortung dieser Frage gelegen, denn in dem kurzen bisher behandelten Text war sie bereits zweimal angesprochen worden: CH II,1 (S. 32, Z. 10f.) und II,3 (S. 32, Z. 17f.). Durch die Partikel »ἄρα« (S. 32, Z. 22) wird der Rückbezug auf die beiden vorhergehenden Stellen hergestellt, zumal auf die erste von beiden, wo bereits gesagt ist, daß der Ort eine dem Umschlossenen entgegengesetzte Beschaffenheit hat.

Die »entgegengesetzte Natur« des Ortes ist seine Unkörperlichkeit (S. 32, Z. 22). Der Kosmos war demgegenüber als in höchstem Maße körperlich bestimmt worden. Die Entgegensetzung Ort-Kosmos zieht sich, jeweils verschieden ausgedrückt, durch den ganzen Traktat. Sie kehrt wieder in den Gegensatzpaaren unkörperlich-körperlich, unbewegt-bewegt (II,6), Geist oder geistigkörperlich (II,12), seelisch-körperlich (II,9).[193]

---

[190] Für diese Gleichsetzung siehe unten.

[191] Vgl. dagegen das harte Urteil über unseren Traktat von Tiedemann, wiedergegeben bei *Nock/Festugière* I, 31, n. 1: »Scharf zu denken … scheint seine Sache nicht; er hatte, nach dem Sprichworte, die Glocken läuten gehört, wusste aber nicht, wo sie hingen.« Diese Auffassung wird von den Herausgebern mit dem Hinweis auf das Argument vom leeren, aber mit Luft gefüllten Gefäß (CH II,10–11) belegt.

[192] Er ist hier als Raum gefaßt, zugleich aber das ganz bestimmte göttliche Wesen, das traditionsgeschichtlich große Ähnlichkeit mit dem philonischen Ort der Welt hat, wie noch zu zeigen ist. Entsprechend dem Sinn von »τόπος« bei Philo (u.a.) wird auch weiterhin die Übersetzung »Ort« beibehalten, siehe auch die Vorbemerkung zur Übersetzung der von CH II!

[193] Der unkörperliche Charakter des τόπος sowie die damit verbundenen, wenn auch abgeblaßten, dualistischen Andeutungen sind – neben anderen Punkten – ein starkes Argument dafür, daß CH II nicht in die Zeit des Neuplatonismus des 4. oder 5. Jahrhunderts gehört (obgleich die Konzeption des Ortes in unserem Traktat ansonsten viele Vergleichbarkeiten zu den Auffassungen eines Damascius, Proklos, Simplikios oder Philoponos aufweist). Denn in späterer Zeit wird der τόπος doch vielfach als, wenn auch nicht-materieller, *Körper* gedacht, und das ist in CH II nicht der Fall; die Auffassung vom τόπος ähnelt in diesem Punkt vielmehr der der nicht-körperlichen platonischen χώρα.

Diese bipolare Struktur kann zu einem umfassenden Dualismus ausgeweitet werden. Das geschieht in anderen Traktaten,[194] während CH II in dieser Hinsicht über einige Andeutungen nicht hinausgeht. Im hier betrachteten Abschnitt ist Hinweis auf eine ausgeprägteren, vielleicht sogar gnostisch beeinflußten Dualismus eventuell die Einschränkung des Göttlichen auf das ἀγέννητον, worin impliziert ist, daß es von den körperlichen Veränderungsprozessen des Kosmos abgegrenzt ist.[195] Ansonsten beschränkt sich unser Verfasser jedoch auf die Darlegung philosophischer Theorien, nicht ihrer religiösen Vertiefung.

Die Auffassung, der Ort sei unkörperlich, könnte unser hermetischer Verfasser zwar wiederum der aristotelischen Naturlehre entnommen haben.[196] Aber vor allem platonische Theorien, z.B. die Konzeption der nicht-körperlichen χώρα aus Platons *Timaios*[197] dürften eingewirkt haben.[198]

Aufgrund der platonischen Auffassung vom unkörperlichen Charakter der Gottheit[199] schließt der Verfasser S. 33, Z. 1f. analog auf den göttlichen Charakter des unkörperlichen τόπος.

Dabei liegt hier anscheinend eine eher passiv-rezeptive Vorstellung des Göttlichen vor.

Auf den ersten Blick ist es erstaunlich, daß in unserem Traktat dem rezeptiv gedachten Element die positive Wertigkeit zukommt, dem es besetzenden, ausfüllenden und damit strukturierenden hingegen eine geringere, andeutungsweise sogar negative. Im Neupythagoreismus des ersten und dem Mittelplatonismus des ersten und zweiten

---

[194] Besonders in CH I und CH XIII. Doch sei noch einmal darauf aufmerksam gemacht, daß der Dualismus auch in diesen Traktaten nicht total ist. Dualistische Tendenz liegt auch in CH X,10 vor, wo der Kosmos mit abwertender Tendenz ein »ὑλικὸς θεός« genannt wird. Doch ist der Dualismus auch hier kein absoluter, wenn z.B. gesagt wird: »ὁ καλὸς κόσμος, οὐκ ἔστι δὲ ἀγαθός.« Die folgenden Ausführungen (CH X,10–11) zeigen, wie in CH II, mancherlei Bezüge zur aristotelischen und platonischen Tradition.

[195] Siehe CH II,4, S. 33, Z. 2–3. Vgl. dazu das Folgende!

[196] Vgl. z.B. Arist., Phys. 209a6; a16f. Wäre der Ort ein Körper, so argumentiert Aristoteles, dann wären an einem Ort zwei Körper, nämlich erstens der Körper, der sich an dem gemeinten Ort befindet, und zweitens dieser Ort selbst, der sich ja als Körper auch irgendwo befinden muß, also an irgendeinem Ort, und das kann nur derselbe Ort sein wie der des (ersten) Körpers.

[197] Platon, Tim. 49a; zum unkörperlichen Charakter 51a4–b2.

[198] Siehe oben, 47f., mit Belegen; vgl. auch den folgenden Exkurs, 64ff.

[199] Vgl. z.B. die Polemik des Epikuräers Velleius gegen nicht-epikureische Gottesvorstellungen in Cicero, Nat. deor. I, 30: Platon will die Gottheit als völlig körperlos vorstellen, das aber »intelligi non potest«. Denn die Gottheit muß dann zwangsläufig ohne Empfindung, ohne Vernunft und ohne Lust sein, alles Eigenschaften, die wir normalerweise mit dem göttlichen Wesen verbinden. Die Belege für die platonische Vorstellung von Gott als einem körperlosen Wesen sind zahllos, auch in hellenistischer Zeit. Man kann geradezu sagen, daß die Unkörperlichkeit Gottes *das* entscheidende Merkmal des platonischen Gottesbildes ist. Als wichtigster Beleg aus den Schriften Platons wird immer wieder angeführt: Polit. 509b9–10, wobei Gott mit dem Guten gleichgesetzt wird. Die Wendung »ἐπέκεινα τῆς οὐσίας« wird auf die Körperlichkeit bezogen. Vgl. CH II,5 mit der Erörterung über die Substanzhaftigkeit Gottes und *Scott* II, 88.

nachchristlichen Jahrhunderts kommt – natürlich im Anschluß an Platon und auch Aristoteles[200] – dem passiv-rezeptiven Element[201] eher der Charakter des Ungeordneten, Chaotischen, sogar (z.B. bei Plutarch und in gnostischen Dokumenten) des Bösen zu.[202]

An unserer Stelle geht es aber nicht um die passiv-rezeptive Natur des τόπος (er wird ja auch nicht ausdrücklich als »χώρα« bezeichnet), sondern vielmehr um seinen die Dinge bewahrenden, umschließenden Charakter.[203] Das ist ein positives Element, das noch durch andere Eigenschaften (z.B. die Unkörperlichkeit) unterstrichen wird.[204]

An unserer Stelle wird zunächst offengelassen, ob das Unkörperliche, also der τόπος, »Gott« oder »göttlich« ist. Eine Unterscheidung zwischen »göttlich« und »Gott« (vgl. S. 33, Z. 2) wird in der antiken Philosophie nicht immer gemacht; häufig fällt beides zusammen.[205] Wo mehrere Götter angenommen werden, ist »göttlich« die Eigenschaft, die ihnen allen gemeinsam ist.[206] Das gilt auch bei Abstufungen vom höchsten, unsichtbaren Gott über ihm untergeord-

---

[200] In Platons *Timaios* z.B. befindet sich das Gefäß, die »Amme des Werdens«, zunächst in völlig ungeordneten Bewegungen, bis der Demiurg sie in regelmäßige Bewegungen versetzt (siehe dazu Tim. 52e3–5; 53a6–7; b5–7 und Kontext); für Aristoteles ist die ὕλη nur sozusagen die conditio sine qua non der Realisation eines εἶδος.

[201] Z.B. der unbegrenzten Dyade des Pythagoreismus, die dem ἄπειρον gleichgesetzt wird und erst durch die Einheit, das πέρας, geordnet, begrenzt wird.

[202] Ein Beispiel findet sich etwa im Bericht über die Philosophie des Pythagoras (Besuch beim Chaldäer Zaratas) bei Hippolyt, Ref. I, 2,12 (*Marcovich*, 60): »… δύο εἶναι ἀπ' ἀρχῆς τοῖς οὖσιν αἴτια, πατέρα καὶ μητέρα. καὶ πατέρα μὲν φῶς, μητέρα δὲ σκότος … ἐκ δὲ τούτων πάντα κόσμον συνεστάναι, ἐκ θηλείας καὶ ἄρρενος.« Diese Vorstellung findet sich auch in der valentinianischen Gnosis, in der bekanntlich die ὕλη (vgl. oben, S. 46f. zu Aristoteles) als das negative Element aufgefaßt ist. Vgl. *Sagnard*, 313; *Dillon*, Middle Platonists, 387; zu Plutarch: *Dillon*, Middle Platonists, 202f.

[203] Vgl. dazu auch die Kommentierung des Prädikates »χωρητικὸς τῶν πάντων« (CH II,12, S. 37, Z. 4–5).

[204] In eine spätere Zeit führt folgende Charakterisierung des Ortes durch Damascius (Dub. Sol. 366, II, 219,18–220,1 *Ruelle* = bei *Sambursky*, Concept of Place, 94,23–30): »… ἢ τριττὸς ὁ τόπος, ὁ μὲν ὡς ἐν χείρονι … ἢ τὸ ἐν ὁμοταγεῖ … ἢ ἐν τῷ κρείττονι, ὡς ἐν τῷ διαστατῷ φωτὶ αὐτὸς ὁ ἥλιος. καὶ τόπος οὗτος κυρίως …« Also wird auch hier ein absolut gedachter Raum als positive Größe (κρείττων) gefaßt; er wird allerdings, anders als in CH II, aber ähnlich wie bei Proklos, offenbar stofflich verstanden, nämlich als Lichtkörper.

[205] Die höchste Wesenheit der platonischen Philosophie, die Idee des Guten, wird z.B. »θεῖον« genannt (vgl. etwa Phaid. 81a4–9; 84a8), ohne daß damit ein Rangunterschied zu »θεός« angedeutet wäre. Der Begriff wird vielmehr verwendet, weil τὸ ἀγαθόν für Platon keine personale Größe ist. Die Schau der Idee des Guten wird von Platon entsprechend »θεῖαι θεωρίαι« genannt (Polit. 517d). Auch bei Aristoteles steht »τὸ θεῖον« nicht in irgendeinem Sinne unter der höchsten Gottheit, sondern ist diese selbst, vgl. z.B. Met. 1026a18ff., daraus: »οὐ γὰρ ἄδηλον ὅτι εἴ που τὸ θεῖον ὑπάρχει, ἐν τῇ τοιαύτῃ φύσει ὑπάρχει, καὶ τὴν τιμιωτάτην δεῖ περὶ τὸ τιμιώτατον γένος εἶναι.« Auch bei Philo bedeuten beide Begriffe meist (aber nicht immer, s. unten!) dasselbe, vgl. *Leisegang* VII, 2 (Indexband), 363, s.v. τὸ θεῖον.

[206] Vgl. Plotin, Enn. II, 9,9,35f. (mit Kontext); auch die Philo-Belege (s. vorige Fußnote).

nete mythologische Götter und Gestirnsgötter hinab zu vergöttlichten Menschen und Tugenden (vgl. II,14).[207]

In unserem Text wird »göttlich« aber eindeutig als eine Eigenschaft verwendet, die der Bezeichnung »Gott« untergeordnet ist.[208] Offenbar wird hier der übersteigerte Transzendentalismus vorbereitet, den wir aus dem Mittel- und Neuplatonismus kennen: der Gottheit oder göttlichen Macht als Herrscher der Welt wird noch eine unsichtbare, unsagbare, prinzipiell überlegene göttliche Instanz übergeordnet.[209]

Die Unterordnung des Göttlichen unter Gott zeigt sich auch daran, daß ausdrücklich betont werden muß, daß das *ungewordene* bzw. *ungezeugte* Göttliche gemeint ist. Damit soll offenbar gesagt werden, daß es auch ein hier nicht betrachtetes *gewordenes* oder *gezeugtes* Göttliches gibt, also ein Göttliches, das Veränderungsprozessen unterworfen ist, die typisch sind für den Kosmos. Für »τὸ θεῖον« besteht also die Gefahr, mit den nachteiligen Eigenschaften, die kosmisches Sein kennzeichnen, in Verbindung gebracht zu werden, was für »ὁ θεός« natürlich nicht gilt. Das hier gemeinte Göttliche soll allerdings gerade von dem γεννητὸν θεῖον unterschieden werden.

In der Unterscheidung von γεννητόν und ἀγέννητον θεῖον ist sicher ein dualistischer Hinweis gegeben. Die hier betrachtete Größe soll offenbar deutlich vom Bereich des Werdens und Vergehens, eventuell sogar der geschlechtlichen Zeugung, abgegrenzt werden:

In den Quellen wird »ἀγέννητον« und »ἀγένητον« meist im selben Sinne gebraucht.[210] Gemeint ist, was keinen Anfang und kein Ende hat.[211] An unserer Stelle könnte die

---

[207] Im Hinblick auf ihre Göttlichkeit wird z.B. unter den verschiedenen Göttern und göttlichen Wesen bei Apuleius nicht unterschieden, siehe Apuleius, De Deo Socratis, 116; 119–121; 123–124 und 128. (Im Hintergrund könnte Epin. 984b–c stehen.) Cicero, Nat. deor. II, 39–41; 43; 54f. gebraucht »göttlich« und »Gott« wechselweise; siehe auch Numenios, Fr. 17, wo über den ersten νοῦς gesagt wird: »ἀλλ' ἕτερος πρὸ τούτου νοῦς πρεσβύτερος καὶ θειότερος«, also der erste νοῦς auch θεῖος ist, wenn auch in höherem Maße; [Albinos], Epit. X, 3, wo Gott »θειότης« zugesprochen wird, vgl. auch Epit. XV, 1 (weitere Belege bei Whittaker in seiner Ausgabe der *Epitome*, p. 103, n. 87); hermetisch noch Ascl. 8 und 9.

[208] Wie z.B. auch Philo, Som. I, 65, wo unterschieden wird zwischen dem »göttlichen (θεῖος) Logos« und »ὁ πρὸ τοῦ λόγου θεός«; vgl. auch Som. I, 34 (über den menschlichen νοῦς); siehe auch Onatus (oder Onatas) bei Stobaios, Ekl. I, 1,39, p. 48–50, bes. 50, wo zwischen dem »göttlichen« Kosmos und Gott unterschieden wird.

[209] Als Beispiel sei genannt: Seneca, Ep. 58 (eine Rekapitulation platonischer Philosophoumena), 16ff. Dort findet sich folgendes Einteilungsschema: »Gott« steht über den Ideen und der Sinnenwelt, aber ihm übergeordnet ist ein »cogitabile«, ein nur denkerisch Erfaßbares. Dieses Schema stimmt nicht mit dem in unserem Traktat gebotenen überein, ist aber ein Beispiel für den genannten Stufenaufbau. Ein anderes Beispiel findet sich beim Mittelplatoniker Numenios, z.B. Fr. 15 und 16 *des Places*. Vgl. ausführlich im Exkurs über die Einheitlichkeit von CH II, unten, 193ff.

[210] Vgl. *Lebreton*, Histoire du Dogme II, Anhang C: AGENNHTOS dans la tradition philosophique et dans la littérature Chrétienne du 2e siècle, 635–647, hier 636f. mit n. 2 von 636 und n. 1 von 637. Siehe auch die Konjektur von Patrizzi zu unserer Stelle (oben, 26, n. 22).

[211] Vgl. *Lebreton*, 638ff. (Darstellung der Tradition).

Schreibweise mit doppeltem ν allerdings von Bedeutung sein: möglicherweise greift der hermetische Verfasser auf den euhemeristischen Gedanken zurück, daß die traditionellen Götter in Wahrheit vergöttlichte Menschen sind, die einmal gezeugt, geboren und dann auch wieder gestorben sind, also nicht ewig existieren, wie es der Gottheit zukommt.[212] Dann würde an unserer Stelle ein Vorgriff auf II,14–16 vorliegen, wo deutlicher als hier euhemeristische Tradition aufgegriffen wird.[213]

Offenbar soll gesagt werden, daß »göttlich« hier, vom τόπος gebraucht, nicht dasselbe wie »vergöttlicht« bedeutet, also nicht wie bei Urzeitkönigen,[214] Heroen oder menschlichen Wohltätern[215] verwendet wird. Das hier gemeinte Göttliche ist ewig und ungeworden, und es hat mit der Geschlechtlichkeit, die für die Körperlichkeit kosmischen Seins überhaupt steht, nichts zu tun.[216] Darin ist es Gott vergleichbar, dem es ansonsten nicht gleichrangig ist.[217] Die Bemerkung verweist wahrscheinlich auf den göttlichen νοῦς voraus, der zwar dem obersten Gott nachgeordnet ist, aber von den Gottheiten der Mythologie deutlich abgehoben werden soll.[218]

Die Unterscheidung von »Gott« und »göttlich« wirkt auf den ersten Blick recht künstlich. Wenn man es ganz genau nimmt, wäre Gott nicht »göttlich« im hier gemeinten Sinne, aber dafür gibt es in den Quellen keine Parallelen. Daher ist die Vermutung möglich, daß ein nachträglicher, ungeschickter Eingriff in den Text vorliegt. Es ergibt sich nämlich ein glatter, lesbarer Text, wenn man jeden Hinweis auf das Göttliche an unserer Stelle streicht (vgl. S. 33, ab Z. 1): »Unkörperlich ist also der Ort, das Unkörperliche aber ist Gott.[219] Gott ist aber zuerst uns gedanklich erkennbar, nicht sich selbst ... (Z. 5)« usw. Der Satz »τὸ δὲ θεῖον λέγω νῦν ...« wirkt wie eine nachträgliche Erläuterung, die auf eine Gleichsetzung von »Ort« und »göttlich« (statt »Gott«) zusteuert.

Im rekonstruierten Text würde der Ort einfach mit Gott identifiziert. Dafür gibt es ein Argument aus CH XI,18: Dort würde nämlich an den Vorstellungen eines so rekonstruierten Traktates CH II Kritik geübt.[220] Zugestanden wird, daß alles in Gott ist. Aber Gott ist nicht der Ort, denn der Ort ist ein Körper, und zwar ein unbewegter; die Vorgänge im Kosmos bezeugen aber Bewegung, die nicht von einem solchen unbewegten Körper ausgehen kann. Gott selbst ist hingegen unkörperlich und wird von nichts weiter umfaßt, sondern umfängt

---

[212] Diod. Sic. III, 9,1; VI, 1,2, vgl. auch I, 13,1.

[213] Siehe den Kommentar zu CH II,14–16, unten, z.B. 217.

[214] Der ursprünglich euhemeristische Gedanke, vgl. *Spoerri*, 193.

[215] Über die stoische Lehre vom Ursprung des Gottesglaubens in der Vergöttlichung menschlicher Wohltäter und Heroen vgl. *Spoerri*, 191, n. 10; 194 (und ff.).

[216] Siehe dazu auch Ascl. 15 und die Hinweise bei *Nock/Festugière* II, 371–372 mit den notae 133–135.

[217] Paradoxerweise wird in CH II,17 dann ausgerechnet die Kinderzeugung als Nachahmung Gottes empfohlen!

[218] Vgl. Kommentar zu CH II,14.

[219] Das würde genau mit der platonischen Auffassung übereinstimmen. Platon unterscheidet nicht im Sinne unserer Stelle zwischen Gott und dem Göttlichen.

[220] *Stock*, Art. Hermes Trismegistus, 628.

selber alles. Offenbar wird auch gesagt, daß er sich selbst am schnellsten bewegt und am mächtigsten ist (S. 154, Z. 17–18).

Der oder die Verfasser von CH XI kennen offenbar eine Auffassung, der-
gemäß Gott identisch ist mit dem Ort; dieser ist offenbar unkörperlich gedacht.
Diese Art von Ort enthält alles, was ist; ob die Position, die CH XI,18 kritisiert
wird, von einer Bewegung oder dem Feststehen des Ortes ausging, wird nicht
deutlich, weil nicht sicher ist, ob »καὶ σῶμα …« S. 154, Z. 13f. zur Kritik gehört oder nicht; beide Auffassungen hätten jedoch Anhalt an CH II.[221]

In CH XI,18 wird, wie gesagt, der Unkörperlichkeit des τόπος die Behauptung entgegengestellt, daß der Ort ein Körper ist.[222] Das könnte neuplatonische Anschauung sein, wie etwa bei Proklos und Syrianos.[223] Das zweite Argument rekurriert eventuell stillschweigend auf Aristoteles: dieser hat den
Ort als ruhend verstanden,[224] Bewegung im Kosmos kann aber nicht erklärt
werden, wenn das ihn Umfassende ruht.[225] Also ist nicht der Ort das den Kosmos Umfassende, sondern Gott,[226] der ja ausdrücklich als nicht-ruhend
(»ταχύτατον«, S. 154, Z. 18) verstanden wird.

Die CH XI,18 kritisierte Konzeption ist die, die wir vorfinden, wenn wir die
Hinweise auf das Göttliche in CH II,4–5 streichen. Denn dann ist Gott der un-
körperliche Ort der Welt. Bezieht sich also CH XI auf eine Version unseres
Traktates, wo von einem Göttlichen im Unterschied zu Gott noch nicht die
Rede war?[227] Oder war eine solche Auffassung eher allgemeiner Diskussions-

---

[221] Zum einen wird der τόπος als unbewegter Beweger gefaßt, zum anderen als sehr
schnell rotierende Fixsternsphäre, siehe unten!

[222] Die Meinung von *Nock/Festugière*, I, 163, n. 53, bei Aristoteles bestehe eine Unsicherheit bezüglich der Natur des Ortes, beruht auf einer falschen Übersetzung der Herausgeber von Phys. 209a15. Dort ist nicht davon die Rede, daß der Ort weder körperlich noch
unkörperlich ist, sondern daß er weder aus körperlichen noch unkörperlichen στοιχεῖα bestehen kann, denn: »Größe hat er zwar, einen Körper aber keinesfalls« (209a16f.).

[223] Proklos bei Simplikios, In Phys. 613,15–20; Syrianos, In Metaph. 84,27 – 86,7 = bei
*Samirsky*, Concept of Place, 56 und 58, siehe auch *Samirsky*, Physical World, 7–9.

[224] Aristoteles, Phys. 212a14ff.; auch Proklos teilt diese Sicht, siehe Simplikios, In Phys.
612,5–12 und 25. Vgl. auch die Hinweise bei *Nock/Festugière* I, 163, n. 54.

[225] Aufgrund der Tatsache, daß die Bewegung im Kosmos letztlich auf eine Mitbewegung mit der höchsten Form der Bewegung zurückgeht (nach vorsokratischer und platonischer Meinung, die von Aristoteles in *De Caelo* zunächst auch vertreten wird, aber dann
in der Konzeption des unbewegten Bewegers überwunden wird.).

[226] Von dem gesagt wird, er sei »sehr schnell«, nämlich bewegt. Zur Rede von der Geschwindigkeit der Bewegung siehe CH V, 3 u. 5.

[227] Man wird freilich sagen müssen, daß in CH XI, 18 das Modell des τόπος *im Prinzip*
beibehalten ist, nämlich insofern, als Gott der alles Umfassende ist. Gegen Ende von XI, 18
ist sogar davon die Rede, daß Gott das »Allerumfassendste« und das Schnellste ist: offenkundig liegt eine Art Sphärenmodell zugrunde. Dafür spricht, daß von der außerordentlichen
Geschwindigkeit die Rede ist, die das Umfassende hat; das entspricht der Tradition von der
großen Geschwindigkeit der sich drehenden, den Kosmos umfassenden Fixsternsphäre (s.
dazu unten!). Dieses Modell ist aber ins Geistige übertragen, wie der Satz »κεῖται γὰρ
ἄλλως ἐν ἀσωμάτῳ φαντασίᾳ« beweist. Damit wird die Aussage über die Geschwindigkeit

punkt im hermetischen Kreis, ohne daß man auf den speziellen Charakter von CH II schließen darf?[228]

Da wir in der genannten Bemerkung S. 33, Z. 2f. möglicherweise eine Anspielung auf die Unterscheidung von Gott und νοῦς in II,12 und die euhemeristischen Traditionen von II,14–16 sehen dürfen, ist die Annahme einer nachträglichen Interpolation schon aus diesem Grund keinesfalls zwingend. Gegen sie spricht aber auch, daß die von CH XI,18 vorausgesetzten Auffassungen Parallelen im religionsgeschichtlichen Umfeld haben[229] und sich daher CH XI,18 durchaus auch auf solche Auffassungen beziehen kann; die Annahme, daß eine frühere Version von CH II im Blickfeld liegt, ist insofern überflüssig. Schließlich könnte es auch sein, daß sich CH XI,18 überhaupt nicht (kritisch) auf eine bestimmte Position bezieht, sondern sich nur einer rhetorisch gesteigerten, predigtartigen Redeweise bedient. Auch in unserem Traktat CH II werden wir Stellen finden, an denen die Rhetorik des Verfassers den Bezug auf Gegner nahelegt, sich eine solche Vermutung aber letztlich nicht als plausibel erweist.

Die endgültige Entscheidung darüber, ob an unserer Stelle nachträgliche Interpolation vorliegt, kann erst im Zusammenhang der Erörterung der Frage erfolgen, ob CH II eine literarische Einheit ist, denn die hier gemeinte Bemerkung bezieht sich ja schon auf die im zweiten Teil des Traktates (CH II,12b–17) vorgenommene Einführung eines Gottes oberhalb des (nur göttlichen) νοῦς.[230] Ist dieser Teil sekundär, wird es auch die hier betrachtete Bemerkung sein, wenn aber nicht, gilt das auch hier nicht.

Dabei stellt sich folgendes Problem: Das Offenhalten der Frage der Einheitlichkeit des Traktates bedingt, daß viele der im folgenden mitgeteilten interpretatorischen Beobachtungen nur *unter dieser Annahme* gelten. Um nun der Notwendigkeit, das immer wieder betonen zu müssen und überflüssigen Erörterungen darüber, wie die Interpretation bei Annahme der Einheitlichkeit und der gegenteiligen Annahme ausfallen würde, aus dem Wege zu gehen, wird im folgenden im Vorgriff auf Späteres üblicherweise von der *Einheitlichkeit* des Traktates ausgegangen. Die Argumentation wird an der dafür passenden Stelle, nämlich bei der Kommentierung des Bruches in CH II,12, in einem Exkurs nachgeliefert.

---

zu einer über die Schnelligkeit des göttlichen Geistes, was in der Tradition ebenfalls seine Parallelen hat (s. ebenfalls unten!)

[228] Zur Frage der Existenz einer hermetischen Schule oder von hermetischen Gemeinden siehe den Teil »CH II im historischen Kontext, 2. Hermetische Schule und hermetischer Kult«, unten, 285ff.

[229] Daß Gott alles umfaßt und aus diesem Grunde der natürlich unkörperliche τόπος der Welt ist, wird z.B. bei Philo, Som. I, 62f. gesagt. Vgl. mehr dazu im folgenden Exkurs.

[230] Vgl. den Exkurs über die Einheitlichkeit von CH II, unten, 193ff.

*Exkurs I: Der religionsgeschichtliche Hintergrund der Auffassung des Ortes als eines göttlichen Wesens*

In der Literatur zu CH II wird die Frage behandelt, welcher religionsgeschichtliche Hintergrund für die in II,4 (S. 33, Z. 1–2; 4) angedeutete Identifikation von Gott (bzw. νοῦς)[231] und τόπος anzunehmen ist.

Die Gleichsetzung der beiden Größen wird in der Literatur gewöhnlich auf die jüdische םוקמ-Vorstellung zurückgeführt.[232] Im rabbinischen Judentum wird, so die Meinung der meisten Autoren, die Bezeichnung »Ort« (griech. τόπος) zur Andeutung des Gottesnamens verwendet. Die Auffassung von Marmorstein und Urbach, der Titel gehe auf Simon den Gerechten (ca. 300 v. Chr.) zurück,[233] ist nicht zu halten, die entsprechende Nachricht sicher legendär.[234] Wohl aber wird der Gottesname in pharisäischen Kreisen im 1. Jahrhundert n. Chr. verbreitet gewesen sein. In der Mischna ist die Bezeichnung um 200 n. Chr. ganz geläufig.[235] Liegt also an unserer Stelle jüdischer Einfluß vor?[236]

Zur Beantwortung dieser Frage müssen zwei Aspekte unterschieden werden: 1. Woher kommt die Vorstellung, Gott bzw. ein göttliches Wesen sei »der Ort«, ursprünglich? 2. Woher hat unser Verfasser diese Vorstellung übernommen? Diese zweite Frage ist für uns primär von Interesse.[237]

Dabei erscheint es als höchst unwahrscheinlich, daß an unserer Stelle absichtliche oder unbewußte Übernahme der jüdischen Gottesbezeichnung םוקמ vorliegt. In der Mischna ist םוקמ der farbloseste und abstrakteste Ausdruck für Gott,[238] bei dessen Verwendung die Absicht eine Rolle spielt, nicht nur den Gottesnamen durch Verwendung des Namensersatzes »Himmel«,[239] sondern sogar die Bezeichnung des Himmels als

---

[231] Beides wird hier vom Verfasser noch offen gelassen, letztendlich soll aber – die Einheit des Traktates vorausgesetzt – der τόπος mit dem (göttlichen) νοῦς, nicht mit Gott selbst identifiziert werden.

[232] Vgl. z.B. *Scott* II, 90 (Verweis darauf auch bei *Copenhaver*, Hermetica, 125); siehe auch *Sambursky*, Concept of Place, 15.

[233] Vgl. *Marmorstein,* The Old Rabbinic Doctrine I, 92f.; *Urbach* I, 66.

[234] Vgl. *Bousset/Gressmann*, 316; dagegen *Urbach* II, 711, n. 2.

[235] Vgl. auch *Wolfson*, Philo I, 247f.; *Pépin*, 108f., n. 5 u. 6. Für den jüdischen Gebrauch zur Andeutung des Gottesnamens durch »םוקמ«: (vgl. *Sambursky*, Concept of Place, 15; *Wolfson,* Philo I, 247f. mit n. 44 und *Strack/Billerbeck* II, 309–310) Av 2,9, p. 52 *Marti/Beer* (vgl. *Strack/Billerbeck* II, 310); Av 2,13, p. 56 *Marti/Beer* (vgl. *Strack/Billerbeck* II, ebd.); Av 3,3, p. 64–67 *Marti/Beer* (vgl. *Strack/Billerbeck* II, ebd.); Sot 1,7, z.B. bei *Bonsirven*, 375, Nr. 1443 ad init. (= *Bietenhard*, Sota, 43); SifBam 15,30 (*Kuhn,* 324 u. 325); SifBam 18,8 (*Strack/Billerbeck* II, 209 zu Lk 15,7 A) (= *Kuhn,* 373); SifDev 32,36 (*Strack/Billerbeck* II, ebd.) (= *Bietenhard/Ljungman*, 796); SifDev 20,19 (*Strack/Billerbeck* II, 197f. (zu Lk 13,7)) (= *Bietenhard/Ljungman*, 489 mit n. 32); SifDev 34,5 (*Strack/Billerbeck* II, 225 (zu Lk 16,22 A, 2)) (= *Bietenhard/Ljungman*, 890); SOR Kap. 30, p. 438, § 22 *Milikowsky*. M.E. nicht zutreffend ist die Anführung von Yom 8,9 bei *Strack/Billerbeck* II, 309 und *Wolfson,* Philo I, 248, n. 44.

[236] Belege für »םוקמ« auch bei *Urbach* I, 66–67; II, 711, n. 1; 713f., n. 22 und 23; 714, n. 25–27; 714f., n. 29; 716, n. 38, u.a.m.

[237] Die erste beantwortet *Urbach* I, 70 mit dem Hinweis auf die biblische Sprache. Das dürfte als religionsgeschichtliche Erklärung jedoch ungenügend sein.

[238] *Dalman,* Die Worte Jesu I, 189; *Bousset/Gressmann*, 316.

[239] *Strack/Billerbeck* II, 310.

des Ortes der Wohnung Gottes zu vermeiden.[240] An unserer Stelle hingegen wird eine ausdrückliche Lehre vom »Ort« entfaltet, und das Motiv der Vermeidung des Gottesnamens hat keine erkennbare Bedeutung.[241]

Auch der Argumentationsgang des Traktates spricht gegen die Übernahme der jüdischen Vorstellung, denn es geht nicht darum, daß für Gott die Bezeichnung »Ort« gewählt wird, sondern es wird erörtert, ob der Ort, dem zunächst das primäre Interesse unseres Verfassers gilt, die Bezeichnung »Gott« oder »göttlich« erhält. Dadurch wird der Ort gleichsam in den Stand eines göttlichen Wesens gehoben, nicht Gott durch die Bezeichnung »Ort« unbestimmt angedeutet.

Bei Philo[242] finden sich enge Parallelen zu unserer Stelle,[243] wobei es freilich um die Bestimmung Gottes, nicht des Ortes geht.[244] Trotzdem handelt es sich um relevante Parallelen, denn die Betonung des Ortes kann ja den besonderen Interessen des hermetischen Verfassers entsprechen. Außerdem stammen, wie sich zeigen wird, aus dem durch Philo bezeichneten religionsgeschichtlichen Kontext noch andere Motive, so daß auch für die τόπος-Vorstellung eine entsprechende Schlußfolgerung naheliegt. Weitere Parallelen finden sich in gnostischen Texten[245] (vielleicht aus Alexandria)[246] und in den mehr philosophischen (gnostisch-platonischen) Schriften aus Nag Hammadi, die mindestens zum Teil in demselben geistesgeschichtlichen Zusammenhang

---

[240] Vgl. *Dalman,* Die Worte Jesu I, 189f.; *Strack/Billerbeck* II, 310; siehe auch *Prümm,* 562.

[241] Schließlich wird die Bezeichnung »θεός« ja in CH II,4–5 und ab CH II,12b ausdrücklich verwendet!

[242] In dieser Arbeit soll die Diskussion um die Frage, ob Philo eher als ein *Philosoph* oder als ein *Exeget* anzusehen ist, nicht entschieden werden. D.T. Runia hat bekanntlich die Auffassung vertreten, daß »Philo should be regarded above all as a philosophically oriented exegete of scripture …« (*Runia,* Philo, 545). Daher solle er nicht ohne qualifizierenden Zusatz als Philosoph bezeichnet werden. »Philo's universe of thought does not have Greek philosophy at its centre but scripture, it is not Plato-centered, but Moses-centered« (*Runia,* Philo, 535). Immerhin gesteht auch Runia zu, daß Philo sich selbst wohl als Philosoph bezeichnet hätte (vgl. *Runia,* Philo, 536 und 543).
In dieser Arbeit wird nur von der philosophischen Seite Philos Gebrauch gemacht. Dabei gehört das doxographische und philosophische Gut, das sich bei Philo findet, in den Bereich des Mittelplatonismus (mit deutlich stoischem Einschlag); entsprechend werden philosophische Parallelen bei Philo als Hinweis auf den Mittelplatonismus bzw. mittelplatonischen Entstehungshintergrund einer hermetischen Vorstellung ausgewertet. Auch *Dillon,* Middle Platonists, behandelt die philosophische Seite Philos im Rahmen des Mittelplatonismus, siehe seine Bemerkungen p. 142–144.

[243] Siehe *Köster,* Art. τόπος, ThWNT VIII, 192–193 mit 193, n. 40.

[244] Hier ist besonders zu nennen: Philo, Som. I, 62–63 (dazu *Köster,* Art. ThWNT VIII, 201); Fug. 75 (*Köster,* ebd.). Weitere Stellen bei *Pépin,* 108f., bes. n. 6 von 108; *Köster,* Art. τόπος, ThWNT VIII, 201f.; siehe auch *Dodd,* Bible, 20–21 und 235 sowie die oben bereits genannten Philo-Belege.

[245] Gemeint sind aus der valentinianischen Gnosis die Exc. ex Theod. des Clemens Alexandrinus, §§ 23,3; 34,2; 38,1; 39; 59,2, wo der zweite Gott mit dem τόπος identifiziert wird, sowie z.B. folgende Stellen aus dem unbekannten altgnostischen Werk: *Schmidt,* 335,12; 335,21–23.

[246] Zur Datierung und Lokalisierung des unbekannten altgnostischen Werkes vgl. *Schmidt,* xxxiv: der Herausgeber Till lokalisiert den Text in Ägypten und datiert ihn in die erste Hälfte des 3. Jahrhunderts. Daß die Excerpta mit Ägypten in Verbindung gebracht werden können, besagt schon der Beiname des Clemens.

gehören.[247] Vielleicht hat also unser Verfasser in platonisch-gnostischem Milieu, eventuell in Ägypten, etwas vom τόπος gehört und diesen Gedanken in seinen Traktat aufgenommen. Die Vermutung liegt nahe, daß Alexandria der Ort ist, wo solche Motive und Begriffe umherschwirrten und vom Verfasser aufgegriffen wurden; vielleicht handelt es sich um einen Topos aus dem Schulunterricht.[248]

Eventuell liegt also jüdischer Einfluß an unserer Stelle in dem mehr indirekten Sinne vor, daß im ägyptischen philosophischen und religiösen Synkretismus auch das jüdische Motiv der Identifikation von Gott und Ort eingeflossen ist und die Überlegungen in CH II,4 mitbeeinflußt hat. Selbst das wird allerdings z.B. von Urbach bezweifelt: der philonische Begriff »τόπος« sei keine griechische Wiedergabe von »מקום«, was sich schon daran zeige, daß letzteres die sich jeweils konkretisierende *Immanenz* Gottes in der Welt, seine jeweilige Gegenwart »an einem Ort« bezeichne, der τόπος-Begriff hingegen bei Philo den Ort dieser Welt selbst.[249] Überhaupt sei »מקום« nicht eigentlich ein Gottesepithet.[250] Erst ganz spät sei der Begriff, und zwar unter dem Einfluß philosophischer und gnostischer Spekulationen, als Bezeichnung des Ortes der Welt und als Beiname Gottes verwendet worden.[251]

In der Tat ist zu vermuten, daß die eher philosophischen Aussagen bei Philo und in manchen rabbinischen Erörterungen über Gott als Ort der Welt durch griechische phi-

---

[247] Bes. im Tractatus Tripartitus, NHC I, 60,5; I, 65,8; I, 92,24ff. für den Logos; I, 100,20–30, bes. 30 für den Logos und den Vater. In den Texten ist vielfach auch vom Ort die Rede, ohne daß Gott mit ihm *gleichgesetzt* würde, vgl. *Siegert,* Nag-Hammadi-Register, 36, s.v. MA.

[248] Vgl. die ähnliche Vermutung bei *Pépin*, 109, n. 1 (mit Berufung auf Festugière); vgl. auch *Williams,* Immovable Race, 45, mit n. 32 (dort weitere wichtige Hinweise auf Philo). Wichtig ist der Kontext, in dem die Rede vom »Ort« in den Nag Hammadi-Schriften steht: hier werden häufig auch andere aus CH II, aber auch Philo bekannte Begriffe und Topoi gebraucht, z.B. die Rede vom »Stehen«, die Erwähnung des Lichtes und der Erleuchtung; vgl. Tractatus Tripartitus, NHC I, 70,15–20; Ev. Veritatis, NHC I, 24,20–29, besonders aber die Abschnitte 41–43; Ev. Thom., Log. 24, NHC II, 38,4–6; Log. 60, NHC II, 43,19–23; Über den Ursprung der Welt, NHC II, 125,8–12; Paraphrase des Sem, NHC VII, 11,24–28; 14,26–29; 22,29–23,2; 35,25–36,1; Zweite Abhandlung des Großen Seth, NHC VII, 54,14–17; 66,4–5; vom Stehen ist 66,17f. die Rede, von den Orten wieder 67,14. 19f.; mittel- bzw. neuplatonischer Einschlag dürfte vorliegen in Die Lehren des Silvanus, NHC VII, 99,30–100,10; 100,32–101,11 (platonisch ist der Gedanke, daß Gott sowohl allgegenwärtig und damit an jedem Ort ist als auch von nichts umfaßt wird); Testimonium Veritatis, NHC IX, 35,25–36,3; Marsanes, NHC X, 4,29–5,25; nicht nur an Philo und das platonische Milieu, sondern direkt an die Hermetica (zumal CH I und XIII) erinnert Allogenes, NHC XI, 58,27–59,3; vgl. auch den ganzen Abschnitt XI, 64,37–67,20; der Aufstieg der Seele wird als Wiederherstellung ihres Ortes behauptet in Exegese der Seele, NHC II, 134,7–15. Aristotelischer Einschlag dürfte vorliegen bei Zostrianos, NHC VIII, 74,10–25 (74,10–11: kopt. Äquivalente zu »ἐνέργεια« und »ζωή«, 74,19 »ἐνεργεῖν« in großer Nähe zur Rede vom »Ort«, vgl. CH II,6, S. 33, Z. 10–11, zumal den Begriff »ἐνέργεια χωρητική«). Diese Hinweise illustrieren einen Kontext von Schulgelehrsamkeit im Bereich des mittleren Platonismus und/oder platonisch beeinflußter gnostischer Zirkel, dem auch CH II entstammen könnte. (Es sind hier nur solche Texte genannt, deren griechisches Original möglicherweise aus der für die Entstehung von CH II in Frage kommenden Zeit stammt.)

[249] *Urbach* I, 73–75.

[250] *Urbach* I, 75.

[251] *Urbach* I, 75 und 76.

losophische Konzeptionen beeinflußt sind.[252] Die für unsere Stelle interessanten Parallelen erwecken jedenfalls diesen Eindruck. Freilich scheint die begriffsgeschichtliche Konstruktion von Urbach doch übertrieben spitzfindig, wenn er »מקום« zunächst als eine Art »Komplementärbegriff« zu »Himmel« erklärt, dann für eine recht späte Zeit aber die Ersetzung von »Himmel« durch »מקום« ansetzt.[253] Hier ist das Bestreben überdeutlich, jüdisches und rabbinisches Denken vom griechischen sauber zu trennen und eine gegenseitige Beeinflussung erst ganz spät zu erlauben. Philo fällt dann sozusagen aus dem genuin jüdischen Denken heraus. Demgegenüber wird wohl näher an die historische Wirklichkeit heranführen, schon viel früher griechischen bzw. hellenistischen Einfluß auf die jüdische מקום-Vorstellung anzunehmen; auch Philos »τόπος« dürfte nicht rein aus der allegorischen Exegese des Bibeltextes zu erklären sein.[254]

Aber in den für unsere Stelle interessanten Parallelen (bei Philo oder z.B. in hier relevanten Nag Hammadi-Schriften) ist die ursprüngliche jüdische Vorstellung stark von griechischer Spekulation überformt worden,[255] so daß der ursprüngliche nicht-griechische Vorstellungshintergrund nahezu nicht mehr erkennbar ist.

Aus diesen Gründen muß man es zumindest als irreführend bezeichnen, an unserer Stelle in CH II,4 die Übernahme der jüdischen, insbesondere rabbinischen מקום-Vorstellung zu konstatieren.

Zudem wird letztendlich in CH II der Ort ja auch nicht mit Gott, sondern – die literarische Integrität des Textes vorausgesetzt – mit dem νοῦς, also dem *zweiten* Gott, identifiziert. Auch diese Gleichsetzung verweist auf den genannten philosophischen Kontext, aber auch den Kontext gewisser gnostischer Konzeptionen hin, denn es gibt Parallelen wie z.B. die philonische oder valentinianische Bezeichnung des λόγος als Ort.[256]

Damit ist der Traditionshintergrund von τόπος in CH II hinreichend abgeleitet.[257] Die Analyse soll aber damit nicht ihr Bewenden haben, vielmehr sollen im folgenden noch einige Vorstellungen und Motive genauer untersucht werden. Sie entstammen selber größtenteils den hier erwähnten platonischen und gnostischen Traditionszusammenhängen. Wenn diese Elemente hier noch einmal einzeln hervorgehoben und analysiert werden, dann hat das zwei Gründe:

---

[252] Siehe dazu *Strack/Billerbeck* II, 309. Dort wird das Zeugnis eines um 300 n. Chr. lebenden Rabbi Ammi erwähnt, zitiert im Midrash Rabbah zu Genesis (BerR) LXVIII, 9, z.B. *Freedman*, 620–621. Diese Stelle ist die einzige mir bekannte in der rabbinischen Literatur, in der »מקום« im hier interessanten, philosophischen Sinne verwendet wird. Sie wird auch als einzige aus der rabbinischen Literatur bei *Sambursky*, Concept of Place, 15 für die philosophische Konzeption des Ortes angeführt.

[253] Vgl. noch einmal *Urbach* I, 75–76.

[254] Vgl. *Urbach* I, 73–74.

[255] Den griechischen Hintergrund betont auch *Pépin*, 108.

[256] Philo, Som. I, 62–63; 117; Op. 20 (der λόγος als »Ort« der Ideen). Dieselbe Gleichsetzung findet sich auch im Tractatus Tripartitus, NHC I, 92,24ff.; I, 100,25–31. (Zur Datierung des *Tractatus Tripartitus* siehe das vorsichtige Urteil von *Attridge* und *Pagels* bei *Robinson*, Nag Hammadi Library, 58: frühes drittes Jahrhundert. Das könnte auch für CH II gelten, siehe den Teil »CH II im historischen Kontext. 1.) Datierung und Lokalisierung«, unten 275ff.).

[257] Siehe auch *Köster*, Art. τόπος, ThWNT VIII, 192–193, bes. 193, n. 40: »Diese Aussagen über den νοῦς (= die in CH II über den νοῦς als τόπος und ἐνέργεια χωρητική, G.L.) sind fast identisch mit denen Philos über Gott als τόπος …«

– Zum einen soll gezeigt werden, daß die in unserem Traktat vertretene τόπος-Vorstellung sich durchaus, zumindest annäherungsweise, allein aus griechisch-philo-
sophischem Denken erklären läßt. Man kommt jedenfalls sehr weit mit der Erklärung
des τόπος in CH II, wenn man nur einmal einige genuin griechische philosophische
Parallelen betrachtet. Sie stammen alle aus solchen Traditionszusammenhängen, aus
denen der Verfasser von CH II auch sonst schöpft, so daß diese Hinweise auch historische Plausibilität haben. Die Berufung auf die jüdische Rede vom םוקמ ist demgegenüber, außer im gerade erläuterten, indirekten Sinne im Zusammenhang mit Philo, theoretisch überflüssig.
– Zudem treten durch die Betrachtung einzelner Parallelen und Traditionen vielleicht Gedanken und Motive plastischer hervor, die unseren Verfasser zur Gleichsetzung des τόπος mit Gott bzw. dem Göttlichen veranlaßt haben könnten.
An unserer Stelle wird der νοῦς als Ort ja irgendwie passiv/rezeptiv aufgefaßt; das
hängt vielleicht zusammen mit der Vorstellung vom »passiven Intellekt« in Aristoteles'
De anima Γ 4, denn 429a27–29 spricht Aristoteles davon, die Seele (gemeint ist nach
a22–24 ὁ … τῆς ψυχῆς νοῦς) sei τόπος εἰδῶν, und zwar οὔτε ὅλη ἀλλ' ἡ νοητική.[258]
Auch eine Stelle aus dem Bericht des Simplikios über die Theorie des Iamblichos ist
hier zu erwähnen.[259] Darin wird eine Analogie gezogen zwischen den Körpern, die sich
immer an einem Ort befinden müssen, und den Ideen, die im Geist sind. Der Gedanke
ist natürlich, daß die Ideen im Geiste *als an einem Ort* sind. – Obwohl uns Iamblichos
in die Zeit von ca. 300 n. Chr. führt,[260] ist wahrscheinlich, daß er auf eine durchaus
gängige, ältere Interpretationstradition zurückgreift.[261] Vielleicht kannte unser Verfasser diese oder eine ähnliche Interpretationstradition, vielleicht auch die Stelle bei Aristoteles selbst. Am wahrscheinlichsten ist, daß er sie im platonischen Kontext kennen-
lernte, vielleicht im Zusammenhang der Diskussion über die Frage, ob die Ideen im
Geiste Gottes zu lokalisieren sind.[262] Vielleicht hat er also τόπος und νοῦς gleichgesetzt, weil ihm diese Verbindung aus Diskussionen über die Ideenlehre bekannt war.[263]
Die Nähe zur aristotelischen Theorie würde die schon angesprochene positive Wertung des rezeptiven Elementes in unserem Traktat erklären. Denn der νοῦς ist bei Aristoteles natürlich eine positive Größe.

---

[258] Vgl. zu dieser Stelle *Dillon*, Middle Platonists, 6.

[259] Simplikios, In Categ. 362,33–364,6, besonders: »ἀπὸ δὲ τούτων ῥᾴδιον μαθεῖν,
πῶς ἡ νοητὴ ψυχὴ (Anspielung auf De anima 429a22–24!) τόπος τῶν ἐν ἑαυτῇ λόγων
λέγεται. δῆλον γὰρ ὡς εἰς ἕνα λόγον καὶ ἓν κεφάλαιον τοὺς πολλοὺς ἐν ἑαυτῇ συνει-
ληφυῖα … καὶ ἐπὶ τῆς ζωῆς δὲ καὶ δυνάμεως ὁ αὐτὸς λόγος ἔστω, ὅπερ ἐπὶ τοῦ νοῦ καὶ
τῆς νοήσεως. καὶ γὰρ καὶ ἐπὶ τούτων ἡ φαινομένη σχέσις τῶν περιεχομένων πρὸς τὰ
περιέχοντα ὡς ἐν τόπῳ πρὸς τὸν τόπον ἐστίν.« Vgl. *Sorabji*, Matter, 206, n. 28.

[260] *Sambursky*, Physikalisches Weltbild, 383; KP II, s.v. Iamblichos, 2., Sp. 1305. Wahrscheinlich ist CH II früher entstanden, siehe unten, 275ff.

[261] Vgl. auch Syrianos, In Metaph. 186,16ff. (Bezug auf Alexander von Aphrodisias und
Platon), besonders: »ἄλλος οὖν τόπος σωμάτων φυσικῶν, ἄλλος ἐνύλων εἰδῶν …«; auch
Simplikios, In De an. 227,29f., 228,1ff., wo der Begriff »ἀναλογία« fällt.

[262] Siehe dazu *Dillon*, Middle Platonists, 6 (Hinweis auf die Aristoteles-Stelle) und 255.
Belege: Attikos, Fr. 9, p. 69,40ff. *des Places* und n. 5 zu Fr. 9, p. 86 *des Places* (mit Lit.;
Attikos distanziert sich aber von dieser Theorie); [Albinos], Epit. IX, 3; X, 3; siehe auch die
folgende Fußnote!

[263] Enge Parallele: Philo, Som. I, 127 (f.); für den λόγος als τόπος der Ideen: Op. 20. –
Auch dieser Traditionszusammenhang legt für »τόπος« die Übersetzung »Ort« nahe.

Vielleicht wird der νοῦς auch in seiner Eigenschaft als *Weltseele* mit dem Ort identifiziert. In unserem Traktat ist er mit der Weltseele identisch, wie die Interpretation
besonders von CH II,8, S. 35, Z. 4–9 erweisen wird. Das ist möglicherweise eine Identifikation, die auch sonst in der mittelplatonischen Tradition vorkommt. Doch ist die
Gleichsetzung von (zweitem) νοῦς und Weltseele bei [Albinos],[264] Numenios[265] oder
in den Chaldäischen Orakeln[266] ein schwieriges Problem.

Wichtig ist nun, daß die Weltseele traditionell ein die Welt umfassendes, umfangendes Element ist.[267] Insofern könnte auch in CH II der umfangende Charakter der
Weltseele auf die Vorstellung eines mit dem νοῦς identischen τόπος eingewirkt haben.

Besonders wichtig scheint die folgende Parallele, an der mit großer Wahrscheinlichkeit kein Einfluß jüdischer Motive vorliegt:[268] bei Sextus Empiricus[269] findet sich eine fast sophistisch zu nennende Diskussion der aristotelischen Auffassung,
daß der äußerste Himmel nicht selber wieder von einem »Ort« (= einer Himmelssphäre) umfaßt wird, also ganz in sich selber ruht (»αὐτὸς ἐν ἑαυτῷ«).[270] Im weiteren
Verlauf unterscheidet Sextus zwei Fälle: entweder ist Gott selbst die äußerste Grenze
des Himmels, oder etwas anderes.[271] Im letztgenannten Fall ist der Himmel an einem
(von Gott verschiedenen) Ort, im erstgenannten ist Gott selbst der Ort des Himmels
und damit des Kosmos (»ὁ θεὸς πάντων τόπος«).

Die schulmäßige Unterscheidung zweier Fälle spricht für Schulmilieu der aufgenommenen Argumentation. Die theophrastische Aporie des Ortes der Welt klingt deutlich an.[272] Auch die Schwierigkeiten, die frühe aristotelische Theorie in *De Caelo*, wo
die Äthersphäre der Ursprung der kosmischen Bewegung ist,[273] mit der reifen Theorie
des unbewegten Bewegers aus der *Metaphysik* in Übereinstimmung zu bringen,[274]
könnten im Hintergrund der Argumente bei Sextus stehen. Mit unserem Traktat sind
vor allem die wiedergegebenen griechischen Wendungen verwandt.[275] Die Passage
zeigt, wie allein aufgrund philosophischer Überlegungen und Kombinationen auf eine
Gleichsetzung von τόπος und Gott geschlossen werden konnte.

---

[264] Siehe dazu *Dillon*, Middle Platonists, 284 mit dem Hinweis auf die Abhandlung von
Loenen.

[265] *Dillon*, Middle Platonists, 374f.

[266] Ausgabe von *des Places*, 13. Etwas anders *Festugière* III, 57f.

[267] Siehe schon die Wendung »ἐντὸς αὐτῆς« bei Platon, Tim. 36d9-e1; vgl. auch [Albi-
nos], Epit. XIV, 4; Iamblichos bei Simplikios, In Categ. 363,31–364,6.

[268] Vielmehr dürften die rabbinischen Spekulationen selber von solchen Überlegungen
beeinflußt sein. Siehe *Wolfson*, Philo I, 247.

[269] Sextus Empiricus, Adv. Phys. II, 30–36 = Adv. Math. X, 30–36, was sich auf Arist.,
Phys. 212b8–9 und De Caelo 270b6f. u. 22 bezieht. Siehe dazu *Wolfson*, Philo I, 248, n. 44,
und *Sorabji*, Matter, 194, mit n. 37.

[270] Siehe Sextus Empiricus, Adv. Math. X, 30–33. Sextus verfaßte seine Schriften zwischen 180 und 200 n. Chr. (KP V, Sp. 157), also genau in dem für das CH in Frage kommenden Zeitraum.

[271] Adv. Math. X, 33.

[272] Siehe *Sorabji*, Matter, 192 und 194 mit n. 37; Simplikios, In Phys. 604,8–11. Auch
aus diesem Traditionszusammenhang kann man das Recht der Bevorzugung der Übersetzung von »τόπος« durch »Ort« (statt »Raum«) ableiten.

[273] *Arnim*, 6–7.

[274] Vgl. *Arnim*, 7 und 11.

[275] Zu »αὐτὸς ἐν ἑαυτῷ« bei Sextus vgl. CH II,12, S. 37, Z. 4: »αὐτὸς ἐν ἑαυτῷ ἑστώς«.

Die Gleichsetzung hat ihre Parallelen im mittleren Platonismus (Philo), aber auch im Neuplatonismus finden sich ähnliche Vorstellungen, z.b. bei Iamblichos.[276] Natürlich könnte im Neuplatonismus, etwa bei Iamblich, Einfluß jüdischer Vorstellungen gegeben sein, wie z.b. Sambursky es vermutet;[277] sicher ist das jedoch keineswegs. Gerade die Stelle bei Sextus beweist ja, daß eine Gleichsetzung Gottes mit dem Ort der Welt auch rein aus philosophischen, nicht aus der jüdischen Tradition entstammenden religiösen Motiven erfolgen konnte.[278]

Wie oben schon gesagt, stammt die Gleichsetzung Gottes mit dem Ort der Welt in CH II wohl aus mittelplatonischer Schultradition, die ja immerhin, wie die Parallelen zeigen, den Zeitraum von Philo bis Simplikios, also ca. 500 Jahre umspannt. Da in unserem Traktat immer wieder auch Parallelen zur aristotelischen Naturphilosophie gezogen werden können, ist im Lichte der Sextus-Parallele nicht ausgeschlossen, daß die Gleichsetzung des τόπος mit dem νοῦς (und die erwogene Gleichsetzung mit Gott) aus dem Kontext platonischer Schuldiskussionen über die aristotelische Kosmologie und Theologie stammen könnte.

Eine Stelle, die Sextus bei seinen Überlegungen vor Augen gehabt haben könnte,[279] ist vielleicht auch für CH II,4–5 relevant, besonders weil der Ort als »göttlich« (S. 33, Z. 2) (im Unterschied zu »Gott«) bezeichnet wird. In *De Caelo*[280] formuliert Aristoteles nämlich wie folgt: »πάντες τὸν ἀνωτάτω τῷ θείῳ τόπον ἀποδιδόασιν …« Aufgrund dieser Formulierung liegt es natürlich nahe, den νοῦς oder auch den τόπος als das *Göttliche* zu bezeichnen. Für Aristoteles ist allerdings »τὸ θεῖον« nicht ausdrücklich von »ὁ θεός« unterschieden. Aber wäre es nicht möglich, daß unser Verfasser – im Zusammenhang mit Diskussionen über die aristotelische Physik – bei seiner Bestimmung des Ortes als »τὸ θεῖον« von der Stelle aus *De Caelo* inspiriert wurde, zumal dem kreisförmig bewegten, göttlichen Körper bei Aristoteles die Eigenschaft, ungeworden zu sein, ebenso zukommt[281] wie dem τόπος in CH II,4?

Einige der betrachteten Elemente gehören zu einer Tradition bzw. zu einem Vorstellungskomplex, der in der griechischen Philosophie eine wichtige Rolle gespielt hat: danach kommt dem (den Kosmos) umfangenden, umfassenden Element eine aktive, dynamische Rolle zu.[282] Bei den Vorsokratikern nimmt diese Rolle ein irgendwie gedachter Urstoff wahr,[283] seit etwa Platon ein den Kosmos umfangendes Gefäß,[284] eine Sphäre (etwa beim frühen Aristoteles), ja geradezu der Ort des kosmischen Gan-

---

[276] Iamblich bei Simplikios, In Categ. 363,33–364,1, *Sambursky*, Concept of Place, 48, 27–36; daraus vor allem: »… ὅστις αὐτός τε ἑαυτοῦ ἐστιν αἴτιος καὶ αὐτὸς ἑαυτοῦ περιληπτικὸς ἐν ἑαυτῷ τε ὑφέστηκεν …«

[277] *Sambursky*, Concept of Place, 16.

[278] Außerdem ist hier immer noch der Einwand von Urbach zu bedenken, daß »מקום« bis auf ganz späte Zeit kein Gottesprädikat ist, siehe *Urbach* I, 75.

[279] *Wolfson*, Philo I, 248, n. 44.

[280] Aristoteles, De Caelo 270b6f.

[281] Aristoteles, De Caelo 270a13.

[282] *Sambursky*, Concept of Place, 12–13.

[283] *Zu den Vorsokratikern*: Vgl. Anaximenes, KRS Fr. 160; Empedokles, FVS 31 B38,4; Anaximander: vgl. Hippolyt, Ref. I, 6,1 (*Marcovich*, 64); Anaxagoras: Hippolyt, Ref. I, 8,1f. (*Marcovich*, 67f.); hier ist auch an die Lehre der Pythagoreer zu erinnern, daß das den Kosmos umgebende ἄπειρον in diesen eindringt und für die Scheidung der Körper sorgt, vgl. KRS Fr. 443–444: darin besteht geradezu seine weltschöpferische Funktion. Vgl. *Sambursky*, Concept of Place, 12.

[284] *Sambursky*, Concept of Place, 13.

zen.[285] Besonders im Neuplatonismus ist vielfach von einer aktiven, einwirkenden Rolle des Ortes[286] die Rede.[287] Meistens wird der Ort dabei als unkörperlich gedacht, aber manche neuplatonischen Entwürfe erinnern durch die Auffassung, daß der Ort körperlich ist, an den stofflichen Charakter des ursprünglichen, den Kosmos umfangenden Elementes.[288]

Auch einige stoische Belege gehören hierher, wo von dem Pneuma gesagt wird, daß es den Kosmos in sich faßt und zusammenhält.[289]

Diese Tradition hat ihre Spuren auch in der τόπος-Vorstellung von CH II hinterlassen. Denn auch hier wird der τόπος ja als ein umfangendes, umfassendes Gefäß begriffen, das eine aktive Wirkung auf den Kosmos ausübt, z.B. indem es die Rotationsbewegung erzeugt.[290]

Es ist nicht ausgeschlossen, daß in CH II schon Einflüsse der neuplatonischen τόπος-Idee wirksam sind, zumindest befindet sich der Traktat auf dem Weg zu einer solchen Vorstellung, wie ja oben anhand der räumlichen Auffassung des τόπος wahrscheinlich gemacht wurde. Aber nicht nur neuplatonisches Gedankengut, auch andere Stadien des Traditionskomplexes können einwirken, z.B. die stoische Pneuma-Vorstel-

---

[285] Vgl. zu *Platon Sambursky*, Concept of Place, 13, und: Tim. 58a4–7; auch zu nennen ist 52e–53a, wo von der Schüttelbewegung der χώρα die Rede ist; zu *Aristoteles* seine Theorie der von der äußersten Himmelssphäre ausgehenden Bewegungen, vgl. De Caelo I, 2–3; auch seine Theorie, daß der *Ort* dafür verantwortlich ist, wohin sich die einzelnen Elemente bewegen, ist zu erwähnen, z.B. Phys. 208b8–11 (bes. b10f.: »ἀλλ᾽ ὅτι καὶ ἔχει τινὰ δύναμιν.«); zu *Platon* und *Aristoteles* siehe Attikos, Fr. 6, p. 58,21–59,31 und 60,77–61,83 *des Places*; für die *Stoiker*: Cicero, Nat. deor. I, 37 (zu Kleanthes); für die *Epikureer*: Lukrez, De rerum nat. V, 467–70.

[286] Der im Neuplatonismus als eine Art absoluter *Raum* verstanden wird, siehe oben zu CH II,2–4.

[287] Als Belege seien genannt: *Iamblichos* bei Simplikios, In Phys. 640, 3f. 5–10. 11; In Categ. 361,33–362,4. 21–27 (alles *Sorabji*, Matter, 205, n. 12–15) Vgl. auch *Sambursky*, Concept of Place, 19. *Syrianus* bei Simplikios, In Phys. 618,25–619,2 (vgl. *Sorabji*, Matter, 207, n. 32); *Proklos* bei Simplikios, In Phys. 613,7–10 (vgl. *Sorabji*, Matter, 207, n. 33); *Damascius* bei Simplikios, In Phys. 625,27–32 (vgl. *Sorabji*, Matter, 207, n. 34); 626,17–27 (vgl. *Sorabji*, Matter, 207–208, n. 37); 627,6–9 (vgl. *Sorabji*, Matter, 208, n. 39). Für Damascius siehe auch *Sambursky*, Concept of Place, 22. Für *Simplikios* selbst: In Phys. 631,38; 636,8–13; 637,8; 638,2 (vgl. zu diesen Angaben *Sorabji*, Matter, 209, n. 57); In Categ. 364,31–35 (vgl. *Sorabji*, Matter, 210, n. 61). Jede aktive Einwirkung des Ortes leugnet dagegen *Philoponus*: vgl. z.B. Phil., In Phys. 632, 7–8. 8–9; 633,5 (für das Weltall) (vgl. *Sorabji*, Matter, 210, n. 70); 581,18f. 29–31 (*Sorabji*, Matter, 210, n. 71). Vgl. auch *Sambursky*, Concept of Place, 24. (Die Abweichungen von den Angaben bei Sorabji ergeben sich aus der eigenen Überprüfung der Stellen.)

[288] Stofflich gedacht wird der τόπος (wohl unter stoischem Einfluß) z.B. bei Proklos, siehe Simplikios, In Phys. 613,15–20 (*Sambursky*, Physikalisches Weltbild, 389, n. 1; *ders.*, Physical World, 7–9); bei Syrianos, siehe Syr., In Metaph. 84,27–86,7 = bei *Sambursky*, Concept of Place, 56 u. 58, siehe *ders.*, ebd., 19; das Motiv für die stoffliche Auffassung des τόπος scheint gerade der Gedanke seiner aktiven Einwirkung auf das in ihm Enthaltene zu sein, denn nur ein Körper kann auf einen Körper einwirken.

[289] Siehe *Long/Sedley*, Fr. 54B (Cicero, Nat. deor. I, 39); *Long/Sedley*, Fr. 47C6 (Cicero, Nat. deor. II, 29–30); Cicero, Nat. deor. II, 58; *Long/Sedley*, Fr. 47L (Alexander Aphrod., De mixt. 223,25–36 *Bruns*), u.a.m.

[290] Zur Erzeugung der kosmischen Rotation siehe unten, Kommentar zu CH II,6–7.

lung – immerhin wird der νοῦς/τόπος ja auch als πνεῦμα verstanden[291] – oder das aristotelische Sphärenmodell.[292]

In der hier gemeinten Tradition hat das weltumfassende Element, sei es der τόπος, der Urstoff oder der äußerste Himmel, meist göttlichen Charakter, was damit zu tun hat, daß es weltschöpferisch und welterhaltend wirksam ist.[293] Da diese Charakterisierungen auch auf den τόπος von CH II zutreffen, ist es nicht verwunderlich, daß auch er als göttliches Wesen aufgefaßt wird.

Zusammenfassend ist zu sagen:
– Die Identifikation des göttlichen Wesens mit dem Ort könnte aus dem synkretistischen Milieu ägyptischer mittel- bzw. neuplatonischer Philosophie stammen.[294] *Direkter* Einfluß der jüdischen םוקמ-Vorstellung ist eher unwahrscheinlich.

Folgende Elemente sind gesondert betrachtet worden, weil sie unseren Verfasser vielleicht beeinflußt haben:
– Die Gleichsetzung von νοῦς und τόπος könnte über die Auffassung des νοῦς als des τόπος der Ideen oder andersherum der Ideen als Gedanken Gottes im νοῦς erfolgt sein, zumal in unserem Text von den platonischen Ideen keine Rede ist und es nahelag, statt ihrer die Dinge selbst an den τόπος/νοῦς zu verlagern.[295]
– Vielleicht spielen platonische Schuldiskussionen über aristotelische Kosmologie hinein, wo Gott als Lösung der aristotelischen Frage nach dem Ort der Welt erwogen wurde.[296] Da traditionell sowohl von Gott als auch vom Ort ein ἐμπεριέχειν sowie Ruhe, Stillstand[297] ausgesagt wurden, lag die Gleichsetzung nahe.
– Die Identifikation des τόπος als göttliches Wesen wird im Rahmen der aktiven, welterhaltenden und weltschöpferischen Rolle des den Kosmos umfassenden Elementes in der griechischen Tradition stehen; dabei ist bereits spezifisch neuplatonischer Einfluß nicht auszuschließen.

Damit sind einige Motive, die die Auffassung des Ortes als göttliches Wesen in CH II bestimmen könnten, erhellt. Die Identifikation führt letztendlich auf die These des Verfassers in CH II,6–7 hin, daß der Ort der unbewegte Beweger des Weltalls (= aristotelisch der νοῦς) ist.

---

[291] Siehe CH II,12, S. 37, Z. 6 mit dem Kommentar z.St.

[292] Siehe oben die Bemerkungen zu Aristoteles, *De Caelo*.

[293] Das ist ganz deutlich bei den genannten Vorsokratikern, z.B. Anaximenes und Anaximander, bei Platon (die χώρα ist unabdingbare Voraussetzung für die Entstehung von Körpern und ihrer Qualitäten), bei Aristoteles (der Ort ist für die Scheidung der Elemente verantwortlich). Weniger deutlich ist diese Funktion bei den Atomisten, doch gegen *Sorabji*, Matter, 213 gibt es auch in der atomistischen Tradition den Hinweis auf eine aktivere, bestimmendere Rolle des τόπος, z.B. zu *Leukippos* bei Hippolyt, Ref. I, 12,2: »ὅταν εἰς μέγα κενὸν ἐκ τοῦ περιέχοντος ἀθροισθῇ πολλὰ σώματα καὶ συρρυῇ ...« und zu *Demokritos* bei Hippolyt, Ref. I, 13,4 (*Marcovich*, 73): »ἀκμάζειν δὲ κόσμον ἕως ἂν μηκέτι δύνηται ἔξωθέν τι προσλαμβάνειν ...« (zur Kosmologie). Im Neuplatonismus ist besonders Iamblichos zu nennen, siehe Simplikios, In Categ. 363,33–364,1 = *Sambursky*, Concept of Place, 48,27–36.

[294] Interessanterweise wurden auch die ägyptische Göttin Isis und die syrische Göttin Atargatis mit dem Ort assoziiert, vgl. Simplikios, In Phys. 641,33 = bei *Sambursky*, Concept of Place, 140,1–3.

[295] Vgl. noch einmal die Auffassung Iamblichs bei Simpl., In Categ. 362,33–364,6 und *Sorabji*, Matter, 206, n. 28.

[296] Vgl. noch einmal Sextus Empiricus, Adv. Math. X, 30–36.

[297] Für das aristotelische Theorem der Ruhe des Ortes vgl. Arist., Phys. 212a20f.

Der Bezug des II,5 eröffnenden Satzes (S. 33, Z. 3f.) scheint – wie in der Übersetzung von Nock und Festugière –[298] das Unkörperliche (τὸ ἀσώματον) zu
sein. Dabei geht es zunächst nicht um den göttlichen τόπος, sondern der Verfasser unterteilt (S. 33, Z. 3–4) ganz allgemein das Unkörperliche in das Göttliche und damit Substanzhafte und Gott als nicht-substanzhaft. Wie diese Einteilung sich auf den τόπος auswirkt, wird an dieser Stelle noch nicht mitgeteilt;
die Ansicht des Verfassers wird erst im weiteren Argumentationsgang erkennbar. Im Vorgriff vor allem auf II,12 kann folgendes gesagt werden:
Der Verfasser betrachtet den Ort als ein θεῖον; er ist daher substanzhaft. In
CH II,12b (S. 37, Z. 7) wird (ein) Gott eingeführt, der noch über dem τόπος
steht. Dieser Gott ist gemeint, wenn an unserer Stelle von einem nicht-
substanzhaften Unkörperlichen die Rede ist. Der Verfasser bereitet also durch
die Unterscheidung von Gott und göttlich bereits die spätere von τόπος = νοῦς
und Gott über dem νοῦς vor.[299]

Der philosophiegeschichtliche Hintergrund der Unterscheidung von
»οὐσιώδης« und »ἀνουσίαστος« ist die platonische und zumal die mittel- und
neuplatonische Tradition.[300] Platon spricht in der *Politeia* davon, daß die Idee
des Guten nicht eine οὐσία ist, sondern »ἐπέκεινα τῆς οὐσίας« steht.[301] In unserem Traktat wird ὁ θεός mit dem Guten identifiziert[302]; entsprechend liegt es
nahe, Gott (als Idee des Guten) nun als über jeder Substanz stehend zu charakterisieren.[303] Der hermetische Verfasser wird die Politeia-Passage mit ziemli-
cher Sicherheit gekannt haben (vielleicht aus einer handbuchartigen Zusammenfassung der wichtigsten platonischen Partien)[304], weil sie zu den am
meisten verbreiteten Platontexten überhaupt gehörte.[305]

Im uns interessierenden Zeitraum begegnet die Auffassung, daß Substanzhaftigkeit Gott gerade in besonderem Maße zukommt, daß Gott in höchstem Maße Substanz ist[306], im Gegensatz z.B. zu den Gegenständen der sichtbaren Welt. Das Prädikat »οὐσιώδης« nimmt von diesem Gebrauch her die

---

[298] *Nock/Festugière* I, 33.

[299] Der Sinn der Anführung von »οὐσιῶδες« an unserer Stelle im Zusammenhang des
Hinweises auf die Tradition des »inneren Menschen« bei *Holzhausen*, Mythos vom Menschen, 37, n. 114 ist nicht erkennbar. Das Wort hat an unserer Stelle eine andere Bedeutung.

[300] Für den späteren Neuplatonismus vgl. Proklos, Elem., Prop. 115 (= *de Vogel* III, 1464c)
mit seiner Äußerung:»Πᾶς θεὸς ὑπερούσιός ἐστι καὶ ὑπέρζῳος καὶ ὑπέρνους … πάντων
ἐστὶν ἐπέκεινα τῶν εἰρημένων ἅπας θεός, οὐσίας καὶ ζωῆς καὶ νοῦ.« Das könnte unser
Verfasser, wenn man II,12ff. liest, wohl genau so gesagt haben.

[301] Platon, Polit. 509b9; vgl. *Scott* II, 76.

[302] Vgl. CH II,16, S. 39, Z. 5f.

[303] *Scott* II, 92–93; *Festugière* IV, 70.

[304] Siehe unten den Kommentar zu CH II,12 und die Aufzählung der platonischen Traditionen, unten, 168ff.

[305] Vgl. den Kommentar zu CH II,12, unten, 173 u. 180.

[306] Vgl. z.B. [Albinos], Epit. X, 3 werden vom ersten νοῦς verschiedene Eigenschaften
ausgesagt, darunter οὐσιότης. Vgl. auch Numenios, Fr. 16 *des Places*: Gott ist »σύμφυτον
τῇ οὐσίᾳ«.

Bedeutung »göttlich« an[307] und kann sogar nicht nur von Ideen oder Gott, sondern vom Menschen ausgesagt werden.[308] Es findet sich jedoch im Mittelplatonismus, in Dokumenten einer platonisierenden Gnosis und besonders im Neuplatonismus auch die Meinung, daß Gott jenseits jeder Substanzhaftigkeit steht.[309] Dabei wird auch auf die genannte Platon-Passage Bezug genommen.[310] Die für die Charakterisierung von Gottes Substanzlosigkeit verwendeten Begriffe sind (neben Umschreibungen) jedoch, zumindest in der neuplatonischen Philosophie, »προούσιος« (bedeutungsgleich mit dem gleichfalls vorkommenden »πρόον«)[311] bzw. »ὑπερούσιος«[312], während »ἀνουσίαστος« nicht vorkommt[313] und das bedeutungsgleiche Adjektiv »ἀνούσιος«[314] bei den neuplatonischen Philosophen »substanzlos« im Sinne von »nicht-existent«, »nicht vorhanden«, sogar »tot« bedeutet.[315] Die in unserem Traktat anzutref-

---

[307] *Wlosok*, 125–126, bes. n. 33.

[308] Für Nachweise vgl. *Nock/Festugière* I, 33, n. 3. Besonders hinzuweisen ist auf CH I, 15 und Ascl. 7. Vgl. *Wlosok*, 125–126 mit n. 33; *Bousset*, Hermes Trismeg., 129; 130, n. 2.

[309] So Kelsos bei Origenes, C. Cels. VI, 64; allerdings ist umstritten, ob diese Aussage auf Kelsos selbst zurückzuführen ist (Koetschau und Chadwick kennzeichnen den Satz: »οὐδ' οὐσίας μετέχει ὁ θεός« als Zitat) oder auf vergröbernde Aufnahme durch Origenes, so *Dörrie*, Kelsos, 253; vgl. auch Plotin (über das ῝Εν, Enn VI, 8,16 (= *de Vogel* III, 1368a partim, siehe auch de Vogels Einleitung zu dem Stück): »... ἡ δὲ ἐγρήγορσις ἐστιν ἐπέκεινα οὐσίας καὶ νοῦ καὶ ζωῆς ἔμφρονος ...« An beiden Stellen dürfte eine Anspielung auf die genannte Stelle aus der *Politeia* vorliegen. Enn. V, 3,5 wird »οὐσιώδης« bezeichnenderweise auf den νοῦς bezogen und von der οὐσιώδης νόησις gesprochen. Vgl. auch Enn. VI, 9,5,24– 46 (= *de Vogel* III, 1392c partim), wo genau das in unserem Traktat vertretenen Modell auftaucht: das ῝Εν πρὸ οὐσίας, während der νοῦς mit der οὐσία gleichgesetzt wird. Vgl. auch Porphyr., In Parm. XII, 22–27, II, p. 104 *Hadot*; XII, 29–33, II, p. 106 *Hadot*. Zur Gnosis Markus' des Magiers vgl. *Sagnard*, 329 und 332 (Iren., Haer. I, 14,1 (p. 206–207, SC 264, ed. *Rousseau/Doutreleau*); I, 15,5 (p. 250–251, SC 264, ed. *Rousseau/Doutreleau*)). Im unbekannten altgnostischen Werk bei Schmidt wird der oberste Gott »ἀνούσιος« genannt, vgl. z.B. 349,8; 358,29. Auch 362,19.30 ist hier zu vergleichen. Siehe auch das Register s.v. ἀνούσιος. Bei *Nock/Festugière* I, 33, n. 3 wird noch zitiert: Hippolyt., Ref. VI, 42,4. *Kroll*, 3 zitiert Iamblichos, De myst. VIII, 2: Gott wird hier als »προούσιος« und »ἀρχὴ τῆς οὐσίας« bezeichnet. Weiter heißt es dort: »ἀπ' αὐτοῦ γὰρ ἡ οὐσιότης καὶ ἡ οὐσία, διὸ καὶ οὐσιόπατωρ καλεῖται. αὐτὸς γὰρ τὸ προόντως ὄν ἐστι ...« usw. Vgl. auch *Dillon*, Middle Platonists, 283.

[310] Für die genannte Kelsos-Stelle (Orig., C. Cels. VI, 64) vgl. *Chadwick*, Contra Celsum, 379, n. 9 und 10 (auch für den Kontext bei Origenes); siehe auch Plotin, Enn.VI, 8,16,31–38 (= *de Vogel* III, 1368a); Proklos, Elem., Prop. 115 (= *de Vogel* III, 1464c); Porphyr., In Parm. XII, 22–27, II, p. 104 *Hadot*; XII, 29–33, II, p. 106 *Hadot*; vgl. *Corrigan*, 987, n. 45 u. 49.

[311] Iambl., De myst. VIII, 2; Iren., Haer. I, 1,1 (PG 7, 445A = p. 28, SC 264, ed. *Rousseau/Doutreleau*) (auch bei *Sagnard*, 31); Herm., Sim. V, 6,5; Stob., Ekl. I, 41,11, p. 293,12f. *Wachsmuth*.

[312] Joh. Damasc., Expos. fid. 12; I, 12b, Vol. II, p. 35,7–8 *Kotter;* Proklos, Elem., Prop. 115 (= *de Vogel* III, 1464c); Prop. 120 und 121, p. 106 *Dodds*; Syrianos, In Metaph. 166,11.

[313] Der Begriff ist ein Hapaxlegomenon im Corpus Hermeticum und kommt sonst auch nur in einem Zauberpapyrus, PGrM IV, 2441 im Sinne von »nicht stofflich«, »nicht körperlich« vor. Vgl. *Festugière* IV, 70.

[314] Im Corpus Hermeticum nicht vorhanden!

[315] Vgl. Syrianos, In Metaph. 114,29; 166,10, vgl. auch 103,3; 105,27; 123,21 *Kroll* u.a.m.; Damascius, Dub. Sol. 192, II, p. 69,21 Ruelle; Proklos, Elem., Prop. 121, p. 106

fende Bedeutung findet sich in gnostischen Texten,[316] z.B. im unbekannten altgnostischen Werk.[317] Sie kann als Anzeichen für den Einfluß gnostisierender und – trotz des Bedeutungswandels – den beginnenden Einfluß neuplatonischer Tendenzen gewertet werden. Der Zweifel darüber, ob Gott eine οὐσία hat oder nicht, findet sich an mehreren Stellen im Corpus Hermeticum[318] und ist möglicherweise Anzeichen dafür, daß die betreffenden Schriften entstanden sind, als sich die neuplatonische Übersteigerung der Gottesprädikate gerade durchzusetzen beginnt und man im hermetischen Kreis noch nicht sicher ist, ob man Gott Substanzhaftigkeit im höchsten Maße oder aber über-substanzielle Substanzlosigkeit zuschreiben soll. In unserem Traktat hat man die Lösung gefunden: man verteilt die Prädikate auf den ersten und zweiten Gott. Doch zeigt sich eine gewisse terminologische Unsicherheit insofern, als man die *übersubstanzielle* Substanzlosigkeit des ersten Gottes mit Hilfe des Prädikates ausdrückt, das eigentlich die *nichtsubstanzielle* Substanzlosigkeit (Nichtexistenz) ausdrückt. Vielleicht waren unserem Verfasser die von den Neuplatonikern verwendeten Prädikate »προούσιος« oder »ὑπερούσιος« noch nicht geläufig oder in ihrer Bedeutung unklar.

## 5. CH II,5 (ab S. 33, Z. 4) – 6 (S. 33, Z. 11)

Der *Tractatus Tripartitus* aus Nag Hammadi lehrt, daß Gott so transzendent ist, daß kein Mensch ihn begreifen und geistig erfassen kann. Nur Gott selbst ist fähig, sich zu begreifen, denn er ist allein sein eigener Verstand, sein Auge, etc. Gottes Begreifen besteht darin, daß er sich als der Unerfaßbare, Unbegreifbare begreift.[319]

Auf dem Hintergrund dieser oder einer ähnlichen Haltung ist der folgende Exkurs (eingeleitet durch »ἄλλως δὲ νοητόν, οὕτως«, Z. 4f.) des Verfassers über die Gotteserkenntnis zu verstehen. Die Frage ist, ob Gott überhaupt erkennbar ist.[320]

Systematisch gesehen ist die Beantwortung dieser Frage Voraussetzung für alles weitere. Das dürfte der Grund dafür sein, daß sie hier, noch relativ am Anfang des Traktates, behandelt wird. Durch die Erwähnung von »θεός« und »τὸ θεῖον« sowie »οὐσιῶδες« und »ἀνουσίαστον« (s. S. 33, Z. 2–4) wird an-

---

*Dodds*; im Sinne von »tot« bzw. »nicht vorhanden«: Proklos, Alc. 271, II, p. 312 *Segonds*; Olympiodor, Alc. 92, p. 61 *Westerink*; Simpl., In de anim. 247,9 *Hayduck*.

[316] Vgl. Hippol., Ref. VII, 21 zu Basilides (= p. 287f. *Marcovich*); zu Markus dem Magier vgl. Iren., Haer. I, 14,1 (PG 7, 593A = p. 207, SC 264, ed. *Rousseau/Doutreleau*); I, 15,5 (PG 7, 625B = p. 250, SC 264, ed. *Rousseau/Doutreleau*) (vom Vater, dem transzendenten Prinzip, bzw. vom transzendenten Äon), vgl. *Sagnard*, 332; 349; 365.

[317] Vgl. *Schmidt*, Unbek. altgnost. Werk, 358,28f.; 362,19 u. 30; 366,38.

[318] Vgl. z.B. CH XII,1: »εἴ γέ τις ἔστιν οὐσία θεοῦ«. Ähnliche Äußerung in CH VI,4: »εἴγε οὐσίαν ἔχει«.

[319] Vgl. Tractatus Tripartitus, NHC I, 5, 54,35–55,25.

[320] Von der Unerkennbarkeit Gottes handelt auch der Anfang von CH V, nämlich V,1.

gezeigt, daß die Untersuchung von der Behandlung elementarer physikalischer Fragen (über Bewegung und ihren Ort) langsam übergeht zur Betrachtung der dahinter stehenden göttlichen Tatsachen. Dafür muß aber erst die Möglichkeit geklärt werden, ob Gott oder das Göttliche überhaupt erkannt werden können, zumal in den beiden letztgenannten Begriffen der platonische Transzendenzgedanke angedeutet ist, der das Problem der Erkennbarkeit noch verschärft.

Unser hermetischer Verfasser behauptet, daß Gott für uns Denkgegenstand sein kann, nicht dagegen für sich selbst (S. 33, Z. 5–6). Dabei zeigt sich die für unseren Hermetiker typische Tendenz, Gottes Rang hervorzuheben, darin, daß Gott ausdrücklich als *erster* Denkgegenstand für uns Menschen bezeichnet wird (S. 33, Z. 5). Im Vergleich mit dem *Tractatus Tripartitus* wird auf den ersten Blick aber dennoch eine Abwertung Gottes vorgenommen: offenbar fehlt ihm die Fähigkeit, sich selbst zu denken (S. 33, Z. 5–6).

Eine Abwertung Gottes liegt aber nicht in der Absicht des Verfassers. Ihr wird man eher gerecht, wenn man auf die Begründung für seine Auffassung blickt: was gedacht wird, wird dem Denkenden gegenüber zu einem Objekt des Erkennens (S. 33, Z. 6). Wenn Gott sich also selbst dächte, dann würde er sich selbst ein Gegenüber, er würde sich gleichsam von sich selbst unterscheiden.

Das Anliegen unseres Verfassers scheint vergleichbar dem, was Plotin über das oberste Eine sagt und wird erst aus einem Vergleich mit Parallelen des Neuplatonikers verständlich. Plotin sagt, daß das oberste Eine sich deshalb nicht selbst denkt, weil jedes Erkennen eine Spaltung von Subjekt und Objekt erzeugt, die die Einheit des Einen in Frage stellen würde. Im plotinischen ῞Εν würde also eine Zweiheit entstehen, was einen Widerspruch in sich selbst bedeutet.[321]

Daß das Eine sich nicht selbst denkt, heißt freilich nicht, daß es sich selber unbekannt ist, wie Plotin betont. Es bedarf des Denkens, anders als wir Menschen, nicht, um sich zu erkennen. Müßte es denken, um sich zu erfassen, wäre es bedürftig und damit in gewisser Weise defizient.[322]

Vielleicht überträgt unser Verfasser diese Überlegungen auf seine Gottesvorstellung; aus der plotinischen Argumentation würde sich dann folgendes Verständnis unserer Stelle ergeben:[323] dem Verfasser geht es darum, die Einheit Gottes und seine Bedürfnislosigkeit herauszustellen. Das geschieht dadurch, daß er betont, Gott müsse sich nicht selber denken.

Der Eindruck, daß Gott herabgesetzt wird, entsteht, weil der Verfasser nicht mit hinreichender Deutlichkeit sagt, daß Gott sich, ohne zu denken, seiner selbst gleichsam unmittelbar bewußt ist. Die eigentlich intendierte Aussage

---

[321] Vgl. zu den bei *Nock/Festugiere* I, 34, n. 4 genannten Stellen (wichtig: Plotin, Enn. V, 3,10,23–25; V, 3,13) noch Plotin, Enn. VI, 9,6,46–50.

[322] Vgl. Plotin, Enn. VI, 9,7,45–50.

[323] Daß plotinischer Einfluß an unserer Stelle vorliegt, leugnet *Zeller* III, 2, 246, n. 2. Er ist der Meinung, hier werde von der Unmittelbarkeit des göttlichen Selbstbewußtseins gesprochen. Gott habe es, im Gegensatz zu den Menschen, gar nicht nötig, sich diskursiv zu denken, aber das bedeute nicht, daß er es nicht könne.

wird nur angedeutet, nicht ausgesprochen. Daher ist das Gemeinte so schwer erfaßbar. Was der Verfasser stattdessen ausführt (S. 33, Z. 7–8: »οὐ γὰϱ … νοεῖται«), trägt eher zur Verwirrung bei, weil wieder von »νοεῖσϑαι« (»ὑφ' ἑαυτοῦ νοεῖται«, Z. 8) gesprochen wird, im Widerspruch zu »οὐχ ἑαυτῷ νοητός« Z. 7. Offenbar hat der Hermetiker also eine Theorie wie die Plotins rezipiert, aber er hat das mit ihr anvisierte Problem (der Subjekt-Objekt-spaltung im Denken) noch nicht in vollem Ausmaß erfaßt. Zur Verwirrung trägt auch bei, daß die hier sozusagen fehlende Aussage später auf den (vom ϑεός unterschiedenen) νοῦς angewendet wird: in II,12a ist nämlich davon die Rede, daß der νοῦς sich selbst als ganzer ganz umfaßt.[324] Damit scheint die unmittelbare Selbsterfassung ausgesagt, die wir an der hier behandelten Stelle vermissen. Offenbar gehen dem Verfasser die Entitäten und die von ihnen ausgesagten Eigenschaften bunt durcheinander. In CH II,12a werden dem νοῦς ohnehin viele Eigenschaften zuerkannt, die eigentlich (dem höchsten) Gott zustehen; auf dieses Problem wird noch einzugehen sein.

CH II,5 liegt also entgegen dem ersten Eindruck durchaus auf der Linie des Verfassers, Gott hervorzuheben, denn es soll ja geleugnet werden, daß er sich selbst gegenübertritt und damit defizient ist. Nur sagt der Verfasser das nicht ausdrücklich.

In dem Abschnitt läßt sich wieder seine schon angesprochene schritt- und stufenweise Argumentation beobachten: zunächst (Z. 5) formuliert er vorsichtig, daß Gott »als erster« (»πϱῶτος«, d.h. »zuerst«)[325] nicht sich selber, sondern uns gedanklich erfaßbar ist. Nach einem Zwischengedanken, der das Problem der Subjekt-Objekt-Spaltung herausstellt (Z. 6: »τὸ γὰϱ νοητὸν τῷ νοοῦντι αἰσϑήσει ὑποπίπτει«), sagt er schließlich ohne Einschränkung: »ὁ ϑεὸς οὐκοῦν οὐχ ἑαυτῷ νοητός«.

Erst gegen Ende (S. 33, Z. 8f.) kommt wieder das eigentliche Thema des Exkurses, nämlich die Möglichkeit der Gotteserkenntnis, in den Blick. Der Verfasser stellt fest, daß Gott von den Menschen gedanklich erfaßt werden kann (S. 33, Z. 8–9: »διὰ τοῦτο ἡμῖν νοεῖται«), da er ihnen, anders als sich selbst, als ein Denkobjekt gegenüber tritt (Z. 8: »ἄλλο τι«).

Offenbar meint der Verfasser, damit die weitere Argumentation des Traktates, die ja theoretische Gotteserkenntnis zum Ziel hat, abgesichert zu haben. Sie wird nach den hier getroffenen Feststellungen nicht mehr von der Möglichkeit der Unerkennbarkeit Gottes bedroht.

In CH IX,9 steht die Auffassung zur Diskussion, daß Gott unerkennbar ist. Das wird als Gotteslästerung aus übergroßer Gottesfurcht gebrandmarkt.[326] Der Grund für die Erkennbarkeit Gottes ist, daß er alles durchwaltet und alles

---

[324] S. 37, Z. 2f.: »Νοῦς ὅλος ἐξ ὅλου ἑαυτὸν ἐμπεϱιέχων«.
[325] »πϱῶτος« scheint hier sowohl die Bedeutung »zuerst« zu haben als auch Gott als ersten, d.h. wichtigsten Denkgegenstand für den Menschen zu kennzeichnen.
[326] *Nock/Festugière* I, 100, Z. 4.

von ihm abhängt.[327] Es wird sogar die pantheistische Auffassung vertreten, daß Gott alles *ist*.[328]

Diesen Weg der Argumentation geht unser Verfasser nicht. Er votiert ebenso wie CH IX für die Möglichkeit der Gotteserkenntnis, nutzt den Gedankengang aber dafür, ein Argument anzubringen, das die Einheit Gottes und damit seine Einzigartigkeit herausstellt, während der andere Traktat Gott scheinbar eher einebnet. Doch die Grundhaltung beider Traktate ist gar nicht so verschieden, denn auch die Behauptung, daß von Gott alles abhängt und er in allem waltet, ist eine Art Hervorhebung Gottes.[329]

S. 33, Z. 9ff. wendet sich der Verfasser wieder dem τόπος zu. Zwar ist die Möglichkeit der Gotteserkenntnis abgesichert, bei Anwendung auf den τόπος aber gibt es Probleme. Zwei Fälle werden unterschieden:

– Der Ort kann nicht in seiner Eigenschaft als Gott, sondern nur als Ort gedanklich erfaßt werden (Z. 9f.).

– Vielleicht (»εἰ δὲ καὶ ...«, Z. 10) kann der Ort aber doch in seiner Eigenschaft als göttliches Wesen erkannt werden (Z. 10f.). In diesem Fall erkennen wir ihn in seiner Eigenschaft als ἐνέργεια χωρητική.[330]

Worin der Sinn der Unterscheidung der beiden Möglichkeiten besteht, ist nicht erkennbar; sicher ist jedoch, daß für den Verfasser das Gewicht und Interesse auf der zweiten liegt.[331]

Dabei fällt die Wendung »ἐνέργεια χωρητική« auf: sie verdeutlicht sozusagen komprimiert die Verbindung der beiden wichtigsten in CH II verarbeiteten Traditionen: in dem Begriff »ἐνέργεια« steckt die aristotelische Tradition,[332] in dem Adjektiv »χωρητική«, das an die platonische χώρα aus dem *Timaios* erinnert, die platonische. Aus welchem Kontext der Verfasser die Bestimmung »χωρητικός« entnommen haben könnte, verdeutlicht vielleicht folgende Parallele bei Sextus Empiricus:

Sie steht Pyrrh. Hyp. III, 120–121.[333] Dort ist nicht von »ἐνέργεια χωρητική« die Rede, aber vom τόπος wird das Adjektiv »χωρητικός« gebraucht. Mit einem Zitat aus Hesiod wird bewiesen, daß das Chaos zuerst war; dieses Chaos aber ist, wie mit Hilfe der volksetymologischen Ableitung des Wortes »χάος« von »χωρητικός« deutlich gemacht wird, der Ort alles dessen, was entstanden ist. Denn der Ort ist »das Aufneh-

---

[327] *Nock/Festugière* I, 100, Z. 5–9.

[328] *Nock/Festugière* I, 100, Z. 11 und ff.

[329] Das wird deutlich, wenn man den Gedankengang von CH V verfolgt, der zunächst den Abstand und die Unerkennbarkeit Gottes betont, aber zum Erweis von Gottes Allwirksamkeit in einen Pan(en)theismus mündet. Vgl. CH V, 1 mit V, 11.

[330] Die Verneinung »οὐχ ὡς τόπος« (Z. 10) ist sachlich redundant; sie dürfte vor allem aus sprachlichen Gründen (Parallelität zur Verneinung »οὐχ ὡς θεός« im voraufgehenden Satz) eingefügt sein.

[331] Siehe vorige Fußnote; vielleicht wird der verneinte Fall auch deshalb konstruiert, um, wie an anderen Stellen, den Argumentationsgang von der Negation zur Position fortschreiten zu lassen.

[332] Siehe den folgenden Abschnitt!

[333] Vgl. die Anmerkung von Cumont bei *Nock/Festugiere* I, 35, n. 5.

mende dessen, was in ihm entsteht«.[334] Ohne Chaos, d.h. Ort, konnte also gar nichts entstehen.

Bezeichnenderweise findet sich die bei Sextus angestellte Überlegung auch des öfteren bei aristotelischen, aber auch neuplatonischen Aristoteles-Kommentatoren; sie dürfte also vermutlich in platonischem bzw. synkretistischem Schulmilieu bekannt gewesen sein.[335]

Die an unserer Stelle intendierte Aussage könnte sein, daß der τόπος als göttliches Wesen nicht als *Potentialität*, die in der Tradition mit den Begriffen »χώρα«, »ὑποδοχή« verbunden ist, sondern als aufnehmende und bewahrende *Aktualität* (ἐνέργεια χωρητική) aufgefaßt werden muß.[336] Der göttliche τόπος ist nicht die bloße Möglichkeit, die von woanders her in Wirklichkeit umgewandelt werden muß,[337] sondern er ist selber wirkende Macht.[338] Das wird im folgenden noch deutlicher, wenn er als der unbewegte Beweger bestimmt wird oder wenn von ihm in CH II,12 (S. 37, Z. 4–5) gesagt wird, daß er alles aufnimmt und damit seinsbewahrend tätig ist (»χωρητικὸς τῶν πάντων καὶ σωτήριος τῶν ὄντων«).[339]

## 6. CH II,6 (S. 33, Z. 11–18)

Im hier betrachteten Textabschnitt greift der Verfasser auf aristotelische Theorieelemente zurück. Sie stehen allerdings, wie zu zeigen ist, durchweg in einer platonischen Perspektive. Aristotelisch ist vor allem die Theorie des unbewegten Bewegers, auf die deutlich angespielt wird.[340] Dabei stellt sich wieder die Frage, ob der hermetische Verfasser Aristoteles selbst gelesen hat oder auf Handbuch- und Schulwissen rekurriert. Da die aristotelischen Theoriestücke in einen eher platonischen Kontext eingebettet sind, spricht einiges dafür, daß sie mittelplatonischem Handbuchwissen oder Schuldiskussionen entstammen, nicht der Lektüre des Aristoteles selbst; ausschließen kann man letzteres aber nicht.

---

[334] »Εἶναι γάρ φασιν χάος τὸν τόπον ἀπὸ τοῦ χωρητικὸν αὐτὸν εἶναι τῶν ἐν αὐτῷ γινομένων«.

[335] Siehe Alexander von Aphrodisias, In Metaph. 690,9–13; Johannes Philoponos, In Phys. 501,4–5; u.ö.; sehr oft die bei Sextus zugrunde liegende Hesiod-Stelle zitiert, siehe die Register der Bände »Commentaria in Aristotelem Graeca«, s.v. Χάος.

[336] Vgl. dazu die Überlegungen bei [Albinos], Epit. VIII, 3 – IX, 1. Möglicherweise wird hier bereits die später vorgenommene Identifikation des τόπος mit dem νοῦς vorbereitet, denn in der vom Verfasser in diesem Traktatteil ja ausgiebig verwendeten aristotelischen Theorie ist der göttliche νοῦς ewige Aktualität (ἐνέργεια), vgl. Aristoteles, Metaph. 1072b. Dem τόπος wird also hier bereits ein wichtiges νοῦς-Prädikat zugesprochen.

[337] Vgl. die Ausführungen über das ἐκμαγεῖον bei [Albinos], Epit. VIII, 2.

[338] [Albinos], Epit. X, 2: besser als »νοῦ δὲ τοῦ ἐν δυνάμει« ist »ὁ κατ' ἐνέργειαν πάντα νοῶν καὶ ἅμα καὶ ἀεί ...«

[339] Gedanklich nahestehend sind auch die Ausführungen bei [Albinos], Epit. X, 3.

[340] Zentral: Aristoteles, Metaph. XII, 7–8, siehe auch De Caelo II, 6; Phys. VIII, 6 und 10.

Aristotelisch ist in unserem Abschnitt
1. der Begriff »ἐνέργεια« (S. 33, Z. 11);
2. die Theorie des unbewegten Bewegers (S. 33, Z. 12f.);
3. die S. 33, Z. 14 (–16) angedeutete Theorie der Sphärenbewegungen.
Außerdem hat auch die im folgenden Abschnitt, zumal auf S. 34, Z. 1ff. dargelegte Theorie zumindest aristotelische Konnotationen.

Zu den aristotelischen Elementen im einzelnen:

Ad 1.: Der Begriff »ἐνέργεια« (S. 33, Z. 11) stammt aus aristotelischem Zusammenhang, denn nach Aristoteles ist der unbewegte Beweger, der die äußerste Himmelssphäre in Bewegung erhält, eine Substanz (οὐσία, vgl. II,5, S. 33, Z. 3), die nichts anderes als ἐνέργεια ist.[341]

Die in den beiden folgenden Sätzen (S. 33, Z. 11–13) erwähnte Theorie des unbewegten Bewegers wird offenkundig auf das aus dieser Theorie stammende Stichwort »ἐνέργεια« hin eingebracht.[342]

Die Verwendung von »ἐνέργεια« hat zwar aristotelischen Hintergrund, der Begriff wird aber auch im Mittel- und Neuplatonismus aufgegriffen,[343] so daß unser Verfasser den Terminus durchaus in der platonischen Schule kennengelernt haben kann. Dafür spricht auch, wie oben bereits gesagt, die Verbindung von »ἐνέργεια« mit dem Adjektiv »χωρητική«.[344] Auf diese Weise wird der unbewegte Beweger, das aristotelische »ὑπό τινος«, mit dem (eher platonisch gedachten) Ort der Bewegung, dem »ἔν τινι«, identifiziert. Ein wesentlicher Aspekt der Aktivität des Bewegers besteht also darin, dem Kosmos und allen Dingen einen Ort zu geben, wo deren Bewegung stattfindet.

Ad 2.: Eindeutig aristotelisch ist vor allem die Feststellung, daß die Bewegungsursache feststeht: »καὶ τὸ κινοῦν ἕστηκεν« (S. 33, Z. 12). Das ist die deutlichste Anspielung auf die Theorie des unbewegten Bewegers in unserem Abschnitt.[345]

Daß der Verfasser den unbewegten Beweger und den Ort der Bewegung gleichsetzen will, wird nicht nur an der Verbindung von »ἐνέργεια« und »χωρητική« deutlich, sondern zeigt sich auch daran, daß der mit »καὶ τὸ κινοῦν …« beginnende Satz (S. 33, Z. 12) offenbar Erläuterung des voraufgehenden, besonders der Wendung »ἐν ἑστῶτι« (S. 33, Z. 12) ist. Offenbar soll gesagt werden, daß der Beweger (τὸ κινοῦν) dasjenige ist, *in* dem die Bewegung stattfindet, weil er es ist, der feststeht. Also ist der Ort der Bewegung tatsächlich der Beweger selbst.

---

[341] Aristoteles, Metaphys. 1072a25f.; b22, u.a.

[342] Vgl. den Argumentationsgang CH II,6, S. 33, Z. 11–13.

[343] Vgl. Plotin, Enn. VI, 2,8,5ff., bes.: »… ἐν μὲν οὖν τῷ νοεῖν ἡ ἐνέργεια καὶ ἡ κίνησις …« Vgl. auch den bei *Williams,* Immovable Race, 50–51 erwähnten neuplatonischen anonymen Parmenides-Kommentar, in dem der Begriff »ἐνέργεια« ebenfalls verwendet wird, z.B. in der Kombination »ἐνέργεια ἑστῶσα« (*Williams,* Immovable Race, 51; Anon., In Parm. XIV, 22–27), die entfernt an »ἐνέργεια χωρητική« an unserer Stelle erinnert.

[344] Es gibt m.W. für die Kombination der beiden Wörter in der antiken Literatur keine exakte Parallele.

[345] Aristoteles, Metaphys. 1072a25: »ἔστι τι ὃ οὐ κινούμενον κινεῖ«.

Der Satz »πᾶν τὸ κινούμενον …«, Z. 11–12 ist nichts anderes als eine Abwandlung des den Traktat einleitenden Lehrsatzes auf das hier verfolgte Argumentationsziel hin. Eventuell enthält er eine Anspielung auf die aristotelische Definition des Ortes als eines »*feststehenden* Gefäßes«.[346] Primär dürfte das »Feststehen« des »ἔν τινι« aber aus der aristotelischen Theorie des unbewegten Bewegers in den Satz eingedrungen sein; auch aus (gleich zu behandelnden) mittelplatonischen Diskussionszusammenhängen lassen sich Formulierung und Aussageabsicht erklären.

Die Wendung »ἀδύνατον συγκινεῖσθαι« (S. 33, Z. 12f.) deutet darauf hin, daß der Verfasser Aristoteles selbst gelesen haben kann, die Theorie des unbewegten Bewegers also nicht nur aus allgemeiner Kenntnis oder den Schuldebatten aufnimmt. Denn in der aristotelischen *Physik* gibt es die in Wortlaut und Inhalt ähnliche Feststellung, daß sich der Beweger mit dem, was er bewegt, nicht mitbewegen muß.[347]

Die Theorie, daß der Beweger des Kosmos feststeht, ist auch in den Mittel- und Neuplatonismus eingedrungen.[348] Und es gibt einen klaren Beweis dafür, daß der hermetische Verfasser von der *platonischen Rezeption* der aristotelischen Vorstellung abhängig ist,[349] denn die Redeweise »ἑστώς«, »ἕστηκεν« hier und in CH II,12 (»αὐτὸς ἐν ἑαυτῷ ἑστώς«, S. 37, Z. 4) ist typisch für eine platonisch-gnostische Tradition des »Stehens« Gottes.[350] Aristoteles verwendet im hier gemeinten Zusammenhang zwar auch einmal »ἱστάναι«,[351] doch hat das Wort eine andere Bedeutung[352] und der für ihn typische Terminus ist ohnehin »ἀκίνητος«.[353] Der Kontrast zur Ausdrucksweise unseres hermeti-

---

[346] Arist., Phys. 212a14ff.; bes. a18f. Die Forderung des Aristoteles, der τόπος müsse feststehen, erwies sich als problematisch und wurde seit Theophrast diskutiert, auch in neuplatonischen Kreisen, vgl. Simplikios, In Phys. 604,5–11 mit *Sorabji,* Matter, 187–188. Die Diskussion fand ihre Fortsetzung im Mittelalter, vgl. *Sorabji,* Matter, 191f.

[347] Aristoteles, Phys. 267b2f.: »τοῦτο γὰρ οὐκ ἀνάγκη *συμμεταβάλλειν,* ἀλλ' ἀεί τε δυνήσεται κινεῖν …«

[348] Z.B. bei [Albinos], Epit. X, 2 (»ἐνεργεῖ δὲ ἀκίνητος«), wobei es nichts zur Sache tut, daß dort der erste, in CH II der zweite Gott gemeint ist. Bei Numenios, z.B. Fr. 11 und 15 *des Places,* werden Stabilität und Bewegung auf den ersten und zweiten Gott verteilt. Bei Plotin, Enn. II, 2,3,20–23 wird vom νοῦς nicht gesagt, daß er der Beweger ist, sondern sich bewegt, trotzdem verdient die Stelle wegen der Aufnahme aristotelischer Begrifflichkeit Erwähnung: »ὁ δὲ νοῦς οὕτω κινεῖται. ἕστηκε γὰρ καὶ κινεῖται. περὶ αὑτὸν γάρ. οὕτως οὖν καὶ τὸ πᾶν τῷ κύκλῳ κινεῖσθαι καὶ ἕστηκεν.« Die Vergleichbarkeit zu CH II ist deutlich. Zur Aufnahme aristotelischer Theorien im Mittelplatonismus, besonders der Theorie des unbewegten Bewegers, vgl. *Witt,* Albinus, 124–129; *Festugière* IV, 127; *Dillon,* Middle Platonists, 283.

[349] Vgl. z.B. auch Philo, Mut. 54: »… ὅτι ὁ μὲν κατὰ τὰ αὐτὰ ἑστώς κινεῖ τὴν σύμπασαν στάσιν …«

[350] Genaueres bei der Kommentierung der Wendung »αὐτὸς ἐν ἑαυτῷ ἑστώς« S. 37, Z. 4, siehe den Kommentar z.St., unten, 158ff.

[351] Aristoteles, Phys. 258b7: »αὐτὸ δ' αὐτὸ κινοῦν καὶ ἱστάν«.

[352] Gemeint ist das »Anhalten« einer Bewegung.

[353] Aristoteles, Phys. 258b8–9; b12; 259b32; 267b2; Metaphys. 1071b3–4; 1072b7 u.a.m.

schen Verfassers wird erst recht deutlich, wenn man damit die hellenistische, sich bewußt auf aristotelische Lehren beziehende Schrift *De mundo* vergleicht, wo die ursprüngliche aristotelische Terminologie erhalten ist.[354] Die Theorie vom unbewegten Beweger steht also in unserem Traktat in *platonisch-gnostischem* Gewand.

Ad 3.: Asklepios stellt Z. 14f. eine Frage, die wiederum aristotelisch geprägt sein dürfte.

In der Frage wird das Stichwort »συγκινεῖσθαι« (Z. 13) aufgenommen, mit dem die voraufgehenden Ausführungen des Hermes enden. Doch hat das Wort hier einen anderen Sinn als dort: während Hermes von der Mitbewegung des Bewegers mit dem, was er bewegt, spricht, geht es Asklepios um die Mitbewegung der kosmischen Veränderungen mit den bewegenden Himmelssphären.

Asklepios greift also einfach ein Stichwort auf, dessen Sinn er gar nicht genau verstanden hat. Offenbar wird er als Schüler charakterisiert, der nicht mitbekommmen hat, worum es geht, das aber durch Aufnahme wichtiger Stichwörter und Begriffe überspielen will. Für den hermetischen Verfasser sind die Fragen des Asklepios ein Mittel, Theorien zur Diskussion zu stellen oder zu erwähnen, die sich nicht unmittelbar aus dem Argumentationsgang des Traktates ergeben, aber irgendwie mit dem verhandelten Thema zu tun haben. Meistens sind es Theorien, denen der Verfasser widersprechen will; das wird als Widerlegung der Schülermeinung durch den Lehrer Hermes stilisiert.[355] Auch an unserer Stelle wird der Schüler ja korrigiert: es geht nicht um »συγκίνησις«, sondern um »ἀντικίνησις«.[356]

Da die Frage des Asklepios auf dessen Unverständnis beruht, liegt auf der in ihr angesprochenen Theorie für den Verfasser offenbar kein großes Gewicht.[357] Es handelt sich um die Theorie des Aristoteles, daß die Bewegung der äußersten Himmelssphäre sich über die Planetensphären bis hinunter auf die Erde fortpflanzt. Es ist also an eine Art Kettenreaktion gedacht, mit der das himmlische Bewegende die irdischen Bewegungsvorgänge verursacht.[358]

Diese Theorie wird auch in der hellenistischen und kaiserzeitlichen Philosophie rezipiert, wie die pseudaristotelische Schrift *De mundo* beweist, wo sich ähnliche Vorstellungen finden.[359] Es wird nämlich gesagt, daß von der obersten Gottheit die äußerste Sphäre in Bewegung versetzt wird; dieser Anstoß wird

---

[354] Siehe Ps.-Aristoteles, De mundo 400b11–12.

[355] Vgl. etwa CH II,9, S. 35, Z. 14f.; CH II,11, S. 36, Z. 13–15.

[356] Siehe S. 33, Z. 16f.

[357] Die ergänzende Zusatzfrage in Z. 15f. verdeutlicht das von Asklepios Gemeinte.

[358] Aristoteles, De Caelo laut *Arnim,* 8; Phys. VIII, 6 und 10 (genauer: 259a27–b3; b20–28; b32–260a10; 266b28ff.).

[359] De mundo 398b19–22: »οὕτως οὖν καὶ ἡ θεία φύσις ἀπό τινος ἁπλῆς κινήσεως τοῦ πρώτου τὴν δύναμιν εἰς τὰ ξυνεχῆ δίδωσι καὶ πάλιν ἀπ' ἐκείνων εἰς τὰ πορρωτέρω, μέχρι ἂν διὰ τοῦ παντὸς διεξέλθῃ.«

immer weitergegeben bis hinunter zur Erde, er verursacht alle Veränderungen im Kosmos.[360] Das ist der der Frage des Asklepios zugrundeliegenden Vorstellung sehr ähnlich; »τὰ ἐνθάδε« (S. 33, Z. 14) meint nämlich die irdischen Bewegungsvorgänge und führt sie offenbar auf die himmlischen Bewegungen zurück. Dabei schwingt vielleicht sogar ein dualistisches Moment mit; vielleicht soll mit »τὰ ἐνθάδε« ein Gegensatz zwischen den Sternenregionen und der Welt »hienieden« angedeutet werden.[361] Auch das hätte seine Parallele in der genannten Schrift *De mundo*; in 392a32–34 wird, viel deutlicher als an unserer Stelle, ein dualistischer Gegensatz zwischen der göttlichen Äthersphäre und dem wandelbaren, sterblichen Bereich darunter behauptet.[362] Für einen solchen Dualismus gibt es in der aristotelischen Tradition und Doxographie der uns interessierenden Zeit zahlreiche weitere Belege.[363]

Offenbar wird also in der Frage des Asklepios auf einen aristotelisch geprägten Diskussionszusammenhang zurückgegriffen, wie er auch in der hier als Beispiel herangezogenen Schrift *De mundo* zu finden ist. Die platonische Perspektive dieses Rückgriffs zeigt sich darin, daß die Auffassung des Asklepios korrigiert wird, und zwar durch Einführung des Begriffs »ἀντικίνησις«. Damit ist die Gegensätzlichkeit der Himmelsbewegungen untereinander angesprochen, und das ist primär eine platonische Theorie. Zu bedenken ist, daß Aristoteles ja ausdrücklich leugnet, daß es im Bereich der kreisförmigen himmlischen Bewegungen auch Gegenbewegungen gibt.[364] Das hat allerdings auch der Verfasser von *De mundo* ignoriert[365], dennoch darf die Einführung des Begriffes an unserer Stelle vermutlich als Hinweis auf die überwiegend platonische Perspektive der Aristotelesrezeption gewertet werden.

Für die unten genauer zu untersuchende Passage S. 34, Z. 1–3 ergibt sich aus diesen Überlegungen, daß der Gedanke der Kettenreaktion eher aus aristotelischem Denken, die Betonung der Gegensätzlichkeit der Bewegungen eher aus der platonischen Tradition stammt.

## Exkurs II: Bewegung und Leben

In der Frage des Asklepios wird auf die Theorie zurückgegriffen, daß die kosmische Bewegung auch für Bewegung, ja für das Leben hier unten auf der Erde verantwortlich

---

[360] Siehe De mundo 398a34–399a30. Man beachte auch den wunderbaren Vergleich der Kettenreaktion mit den Feuerzeichen, die im persischen Reich wichtige Nachrichten weiter«funkten«, siehe De mundo 398a31–36.

[361] Vgl. die Übersetzung von *Nock/Festugière* I, 33: »les choses d'ici-bas«; *Copenhaver*, Hermetica, 9: »the things of this world«.

[362] De mundo 392a34 fällt auch das dualistische Konnotationen tragende Adjektiv »ἐπίκηρος«, vgl. CH II,8, *Nock/Festugière* I, 34, Z. 14.

[363] Für die Belege siehe unten, 94 mit n. 452, wo die Frage des Dualismus in der aristotelischen Tradition noch einmal aufgegriffen wird.

[364] Siehe Aristoteles, De Caelo I, 4.

[365] Siehe De mundo 397b6.

ist. Dasselbe steht, noch deutlicher, in der als Parallele herangezogenen Schrift *De mundo*.[366]

Die Vorstellung, daß Bewegung Leben anzeigt, Leben schafft, ja sogar Prinzip allen Seins ist, spielt in der griechischen und hellenistischen Philosophie eine bedeutsame Rolle. Den Zusammenhang zwischen Bewegung, Sein und Leben haben Norden und (im Anschluß an ihn) Reitzenstein erstmals genauer untersucht.[367] Die Anschauung ist natürlich auch auf die kosmische Rotationsbewegung zu übertragen: die Bewegung des Kosmos bewirkt Sein und Leben und ist zugleich Anzeichen dafür, daß der Kosmos selbst etwas Lebendiges ist.

Gehen wir in chronologischer Reihenfolge einige ausgewählte Beispiele durch, in denen die Bewegung, sei es die kosmische oder die innerkosmische, als lebens- und seinsmächtiger Faktor angesprochen wird. Die Belege gehen zum Teil auf Norden und Reitzenstein zurück, darüber hinaus werden weitere herangezogen, die ebenfalls in diesen Zusammenhang gehören und belegen können, daß *alle* relevanten antiken philosophischen Traditionen den hier gemeinten Zusammenhang kennen.

Am Ende soll auf eine spezifische, auch im *Corpus Hermeticum* vertretene Anschauung aufmerksam gemacht werden, innerhalb derer der hier betrachtete Zusammenhang von Bewegung, Sein und Leben eine wesentliche Rolle spielt. Auf diese Weise kann eine wichtige Stelle aus dem berühmten *Poimandres* (CH I,11) genauer, als es üblicherweise geschieht, traditionsgeschichtlich eingeordnet werden.

Beispiele aus dem Bereich der *vorsokratischen* Philosophie für den genannten Zusammenhang werden bei der Behandlung der hermetischen Stellen genannt. Hier sei zunächst an *Platons Timaios* erinnert, und zwar 37c6–7,[368] wo vom Kosmos als einem belebten und bewegten ἄγαλμα der Götter die Rede ist;[369] das (bewegte) Weltall wird von Platon bekanntlich als lebendiges Wesen aufgefaßt.[370]

*Aristotelische* Anschauung ist, daß das Vorhandensein von Bewegung den Unterschied der Tier- von der Pflanzenseele und damit einen Aufstieg auf der Stufenleiter der Lebewesen markiert.[371]

Die *Epikureer* (Atomisten) waren der Meinung, daß die Entstehung und Existenz von Dingen von der Möglichkeit der Bewegung abhängt. Voraussetzung dafür wiederum ist die Existenz des Leeren (κενόν) und des Raumes (τόπος). Denn erst der leere Raum erlaubt das Freikommen der sonst festsitzenden Massen.[372] Der leere Raum muß

---

[366] De mundo 399a25–30, bes. 28.

[367] *Norden*, Agnostos Theos, 19ff.; *Reitzenstein*, Areopagrede, 396–398. Reitzenstein verweist dabei auf 397 ausdrücklich auf CH II (sowie CH IX und XI).

[368] »῾Ως δὲ κινηθὲν αὐτὸ καὶ ζῶν ἐνόησεν τῶν ἀιδίων θεῶν γεγονὸς ἄγαλμα ὁ γεννήσας πατήρ …« Vgl. *Norden*, Agnostos Theos, 21f.

[369] Siehe *Archer-Hind*, Tim., 118 z.St. Er verweist für den hier gemeinten Zusammenhang noch auf Phaidr. 245e; Theaet. 153a.

[370] Tim. 30b6–c1, etwa: »… δεῖ λέγειν τόνδε τὸν κόσμον ζῷον ἔμψυχον ἔννουν …« etc. Siehe *Norden*, Agnostos Theos, 21f.

[371] Vgl. Arist., De an. 413b1–4; 432a15–17; vgl. auch Phys. 259b1–3; aristotelisch beeinflußt offenbar auch Cicero, Nat. deor. II, 33f. (Der aristotelische Zusammenhang fehlt bei Norden und Reitzenstein. Zu erwähnen wäre wohl auch die Diskussion bei Aristoteles, Phys. 259b1ff. im Zusammenhang der Frage nach dem unbewegten Beweger.)

[372] Vgl. Lukretius, De rerum natura I, 340–345 (*Long/Sedley* Fr. 6A1, ad fin.): »quae si non esset inane, non tam sollicito motu privata carerent quam genita omnino nulla ratione fuissent, undique materies quoniam stipata quiesset.«

auch unbegrenzt sein, sonst erstirbt die Bewegung, weil sich die Materie an seinem Boden absetzt.[373]

*Philo* betont, daß der Mensch im Unterschied zu Pflanzen und Tieren *freiwillige* Bewegungskraft hat; darin liegt ein Stück seiner Gottgleichheit. Das zeigt, wie hoch Philo die Möglichkeit der Selbstbewegung einschätzt.[374]

Nach Norden steht Philo hier in *stoischer* Tradition;[375] die Stoa hat die Bedeutung der Bewegung besonders hervorgehoben. Ein Aspekt stoischer Naturphilosophie ist, daß es die tonischen κινήσεις sind, die denjenigen Dingen, die an sich nur eine ἕξις haben, die οὐσία verleihen.[376] Im kosmologischen Rahmen spielt der Zusammenhang von Leben, Sein und Bewegung in der stoischen Tradition eine wichtige Rolle. Darauf hat Norden[377] und im Anschluß an ihn Reitzenstein hingewiesen. Vielleicht liegt Anknüpfung an oder Aufnahme von platonischem Gedankengut (etwa dem aus dem *Timaios*) vor. Als Beispiel stoischen Denkens sei zunächst einmal an Act 17,28 erinnert, in dem die Tradition der Verbindung von Bewegung, Leben und Sein verwendet ist.[378] Andere Beispiele aus der stoischen Tradition sind Plutarch, Mor. 477c–d[379], Cicero, Somnium Scipionis § 27[380], Lucan[381] und Chrysipps Lehre von der Zeit[382]. Zitiert zu werden verdient vielleicht Plutarch, Mor. 374d[383] und, als Beispiel für den seinsstiftenden Charakter der kosmischen Kreisbewegung, Kleomedes I, 3,1.[384] Bei Kleomedes scheint der platonische Einschlag besonders deutlich zu sein.[385] In stoi-

---

[373] Dann gäbe es nicht einmal Himmel und Sonnenlicht. »At nunc – da das Leere nicht begrenzt, sondern unbegrenzt ist – nimirum requies data principiorum corporibus nullast … semper in assiduo motu res quaeque geruntur …« Daher gilt eben nicht: »Nec res ulla geri sub caeli tegmine posset nec foret omnino caelum neque lumina solis …«, Lukretius, De rerum natura I, 984–997 (*Long/Sedley*, Fr. 10B4). (Auch der epikureisch-atomistische Diskussionszusammenhang fehlt bei Norden und Reitzenstein.)

[374] Philo, Deus 47–48, vgl. auch *Norden*, Agnostos Theos, 20f.

[375] *Norden*, Agnostos Theos, 20f.

[376] Siehe *Samburksy*, Physics, 29–33; dort in den notae Belege aus den Quellen.

[377] *Norden*, Agnostos Theos, 20–21.

[378] *Norden*, Agnostos Theos, 19.

[379] *Norden*, ebd., 22, besonders: »… ἔμφυτον ἀρχὴν ζωῆς ἔχοντα καὶ κινήσεως ἔφημεν …«

[380] *Norden*, ebd., besonders die Aussage: »quando finem habet motus, vivendi finem habeat necesse est«. Norden meint, daß Poseidonios im Hintergrund steht.

[381] Die oft zitierte Stelle aus Lucans *Bellum Civile* IX, 580 (etwa bei *Reitzenstein*, Areopagrede, 396f.): »Iuppiter est quodcumque vides, quodcumque moveris.«

[382] Bei *Diels*, Doxog. 461,25: »κατὰ τὸν χρόνον κινεῖσθαι ἕκαστα καὶ εἶναι.« (*Norden*, Agnostos Theos, 22).

[383] »ὁ δὲ γενόμενος ἐκ τούτων κόσμος καὶ Ὧρος οὐκ ἀΐδιος οὐδ᾽ ἀπαθὴς οὐδ᾽ ἄφθαρτος, ἀλλ᾽ ἀειγενὴς ὢν μηχανᾶται ταῖς τῶν παθῶν μεταβολαῖς καὶ περίοδοις ἀεὶ νέος καὶ μηδέποτε φθαρησόμενος διαμένειν.«

[384] Kleomedes, I, 3,1 (nach Goulet), bes.: »… καὶ ταύτην τὴν κίνησιν προνοητικὴν οὖσαν ἐπὶ σωτηρίᾳ καὶ διαμονῇ τῶν ὅλων ποιούμενος, ἀναγκαίως καὶ πάντα τὰ ἐμπεριεχόμενα αὐτῷ τῶν ἄστρων περιάγει.«

[385] Die Ausdrucksweise im Zitat und im weiteren Zusammenhang erinnert an Platons Beschreibung der Himmelsmechanik im *Timaios*, besonders der Planetenbewegungen; teilweise ist sie auch typisch mittelplatonisch, z.B. in der Verwendung von »ἐμπεριέχειν«. Vgl. auch Apuleius, De Platone 199.

schem Zusammenhang steht auch eine entsprechende Bemerkung im Corpus Hermeticum, nämlich CH XI,17.[386]

Auch *Plotin* kann für den Zusammenhang von Bewegung und Leben genannt werden; seine Formulierungen haben teilweise definitorischen Charakter.[387]

Wenden wir uns nun genauer dem *Corpus Hermeticum* zu. Das herausragende Beispiel für die Vorstellung, daß Bewegung schöpferischen, lebenschaffenden, ja kosmogonischen Charakter hat, steht in CH I,11. Aber auch CH III ist hier hinzuzunehmen.

In CH I,11 wird berichtet, daß der weltschöpferische νοῦς die Sphären, die die Welt umfangen, in Bewegung versetzt. Die heraklitische Definition der kreisförmigen Bewegung[388], daß sie nämlich eine solche ist, die an dem Punkt wieder anfängt, wo sie zuvor angelangt ist, wird dazu verwendet, auszusagen, daß es sich um eine unendlich dauernde Bewegung handelt. Die kreisförmige Bewegung führt offenbar zur Scheidung der Elemente, damit zur Entstehung einer differenzierten Welt, und schließlich zur Hervorbringung der jedes Element bevölkernden Lebewesen.

Hier liegt der Typus einer Kosmogonie vor, die von Spoerri als »διάκρισις-Kosmogonie« bezeichnet worden ist[389] und für die er zahlreiche Beispiele anführt.[390]

Kennzeichen dieser Art Kosmogonien ist es, daß es zur Weltentstehung durch Scheidung der vier Grundelemente aus einem Urgemisch kommt.[391]

Bisweilen ist in diesem Kosmogonietypus von einem Gott oder göttlichen Wesen die Rede, das diesen Vorgang hervorbringt oder überwacht; dieser Gott wird deutlich von der Materie getrennt bzw. ist ihr gegenüber transzendent.[392]

An die Beschreibung des im engeren Sinne kosmogonischen Prozesses der Ausscheidung der Elemente aus einer »Ursuppe« wird in diesem Kosmogonietyp meist die Schilderung der Entstehung des Lebens angeschlossen, die in enger Beziehung zu den Elementen erfolgt.[393]

Schließlich ist für die διάκρισις-Kosmogonien kennzeichnend, daß der Vorgang der Schöpfung als ein Übergang von der Finsternis zum Licht geschildert wird.[394]

Nach Spoerri gehören die διάκρισις-Kosmogonien in den kaiserzeitlichen Platonismus,[395] aber sie haben Vorgänger z.B. bei Platon selbst, aber auch bei Anaxagoras und Empedokles.[396]

---

[386] Vgl. *Reitzenstein*, Areopagrede, 397f., s. *Nock/Festugière* I, 154, Z. 9–10. Die stoischen Belege stammen z.t. aus *Norden*, Agnostos Theos, 20–22.

[387] Bes. Enn. II, 2,1,14–16, hieraus vor allem: »καὶ γὰρ σώματος ζωὴ κίνησις …«; vgl. auch III, 2,16,16ff.; III, 6,6,49–53; VI, 2,7,5ff.; vgl. auch *Williams*, Immovable Race, 49, n. 47.

[388] Heraklit, FVS 22 B103 = KRS Fr. 290.

[389] *Spoerri*, 69. Für die Identifikation von CH I,11 als διάκρισις-Kosmogonie siehe *Spoerri*, 88, n. 72.

[390] Besonders wichtige Beispiele: Diod. Sic. I, 7; Ovid, Metamorph. I, 5ff.

[391] Siehe *Spoerri*, 69; auch 12, n. 7.

[392] *Spoerri*, 44 (zu Ovid); 74.

[393] Vgl. KRS, p. 302–305, wo die entsprechenden Fragmente des Empedokles gesammelt sind; zu Anaxagoras siehe FVS 59 A42 = KRS Fr. 505 = Hippol., Ref. I, 8,12; Ovid, Metamorph. I, 416ff.; Diod. Sic. I, 7,3–6.

[394] Vgl. *Spoerri*, 73; 80; 82f.

[395] *Spoerri*, 75–76; 107–110; 116, u.a. Ein besonders wichtiger Zeuge für διάκρισις-Kosmogonien ist Philo, über den Spoerri eine eigene Abhandlung ankündigt, siehe *Spoerri*, 88, mit n. 73.

[396] *Spoerri*, 11–13. Für Platon nennt Spoerri die Weltentstehung im *Timaios*, zu Anaxagoras s. unten, zu Empedokles siehe besonders FVS 31 A49 = KRS Fr. 365; FVS 31 A30 = KRS Fr. 366.

Wie gesagt, in CH I,11 liegt nun eine solche Kosmogonie vor. Durch Kreisbewegung kommt es zur Scheidung der Elemente (S. 10, Z. 12). Die Elemente bringen die verschiedenen Formen des Lebens hervor. Anscheinend ist die Hervorbringung der verschiedenen Lebensformen der zentrale Punkt des kosmogonischen Berichtes.[397]

Wie in einigen anderen διάκρισις-Kosmogonien ist auch hier von der den Vorgang der Schöpfung in Gang setzenden und den Prozeß überwachenden Rolle eines göttlichen Wesens, nämlich des νοῦς, die Rede.

Bei Diodor und Ovid bringt die Erde durch Urzeugung die verschiedenen Lebensformen hervor;[398] diese streben dann zu dem ihnen verwandten Element.[399] Z.B. streben die Lebewesen, die besonders viele warme Anteile enthalten, nach oben.[400]

In CH I,11 ist von einer Erzeugung der Arten der Lebewesen durch bzw. in den Elementen die Rede, nicht von einer Urzeugung allein durch die Erde.[401] Auch diese Vorstellung ist in späthellenistischem Denken nachweisbar.[402]

In für den genannten Kosmogonietyp typischer Weise scheint vorausgesetzt, daß das Urgemisch, aus dem sich die Elemente scheiden, dunkel, finster ist (vgl. CH I,4, S. 8, Z. 1f.).

Im Unterschied zu anderen Kosmogonien dieses Typs[403] ist in CH I,11 nur von den »niederen« Elementen Luft, Erde und Wasser die Rede, das Feuer bzw. der Äther ist nicht erwähnt. Vermutlich liegt das daran, daß wir in CH I,11 eine διάκρισις-Kosmogonie vorliegen haben, die im Sinne einer dualistischen Aussage (der Kosmos als der Bereich des Materiellen, der »niederen« (κατωφερεῖς, S. 10, Z. 10) Elemente) umgeformt bzw. funktionalisiert ist.

Eine enge, bisher in der Literatur so noch nie bemerkte Verwandtschaft besteht zum kosmogonischen Bericht bei *Anaxagoras*.[404] In dem bei Simplikios überlieferten Hauptfragment[405] wird gesagt, daß der νοῦς die ursprünglich vorhandenen, miteinander vermischten Elemente in eine Rotationsbewegung versetzt, die sich immer mehr ausweitet. Dadurch kommt es zur Scheidung der vermischten Substanzen.[406] In einem anderen Fragment des Anaxagoras[407] finden wir die Feststellung, daß dort, wo die Erde ist, die dichten, feuchten und kalten Elemente zusammenkamen, während die heißen, trockenen und leichten Elemente nach außen, zum Äther, davonfliegen. Das ist die διάκρισις der Elemente, die in CH I,11 freilich nur ganz entfernt angedeutet ist, weil

---

[397] Ähnlich wie bei Diodor, siehe *Spoerri*, 114–115.

[398] Diod. Sic. I, 7,3; Ovid, Metamorph. I, 416ff. Dabei spielen Feuchtigkeit (Schlamm) und Hitze eine wichtige Rolle, siehe Diod. Sic. I, 7,3–4; Ovid, Metamorph. I, 431–437. Von der Feuchtigkeit der Erde hängt ihre Zeugungsfähigkeit geradezu ab; wenn sie aufhört, feucht zu sein, hat die Urzeugung ein Ende, siehe Diodor Sic. I, 7,6.

[399] *Spoerri*, 29, vgl. Diod. Sic. I, 7,5. Der Gedanke stammt wohl aus Platons *Timaios* und findet sich auch bei Philo, siehe *Spoerri*, 121.

[400] Diod. Sic. I, 7,5. Zur selben Theorie im hermetischen Fragment 26 vgl. *Büchli*, 68.

[401] Ähnlich bei Johannes Diaconus, vgl. *Spoerri*, 81.

[402] *Spoerri*, 121–122 mit n. 17 von 121.

[403] Diod. Sic. I, 7,1; Ovid, Metamorph. I, 21–24; zu Anaxagoras vgl. *Spoerri*, 31.

[404] *Spoerri*, 31–33; Anaxagoras wird bei Diod. Sic. I, 7,7 ausdrücklich genannt.

[405] Anaxagoras, Fr. 12 (FVS 59 B12), bei Simplikios, In Phys. 164,24 und 156,13 und KRS Fr. 476.

[406] Mit der typischen Terminologie der διάκρισις-Kosmogonien, vgl. Anaxagoras, Fr. 12 = KRS Fr. 476: »καὶ τὰ συμμισγόμενά τε καὶ ἀποκρινόμενα καὶ διακρινόμενα πάντα ἔγνω νοῦς.«

[407] Fr. 15 (FVS 59 B15) = KRS Fr. 489, bei Simpl., In Phys. 179,3.

dem Verfasser offenbar nicht viel daran liegt. Er will die *leben*schaffende Wirkung der durch den νοῦς hervorgebrachten Rotation herausstellen.

Die besondere Parallelität zwischen CH I,11 und Anaxagoras besteht zum einen darin, daß die Scheidung der Elemente durch eine *Kreisbewegung* erfolgt, was z.B. bei Diodor und Ovid nicht der Fall ist, zum anderen darin, daß bei beiden von einem den kosmogonischen Vorgang überwachenden,[408] transzendent gedachten νοῦς die Rede ist,[409] während ansonsten διάκρισις-Kosmogonien nicht unbedingt von einem göttlichen Wesen begleitet sein müssen[410] (es allerdings durchaus können) und dieses göttliche Wesen auch nicht unbedingt νοῦς genannt zu werden pflegt.[411]

Zwischen dem erstgenannten Anaxagoras-Fragment und CH I,11 scheinen gewisse Formulierungen so ähnlich zu sein, daß literarische Abhängigkeit nicht ausgeschlossen ist.[412]

Auch Anaxagoras scheint eine Zoogonie gelehrt zu haben;[413] diese weist jedoch Unterschiede zur Lehre von CH I,11 auf, z.B. darin, daß Anaxagoras eine Urzeugung aus einer feuchten Schlammasse angenommen zu haben scheint,[414] nicht eine Zeugung der Lebewesen durch die verschiedenen Elemente.

Ob der Verfasser von CH I,11 tatsächlich auf Anaxagoras zurückgegriffen hat oder die beobachteten Ähnlichkeiten mehr zufällig sind, kann nicht endgültig entschieden werden. Vielleicht ist die Ähnlichkeit mit Anaxagoras nur deshalb so groß, weil der Verfasser von CH I zufällig auch dem allerdings unabhängig von dieser Tradition eingeführten νοῦς die überwachende Rolle bei der Weltentstehung zuspricht. Der Verfasser hätte dann nur auf die allgemeine hellenistische Tradition der διάκρισις-Kosmogonien zurückgegriffen und den demiurgischen Gott aus seiner Argumentation heraus oder aufgrund von Beeinflussung durch mittelplatonische Theorien als νοῦς bezeichnet. Immerhin sollte hier auf die Nähe zur Kosmogonie speziell des Anaxagoras einmal hingewiesen werden.

In CH I,11 liegt, wie bereits angedeutet, ohne Zweifel Einfluß des biblischen Schöpfungsberichtes nach der LXX vor. Das zeigt sich etwa bei der Aufzählung der verschiedenen Arten von Tieren.[415] Auch daß zusätzlich zu der Unterscheidung von Luft und Wasser (S. 10, Z. 11) die Trennung von Land und Wasser erwähnt wird (S. 10, Z. 12), könnte auf Septuaginta-Einfluß zurückgehen;[416] der Gedanke findet sich freilich auch bei Anaxagoras.[417]

---

[408] Anaxagoras, Fr. 12 = KRS Fr. 476: »... πάντων νοῦς κρατεῖ.«
[409] Die Wendung in CH I,11: »καθὼς ἠθέλησεν ὁ Νοῦς« soll genau das Überwachen, Kontrollieren ausdrücken, sie dürfte – gegen *Büchli*, 68 – nicht auf die biblische βουλὴ θεοῦ zurückzuführen sein. Die Transzendenz des νοῦς gegenüber der Materie wird von Anaxagoras stark herausgestellt, vgl. Fr. 12, KRS Fr. 476: »ἀλλὰ νοῦς μόνος αὐτὸς ἐφ᾽ ἑαυτοῦ ἐστιν ...«.
[410] Z.B. fehlt es im Kosmogonie-Bericht von Diodor, siehe *Spoerri*, 116.
[411] Siehe Ovid, Metamorph. I, 21; 32; 48, u.a.
[412] Vgl. Anaxagoras, Fr. 12 »ὥστε περιχωρῆσαι τὴν ἀρχήν« mit CH I,11, *Nock/Festugière* I, 10, Z. 7: »εἴασε στρέφεσθαι ἀπ᾽ ἀρχῆς«.
[413] Anaxagoras, FVS 59 A42 = KRS Fr. 505 = Hippolyt., Ref. I, 8,12.
[414] Vgl. das vorgenannte Fragment: »ζῷα δὲ τὴν μὲν ἀρχὴν ἐν ὑγρῷ γενέσθαι ...«.
[415] Vgl. Gen 1,24f. LXX, siehe *Dodd*, Bible, 143; *Büchli*, 68.
[416] *Dodd*, Bible, 143f.; *Büchli*, 68; vgl. Gen 1,9–10 LXX.
[417] Anaxagoras, Fr. 16, vgl. KRS Fr. 490 = bei Simpl., In Phys. 179,8 und 155,21.

Auch in CH III liegt offenkundig eine – noch stärker biblisch beeinflußte[418] –
διάϰρισις-Kosmogonie vor.[419] Auch hier ist von der kosmischen Kreisbewegung die
Rede.[420]

Eine parallele Tradition, in der der Zusammenhang von kosmischer und inner-
kosmischer Bewegung, Scheidung von Unterschiedenem und Leben wiederkehrt, findet sich auch in der pseudaristotelischen Schrift *De mundo*.[421] Diese Schrift bezeichnet
noch einmal den Gedankenkreis, aus dem heraus wir CH I,11 und ähnliche Vorstellungen verstehen müssen, zumal sie CH I und CH II auch zeitlich nahe stehen könnte.[422]

Zunächst ist von den regelmäßigen Drehbewegungen der Gestirne die Rede.[423] Die
Bewegung des Kosmos selbst ist die schnellste (397a15); alles wird, wie 397a17ff.
gesagt wird, mit ihr mitbewegt. Offenbar durch seine eigene Bewegung teilt der Kosmos die Arten der auf dem Land, im Wasser und in der Luft lebenden Lebewesen ein.
Dann wird sogar gesagt: »ταῖς ἑαυτοῦ (d.h. des Kosmos) ϰινήσεσιν« teilt er den einzelnen Lebewesen eine Lebensspanne zu (397a17f.). Daß alles atmet und lebt, ja
schließlich sogar die Harmonie der Gegensätze in einer höheren Ordnung werden auf
den Kosmos, und zwar offenbar letztlich auf seine Rotation, zurückgeführt. An einer
späteren Stelle[424] ist davon die Rede, wie die Drehung des Kosmos die atmosphäri-
schen Phänomene, die Witterung, Geburt, Leben und Tod, Reifen und Welken verursacht. Die kosmische Drehung ist also wirklich für alles das Leben Betreffende verantwortlich.

Hier findet sich auch das Modell eines alles überwachenden Gottes, der die Drehbewegung in Gang setzt. Dieser Gott wird ausdrücklich nicht selbst von seiner Weltbewegung und -regierung affiziert:[425] »ἐν ἀϰινήτῳ γὰρ ἱδρυμένος πάντα ϰινεῖ ϰαὶ
περιάγει«.[426] Wieder liegt also das für διάϰρισις-Kosmogonien typische Modell vor;
die Stelle macht auch deutlich, daß dieses Modell mit einer aristotelischen Konzeption
verbunden werden konnte, die durchaus Ähnlichkeit zu der Vorstellung des »unbewegten Bewegers« in CH II,6 hat.

Im Kontext[427] findet sich auch noch eine Etymologie des Zeusnamens,[428] die auf
seine lebensspendende Funktion hinweist und aus stoischer Tradition zu stammen
scheint.[429]

An unserer Stelle wird nicht ausdrücklich gesagt, daß kosmische Bewegung
ein lebens- bzw. seinsschaffender Faktor ist, das Motiv klingt aber S. 33, Z. 14
doch wohl an, denn in der Frage des Asklepios scheint die Anschauung voraus-

---

[418] *Dodd*, Bible, 210–234.

[419] *Spoerri*, 88, n. 72.

[420] CH III,2, *Nock/Festugière* I, 45, Z. 1f.

[421] Diese liegt griechisch vor, aber auch in einer freien lateinischen Übersetzung von
Apuleius. Ich zitiere immer nach der griechischen Version (Bekker-Ausgabe).

[422] Vgl. Schönberger in seiner Ausgabe von *De mundo*, 51f.

[423] De mundo 397a8ff.

[424] De mundo 399a18–30.

[425] *Moraux* II, 39, auch n. 130.

[426] De mundo 400b11–12, auch b9.

[427] De mundo 401a13–15.

[428] »ϰαλοῦμεν αὐτὸν ϰαὶ Ζῆνα ϰαὶ Δία ... , ὡς ἂν εἰ λέγοιμεν δι᾽ ὃν ζῶμεν« (*Norden*,
Agnostos Theos, 22).

[429] Vgl. die Etymologie bei Stob., Ekl. I,1,26, p. 31,12 *Wachsmuth*, die auf Chrysippos
zurückgeht: »Ζεὺς ἀπὸ τοῦ πᾶσι δεδωϰέναι τὸ ζῆν« (*Norden*, ebd., 22).

gesetzt, daß die Bewegung der Gestirnssphären für alle Bewegung auch hier auf der Erde verantwortlich ist. Dabei wird an irdisches Entstehen und Vergehen gedacht sein, wie es durch den Wechsel von Tag und Nacht, der Jahreszeiten, des Wetters etc. hervorgerufen wird. Ausdrücklich werden Bewegung und Lebendigkeit in CH II,8 (S. 35, Z. 4–8) zusammengebracht: wie zu zeigen sein wird, wird die Bewegung des Kosmos auf die Weltseele zurückgeführt; der Kosmos ist dementsprechend als ein Lebewesen aufgefaßt. Im Licht der Parallele bei Kleomedes könnte an die Beziehung zwischen Bewegung und Sein auch in CH II,12 (S. 37, Z. 4–5) gedacht sein, wo der νοῦς, der ja mit dem τόπος identisch zu sein scheint, als »χωρητικὸς τῶν πάντων καὶ σωτήριος τῶν ὄντων« bezeichnet wird.[430] Vielleicht ist er das in seiner Eigenschaft als *bewegender* Ort.

Der aufgezeigte Traditionszusammenhang ist unserem Verfasser also wahrscheinlich vertraut, auch wenn er ihn an der hier betrachteten Stelle nur andeutet und nicht ausdrücklich von ihm Gebrauch macht.

Die erwähnte Korrektur des »συγκινεῖται« durch Hermes (S. 33, Z. 16–17) betrifft wohl nicht den Gedanken, daß die irdischen Bewegungen auf die kosmischen zurückgeführt werden können; dem hätte Hermes (und damit der Verfasser) wahrscheinlich zugestimmt. Von der Vorstellung einer himmlischen Kettenreaktion wird ja auch im folgenden Abschnitt Gebrauch gemacht. Die Rede von der »ἀντικίνησις« betrifft die Verhältnisse *himmlischer* Bewegungen zueinander. Es liegt also ein logischer Sprung vor, denn Asklepios sprach von *irdischen* Bewegungen. In den Z. 13–17 springt der Gedankengang also hin und her; wahrscheinlich soll vorgeführt werden, wie ein Lehrer sich vom Unverständnis seines Schülers nicht aufhalten lassen will. Zur Not nimmt er ein paar sophistische Gedankensprünge zur Hilfe, um seine Argumentationsabsicht durchzusetzen. Nicht immer gelingt ihm das so glatt wie an unserer Stelle; wir werden sehen, wie er in CH II,8–11 durch Einwände des Schülers länger aufgehalten wird und sich mit ihnen ausführlich beschäftigen muß, bevor er den zuvor begonnenen Gedanken zu Ende bringt.

Das Argumentationsziel ist nämlich nicht, wie in der Schülerfrage, die Behandlung der *Bewegung*, sondern die physikalische Ableitung eines *feststehenden Bewegers*. Mit dem Stichwort »ἀντικίνησις« wird der darauf zielende Gedankengang eingeleitet; die Sätze S. 35, Z. 3f. und Z. 16f., in denen das Argumentationsziel noch einmal zusammengefaßt ist, begrenzen den Argumentationsgang nach hinten.

Wie bereits gesagt, entfernt sich der Verfasser mit dem Stichwort »ἀντικίνησις« (S. 33, Z. 17) zunächst von der aristotelischen Tradition; der Gedanke der himmlischen Gegenbewegung gehört eher in die platonische und ist dann in der hellenistischen Philosophie weit verbreitet, während Aristoteles ja die Möglichkeit entgegengesetzter kreisförmiger Bewegungen leugnet.[431]

---

[430] Vgl. die Ausdrucksweise bei Kleomedes I, 3,1 (oben zitiert, n. 384).

[431] Siehe zu diesem Punkt unten mehr; vgl. vorläufig die interessanten Erörterungen bei Simplikios, In De Caelo 145,35ff.; 195,39–198,6.

Es wird im hier gemeinten Abschnitt (S. 33, Z. 17 – S. 34, Z. 3) aber nicht ganz deutlich, worin die Gegenbewegung besteht. Werden die Planetensphären *untereinander* unterschiedlich bewegt oder nur im Bezug auf die Fixsternsphäre? In der philosophischen Tradition sind beide Auffassungen verwurzelt. An unserer Stelle könnte also gemeint sein, daß die Planetensphären sich untereinander unterschiedlich bewegen,[432] aber auch, daß sie es gegenüber der Fixsternsphäre tun. Vielleicht bezeichnet der Gegensatz »συγκίνησις« – »ἀντικίνησις« (Z. 17) die Gegenbewegung der Planeten zur Fixsternsphäre; der folgende Satz Z. 17f. (»οὐ γὰρ ὁμοίως κινοῦνται, ἀλλ᾽ ἐναντίαι ἀλλήλαις«) könnte die unterschiedlichen Bewegungen der Planetensphären untereinander ansprechen.[433] Im Vordergrund dürfte aber zunächst die Gegenbewegung zur Fixsternsphäre stehen. Das beweist der folgende Satz Z. 18f. (»ἡ δὲ ἐναντίωσις τὴν ἀντέρεισιν τῆς κινήσεως ἑστῶσαν ἔχει«) sowie der ganze folgende Gedankengang. Die Gegenbewegung der Planeten- zur Fixsternsphäre soll daher primär traditionsgeschichtlich erklärt werden:

An unserer Stelle liegt Übernahme einer verbreiteten Anschauung vor. Die komplizierte Himmelsmechanik, die in Platons *Timaios*[434] ihre Wurzeln hat, wurde im Hellenismus häufig grob vereinfacht. Meist wird einfach gesagt, daß die Planeten sich im gegenläufigen Sinne zur Fixsternsphäre bewegen.[435] Damit wird meistens die Aufnahme des bei Platon angelegte Gegensatzes der Bewegung des Selben zu der des Verschiedenen,[436] d.h. im Grunde des Gegensatzes der sichtbaren, veränderlichen zur

---

[432] Vgl. Platon, Tim. 36d4–5. Es ist in der Literatur umstritten, ob Platon tatsächlich von Himmels*sphären* ausgeht oder nur von *Bändern* oder *Ringen*, die die Bahnen der Gestirne beschreiben. *Taylor,* Tim. 151–152 stellt ausdrücklich in Abrede, daß Platon die Vorstellung von Sphären kennt; diese sei erst von dem Astronomen Eudoxos von Knidos, einem Zeitgenossen Platons, eingeführt worden und von Aristoteles zu einer Theorie materieller, d.h. feurig-ätherhafter Sphären pervertiert worden. Demgegenüber scheint *Cornford,* Plato's Cosmology, 74–76 (und ff.) davon auszugehen, daß die Fixsterne auf einer Sphäre befestigt sind. Auch *Archer-Hind,* Tim., 114 scheint vom Vorliegen einer *Sphärentheorie* bei Platon auszugehen, jedenfalls sei eine solche Theorie eindeutig in Polit. 616d–617c gemeint. Allein diese Stelle scheint die elaborierte Konstruktion Taylors zu widerlegen, daß vor Eudoxos eine Sphärentheorie nicht im Blickfeld Platons gelegen haben kann und er von der Theorie des Eudoxos selbst im späten Alter wohl nicht mehr intensiv Kenntnis genommen hat. Auch Taylors polemische Wertung der aristotelischen Sicht ist völlig unberechtigt. In unserem Traktat wird eindeutig von einer *Sphären*theorie Gebrauch gemacht; dafür spricht der traditionsgeschichtliche Hintergrund (Aristotelismus, evtl. – siehe gerade – Platonismus) ebenso wie die vom Verfasser vertretene kausale Theorie der Bewegungsverursachung (siehe im folgenden!). Überhaupt scheint die Philosophie und Astronomie in der für unseren Traktat interessierenden Zeit durchweg von einer Theorie der Sphären auszugehen, mindestens aber die Fixsterne als auf einer Sphäre verankert anzusehen.

[433] Wäre der Gegensatz zur Planetensphäre gemeint, müßte es wohl heißen: »ἀλλ᾽ ἐναντίαι αὐτῇ«. Vgl. auch Kleomedes I, 3,1: »… καθ᾽ ἥν [καὶ] ἄλλοτε ἄλλα μέρη τοῦ οὐρανοῦ καταλαμβάνει«.

[434] Platon, Tim. 36b-d; Tim. 38c–39e werden dann die unterschiedlichen Bewegungen der Gestirne *untereinander* erklärt.

[435] Vgl. z.B. Cicero, Somnium Scipionis, § 17; Philo, Cher. 21–22; Seneca, Ad Marc. XVIII, 2–3, bes. 3; Kleomedes I, 3,1: »δοκεῖ δὲ καὶ τὴν ἐναντίαν κινεῖσθαι τῷ οὐρανῷ.« Die Belege für die Vorstellung sind derart zahllos, daß ich auf weitere hier verzichte. Eine der Komplexität bei Platon gerechtwerdende Beschreibung versucht Cicero, Nat. deor. II, 49–51 (und ff.).

[436] Platon, Tim. 36c.

unsichtbaren, ewiggleichen, geistigen Sphäre,[437] verbunden, z.b. interpretiert als Gegensatz zwischen irdischer und himmlischer Welt.

In diesen Zusammenhang gehört auch die Rede von der »Geschwindigkeit« des Kosmos bzw. Himmels. Der Topos ist Bestandteil der kosmisch orientierten Frömmigkeit des Hellenismus.[438] Er findet sich z.b. CH V,5, S. 62, Z. 10 (»οὐρανοῦ τὴν ταχύτητα«) im Zusammenhang der Erwähnung der Gestirnsläufe. Das Motiv ist – bezeichnenderweise – eingebettet in einen Abschnitt, in dem die Schönheit des Weltbaus beschworen wird.[439] Gesagt werden soll, daß die kosmische Rotationsbewegung unübertrefflich schnell ist. Das ist ein Merkmal der Schönheit und Bewunderungswürdigkeit des Kosmos. In der platonisch-aristotelischen Lehrtradition gehören die Begriffe »Himmel«, »Kosmos« und »Fixsternsphäre« eng zusammen, werden oft sogar gleichgesetzt.[440] Insofern ist die Rede von der Geschwindigkeit der himmlischen Kreisbewegung immer auch ein Ausdruck einer auf den Kosmos bezogenen Frömmigkeit.[441] Aber auch Macht, Herrlichkeit[442] und die Führungsposition des Himmels[443] bzw. der äußeren Fixsternsphäre *im* Kosmos werden dadurch zum Ausdruck gebracht, daß man von der »Geschwindigkeit« des äußersten Himmels spricht.

Die Rede von der Geschwindigkeit des Himmels liefert nun eine Interpretationsmöglichkeit für die Gegenläufigkeit der Planetenbewegungen. Die Planeten bleiben einfach hinter dem sich schnell drehenden äußersten Fixsternhimmel zurück. So wird es jedenfalls bei Kleomedes dargestellt.[444] Relativ zur sich mit unübertrefflicher Geschwindigkeit drehenden Fixsternsphäre führen natürlich die sich viel langsamer drehenden Planeten eine (scheinbare) Gegenbewegung aus, denn sie kommen ihr gleichsam entgegen und werden von ihr überholt.

Die Planeten drehen sich also gar nicht in entgegengesetzter Richtung zur Fixsternsphäre, sondern sind nur langsamer als sie.[445] Die *untereinander* unterschiedlichen Bewegungen der Planeten entstehen dadurch, daß sie in unterschiedlichem Maße langsamer als die Fixsternsphäre sind, also sich auch untereinander noch einmal überholen.[446]

---

[437] *Archer-Hind*, Tim., 106.

[438] Schon bei Aristoteles, De Caelo 287a25; Phys. 267b7–8; vgl. Ps.-Aristoteles, De mundo 397a15ff.; Seneca, De consolatione ad Marciam XVIII, 3: »Videbis (wenn du nämlich in die Welt eintrittst) quinque sidera diversas agentia vias et in contrarium praecipiti mundo (= Himmel, wie in Platons *Timaios*) nitentia …«. Auch Seneca, Ad Helv. VI, 7–8 (»velocissimo motu«; »citatissima commutatione«); Nat. Quaest., Pr. 13.

[439] und darin sehr ähnlich dem Kontext von genannten Stellen bei Seneca.

[440] Vgl. Platon, Tim. 34b3–8; dazu *Festugière* II, 257, auch 245–247; Platon, Tim. 36e2 und *Taylor*, Tim., 175 z.St.; (Ps.-)Platon, Epin. 987b6–8; 978d–979a; ganz wichtig die (geradezu definitorische) Unterscheidung dreier Möglichkeiten bei Aristoteles, De Caelo 278b11–21; siehe auch die kritische Diskussion über die aristotelische Auffassung bei Cicero, Nat deor. I, 33, vgl. dazu *Festugière* II, 245f.; Ps.-Aristoteles, De mundo 392a9–16; 399a1ff.

[441] Vgl. Ps.-Aristoteles, De mundo 397a13–17.

[442] Die erwähnte Stelle in CH V, 5 ist dafür ganz charakteristisch, ebenso die De mundo 397a13–17 sowie 392a7–9; 399a12ff.

[443] Ps.-Aristoteles, De mundo 397b25–30; 399a18ff.

[444] Kleomedes, I, 3,1: »Αὕτη δὲ ἡ κίνησις αὐτῶν (= der Planeten) σχολαιότερα ἐστὶ τῆς τοῦ κόσμου κινήσεως. δοκεῖ δὲ καὶ τὴν ἐναντίαν κινεῖσθαι τῷ οὐρανῷ.«

[445] Kleomedes I, 3,1, p. 98 *Goulet*.

[446] Vgl. Ps.-Aristoteles, De mundo 399a1–12; Seneca, Nat. quaest., Pr. 13.

Diese Auffassung herrscht aber keinesfalls in allen Dokumenten vor, vielleicht ist sie spezifisch aristotelisch geprägt, um die Behauptung eines realen Gegensatzes kreisförmiger Bewegungen zu umgehen, die mit der aristotelischen Theorie unvereinbar ist. Meist wird die Gegenbewegung der Planeten aber als durchaus real vorgestellt,[447] auch bei Kleomedes ist nicht ganz klar, ob nicht diese Auffassung zumindest auch einwirkt.[448] Manchmal wird die reale Gegenbewegung der Planeten auch *zusätzlich* zu einer (langsameren) Mitbewegung mit der Fixsternsphäre eingeführt;[449] die Gegenbewegung ist dann geradezu verantwortlich dafür, daß die Mitbewegung der Planetensphären mit dem Fixsternhimmel nicht mithält, denn sie wirkt sich hindernd und verlangsamend aus.

Alle diese Auffassungen haben mehr oder weniger genauen Anhalt an Platons im *Timaios* entwickelter Theorie.[450]

An vielen Belegstellen ist das Motiv einfach traditionell, die genauen astronomischen Verhältnisse und die Details bei Platon sind gar nicht im Blick.

Unser Verfasser geht S. 33, Z. 17 und im folgenden mit Sicherheit von einer realen Gegenbewegung der Planetensphären zur Fixsternsphäre aus, sonst wären seine folgenden Ausführungen noch weniger verständlich, als sie es ohnehin sind. Ob er die genauen bei Platon und den zeitgenössischen Astronomen diskutierten Verhältnisse nicht kennt oder absichtlich nur eine grobe Fassung der Theorie aufnimmt und die für seine Argumentation überflüssigen Details ausblendet, kann nicht mit Sicherheit entschieden werden.

Das Motiv der unübertrefflichen Geschwindigkeit des »Himmels«, hinter der die Planeten zurückbleiben, wird von ihm jedenfalls nicht aufgenommen. Dabei war es wohl in hermetischen Kreisen bekannt, wie die genannte Stelle aus CH V zeigt. Es hätte auch gut zu seinem Anliegen gepaßt, den Vorrang der oberen, göttlichen Sphäre gegenüber der Welt darunter zu betonen. Doch der Verfasser ist im Rahmen seiner Argumentation und unter dem Einfluß der Vorstellung vom unbewegten Beweger mehr an dem Motiv des Feststehens interessiert; er scheint auch in Bezug auf die äußerste Himmelssphäre in irgendeinem Sinne von einem »Stehen« sprechen zu wollen (Z. 18f.). Entsprechend wäre die Aufnahme des Motivs der unübertrefflichen Geschwindigkeit des äußersten Himmels in einem solchen Zusammenhang kontraproduktiv gewesen.

In der Wendung »τὰ ἐνθάδε« (S. 33, Z. 14) schwingt ja ein dualistisches Moment mit, das der Verfasser aber nicht vertieft. Das dualistische Denken hätte sich auch an dem Verhältnis der Bewegungen der Planeten- zur Fixsternsphäre (S. 33, Z. 17) festmachen können. In den philosophischen Traditionen sind solche Tendenzen jedenfalls vorgegeben. Schon in Platons *Timaios* wird der Unterschied der Bewegung des Selben (d.h. der äußeren Himmelssphäre) zu der des Verschiedenen (also der unterschiedlichen Planetenbahnen) im Sin-

---

[447] So Cicero, Somn. Scip. § 17, evtl. auch Seneca, Ad Helv. VI, 7, siehe aber unten.
[448] Siehe *Goulet,* 190, n. 82 zur entsprechenden Stelle Kleomedes I, 3,1, p. 98 *Goulet.*
[449] Siehe Philo, Cher. 22; auch Kleomedes I, 3,1 und Seneca, Ad Helv. VI, 7 können so aufgefaßt werden.
[450] Vgl. Platon, Tim. 36c–d; 38 d–e; 39a–d.

ne des Gegensatzes zwischen Sein und Schein, Wissen und Meinen verstanden.[451] Der Dualismus in der aristotelischen Tradition wurde bereits angesprochen; hier kann der Unterschied zwischen der unwandelbaren Bewegung der äußersten Sphäre und den unregelmäßigen Bewegungen der darunter liegenden, die wiederum die Veränderungen in der Welt verursachen, betont und dualistisch vertieft werden.[452]

Diese Gedanken finden sich in Traditionen, die der hermetische Verfasser kennt, denen er sogar nahesteht. Auch er hätte aus dem Gegensatz zwischen der äußersten Himmelssphäre und den Planetensphären einen Dualismus entwikkeln oder vorhandene dualistische Tendenzen aufnehmen können.[453] Das tut er jedoch nicht. Er postuliert zwar einen deutlichen Gegensatz in der Bewegungsrichtung der Sphären, aber ihm ist nur der quasi-physikalische Argumentationszusammenhang wichtig, innerhalb dessen diese ἀντικίνησις eine Rolle spielt. Die Aufnahme der in den Parallelen sich findenden dualistischen Tendenzen wäre im Rahmen der Argumentation des Verfassers auch kontraproduktiv, denn die stringente Schlußfolgerung von den Bewegungen der Gestirne auf ihren Verursacher wäre durch einen dualistischen Gegensatz zwischen den beobachtbaren Bewegungen und ihrem Beweger konterkariert.[454]

*Exkurs III: Ist ein Textabschnitt zu Beginn von CH II ausgefallen?*

Unser Text stellt vergleichsweise hohe Anforderungen an das kosmologische Verständnis und Vorwissen des Lesers.[455] Aus dem Text bis S. 33, Z. 13 und insbesondere

---

[451] Platon, Tim. 35a; 36c–d; 37b–c.

[452] Z.B. bei Ps.-Aristoteles, De mundo 392a30–35 (s. *Moraux* II, 12f.); auch bei einem Kommentator des Aristoteles, Nikolaos. Dieser wurde 64 ·v. Chr. geboren, vgl. *Moraux* I, 446. Zum Unterschied der regelmäßigen Bewegung des höchsten Himmels und der unregelmäßigen Bewegungen der unteren Sphären bei Nikolaos vgl. *Moraux* I, 475 und Fr. 32, *Drossaart-Lulofs*. Zum Dualismus in der aristotelischen Tradition und Doxographie vgl. *Moraux* II, 12f. (zu *De mundo*), bes. p. 13 mit n. 24. Dort folgende wichtige Stellen aus der doxographischen Tradition (z.T. leicht korrigiert): Aet. Plac. II, 3,4, = *Diels*, Doxog. 330,5ff.; Aet. Plac. II, 4,12 = *Diels*, Doxog. 332a3–5 u. b4–6; Aet. Plac. II, 7,5 = *Diels*, Doxog. 336a12ff. u. b12–15; Epiphan., De fide 9,35 = *Diels*, Doxog. 592,10–14; (Ps.-)Galen, Hist. Phil. 46 = *Diels*, Doxog. 621,15–19; 47 = *Diels*, Doxog. 621,25f.; Hermias, Irris. gentil. 11 = *Diels*, Doxog. 653,31–654,3; Attikos, Fr. 5, 39–47 *des Places*. Vgl. Cicero, Somn. Scip. § 17: »infra autem eam (i.e. des Mondes) nihil est nisi mortale …« Dieser Dualismus ergibt sich allerdings nicht aus dem Gegensatz der Gestirnsbewegungen zueinander, sondern aus dem der oberen Welt der reinen Gestirnsbewegungen zur sublunaren Welt.

[453] Vgl. den ähnlichen Wortlaut von De mundo 392a13–14 (»τὰ δὲ πλανητὰ ὄντα οὔτε τοῖς πρότεροις ὁμοταχῶς κινεῖσθαι …«) mit CH II,6, S. 33, Z. 17f.: »οὐ γὰρ ὁμοίως κινοῦνται«. Das Wort »ὁμοίως« stammt letztlich von Platon, vgl. Tim. 36d5.

[454] In *De mundo* werden zwar dualistische Tendenzen sichtbar, doch finden sich die entsprechenden Bemerkungen bezeichnenderweise nicht im Zusammenhang der Theorie der von Gott ausgehenden Kettenreaktion der Bewegung (siehe 399b11–12), sondern an einer ganz anderen Stelle: 392a31–34.

[455] *Nock/Festugière* I, 29 sprechen von der Dichte des philosophischen Teils (= Teil I) unseres Traktates, eine Dichte freilich eher der Sprache als des philosophischen Gedankens, wie Nock und Festugière behaupten.

den Ausführungen S. 33, Z. 8–13 ist nur für den Kenner der relevanten astronomischen und kosmologischen Theorien aus platonischer und aristotelischer Tradition die Schlußfolgerung ableitbar, daß die Planetensphären durch die Fixsternsphäre bewegt werden. Denn von Gestirnsbewegungen ist ausdrücklich erstmals S. 33, Z. 15 und dann wieder II,7, S. 34, Z. 4–6 die Rede. Trotzdem bezieht sich Asklepios mit: »τὰς γὰρ σφαίρας ἔφης πλανωμένας …« (S. 33, Z. 15) auf astronomische Kenntnisse zurück, die offenbar als bekannt vorausgesetzt werden.

Auf den ersten Blick erscheint daher die Auffassung nicht abwegig, die entsprechenden Darlegungen könnten dem antiken Leser deshalb bekannt gewesen sein, weil sie bereits dargelegt worden sind. Nach Reitzenstein[456] könnte der Anfang unseres Textes verlorengegangen sein. Dafür spricht, daß auch seine Überschrift fehlt; die erhaltene stammt von einem verlorenen Traktat CH II(a), einer Unterredung des Hermes mit *Tat*, nicht, wie in unserem Stück, mit *Asklepios*. Als dieser Traktat wegbrach – und nur seine Überschrift erhalten blieb – geschah nach Reitzensteins Hypothese dasselbe auch noch mit dem Beginn unseres Textes.

In den Kodices zum Corpus Hermeticum fehlen ohnehin die Abschnitte CH II,1–4 (bis »ἢ ὁ θεός. τὸ δὲ θεῖον λέγω νῦν …«)[457], die aber aus Stobaios[458] ergänzt werden können. Aus dem Fehlen dieser Abschnitte folgert Reitzenstein die Möglichkeit,[459] daß noch mehr Stücke ausgefallen sein könnten.[460] Es wäre denkbar, daß in ihnen die genannten astronomischen und kosmologischen Grundtatsachen dargelegt sind. Dafür spricht anscheinend auch die in CH II,4 stehende Wendung (S. 33, Z. 2) »τὸ δὲ θεῖον λέγω νῦν, οὐ τὸ γεννητόν, …«. Denn sie legt die Vermutung nahe, daß vorher von einem θεῖον die Rede war, das geworden (γεν(ν)ητόν) ist. Während das ungewordene θεῖον, wie noch zu zeigen sein wird, solche Größen wie νοῦς, πνεῦμα und φῶς (vgl. II,14) sein könnten, wäre mit dem »gewordenen Göttlichen«, in Anknüpfung an stoische,[461] vor allem aber platonische Auffassungen,[462] der sichtbare Kosmos gemeint.[463]

Im ausgefallenen ersten Teil des Traktates wäre also vom Aufbau der sichtbaren Welt mitsamt den Gestirnen die Rede, vielleicht in Anlehnung an das platonische Weltbild im *Timaios*.[464] Der Verfasser würde sich unter die Platoniker einreihen, die, wie

---

[456] *Reitzenstein*, Poimandres, 193. Vgl. auch *Nock/Festugière* I, XIII, n. 2; ebd., 29, n. 2. Demnach ist dieselbe Vermutung auch von Tiedemann geäußert worden.

[457] *Nock/Festugière* I, 33, App. z.St.

[458] Stob., Ekl. I, 18,2 (= Vol. I, p. 157f. *Wachsmuth*).

[459] *Reitzenstein*, Poimandres, 193.

[460] Es geht also um die Frage, ob Abschnitte unseres Traktates fehlen, die uns *gänzlich* unbekannt sind, nicht nur jene bei Stobaios oder in den Kodices des CH fehlen. Zur Frage des Fehlens der ersten Abschnitte des Traktates *in sämtlichen hermetischen Kodices* siehe den Abschnitt »CH II im historischen Kontext. 3. Die Stellung von CH II im Corpus Hermeticum«, unten, 297ff. – Es wird im übrigen nicht ganz deutlich, wie Reitzenstein zu seiner hier diskutierten Auffassung gelangt; vielleicht aufgrund einer Kalkulation der Seitenlänge und einer Berechnung möglicherweise ausgefallener Textzeilen?

[461] Stoisch: SVF II, 528 (der Kosmos ist γενητός und θεός; der Kosmos als θεός in SVF I, 88; I, 530; II, 1015; II, 1027.

[462] Vgl. Platon, Tim. 34b1, wo der Kosmos ein θεός genannt wird, mit [Albinos], Epit. XIV, 3: »Ὅταν δὲ εἴπῃ γενητὸν εἶναι τὸν κόσμον …«; siehe auch Philo, Aet. 112; Spec. II, 198, wo Gott als γεννητής des Kosmos bezeichnet wird.

[463] Dann müßten aber »(ἀ)γέννητον« (mit zwei ν) und »(ἀ)γένητον« (mit einem ν) bedeutungsgleich sein, was freilich möglich ist, s. oben!

[464] Vgl. Tim. 29e–36d.

z.b. Plutarch, die Ansicht vertraten, daß Platon im *Timaios* tatsächlich von einer Entstehung der Welt in der Zeit berichtet,[465] der kosmologische Bericht des Dialoges also
wörtlich zu verstehen ist, nicht nur als bloßes Mittel der Darstellung in pädagogischer
Absicht.[466]

Doch ist der Beginn und Aufbau von CH II(b), so wie er sich aus Stobaios ergibt, zu
planvoll, um der Vermutung große Plausibilität zu geben, am Anfang könnten einige
auch bei Stobaios nicht erhaltene Zeilen fehlen. Es scheint, daß in CH II,1 bewußt mit
einem allgemeinen Lehrsatz eingesetzt wird, von dem aus immer speziellere Schlußfolgerungen abgeleitet werden. Die Argumentation des Traktates scheint geradezu
»von der Erde zum Himmel aufzusteigen«, von den physikalischen Fakten zur Astronomie, von den »irdischen Beispielen«[467] zu den göttlichen Tatsachen. Es würde sich
schlecht mit diesem Vorgehen vertragen, wenn die »himmlischen« und »kosmischen«
Sachverhalte vor dem uns erhaltenen Textstück bereits angesprochen waren.

Und nun speziell zu der Wendung aus CH II,6, besonders zu dem »ἕφῃς« S. 33,
Z. 15. Bezieht es sich, wie Tiedemann vermutet hat,[468] auf etwas schon Gesagtes, nun
aber Verlorenes?

Das ist möglich, aber nicht wahrscheinlich. Es gibt eine andere Erklärung, die den
Gedankengang der Passage berücksichtigt. In seiner Frage (ab Z. 14) knüpft Asklepios
an das von Hermes Trismegistos verwendete Stichwort »συγκινεῖσθαι« an: »Πῶς οὖν
… συγκινεῖται …?« Das zuletzt von Hermes gebrauchte Wort hat er also offenbar auf-
geschnappt. Seine Frage zeigt aber, daß er die Ausführungen des Hermes nicht oder
nur halb verstanden hat. Das »ἕφῃς« im folgenden Fragesatz verstärkt noch den Eindruck des Unverständnisses auf seiten des Asklepios. Genau deshalb dürfte es hier stehen, denn Hermes hat das, wovon sein Schüler spricht, gerade *nicht* gesagt. Wir haben
hier den auch an anderer Stelle zu beobachtenden Vorgang, daß Asklepios aus einem
Gedankengang seines Lehrers ein Stichwort aufgreift und dann in pseudogelehrter
Weise nach einer Theorie fragt, in der dieses Stichwort irgendeine Rolle spielt.[469] Hermes hat dann Mühe, wieder auf den eigentlichen Gedanken zurückzulenken; hier in
II,6 gelingt es ihm aber relativ elegant, zur eigentlichen Fragestellung zurückzulenken,
indem er seinerseits das Stichwort »συγκίνησις« aufgreift (Z. 17).

Es würde also ein Mißverstehen der Passage bedeuten, das »ἕφῃς« aus Z. 15 auf
einen verlorenen Traktatabschnitt zu beziehen.

Auch eine ganz triviale Erklärung für das »ἕφῃς« kann nicht ausgeschlossen werden: vielleicht liegt nur ein Versehen des Verfassers vor. Die angesprochene Theorie
war ihm so geläufig, daß er vielleicht übersehen hat, sie noch nicht dargestellt zu haben. Aber die andere Erklärung scheint doch die wahrscheinlichere zu sein.

Die hier vermißten Theorien sind jedenfalls selbstverständliches Bildungsgut der
damaligen Zeit. Sie dürften also den Lesern des Traktates bekannt gewesen sein, zumal

---

[465] Vgl. Platon, Tim. 27c5; 28b6f.
[466] Die verschiedenen Positionen werden referiert und diskutiert bei Philo, Aet. 7–19.
Siehe auch *Dillon*, Middle Platonists, 157f. (zu Philo); 203f. (zu Plutarch); 242f. (zu
Kalbenos Taurus); 252f. (zu Attikos); 286–287 (zu [Albinos]); 406f. (zu Chalcidius); zu
diesem Problem s. auch die Alcinoos-Ausgabe von *Whittaker*, p. 144, n. 264 (mit weiterer
Literatur).
[467] Vgl. CH II,8: »παράδειγμα … ἐπίγειον …«
[468] Vgl. *Nock/Festugière* I, 29, n. 2.
[469] In CH II,8–9 und II, 13 spielt sich ungefähr derselbe Vorgang ab.

ihr Bildungsniveau wohl recht beachtlich war.[470] Zudem wurden die Theorien wahrscheinlich im Schulunterricht behandelt und in Schuldebatten diskutiert. Vielleicht gehört CH II in einen Schulzusammenhang; dann ist anzunehmen, daß die meisten Leser des Traktates die genannten Theorien aus ihrer Kenntnis der Schullehren vor Augen gehabt haben werden. Es bedeutete also keine Überforderung, wenn der Verfasser voraussetzte, daß sich ein Leser die relevanten kosmologischen Tatsachen selbst vor Augen führen und seine Darlegungen in ihrem Licht verstehen würde. Aus dem Fehlen einer expliziten Darstellung solcher Theorien darf also wohl nicht gefolgert werden, daß sie in einem verlorengegangenen Einleitungsabschnitt standen.

Die Wendung »οὐ τὸ γεννητόν« in II,4 läßt sich, wie oben angedeutet, sehr plausibel auf göttlich gewordene Menschen im Unterschied zu schon immer göttlichen Wesen beziehen.

Es ist also kaum wahrscheinlich, daß zu Beginn unseres Textes ein Abschnitt fortgefallen ist,[471] auch wenn Reitzenstein zufolge es eine »zwingende Annahme« ist, daß mit dem »Verlust eines oder mehrerer Quaternionen der Urhandschrift« nicht nur CH II(a), sondern auch der Anfang von CH II (b) ausgefallen ist.[472] Die genannten beiden Wendungen in CH II,4 und II,6 können eine solche Auffassung jedenfalls nicht hinreichend begründen.

Reitzensteins Auffassung über den Inhalt der ausgefallenen Passage ist reine Spekulation: In den Einleitungen zu CH II(a) und II(b) seien die beiden Schüler Tat und Asklepios ein wenig charakterisiert worden.[473] Doch in CH I wird der Schüler, nämlich Hermes, auch nicht einführend charakterisiert,[474] wieso sollte das also für Tat und Asklepios der Fall gewesen sein?

Reitzensteins Auffassung wird vollends der Wind aus den Segeln genommen, wenn die »falsche Überschrift« zu unserem Traktat anders erklärt wird als bei ihm: vielleicht ist CH II(b) nicht ursprünglich auf den verloren gegangenen Traktat CH II(a) gefolgt, sondern letzterer durch ersteren irgendwann einmal *ersetzt* worden, wobei vergessen wurde, die Überschrift anzupassen.[475] Dann würde der Wegfall von CH II(a) auch nicht in Verbindung mit einem vermuteten Verlust des Anfangs von CH II(b) gebracht werden können.

---

[470] Zum Bildungsniveau der hinter den Traktaten des CH stehenden Hermetiker, das nach übereinstimmendem Urteil der Kommentatoren respektabel gewesen sein dürfte, siehe »CH II im historischen Kontext«, unten, 275ff.

[471] Gegen *Reitzenstein*, Poimandres, 193, vgl. *Nock/Festugière* I, XIII, n. 2.

[472] *Reitzenstein*, Poimandres, 193.

[473] *Reitzenstein*, Poimandres, 193.

[474] Außerdem implizieren Reitzensteins Annahmen, daß unser Traktat im Hinblick auf seine Anfangsstellung im Corpus Hermeticum komponiert worden ist. Das ist zwar möglich, aber wenig wahrscheinlich, da das Corpus in einer viel späteren Zeit entstanden sein dürfte als CH II. Siehe den Abschnitt »CH II im historischen Kontext, 3. Die Stellung von CH II im Corpus Hermeticum«, unten, 297ff.

[475] Hierzu, auch zu möglichen Gründen für dieses Versäumnis, siehe den Abschnitt »CH II im historischen Kontext, 3. Die Stellung von CH II im Corpus Hermeticum«.

## 7. CH II,6 (Z. 18) – 7 (S. 34, Z. 12)

Ein Schlüsselbegriff dieses Abschnittes ist »ἀντιτυπία« (S. 33, Z. 19). Er gehört mit dem ebenfalls wichtigen Begriff »ἀντέρεισις« aus II,6, S. 33, Z. 18 zusammen. Beide scheinen in der Tradition etwa dasselbe zu bedeuten und sollen daher gemeinsam behandelt werden. Sie haben ihren Ort in der Definition dessen, was ein materieller Körper im Unterschied zu nicht-materiellen geometrischen Gebilden und unkörperlichen, geistigen Entitäten ist. Der Begriff »ἀντιτυπία« steht z.b. in der atomistischen Philosophie Epikurs für den Widerstand, den ein Körper leistet, wenn ein anderer seinen Platz einzunehmen bestrebt ist.[476] Epikur betont sogar, daß die ἀντιτυπία eine vom Körper als solchem nicht abtrennbare Eigenschaft ist. Neben der epikureischen scheint besonders die stoische Tradition den Begriff zum Ausdruck der Körperhaftigkeit verwendet zu haben.[477] »Körper« wurde definiert als dreidimensionales Gebilde »mit ἀντιτυπία«.[478] Über die genannten Traditionen hinaus fand diese Auffassung weite Verbreitung, wie ein Blick auf so verschiedene Philosophen wie Philo,[479] Sextus Empiricus,[480] Plutarch,[481] und Plotin[482] zeigt. Diese Belege und der bei Galen beweisen, daß der Begriff auch in die mittel- und neuplatonische Tradition aufgenommen wurde;[483] wahrscheinlich spielte er in Schuldiskussionen über die Naturphilosophie eine Rolle.[484]

Im selben Sinne wie »ἀντιτυπία« wird meist auch »ἀντέρεισις« verwendet: sowohl ein Körper als auch sein Ort haben die drei Dimensionen, aber der

---

[476] Epikur im Referat des Sextus Empiricus, Adv. Math. X, 221–222, vgl. *Long/Sedley*, Fr. 7C, Vol. II, p. 28, Z. 13–15.

[477] Vgl. *Sorabji*, Matter, 99.

[478] SVF II, 381 partim (Galen, De qualitatibus incorporeis 10) in einer Kritik an der stoischen Position; SVF II, 315 (Plotin, Enn. VI, 1,26,21). Vgl. *Sorabji*, Matter, 99, n. 82. Sorabji weist darauf hin, daß umstritten ist, ob die Stoiker ἀντιτυπία wirklich zu einem Merkmal *aller* Körper machten.

[479] Allerdings selten, vgl. Conf. 102.

[480] Pyrrh. Hypot. III, 39; III, 45f. und III, 128. Demgegenüber ist es ein Merkmal des *unkörperlichen* Charakters des τόπος, daß er keine ἀντιτυπία hat, vgl. SVF II, 501 (Sextus Empiricus, Adv. math. X, 7).

[481] Plutarch, Mor. (= Περὶ φυγῆς) 599d, wo »ἀντιτυπία« allerdings den dezidierten Sinn von »körperlichem Gewicht« hat.

[482] Plotin, Enn. II, 6,2,12f.

[483] Neuplatonisch (aus der Zeit *nach* der Entstehung unseres Traktates, aber in Aufnahme älterer Traditionen): Simplikios, In Phys. 531,6; 623,17; 647,19; 656,9; Johannes Philoponos, In Phys. 230,16; 558,2; 624,21; 661,31; 845,2.

[484] Für den schulhaften Charakter der Definition des Körpers (mit ἀντιτυπία) sprechen die Stellen *Diels*, Doxog. 310a10f.; b10f. (also aus dem Schulhandbuch des Aetios); 612,20 (aus Ps.-Galens Philosophiegeschichte; zu deren Schulcharakter siehe den Teil »CH II im historischen Kontext. 2. Hermetische Schule und hermetischer Kult«, unten, 285ff.

Körper hat zusätzlich ἀντέρεισις.[485] Auch dieser Begriff stammt wohl aus dem Bereich schulischer Diskussionen.[486]

Beide Begriffe, sowohl »ἀντιτυπία« als auch »ἀντέρεισις«, dienen also dazu, den Körper auf seine Körperhaftigkeit hin anzusprechen.

Es gibt einen Beleg für »ἀντέρεισις«, wo nicht primär die Körperhaftigkeit als solche gemeint ist, sondern die Haltekraft, die das Zentrum einer Drehbewegung (auf Körper) ausübt.[487]

An unserer Stelle soll mit Hilfe der beiden Begriffe wohl hervorgehoben werden, daß die Bewegung der Sphären ein körperliches Geschehen ist und auf körperlich-physikalischen Gesetzmäßigkeiten beruht. Was jedoch genau gemeint ist, ist schwer zu verstehen, einerseits wegen der rätselhaften Ausdrucksweise unseres hermetischen Verfassers, andererseits wegen schwieriger textkritischer Probleme.

Der letzte Satz von II,6 (S. 33, Z. 18–19) soll offenbar den Grund dafür angeben, weshalb von einer *gegenläufigen* Bewegung auszugehen ist. Dabei dürfte mit »τῆς κινήσεως« die Bewegung der Fixsternsphäre gemeint sein, »ἐναντίωσις« meint die Gegenbewegung der Planeten; »ἔχει« ist vielleicht im Sinne von »mit sich bringen«, »mit beinhalten«, »implizieren« zu verstehen.[488] Der Satz besagt, daß eine Gegenbewegung zur Fixsternsphäre ein ruhendes Gegengewicht impliziert. Dieser Ruhepol könnte nun *der Mittelpunkt* der Kreisbewegung sein. Jedenfalls wird das hier Gesagte im folgenden (z.B. II,7, S. 34, Z. 7–8, s. unten) mit Hilfe der Vorstellung einer Kreisbewegung um ein ruhendes Zentrum herum illustriert. Auch die Parallele bei Leukipp, in der ja der auch an unserer Stelle fallende Begriff »ἀντέρεισις« verwendet wird, legt die Deutung von »ἀντέρεισιν ἑστῶσαν« (S. 33, Z. 18f.) als Mittelpunkt der Kreisbewegung nahe. Der Bezug auf den Kreismittelpunkt erfolgt allerdings an dieser Stelle noch nicht ausdrücklich. Er kann nur aus den genannten Kombinationen herausgelesen werden.

Mit dem Begriff »ἀντέρεισις« wäre impliziert, daß das Kreiszentrum seine Wirkung nach Art eines Körpers, also als eine causa efficiens, ausübt. Welche *physikalischen* Vorstellungen zugrunde liegen, d.h. wie man es z.B. verstehen soll, daß die Gegenbewegung der Planetensphäre ein kausal wirksames Ruhe-

---

[485] Arius Didymus (Hofphilosoph des Kaisers Augustus), Epit., Fr. 5 *Diels = Diels*, Doxog. 449,10 = Stob. Ekl. I, 14,1c, p. 141,16 *W.*; *Moraux* I, 283f.

[486] Schultradition ist aufgegriffen bei Philo, Cher. 79; Alexander von Aphrodisias, In Meteorolog. 147,27; aus späterer Zeit: Simplikios, In Phys. 1046,12; Joh. Philoponos, In Phys. 230,29; 691,36–692,2.

[487] Gemeint ist die Charakterisierung der Kosmogonie des Atomisten Leukippos durch Diogenes Laertius IX, bes. 32, genauer der Satz: »… ὧν κατὰ τὴν τοῦ μέσου ἀντέρεισιν περιδινουμένην λεπτὸν γενέσθαι …« Wie bei »ἀντιτυπία« liegt eine Parallele zur atomistischen Theorie vor, so daß man vermuten könnte, daß der Verfasser von solchen Traditionen beeinflußt ist. Mit einiger Sicherheit greift er auf sie in CH II,10–11 zurück, s. unten, Kommentar z.St.

[488] Siehe auch die Übersetzung von *Nock/Festugière* I, 34: »… et cette opposition implique un point d'équilibre fixe pour le mouvement …«.

zentrum impliziert, ist nicht ersichtlich. In den folgenden Ausführungen werden jedoch zumindest die *theologischen* Gründe für die hier angedeutete Auffassung klarer.

Der erste Satz von II,7 (S. 33, Z. 19 – S. 34, Z. 1) ist offenbar als Erläuterung des vorhergehenden gedacht (»γάϱ«), zugleich leitet er aber auch die folgenden Ausführungen ein.[489] Der Verfasser sagt in Form eines allgemeinen, definitorisch ausgedrückten physikalischen Gesetzes, daß körperlicher Widerstand (gegen eine Bewegung) deren Stillstand bewirkt. Obwohl sich dieser Satz den Anstrich einer allgemeingültigen Wahrheit gibt, ist er offensichtlich ganz auf die folgende Argumentation des Verfassers für einen Ruhepunkt der Bewegung abgestellt, denn als allgemeiner Grundsatz ist er unzutreffend: Widerstand gegen eine Bewegung kann nicht nur deren Anhalten, sondern auch deren Verlangsamung zur Folge haben; das wird aber nicht berücksichtigt. Die Verwendung des Begriffes »στάσις« ist bemerkenswert: zum einen wird an die Terminologie von II,6 (»ἕστηκεν«, »ἐν ἑστῶτι«, S. 33, Z. 12) angeknüpft, also an die mittelplatonische Redeweise vom »Feststehen« Gottes.[490] Zum anderen hat der Begriff »στάσις« aber auch die Konnotation des »Anhaltens« einer Bewegung und erinnert damit an die Ausdrucksweise des Aristoteles.[491] An dieser Stelle ist durchaus daran zu denken, daß der Verfasser naturphilosophische Schriften des Aristoteles, z.B. die *Physik*, gelesen hat; vielleicht ist die an unserer Stelle vorliegende Verwendung von »στάσις« aber doch ein zu geringes Detail, um eine solche These zu belegen.

Der Satz ist auf dem Hintergrund einer Argumentation zu verstehen, die in dem voraufgehenden Satz beginnt (S. 33, Z. 18f.) und im folgenden (S. 34, Z. 1ff.) ihre Fortsetzung findet. Die übergreifende Argumentationsabsicht scheint zu sein, aus der Gegenbewegung der Planeten zur Fixsternsphäre durch physikalische Überlegungen das Vorhandensein eines feststehenden Ruhepunktes im System der Gestirnsbewegungen abzuleiten. Was der Verfasser dazu jedoch ausführt, legt eher die Vorstellung des Anhaltens der Rotation der Planeten- oder der Fixsternsphäre durch den Widerstand, der von der jeweils anderen ausgeht, nahe. Das ist jedoch offenkundig nicht das Ziel der Ausführungen des Verfassers: nirgends ist an ein Anhalten der Rotationsbewegung gedacht. Daher ist nicht verständlich, wie der allgemeine physikalische Grundsatz von S. 33, Z. 19 – S. 34, Z. 1 den vorhergehenden Satz aus II,6 (S. 33, Z. 18f.) bzw. die dahinter stehende Intention begründet. Unser Verfasser drückt sich hier und im folgenden (S. 34, Z. 1–4 und auch 8–12) wohl deshalb so unklar aus, weil seine Vorstellungen so fragwürdig sind, daß bei einer klaren Darstellung ihre Unplausibilität sofort erkennbar wäre. Außerdem liebt es der

---

[489] Das zeigt das »οὖν« des auf ihn folgenden Satzes, S. 34, Z. 1, drittes Wort.

[490] Siehe auch die Ausführungen zu »αὐτὸς ἐν ἑαυτῷ ἑστώς«, CH II,12, im Kommentar z.St.

[491] Siehe z.B. Aristoteles, Phys. 230b26–28; 242a12f.; 258b7; 262a8f. für das (aktive) Anhalten einer Bewegung, ebenso Metaphys. 1070b25.

Verfasser, seinen Gedanken durch dunkle und verworrene Formulierungen einen geheimnisvollen Beiklang zu geben.

In den Ausführungen S. 34, Z. 1–4 versucht der Verfasser allem Anschein nach, den allgemeinen physikalischen Grundsatz und den Satz von S. 33, Z. 18f. auf den vorliegenden Fall der kosmischen Kreisbewegungen anzuwenden. Der Satz, in dem er es tut, zeigt typische Stilmerkmale des Verfassers, nämlich Umständlichkeit und Gewundenheit; damit dürfte zusammenhängen, daß der Satz auch textkritisch äußerst problematisch ist.[492] Das wiederum führt dazu, daß er gar nicht mit letzter Sicherheit rekonstruiert werden kann. Die von Nock und Festugière in den Text aufgenommene Fassung ist noch relativ die beste,[493] sie ermöglicht die folgende, einigermaßen sinnvolle Auffassung des Gemeinten:

Die Planetensphären scheinen sich nicht nur zur Fixsternsphäre gegenläufig zu bewegen,[494] sondern auch untereinander entgegengesetzte Bewegungen auszuführen.[495] Das wird vom Verfasser darauf zurückgeführt, daß sie sich voneinander gleichsam »abstoßen«.[496] Der Ausgangspunkt des Abstoßungsvorgangs scheint nun wieder die Fixsternsphäre zu sein,[497] womit an das in II,6 (S. 33, Z. 15–17) Gesagte und die dahinter stehenden Traditionen angeknüpft ist. Die Wendung »περὶ τὴν ἐναντιότητα αὐτήν« (S. 34, Z. 2–3) bezeichnet allerdings nicht nur die Gegenläufigkeit der Bewegungen der Planeten- zur Fixsternsphäre, sondern offenbar zugleich (in dem »περί«) auch das Ruhezentrum der Bewegung, um das herum das Kreisen erfolgt.

Als wenn er selber Zweifel an der Überzeugungskraft dieser Ausführungen gehabt hätte, bekräftigt unser Verfasser sie mit einem kurzen Nachsatz: »καὶ ἄλλως ἔχειν ἀδύνατον« (S. 34, Z. 3–4).

So weit man den gewundenen, eindeutig vom Verfasser formulierten Ausführungen einen Sinn entnehmen kann, scheint die Vorstellung einer physikalischen Kettenreaktion zugrunde zu liegen:[498] der Anstoß der Bewegung geht von der Fixsternsphäre aus. Von ihr geht der Impuls auf die einzelnen Planetensphären über, wobei jede Sphäre die nächste anstößt, bis alle sieben in Bewegung sind. Das Abstoßungsmodell der Kausalwirkung, das im Verhältnis der

---

[492] Siehe *Nock/Festugière* I, App. z.St.; auch oben, App. z. Übers., z.St.

[493] Siehe die Übersetzung mit der n. z.St.

[494] Vgl. »ἐναντίως ... τῇ ἀπλανεῖ« (S. 34, Z. 1–2).

[495] Das ist aus »ὑπ' ἀλλήλων τῇ ἐναντίᾳ ὑπαντήσει« (S. 34, Z. 2) zu erschließen. Der Gedanke der untereinander gegensätzlichen Planetenbewegungen ist platonisch, s. oben und Platon, Tim. 36d4–5. Zumal der Begriff »ὑπάντησις« könnte ebenfalls aus platonischem Milieu stammen, zumindest spielt er bei Philo eine wichtige Rolle, wenn auch in anderem Sinne als an unserer Stelle, vgl. *Leisegang*, Philo-Index, s.v. ὑπάντησις, bes. Conf. 31.

[496] Auch das scheint aus »τῇ ἐναντίᾳ ὑπαντήσει« (Dativus instrumentalis) zu folgen.

[497] Vgl. »ὑπὸ τῆς ἑστώσης κινοῦνται« (S. 34, Z. 3).

[498] Das ist ein aristotelischer Gedanke, s. oben und Arist., Phys. 267a25–b2; siehe auch die pseudaristotelische Schrift De mundo 398b20–29. An unserer Stelle sind also Platonismus und Aristotelismus verschmolzen: der Aristotelismus steuert den Gedanken des Bewegers und der Kettenreaktion bei, der Platonismus den der Gegensätzlichkeit der Bewegungen.

Planeten- zur Fixsternsphäre gilt, wird offenbar auch für die Planetensphären untereinander vorausgesetzt.

Dabei scheint der Verfasser zugleich auf das ruhende Zentrum hinzuweisen, um das herum die Sphären kreisen und das irgendwie mit der Fixsternsphäre gleichgesetzt wird.

Wahrscheinlich bezieht sich »στάσις φορᾶς« S. 33, Z. 19 – S. 34, Z. 1 also auf das Feststehen des Ruhezentrums in der Mitte, doch die darauf sich beziehenden Ausführungen benutzen den ganz anderen Gedanken der Behinderung und des Anhaltens der (Sphären-) Bewegungen. Vielleicht liegt die Vorstellung zugrunde, daß die gegenläufigen Bewegungen der Planeten die Kreisbewegung der Fixsternsphäre gleichsam annullieren, so daß diese selbst ruht und wiederum zum Ausgangspunkt von deren Bewegungen wird. Vielleicht ist aber auch gemeint, daß die Gestirnssphären durch ihre einander in der Wirkung aufhebenden Gegenbewegungen das System insgesamt in einem Gleichgewicht halten, das sich im Ruhen der mit dem Zentrum identifizierten Fixsternsphäre manifestiert.

Keine Analyse kann jedoch darüber hinwegtäuschen, daß die Theorie des Hermetikers letztlich logisch nicht verständlich ist. Wie soll die Fixsternsphäre der Ruhepunkt im Zentrum der kreisenden Planeten sein, wo sie sich doch zugleich selber (gegenläufig zu den Planeten) bewegt?[499] Und wie kann die Fixsternsphäre die Bewegungen der Planetensphären anstoßen und zugleich der Mittelpunkt des ganzen Systems sein?

Die Ausführungen dieses Abschnittes lassen sich also nicht logisch und physikalisch, sondern nur aus der dahinter stehenden *theologischen* Aussageabsicht erklären. Es geht darum, aus physikalischen Tatsachen für einen feststehenden Beweger zu argumentieren. Dieser Gedanke steht selber wieder in einem übergreifenden Argumentationszusammenhang, der am Ende zum Erweis des diesen Beweger bedingenden obersten Gottes führt (vgl. CH II,12b und ff.).

Der Gedankengang der hier untersuchten Passage und möglicherweise zugrundeliegende Motive seien noch einmal resümiert: Ausgangspunkt der Argumentation ist die kosmische Rotationsbewegung, für die die Bewegungsursache bestimmt werden soll. In aristotelischer und mittelplatonischer Tradition ist vorgegeben, daß die Ursache ein feststehender Beweger ist. Aus der Gegenbewegung der Sphären wird also ein mechanisches Argument für das Feststehen ihres Urhebers konstruiert. Da in einer kreisförmigen Bewegung allein ihr Mittelpunkt feststeht, wird der Urheber der Bewegung mit dem Mittelpunkt identifiziert; in der (aristotelischen, aber auch platonischen) Tradition ist außerdem die Beziehung des Bewegers zur Fixsternsphäre vorgegeben; so kommt es zur Ineinssetzung des Bewegers mit der Fixsternsphäre und – auf-

---

[499] Es ist fraglich, ob unser Verfasser überhaupt von einer Bewegung der Fixsternsphäre ausgeht. Doch wenn man die zugrunde liegenden Traditionen betrachtet, liegt diese Auffassung nahe, auch scheint sie in dem Satz: »οὐκ ἔστιν αὕτη … συγκίνησις ἀλλ᾽ ἀντικίνησις« (S. 33, Z. 16f.) vorausgesetzt.

grund von dessen Gleichheit mit dem Zentrum der Bewegung – zur so rätselhaften Verbindung des Kreismittelpunktes mit der äußersten Sphäre des
Himmelssystems.

Damit sind freilich nur die sich aus der Argumentation ergebenden inneren
Gründe für die rätselhaften Festlegungen des Verfassers, etwa die Beziehung
des Bewegers zum Zentrum der Kreisbewegung sowie zur äußersten Himmels-
sphäre, genannt. Vielleicht sind dafür aber auch noch traditionsgeschichtliche
Gründe maßgebend, die die vom Verfasser vorgenommenen Gleichsetzungen
noch besser erklären. Sie werden aber noch nicht an der hier interpretierten
Stelle erkennbar, sondern können erst aufgrund der Analyse von CH II,8, S. 35,
Z. 4ff. dargestellt werden.

Die merkwürdige *mechanische* Orientierung der Passage[500] verdient aber
noch genauere Beachtung. Sie hat ihren Grund primär in der Argumentationsabsicht des Verfassers, von der Sphärenbewegung auf deren Beweger zu
schließen. Dem dient die Annahme einer Kausalkette, aufgrund derer ein
Rückschluß vom Bewegten auf den Beweger möglich ist. Vielleicht läßt sich
aber auch noch der traditionsgeschichtliche Kontext der mechanischen Sichtweise erhellen. Wahrscheinlich ist die Passage nämlich ein Nachhall aristotelischer kosmologischer Lehren, besonders der komplizierten mechanisch-phy-
sikalischen Charakterisierung der Sphärenbewegungen aus Metaphys. XII.[501]
Nach Aristoteles' Meinung besteht das Himmelssystem aus ineinander ver-
schalten Sphären, deren Bewegungen voneinander verursacht und miteinander
austariert waren. Diese Theorie mag – ganz entfernt – im Hintergrund der Erörterungen stehen.

Doch wird auch die platonische Sicht, etwa die astronomischen Theorien
aus dem *Timaios*, einwirken, wie allein schon der Gedanke der Gegensätzlichkeit der Bewegungen anzeigt.[502] Es lag nun nahe, sich die aristotelische oder
platonische astronomische Theorie anhand eines mechanischen Modells zu
veranschaulichen, und in der Tat scheint es in der für unseren Traktat in Frage
kommenden Zeit mechanische Planetarien gegeben zu haben, mit deren Hilfe
die himmlischen Bewegungen anschaulich realisiert werden konnten. Schon
Platon schreibt im *Timaios*, daß man sich seine Theorie eigentlich nur mit Hilfe
eines mechanischen Modells vor Augen führen könne;[503] näher an den uns für
CH II interessierenden Zeitraum führt das Referat des Astronomen Theon von
Smyrna[504] aus einer Schrift des Derkylides.[505] Dieser übt Kritik an der Theorie

---

[500] Dazu gehört auch S. 34, Z. 8–12.

[501] Vgl. Arist., Metaphys. XII, 1074a1–14.

[502] Ein ähnliches Bild, mit Übergewicht der platonischen Tradition, liegt in der pseudaristotelischen Schrift *De mundo* vor, siehe 399a1ff.; a15–23.

[503] Platon, Tim. 40d2–3; vgl. (Ps.-?)Platon, Ep. II, 312d, wo von einem σφαίριον die
Rede ist. *Cornford*, Plato's Cosmology, 74 mit n. 2.

[504] Theon war platonischer Astronom, etwa aus der Zeit des Kaisers Hadrian. Zur Datierung siehe *Heath* II, 239.

[505] Platoniker und Neupythagoreer aus dem 1. Jhdt. n. Chr.

der Himmelsbewegungen des Aristoteles: während Platon die Gestirne zu Recht als selbstbewegende, lebendige Wesen ansehe, würden nach Aristoteles die Gestirnsbewegungen durch die Sphären hervorgerufen, an denen sie befestigt sind, also rein mechanisch erzeugt. Die Kritik des Derkylides betrifft also die mechanisch-physikalische Sicht des Aristoteles; Theon scheint dieser Kritik beizupflichten.[506] Möglicherweise ist die mechanische Charakteristik der Gestirnsbewegungen an unserer Stelle nicht einfach Nachhall der aristotelischen Theorie, sondern *der platonischen Sicht* dieser Theorie, nämlich ihrer Deutung als rein mechanischer Vorgang.

In seinem Werk erwähnt Theon auch, daß die platonische Theorie mit Hilfe eines sichtbaren Sphärenmodells zu begreifen sei.[507] Vielleicht zeigt die mechanische Beschreibung an unserer Stelle an, daß unser Verfasser ein mechanisches Planetarium vor Augen hat, das die aristotelisch(-platonische) Himmelsmechanik anschaulich realisiert.[508] Vielleicht stellt er sich ein solches Modell aber auch nur vor oder benutzt die Ausdrucksweise, mit deren Hilfe man ein solches Modell beschreiben würde. Man wird freilich konstatieren müssen, daß ihm eine klare Charakterisierung der Himmelsmechanik nicht besonders gut gelingt. Das dürfte seinen Grund darin haben, daß ihm seine mehr theologischen Anliegen und der Versuch, mehrere Traditionen miteinander zu verbinden (Beweger = Ort der Welt = Fixsternsphäre) in die Quere kommen und die klaren physikalischen Verhältnisse verwischen.

Das Werk des Theon ist ein einführendes Schulhandbuch für den Philosophieunterricht; auch das Zitat aus Derkylides könnte aus einem Schulhandbuch dieses Platonikers stammen. Es liegt daher nahe, daran zu denken, daß die genannten Vorstellungen und Traditionen auf unseren Verfasser in schulischem Kontext eingewirkt haben.

In CH II,6 und 7 wurde an mehreren Stellen Aufnahme von aristotelischer Tradition konstatiert, wenn auch meist in platonischer Perspektive. Interessanterweise weicht unser Verfasser aber an drei wichtigen Punkten von der aristotelischen Sichtweise ab. Wenn wir diese Unterschiede genauer analysieren, wird die platonische Sichtweise des Verfassers, aber auch seine Aussageintention noch deutlicher.

---

[506] Theon, p. 201,20–202,7 *Hiller*: »πᾶσι δὲ τὴν κίνησιν προαιρετικὴν καὶ ἀβίαστον εἶναι δι' ὀλιγίστων φορῶν καὶ ἐν τεταγμέναις σφαίραις. αἰτιᾶται δὲ τῶν φιλοσόφων ὅσοι ταῖς σφαίραις οἷον ἀψύχους ἐνώσαντες τοὺς ἀστέρας καὶ τοῖς τούτων κύκλοις πολυσφαρίας εἰσηγοῦνται, ὥσπερ Ἀριστοτέλης ἀξιοῖ καὶ τῶν μαθηματικῶν Μέναιχμος καὶ Κάλλιππος, οἳ τὰς μὲν φερούσας, τὰς δὲ ἀνελιττούσας εἰσηγήσαντο …« Vgl. *Cornford*, Plato's Cosmology, 74, n. 3. – Das Stichwort »ἀνελίττω« stammt aus der eben genannten Aristoteles-Passage, nämlich Metaphys. 1074a3 und 7.

[507] Theon, p. 146,3–8, bes. 146,5 *Hiller*.

[508] Man kann sich gut vorstellen, wie bei einem solchen Planetarium durch Bewegung der äußersten Sphäre die Bewegungen der in einem Räderwerk damit verbundenen anderen angestoßen werden, ähnlich einem durch Zahnräder ineinandergreifenden Mechanismus einer Uhr.

– Zum einen ist in den hier betrachteten Passagen nirgends davon die Rede, daß der unbewegte Beweger für die Sphärenrotation im Sinne einer *causa finalis* verantwortlich ist.[509] Angesichts der Tatsache, daß diese aristotelische Theorie auch im mittelplatonischen Milieu, aus dem CH II vermutlich stammt, rezipiert wurde,[510] fällt auf, wie sehr der hermetische Verfasser ausschließlich den Gedanken betont, daß die Sphärenrotationen durch Verursachung im Sinne von *causa efficiens* zustande kommen.

– Schon mehrfach wurde auf den Widerspruch gegen die aristotelische Auffassung, daß es zu einer kreisförmigen Bewegung keine Gegenbewegung gebe,[511] aufmerksam gemacht. Das aristotelische Stichwort »οὐκ ...ἐναντία« (De Caelo 270b30ff.) wird in den hier betrachteten Abschnitten sogar fünf Mal durch die Verwendung von Wörtern mit der Wurzel »ἐναντ-« konterkariert.[512]

– Schließlich fehlt in unserem Traktat, wie übrigens auch in der oben herangezogenen Schrift *De mundo*, die Theorie der 55 Sphärenbeweger aus *Metaphys. XII, 8*.[513] Die Rotation der Sphären wird allein aufgrund mechanischer Zusammenhänge erklärt, nicht durch die Einwirkung göttlicher Wesen.

Die letztgenannte Auffassung ist recht einfach aus der mittelplatonischen Perspektive des Verfassers und seiner Argumentationsabsicht zu erklären. Im Mittel- und Neuplatonismus gibt es nur einen Beweger, und das ist, wie in CH II, der νοῦς.[514]

Eine Rolle dürfte aber auch die Absicht des Verfassers spielen, das kosmologische Argument zu beanspruchen und aus den Bewegungsvorgängen im Kosmos auf deren eine Ursache zurückzuschließen. Ein solch geradliniger Rückschluß wäre nicht möglich, wenn mehrere Urheber der Bewegung angenommen werden.[515] Deshalb wird diese Theorie gar nicht erwähnt.

---

[509] Aristoteles, Metaphys. 1072b1–4. In der *Epitome* des [Albinos] z.B. wird Gott ebenfalls als unbewegte Beweger betrachtet, aber im Sinne einer *causa finalis*, Epit. X, 2. Vgl. *Loenen*, 112.

[510] [Albinos], Epit. X, 2 (= de Vogel III, 1327b): »ὡς τὸ ὀρεκτὸν κινεῖ τὴν ὄρεξιν ἀκίνητον ὑπάρχον.«

[511] Vgl. Arist., De Caelo 270b30ff.: »Ὅτι δ'οὐκ ἔστι τῇ κύκλῳ φορᾷ ἐναντία ἄλλη φορά ...« Ab 271a5ff. versucht er, diese unplausible Meinung damit zu begründen, daß die bei einer Rotation durchlaufenen Orte auf einem Kreisbogen dieselben sind, unabhängig von der Rotationsrichtung. Ab 271a30ff. wird deutlich, daß Aristoteles sich der Meinung nicht verschließen kann, daß es immerhin einen Unterschied in der Rotationsrichtung gibt. Aber er sagt, daß eine der ursprünglichen entgegengesetzte Kreisbewegung überflüssig wäre, wenn es sie gibt.

[512] S. 33, Z. 18 (2x); S. 34, Z. 1 (1x); S. 34, Z. 2 (1x); S. 34, Z. 3 (1x).

[513] Diese Theorie wird z.B. von dem orthodoxen Aristoteliker Alexander von Aphrodisias erwähnt, siehe In Metaphys. 707,20–25 *Hayduck*.

[514] *Moraux* II, 48 ist der Ansicht, daß das Fehlen der Sphärenbeweger in *De mundo* dadurch zu erklären ist, daß die Einzigkeit der göttlichen wirkenden Kraft hervorgehoben werden soll. Das dürfte auch für CH II gelten.

[515] Die Tatsache, daß jeder Rückschluß von den Veränderungen in der Welt auf einen Urheber nicht nur bei einem, sondern bei mehreren sie verursachenden Selbstbewegern enden kann, die nicht wieder voneinander ableitbar sind, ist der Grund dafür, warum der kosmologische Beweis für die Existenz *eines* Gottes scheitert.

Dem Rückschluß auf den Urheber der kosmischen Bewegungsvorgänge dient wohl auch die kausal-effiziente Betrachtungsweise, weil dadurch ein (aktives) »Streben« der sich bewegenden Sphären selbst nach einem vorgesetzten Telos ausgeschlossen ist oder jedenfalls nicht in den Blick kommt. Also erklärt sich die Sphärenrotation nicht aus sich selbst, sondern weist über sich hinaus auf eine verursachende Instanz.

Dadurch wird aber, wie Moraux entsprechend für *De mundo* herausstellt,[516] der demiurgische Charakter des νοῦς/τόπος festgehalten, was wiederum der platonischen Perspektive des Verfassers entspricht.

Der Widerspruch gegen die aristotelische Auffassung, daß es kein Gegenteil einer Rotationsbewegung gibt, erklärt sich vor allem aus Aufnahme der platonischen Tradition der gegenläufigen Gestirnsbewegungen. Ob der Verfasser der aristotelischen Theorie mit Absicht widerspricht, ist nicht sicher,[517] aber es besteht ein Widerspruch zu ihr in der von ihm verwendeten Tradition.

Die drei genannten Abweichungen gegenüber der aristotelischen Tradition erklären sich also aus der platonischen Perspektive des Verfassers, aber auch aus seiner Argumentationsabsicht, von der Bewegung auf den unbewegten Beweger zu schließen.

Vielleicht ist unserem Verfasser selbst klar gewesen, daß seine Ausführungen alles andere als besonders verständlich sind, denn er erläutert das von ihm Gemeinte mit Hilfe eines anschaulichen Beispiels (S. 34, Z. 4–6). Mit Hilfe einer Frage wird festgestellt, daß »die beiden Bären« (gemeint sind die Sternbilder des großen und kleinen Bären) weder auf- noch untergehen, sondern sich kreisförmig immer um dasselbe Zentrum bewegen.

Das Motivs des Blicks zum Himmel, dessen sich unser Verfasser an dieser Stelle bedient, ist in der klassischen griechischen und hellenistischen Philosophie weit verbreitet,[518] es läßt sich offenbar besonders auch in der hellenistischen Religionsspekulation in Alexandria nachweisen.[519] Der Mensch blickt zum Himmel,[520] um die Wohlgeordnetheit der Gestirnsbewegungen, die Regelmäßigkeit von Tag und Nacht und die Herr-

---

[516] *Moraux* II, 47f.

[517] Es kann m.E. auch nicht aus der Korrektur des »συγκινεῖται« bzw. »συγκίνησις« durch »ἀντικίνησις« S. 33, Z. 14 und 17 erschlossen werden; das würde die Stelle wohl interpretatorisch überlasten.

[518] Grundlegend zu diesem Thema ist die Abhandlung von Wlosok. Es ist unmöglich, hier und für das Folgende auch nur die Mehrzahl der in der griechischen und hellenistischen Literatur in Frage kommenden Belege aufzuführen. Ich beschränke mich daher auf einige wichtige, die das Gesagte belegen und konzentriere mich auf Nachweise für das Motiv des *Himmelsblicks*, weniger für das des Aufstiegs zum Himmel vor und nach dem Tode.

[519] Vgl. *Wlosok*, 48; sie verweist darauf, daß das Motiv bei Philo von Alexandrien, den Hermetikern (vgl. z.B. auch Ascl. 6) und bei Clemens von Alexandrien auftaucht. Laut *Nock*, Aufsätze I, 27, n. 7 ist das Motiv ein typisches Element der hellenistischen Diatribe. Bei Nock auch weitere Belege.

[520] Minucius Felix, Oct. 17,2: »… nos, quibus vultus erectus, quibus suspectus in caelum datus est …«; Philo, Mos. I, 212; Seneca, Ad Helv. VIII, 5–6.

lichkeit des Kosmos zu erfassen.[521] Die Schönheit und Wohlgeordnetheit der himmlischen Erscheinungen wiederum lassen den Rückschluß auf Gott oder die Götter als Ordner und Schöpfer der Welt zu.[522] Schließlich wird der Blick zum Himmel und seinen Ordnungen geradezu als geistiger Gottesdienst verstanden:[523] das ist zugleich die wahre Philosophie. –[524] Einige dieser Motive finden sich z.b. in CH V,3 und 4; neben der Erwähnung der Gestirnsbewegungen steht hier das für diese Tradition entscheidende Stichwort »τάξις«.[525]

[521] Für die klassische griechische Philosophie können folgende Stellen genannt werden, die das Motiv in nuce enthalten: Xenophon, Mem. I, 4,11, p. 33–34 *Hude* [= p. 60 *Jaerisch*]; Platon, Polit. 517b1–4; 586a1–b4; Tim. 47a1–b2; 90a5–d7 (Ausrichtung auf die Himmelsbewegungen); auch 47b5–c4, wo davon die Rede ist, daß die Beobachtung der Himmelsbewegungen zur Philosophie führt; vgl. *Festugière* II, 228–229; für die hellenistische Philosophie: Cicero, Tusc. I, 69, p. 43f. *Humbert*; Nat. deor. II, 37; II, 102–106 (und ff.); 155; Philo, Op. 54 (der Blick zum Himmel wird als Beglückung erfahren); Spec. III, 187–188; Plant. 20; Seneca, Ep. 94, 56, II, p. 377 *Reynolds*; Ad Helv. VI, 7–8; Minucius Felix, Oct. 17,2; 17,4; *Theiler*, Vorbereitung, 105 (mit Belegen); *Fowden*, 92 (n. 77: weitere Belege).

[522] Platon, Nom. 966d9–967a5; Aristoteles, fr. 10–12 *Rose*; für diese Angaben vgl. *Jaeger*, Arist., 164–165 mit n. 2 auf 164 und 167 und n. 1 auf 165; Cicero, Nat. deor. II, 15 (s. *Jaeger*, Arist., 167, n. 1); II, 140; Seneca, Ep. 65, 19–20, I, p. 179–180 *Reynolds*; Philo, Op. 70f.; Leg. All. III, 99; Spec. I, 34–35; Praem. 41–43; [Albinus], Epit. VII, 3; zu zitieren lohnt sich Aristides, Apol. I, 1–2, weil dort nicht nur das Motiv des Himmelsblickes angesprochen ist, sondern auch die Überlegungen über die Stärke des Bewegenden reflektiert sind: »... καὶ θεωρήσας τὸν οὐρανὸν καὶ τὴν γῆν καὶ τὴν θάλασσαν, ἥλιόν τε [ καὶ σελήνην] καὶ τὰ λοιπά (diese Wendung beweist, wie sehr das Motiv Allgemeingut geworden ist: die Planetenbewegungen, ihre Regelmäßigkeit, Tag und Nacht etc. werden gar nicht mehr explizit genannt), ἐθαύμασα τὴν διακόσμησιν τούτων. ἰδὼν δὲ τὸν κόσμον καὶ τὰ ἐν αὐτῷ πάντα, ὅτι κατὰ ἀνάγκην κινεῖται, συνῆκα τὸν κινοῦντα καὶ διακρατοῦντα. πᾶν γὰρ τὸ κινοῦν ἰσχυρότερον τοῦ κινουμένου καὶ τὸ διακρατοῦν ἰσχυρότερον τοῦ διακρατουμένου ἐστίν.« Sehr typisch ist auch CH IV, 2 (S. 50, Z. 1–2); *Festugière* II, 341; IV, 2–3 (zur *Kore Kosmou*); 16f. (mit Verweis auf [Platon], Epin. 984d5); *Beierwaltes*, 62, n. 2 (mit Belegen für die Vorstellung, daß das Göttliche *oben* ist); 67, auch n. 2: das Gegenteil ist der nach unten gebeugte Blick; vgl. auch *Bultmann*, Lichtsymbolik, 346–348; zahlreiche Belege in n. 110–114; auch 351–352, mit n. 126; *Wlosok*, 16–17.

[523] Cicero, Tusc. I, 69, p. 43f. *Humbert*; sehr deutlich Cicero, Nat. deor. II, 153, p. 326 *Gerlach/Bayer*: »Quid vero hominum ratio in caelum usque penetravit? Soli enim ex animantibus nos astrorum ortus, obitus cursusque cognovimus, ad hominum genere finitus est dies ... Quae intuens animus accedit ad cognitionem deorum, *e qua oritur pietas*, ...«; Ascl. 9; *Wlosok*, 20; zu Aristoteles vgl. *Jaeger*, Arist., 163–164.

[524] Dazu vor allem Platon, Polit. 531e2–532b2 zu nennen. Vgl. auch (zu Philo) *Klein*, Lichtterminologie, 35f.; *Wlosok*, 18 [ff.: das Weiterwirken des Motivs].

[525] Es fehlt allerdings an unserer Stelle. Das Stichwort stammt von Platon, Tim. 30a2ff., besonders: »εἰς τάξιν αὐτὸ ἤγαγεν ἐκ τῆς ἀταξίας«; Arist. fr. 10–11 *Rose*. Erwähnt seien auch: Ps.-Arist., De mundo 391b11; derselbe Gedanke steht auch im Hintergrund von Cicero, Tusc. I, 68–70 (für diese beiden Stellen vgl. *Nock/Festugière* I, 66, n. 14); siehe weiter Philo, Plant. 3; Jos. 144ff.; Plutarch, Mor. 1029e; [Albinos], Epit. XII, 2–3; Proklos, In Tim. B (Prooem.), *Diehl*, 211,8- 212,1; CH XI,7 mit dem Motiv des Himmelsblicks. Wie wichtig z.B. dem Verfasser von CH V dieses Stichwort ist, zeigt sich darin, daß er es mit aus der hellenistische Kunstprosa bekannten Mitteln, nämlich Variation der Wortstellung und Alliteration, hervorhebt: S. 62, Z. 13–14: »αὕτη ἡ τάξις τοῦ κόσμου καὶ οὗτος ὁ κόσμος τῆς τάξεως«; Z. 3–4: »τοῦτό ἐστι, τὸν τρόπον τῆς τάξεως« und Z. 5: »τὴν τάξιν τάξαντα«. Diese Wort- und Lautspiele sind Kennzeichen des sog. »asianischen« Stils, vgl. die bei *Norden*, Kunstprosa I, 137 und 383 gegebenen Beispiele sowie die auf p. 375 wieder-

Das Motiv des Himmelsblicks[526] wird, und zwar in Anlehnung an Platons *Phaidros*,[527] in der hellenistischen Philosophie[528] noch weiter gesteigert:[529] die Schau der Schönheit der Gestirne und des Kosmos wird gedacht als geistiger oder durchaus realer Aufstieg der Seele zum Himmel,[530] als »Seelenflug«.[531] Von dort schaut sie die Gestirne, und zwar in größerer Reinheit, weil sie nicht mehr durch die Luft zwischen der Erde und der Gestirnssphäre behindert wird.[532] Von oben schaut die Seele aber auch die Erde und die ganze Schöpfung,[533] sowohl ihre Schönheit als auch z.B. die Kleinheit der Erde und ihrer Reiche im Vergleich zur wunderbaren Himmelswelt.[534] Die Entgegensetzung von Himmel und Erde kann sogar zu einem dualistischen Gegensatz gesteigert werden,[535] indem Himmel und Erde, oben und unten, Seele und Leib[536] einander gegenüberstehen.[537] Anderseits kann aus der Schönheit und Wohlgeordnetheit der Welt[538] auch auf die Zweckmäßigkeit des Mikrokosmos,[539] z.B. der anatomischen Einrichtung des Menschen geschlossen werden: dieser ist ebenso sinnvoll eingerichtet wie der Kosmos; insbesondere ist er auf die Betrachtung des Himmels schon

---

gegebenen Charakterisierungen des Stils durch Aristides. Weitere Stellen im Corpus Hermeticum, wo der Begriff »τάξις« zu Wortspielereien Anlaß gibt: CH IX,8 spielt der Verfasser S. 99, Z. 20–22 offenbar mit der Ähnlichkeit von »τῷ τάχει τῆς ἀνάγκης« und »τῇ τάξει τῶν γινομένων« Vgl. CH XII,21: »ἴδε τὴν τάξιν τοῦ κόσμου καὶ τὴν εὐκοσμίαν τῆς τάξεως«. Man hat geradezu den Eindruck, als wollten der oder die hermetischen Verfasser die Schönheit und τάξις der Welt durch eine besonders gewählte Stilistik auch sprachlich deutlich machen.

[526] Seneca, Ad Helv. VIII, 5–6. Weitere Belege bei *Wlosok,* 119, n. 14.

[527] Platon, Phaidr. 247bff.; vgl. *Wlosok,* 33; 65.

[528] Vgl. *Festugière* II, 543; *Scott/Ferguson* IV, 455–461. *Wyrwa,* 26 verweist darauf, daß sich bei Clemens von Alexandrien, Strom. I, 4,3; V, 14,2 Anspielungen auf das Seelenflugmotiv des *Phaidros* finden.

[529] *Wlosok,* 28–29 mit n. 77: Verweis auf das gnostisch-magische Aufstiegsmysterium aus der sog. Mithrasliturgie.

[530] Cicero, Nat. deor. II, 153, p. 326 *Gerlach/Bayer*; Seneca, Nat. quaest. I, Pr. 7, I, p. 8 *Oltramare*; vgl. *Wlosok,* 33f., dort n. 98 und n. 100–101 weitere Belege; vgl. auch *Wlosok* 35f. mit Philo, Quaest. Gen. IV, 46 (dort wiedergegeben).

[531] Vgl. Philo, Op. 69–71; Plant. 20–22; Spec. III, 1–2: (Philo berichtet von sich): »ἀλλ᾽ ἄνω μετάρσιος ἐδόκουν ἀεὶ φέρεσθαι κατά τινα τῆς ψυχῆς ἐπιθειασμὸν καὶ συμπεριπολεῖν ἡλίῳ καὶ σελήνῃ καὶ συμπαντὶ οὐρανῷ τε καὶ κόσμῳ ...«; Spec. I, 37–39; II, 45; Quaest. Gen. IV, 46; Seneca, Nat. quaest. I, Pr. 5; 8; 11–12, I, p. 8–10 *Oltramare*. Weitere Stellen bei *Wlosok,* 65 mit n. 16.

[532] Das klingt z.B. an in CH XI,19.

[533] Für das Motiv vgl. Platon, Tim. 41d8–e3. *Cornford,* Plato's Cosmology, 144 sieht hierin eine Anspielung auf die Götterprozession im *Phaidros.* Vgl. Seneca, Nat. quaest. I, Pr. 8, I, p. 8–9 *Oltramare.* Seneca, Ad Polyb. IX, 3 spricht von der Seele des Toten, die zum Himmel aufgestiegen ist und jetzt auf das irdische Spektakel herabblickt. Vgl. auch Ad Polyb. IX, 8.

[534] *Wlosok,* 29; Cicero, Som. Scip. § 20.

[535] Vgl. *Festugière* II, 523–526.

[536] Vgl. *Wlosok,* 42–43. Als hermetisches Beispiel: CH IV, 5.

[537] *Wlosok,* 11–12; 11, n. 10 Belege für diese Vorstellung; für Laktanz vgl. *Wlosok,* 207. Auch im Hermetismus findet sich der Dualismus, vgl. *Bousset,* Hermes Trismegistos, 103–108; *Fowden,* 92, n. 78; 93.

[538] Vgl. *Bousset,* Hermes Trismegistos, 107–109.

[539] Das Motiv der Entsprechung von Makro- und Mikrokosmos findet sich – im Anschluß an das Motiv des Himmelsblicks – bei Platon, Tim. 47b6ff.

anatomisch ausgerichtet,[540] im Gegensatz zu den nach unten blickenden Tieren.[541] – Der hier beschriebene Motivkomplex findet sich ebenfalls in CH V. In V,5 ist vom Aufstieg zum Himmel die Rede; von oben wird die Herrlichkeit der Schöpfung geschaut. CH V,6–7 folgt die Übertragung auf den Mikrokosmos Mensch.[542]

Mit dem Gedanken des Seelenaufstiegs eng verwandt ist die Vorstellung, daß die Seele sich im Geiste an alle möglichen Orte versetzen kann,[543] also sozusagen im Geiste den ganzen Kosmos durcheilen kann[544] und besonders leicht beweglich ist.[545] Mit diesem Gedanken hängt zusammen, daß seelische und geistige Bewegung als besonders *schnell* angesehen wird;[546] das wiederum gehört mit der Theorie zusammen, daß die Bewegung der äußersten Fixsternsphäre, die der Bereich des göttlichen νοῦς ist, besonders schnell ist.[547]

Schließlich wird das Motiv vom Himmelsblick sogar noch weiter entwickelt:[548] es ist dann von einem Aufstieg der Seele über alle Sphären hinaus die Rede.[549] Die aufgestiegene Seele schaut Gott jenseits der Himmelssphären von Angesicht zu Angesicht

---

[540] Vgl. schon Platon, Tim. 90a–b; in der hellenistischen Philosophie Cicero, Nat. deor. II, 140, p. 310 *Gerlach/Bayer*; Seneca, De Otio V, 4, II, p. 88 *Bourgery/Waltz*; Seneca, Ep. 94,56, II, p. 377 *Reynolds*; Philo, Plant. 20 (vgl. dazu *Festugière* II, 540); vgl. auch *Wlosok,* 16; 60–61 für Philo; 144 für Clemens von Alexandrien; 182 u. 190 für Laktanz; 182–183 weitere Belege (in den notae).

[541] Vgl. *Beierwaltes*, Lichtsymbolik, 67, n. 2 mit den dort genannten Platon-Stellen; *Wlosok,* 9 mit Verweis auf Platon, Prot. 320cff.

[542] Diskussion über die Aufstiegsvorstellung liegt offenbar vor bei Philostrat, Vit. Apoll. II, 5.

[543] *Festugière* II, 543. Auch dieses Motiv wird in CH V angedeutet, nämlich V, 5, S. 62, Z. 11–12: »ὑπὸ μίαν ῥοπὴν πάντα ταῦτα θεάσασθαι«. Philo, Leg. All. I, 62: »νῦν ἐν τῷ σώματί μου τὸ ἡγεμονικόν ἐστι κατὰ τὴν οὐσίαν, δυνάμει δὲ ἐν Ἰταλίᾳ ἢ Σικελίᾳ, ὁπότε περὶ τῶν χωρῶν τούτων ἐπιλογίζεται, καὶ ἐν οὐρανῷ, ὁπότε περὶ οὐρανοῦ σκοπεῖ.« Vgl. auch Philo, Op. 69–71; Det. 87–89 (mit der Erhebung zum Himmel); Mut. 178–179.

[544] Die Verbindung der Motive Himmelsblick – Himmelsflug – schnelle Versetzung des Geistes an einen Ort liegt vor: Seneca, Helv. XI, 6–7, II, p. 330 *Bourgery/Waltz*: »celeri et volucri cogitatione divina perlustrat« (= p. 331 *Rosenbach*).

[545] Philo, Det. 87–90 (mit dem Seelenaufstiegsmotiv), vgl. *Wlosok,* 68–69, mit n. 23 von 68. CH XI,19 wird das Motiv so eingesetzt, daß eine bewußte Steigerung des Himmelsflugmotivs ausgesprochen wird, insofern die Seele nicht einmal Flügel braucht, um überall hinzugelangen, vgl. CH V,5 »εἴθε δυνατόν σοι ἦν πτηνῷ γενομένῳ ἀναπτῆναι εἰς τὸν ἀέρα« mit CH XI,19 »κέλευσον δὲ αὐτῇ καὶ εἰς τὸν οὐρανὸν ἀναπτῆναι, καὶ οὐδὲ πτερῶν δεηθήσεται.« Laut *Festugière* II, 87–88, n. 2 geht das hier gemeinte Motiv über in die Vorstellung, daß der *Myste* überall ist, vgl. z.B. CH XIII,11; umgekehrt wird auch gesagt, daß *Gott* überall ist, vgl. CH V,9; 11.

[546] CH XI,20: »ἴδε ὅσην δύναμιν, ὅσην τάχος ἔχεις«.

[547] Für diesen Topos vgl. Aristoteles, fr. 23 *Rose*; Philo, Post. 19 (von allen Himmelsbewegungen); Cicero, Somn. Scip. § 18; Seneca, Ad Helv. VI, 7–8 (von allen Himmelsbewegungen); Kleomedes I, 3,1: »αὕτη δὲ ἡ κίνησις αὐτῶν σχολαιότερα ἐστι τῆς τοῦ κόσμου κινήσεως.« Dasselbe Motiv, bezogen auf den Kosmos, findet sich CH IX, 8; dort fällt auch das Stichwort »τάξις«.

[548] Die Entwicklung des Motivs läßt sich ausgezeichnet verfolgen bei Proklos, In Tim. B (Prooem.), Diehl, 211,8–212,1, wo alle Stufen der Entwicklung und die wichtigsten Motive nacheinander aufgeführt werden.

[549] CH XI,19: »εἰ δὲ βουληθείης καὶ αὐτὸ ὅλον διαρρήξασθαι καὶ τὰ ἐκτὸς ... θεάσασθαι, ἔξεστί σοι.«

im Licht.[550] Dieser Vorgang vollzieht sich nach dem Tode, wenn die Seele vom Gewicht des Körpers befreit ist,[551] er kann aber auch schon in der mystischen Schau im Diesseits stattfinden[552] und sogar in der Reflexion vorweggenommen werden.[553]

In unserem Text wird das Motiv des Himmelsblicks nur angedeutet und sachlich-nüchtern dazu verwendet, auf die beiden Sternbilder der Bären hinzuweisen, die nie untergehen.

Dabei verwendet der Verfasser wiederum ein traditionelles Motiv. Das Sternbild des Großen Bären (das wohl in CH V,4, S. 61, Z. 19–20 gemeint sein dürfte) und die *beiden* Sternbilder der Bären treten, offenbar weil sie nie untergehen,[554] in ägyptischen Texten, z.B. Zauberpapyri,[555] als die Wächter auf, die den Himmelspol bewachen[556] und die Himmelsachse mitsamt dem gesamten Kosmos in Drehbewegung halten.[557] Die beiden Sternbilder bzw. die sieben Sterne des Großen Bären wurden als göttliche oder dämonische Wesen verehrt[558] und angerufen.[559] Am Zentrum des Himmels sitzend[560] bestimmen sie über das Schicksal der Menschen.[561]

Daß in unserem Text von den *zwei* Bären die Rede ist, im Gegensatz zu CH V,4, wo nur *ein* ἄρκτος genannt wird, hat vermutlich keine tiefere Bedeutung, sondern ist tra-

---

[550] *Wlosok,* 16; Philo, Spec. I, 36–38; Op. 71; Conf. 95–96.

[551] *Wlosok,* 44; 117 für die Hermetica, doch ist damit nicht unsere Stelle gemeint. Das schwere Gewicht des Leibes hindert am Aufstieg der Seele: Seneca, Ep. 24,16–17, I, p. 69–70 *Reynolds;* Ep. 65,16, I, p. 179 *Reynolds,* vgl. auch 65,18; besonders wichtig Seneca, Ep. 102,22, II, p. 430 *Reynolds:* »Cum venerit dies ille qui mixtum hoc divini humanique secernat, corpus hic ubi inveni relinquam, ipse me diis reddam. Nec nunc sine illis sum, *sed gravi terrenoque detineor.*« Dasselbe Motiv ist auch bei Philo, Som. I, 43 angedeutet (»... ὅλον τὸν σωματικὸν ὄγκον ἐκδῦσα ...«).

[552] Vgl. *Wlosok,* 38 mit den dort angegebenen Belegen aus Seneca.

[553] *Wlosok,* 14–16; für Seneca vgl. *Wlosok,* 39; 41 mit n. 126; 43 mit Bezug auf Seneca, Ep. 65,18.

[554] *Boll/Gundel,* Art. Sternbilder etc., ALGM VI, Sp. 879–880; *Boll,* Kl. Schriften, 220f.; *Boll,* Sphaera, 95.

[555] *Nilsson,* Opuscula III, 133, n. 4 (von 132). Vgl. z.B. PGrM IV, 700–701; 1290–1295; 1302f.; 1323–1330; 2550–53; dazu *Fauth,* passim.

[556] Für den Gott Chronos, der zusammen mit den beiden Bären den Himmelspol bewacht, vgl. *Eisler* II, 388–389.

[557] Exc. Stob. VI, 13 (*Nock/Festugière* III, 37); *Dieterich,* Mithrasliturgie, 12–15 (Text und Übersetzung). Die Meinung *Scotts* (II, 97, mit Berufung auf Dieterich), die Erwähnung der ἄρκτοι gehe auf den Mithraskult zurück und sei ein Einschub von jemandem, der durch diesen Kult beeinflußt ist, ist abwegig. So schwerwiegende Thesen darf man aus dem Vorkommen der ἄρκτοι in der Mithrasliturgie (vgl. *Gundel,* Weltbild, 59) nicht ableiten.

Für die Wagen als Träger des Himmelsgebäudes, als Drücker und Erschütterer der Sterne vgl. *Gundel,* Sternglaube, 17. Für die Zauberpapyri vgl. PGrM VII, 686–690 (p. 137 *Betz*); PGrM IV, 1275–1280 (p. 62 *Betz*); *Gundel,* Weltbild, 61–63 mit Verweis auf PGrM VII, 686–701 (= n. 67 auf 63).

[558] *Gundel,* Sternglaube, 18; *Gundel,* Weltbild, 61; *Fauth,* 96–98.

[559] *Bousset,* Hermes Trismegistos, 209, n. 10; *Boll/Gundel,* Art. Sternbilder etc., ALGM VI, 880. Vgl. auch die genannten Stellen aus den Zauberpapyri.

[560] *Boll,* Kl. Schriften, 240; *Boll,* Sphaera, 163f. mit n. 5.

[561] *Dieterich,* Mithrasliturgie, 73.

ditionell.[562] In den erhaltenen Texten ist wechselweise von einem oder den zwei ἄρκτοι die Rede,[563] häufiger jedoch von der großen Bärin.[564]

An unserer Stelle sind die beiden Bären keine göttlichen oder dämonischen Wesen;[565] auch ist nicht gesagt, daß sie den Kosmos umdrehen. Eine geringe Spur dieser Vorstellung findet sich nur darin, daß sie als Beweis für die von der kosmischen Umdrehung vorausgesetzte Weltachse angeführt werden.[566] Falls der Hermetiker die Vorstellung der beiden Bären aus ägyptischer Mythologie übernommen hat,[567] ist sie jedenfalls ganz verblaßt. Der Verfasser gibt nicht zu erkennen, daß er den mythologischen Gehalt der ägyptischen Vorstellung kennt.[568]

Unser Hermetiker sieht die ἄρκτοι also ganz »unmythologisch«. Sie sind ihm nur Beweis für ein physikalisches Phänomen innerhalb seiner Argumentationskette. Diese Sicht der ἄρκτοι paßt auch zu der an anderer Stelle deutlich werdenden Auffassung unseres Verfassers, daß eigentlich als Gottheit nur der erste Gott anerkannt werden kann, während die anderen göttlichen Wesen als »sogenannte Götter« abgewertet werden (z.B. in CH II,14, S. 38, Z. 3f.).[569]

Der nüchternen Sicht der beiden ἄρκτοι entspricht der verhaltene Umgang mit dem Motiv des Himmelsblicks. Der Himmelsblick ist für den Verfasser nicht Anlaß, die Schönheit des Kosmos herauszustellen und dadurch auf den Schöpfer des Kosmos zu schließen. Auch ein dualistischer Gegensatz von Himmel und Erde scheint an dieser Stelle nicht anzuklingen.

Der Blick zum Himmel dient an unserer Stelle nur dem Hinweis auf die beiden nie untergehenden Sternbilder. Die *Verbindung* der Tradition des Himmelsblicks mit der der ἄρκτοι dürfte von unserem Verfasser stammen, denn sie ist in den Parallelen äußerst selten.[570] Durch diese Verbindung führt der Himmels-

---

[562] *Dieterich*, Mithrasliturgie, 72–73; *Boll/Gundel*, Art. Sternbilder etc., ALGM VI, 875.

[563] Bei Arat, Phaen. 40–44, p. 18 *Martin*; p. 6 *Maass* wird über die unterschiedliche Sichtbarkeit der beiden Bären reflektiert. Für die Vorstellung der *zwei* Bären vgl. *Boll/Gundel*, Art. Sternbilder etc., ALGM VI, 875 mit Stellenhinweisen; *Boll*, Kl. Schriften, 240.

[564] Wohl auch in CH V,4. Vgl. *Gundel*, Weltbild, 59.

[565] Ganz abgeblaßt ist die Vorstellung von der Macht des Siebengestirns bei Philo, Leg. All. I, 8.

[566] S. 34, Z. 5f.: »περὶ δὲ τὸ αὐτὸ στρεφομένας«.

[567] Ἄρκτος gehört den Ägyptern laut *Gundel*, Dekane, 336. Für die Beziehungen zwischen Thoth-Hermes bzw. Asklepios und dem ἄρκτος vgl. *Fauth*, 93 und 98; für die Beziehung zu Isis vgl. *Fauth*, 93–94.

[568] Die Beobachtung zeigt, daß der Verfasser eher ein (vielleicht in Ägypten lebender) *Grieche* gewesen ist als ein Ägypter. Vgl. zu diesem Problem den Abschnitt zur Lokalisierung und Datierung des Traktates, unten, 275ff.

[569] Siehe den Kommentar z.St. Diese Tendenz paßt schlecht zu einer Ableitung aus ägyptischem Kontext; vielmehr spiegelt sich darin ein typisch griechischer philosophischer Rationalismus wider.

[570] Vgl. aber Cicero, Tusc. I, 68–70, wo alle oben erwähnten Motive versammelt sind: der Mensch als Betrachter des Himmels; die Schönheit und Wohlgeordnetheit des Kosmos; die Geschwindigkeit des Fixsternhimmels; das Siebengestirn (»stellas septem« entspricht dem ἄρκτος) wird erwähnt; außerdem wird davon gesprochen, daß Gott nicht aus sich

blick allerdings auch in unserem Traktat zur Gotteserkenntnis, nämlich insofern, als der Blick auf die beiden nie untergehenden ἄρκτοι die Existenz eines ruhenden Pols der kosmischen Kreisbewegung und damit, aufgrund der vom Verfasser vorgenommenen Gleichsetzungen, des unbewegten Bewegers anschaulich beweist.

Das Motiv des Aufblicks wird an unserer Stelle auch nicht zu einem Seelenaufstieg zum Himmel oder gar einer direkten Gottesschau gesteigert. Das würde auch der sachlich-nüchternen Grundhaltung widersprechen, die zumindest im ersten Teil des Traktates vorherrscht. Der Verfasser versucht, durch philosophische und physikalische Argumente zu überzeugen, auch wenn diese größtenteils eine theologische Tendenz haben. Im zweiten Teil des Textes[571] wird die Sprache dagegen emphatischer, d.h. in dem Teil, wo der Verfasser zunächst auf den νοῦς und dann den Gott oberhalb des νοῦς zu sprechen kommt. Hier ist deutlich ein religiöser Tonfall zu spüren; die Aneinanderreihung göttlicher Ehrenprädikate in CH II,12a hat sogar hymnischen Charakter. Aber selbst in diesem Abschnitt verläßt der Verfasser nicht oder kaum den Rahmen dessen, was auch sonst in der Philosophie seiner Zeit durchaus möglich war.[572]

Für die sachlich-philosophische Attitüde des Textes werden im abschließenden Teil der Arbeit mögliche Erklärungen genannt.

Die beiden Sternbilder garantieren die Existenz eines ruhenden Zentrums der kreisförmigen Sphärenbewegungen deshalb, weil sie ständig beobachtbar um denselben Punkt kreisen.[573] Der Satz S. 34, Z. 8–9 (»ἡ δὲ περιφορὰ τὸ αὐτὸ ...«) scheint nun anzudeuten, daß die Kreisbewegung der beiden Sternbilder um den Pol herum dadurch erklärt werden kann, daß der ruhende Kreismittelpunkt die Peripherie sozusagen festhält. Die ἄρκτοι sind ein sichtbarer Beleg für die vom Zentrum ausgehende Kraft, weil sie, wie der Blick zum Himmel lehrt, immer in derselben Bahn nahe bei diesem Zentrum bleiben.

Wenn das gemeint ist, würde in den dunklen Ausführungen in ganz abgeblaßter Form noch die traditionelle Vorstellung vom Machtcharakter des Himmelspols anklingen.

---

selbst, sondern aus seinen Werken erkennbar ist. Die Erwähnung der 7 Sterne steht freilich in einem Zitat Ciceros aus dem Dichter Accius (fr. 566f., p. 241 *Ribbeck* = p. 518 *Warmington*); die Verbindung mit dem Motiv des Himmelsblicks ist also redaktionell. Die einzige andere mir bekannte Stelle, wo der Himmelsblick (in erbaulichem Sinne) zu den ἄρκτοι geht, ist Cicero, Nat. deor. II, 105. *Nur hier* fällt der Begriff »arctoe« (lat. für »ἄρκτοι«); die Verbindung beider Motive ist ebenfalls redaktionell, denn Cicero zitiert aus Arat, Phaen. 27 (p. 13 *Martin*; p. 5 *Maass*): »Δύο δέ μιν ἀμφὶς ἔχουσαι Ἄρκτοι ἅμα τροχόωσι (τὸ δὴ καλέονται Ἅμαξαι)« und verbindet dieses Zitat mit dem Motiv des Himmelsblicks. Die Schlußfolgerung ist also erlaubt, daß die beiden hier gemeinten Motive ursprünglich nicht zusammengehören. (Philo, Op. 114 ist davon die Rede, daß die Seefahrer zum Himmel blickten, um sich am ἄρκτος zu orientieren und zu fernen Ländern leiten zu lassen. Diese Vorstellung gehört nicht hierher. Vgl. *Dieterich*, Mithrasliturgie, 73, n. 3.)

[571] Etwa ab CH II,12.
[572] Man vergleiche etwa das *Somnium Scipionis* bei Cicero.
[573] Vgl. noch einmal *Eisler* II, 388–389.

Der in Z. 9 mit »τὸ γὰρ περὶ …« beginnende, teilweise nicht mehr re-
konstruierbare Satz liefert wohl eine vertiefende Erklärung auf physikalischer
Grundlage. Er trägt wieder alle Merkmale der Formulierungsarbeit des Verfassers, denn er ist wortreich, gewunden und als Folge davon kaum verständlich;
das dürfte auch die schwierigen textkritischen Probleme verursacht haben.[574]
Doch so viel scheint klar: der Satz führt genauer aus, wieso vom Kreismittelpunkt ein Festhalten ausgesagt werden kann. Hätte der Mittelpunkt nämlich keine Haltekraft, würden die auf der Peripherie kreisenden Gestirne
gleichsam nach außen aus ihrer Bahn ausbrechen; daran werden sie durch den
Ruhepol gehindert. Vielleicht ist der zugrundeliegende Gedanke der, daß die
nach außen gerichtete Fliehkraft und die entgegengesetzte Haltekraft des Mit-
telpunktes ein Gleichgewicht bilden, das in dem immer gleichbleibenden Abstand der Kreisbahnen der Gestirne um den Mittelpunkt seinen Ausdruck findet. Dieser Sachverhalt wird an den immer gleichen Kreisbewegungen der
beiden ἄρκτοι anschaulich.
    Der letzte Satzteil (S. 34, Z. 11f.: »οὕτω …«) zieht offenbar die Schlußfol-
gerung, daß die Fixsternsphäre feststeht, weil sie ebenso wie die an einem Ausbrechen gehinderten Gestirne zu einem System gegensätzlicher Kräfte gehört,
die in einem Ruhezustand resultieren.
    Die Zeilen 8–12 erinnern nach Inhalt und Formulierungen an eine Stelle aus
Platons *Nomoi*, wo die kreisförmige Bewegung charakterisiert wird;[575] es ist
durchaus möglich, daß der Verfasser bei der Darstellung seiner Theorie an diese Platonstelle anknüpft oder sie zumindest im Ohr hatte.
    Wie bereits mehrfach gesagt, sind Teile dieser schwierigen Ausführungen,
ebenso wie die voraufgehenden S. 34, Z. 2f., textkritisch sehr unsicher. Offenbar haben die Abschreiber, aber auch die älteren Kommentatoren sich auf die
Darlegungen keinen Reim machen können und Auslassungen bzw. Verbesserungen vorgenommen. Doch vermutlich redet unser Verfasser absichtlich in
Rätseln, um gedankliche Unklarheiten zu überspielen, aber wohl auch, um den
Ausführungen jetzt, beim Aufsteigen des Gedankengangs zum Beweger der
Himmelssphären, dem göttlichen νοῦς, einen mystisch-geheimnisvollen Bei-
klang zu geben.

## 8. CH II,8 (S. 34, Z. 13 – S. 35, Z. 4)

Ein zweites anschauliches Beispiel (nach dem der beiden ἄρκτοι), das eines
Schwimmers im Fluß, wird eingeführt (S. 34, Z. 13), um den Grundgedanken

---

[574] Siehe oben, Übers., App. z.St.

[575] Platon, Nom. 893c3–7 wird als eine der Arten der Bewegung die Kreisbewegung beschrieben, und zwar mit folgenden Worten: »τὰ μέν γε ἐν μιᾷ ἕδρᾳ που τοῦτο ἂν δρῴη …
τὰ τὴν τῶν ἑστώτων ἐν μέσῳ λαμβάνοντα δύναμιν λέγεις … ἐν ἑνὶ κινεῖσθαι, καθάπερ ἡ
τῶν ἑστάναι λεγομένων κύκλων περιφορά.« Das erinnert in einigen Punkten deutlich an
die Ausdrucksweise des hermetischen Verfassers.

von CH II,7 zu erläutern. Daß der Verfasser noch ein Beispiel anführt, zeigt, daß er wohl selber das Empfinden hatte, seine bisherigen Darlegungen seien nicht hinreichend verständlich gewesen.

Das Beispiel soll vermutlich anschaulich belegen, daß aus dem Gegensatz zweier Bewegungen oder Kräfte ein Feststehen resultiert.

Das Schwimmerbeispiel wird mit der Bemerkung eingeführt, es solle eine irdische, in die Augen fallende Illustration sein (S. 34, Z. 13–14). Der Verfasser will also einen elementaren, alltäglichen Sachverhalt zur Illustration seiner kosmologischen Theorie verwenden. Darin spiegelt sich wohl wieder eine Methode aus schulischem Unterricht. Das »irdische« (ἐπίγειον) Schwimmer-Beispiel steht in Parallele und Kontrast zum »himmlischen« Beispiel der beiden Bären. Der Gegensatz irdisch-himmlisch, vergänglich-unvergänglich wird ausdrücklich angesprochen (ἐπίγειον [S. 34, Z. 13], ἐπίκηρα[576] [S. 34, Z. 14]), ein Kontrast zwischen irdischer und himmlischer Sphäre klingt also an. Ein expliziter Dualismus liegt damit zwar noch nicht vor, steht aber eventuell im Hintergrund. Vielleicht soll auch gesagt werden, daß nicht nur die physikalischen Tatsachen am Himmel, sondern auch die irdischen physikalischen Phänomene über sich hinaus auf einen unbewegten Beweger verweisen.

Das Schwimmer-Beispiel steht auch in Galens Schrift *De motu musculorum* I, 8.[577] Unser Verfasser dürfte kaum Galens Schrift vor Augen haben, vielmehr kennt er das Beispiel wahrscheinlich aus philosophischen Schuldiskussionen.[578] Auch Galen wird es nicht selbst erdacht haben. Möglicherweise liegt dasselbe Beispiel auch einer Philo-Passage zugrunde.[579] Es stammt vermutlich aus stoischer Tradition,[580] war aber, wie Galen und eventuell Philo belegen, auch im Mittelplatonismus bekannt.

Galen[581] wendet das stoische Konzept einer τονικὴ κίνησις[582] auf folgendes Phänomen an: wenn wir an einem ausgestreckten Arm ein Gewicht halten, üben die Muskeln eine Kraft aus, die von der Gegenkraft des Gewichtes ausgeglichen wird. Als ganzer befindet sich der Arm in Ruhe.

Galen will offenbar zwischen dem Fall wirklicher Ruhe und der Ruhe, die sich aus einem Gleichgewicht zweier gleich großer, einander entgegengesetzter Kräfte ergibt, unterscheiden.[583] Ein Schwimmer wird aufgrund der Gegenkraft, die er durch seine gegen die Kraft des Flusses gerichteten Bewegungen erzeugt, nicht von der Strömung

---

[576] »ἐπίκηρος« = sterblich, vergänglich, dem Tode unterworfen, vgl. *Liddell/Scott*, s.v. ἐπίκηρος, 638; Philo, Fug. 104; Som. II, 149; De Exsecr. 132, u.a.m.

[577] SVF II, 450 partim. Das Beispiel wird diskutiert bei *Samburky*, Physics, 32f.

[578] Der das Beispiel einleitende Satz (S. 34, Z. 14f.: »τὰ ἐπίκηρα …«) ist ein Anakoluth; darin spiegelt sich vielleicht lebendiger Unterrichtsstil wider.

[579] Vgl. Philo, Conf. 29–32.

[580] Vgl. die Einleitung bei Galen, De motu musculorum I, 8 = SVF II, 450, p. 148, 10f. *Arnim*: »καὶ δὴ ποιοῦμεν οὕτως καὶ πρῶτον μὲν ὥσπερ ἐκεῖνοι διδάσκουσιν ὁ λόγος προίτω.«

[581] Vgl. SVF II, 450.

[582] Dazu *Samburky*, Physics, 29–33.

[583] *Samburky*, Physics, 32.

fortgerissen.[584] Neben dem Schwimmerbeispiel nennt Galen noch den Vogel, der durch die Anziehungskraft der Erde nach unten, durch seinen Flügelschlag nach oben getrieben wird und sich deshalb in der Luft halten kann.[585]

Die Ruhe, die sich aus der entgegengesetzten Wirkung zweier Kräfte ergibt, ist nach Galens Meinung allerdings nur eine scheinbare; in Wahrheit handelt es sich um eine schnelle, nicht wahrnehmbare Folge kleiner, entgegengesetzter Bewegungen.

Die Theorie eines dynamischen Gleichgewichtes einander entgegengesetzter Faktoren haben die stoischen Physiker vermutlich aus vorsokratischen Auffassungen übernommen und weiterentwickelt. Insbesondere ist hier Heraklit zu nennen, auf den sich die Stoiker gerne als ihren Gewährsmann berufen haben.[586] Hier ist jedoch m.E. weniger an das von Heraklit dargelegte Austauschverfahren zwischen Erde, Wasser und Feuer zu denken, wie offenbar Sambursky meint.[587] Eher ist an die von Heraklit behauptete essentielle Gleichheit einander entgegengesetzter Kräfte zu denken, wie es in den Beispielen des gespannten Bogens und der Saite einer Lyra illustriert wird: die Spannung der Saite oder der Sehne wird konterkariert durch eine (etwa durch den Bogenschützen ausgeübte) Gegenkraft; auf diese Weise befindet sich das System im Gleichgewichtszustand.[588]

Das Schwimmer-Beispiel in CH II soll anscheinend beweisen, daß aus dem Gegensatz zweier Kräfte Ruhe entsteht. Insofern ist es tatsächlich Erläuterung von S. 34, Z. 11–12. Der gegen den Strom schwimmende, sich mit Händen und Füßen »abstoßende« Mensch wird nicht vom Wasser fortgerissen (S. 35, Z. 1), sondern befindet sich in Ruhe (»στάσις γίνεται τῷ ἀνθρώπῳ«, S. 34, Z. 16). Die unausgesprochene Schlußfolgerung ist: also resultiert auch aus der Gegenbewegung von Fixstern- und Planetensphäre στάσις; wieso dies allerdings die στάσις des Kreiszentrums ist, wird anhand des Beispiels nicht klar.

Das Schwimmer-Beispiel wird in der Anwendung durch unseren Verfasser ein wenig zweckentfremdet. Das wird schon sprachlich deutlich: der Begriff »ἀντιτυπία« (S. 34, Z. 15) steht nämlich nicht bei Galen, sondern ist eindeutig CH II,7, S. 33, Z. 19 entnommen. Auch der Begriff »στάσις« ist redaktionelles Element des Verfassers, denn bei Galen ist von »(δια-)μένειν« die Rede; »στάσις« stammt aus den voraufgehenden Ausführungen des Verfassers, etwa S. 34, Z. 9, und verbindet das Beispiel mit dem dort Gesagten.

---

[584] Der Text lautet: »... τὸ μὲν γὰρ ὅτι μηδ᾿ ὅλως κινεῖται, τὸ δὲ ὅτι δίττως, ὥσπερ καὶ ὁ πρὸς ῥοῦν ποταμῶν νήχων ἐναντίως. καὶ γὰρ οὗτος ἐὰν ἰσοσθενὴς ᾖ τῇ τοῦ ῥοῦ σφοδρότητι κατὰ τὸν αὐτὸν ἀεὶ διαμένει τόπον, οὐχ ὡς μηδ᾿ ὅλως κινούμενος, ἀλλ᾿ ὅτι πρόσω τοσοῦτον ὑπὸ τῆς οἰκείας διαφέρεται κινήσεως ὅσον ὑπὸ τῆς ἔξωθεν ὀπίσω φέρεται.« Vgl. auch den Kontext! Vielleicht war das Stichwort »ἐναντίως« der Anlaß für den Verfasser, mit Hilfe des Beispiels den Ruhezustand, der aus der *Gegen*bewegung der Sphären (»ἐναντίωσις«, S. 33, Z. 18; »ἐναντιότης«, S. 34, Z. 3) resultiert, zu illustrieren.

[585] Dazu *Sambursky*, Physics, 33.

[586] Die Verbindung zu Heraklit wird auch von *Sambursky*, Physics, 30 gesehen. Ist der Plural »ποταμῶν« in Galens Text, da sich sonst kein Grund für die pluralische Form finden läßt, eventuell eine Anspielung auf Heraklit, FVS 22 B12 = KRS Fr. 214: »ποταμοῖσι τοῖσι αὐτοῖσι ...«?

[587] Die aus Wasser kondensierten Dämpfe steigen in die Höhe, dafür regnet die Luft an einer anderen Stelle wieder aus, etc.; vgl. *Sambursky*, Physics, ebd.

[588] Heraklit, FVS 22 B51 = KRS Fr. 209.

116 Kommentar

Gravierender als die sprachliche Umgestaltung ist aber die Umorientierung des Sinns des Beispiels. Bei Galen illustriert es die aus dem Gegensatz zweier Bewegungen entstehende scheinbare Ruhe, die in Wahrheit eine kaum wahrnehmbare Vibration um einen Ruhepunkt herum ist und von der »wirklichen« Ruhe unterschieden werden muß.[589] Der Schwimmer befindet sich also nur scheinbar in Ruhe, in Wahrheit bewegt er sich immer ein Stückchen vor und zurück.[590] In unserem Traktat dient das Beispiel dagegen dem Erweis einer aus Gegenbewegungen resultierenden wirklichen, keineswegs scheinbaren Ruhe.

Wenn bei Philo[591] tatsächlich dasselbe Beispiel im Hintergrund steht, wird es dort seiner physikalischen Grundaussage noch stärker entfremdet: denn es dient zur Charakterisierung des Gerechten, der fest gegen den Strom der Unmoral steht.

Die Aufnahme des Beispiels in CH II und eventuell bei Philo zeigt, wie vorgegebenes Schulmaterial sozusagen wandert und in verschiedenen Zusammenhängen ganz unterschiedlich eingesetzt werden konnte; unser Verfasser könnte, wie die Parallelen nahelegen, das Beispiel aus mittelplatonischer, ägyptischer Schultradition übernommen haben.

Der Abschnitt über das Schwimmerbeispiel endet nicht, wie bei Nock/ Festugière,[592] mit der Bestätigung durch Asklepios, das Beispiel verstanden zu haben (S. 35, Z. 1–2).[593] Vielmehr gehört auch der nächste Satz (S. 35, Z. 3f.) dazu, der gleichsam die Brücke zur folgenden Passage bildet und damit beiden Abschnitten zugerechnet werden kann. Einerseits ist der Satz eine resümierende Schlußbemerkung im Stil aristotelischer, aber auch hellenistischer Pragmatien, zum anderen aber auch der Ausgangspunkt für die folgenden Ausführungen, wie das »οὖν« S. 35, Z. 4 beweist.

Der Satz ist eine weitere Variante des ersten des Traktates, doch das »ἔν τινι« der Bewegung wird als »ἐν στάσει« gefaßt, das »ὑπό τινος« der Bewegung wird als »ὑπὸ στάσεως« präzisiert. Der erste Satz des Traktates ist also im Lichte der Ergebnisse der voraufgehenden Argumentation neuformuliert. Die Neuformulierung bestätigt die Vermutung, daß der Ort der Bewegung mit deren Verursacher identisch ist, denn beide werden hier durch den gleichen Begriff, nämlich »στάσις«, charakterisiert. Dabei tritt ein Abstraktum an die Stelle des Konkreten. Stattdessen hätte der Verfasser natürlich auch vom »ruhenden Ort« oder dem »ruhenden Beweger« sprechen können. Dann hätte er aber unterschiedliche Ausdrücke verwenden müssen, und die Identität beider

---

[589] SVF II, 450, p. 148, Z. 22–23: »ἐν ταὐτῷ τόπῳ τὸ σῶμα μένειν ἠνάγκασεν, ἀλλ' οὐχ ὁμοίως ἐκείνῳ.«
[590] Ebd., Z. 23–25: »μένει γὰρ καὶ τοῦτ' ἐν ταυτῷ διὰ παντὸς ἀλλ' οὐχ ὁμοίως ἐκείνῳ. τὸ μὲν γὰρ ὅτι μηδ' ὅλως κινεῖται, τὸ δὲ ὅτι διττῶς, ὥσπερ καὶ ὁ πρὸς ῥοῦν ποταμῶν νήχων ἐναντίως ...«
[591] Noch einmal: Conf. 29–32.
[592] *Nock/Festugière* I, S. 35, Z. 2 im Übergang zu 3.
[593] Ob Asklepios dessen kosmologische Anwendung verstanden hat, muß durchaus offen bleiben.

Größen hätte nicht mit der wünschenswerten Deutlichkeit zum Ausdruck gebracht werden können, wie es nunmehr mit Hilfe des gemeinsamen Abstraktums »στάσις« geschieht.

Als empirisch-physikalischer Satz ist Z. 3–4 evidentermaßen falsch, denn es gibt viele Bewegungen, die von etwas erzeugt werden, das selber wiederum bewegt ist, und es gibt viele, die in etwas stattfinden, das bewegt ist. Der allgemeine Satz ist also im Hinblick auf das Ergebnis der voraufgehenden Argumentation gültig und auch daraufhin formuliert, gibt sich aber als allgemeine Wahrheit. Der Leser soll also die voraufgehenden Ausführungen im Lichte einer angeblich allgemeinen Wahrheit verstehen und plausibel finden: die Annahme eines unbewegten Bewegers stimmt mit allgemeinen physikalischen Vorgaben überein.

Vielleicht hat die Formulierung aber auch noch theologische Gründe: durch sie wird nämlich wirklich *alle* Bewegung auf die στάσις, von der wir nun wissen, daß sie der Beweger/Ort ist, zurückgeführt; ihre allumfassende Wirksamkeit wird – zumal durch das vorangestellte »πᾶσα« (S. 35, Z. 3) – nachdrücklich betont. Wieder einmal tritt also das religiöse Anliegen hinter einer sachlich unzutreffenden Redeweise hervor.

# 9. CH II,8 (S. 35, Z. 3) – 11 (S. 36, Z. 17)

*a) Übersicht über den Gedankengang*

In diesem Abschnitt werden exkursartig zwei Einwürfe behandelt. Sie werden dem Asklepios in den Mund gelegt. Da sie aus der stoischen und epikureischen Physik stammen, stehen sie vielleicht für eine *materialistische* Weltanschauung, im Gegensatz zur platonisch-aristotelischen des Verfassers. Erst nachdem Hermes Trismegistos (als Sprachrohr des Verfassers) sich mit ihnen auseinandergesetzt hat, entwickelt er seine eigene Position, eine nicht-materialistische, platonische Gotteslehre (CH II,12).

Der erste Einwand richtet sich gegen die platonische Seelenlehre und wird in CH II,8–9 (S. 35, Z. 4–17) abgehandelt. Demnach können Bewegungen von Körpern nur durch Druck und Stoß anderer Körper erzeugt werden. Der Einwand beruht auf der stoischen, aber auch epikureischen (atomistischen) physikalischen Theorie, wonach jegliche Einwirkung auf einen Körper nur wiederum von einem Körper ausgehen kann.[594]

---

[594] a) Belege für die *stoische* Lehre, daß auf Körper nur Körper einwirken können (vgl. *Sorabji*, Matter, 83, n. 18): SVF II, 140 (Diogenes Laert. VII, 55) (»... πᾶν γὰρ τὸ ποιοῦν σῶμά ἐστιν ...«); SVF II, 363 (Sextus Empiricus, Adv. Math. VIII, 263) (»τὸ ἀσώματον κατ᾽ αὐτοὺς (scil. Stoicos) οὔτε ποιεῖν τι πέφυκεν οὔτε πάσχειν.«); Sextus Empiricus, Pyrrh. Hypot. III, 38; SVF III, 84 (Seneca, Ep. ad Lucilium 106,2) (»Quod facit, corpus est.«); SVF I, 90 (Cicero, Acad. Post. I, 39); SVF I, 518 (Nemesius, De natura hominis); SVF II, 525 (Plutarch, Comm. Not. 1073d–e); SVF II, 387 (Aetius, Plac. IV, 20,2 = *Diels*,

Das wird widerlegt mit der platonischen These, daß die Ursache von Bewegung seelisch-geistiger Natur ist. Auch in den Fällen, wo scheinbar Körper für die Bewegung von anderen Körpern verantwortlich sind, ist letzten Endes die Quelle der Bewegung eine (unkörperliche) Seele, nämlich die, welche den ersten die Bewegung weitergebenden Körper in Bewegung gesetzt hat.[595]

Ob der Einwand auf den übergreifenden kosmologischen Diskussionszusammenhang zu beziehen ist, ist fraglich. Eventuell richtet er sich gegen die vom Verfasser vertretene platonisch-mittelplatonische Lehre einer den Kosmos bewegenden Weltseele (vgl. S. 35, Z. 6 und ff.).[596] Man kann sich gut vorstellen, wie Stoiker in Schuldebatten die platonische Theorie mit dem Hinweis kritisiert haben, daß auch die Weltseele ein Körper (im Sinne des stoischen πνεῦμα) sein muß, weil sich sonst nicht verstehen läßt, wie sie den körperlich gedachten Kosmos bewegt. Eine solche Debatte »inszeniert« der Verfasser nun zwischen Hermes und Asklepios.

Nachdem der Schüler mit seinem ersten Einwurf nicht zum Zuge gekommen ist, versucht er es mit einem zweiten (CH II,10–11, S. 35, Z. 17 – S. 36, Z. 17), wobei noch weniger als beim ersten klar ist, was er mit dem übergreifenden Gedankengang des Traktates zu tun hat. Asklepios behauptet, daß Bewegung nur in einem Vakuum stattfinden kann. Eine solche Auffassung wird z.B. in der epikureischen Atomlehre vertreten.[597]

Wiederum hat Asklepios unrecht, was mit ein paar routiniert vorgetragenen Argumenten und Schlußfolgerungen von Hermes gezeigt wird. Die Argumen-

---

Doxog. Gr. 410a6); *Diels,* Doxog. Gr. 612,19–613,2 (Ps.-Galen, Hist. Phil. 23 = Sextus Empir., Pyrrh. Hypot. III, 38ff.).

b) Belege für die *atomistische* Auffassung der Einwirkung von Körpern auf Körper, in diesem Falle atomarer Körper:

α Der ältere Atomismus (Demokrit, Leukipp): Aristoteles, De Gen. et Corr. 325a2ff., bes. a23ff. = KRS Fr. 545; Arist. Met. 985b4ff. = FVS 67 A6 = KRS Fr. 555; Simplikios, In De Caelo 242,18–21 = FVS 67 A14 = KRS Fr. 557; Aet. Plac. I, 12,5, *Diels,* Doxog. 311a5–13 = b11–17; I, 12,6, *Diels,* Doxog. 311b18–22; I, 3,18, *Diels,* Doxog. 285a1–286a17 (vgl. KRS Fr. 576); Arist. über Demokrit bei Simplikios, In De Caelo 295,9 = KRS Fr. 578; Alexander von Aphrod., In Met. 36,21f. = KRS Fr. 580; Simplikios, In Phys. 1318,35–1319,2 = FVS 68 A58 = KRS Fr. 582; Simplikios, In De Caelo 242,21–26 = KRS Fr. 584.

β Der jüngere Atomismus (Epikureismus): *Long/Sedley,* Fr. 6A (*Lukrez,* De rerum nat. I, 335–344); *Long/Sedley,* Fr. 11A (Epikur, Ep. Hdt. 43–44); *Long/Sedley,* Fr. 11B (partim) (*Lukrez,* De rerum nat. II, 80–88; 97–99); *Long/Sedley,* Fr. 11D bzw. 15A2 (Epikur, Ep. Hdt. 46–47); *Long/Sedley,* Fr. 11E (Epikur, Ep. Hdt. 61–62); *Long/Sedley,* Fr. 11H (partim) (*Lukrez,* De rerum nat. II, 221–224).

[595] Vgl. *Nock/Festugière* I, S. 35, Z. 6–8; 12–15.

[596] Siehe unten mehr, vgl. hier z.B. Cicero, Tusc. I, 53–55 (mit ausdrücklicher Berufung auf Platon und Zitat); Plutarch, Mor. 1013c; Apuleius, De Platone 199: »ipsamque semper per se moveri, agitatricem aliorum«; [Albinos], Epit. XXV, 4; [Albinos] führt z.B. aus: »αὐτοκίνητον δὲ ἡ ψυχή. τὸ δὲ αὐτοκίνητον ἀρχὴ πάσης κινήσεως καὶ γενέσεως …«; Calcidius, In Tim., c. 227–228, p. 242–244 *Waszink.*

[597] *Long/Sedley,* Fr. 6A (*Lukrez,* De rerum nat. I, 335–344); *Long/Sedley,* Fr. 11 B4 (Lukr., De rerum nat. II, 96); *Long/Sedley,* Fr. 11 C3 (Lukr., De rerum nat. II, 158); *Long/Sedley,* Fr. 11 D1 (Epikur, Ep. Hdt. 46); *Long/Sedley,* Fr. 11 E1 (Epikur, Ep. Hdt. 61).

tation hat sophistische Züge; am Ende ist Asklepios gezwungen, anzuerkennen, daß das genaue Gegenteil dessen wahr ist, was er glaubte (S. 36, Z. 12–13; 18).

Der Einwurf und seine Widerlegung dürften nichts mit dem übergreifenden Argumentationsgang des Traktates zu tun haben, außer vielleicht insofern, als die Einführung des Begriffs des Leeren (κενόν) auf dem Hintergrund stoischer und epikureischer Physik im Kontext von Theorien über Bewegung und Bewegungsweitergabe irgendwie nahelag. Vermutlich soll nur gezeigt werden, wie ein reichlich unbedarfter Schüler durch scheinbar gewichtige, in Wahrheit aber völlig deplazierte Einwände die Diskussion aufhält, denn am Ende kehrt Hermes (und damit der Verfasser) wieder zu seinem eigentlichen Thema, nämlich dem Ort des Universums, zurück (S. 36, Z. 18 – S. 37, Z. 2 und ff.).

*b) Detailanalysen*

*CH II,8 (S. 35, Z. 3–9)*

Der Satz S. 35, Z. 3f. ist, wie bereits festgestellt, eine variierende Wiederholung des ersten Satzes des Traktates. Er gehört zur voraufgehenden Textpassage, weil er im Lichte ihrer Ergebnisse den einleitenden Lehrsatz des Traktates neu formuliert. Aber er leitet auch den folgenden Textabschnitt ein. Denn dem »ὑπὸ στάσεως« entspricht die Behandlung der Bewegungsverursachung im Anschluß an den ersten Einwurf des Asklepios, dem »ἐν στάσει« die Behandlung der Frage, ob Bewegung »ἐν κενῷ« stattfinden muß, im Anschluß an den zweiten Einwurf des Asklepios. Die beiden Aspekte werden in der Abfolge genannt, wie sie dem den Traktat einleitenden Lehrsatz entspricht; zugleich wird durch die Nachstellung des »ὑπό ...« direkt zum folgenden Abschnitt (vgl. »ὑπὸ τῶν κατ’ ἐκτός ...«, Z. 5–6) übergeleitet.

Diese Passage (S. 35, Z. 4–17) beschäftigt sich also mit dem ὑπό τινος der Bewegung, die folgende (CH II,10 und 11) dagegen mit dem ἔν τινι. Gegenüber Scott[598] ist festzuhalten, daß allerdings durchaus schon vor dem hier behandelten Abschnitt von der Bewegungsursache die Rede gewesen ist. Mit »ὑπὸ τῆς ἑστώσης« (CH II,7, S. 34, Z. 3) ist nämlich die äußerste Fixsternsphäre als Verursacher der himmlischen Kreisbewegung angesprochen.[599]

Die Ursache der kosmischen Bewegung wird nun in dem Satz S. 35, Z. 4–7 neu bestimmt: der Weltbeweger ist offenbar zugleich die *Weltseele*. Das dürfte mit der Feststellung gemeint sein, daß die Ursache der kosmischen Bewegung nicht von außen auf den Kosmos einwirkt, sondern *in* ihm vorhanden ist. Außerdem wird betont darauf hingewiesen, daß es sich um eine geistig-psychische, nicht-körperliche Entität handelt (S. 35, Z. 4–7).[600]

---

[598] Vgl. *Scott* II, 99.
[599] Siehe Kommentar z.St.; hinzuweisen ist auch auf die Wendung »ὑπὸ τῆς ἐναντιότητος« S. 34, Z. 12.
[600] Vgl. *Scott* II, 99.

Damit klingt die Theorie einer den Kosmos bewegenden Seele zwar auch für den nicht philosophisch geschulten Leser schon deutlich an, aber erst auf dem Hintergrund der platonischen Theorie der Weltseele wird das Gemeinte richtig klar.

Für Platon ist der Kosmos ein Lebewesen (Tim. 30b4ff.), das aus dem Weltleib und der Weltseele zusammengefügt ist (36d7ff.). Diese Theorie findet sich auch im Mittelplatonismus, z.B. im Lehrbuch des [Albinos].[601]

Daß die platonische Theorie auch in unseren Traktat Eingang gefunden hat, zeigt bereits die Wendung »καὶ παντὸς δὲ ζῴου ὑλικοῦ« (S. 35, Z. 4). Damit wird offenbar eine Analogie zwischen Lebewesen (Menschen, Tieren) und dem Kosmos hergestellt:[602] wie alle Lebewesen im Kosmos durch eine sich in ihnen befindende Seele bewegt werden, wird es auch der Kosmos selbst.

Wahrscheinlich meint der Verfasser aber nicht nur, daß der Kosmos in Analogie zu einem Lebewesen zu verstehen sei, sondern er ist selber eines. Denn das entspricht der platonischen Tradition, es ist z.B. die Meinung von Platon[603] und [Albinos][604].

Damit klingt vielleicht auch der Vergleich Mikrokosmos/Makrokosmos an, also die Auffassung, daß der Kosmos ein Organismus im großen, der Mensch hingegen ein Abbild des Kosmos im Kleinen ist.[605] Der Gedanke ist viel klarer ausgesprochen in CH V,6.[606] Typisch für CH II ist der nüchterne Umgang mit dem Motiv: es dient, anders als in CH V, z.B. nicht dazu, anhand der sinnvollen Ordnung des Kosmos wie des menschlichen Organismus auf den Schöpfergott zu schließen.[607]

Im Gegenteil dürfte in der Wendung »ζῷον ὑλικόν« sogar ein dualistisches Moment mitschwingen: der Kosmos und die Lebewesen in ihm gehören zur gottfernen hyletischen Sphäre.[608] Auch beim Kosmos gibt es also, wie beim Menschen, einen Gegensatz von Körper und Seele,[609] aber dieses dualistische Moment erfährt im Traktat keine allzu starke religiöse Vertiefung.

---

[601] [Albinos], Epit. XIV, 4.

[602] Das »καί« hat explikativen *und* ergänzenden Charakter.

[603] Noch einmal: Platon, Tim. 30b7–8.

[604] [Albinos], Epit. XIV, 4, ad init.: »Δῆλον οὖν ὅτι ζῷον ἂν εἴη ὁ κόσμος ...« Siehe auch Plutarch, Mor. 1014c.

[605] Grundtext ist auch hier wieder Platons *Timaios*, vgl. etwa Tim. 44d3–6; wichtig aber auch Phil. 29b6–c3; d6–e7; siehe zum Motiv auch Demokrit, FVS 68 B34; Aristoteles, Phys. 252b24–27; Proklos, In Tim. I, 5,11–13 *Diehl*; I, 33,24–25; I, 202,25–28; III, 172,8–9; III, 355,7–9 (alles *Diehl*); *Festugière*, Procl. In Tim., p. 28–29, n. 5; *Festugière* II, 151; *Nilsson*, Griech. Religion, 709–710; *Sasse*, Art. κοσμέω, κόσμος κτλ., ThWNT III, 874 mit n. 27 (weitere Belege).

[606] *Nock/Festugière* I, 67, n. 19 z. St.

[607] Siehe CH V,3, *Nock/Festugière* I, 61, Z. 8 (und ff.); CH V,6–8, *Nock/Festugière* I, 62, Z. 15 – 63, Z. 12.

[608] Z.B. bei den Valentinianern ist »ὑλή« ein wichtiger, im dualistischen Sinne negativ besetzter Begriff, vgl. *Sagnard*, 657, s.v. ὑλή, ὑλικός.

[609] Siehe unten zu S. 35, Z. 15f.

Wenn wir die Theorie, daß der Kosmos, wie ein Lebewesen, die Quelle seiner Bewegung in sich hat, mit den voraufgehenden Ausführungen verbinden, ergibt sich als vermutliche Meinung des Verfassers, daß die kosmische Bewegung irgendwie von dem schon erwähnten Ruhezentrum in der Mitte der kreisenden Sphären ausgeht. Es ist sozusagen der innere Motor der Bewegung des Alls. Darauf wird auch noch der Lehrsatz über die στάσις als Bewegungsursache (S. 35, Z. 3–4) zu beziehen sein.

Die vorgeschlagenen Kombinationen, also Weltseele = Ruhezentrum = Beweger, etc., werden aber nicht nur durch den Argumentationsgang des Traktates nahegelegt, wie er bisher rekonstruiert worden ist. Sie erscheinen erst richtig plausibel im Lichte der (schon genannten) Passage Tim. 36d7ff. Sie ist geradezu der Schlüssel zur Lösung bisher offengebliebener oder nur unbefriedigend gelöster Interpretationsprobleme.

In Tim. 36e1ff. wird gesagt, daß der Weltschöpfer die Weltseele in *der Mitte des sichtbaren Kosmos* verankert (e1) und dann sozusagen bis über seine Ränder hin ausdehnt (e2–3). Sie umfaßt den Kosmos von außen, und durch ihre Kreisbewegung beginnt das »unaufhörliche« Leben, also die Bewegung, des Kosmos.[610]

Die Theorie findet sich, wie gesagt, auch in dem Schulhandbuch des [Albinos]; das zeigt, daß sie im Mittelplatonismus bekannt und geläufig war und vermutlich zum Grundbestand platonischer Allgemeinbildung gehörte.[611]

Die Theorie wirft neues Licht auf die rätselhafte Gleichsetzung von Beweger und Bewegungszentrum in unserem Traktat, die oben aus inneren Gründen des Argumentationsduktus erklärt wurde. Der Gedanke wird dem Verfasser wohl durch Tim. 36e1 (»μέσον μέσῃ συναγαγών«) und e2 (»ἐκ μέσου«) suggeriert worden sein.

Umgekehrt spricht diese Identifikation im Lichte der *Timaios*-Stelle dafür, daß der Beweger tatsächlich als Weltseele bestimmt wird.

Auch die Gleichsetzung des Bewegers mit der äußersten Fixsternsphäre läßt sich auf dem Hintergrund der *Timaios*-Passage besser verstehen: sie ist Reflex der Vorstellung, daß die Weltseele den Kosmos von außen umfaßt (»ἔξωθεν περικαλύψασα«, Tim. 36e3) wie die Fixsternsphäre.[612] Bei [Albinos] ist diese

---

[610] Tim. 36e4–5. Daraus darf sicherlich geschlossen werden, daß auch unser hermetischer Verfasser das Leben und die Drehung des Kosmos für ewig dauernd hielt, auch wenn das nirgends gesagt ist. Vgl. auch Tim. 34 b3–8.

[611] [Albinos], Epit. XIV, 14: »τῆς δὲ ψυχῆς ταθείσης ἐκ τοῦ μέσου ἐπὶ τὰ πέρατα, συνέβη αὐτὴν τὸ σῶμα τοῦ κόσμου κύκλῳ διὰ παντὸς περιέχειν καὶ περικαλύψαι, ὥστε ὅλῳ τῷ κόσμῳ αὐτὴν παρεκτείναι καὶ τοῦτον τὸν τρόπον αὐτὸν συνδεῖν τε καὶ συνέχειν, κρατεῖν μέντοι τὰ ἐκτὸς αὐτῆς τῶν ἐντός.« Weiterer Beleg für eine Rezeption der Theorie: Diogenes Laert. III, 68. Vgl. auch Tim. 34b3–8.

[612] Zur Frage, ob bei Platon von einer Theorie himmlischer *Sphären* ausgegangen wird oder vielmehr von *Bändern* bzw. *Ringen* die Rede ist, vgl. *Taylor*, Tim. 151–152 und dagegen *Cornford*, Plato's Cosmology, 74–76 (und ff.); *Archer-Hind*, Tim., 114. Mindestens die Fixsterne werden mit großer Wahrscheinlichkeit als sich auf einer *Sphäre* befindend vorgestellt worden sein, schließlich bieten sie sich dem Betrachter des nächtlichen Himmels als über die ganze Himmelskugel verteilt dar. Die Rede von dem einen κύκλος (vgl. Tim. 36c3–

Gleichsetzung deutlich ausgesprochen, denn mit der Wendung: »ἡ μὲν γὰρ ἐκτὸς ἄσχιστος ἔμεινεν …« (XIV, 4) (bezogen auf: »κρατεῖν μέντοι τὰ ἐκτὸς αὐτῆς τῶν ἐντός«) kann – zumal auf dem Hintergrund von Tim. 36d1–2 – nur die Fixsternsphäre gemeint sein.[613] Sogar die Vorstellung eines umfassenden Ortes, mit der die Fixsternsphäre in unserem Traktat identisch ist, wird bei [Albinos] angedeutet (»κύκλῳ διὰ παντὸς περιέχειν«); der gemeinsame traditionsgeschichtliche Hintergrund der [Albinos]-Passage und unserer Stelle wird noch durch eine Parallele im Wortlaut unterstrichen.[614] Die Gleichsetzung von Weltbeweger, Zentrum der Sphärenbewegungen und äußerster Himmelssphäre in unserem Traktat läßt sich also auf dem Hintergrund der platonischen Theorie der Weltseele erklären. Und umgekehrt beweisen die Gleichsetzungen vor dem Hintergrund der platonischen Theorie, daß der Beweger/τόπος auch noch die platonische Weltseele ist.

Außerdem scheint der Beweger/τόπος/die Weltseele auch noch der νοῦς zu sein; das wird durch »τῶν νοητῶν« (S. 35, Z. 6), offenbar identisch mit »τῶν ἐντός« (S. 35, Z. 6), schon angedeutet; ausgesprochen wird es aber erst in der Gleichsetzung von τόπος und νοῦς in CH II,12a (S. 36, Z. 18 – S. 37, Z. 2).

»Τῶν νοητῶν« kann allerdings unverfänglich verstanden werden: alle geistigen Größen sind Ausgangspunkt von Bewegung, zumal solche, die im folgenden genannt werden: ψυχή und πνεῦμα. Aber der Verfasser pflegt solche allgemeinen Aussagen meist im Hinblick auf seine spezielle Argumentationsabsicht zu treffen. Also ist hinter »νοητῶν« auch eine Anspielung auf den einen νοῦς aus CH II,12a zu vermuten, und hinter »ψυχή« die Weltseele.[615] Aus »τῶν νοητῶν, ἤτοι …« darf also schon einmal auf die Identität des νοῦς mit der Weltseele geschlossen werden.

Aus der Identität von νοῦς und Weltseele ergibt sich eine deutliche Relativierung des Ranges eines so bestimmten νοῦς, jedenfalls im Kontext platonischer Theorien. Er kann nicht die höchste, transzendent gedachte Gottheit sein, dafür ist er viel zu sehr der sichtbaren, veränderlichen und körperlichen Welt verbunden. In Platons *Timaios* gibt es oberhalb der in den Kosmos versetzten Weltseele noch einen weltüberlegenen, transzendenten Vater und Schöpfer, worauf das in der Antike bekannte und immer wieder zitierte Wort Tim. 28c3–5 hinweist. In manchen mittelplatonischen Systementwürfen ist die Weltseele nicht einmal das *zweite* göttliche Wesen.[616] Bei Plotin ist die ψυχή die *unterste* Stufe nicht-körperlicher Emanationsformen des Ἕν.[617]

---

4) meint in diesem Zusammenhang wohl den Äquator der Fixsternsphäre, so auch Cornford an der angegeben Stelle.

[613] Im Gegensatz zu der in sieben Teilbahnen aufgegliederten Planetensphäre (oder Planetenring?), vgl. Tim. 36d2–3.

[614] Vgl. CH II,8, S. 35, Z. 6: »ὑπὸ τῶν ἐντὸς εἰς τὸ κατ' ἐκτός«, vgl. auch die verneinte Wendung in Z. 5, mit [Albinos], Epit. XIV, 4: »κρατεῖν μέντοι τὰ ἐκτὸς αὐτῆς τῶν ἐντός«.

[615] Zu »πνεῦμα« siehe unten!

[616] Siehe z.B. die Bemerkungen zu den *Chaldäischen Orakeln* im Exkurs über die Einheitlichkeit von CH II, unten, 193ff..

[617] Zur Stellung der ψυχή bei Plotin vgl. Enn. IV, 8,7,1–14 (= *de Vogel* III, 1372a)

Auch in CH II müßte es also noch einen transzendenten Gott jenseits des νοῦς/τόπος geben, wenn der Traktat sich nach platonischen Vorstellungen richtet. Das ergibt sich aus der Gleichsetzung des Bewegers/Ortes mit der Weltseele. Durch die Gleichsetzung soll die Annahme eines transzendenten Gottes wohl geradezu vorbereitet werden. In CH II,12b, S. 37, Z. 7 wird dann tatsächlich ein transzendenter Gott oberhalb des νοῦς eingeführt. Der philosophisch kundige Leser ist darauf spätestens[618] ab der hier behandelten Passage vorbereitet.

Die platonische Weltseele wird schließlich noch mit dem die Welt durchwaltenden[619] stoischen Pneuma gleichgesetzt (S. 35, Z. 7: »ἢ πνεύματος«).[620] Das entspricht alexandrinischer platonischer Tradition,[621] aber es gibt auch eine Parallele beim Mittelplatoniker Attikos;[622] auch in dieser Gleichsetzung wird wohl platonisch-mittelplatonischer Einfluß wirksam sein. Zwar ist der πνεῦμα-Begriff stoisch,[623] gegen rein stoischen Hintergrund spricht aber, daß anders als bei den Stoikern,[624] aber in Übereinstimmung mit der platonischen Tradition, die pneumaartige Seele nicht als *körperliche*, sondern unkörperliche Entität aufgefaßt wird, wie die Wendung »ἢ ἄλλου τινὸς ἀσωμάτου« (S. 35, Z. 6–7) anzeigt.[625] Die Wendung leitet S. 35, Z. 7–9 zur allgemeinen These über, die im folgenden Gegenstand des Disputes zwischen Hermes Trismegistos und Asklepios ist: Bewegung geht nicht von Körpern aus. Das widerspricht der stoischen und auch epikureischen Verursachungstheorie, wonach Körper nur von Körpern bewegt werden können.

Die Wendung »ἢ ἄλλου τινὸς ἀσωμάτου« (S. 35, Z. 7) bezieht sich wohl nicht, wie Scott vermutet, auf φύσις und ἐνέργεια,[626] sondern sie zeigt einmal die Unkörperlichkeit von Seele und Pneuma an und bezieht sich in dem

---

[618] Eigentlich schon seit der Unterscheidung von »Gott« und »göttlich«, CH II,4, S. 33, Z. 1–2.

[619] Vgl. *Leisegang*, Der Heilige Geist, 117.

[620] Siehe dazu mehr im Überblick über die platonischen Traditionen, unten, 168ff.

[621] Siehe etwa *Leisegang*, Der Heilige Geist, 83–84, n. 1; *Bieder*, Art. πνεῦμα κτλ., ThWNT VI, 370f.; *Dihle*, Art. ψυχή, ThWNT IX, 633. »ἢ πνεύματος« ist also – gegen *Scott* II, 99 – keineswegs zu streichen.

[622] Attikos, Fr. 8 d*es Places*: »ἔτι τοῦ Πλάτωνος λέγοντος τὴν ψυχὴν διακοσμεῖν τὰ πάντα ›διήκουσαν διὰ πάντων‹, καὶ ταύτην ὑφ᾽ ἧς καὶ οἱ λοιποὶ διοικεῖσθαι συγχωροῖεν ἂν ἕκαστα, καὶ μηδὲν ἀλλ᾽ εἶναι τὴν φύσιν ἢ ψυχὴν καὶ δηλονότι ψυχὴν οὐκ ἄλογον, …« Vgl. auch *Baudry*, 29, n. 1, z. St.

[623] Siehe *Leisegang*, Der Heilige Geist, 49 (mit Belegen).

[624] Siehe *Leisegang*, Der Heilige Geist, 41 (mit Belegen); 50; 67; 84; 97 u.a.

[625] Vgl. dementsprechend zu Philo *Leisegang*, Der Heilige Geist, 30–31. – Eine enge Parallele zu unserer Stelle, sowohl inhaltlich als auch bis in den Wortlaut hinein, findet sich auch bei Numenios. Es geht um die Frage, ob die bewegende Seele, wie die Stoiker meinen, körperlicher Natur ist. Dabei fällt folgender Satz: »ἔτι πᾶν σῶμα ἤτοι ἔξωθεν κινεῖται ἢ ἔνδοθεν. ἀλλ᾽ εἰ μὲν ἔξωθεν, ἄψυχον ἔσται, εἰ δ᾽ ἔνδοθεν, ἔμψυχον« (= Fr. 4b, p. 47,34–36 – mit Kontext! – *des Places*).

[626] *Scott* II, 99.

»ἄλλου« auch noch auf andere mögliche, nicht-körperliche Identifikationen des νοῦς, z.B. τόπος.[627]

Die mit »σῶμα γὰϱ σῶμα ἔμψυχον οὐ κινεῖ ...« etc. (S. 35, Z. 7–9) beginnende Argumentation zeigt wieder die charakteristische Vorgehensweise des Verfassers: zuerst wird ein allgemeiner Grundsatz aufgestellt, der den Verfasser aber nicht als solcher, sondern nur im Hinblick auf einen speziellen Fall interessiert, hier im Hinblick auf die Bewegung des Alls. Das wird durch die Wendung »τὸ σύνολον σῶμα« (S. 35, Z. 8) angedeutet.

Sie läßt sich auf zweierlei Weise verstehen: zum einen ganz unverfänglich im Sinne von »Körper insgesamt«, ist also zu übersetzen mit: »überhaupt keinen Körper, auch wenn er unbeseelt ist« (im Gegensatz zu »σῶμα ἔμψυχον«, ebd.). Es soll also gesagt werden, daß ein Körper nicht nur einen beseelten Körper nicht bewegt (das wäre ja nicht nötig, weil ihn die Seele bewegt), sondern überhaupt keine (»σύνολον«) Körper, also auch nicht unbeseelte.

Die Ausdrucksweise des Verfassers dürfte zugleich aber hintergründiger sein, als es auf den ersten Blick erscheint: In dem »τὸ σύνολον σῶμα« wird wahrscheinlich schon der Bezug des Satzes auf das »All« (τὸ ὅλον)[628] angedeutet: es geht eben besonders darum, daß das *All* nicht von einem Körper, sondern von einer unkörperlichen Seele bewegt wird.

Als allgemeiner Grundsatz ist S. 35, Z. 7–9 hoffnungslos übertrieben (was wiederum dafür spricht, daß nur der spezielle Fall im Blick ist) und ruft den verständlichen Widerspruch des Asklepios hervor.

Indem der Widerspruch schließlich abgewehrt wird, soll eventuell ein Verständnis der Weltseele als körperliches Wirkprinzip im Sinne des stoischen πνεῦμα abgewehrt werden. Darin bestünde eine denkbare Beziehung zwischen dem Disput S. 35, Z. 9–16 und dem in Z. 4–7 eingeleiteten, übergreifenden Gedanken (Z. 4–7).

Wahrscheinlich greift der hermetische Verfasser hier und im folgenden auf Material aus Schuldebatten zwischen Platonikern, Stoikern und Atomisten zurück. Auf schulischen Kontext weisen vor allem die anschaulichen Beispiele hin, die in den Quellen so oder ähnlich immer wieder auftauchen;[629] vielleicht gehört auch das Schwimmerbeispiel aus CH II,8 in dieselben physikalischen Diskussionszusammenhänge.

## CH II,9 (S. 35, Z. 9 – 17)

Asklepios widerspricht dem übertriebenen »σῶμα γὰϱ σῶμα ἔμψυχον ...« mit dem Hinweis, daß Steine und Hölzer ja wohl von anderen Körpern fortbewegt

---

[627] Das kann Scott nicht behaupten, weil ihm die Identifikation des Ortes mit dem νοῦς durch unseren Verfasser nicht deutlich ist und weil er meint, in unserem Abschnitt sei zum ersten Mal von τὸ κινοῦν die Rede.

[628] Hier ist auch an die Wendung: »πάντων ὅσα ἐστὶ σώματα« in CH II,2, S. 32, Z. 14f. zu denken.

[629] Z.B. Hölzer und Steine S. 35, Z. 10; Krüge, Kelter und andere Gefäße S. 36, Z. 3–4, u.a., siehe unten!

werden müssen, nicht von einer Seele (S. 35, Z. 9–11). Er stört sich wohl besonders daran, daß Hermes die allgemeine These aus Z. 7–9 auf unbelebte Körper ausgedehnt hat (»κἂν ᾖ ἄψυχον«). Während es ihm offenbar noch einigermaßen plausibel erschien, daß ein Körper einen belebten Körper nicht bewegt (»σῶμα γὰρ σῶμα ἔμψυχον οὐ κινεῖ«)[630] – denn der kann sich ja selbst bewegen -, kann nach Asklepios' Meinung ein unbelebter Körper nur durch einen anderen bewegt werden. Wer einen Stein oder einen Holzbalken fortbewegen will, muß in körperlichen Kontakt zu ihm treten. Anders bewegen sie sich nicht.

»Steine und Hölzer« sind antike Standardbeispiele für feste, unbeseelte Körper.[631]

Hermes widerspricht entschieden (»οὐδαμῶς«, S. 35, Z. 11). Auch er argumentiert mit Hilfe eines anschaulichen, sozusagen empirischen Beispiels. Die Ebene dieser Art von Argumentation wird nicht verlassen, vielleicht weil man sich nur so einem unbedarften Schüler wie Asklepios verständlich machen kann.

Der Sinn der gewundenen, eindeutig vom hermetischen Verfasser formulierten Ausführungen S. 35, Z. 11–16 scheint folgender zu sein: Hermes Trismegistos macht deutlich, daß die Ursache der Bewegung, auch im von Asklepios angesprochenen Fall, letztendlich doch unkörperlich ist. Zwar tritt der Mensch mit seinem *Körper* in Kontakt zu den Hölzern oder Steinen und bewegt sie. Doch der Körper, mit dem er das tut, muß selber wieder bewegt werden. Das wird er auch, und zwar durch die *Seele* des Menschen, der Steine und Hölzer trägt.

Der Satz in Z. 11–14 ist sprachlich besonders schwierig; er kann auf dreierlei Art übersetzt werden:

1. »Das Innere des Körpers, der das Unbeseelte bewegt, (und) nicht jener Körper (selbst), ist es, der beides bewegt, den Träger und das Getragene.«

2. »Das Innere des Körpers, der das Unbeseelte bewegt, kein Körper ist jenes, das beides bewegt, den Träger und das Getragene.«

3. Wenn man die Konjektur Einarsons (»οὗ σῶμα ἐκείνο«)[632] übernimmt, ergibt sich folgender Sinn: »Das Innere des Körpers, der das Unbeseelte bewegt, und von dem ebendieser der Körper ist, ist es, das beides bewegt, nämlich den Träger und das Getragene.« Das Problem dieser Konjektur besteht darin, daß nicht recht einsichtig ist, warum so stark betont werden sollte, daß

---

[630] Sachlich gesehen ist natürlich auch diese These, als allgemeines Gesetz aufgefaßt, unzutreffend.

[631] Vgl z.B. Platon, Phaid. 74c1; Philo, Cher. 126 (= auch bei *de Vogel* III, 1305a); Leg. All. II, 71, vgl. mit unserer Stelle die Passage:»οὔτε γὰρ ὁ νοῦς δίχα αἰσθήσεως ἠδύνατο καταλαβεῖν ζῷον ἢ φυτὸν ἢ λίθον ἢ ξύλον ἢ συνόλως σῶμα ...«; ähnlich Virt. 219; vgl. weiter Leg. All. II, 22; III, 160; Op. 18; 142; Cher. 80; Deus 8; 35; Decal. 66; Spec. II, 255, u.a.; Maximos von Tyros, Or. XI, 8, p. 95,172 *Trapp*. Nach Sextus Empiricus, Adv. Math. IX, 81 sind Steine und Hölzer Beispiele für Körper, die im Gegensatz zu beseelten nur durch eine ψιλὴ ἕξις zusammengehalten werden.

[632] Vgl. *Nock/Festugière* II, 37, n. 10.

die Seele eben die Seele desjenigen Körpers ist, der die Bewegung verursacht. Etwas anderes wäre ohnehin abwegig.

Ich schließe mich der zweiten Übersetzungsmöglichkeit an, weil bei ihr das Gewicht der Aussage darauf liegt, daß die Seele unkörperlich ist und Bewegung also von einem Unkörperlichen ausgeht. Das scheint genau die Argumentationsabsicht unseres Abschnittes zu sein.

Unabhängig von der gewählten Übersetzung ist der Sinn klar: die Steine und Hölzer werden letztendlich nicht vom Körper des Menschen bewegt, der sie trägt, sondern von der Seele, die diesen Körper wiederum bewegt.

Ein kurzer Satz (Z. 14f.: »διόπερ ...«) schließt die Beweisführung des Gedankengangs ab. Der Verfasser betont noch einmal das Ziel seiner Argumentation: Unbeseeltes (d.h. ein Körper) kann Unbeseeltes nicht fortbewegen.[633] Die Ursache der Rotation des Weltalls ist also eine Seele. Der Verfasser scheint deshalb so viel Gewicht auf diese Feststellung zu legen, weil bisher noch nicht davon die Rede war, daß der unbewegte Beweger des Weltalls in irgendeinem Sinne ein (freilich metaphysisches, göttliches) *Lebewesen* ist. Das wiederum ist aus zweierlei Gründen von Bedeutung: 1. Bei einem Beweger, der kein Lebewesen ist, kann man sich mit Recht die Frage stellen, woher die Bewegung, die er weitergibt, kommt, denn nach platonischer Auffassung kann nur Seelisches Ursprung von Bewegung sein.[634] Wäre der Beweger aber kein Lebewesen, müßte der Bewegungsanstoß von woanders her kommen. Der Beweger wäre also gar nicht, wie vom Verfasser behauptet, unbewegt, seine Theorie daher inkohärent. 2. Es ist vermutlich auch für die religiöse Verehrung des Bewegers von Bedeutung, daß er als ein Lebewesen vorzustellen ist. Es ist sicherlich schwerer, religiöse Verehrung auf ein unpersönlich gedachtes kosmisches Ruhezentrum oder die ebenfalls nicht persönlich vorzustellende Fixsternsphäre zu richten.

Der Abschnitt hat sicher vor allem die Funktion, den psychisch-geistigen Charakter der Bewegungsursache hervorzuheben. Das klingt zwar auch in den voraufgehenden Abschnitten schon an, z.B. im Gedanken der Unkörperlichkeit des τόπος (vgl. CH II,4, S. 33, Z. 2f.). Aber es war noch nicht deutlich ausgesprochen. Im hier behandelten Textabschnitt bereitet der Verfasser allmählich die Behandlung des νοῦς und des Gottes oberhalb des νοῦς in CH II,12 vor. Dabei handelt es sich selbstverständlich um geistige Größen. Nach den körperliche Reaktionen betonenden Argumenten von CH II,6–8 (vgl. die Begriffe »ἀντιτυπία« und »ἀντέρεισις«) wird es nunmehr nötig, den geistig-psychischen Charakter der göttlichen Wesen, zumal des νοῦς, deutlich auszusprechen.

---

[633] Der resümierende Satz ist insofern sachlich verfehlt, als es ja gar nicht darum ging, ob Unbeseeltes als Beweger auftreten kann, sondern darum, ob ein Körper oder vielmehr eine Seele letzter Ausgangspunkt der Bewegung ist. Der Satz kann nur verstanden werden auf dem Hintergrund der Argumentationsabsicht des Verfassers, die Bewegung des Kosmos auf eine letzte geistig-psychische Ursache zurückzuführen.

[634] Vgl. z.B. Platon, Phaidr. 245c5–246a2. Dort werden auch weitere Gründe deutlich, die die Annahme eines beseelten Bewegers erforderlich machen.

Der hier behandelte Textabschnitt markiert also den Übergang von der im ersten Teil des Traktates vorherrschenden, mehr physikalischen Betrachtungsweise zur metaphysisch-geistigen Philosophie des zweiten Traktatteils.

Daß der Disput mit Asklepios aber nicht streng auf den übergreifenden kosmologischen Argumentationszusammenhang zu beziehen ist, zeigt sich schon daran, daß der Satz in Z. 15f. in den Einzelheiten offenbar nicht auf den Kosmos und seine Bewegung abbildbar ist, sondern ganz bei den irdischen Verhältnissen bleibt. Denn daß die Seele belastet ist, weil sie als einzige zwei Körper schleppt (vgl. S. 35, Z. 15f.), bezieht sich offenkundig auf das Beispiel eines Steine oder Hölzer tragenden Menschen. Die Seele trägt den Körper des Menschen und die Last, die der Mensch schleppt.

Das ist nicht auf die Weltseele und den Körper des Weltalls übertragbar. Denn zum einen wäre nicht klar, welches die *beiden* Körper sind, zum anderen würde der Verfasser wohl nicht behaupten, daß es der Weltseele Mühe macht, den Körper des Weltalls zu bewegen.[635]

Die Bemerkung betrifft nur die menschliche Sphäre. Es handelt sich um eine religiös-moralische Zwischenbemerkung, mit der der Verfasser auf das traurige Schicksal der an den Körper gefesselten Seele aufmerksam machen will. Die physikalische Theorie bietet also, gleichsam auf einem Nebengleis, Anlaß zur Reflexion darüber, daß die an sich freie und luftartig-leichte Seele auf der Erde durch die Körperlichkeit bedrückt und bedrängt wird. Die Vorstellung ist typisch platonisch.[636] Religiös und emotional stärker akzentuiert und ausgestaltet kehrt sie z.B. in CH X,8 wieder.[637]

---

[635] Vgl. die Zwischenbemerkung des Aristoteles, Phys. 267b3: »ἄπονον γὰρ τὸ οὕτω κινεῖν« (bei der Behandlung des ersten Bewegenden).

[636] Siehe Phaidr. 246a3–249b1, bes. 248a1–e3; die bekannte Wendung »σῶμα σῆμα« steht in Platons *Gorgias*, 493a2–3; vgl. auch Krat. 400c1–4; Phaid. 62b2–9; für den Mittelplatonismus vgl. Ps.-Platon, Axiochos 365e6–366a1 (siehe *Wlosok*, 11, n. 10.); Philo, Gig. 31; Plant. 14; Som. I, 181; Her. 239; Leg. All. I, 108; Mig. 157; Quaest. Gen. I, 90, p. 56–57 *Marcus*. Sehr ähnlich ist auch die Stelle SapSal 9,15: »φθαρτὸν γὰρ σῶμα βαρύνει ψυχήν …« Die menschliche Seele soll an unserer Stelle sicher auch mit dem göttlichen νοῦς kontrastiert werden, der als »ἐλεύθερος παντὸς σώματος« (S. 37, Z. 3) charakterisiert wird, vgl. den Kommentar z.St.

[637] *Nock/Festugière* I, 117, Z. 7–8: »Ἡ κακοδαίμων (sc. ψυχή) … δουλεύει σώμασιν ἀλλοκότοις καὶ μοχθηροῖς, ὥσπερ φορτίον βαστάζουσα τὸ σῶμα …« Im Neuplatonismus (so *Dodds*, El., im Exkurs zum Thema, 315; *Nock/Festugière* I, 128f., n. 48) ist die Theorie der Beziehung von Seele und Körper, sowohl menschlichem Körper als auch Planetenkörper und dem Körper des Alls, ergänzt worden durch die Annahme, daß die Seele eine Art von Astralleib um sich hat (*Nock/Festugière* I, 128f. n. 48, dort auch Belegstellen aus Proklos, Plotin und Hierocles), der ihre Verbindung mit dem Körper herstellt und sichert (*Dodds*, El., 313 u. 314). Wiederum spielt hier, wie bei der in unserem Text behandelten Frage der Bewegungsübertragung, der Grundsatz eine Rolle, daß Körper eigentlich nur mit Körpern in Kontakt treten können. Entsprechend können Seelen eigentlich nur auf Seelen einwirken. Konsequenterweise wurde der Astralleib aufgefaßt als weniger materiell als ein gewöhnlicher Körper, aber nicht immateriell, also feinstofflich (vgl. *Dodds*, El., 313), so daß er die Kluft zwischen Körper und unkörperlicher Seele überbrücken kann.

Das Gegenstück zu dieser Bindung der Seele an den Körper ist dann der schon erwähnte Seelenflug, die Befreiung vom Körper und die Schau Gottes. In Z. 16f. macht Hermes einen Anlauf, zum eigentlichen Thema des Gespräches zurückzulenken, indem er, wie schon Z. 3f., aber leicht variiert, den ersten Satz des Traktates wiederholt und damit das Beweisziel des voraufgehenden Gedankengangs resümiert. Jetzt könnte er sozusagen den Schleier lüften und sagen, wer der Beweger des Weltalls ist. Das geschieht aber erst in CH II,12a.[638] Denn Asklepios gibt noch keine Ruhe.

## CH II,10 (S. 35, Z. 17 – S. 36, Z. 2)

Asklepios stellt die These auf, daß in einer plausiblen Theorie der Bewegung das Vorhandensein von Leerräumen, in die hinein die Bewegung erfolgen kann, vorausgesetzt werden muß. Das ist ein z.B. der atomistischen (z.B. epikureischen) Kosmologie zugrundeliegendes Prinzip.[639] Die Ansicht, daß die Existenz von Leerräumen notwendig für die Erklärung von Bewegung sei,[640] wird allerdings von Hermes Trismegistos noch entschiedener als der erste Einwurf zurückgewiesen (S. 35, Z. 18f.).

Dabei beruft er sich auf einen λόγος ὑπάρξεως (S. 35, Z. 19). Gemeint ist vermutlich die traditionelle antike Auffassung, daß es innerhalb des Weltalls kein κενόν gebe. In dieser Meinung stimmten – gegen die Epikuräer – die Platoniker, Peripatetiker und Stoiker miteinander überein.[641] Anders als Ferguson, Scott und Nock/Festugière[642] meine ich nicht, daß unser Verfasser ein ganz bestimmtes (traditionelles) Argument meint. Vielmehr dürfte er an unserer Stelle einen allgemeinen und zusammenfassenden Begriff für jede Art von Argument verwenden, mit dem bewiesen wird, daß es ein Nichts nicht

---

Dem Gedanken des Astralleibes der Seele verwandt ist nach *Nock/Festugière* I, 129, n. 49 die Theorie der Umhüllungen bzw. Gewänder der Seele, die sich angedeutet auch in hermetischen Texten findet (z.B. CH X,16; XI,4; XII,13–14).

[638] Vgl. die zu »ἔν τινι« S. 35, Z. 16 genau parallele Ausdrucksweise »τὸ ἐν ᾧ κινεῖται τὸ πᾶν« S. 37, Z. 1.

[639] Vgl. z.B. FVS 67 A1, II, 70, Z. 27 – 71, Z. 5 (Bericht des Diogenes Laertius IX, 30ff. zu Leukippos); zu Leukipp auch *Diels*, Doxog. 565,8–9 (Hippolyt, Philosophumenon 13,2); zu Epikur: *Diels*, Doxog. 285a8–10 (Aetius, Plac. I, 3,18); *Long/Sedley*, Fr. 11A (Epikur, Ep. Hdt. 43–44); *Long/Sedley*, Fr. 11D1–2 (Epikur, Ep. Hdt. 46–47); *Long/Sedley*, Fr. 11E1 (Epikur, Ep. Hdt. 61); *Long/Sedley*, Fr. 6A1 (Lukrez, De rerum natura I, 334–336 u. 342–345); *Long/Sedley*, Fr. 11B partim (Lukrez, De rerum nat. II, 83; 85–88; 91–92; 95–101; 109); *Long/Sedley*, Fr. 11C3 (Lukrez, De rerum nat. II, 158–160); *Long/Sedley*, Fr. 11H partim (Lukrez, De rerum nat. II, 217; 226; 238–239 u.a.); *Rist*, Epicurus, 57.

[640] Vgl. auch SVF II, 433 (Galen, In Hippocr. Epidem., zitiert auch bei *Nock/Festugière* I, 38, n. 11).

[641] Aristoteles, Phys. 214a16–217b28; für die Akademiker vgl. die Äußerung des Skeptikers Cotta bei Cicero, De nat. deor. I, 65; für die Stoiker vgl. Aetius und Theodoret SVF I, 95; Philoponos SVF I, 96; Galen SVF II, 424 = *Long/Sedley*, Fr. 49D; siehe auch SVF II, 432; II, 433; II, 477; II, 502; II, 528 u.a.; vgl. zur stoischen und aristotelischen Auffassung auch *Long/Sedley* I, 296–297.

[642] *Nock/Festugière* I, 38, n. 11; *Scott/Ferguson* IV, 363.

geben kann, zumindest nicht innerhalb des Kosmos.[643] »Ὕπαρξις« hat, vor allem im Umkreis der stoischen Philosophie,[644] die Bedeutung von »Existenz«, »Vorhandensein«.[645] Insbesondere werden solche Argumente gemeint sein, die beweisen, daß nichts aus Nichtseiendem, sondern alles nur aus Seiendem entstehen kann.[646] Ein Beispiel für einen λόγος ὑπάρξεως findet sich auch in unserem Traktat, nämlich in II,13: »τὰ γὰρ μὴ ὄντα …«[647]

Inwiefern der λόγος ὑπάρξεως der von Asklepios vorgetragenen atomistischen Bewegungstheorie widerspricht, ist nicht ganz klar. Ein wenig hat man den Eindruck, als würde der Verfasser Schulargumente und Schlagworte verwenden, die er nicht genau durchdacht hat. Offenbar hat er die Vorstellung, daß Leerräume innerhalb existierender Dinge irgendwie dem Grundsatz der Unableitbarkeit des Seins vom Nichtsein widersprechen (vgl. besonders S. 36, Z. 1–2). Das beinhaltet die atomistische Theorie aber gar nicht, so daß fraglich bleibt, mit welchem Argument der Verfasser sie hier ablehnen will. Vielleicht bezieht er sich auf eine uns unbekannte Fassung des ontologischen Argumentes, die die epikureische Theorie zum Gegenstand hatte.

## *CH II,10–11 (S. 36, Z. 3–17)*

Asklepios wendet ein, daß es doch offenbar Leerräume gibt, z.B. in Kesseln, Krügen und Keltern (S. 36, Z. 3–4). Gemeint sind natürlich solche Gefäße, die nicht mit einer Flüssigkeit angefüllt sind.

---

[643] Ein wichtiges Beispiel für ein solches (freilich nicht unbedingt von unserem Verfasser gemeintes) Argument findet sich in den Fragmenten des Melissos, FVS 30 B7,7: Es gibt kein Leeres, denn das Leere ist ein Nichts und kann daher nicht sein. Andere Beispiele: für Empedokles FVS 31 B13 und B14. Auch Anaxagoras argumentierte (nach Lukrez, De rerum natura I, 843 und ff.), daß »nec tamen esse ulla de parte in rebus inane …« (FVS 59 A44).

[644] Festugière zeichnet die Wortgeschichte nach in *Festugière* IV, 11f., n. 1, wobei er darauf hinweist, daß »ὕπαρκτος/ἀνύπαρκτος« bei Epikur und in der Stoa zur philosophischen Terminologie gehörte.

[645] Vgl. z.B. Sextus Empir., Pyrrh. Hypot. I, 21 u. 129; *ders.*, Adv. Math. IX, 50 (über Gott); IX, 111; IX, 137; SVF I, 65 = Stob., Ekl. I,12,3, p. 136,21ff. W.; SVF II, 973 (Plutarch, Mor. 1045b); SVF III, 672 (Plutarch, Mor. 1046b–c u. 1068d); Diog. Laert. VII, 91 (zu Poseidonios); Apollonius Dyskolos, Περὶ Ἀντωνυμίας, p. 25,2 *Schneider*: τὰ τῆς ὑπάρξεως ῥήματα = Wörter, die die *Existenz* von etwas anzeigen oder implizieren; Plutarchos, Moral. 1067c, 1115f; epikureisch: Philodem, Piet. 114, p. 131 *Gomperz*; *ders.*, De diis III, Kol. 10, Z. 34–36, p. 31 *Diels*; zu Philo vgl. die Feststellung von *Festugière* IV, 11, n. 1: »L'emploi de ce mot chez Philon est donc un emprunt à l'école«, siehe z.B. Op. 170; Deus 162; Post. 169; Som. I, 231 u.v.a.m., weitere Belege bei *Festugière* IV, 7–8; spät: Leontius von Byzanz, Nest. et Eutych., PG 86, 1285A: »τῷ λόγῳ τῆς ὑπάρξεως«. Vgl. auch *Festugière* IV, 6–7 und ff. mit weiteren, auch hermetischen Belegen für die Rede von Gottes »Vorhandensein« (ὕπαρξις) (etwa im Unterschied zu seinem Wiebeschaffensein).

[646] Vgl. *Long/Sedley* I, 26[–27] zur Geschichte dieses Argumentes in der griechischen Philosophie. Als Beispiel sei genannt: Philo, Aet. 78 (Boethus von Sidon). Mehr unten im Kommentar zu CH II,13.

[647] *Nock/Festugière* I, 37, Z. 11ff. Vgl. den Kommentar z.St.

Krüge und Kessel werden in den Quellen als Beispiele kaum je genannt; stattdessen wird der zusammenfassende Begriff »ἀγγεῖον« verwendet.[648] Vielleicht will Hermes einige besonders konkrete Beispiele für leere Behältnisse nennen.

Asklepios' Einwand wird von Hermes Trismegistos besonders energisch als Irrtum zurückgewiesen (S. 36, Z. 5). Er stellt die Gegenthese auf: die anscheinend leeren Gefäße wie Kessel und Krüge etc. sind am allervollsten (S. 35, Z. 6). Diese Behauptung wird in einem ausführlichen, gewundenen Argumentationsgang begründet (ab S. 36, Z. 8), der die Redeweise unseres Verfassers verrät, also seine eigene Position ausführlich begründet.

Auffällig ist der Nachdruck, mit dem Asklepios' »Rettungsversuch« abgewiesen wird (»O weh! Ganz großer Irrtum, Asklepios!«, S. 35, Z. 5) und die starke Übertreibung, mit der das Gegenteil behauptet wird.[649] Darin spiegelt sich wohl zum einen die Ungeduld des Hermes mit den immer neuen, das Gespräch aufhaltenden Einwänden des Schülers. Vielleicht spielt auch der antike Affekt gegen die epikureische Philosophie hinein. Schließlich mag angedeutet sein, daß der Einwand für Hermes unangenehm ist, weil Asklepios auf eine scheinbar eindeutige Erfahrungstatsache verweist. Letztlich ist der Einwurf zwar keine ernsthafte Bedrohung für Hermes, aber lästig, weil nunmehr gegen den Augenschein argumentiert werden muß.

Um die Spannung nicht gleich zu lösen, gibt Hermes Trismegistos nicht sofort zu verstehen, worin genau der Irrtum seines Gesprächspartners besteht. Stattdessen setzt er ganz neu an (S. 35, Z. 7: »Οὐ σῶμά ἐστιν ...«) und baut die Gegenargumente Schritt für Schritt auf, so daß auch ein eher unbedarfter Schüler gut folgen kann. Die Argumente des Platonismus bilden einen logischen Zusammenhang, aus dem sich die richtige Meinung logisch stringent ergibt (»συμβαίνει«, S. 36, Z. 12)[650] und der abweichende Meinungen ausschließt (»ἀναντίρρητος ὁ λόγος«, S. 36, letzte Zeile). Der Abschnitt spiegelt deutlich philosophischen, vermutlich platonischen Schulunterricht wider.

Hermes geht von dem in der Antike unbestrittenen Sachverhalt aus, daß die Luft ein Körper ist, d.h. eines der vier grundlegenden, den Kosmos bildenden Elemente (Z. 7–8).[651] Asklepios bestätigt ihm das durch Wiederholung des für

---

[648] Vgl. für Chrysipp (mit »ἀγγεῖον«): *Diels*, Doxog. 460,18–461,3, bes. 460,22f.; siehe auch Sextus Empir., Pyrrh. Hypot. III, 124.

[649] Die Wendung »τὰ μᾶλλον πληρέστατα καὶ μεστότατα« (S. 36, Z. 5–6) enthält: a) zwei Superlative; diese beiden Superlative werden b) durch »μᾶλλον« noch einmal gesteigert; die beiden verwendeten Adjektive bilden darüber hinaus c) ein Hendiadyoin, d.h. ein und dieselbe Sache wird mit Hilfe zweier gleichbedeutender Wörter ausgedrückt. Im Prinzip also kann man davon sprechen, daß Asklepios' Meinung mit Hilfe eines dreifach gesteigerten Superlativs widersprochen wird – eine wirklich extreme Übertreibung!

[650] Logischer Fachterminus z.B. bei Aristoteles, vgl. *Liddell/Scott*, s.v. συμβαίνω, III.3.6, 1674

[651] Z.B. für die Stoiker: *Long/Sedley*, Fr. 47A2 und A8 (Stob. Ekl. I, 10,16c, p. 129,2ff.); Fr. 47B = SVF I, 102 und II, 580 (Diog. Laert. VII, 136–137); SVF II, 444 (Plut., Mor. 1085c); Epikt., Diss. III, 13,14; schon bei Platon, vgl. Tim. 32b1–c4; 53c4–55c6, bes. 53c4;

das folgende Argument entscheidenden Wortes »σῶμα« (Z. 8). Denn es kommt im folgenden alles darauf an, daß auch die Luft (qua Elementcharakter) ein *Körper* im vollen Sinne des Wortes ist, daß also, um die Schlußfolgerung des Argumentes vorwegzunehmen, die anscheinend »leeren« Gefäße in Wahrheit nicht leer, sondern voller Körper sind.

Der zweite Schritt des Argumentes besteht in der Behauptung des Hermes, daß der Körper »Luft« alles durchdringt und erfüllt. Das könnte ein Argument *aus der Erfahrung* sein, das dem Erfahrungsargument des Asklepios entgegengesetzt wird.

Wahrscheinlicher ist jedoch, daß Hermes hier auf die stoische Theorie des πνεῦμα rekurriert. Nach stoischer Auffassung durchdringt es alles, das ganze Weltall und jeden Körper.[652]

Sorabji hat plausibel gezeigt,[653] daß die Funktionen des πνεῦμα auch der Luft oder dem Feuer zugesprochen werden konnten und daß daher in stoischen Texten sowohl Feuer als auch Luft mit dem Pneuma identisch sein können.[654] Die häufig zu findende, jedem Leser der stoischen Quellen bekannte Auffas-

---

d5; e7 usf.; die Verwendung des Begriffes »σῶμα« für die vier Grundelemente ist an unserer Stelle vor allem von der Argumentationsabsicht des Verfassers bestimmt, Asklepios' Behauptung zu widerlegen, Krüge, Kelter etc. seien κενά (= stoischer und epikureischer Gegenbegriff von »σῶμα«); zugleich ist die Verwendung von »σῶμα« (statt »στοιχεῖον«) ein Hinweis auf das spezifisch platonische Milieu des Verfassers, vgl. die dafür wichtige Stelle *Diels*, Doxog. 315a14–19; siehe auch Attikos, Fr. 5, p. 55,3–5; 11–12; 16; 19–20; Fr. 6, p. 59,49; Fr. 7, p. 63,39 (!), alles *des Places*; die Rede von »στοιχεῖον« ist dagegen stoisch, der Begriff findet sich aber auch bei Platonikern, z.B. [Albinos], Epit. XII, 2; XIII, 1; XVII, 1; Numenios, Fr. 3 ad init. *des Places*.

[652] Belege für die Eigenschaft des πνεῦμα, alles zu durchdringen (vgl. *Sorabji, Matter,* 93, n. 57 u. 58): SVF II, 1027 = *Long/Sedley,* Fr. 46A (Aetius, Plac. I, 7,33; in SVF II, 1027 auch Athenagoras, c. 6); SVF II, 1009, p. 299, Z. 11–13 (Aetius, Plac. I, 6); *Long/Sedley,* Fr. 47C (Cicero, De nat. deor. II, 23–25. 28–30); SVF II, 458 partim (Philo, Leg. All. II, 22–23 = *Long/Sedley,* Fr. 47P; Philo, Deus 35–36 = *Long/Sedley,* Fr. 47Q); SVF II, 1037 (Sextus Empir., Pyrrh. Hypot. III, 218); SVF III, 370 (Sextus Empir., Adv. math. IX, 130); Alexander von Aphrod., De mixtione 223,25–36 *Bruns* (SVF II, 441 partim, bes. p. 145, Z. 17); SVF II, 442 (Alexander von Aphrod., De mixtione 224,14–27 *Bruns* = *Long/Sedley,* Fr. 47I partim); Alexander von Aphrod., De mixtione 224,32 *Bruns* = *Long/Sedley,* Fr. 47I partim); Alexander von Aphrod., De mixtione 225,18 *Bruns*); SVF I, 533 (Tertullian, Apol. 21); SVF I, 155 (Tertullian, Ad nat. II, 4 und Adv. Hermog. 44); SVF I, 153 (Hippolyt, Philosoph.); SVF I, 146 partim (Epiphanius, De fide 9,40); SVF II, 1045 (Plutarch, De facie lunae XII, Mor. 926c); SVF II, 444 partim (Plutarch, De comm. not. (Mor.) 1085c–d = *Long/ Sedley,* Fr. 47G); SVF II, 841 partim (Galen, Plac. V, 3,8 = *Long/Sedley,* Fr. 47H); Diogenes Laert. VII, 134 (SVF I, 493 sowie II, 299 und 300 = *Long/Sedley,* Fr. 44B (partim)); Diog. Laert. VII, 135–136 (SVF I, 102 (partim) = *Long/Sedley,* Fr. 46B); SVF II, 320 (Plotin, Enn. II, 4,1); SVF II, 1042 (Proklos, In Plat. Tim.).

[653] *Sorabji,* Matter, 86–87.

[654] Bei Chrysipp: Stob., Ekl. I,17,4, p. 153,24ff. *Wachsmuth = Diels,* Doxog. 463,14– 464,8, bes. 463,16 (SVF II, 471); ansonsten vgl. SVF II, 439 (Galen, Περὶ πλήθους 3); SVF II, 715 (Galen, Comm. 5 in Hippocr. epid. 6); Plutarch, Mor. 1085c (SVF II, 444) (vgl. *Sorabji,* Matter, 86, n. 31 und 32). Wichtig ist auch das bei *Sorabji,* Matter, 87 (mit n. 33) wiedergegebene Zitat aus Galens De causis continentibus I, 3. Auch nach *Kleinknecht,* Art. πνεῦμα κτλ., ThWNT VI, 352 wird das πνεῦμα bei den Stoikern mit der Luft gleichgesetzt,

sung, das πνεῦμα sei aus Luft und Feuer *gemischt*,[655] sei nichts anderes als ein Mißverständnis dieser Theorie.[656] Vielleicht greift unser Verfasser an der hier betrachteten Stelle S. 36, Z. 7ff. also auf die stoische Lehre des alldurchdringenden πνεῦμα zurück, verwendet dafür aber die Bezeichnung »Luft« (ἀήϱ).[657] Für stoischen Hintergrund spricht jedenfalls der typisch stoische Fachterminus »διήϰειν« (S. 36, Z. 9).[658] Der letzte Satz von CH II,11 stellt Luft und πνεῦμα zumindest auf eine Stufe. Man *kann* ihn so auslegen, als würden Luft und πνεῦμα faktisch miteinander identifiziert,[659] doch ist das nicht unbedingt die naheliegendste Interpretation. Möglicherweise hat unser Verfasser für seinen Argumentationszweck die Eigenschaft des πνεῦμα, alles zu durchdringen, einfach auf die Luft übertragen. Das konnte er tun, weil in der Tradition beide Größen sogar gleichgesetzt wurden.

Das hier betrachtete Argument darf offenkundig nicht in die kosmologische Argumentation eingetragen werden, weil sich sonst ein Widerspruch ergeben würde zwischen dem unkörperlichen Charakter der Weltseele, die ja in CH II,8 (S. 35, Z. 7) mit dem πνεῦμα gleichgesetzt wird, und dem offensichtlich körperlich aufgefaßten πνεῦμα in CH II,11. Man kann sich des Eindrucks nicht erwehren, daß Hermes Trismegistos etwas sorglos ist hinsichtlich der Konsistenz seiner Argumente und seines Sprachgebrauches. Vielleicht liegt das daran, daß die Argumentation gegen Asklepios fast sophistischer Natur ist. Das Hauptziel des Hermes scheint zu sein, seinen Schüler zu widerlegen und damit zum Schweigen zu bringen. Dafür scheint jedes Mittel recht, auch die Verwendung von Argumenten und Begriffen, die sich mit anderen Aussagen schlecht vertragen oder einen anderen Sinn als dort haben. Das trägt gerade zur Undurchsichtigkeit der Argumentation bei und bewirkt die Ruhigstellung des Schülers, der nicht mehr folgen kann.

Die Theorie der alldurchdringenden Luft/des alldurchdringenden πνεῦμα hätte genügt, um Asklepios zu widerlegen. Das beweist der letzte Satz von CH II,11 (S. 36, Z. 17), wo, quasi resümierend, auf sie zurückgegriffen wird.

---

allerdings »selten«, vgl. ebd., n. 93 und andererseits (πνεῦμα als πῦϱ und ἀήϱ in sich vereinend) n. 94 (Belege).

[655] Vgl. die bei *Sorabji, Matter*, 86, n. 27 angegebenen Belege, denen andere hinzugefügt werden könnten; *Kleinknecht*, ThWNT VI, Art. πνεῦμα ϰτλ., 352 mit n. 94.

[656] *Sorabji, Matter*, 85–86.

[657] *Kleinknecht*, Art. πνεῦμα ϰτλ., ThWNT VI, 352 führt n. 93 noch Epiktet, Diss. III, 13,15 an, doch ist dieser Beleg nicht aussagekräftig; zum Vorläufer der stoischen Pneumalehre, nämlich der ἀήϱ-Theologie des Diogenes von Apollonia vgl. ebd., 353, n. 113.

[658] Siehe SVF I, 153 (Hippolyt., Philosoph. ); SVF I, 159 (Clemens Alex., Protr.) und Sextus Empir., Pyrrh. Hypot. III, 218; SVF I, 495 (Hermeias, Irris. gent. phil.) = bes. *Diels*, Doxog. 654,30f.; SVF II, 310 (Alexander v. Aphrod., De mixt. 224,32ff. *Bruns*); SVF II, 416 (Galen, Introductio s. medicus 9); SVF II, 473 (Alexander v. Aphrod., De mixt. 216,14ff. *Bruns*); SVF II, 1021 (Diog. Laert. VII, 147); SVF II, 1027 (Aet., Plac. I, 7,33); SVF III, 370 (Sextus Empir., Adv. Math. IX, 130); u.a.m.

[659] Das »ϰαί« wäre in diesem Fall explikativ zu verstehen.

Von Hermes Trismegistos wird vorher aber noch eine weitere Theorie ins Spiel gebracht (ab S. 36, Z. 9), nämlich die der elementaren Mischung. Sie findet sich vor allem im späten Neuplatonismus, scheint aber auch schon im Mittelplatonismus von Numenios vertreten worden zu sein.[660] Die Theorie besagt, daß kein Element im Kosmos rein vorhanden ist, sondern jedes schon Anteile der anderen Elemente enthält. Wasser enthält also auch Anteile von Luft, Feuer und Erde, wird aber, wegen des vorherrschenden Wasseranteils, »Wasser« genannt, usf. auch für die anderen Elemente.[661]

Die Einführung dieser Theorie durch Hermes dient allein dem sophistischen »Punktgewinn« gegenüber Asklepios; für die Argumentation trägt sie nichts aus. Aus der Theorie folgt z.b., daß die Luft in den leeren Gefäßen Anteile der anderen Elemente enthält (S. 36, Z. 11f.); demnach müßten die leeren Gefäße auch irgendwie massiv sein, was vielleicht gegen die Annahme von κενόν in ihnen ins Feld geführt werden könnte. Aber diese Schlußfolgerung wird gar nicht explizit gezogen.[662] Es kommt auf nichts anderes an als darauf, die Position des Asklepios in ihr Gegenteil zu verkehren (S. 36, Z. 12f.: »ὁ ἐναντίος λόγος«). Also wird aus der Theorie gefolgert,[663] daß die massiven Körper »leer« sind, nämlich leer von Luft (S. 36, Z. 13–14).

Inwiefern sich diese Behauptung aus dem Vorhergehenden logisch »ergibt«, ist nicht ersichtlich. Eigentlich gilt sie nur aufgrund der nachgeschobenen Zusatzannahme, daß in massiven Körpern die Luft verdrängt wird (S. 36, Z. 14f.).

Das Argument dient vor allem dazu, die zuerst behauptete These, daß nämlich die scheinbar leeren Körper in Wahrheit voll (voller Luft) sind (Z. 10f.), durch eine Komplementärthese zu ergänzen und zu verstärken.

---

[660] Die Meinung, daß alles an allem irgendwie Anteil hat oder mit allem gemischt ist, ist typisch neuplatonisch, hat ihre Wurzeln aber tief in der antiken Philosophiegeschichte. Siehe *Hoffmann,* Polemics, 79–81; *Hadot,* Porphyre I, 239–241; Plutarch, Mor. 1025d–1026a; Numenios, Fr. 41 *des Places* mit p. 90, n. 3 zu dieser Theorie; vgl. auch p. 25 in der Ausgabe von *des Places; Hadot,* Être, 128; Proklos, El., Prop. 103, p. 93 *Dodds,* vgl. auch *Dodds,* 254 mit weiteren Stellenhinweisen. Von den bei *Dodds* genannten Parallelen ist besonders wichtig Plotin, Enn. V, 8,4,6–8; 11; 21–23. Nur in den neuplatonischen Belegen wird diese Theorie aber ausdrücklich auf die *vier Elemente* bezogen (wichtigste Belege: Proklos, In Tim. II, 8,21; II, 9,1–16 *Diehl;* Simplikios, In De Caelo 85,7–31; vgl. auch *Hoffmann,* Polemics, 80–82); was bezüglich der Datierung von CH II Fragen aufwirft. Doch finden sich auch bei dem Mittelplatoniker Numenios Stellen, die als Hinweis auf eine Theorie der *elementaren Mischung* gedeutet werden können (Numenios, Fr. 51 *des Places;* Fr. 52, p. 98, Z. 114–121 *des Places*), und immerhin beruft sich Proklos bei der Darlegung dieser Theorie ausdrücklich auf Numenios (siehe Proklos, In Tim. II, 9,4f. *Diehl = Festugière,* Procl., In Tim., Vol. III, 31).

[661] Für die Auffassung, daß eine Mischung nach dem in ihr vorherrschenden Element benannt wird, vgl. z.B. Plotin, Enn. V, 8,4,10–11; siehe auch *Hoffmann,* Polemics, 79 (mit n. 139); *Hadot,* Être, 128 mit n. 1 und 2; *Hadot,* Porphyre I, 243f.; *Dodds,* El., 346.

[662] Sie klingt freilich S. 36, Z. 16 an.

[663] Vgl. »συμβαίνει«, S. 36, Z. 12, vgl. *Liddell/Scott,* s.v. συμβαίνω, III, 3. b): »of logical conclusions, result, follow, freq. in Pl(ato) and Arist(otle)«; vgl. folgende Stellen: Platon, Gorg. 459b5–6; Theaet. 170c4; Phaid. 74a2; Arist., Top. 156b38; De caelo 270a5; EN 1152b25, u.a.m.

Es ist durchaus möglich, daß unser Verfasser die beiden von ihm verwendeten Theorien, also die der alles durchdringenden Luft und die der Mischung der Elemente, gar nicht selber kombiniert hat, sondern auch dafür auf alexandrinische Tradition zurückgreift. Genauer gesagt sind beide Argumente bei einem alexandrinischen Techniker (»Pneumatiker«) des ersten oder zweiten Jahrhunderts n. Chr. kombiniert, und das paßt gut zu der oben gemachten Beobachtung, daß unser Verfasser von physikalisch-mechanischen Vorstellungen und Argumenten Gebrauch macht und möglicherweise sogar ein mechanisches Weltmodell vor Augen hat.

Der alexandrinische Techniker ist Heron;[664] er ist von der atomistischen Physik beeinflußt,[665] was sich daran zeigt, daß er, anders als unser hermetischer Verfasser, der Meinung ist, daß es auch *im* Weltall Leerräume gibt, nämlich in den Poren von Körpern.[666] Augenscheinlich leere Gefäße sind jedoch nicht wirklich leer, sondern enthalten Luft.[667] Luft besteht aus winzig kleinen Elementarkörperchen, die für uns unsichtbar sind, so daß uns die Gefäße als leer nur *erscheinen*. In Wahrheit sind sie aber voll. Füllt man die Gefäße mit Wasser, wird die Luft entsprechend verdrängt.[668]

Bei Heron sind alle wesentlichen Elemente der Argumentation unseres Hermetikers vorhanden. Der hermetische Verfasser hat die Hauptgedanken durch Einführung philosophischer Schultraditionen noch ein wenig zugespitzt, aber im Prinzip nicht verändert. Daß in den Gefäßen Luft vorhanden ist, wird beim Hermetiker mit der stoischen Theorie des alldurchdringenden Pneuma begründet; es könnte bei Heron einfach eine durch Experiment erhärtete Beobachtungstatsache sein.[669] Daß die Luft aus Elementarkörperchen besteht, wird in unserem Traktat durch die Theorie der elementaren Mischung erläutert

---

[664] *Stückelberger*, Vestigia Democritea, 125–126; zur Datierung Herons: 125–126, n. 3 von 125; *Stückelberger*, Atomistik, 2573–2574; 2573 mit n. 48 zur Datierung Herons; KP II, 1106–1109 (1106 zur Datierung).

[665] *Stückelberger*, Atomistik, 2573–2574; *Stückelberger*, Vestigia Democritea, 114–115; 126–127 (und ff.).

[666] Heron, Pneumatika I, p. 4,4–8; 6,11–14; 8,8–9; 16,16–26; 20,9–12; 24,20–26,5; 26,28–28,11 *Schmidt*; dazu *Stückelberger*, Atomistik, 2573; *Stückelberger*, Vestigia Democritea, 115 für die atomistische Theorie, die die antiken Techniker beeinflußt hat; 126–129 zu Heron.

[667] Zur Auffassung von der Luft bei Heron vgl. *Stückelberger*, Vestigia Democritea, 127.

[668] Der hier interessierende Text ist aus Herons Pneumatika I, p. 4,2ff. *Schmidt*; besonders wichtig daraus (4,8–16): »... ἐν τῷ μέντοι τὰ ἀγγεῖα τὰ δοκοῦντα εἶναι τοῖς πολλοῖς κενὰ οὐκ ἔστιν, ὡς ὑπολαμβάνουσι, κενά, ἀέρος δὲ πλήρη. ὁ δὲ ἀήρ ἐστιν, ὡς τοῖς περὶ φύσεως πραγματευσαμένοις ἀρέσκει, ἐκ λεπτῶν καὶ μικρομερῶν σωμάτων συνεστηκὼς ἀφανῶν ἡμῖν ὄντων ὡς ἐπὶ <τὸ> πολύ. ἐὰν γοῦν εἰς τὸ δοκοῦν ἀγγεῖον κενὸν ὑπάρχειν ἐγχέῃ τις ὕδωρ, καθ' ὅσον ἂν πλῆθος τοῦ ὕδατος εἰς τὸ ἀγγεῖον ἐμπίπτῃ, κατὰ τοσοῦτον πλῆθος ἀὴρ ἐκχωρήσει.« Ähnlich Pneumatika I, p. 26,28–28,11 *Schmidt*; daraus erinnert an unsere Stelle besonders (28,3–6): »διὸ καὶ καταχρηστικῶς μηδὲν εἶναι κενὸν <ἄθρουν> λέγομεν ... ,ἀλλὰ πάντα πλήρη εἶναι ἤτοι ἀέρος ἢ ὑγροῦ ἢ ἄλλης τινὸς οὐσίας.«

[669] Vgl. den Schluß des zitierten Abschnittes und die darauf folgenden Passagen, bes. Pneumatika I, p. 4,17–22, wo offenbar auf ein physikalisches Experiment Bezug genommen wird.

(S. 36, Z. 10), worin vermutlich die mittel- oder neuplatonische Perspektive unseres Verfassers zum Ausdruck kommt. Bei Heron dürfte diese Auffassung im wesentlichen (traditionell) anaxagoreisch gefärbt sein, wie die Terminologie beweist.[670] Man könnte sagen, daß der hermetische Verfasser die Argumentation bei Heron im Licht der philosophischen Schultheorien seiner Zeit versteht. Möglicherweise hat er die neuplatonisch-stoische Reinterpretation der Theorien Herons und der anderen Pneumatiker aber schon vorgefunden; sie könnte in dem Zeitraum zwischen Heron und der Abfassung von CH II, der je nach Datierung (sowohl Herons als auch des Traktates CH II) 50 – 150 Jahre betragen mag, erfolgt sein.

Ob unser Verfasser seine Widerlegung ganz ernst nimmt, ist sehr die Frage. Im Rahmen des Gespräches ist sie offenbar nur Mittel zum Zweck, um Asklepios zu einem ergebenen Zuhörer und Stichwortgeber für die im folgenden entwickelte Gotteslehre zu machen; einen anderen argumentativen Sinn hat sie vermutlich nicht.

## 10. CH II,12 (S. 36, Z. 18 – S. 37, Z. 7)

In diesem Abschnitt wird die Lehre vom νοῦς/τόπος zusammengefaßt und zum Abschluß gebracht. Der Verfasser resümiert alle Prädikate, die er aus den verschiedenen philosophischen Traditionen und besonders der platonischen für das göttliche Wesen entnommen hat und fügt weitere hinzu. Besonders ab S. 37, Z. 3 liegt eine geradezu hymnische Aneinanderreihung von Ehrenprädikaten vor. Solche Reihungen von Gottesprädikaten sind in philosophischen Parallelen, zumal aus der mittelplatonischen Tradition, durchaus üblich, wobei allerdings der Wortbestand variiert.[671] Es ist klar, daß unser Verfasser sich eine solche, von der Tradition vorgegebene Möglichkeit, Gott auf philosophische Weise hervorzuheben, nicht entgehen lassen konnte. Dabei zeigt die Auswahl der Prädikate überwiegend Verwandtschaft zu den mittelplatonischen Parallelen; die Unterschiede beruhen auf den spezifischen Aussageabsichten des Verfassers. Die meisten der Prädikate sowie die hymnische Form ihrer Aneinanderreihung dürfte unser Verfasser also der platonischen Tradition entnommen haben, vielleicht stammen sie aus dem Schulunterricht.

Allerdings spricht unser Verfasser die Prädikate im Unterschied zur Tradition nicht Gott, sondern dem νοῦς zu, als ob für ihn der νοῦς der oberste Gott

---

[670] Vgl. zu Anaxagoras besonders FVS 59 B10, einem Scholium (zu Gregor v. Nazianz, PG 36, 911B, Folium 149, recto), in dem es heißt: »καὶ γὰρ ἐν τῇ αὐτῇ γονῇ καὶ τρίχας εἶναι καὶ ὄνυχας καὶ φλέβας καὶ ἀρτηρίας καὶ νεῦρα καὶ ὀστᾶ καὶ τυγχάνειν μὲν ἀφανῆ διὰ μικρομέρειαν ...«. Zur Rückführung der Theorie der elementaren Mischung auf Anaxagoras siehe Aristoteles, Phys. 187a37–b7; vgl. auch *Hadot,* Porphyre I, 239–240; *Hoffmann,* Polemics, 79 mit n. 138.

[671] Apuleius, Apol. 64, p. 78 *Vallette*; Apuleius, De Plat. 190–191, p. 64 *Beaujeu*; 204, p. 71 *Beaujeu*; [Albinos], Epit. X, 3; Maximos Tyr., Or. XI, 9, p. 95,196-p. 96,208, bes. p. 96,204–205 *Trapp.*

sei, der die ehrenden Prädikate der platonischen Tradition verdiene. Die daraus
(im Verein mit anderen Beobachtungen) ableitbare Infragestellung der Einheitlichkeit des Traktates wird unten genauer zu untersuchen sein.

Zuerst wird der Ort, auf den Hermes nach der Ablenkung durch die Einwände
des Asklepios wieder zu sprechen kommt, als »körperlos« bezeichnet (S. 36,
Z. 18 – S. 37, Z. 2), womit er in Gegensatz zur Körperlichkeit des Kosmos tritt.
Damit wird an die verschiedenen Traditionen von der Unkörperlichkeit des
Göttlichen (Platonismus, Aristotelismus) und des Ortes der Welt (Platonismus)
angeknüpft und ein deutlicher Kontrast zu den die körperlichen und innerkos-
mischen Vorgänge betreffenden Einwürfen des Asklepios hergestellt.[672]

Ein schon notiertes Merkmal der Argumentationsweise unseres Verfassers
ist es, Schritt für Schritt vorzugehen, von physikalischen Tatsachen auf transzendente zu schließen und ein Argument pädagogisch aufzubauen. Auch eine
gewisse Vorliebe für die Erzeugung von Spannung läßt sich erkennen. Dieser
Vorgehensweise entspricht, daß der Verfasser zunächst nicht direkt auf den
νοῦς zu sprechen kommt, sondern, und zwar sowohl im Aufbau des Traktates
als ganzem als auch im Kontext unserer Stelle, von der physikalischen Theorie
des *Ortes* ausgeht. Erst *nachdem* geklärt ist, daß der Ort des Kosmos unkörperlich ist (S. 37, Z. 1), rückt Hermes und damit der Verfasser endlich mit
der Sprache heraus und identifiziert den τόπος als νοῦς (S. 37, Z. 2 über die
Frage nach dem ἀσώματον). Erst jetzt wird also dieser Begriff genannt, der
dem Verfasser sicher schon die ganze Zeit vorschwebte.[673] Die Identifikation
ist im bisherigen Gedankengang des Traktates sorgfältig vorbereitet, was sich
schon daran zeigt, daß viele der in II,12 (S. 37, Z. 2–7) genannten, traditionellen Eigenschaften des νοῦς nur Rekapitulation schon bisher genannter Charakterisierungen des göttlichen Wesens (also des Bewegers, des τόπος) sind.
Dadurch, daß man nachvollzieht, wem die Prädikate des νοῦς im voraufgehenden Text zugesprochen wurden oder an welche Theorien sie anknüpfen,
kann man sich rekonstruieren, mit welchen bisher genannten Größen der νοῦς
identisch ist. Im einzelnen handelt es sich um folgende Bestimmungen:

– »ὅλος ἐξ ὅλου ἑαυτὸν ἐμπεριέχων« (S. 37, Z. 2–3): diese Wendung klingt
ähnlich wie das, was in CH II,5 (bes. S. 33, Z. 7f.) vom θεός gesagt wird; sie
besagt auch wohl dasselbe (s.u.). Die Einheitlichkeit von CH II vorausgesetzt,
ist der νοῦς aber nicht der dort gemeinte θεός, wie CH II,6, S. 33, Z. 9–10
nahelegt und CH II,12, S. 37, Z. 7f. beweist. Hier besteht also eine Spannung,
wenn nicht ein Widerspruch, der sich allenfalls mildern läßt, wenn man das,

---

[672] Gott als unkörperlich im Mittelplatonismus: [Albinos], Epit. X, 7 (mit *Festugière* IV,
101); Apuleius, De Plat. 190, p. 64 *Beaujeu*; 204, p. 71 *Beaujeu*. Dasselbe dürfte auch bei
Maximos Tyr., Or. XI, 9, p. 96,204–208 *Trapp* gemeint sein; auch das (wahre, eigentliche)
Sein bzw. Seiende bei Numenios, das mit (dem obersten) Gott identisch ist, ist, wie Fr. 4a–
b; 6 und 7 *des Places* zeigen, natürlich als unkörperlich gefaßt; dem steht die Materie als
gleichursprüngliches Gegenprinzip gegenüber, vgl. *Frede*, Numenius, 1050–1054. Die unsichtbaren olympischen Götter werden unkörperlich genannt bei Apuleius, De Deo Socr.
123 (mit ausdrücklicher Berufung auf Platon).
[673] Beleg: die Andeutung »τῶν νοητῶν« S. 35, Z. 6.

was S. 33 vom θεός gesagt wird, allgemein auf jedes göttliche Wesen bezieht, also auch auf den νοῦς. Ob das im Sinne des Verfassers ist, läßt sich angesichts der klaren Unterscheidung des θεῖον von τόπος (der ja, wie wir jetzt wissen, der νοῦς ist) und von ὁ θεός (siehe S. 33, Z. 9–10) bezweifeln, der Widerspruch läßt sich also nicht ausräumen.

– »ἐλεύθερος σώματος παντός« (S. 37, Z. 3): diese Wendung spricht betont und feierlich die Unkörperlichkeit des νοῦς aus. In II,4 (S. 33, Z. 1) wird vom Ort der Bewegung des Alls gesagt, daß er unkörperlich ist, also wird durch die hier gemeinte Wendung die Gleichsetzung von νοῦς und τόπος nahegelegt.

– »ἀπλανής« (S. 37, Z. 3): Dieses Prädikat erinnert an die Wendung »ὑπὸ τῆς ἀπλανοῦς σφαίρας« in II,6 (S. 33, Z. 16), insinuiert also die Gleichsetzung des νοῦς mit der Fixsternsphäre. Vgl. auch II,7, S. 34, Z. 2: »τῇ ἀπλανεῖ«.

– »ἀπαθής« (S. 37, Z. 4): Für dieses Prädikat gibt es keine unmittelbare Parallele im voraufgehenden Text.

– »ἀναφής«: Dieses Prädikat hängt eng mit der Unkörperlichkeit zusammen, wie die Begriffsbestimmung unten erweisen wird; also legt auch »ἀναφής« die Identifikation des νοῦς mit dem unkörperlichen τόπος nahe.

– »αὐτὸς ἐν ἑαυτῷ ἑστώς« (S. 37, Z. 4): Diese Wendung erinnert an den unbewegten Beweger von II,6, besonders: »... ἀλλ' ἐν ἑστῶτι. καὶ τὸ κινοῦν δὲ ἔστηκεν, ἀδύνατον συγκινεῖσθαι« (S. 33, Z. 12–13). Also scheint der νοῦς mit dem unbewegten Beweger des Alls gleichgesetzt zu werden, der zugleich das ruhende Zentrum der kosmischen Kreisbewegung ist.

– »χωρητικὸς τῶν πάντων« (S. 37, Z. 4–5): Dieses Prädikat erinnert an den platonischen Begriff der χώρα und – im Licht der oben zitierten Sextus-Parallele[674] – an die Tradition, den τόπος als χωρητικός zu bestimmen. Also deutet dieses Adjektiv wieder die Gleichsetzung des νοῦς mit dem τόπος bzw. der platonischen χώρα an.

– »σωτήριος τῶν ὄντων« (S. 37, Z. 5): Für diese Wendung gibt es im bisher behandelten Text keine Parallele.

– Dasselbe gilt für die Wendung »οὗ ὥσπερ ἀκτῖνές εἰσι τὸ ἀγαθόν« (S. 37, Z. 5f.).

Aber die beiden folgenden Wendungen:

– »τὸ ἀρχέτυπον πνεύματος« (S. 37, Z. 6) und

– »τὸ ἀρχέτυπον ψυχῆς« (S. 37, Z. 7) sind wieder im voraufgehenden Text angelegt. Der genaue Sinn soll unten erläutert werden, doch wurde bereits darauf hingewiesen, daß unser Verfasser in II,8 πνεῦμα und ψυχή offenbar miteinander identifizieren will (S. 35, Z. 7). Dort war im Zusammenhang von der Weltseele (im Sinne des platonischen *Timaios*) die Rede; die beiden hier gemeinten Wendungen erinnern an diese Stelle und bestätigen damit die oben geäußerte Vermutung, daß der νοῦς offenbar mit der Weltseele identisch ist bzw. als Weltseele gefaßt wird.

---

[674] Noch einmal: Sextus Empir., Pyrrh. Hypot. III, 121.

Die Identifikation von τόπος, Weltseele, Beweger des Alls etc. mit dem νοῦς dient dem Verfasser also dazu, aus der Tradition bekannte und mit den genannten Größen assoziierte Prädikate auf den νοῦς zu häufen. Zugleich werden damit auch noch einmal die Aussagen und Ergebnisse des ersten Traktatteils resümiert, die ja in der Einführung und Bestimmung solcher Entitäten wie τόπος, Beweger, etc. und der ihnen zugehörenden Eigenschaften bestanden.

Und umgekehrt kann man anhand der auf den νοῦς gehäuften Prädikate ablesen, mit welchen bisher genannten oder angedeuteten Größen er gleichgesetzt werden soll. Es handelt sich um folgende:
1. mit dem Ort der Bewegung des Alls;
2. mit der Weltseele (im platonischen Sinne);
3. mit der Fixsternsphäre (ἀπλανής), und
4. mit dem unbewegten Beweger, der zugleich ruhendes (ἑστώς) Zentrum der Bewegung des Alls ist.

Die Aneinanderreihung der genannten Prädikate bestätigt aber nicht nur die Identität des νοῦς mit den aufgezählten Größen, sondern auch deren vermutete Identität untereinander.

Die Prädikate bringen nun eine Begriffs- und Vorstellungswelt in die Bestimmung des νοῦς ein, die nicht nur aus dem ersten Traktatteil (in dem ohnehin nicht alle der Bestimmungen angelegt sind) erschlossen werden kann, sondern weitere philosophie- und religionsgeschichtliche Hintergründe hat. Daher sollen im folgenden die einzelnen Bestimmungen des νοῦς noch einmal genauer philosophie- und religionsgeschichtlich untersucht werden.

Zu den einzelnen Wendungen:

»νοῦς ὅλος ἐξ ὅλου ἑαυτὸν ἐμπεριέχων«: die Kodices lesen statt »ὅλος« »λόγος«,[675] Stobaios dagegen den hier übernommenen Text. Da sich bei Stobaios normalerweise der textkritisch bessere Wortlaut findet, und weil zudem vom λόγος weder vor noch nach der hier behandelten Stelle die Rede ist, dürfte »ὅλος« zu halten sein;[676] außerdem ist in der Version der Kodices kein rechter Sinn zu erkennen. Krolls Vorschlag »νοῦς καὶ λόγος ὅλος ἐξ ὅλου …«[677] ist eine Kontamination beider Varianten, nicht durch die Handschriften gedeckt und daher abzulehnen. Vermutlich ist der Begriff λόγος nachträglich in unseren Text eingefügt worden, um ihn einer »Normaltheologie« (z.B. der platonisch-alexandrinischen oder auch der christlichen) anzugleichen. Denn auf diese Weise steht unter dem CH II,12b (S. 37, Z. 7) erwähnten höchsten Gott der λόγος, wie es z.B. philonischer Auffassung[678] und christlicher Theologie der Kirchenväter[679] entspricht.[680]

---

[675] *Nock/Festugière* I, 37, App. z.St.; siehe auch oben die Textkritik z.St.!

[676] So auch *Nock/Festugière* I, 37.

[677] *Kroll*, 61.

[678] Vgl. z.B. Philo, Som. I, 65; siehe auch Op. 24; Quaest. Gen. I, 4, p. 3 *Marcus*; Agr. 51; Conf. 63; 146; Sac. 66; Fug. 110; Plant. 8; 18; Som. II, 189; Leg. All. II, 86; III, 96, u.a.m.

[679] Z.B. Clemens Alex., GCS IV, s.v. λόγος, 13. Der Logos, Sohn Gottes, 546–548. Siehe auch *Lampe*, s.v. λόγος, II. A.–C., 808–811.

[680] Vgl. *Kroll*, 57–60.

Die ganze Wendung ist wie folgt aufzuschlüsseln: »ἐξ ὅλου« bedeutet: »gänzlich«, »ganz und gar«.[681] »Ἐξ ὅλου« findet sich relativ selten, viel öfter heißt es »δι' ὅλου« oder »δι' ὅλων«.[682] Der Ausdruck mag trotz »ἐξ« statt »δι'« stoischen Hintergrund haben, zu denken ist hier an den Fachterminus der »κρᾶσις δι' ὅλων«, der die völlige Vermischung zweier Stoffe bzw. Substanzen ausdrückt.[683] Von daher mag sich in gewisser Weise bereits der Sinn der ganzen Wendung erschließen: der νοῦς ist, wie vermischte Stoffe und Substanzen, unauflöslich eng mit sich selbst verschmolzen. Er tritt sich nicht selbst in der Reflexion gegenüber. Diese Interpretation muß aber noch durch die Betrachtung von »ἐμπεριέχω« gestützt werden.

Ein Beispiel für die Wendung »ὅλος ἐξ ὅλου« findet sich bei Numenios,[684] führt also zum schon bisher für CH II vermuteten traditionsgeschichtlichen Hintergrund. Allerdings steht die Wendung bei Numenios in einem mit unserer Stelle nicht vergleichbaren Zusammenhang.

»Ἐμπεριέχειν« bedeutet so viel wie »umfangen«, »umfassen«. Es ist vielfach gleichbedeutend mit »περιέχω«, und die entsprechenden Vorkommen können zur Bestimmung des Wortsinnes herangezogen werden. Im Mittelplatonismus ist ἐμπεριέχειν oft eine Tätigkeit Gottes: er ist der, der das All umfaßt,[685] wobei oft hinzugefügt wird, daß er selber von nichts umfaßt wird.[686] Das Verbum kann aber auch, wiederum meist in platonischen Zeugnissen, »(in sich) befassen«, »(durch Umfassen in sich) enthalten« bedeuten.[687] Das kann durchaus auch im übertragenen Sinne gemeint sein, das Wort wird

---

[681] Vgl. *Lampe*, s.v. ὅλος, 4., p. 950. Lampe führt folgende Belegstellen an: Athanas. C. gentes 22,24, p. 60 *Thomson* (= PG 25, 44D) mit der Wendung »ἐξ ὅλου φθείρεσθαι«, ders., De synod. 41,1, p. 266 *Opitz* (= PG 26, 764D) mit der Wendung »τῶν ἐξ ὅλου σύνοδον ἀρνουμένων«. Dazu wäre noch anzuführen: Clemens Alex., Strom. VII, 13,1: »ὅλας ἐξ ὅλων«.

[682] Z.B. Aetius, Plac. II, 3,4 (= *Diels*, Doxog. 330): »ὅλον δι' ὅλου«; »δι' ὅλου« steht auch Arii Didymi Epitomes Fr. Phys. 25 (= *Diels*, Doxog. 460,18); siehe auch Philo, Gig. 7; Deus 130; Som. II, 245; Her. 217 u.a.m.

[683] Z.B. SVF I, 102 (Stob., Ekl. I, 17,3, p. 152,19ff. W.); SVF II, 471 (Stob., Ekl. I,17,4, p. 153,24ff. W.); SVF II, 472 (Philo, Conf. 184); SVF II, 473 (Alex. von Aphrod., De mixt. 216,14ff. *Bruns*), u.a.m.

[684] Numenios, Fr. 24, p. 65, Z. 72f. *des Places*.

[685] Philo, Leg. All. I, 44; Som. I, 63; 183; Clemens Alex., Strom. II, 6,2; VII, 5,5 (im Rahmen einer hymnischen Aufzählung über den Sohn Gottes); Origenes, Dial. mit Herakl. 2, 9–10 (SC 67, 56); ders., De princ. IV, 4 (GCS V, *Koetschau*, 360,1f.); lateinisch: Apuleius, De Plat. 198, p. 67 *Beaujeu*: »… ut sit (die Welt) nihil indigens, sed operiens omnia coercensque contineat.« Siehe auch 1. Klemensbrief 28,4, p. 112 *Lindemann/Paulsen*.

[686] Siehe die in der vorigen Fußnote genannten Clemens-Stellen (noch mit Strom. VII, 28,1) sowie unten zu Philo. Zum Thema des Umfangens, Umfassens durch ein göttliches Wesen etc. gehören auch folgende hermetische Belege: CH I,9 (= *Nock/Festugière* I, 9, Z. 19); hermet. Fragment aus Cyrill 26, C. Iul. I, 44, p. 192 *Burguière/Évieux* (= PG 76, 549C-D = *Nock/Festugière* IV, 131); Exc. Stob. XXIII, 48 (= *Nock/Festugière* IV, 16, Z. 16).

[687] Siehe *Liddell/Scott*, s.v. ἐμπεριέχω, 544. Vgl. Philo, Op. 16; 44; 48; 102; 107; Gig. 7; Plant. 2, u.a.; Plutarch, Mor. 937B; Clemens Alex., Strom. III, 86,1; Plotin, Enn. VI, 2,20,18; VI, 7,14,16, u.a.m; Prokl., In Tim. I, 95,4 *Diehl*; II, 235,8 *Diehl*.

auch im Sinne von »(als Prämisse) eine Konklusion beinhalten«, »(der Sache oder der Logik nach) mit sich bringen« verwendet;[688] entsprechend wird bisweilen gefolgert, daß derjenige, der eine Sache betrachtet, die eine andere (ἐμ)περιέχει, denkend zu dieser anderen hingeführt wird.[689]

Für die gesamte Wendung »ὅλος ἐξ ὅλου ἑαυτὸν ἐμπεριέχων« ergibt sich ein reichhaltiger Sinn. Zum einen soll wohl die Unabhängigkeit des νοῦς von jeder anderen Größe betont werden. Die Bedeutung oszilliert zwischen physikalischer und logisch-geistiger Unabhängigkeit, beides ist in der Tradition vorgegeben. Im *physikalischen* Sinne könnte daran gedacht sein, daß der νοῦς als τόπος von nichts mehr umfaßt wird als von sich selbst, also z.B. das Größte ist, was es gibt (vgl. S. 32, Z. 20 u.a.), im *logischen* und *geistigen* Sinne wird gemeint sein, daß er von nichts anderem als sich selbst logisch und verstandesmäßig herleitbar ist.

Die Wendung besagt also, daß der νοῦς von nichts außerhalb seiner selbst umfaßt, verursacht oder impliziert wird, sondern sich selbst Grund und Ursache ist.

Eine deutliche Spannung besteht zu dem, was in CH II,14, S. 37, Z. 15 über Gott als Ursache des νοῦς gesagt wird, denn damit wird der νοῦς ja als von Gott abhängig aufgefaßt, was durch die hier untersuchte Wendung ausgeschlossen scheint. Aber wir haben ja schon öfter beobachtet, daß der Verfasser strenge Konsistenz seiner Ausführungen manchmal nicht wichtig nimmt.[690]

Die Wendung verweist wieder auf den mittelplatonischen, möglicherweise alexandrinischen Traditionshintergrund, der schon öfter genannt wurde, denn bei Philo,[691] aber auch bei Clemens Alexandrinus finden sich die engsten Parallelen zu unserer Stelle.[692]

Trotz des unterschiedlichen Wortlautes besteht sachlich kein Unterschied zu der in den Parallelen vorkommenden Wendung »περιέχων ὑπὸ μηδενὸς

---

[688] Bei Aristoteles wird durch περιέχω auch die logische Beziehung zwischen Genus und Species oder der Genera untereinander ausgedrückt, vgl. *Bonitz*, p. 581, s.v. περιέχω, z.B. Anal. Prior. 43b23; Top. 140a1f.; 144a12–15; 144b13f.; 152a16 u. 19; Metaphys. 1023b27; Rhet. 1407a31f.; ähnliche, eher logische Bedeutung bei Philo, Op. 48; 92; 95; Clemens Alex., Strom. VIII, 16,2; Plotin, Enn. IV, 8,3,14–16; V, 9,6,9f.; VI, 7,17,28–29. Auch die schon genannte Stelle Proklos, In Tim. I, 95,4 *Diehl* gehört hierher. Die Übergänge zwischen den Bedeutungen sind, auch an den hier angeführten Stellen, teilweise fließend.

[689] Vgl. Plotin, Enn. IV, 4,2,11–14; Plutarch, Mor. 742 f; Clemens Alex., Strom. V, 32,3; auch VIII, 16,2 kann hier noch einmal genannt werden. Siehe auch Origenes, De princ. IV, 4, (GCS V, *Koetschau*, 360): Z. 1 ist vom »ἐμπεριέχειν« im Sinne von »enthalten« die Rede, Z. 2–6 wird daraus aber eine Schlußfolgerung für das Erkennen des Vaters durch den Sohn gezogen.

[690] Zu möglichen Erklärungen vgl. den Exkurs über die Einheitlichkeit von CH II, siehe unten, 193ff.

[691] Philo, Som. I, 63–64; Leg. All. I, 44; Fug. 75.

[692] Zusätzlich zu den schon genannten Parallelen vgl. noch Clemens Alex., Strom. II, 6,1–2: »... οὔτε περιέχων οὔτε περιεχόμενος«. Im Unterschied zum νοῦς in unserem Traktat ist bei Clemens Gott nicht mehr auf den Kosmos bezogen, sondern schon ganz transzendent aufgefaßt.

περιεχόμενος«. Man darf also keinen Widerspruch konstruieren zwischen dieser (für Philo typischen)[693] Wendung und der an unserer Stelle, etwa in dem Sinne, daß der νοῦς in CH II nun doch von etwas umfaßt wird, nämlich von sich selbst, während ein Umfaßtwerden bei Philo grundsätzlich in Abrede gestellt wird. Denn daß der νοῦς sich selbst umfaßt, meint ja gerade, daß *nur* er sich umfaßt, niemand sonst. Hier wie dort ist dasselbe gemeint, nämlich die Unabhängigkeit von jeder anderen Größe.

Neben dieser Bedeutung impliziert die Wendung wohl auch den Gedanken der unmittelbaren, nicht reflektiven Selbsterfassung des νοῦς. Darin wird der aristotelische Gedanke der ständigen Selbstreflexion des νοῦς/Bewegers aufgenommen und neuplatonisch interpretiert.[694] In diesem Punkt geht die Wendung über den Gehalt der parallelen Ausdrucksweise bei Philo hinaus.

Die Wendung behauptet vom νοῦς dasselbe wie das in CH II,5, S. 33, Z. 7–8 von Gott (»ὁ θεός«) Gesagte, nämlich ein »Seiner-selbst-gewahr-Sein« und »Im-Einklang-mit-sich-selbst-Sein« des νοῦς. Er tritt nicht in einer reflektierenden Subjekt-Objekt-Beziehung sich selbst gegenüber, sondern ist sich unmittelbar geistig präsent.

Auch unter diesem Bedeutungsaspekt besteht also eine widerspruchsvolle Spannung zu dem, was an anderer Stelle vom obersten Gott gelehrt wird. Das gilt auch noch von weiteren dem νοῦς zugesprochenen Eigenschaften und wirft die Frage nach der Einheitlichkeit des Textes, d.h. der ursprünglichen Zugehörigkeit des CH II,12b eingeführten Gottes zu ihm, auf.

»ἐλεύθερος παντὸς σώματος«: die Wendung erscheint auf den ersten Blick mißverständlich, weil der νοῦς/τόπος ja gerade mit Körperlichkeit angefüllt ist, nämlich dem größten Körper, den es gibt (vgl. CH II,2, S. 32, Z. 12f.), dem Kosmos. Das will der Verfasser wohl auch nicht in Abrede stellen, sondern er will ausdrücken, daß der Ort *selbst* unkörperlich ist, im Unterschied zum körperlichen Kosmos.

Im Hintergrund werden zwei verschiedene Traditionen stehen, die der Verfasser gekannt und miteinander verbunden haben wird.

Zum einen dürfte die platonische Tradition des Aufstiegs der Seele im Hintergrund stehen. Nach Platon ist Ziel des Aufstiegs die transzendente Welt der Ideen, die Idee des Guten und das Licht. Das Ziel des Seelenaufstiegs oder Seelenfluges wird bei Platon an einigen Stellen auch als νοητὸς τόπος bezeichnet, wobei die Begrifflichkeit an die Identität von νοῦς und τόπος an unserer Stelle erinnert.[695] Platon wäre, wie besonders die Stelle aus dem *Phaidros* beweist, mit der Charakterisierung dieses Ortes als »von jedem Körper frei« sicher einverstanden gewesen, denn es handelt sich um die Welt des

---

[693] Z.B. Philo, Fug. 75; Sob. 63; Som. I, 185; Conf. 136; Leg. All. III, 51; ähnlich Post. 14.
[694] Vgl. Plotin, Enn. V, 3,5,29–48, bes. 30: »ἡ μὲν γὰρ νόησις οἶον *περιέξει* τὸ νοητόν …« (wobei Plotin dieser Meinung kritisch übersteht).
[695] Platon, Polit. 508c1; 517b4–6 (im Höhlengleichnis); besonders wichtig auch Phaidr. 247c2–d1, wo von der »ἀχρώματός τε καὶ ἀσχημάτιστος καὶ ἀναφὴς οὐσία« (= c6–7) die Rede ist, die den überhimmlischen Ort einnimmt.

wahren, unveränderlichen und unkörperlichen Seins. Wichtig ist auch, daß die genannten Stellen im hellenistischen Platonismus stark nachgewirkt haben.

An unserer Stelle wird aber noch eine andere, ebenfalls platonische Vorstellung eingewirkt haben: das Verhältnis der menschlichen Seele zum Körper wird im Platonismus durchweg als Gefangenschaft angesehen;[696] der Tod ist nicht zu fürchten, weil mit ihm das Band, das die Seele an den Leib fesselt, gelöst wird.[697] Ein wahrer Philosoph läßt sich daher nicht von den vom Körper ausgehenden Impulsen bestimmen, sondern sucht gerade die Unabhängigkeit von ihnen.[698]

Der Gedanke der Befreiung vom Körper könnte mitschwingen, wenn unser Verfasser den τόπος als »frei von jedem Körper« bezeichnet. Auf den Ort wäre ein normalerweise nur von der menschlichen Seele verwendetes Motiv übertragen worden.[699] Vielleicht soll damit ausgedrückt werden, daß der Aufstieg zum νοῦς/τόπος eben jene Befreiung für die Seele bringt. Dann stünde die hier verwendete Ausdruckweise im Zusammenhang mit der anderen, schon diskutierten Stelle in unserem Traktat, an der auf das Schicksal der Seele im Kosmos aufmerksam gemacht wird: dort ist andeutungsweise von der Gefangenschaft und Bedrückung der Seele im Körper die Rede.[700]

An unserer Stelle soll also wohl nicht nur der physikalische Sachverhalt mitgeteilt werden, daß der τόπος im Unterschied zum Kosmos unkörperlich ist; durch die von der menschliche Seele entlehnte Ausdrucksweise wird vielmehr ganz versteckt die Sehnsucht nach Befreiung aus der Welt des Körperlichen zum Ausdruck gebracht.

Dafür gibt es (viel deutlichere) Parallelen im hermetischen Schrifttum: hier ist zunächst auf CH X,15 zu verweisen, wo die Seele eines Kindes als »schön anzusehen« (»καλὴν βλέπειν«, S. 120, Z. 15f.) bezeichnet wird, weil sie noch

---

[696] Platon, Phaid. 62b2–9; 67a4–b1; c1–d; Gorg. 493a2–3; Krat. 400c1–4.

[697] Platon, Phaid. 64c1–8; 67d7–e6, bes. e5–6.

[698] Platon, Phaid. 66b–67a; d7–10; vgl. auch 80e. [Albinos] definiert die Philosophie in Epit. I, 1 u.a. als »λύσις καὶ περιαγωγὴ ψυχῆς ἀπὸ σώματος«; vgl. auch die Gegenüberstellung von Seele und Körper bei der Behandlung der Unsterblichkeit der Seele, Epit. XXV, 1; über die Seelen der wahren Philosophen vgl. Epit. XXVII, 3. Siehe auch Attikos, Fr. 2, 104f., p. 44 *des Places*. Auch bei Philo wird das Verhältnis der Seele zum Körper meist negativ bestimmt als Fesselung, Gefangenschaft, Bindung an die körperlichen Notwendigkeiten, usw., vgl. Mos. II, 185; Jos. 264; Leg. All. I, 108; III, 151; Det. 158; Mig. 9; Mut. 36; Cong. 60; Som. I, 139; Her. 68; 85; Virt. 74. Vgl. auch die Diskussion des Themas bei Plotin (in der Auseinandersetzung mit den Gnostikern), Enn. II, 9,18,1–17.

[699] Neuplatonisch (unter Verwendung von »ἐλεύθερος«) bei Plotin Enn. III, 1,8,10–11 (»ἄνευ μὲν οὖν σώματος οὖσα κυριωτάτη τε αὐτῆς καὶ ἐλευθέρα …«); IV, 3,12,8–12; VI, 8,6,26; VI, 8,7,1f. (u.a.m.). Siehe aber auch bei Philo, Prob. 40; Leg. All. III, 21; Deus 48.

[700] Siehe CH II,9, S. 35, Z. 15–16 die Rede von der »καταβαρουμένη ψυχή«, die »allein zwei Körper schleppt«. Hinzuweisen ist auch auf CH II,8, S. 34, Z. 14 »ἐπίκηρα ζῷα«, »οἷον τὸν ἄνθρωπον«; besonders durch die Verwendung des gefüllten »ἐπίκηρος« wird ein dualistischer Gegensatz zwischen irdisch-vergänglich und himmlisch-unvergänglich angedeutet. Schließlich gehört hierher auch das Motiv des Blicks zum Himmel in CH II,7, S. 34, Z. 4–6, das die Sehnsucht nach einer Befreiung aus der kosmischen Welt signalisiert.

nicht vom Körper belastet ist (»τοῦ σώματος αὐτῆς ἔτι ὀλίγον ὄγκωτο«, S. 120, Z. 14f.). In CH XIII,7 wird vom »δεσμωτήριον τοῦ σώματος«[701] gesprochen, in Exc. XXV,8 wird die Einkörperung der Seele ausdrücklich als »Strafe« bezeichnet.[702] Zahlreiche weitere Parallelen lassen sich anführen;[703] hierher gehört auch die Anschauung, daß das Reich der (unkörperlichen) Freiheit außerhalb oder oberhalb des Kosmos zu suchen ist.[704]

Die genannte Vorstellung ist also im hermetischen Kreis verankert und könnte auch in CH II,12 anklingen.

»ἀπλανής«:

In seiner Grundbedeutung bezieht sich das Adjektiv offenbar auf Dinge, die nicht abwegig, nicht verfehlt sind, nicht in die Irre gehen oder leiten, etc. Die Grundbedeutung ist also nicht, wie man vielleicht meinen könnte, »*sich* nicht irrend«, ausgesagt von Personen. Gemäß seiner Grundbedeutung wird »ἀπλανής« zunächst einmal dazu verwendet, auszusagen, daß etwas feststeht, konstant und unbewegt ist, sich nicht von der Stelle bewegt.[705] In einem weiteren Sinne können aber auch Bewegungen ἀπλανεῖς sein, nämlich wenn sie regelmäßig sind, auf bestimmten, festgelegten Bahnen ablaufen oder einem festgelegten Kurs entsprechen.[706] In diesem Sinne ist das Wort zur Bezeichnung für die Fixsterne geworden, die eine bestimmte, unveränderliche Himmelsbahn durchlaufen und für den Beobachter nicht von ihrem Kurs abzuirren scheinen wie die Planeten. Schon bei Platon und Aristoteles meint das Wort überwiegend sowohl als adjektivisches Attribut (zu: σφαῖρα oder ἄστρα u.ä.) als auch als substantiviertes Adjektiv die Fixsterne bzw. Fixsternsphäre.[707] Diese Bedeutung hat das Wort auch in der hellenistischen und kaiserzeitlichen Epoche;[708] daneben wird es aber auch noch in den

---

[701] *Nock/Festugière* II, 203, Z. 15.

[702] »Εἰ δὴ τοῦτο πάσχουσι σαρκὶ καὶ αἵματι βεβαπτισμέναι, ὡς μηδὲν παρὰ τάξιν πράσσειν κἂν κολάζονται (κόλασις γὰρ αὐταῖς ἡ ἐνσωμάτωσις), πόσῳ πλέον βαπτισμοῦ καὶ κολάσεως ... καὶ ἐλευθερίας ἰδίας μετασχοῦσαι;« So Exc. XXV, 8 (= *Nock/Festugière* IV, 70, Z. 22–25); vgl. auch Exc. XXIII, 33 (= *Nock/Festugière* IV, 10, Z. 15–22). An die Rede von der »(durch den Körper) beschwerten Seele« in CH II,9 erinnert auch folgende Stelle: »... τὸ μὲν κρατοῦν ἐπιτακτικὸν καὶ ἐλεύθερον <ὂν> ἄγει, τὸ δὲ δοῦλον φέρεται« (Exc. IV, 11, *Nock/Festugière* III, 23, drei letzte Zeilen).

[703] CH I,19 (= *Nock/Festugière* I, 13, Z. 15–17); IV,5 (= *Nock/Festugière* I, 50, Z. 21f. (mit Kontext); 6 (= *Nock/Festugière* I, 51, Z. 14–15 (und Kontext); 7 (= *Nock/Festugière* I, 52, Z. 3–4); VII,2 (= *Nock/Festugière* I, 81, Z. 18 – 82, Z. 4); XI,21 (= *Nock/Festugière* I, 156, Z. 4–5); Ascl. 6 (= *Nock/Festugière* II, 302, Z. 7 u.a.); 11 (= *Nock/Festugière* II, 310, Z. 8–10); 40 (vorletzter Satz, *Nock/Festugière* II, 351, Z. 25 – 352, Z. 1); vgl. dazu *van Moorsel*, 44–45.

[704] So Exc. VI, 6 (= *Nock/Festugière* III, 35); auch Exc. XI, 2 (= *Nock/Festugière* III, 55, Prop. 18 und 25–28; p. 56, Prop. 29–30 und 41; p. 57, Prop. 42–48).

[705] So die immer wieder angeführten, wichtigen Stellen Platon, Politikos 288a4; Nom. 775c6; siehe auch *Liddell/Scott*, s.v. ἀπλανής, 190.

[706] Traditionell wichtigster Beleg: Platon, Tim. 47c3.

[707] Platon, Tim. 40b4–6; Arist., Meteorol. 343b9–10; 344a36; Metaph. 1073b17–19.

[708] Ps.-Arist., De mundo 392a10; Plutarch, Mor. 604a; 746a; 925a.c.f.; 1024e; 1028c; 1029a; Philo, Op. 31; 54; 70; 113; 147; Leg. All. III, 99; Cher. 22; 23; Det. 84; Plant. 12; Quis Her. 233; Cong. 104; Mut. 67; 179; Som. I, 21; Abr. 69; 158; Mos. I, 212; Decal. 53; 102; Spec. Leg. I, 13; 34; 210; II, 45; 151; 255; III, 187; 189; Praem. 41; Aet. 10; 46; 83; Timaios Lokr. 97a, p. 44 *Tobin*; Plotin, Enn. III, 1,2,28; III, 4,6,20 u. 24; IV, 4,24,27–30;

anderen genannten Bedeutungen verwendet, bisweilen auch im Sinne von »unbeirrbar«, »nicht vom festen Kurs abbring*bar*«.[709]

Schließlich steht »ἀπλανής« auch für das, was in einem geistigen Sinne nicht abwegig oder verfehlt ist, z.b. für richtige Entschlüsse, sichere Erkenntnis, irrtumsfreie
Konklusionen, etc.[710]

Von hier aus ist es nicht weit zu der ganz gelegentlich anzutreffenden Bedeutung
»sich nicht irrend«, »sich nicht über etwas täuschend«.[711]

Mit der Verwendung des Ausdrucks in CH II,12 möchte der Verfasser an voraufgehende Gedankengänge erinnern und sie auf den νοῦς beziehen. Der νοῦς
ist eben identisch mit der Fixsternsphäre, die wiederum identisch ist mit dem
Ausgangspunkt der Weltbewegung, mit deren Ruhezentrum und dem Ort des
Alls. Auch soll wohl noch einmal daran erinnert werden, daß der νοῦς identisch ist mit der sich vom Zentrum zur äußersten Fixsternsphäre erstreckenden
Weltseele.[712] Alle diese Gedanken fließen in dem »ἀπλανής« zusammen, und
so werden dem νοῦς mit Hilfe *eines* Prädikates de facto gleich *viele* zugesprochen.

Mit großer Wahrscheinlichkeit ist aber auch, gemäß der genannten Bedeutung »feststehend«, die Aussage intendiert, daß der Ort fest steht und sich
nicht, wie der Kosmos und die in ihm stattfindenden Prozesse, in einem dau-
ernden Wandel befindet. In diesem Sinne hat »ἀπλανής« fast die gleiche Bedeutung wie die Wendung »αὐτὸς ἐν ἑαυτῷ ἑστώς« (S. 37, Z. 4).

---

stoisch: Posidonios, Fr. 205,20 = Proklos, In Tim. III, 125,16–17 *Diehl* = p. 184 *Edelstein/
Kidd*; SVF II, 527, p. 168,30 (Stob., Ekl. I,21,5, p. 184,8ff. W.); SVF II, 580, p. 180,11 (Diog.
Laert. VII, 137); SVF II, 650 (Diog. Laert. VII, 144); SVF III, p. 265, Abschn. VI, Fr. 3
(Boethus von Sidon); Plotin, Enn. II, 3,9,3. S. auch Thesaurus Gr. Ling. I, 2, Sp. 1333f., s.v.
Ἀπλανής und Ἀπλανῶς.

[709] Für diese Verwendungen siehe Philo, Agr. 43; Cong. 108; Basil.(?), De renunt. 204,
PG 31, 632B; Philo, Her. 208; Decal. 103; Spec. II, 259 (vom ζῆλος); IV, 155; Flac. 26.

[710] Philo, Fug. 119 (feste, unwandelbare Meinung); Jos. 142 (»ἀπλανέσι λογισμοῖς«);
147; Mos. II, 237 (»ἀψευδέσι καὶ ἀπλανεστάτοις κριτηρίοις«); Decal. 52; 81; Spec. I, 17;
Leg. 2 (von der διάνοια); Sextus Empir., Adv. Math., VII, 146; VII, 394–395; Diog. Laert.
X, 128; später: Euseb. H.e. IV, 8,2, PG 20, 321B (= p. 131 *Schwartz*); Ps.-Athanasius (=
wohl Hesychius von Jerusalem (412–450), vgl. *Altaner/Stuiber*, 334), De titulis Psalmorum
68,28, PG 27, 924D: die sichere, garantierte Rettung; ConstAp I, p. 3, 10f.: »τὴν ἀπλανῆ
θεοσέβειαν« (= etwa: die irrtumsfreie Religion); Cyrill, Ador. IV, 135, PG 68, 349B: »ἡ
ἀπλανὴς διανέμησις« (= die unwiderrufbare Zu- bzw. Verteilung). Zu den Belegen vgl.
*Lampe*, s.v. ἀπλανής, 185.

[711] Sextus Empir., Adv. Log. I (= Adv. Math. VII), 194–195, hier: 195: »καὶ ταύτῃ περὶ
μὲν τὰ πάθη τά γε οἰκεῖα πάντες ἐσμὲν ἀπλανεῖς, περὶ δὲ τὸ ἐκτὸς ὑποκείμενον πάντες
πλανώμεθα.« Anzuführen wären wohl auch noch einmal Sextus Empir., Adv. Math. VII,
394–395; evtl. gehört hierher auch Alciphron, Briefe III, 59, p. 209 *Benner/Fobes*: »… εἰ
μέλλει τις ἀπλανῶς εἰδέναι καὶ εἰδὼς ἀληθίζεσθαι«.

[712] Vgl. dazu noch einmal [Albinos], Epit. XIV, 4 , wo von der Weltseele gehandelt wird:
»τῆς δὲ ψυχῆς ταθείσης ἐκ τοῦ μέσου ἐπὶ τὰ πέρατα …«; der nächste Abschnitt Epit. XIV,
5 beginnt dann mit den Worten: »Ἡ μὲν γὰρ τοῦ πάντα περιέχοντος οὐρανοῦ (= Fixsternsphäre) κίνησις ἀπλανὴς οὖσα …«

Schließlich ist nicht auszuschließen, daß auch gemeint sein könnte, daß der νοῦς *sich* (bei seinem Nachdenken) *nicht irrt* bzw. sich nicht irren kann, vielleicht im Unterschied zum menschlichen Verstand.

»ἀπαθής«: Dieses Prädikat steht an unserer Stelle in der Mitte zwischen »ἀπλανής« und »ἀναφής«; alle drei Adjektive haben dieselbe Silbenzahl, denselben Anfangsbuchstaben (Alliteration) und dieselbe Endung. Dadurch sind sie so gleichförmig, daß durch ihre Aneinanderreihung der ohnehin schon getragen-pathetische Charakter der Aufzählung von Eigenschaften des νοῦς noch besonders betont wird.

Das Prädikat stammt ursprünglich aus der *aristotelischen* Tradition.[713]

Aristoteles ist der erste Philosoph der Antike überhaupt, der das Substantiv »ἀπάθεια« verwendet.[714] »Ἀπαθής« dient z.B. zur Charakterisierung des aktiven νοῦς.[715] Auch im Zusammenhang der Rede vom unbewegten Beweger[716] und in der aristotelischen

---

[713] Aristoteles, De Gen. et Corr. 324b9–14, bes.: »... καὶ ἐπὶ τῶν ποιητικῶν τὸ πρῶτον ποιοῦν ἀπαθές«; vom Äther und der äußersten Himmelssphäre: De Caelo 270b1–3, bes.: »... ἀγήρατον καὶ ἀναλλοίωτον καὶ ἀπαθές τι ἐστι τὸ πρῶτον τῶν σωμάτων«; 284a11–14:«... ἔτι δ'ἀπαθὴς πάσης θνητῆς δυσχερείας ἐστίν ...« (vgl. Hinweis bei *Wehrli* (s. unter Kritolaos), Bd. X, 66). Daß das Prädikat auch in der aristotelischen Schule eine Rolle spielte, zeigt Kritolaos, fr. 16, p. 52 *Wehrli*: »Κριτόλαος καὶ Διόδωρος ὁ Τύριος νοῦν ἀπ' αἰθέρος ἀπαθοῦς (sc. τὸν θεὸν εἶναι)«. Gegen *Frohnhofen*, 75–76 ist einzuwenden, daß man nicht harmonisierend auch Platon die Auffassung zuschreiben darf, Gott sei ἀπαθής. Zum einen kann die Idee des Guten nicht ohne weiteres als »oberste Gottheit« bei Platon bezeichnet werden (vgl. 73–74; diese Gleichsetzung findet sich erst bei Platons späteren Kommentatoren), zum anderen findet sich bei Platon die hier in Frage stehende Begrifflichkeit (also »ἀπαθής« bzw. »ἀπάθεια«) nicht im Zusammenhang der Charakterisierung Gottes, der Idee des Guten, des Demiurgen, etc. (so auch *Frohnhofen*, 74, auch n. 65). Platon kann hingegen davon sprechen, daß die Seele, die sich nach der oberen Welt ausrichtet, ἀπαθής werden kann, z.B. Phil. 33e10; das bedeutet dann, daß die Seele von Leidenschaften nicht berührt und umgetrieben wird. Aristoteles verwendet »ἀπαθής« im Zusammenhang der Charakterisierung der platonischen Ideenlehre Top. 148a20f.

[714] So *Frohnhofen*, 76–77. Das Adjektiv »ἀπαθής« wird schon bei Homer und Pindar verwendet, aber erst Xenophanes soll nach einer Nachricht von Sextus Empiricus Gott als ἀπαθῆ bezeichnet haben (FVS 21 A35, I, p. 124, Z. 7), doch ist es sehr wahrscheinlich, daß sich in der Verwendung des Adjektivs hellenistischer Sprachgebrauch spiegelt (vgl. *Frohnhofen*, 69, auch n. 38).

[715] Aristoteles, De an. 408b25–29; 430a17–18; a23–25. Der aktive νοῦς ist Teil der menschlichen Seele, doch wird er nicht umsonst De an. 429a18–20 mit dem (göttlichen) νοῦς des Anaxagoras in Beziehung gesetzt, vgl. 429a15. Er ist das Göttliche im Menschen, dasjenige, was in uns den Göttern am nächsten verwandt ist: De an. 408b29; De gen. an. 736b28; 737a10; EN 1177a15f.; 1179a26f.; De part. an. 644b22ff.; vgl. *Rohde*, Psyche II, 302, auch n. 7; 303, auch n. 2; 304, n. 4. Alexander von Aphrodisias, der in der für die Entstehung unseres Traktates in Frage kommenden Zeit als gelehrter Kommentator der aristotelischen Werke wirkte (vgl. KP I, 253), faßte den aristotelischen νοῦς ποιητικός sogar ausdrücklich *nicht* als Teil der menschlichen Seele auf, sondern als *göttlichen* νοῦς, der im einzelnen Denkakt von außen (»θύραθεν«) in den Menschen hineingeht, indem er gleichsam den νοῦς ὑλικός aktiviert wie das Licht die Farben (Alexander von Aphrod., De anima, p. 90; p. 107,40–109 *Bruns*, vgl. *Rohde*, Psyche II, 311, n. 2 von 309). Dieser göttliche νοῦς ist u.a. ἀπαθής.

[716] Arist., Metaph. 1073a11f. (vgl. *Frohnhofen*, 79, n. 105).

Behandlung des anaxagoreischen νοῦς taucht »ἀπαθής« auf.[717] Gemeint ist jeweils, daß der unbewegte Beweger bzw. der νοῦς von den physischen Bewegungs- und Veränderungsprozessen der Welt nicht affiziert wird.[718] In der Folgezeit bedeutet »ἀπαθής« häufig »leidenschaftslos«;[719] in der stoischen Lehre ist ἀπάθεια in diesem Sinne eine den stoischen Weisen charakterisierende Eigenschaft.[720] Im *hellenistischen* Platonismus wird »ἀπαθής« zur Bezeichnung göttlichen Wesens übernommen;[721] in dieser Zeit wird »ἀπαθής« ganz allgemein eines der üblicherweise Gott bzw. dem Göttlichen zugeschriebenen Prädikate.[722] Im christlichen Bereich dringt die Lehre von

---

[717] Arist., Phys. 256b24–27; De an. 405b19–21.

[718] Vgl. *Frohnhofen,* 79 mit den den nn. 105–107.

[719] Die Leidenschaften sind mit dem Körper verbunden; Befreiung vom Körper bedeutet daher ἀπάθεια. In diesem Sinne dürfte CH XII,11 (*Nock/Festugière* I, 178, Z. 6–19) gemeint sein. Für Clemens und Origenes siehe *Frohnhofen,* 211:»1. Ebenso wie sein Lehrer Klemens verwendet Origenes das Wortfeld Pathos vorrangig in der Bedeutung Leidenschaft …«. Vgl. auch das unter 2. bei *Frohnhofen,* ebd. Gesagte: Die Körperlosigkeit Gottes hat für Origenes zur Folge, daß Gott auch als leidenschaftslos verstanden wird.

[720] SVF I, 449 (Themist., Or. 32); SVF III, 144 (Epikt., Diss. I, 4,27); SVF III, 448 (Diog. Laert. VII, 117). Die Bemerkung von *Lampe,* s.v. ἀπαθής, B, p. 171, das Wort bedeute »impassible, *of the Divinity, to whom this quality had already been ascribed by the Stoics* …«, ist verwunderlich, denn bei den Stoiker wird das Prädikat der Gottheit gewöhnlich nicht zugeschrieben, und es wäre aufgrund der stoischen Gottesauffassung auch ganz unverständlich, wenn das der Fall wäre, denn Gott als Pneuma ist ein Körper, und zur Körperlichkeit gehört Affizierbarkeit durch Berührung, Farben, etc. Siehe auch das Fazit zur Stoa bei *Frohnhofen,* 85, wo nur davon gesprochen wird, daß das stoische Göttliche apathisch im Sinne von »leidenschaftslos« ist.

[721] Selten bei Philo, mir ist nur Op. 101 (von der Sphäre des Göttlichen) aufgefallen. Normalerweise übernimmt Philo die stoische Redeweise von der Leidenschaftslosigkeit des Weisen; Her. 184 scheint noch die ursprüngliche Bedeutung von »ἀπαθής« = »unbeeinflußbar *durch Schlechtes*« hindurch (im selben Sinne Plutarch, Mor. 945c–d). Frohnhofen sagt, daß die Apatheia im Sinne einer prinzipiellen Unbeeinflußbarkeit Gottes durch Äußeres für Philo eine Selbstverständlichkeit ist; das ist sicherlich zumindest übertrieben, denn erstens wird, wie Frohnhofen selbst sagt (p. 111), die in Frage kommende Begrifflichkeit nirgends direkt auf die Gottheit angewendet, und zweitens spricht Philo Gott, ganz im Sinne des biblischen Gottesbildes, Mitleid bzw. Erbarmen zu (Stellen bei *Frohnhofen,* 113, n. 45). Die Rede von der ἀπάθεια Gottes bei Philo bezieht sich im wesentlichen nicht auf eine grundsätzliche Nichtaffizierbarkeit, sondern, wie die Ausführungen Frohnhofens (eher gegen seine Intention) zeigen, auf die Leidens- und Leidenschaftslosigkeit Gottes, vgl. *Frohnhofen,* 112–114, bes. 112, n. 39–42. Belege: Abr. 202; Deus 52–53; 59; Sac. 94 und 95; Plant. 35; Cher. 77; Som. I, 236–237; vgl. auch Conf. 98; Deus 21; 33; 72. Für den Mittelplatonismus vgl. Plutarch, Mor. 373b (»λόγος αὐτὸς καθ᾽ ἑαυτὸν ἀμιγὴς καὶ ἀπαθής«) vom Gott Osiris (vgl. dazu *Frohnhofen,* 88, auch n. 158); Mor. 1024a (vom noetischen Teil der Weltseele im Unterschied zum sinnlichen Welt zugewandten); ebenso Mor. 1026d; siehe auch Mor. 765a (von geometrischen Größen bzw. Ideen); Diogenes Laert. III, 13 (von den platonischen Ideen); neuplatonisch Plotin, Enn. III, 5,6,9–11: »Τὸ μὲν δὴ θεῶν ἀπαθές λέγομεν καὶ νομίζομεν γένος, δαίμοσι δὲ προστίθεμεν πάθη …«; vgl. auch III, 6,6,1–2; vom νοῦς IV, 7,13,2–3; vom νοῦς der Götter: V, 8,3,23–27; vom Einen: I, 2,6,25–26; VI, 5,3,1–12, bes. 7 und 8 (auch bei *de Vogel* III, 1388).

[722] Stob. Exc. XI,2, Prop. 15, *Nock/Festugière* III, 55; vgl. auch den allgemeinen Grundsatz: »τὸ γὰρ ἀεὶ ὂν καὶ ἀπαθές ἐστιν …« bei Ps.-Klem., Hom. ιθ 14,2; aus einer späteren Zeit siehe Joh. Damasc., Expos. fid. 8; I, 8, Vol. II, p. 18, Z. 5 *Kotter;* auch [Ps.-]Athanas., Expos. fid. 1.2, p. 49 *Nordberg* (von der ἀπαθὴς φύσις des Vaters); Athanasius, Or. I c. Ar., PG 26, 69A (von Gott Vater); Or. II c. Ar., PG 26, 220A (von Gott).

der ἀπάθεια Gottes mit der Übernahme der griechischen Philosophie ein,[723] das Adjektiv wird u.a. zu einem Würdeprädikat Gottes.[724] Vielfach dient es zur Charakterisierung der Leidensunfähigkeit Gottes im Gegensatz zum Leiden Christi.[725] Aus der stoischen Tradition wird die Auffassung übernommen, daß göttliche Menschen ἀπαθείς sind.[726] Ἀπάθεια wird zum moralischen Ideal.[727]

In der gesamten Tradition sind die Vorstellungen von der ἀπάθεια Gottes und seiner Unkörperlichkeit eng miteinander verbunden.[728] Wäre Gott körperlich, wäre er äußerer Einwirkung ausgesetzt.[729] Weil Gott unkörperlich ist, ist er auch nicht den Leidenschaften, deren Quelle der Körper ist, unterworfen,[730] und ebensowenig den Leiden, denen ein körperliches Wesen ausgesetzt ist.[731]

An unserer Stelle in CH II ist »ἀπαθής« primär ein göttliches Würdeprädikat, das aus der Tradition, wohl ohne allzu tiefe eigenständige Bedeutung, übernommen worden ist. Wahrscheinlich schwingen die meisten der genannten Bedeutungsnuancen mit, primär wird einfach daran gedacht sein, daß der νοῦς durch äußere Einwirkung nicht affizierbar ist. Vermutlich hat der Verfasser den

---

[723] Siehe die Belege aus der vorigen Fußnote. Das Problem christlicher Theologie bestand darin, einen Ausgleich zu schaffen zwischen der aus dem jüdischen Denken hervorgehenden Vorstellung eines leidenschaftlichen oder zornigen Gottes oder der christlichen Lehre vom Leiden des Gottessohnes und der griechischen Vorstellung eines θεὸς ἀπαθής. *Frohnhofen,* 128; 129–130 wertet z.B. den Doketismus als Indiz für das Einströmen der griechischen Idee der Leidensunfähigkeit Gottes in das ursprünglich jüdisch geprägte Denken, ähnlich dann Ignatius (*Frohnhofen,* 133 und 141) sowie die Apologeten (*Frohnhofen,* 142; 143; 157 (bes. unter 2.). Für das dritte Jahrhundert vgl. *Frohnhofen* 179. Für Origenes besteht die Lösung des Problems, wie das jüdische Gottesbild und die griechische Vorstellung der Apatheia Gottes miteinander zu vereinbaren sind, darin, beide Anschauungen unvermittelt nebeneinander stehen zu lassen, vgl. *Frohnhofen,* 205–206 und 212; ähnlich zu Gregor Thaumatourgos p. 220.

[724] Justin, Apol. I, 25,2, p. 42 *Goodspeed;* Athenagoras, Suppl. 8,1–2, p. 322 *Goodspeed;* Clemens Alex., Stromat. II, 72,2; Epiphan., Pan. 76,31,6, III, p. 380 *Holl/Dummer;* Basil., Eun. 621b und d = II, 23,3 und 7 und II, 23,22, p. 92 u. 94 *Sesboüé;* Greg. Nyss., PG 45, Or. Cat. 48B (Gott); Joh. Damasc., Expos. fid. 8; 1,8, Vol. II, p. 18 *Kotter.*

[725] Epiphan., Pan. 42,8,7, II, p. 104 *Holl/Dummer;* Joh. Chrysost., In Epist. ad Heb. III, Hom. V, 2, PG 63, 48, Z. 1–2; Athanasius, De synod. 26, VII, p. 253,16–17 *Opitz* (= PG 26, 732C); 28,9 (!), p. 257,16 *Opitz* (= PG 26, 741C). Daneben gibt es die Anschauung, daß Gott ἀπαθής trotz seines Vaterseins gegenüber Christus ist: davon ist er nicht im Sinne einer Subtraktion affiziert oder etwa wegen irgendwelcher Leidenschaften beim Zeugungsvorgang, vgl. Athanas., Decr. 11,4–5, p. 10 *Opitz* (= PG 25, 436A und B); Basilius, Eun. 605b = II, 17,5, p. 66 *Sesboüé.* Von Christus wird »ἀπαθής« gebraucht bei Ignatius, IgnEph 7,2, p. 182 *Lindemann/Paulsen* (Christus ist »πρῶτον παθητὸς καὶ τότε ἀπαθής«); IgnPol 3,2, p. 236 *Lindemann/Paulsen* (vgl. *Bauer,* Wörterbuch, s.v. ἀπαθής, Sp. 158; *Frohnhofen,* 133–139).

[726] Joh. Chrysost., Olymp. VIII, 5b, p. 123 *Malingrey;* VIII, 7c, p. 128 *Malingrey* (von Abraham bei der Opferung seines Sohnes); VIII, 11d, p. 136 *Malingrey* (von Paulus).

[727] *Frohnhofen,* 180, zu Clemens, der als erster Theologe das (stoische) sittliche Ideal proklamiert.

[728] Vgl. *Frohnhofen,* 47f.; 90; 160.

[729] Vgl. *Frohnhofen* (zu Tertullian), 222.

[730] Z.B. bei Origenes, vgl. *Frohnhofen,* 194f.

[731] *Frohnhofen,* 160; bei Gnostikern ebd., 159; bei Clemens von Alexandrien ebd., 186.

νοῦς durch »ἀπαθής« aber nicht als leidenschaftslos (im stoischen Sinne)[732] oder als nicht dem Leiden unterworfen[733] charakterisieren wollen. Zwar würde unser Verfasser sicher zugestimmt haben, daß dem νοῦς auch diese Eigenschaften zukommen, aber er wird an unserer Stelle nicht daran gedacht haben.[734] Vielleicht möchte der Verfasser ausdrücken, daß der νοῦς als Gottheit von den von ihm bewirkten Veränderungsprozessen im Kosmos nicht beeinflußt wird, oder daß die regelmäßigen Bewegungen der Fixsternsphäre (die ja identisch mit dem νοῦς ist)[735] nicht durch die unregelmäßigen Bewegungen der anderen Gestirne und der sich bewegenden Dinge im Kosmos gestört werden. Unser Verfasser übernimmt das Prädikat vermutlich entweder aus mittelplatonischer, vielleicht aber auch aus aristotelischer Tradition. Mit einiger Wahrscheinlichkeit steht wieder das ägyptische, synkretistisch-platonische Schulmilieu im Hintergrund.[736] Mit dem Prädikat sagt der Verfasser in traditioneller Weise die göttliche Würde des νοῦς aus. Entsprechend philosophischer Gotteslehre steht »ἀπαθής« zusammen mit Prädikaten, die die Unkörperlichkeit des νοῦς betonen.[737] Gerade wegen des offenkundig traditionellen Charakters der Verwendung des Prädikates an unserer Stelle kann man vermuten, daß der hermetische Verfasser keine betont eigenständige Aussage mit der Anführung des Adjektives verbunden hat. Vor einer Überinterpretation des Prädikates sollte man sich daher hüten.

»ἀναφής«: Nur an einer Stelle im übrigen Corpus ist von Unberührbarkeit im Zusammenhang mit einem göttlichen Wesen die Rede, nämlich CH IV,1.[738] Dort ist gemeint, daß das schöpferische Handeln des Demiurgen sein Leib ist, und dieser Leib wird als unsichtbar, dimensionslos, etc., und eben auch als »nicht anfaßbar« charakterisiert.[739] Diese Stelle ist offensichtlich so verschieden von dem, was mit »ἀναφής« an unserer Stelle gemeint ist, daß sie zur Interpretation nicht herangezogen werden muß.

Offenkundig drückt das Prädikat »ἀναφής« den unkörperlichen Charakter des νοῦς/τόπος aus. Unkörperlich ist das göttliche Wesen aber sowohl als νοῦς als auch als τόπος.[740] Als νοῦς ist es – im Sinne der verwendeten (aristoteli-

---

[732] Im Sinne von: frei von Zorn, Mitleid, Trauer, etc.

[733] Etwa im Kontrast zur zweiten christlichen Gottheit, oder in Parallele zu doketistischen Anschauungen, vgl. *Frohnhofen,* 163f.

[734] An keiner Stelle ist in unserem Traktat von Leidenschaften oder einem Leiden der Gottheit, sei es des νοῦς oder des ersten Gottes, die Rede.

[735] Vgl. oben zu CH II,8 und 12.

[736] Bei Origenes spielt es z.B. noch eine Rolle, daß »ἀπαθής« und »ἀπάθεια« ursprünglich nicht aus platonischer, sondern aristotelischer Tradition stammen, wie an dem auffälligen Befund deutlich wird, daß unsere Begrifflichkeit bei ihm kaum Verwendung findet (*Frohnhofen,* 192).

[737] Vgl. CH II,12, S. 37, Z. 2:«ἀσώματον«; Z. 3: »ἐλεύθερος σώματος παντός«; Z. 4: »ἀναφής«. Für die Vergleichbarkeit der Tradition spricht deutlich IgnPol 3,2, wo »ἀπαθής« im Zusammenhang mit »ἀψηλαφητόν« verwendet wird, wie in CH II,12 mit »ἀναφής«.

[738] *Nock/Festugière* I, 49, Z. 6: »οὐχ ἁπτόν«.

[739] Vgl. *Nock/Festugière* I, 49, n. 2 z.St.

[740] Siehe CH II,4, S. 33, Z. 1; CH II,12, S. 37, Z. 1–2.

schen und mittel-/neuplatonischen Traditionen) natürlich eine geistige Größe und damit auch unkörperlich. Dementsprechend lag es nahe, diesen νοῦς auch als ἀναφής zu bezeichnen. Das Prädikat ist zudem ein typisches Gottes-prädikat,[741] dessen Erwähnung im Rahmen anderer solcher Prädikate keines-falls erstaunlich ist. Dadurch, daß es dem νοῦς zugesprochen wird, wird also dessen göttlicher Rang ausgedrückt und hervorgehoben.

Allerdings erfaßt man den traditionsgeschichtlichen Hintergrund von »ἀναφής« an unserer Stelle erst vollständig, wenn man den »zweiten Gott« in seiner Eigenschaft als τόπος betrachtet. Erinnert sei an die wichtige Passage Platon, Phaidr. 247c3ff., wo vom Aufstieg der Seele an den ὑπερουράνιος τόπος die Rede ist. An ihm befindet sich die ἀχρώματός τε καὶ ἀσχημάτιστος καὶ ἀναφὴς οὐσία (c5–6). Zwar wird an unserer Stelle nicht eine Substanz, die sich *am* Ort befindet, als ἀναφής bezeichnet, sondern dieser Ort (in seiner Ei-genschaft als νοῦς) selber. Dennoch könnte die Tradition aus Platons *Phaidros* im Hintergrund stehen. Im Kontext der Stelle ist nämlich vom Aufstieg der Seele aus der Welt des Sichtbaren in die unveränderliche Welt der Ideen die Rede. Analog dazu beschreibt der erste Teil von CH II einen intellektuellen Aufstieg. Er führt aus der Welt der physikalischen Tatsachen hinauf zum νοῦς, der zugleich der Ort (nicht *am* Ort) und die erste οὐσία[742] ist. Die Reflexion hat sich also in die Sphäre des reinen Seins erhoben. Der Verfasser hat die Stelle aus dem *Phaidros* wahrscheinlich gekannt, da sie im kaiserzeitlichen Platonis-mus eine wichtige Rolle spielte.[743] Entsprechend dürfte er den Aufstiegs-gedanken in unseren Traktat eingebracht haben, wofür das Stichwort »ἀναφής« ein Hinweis ist.

Es wurde schon darauf hingewiesen, daß der τόπος in unserem Traktat auch Funktionen und Eigenschaften der platonischen χώρα aus dem *Timaios* hat.[744] Über sie sagt Platon: »αὐτὸ δὲ μετ’ἀναισθησίας ἁπτὸν λογισμῷ τινι νόθῳ«.[745] Diese Stelle Platons wird z.B. bei [Albinos’] (leicht verändert) über-nommen;[746] vermutlich steht sie auch im Hintergrund der τόπος-Vorstellung

---

[741] Vgl. z.B. Empedokles, FVS 31 B133 = Clemens Alex., Stromat. V, 81,2; Philo, Leg. 6; Minucius Felix, Octavius 18,8, p. 15 *Kytzler*; spätere, aus der Zeit *nach* der Entstehung von CH II stammende Belege sind: Greg. Nyss., C. Eun. XII, PG 45, 885B–C = C. Eun. III, Tom. X, Vol. II, p. 290 *Jaeger*; auch C. Eun. XII, 980D = C. Eun. II, Vol. I, p. 286 *Jaeger*; sehr spät, aber völlig traditionell: Joh. Damasc., Expos. fid. 2; I, 2, Vol. II, p. 9 *Kotter*; Joh. Damasc., Fid. 28, Vol. IV, p. 246f. *Kotter*. Siehe auch den folgenden Exkurs!

[742] Vgl. CH II,5, S. 33, Z. 3: »οὐσιῶδες« und den Kommentar z.St.

[743] *Boyancé,* Dieu Cosmique, 301; für Kelsos vgl. *Dörrie,* Kelsos (= Platonica Minora), 235.

[744] Platon, Tim. 52a–b, bes. a8 zum Begriff »χώρα«; s. das Folgende!

[745] Platon, Tim. 52b1–2.

[746] Siehe [Albinos], Epit. VIII, 2: »ταύτην τοίνυν ἐκμαγεῖόν τε καὶ πανδεχὲς καὶ τιθήνην καὶ μητέρα καὶ χώραν ὀνομάζει καὶ ὑποκείμενον ἁπτόν τε μετ’ ἀναισθησίας καὶ νόθῳ λογισμῷ ληπτόν.«

unseres Traktates in dem Sinne, daß der unkörperliche Ort der Welt zwar geistig erfaßbar, nicht aber körperlich berührbar ist.[747]

Aber nicht nur platonische Tradition dürfte für die Anführung von »ἀναφής« durch unseren Verfasser verantwortlich sein, sondern möglicherweise haben auch die stoische und die epikureische Physik ihre Spuren hinterlassen. Die stoische Definition eines Körpers verweist ausdrücklich auf die Möglichkeit der ἐπαφή.[748] Der Ort (τόπος) gehört hingegen zu den ἀσώματα.[749] Folglich ist er ἀναφής.[750] Ähnliches gilt von der epikureischen, d.h. atomistischen Physik, die zwischen den körperhaften Atomen und dem unkörperlichen Ort (τόπος) unterscheidet.[751] Da in den Abschnitten zuvor bereits Einfluß der atomistischen Physik festgestellt werden konnte, ist nicht auszuschließen, daß dieser Einfluß auch bei der Bezeichnung des τόπος als ἀναφής vorliegt.

Unserem Verfasser kommt es wohl vor allem darauf an, mit Hilfe von »ἀναφής« und den dahinter stehenden philosophischen Traditionen den geistigen, dem Körperlichen überlegenen und letztlich göttlichen Charakter des νοῦς/τόπος zu betonen.

## *Exkurs IV: Berührbarkeit und Unberührbarkeit Gottes*

An unserer Stelle wird die Unberührbarkeit vom νοῦς bzw. τόπος ausgesagt, nicht von Gott. Im Kontext überträgt unser Verfasser offenbar gängige Gottesprädikate auf den

---

[747] Vgl. die Einführung des »καί« in das Platon-Zitat durch Albinos; dadurch wird das geistige Erfassen vom körperlichen strikt unterschieden.

[748] Vgl. z.B. *Long/Sedley* Fr. 45D = SVF II, 790 partim (Nemes., De nat. hom., cp. 2); in *Long/Sedley* Fr. 45F = SVF II, 381 partim (Galen, De qualitat. incorp. 10) wird stattdessen von »ἀντιτυπία« gesprochen. Hierher gehören auch folgende Belege (zur Frage der Einwirkung von Körpern auf Körper): SVF II, 486 (Plutarch, Mor. 1080d); SVF II, 487 (Plutarch, Mor. 1080e); *Long/Sedley*, Fr. 45B (Sextus Empir., Adv. Math. VIII, 263 = SVF II, 363); *Long/Sedley* Fr. 45C (SVF I, 518 partim).

[749] *Long/Sedley* Fr. 27D (SVF II, 331 partim, Sextus Empir., Adv. Math. X, 218).

[750] Vom Leeren wird das gesagt bei Kleomedes I, 1,3 (nach Goulet), SVF II, 541: »Ἀναγκαῖον τοίνυν εἶναί τινα ὑπόστασιν κενοῦ. Ἔστι δὲ ἁπλουστάτη ἡ αὐτοῦ ἐπίνοια, ἀσωμάτου τε καὶ ἀναφοῦς ὄντος« (und das Leere ist der τόπος unter einem bestimmten Aspekt, siehe Sextus Empir., Adv. Math. X, 2 – allerdings für Epikur; stoisch entsprechend: *Long/Sedley*, Fr. 49A, Bd. 2, p. 292, Z. 4–7 (Stob., Ekl. I,18,4, p. 161,8–26 bzw. aus SVF II, 503); *Long/Sedley*, Fr. 49B (Sextus Empir., Adv. Math. X, 3–4 = SVF II, 505 partim)). Für den τόπος selbst habe ich ein ausdrückliches stoisches Zeugnis nicht gefunden, doch hätte sicher jeder Stoiker der Behauptung der Unberührbarkeit des τόπος zugestimmt.

[751] Epikur, Ep. Hdt. 39–40: »Ἀλλὰ μὴν καὶ τὸ πᾶν ἐστι [σώματα καὶ τόπος]. σώματα μὲν γὰρ ὡς ἔστιν, αὐτὴ ἡ αἴσθησις ἐπὶ πάντων μαρτυρεῖ ... τόπος δὲ εἰ μὴ ἦν, ὃν κενὸν καὶ χώραν καὶ ἀναφῆ φύσιν ὀνομάζομεν ...«. Vgl. auch Plutarch, Mor. 1114a (über Epikur); 1116d (ebenfalls); Sextus Empiricus, Adv. Math. X, 2 (ebenfalls). Die letztgenannte Stelle ist auch für die Frage der Wiedergabe von »τόπος« durch »Ort« (statt »Raum«) aufschlußreich: »... ἡ αὐτὴ φύσις ἔρημος μὲν καθεστηκυῖα παντὸς σώματος κενὸν προσαγορεύεται, καταλαμβανομένη ὑπὸ σώματος τόπος καλεῖται, χωρούντων δὲ δι' αὐτῆς σωμάτων χώρα γίνεται.« Es ist also zwischen »τόπος« und »χώρα« (begrifflich) zu unterscheiden, vgl. auch die in der vorigen Fußnote angeführten stoischen Belege.

νοῦς. Entsprechendes geschieht auch mit »ἀναφής«, der Verfasser hat wohl die Rede von der Unberührbarkeit *Gottes*[752] auf den νοῦς angewendet. Andererseits gibt es auch Belege, wo davon gesprochen wird, daß Gott *berührbar* ist bzw. angefaßt werden kann. Im folgenden soll der traditionsgeschichtliche Hintergrund von Berührbarkeit bzw. Unberührbarkeit Gottes näher untersucht werden.

Zunächst einmal muß darauf hingewiesen werden, daß es verschiedene griechische Begriffe für das Berühren/Anfassen gibt. Entsprechend gibt es auch verschiedene Ausdrücke, um die Unberührbarkeit auszusagen. In den Traditionen kommen folgende Ausdrücke vor: ἅπτω mit ἁπτός; ἐφάπτω; selten auch προσάπτω; θιγγάνω; ψαύω mit ψαυστός; καταλαμβάνω (im Lateinischen = comprehendo); ψηλαφάω mit ψηλαφητός. Alle Verben bzw. Adjektive können auch – verneint (z.B. durch α-Privativum) zum Ausdruck der Unberührbarkeit eingesetzt werden.

Es ist wenig fruchtbar, die verschiedenen Bedeutungsnuancen dieser Wörter untereinander aufzuführen;[753] vielfach sind die unterschiedlichen Termini auch kaum unterscheidbar.[754]

Wichtig ist aber, daß sie alle sowohl
– körperliches Berühren, Anfassen und Betasten,[755] als auch
– geistiges Erfassen, Begreifen, Verstehen, Erkennen bedeuten können.[756]

Beispielsweise steht »θιγγάνω« sowohl für körperliches[757] als auch, davon abgeleitet, für vor- oder nichtbegriffliches, geistiges Berühren = Erfassen.[758] Auch »καταλαμβάνω« (und »comprehendo«) heißt »körperlich« ergreifen, dann aber auch

---

[752] Siehe die oben und im folgenden genannten Belege, dazu noch als später, aber in der Tradition stehender Beleg Joh. Damasc., Expos. fid. 2; I, 2, Vol. II, p. 9 *Kotter*.

[753] Allenfalls kann man sagen, daß »θιγγάνω«, soweit es sich um einen körperlichen Vorgang handelt, mehr das (vorsichtige) Berühren, »καταλαμβάνω« mehr das (feste) Be- oder Umgreifen besagt.

[754] Für die Identität der Bedeutung z.B. von »ψαύειν« und »καταλαμβάνειν« vgl. Philo, Decal. 149.

[755] Z.B. ist das wohl gemeint bei Epikur, Ep. Hdt. (39–)40. Vgl. auch Plutarch, Mor. 1114a; 1116d; Philo, Som. II, 232; Gregor Nyss., C. Eun. XII, PG 45, 980D = II, Vol. I, p. 286 *Jaeger*.

[756] Vgl. die im folgenden genannten Belege und IgnPol 3,2, p. 236 *Lindemann/Paulsen*; Minucius Felix, Octavius 18,8, p. 15 *Kytzler*; 19,13, p. 17 *Kytzler*; Plutarch, Mor. 1086a; Seneca, Ep. 95,48 (vgl. *Theiler*, Vorbereitung, 108). Für »καταλαμβάνω« vgl. z.B. Philo, Op. 131; Leg. All. I, 91; II, 7; Deus 45; 55; 62; 78; 126; Gig. 9; Fug. 97; 135; Praem. 43; u.a.m.

[757] Körperliches Anfassen meist bei Aristoteles (s. *Bonitz*, Index Aristotelicus, 331, s.v. θιγγάνειν); auch bei Clemens Alex., Paed. II, Kap. 8, 71,1 (GCS I zu Clem. Alex., 200,12); Paed. III, Kap. 11, 62,3 (GCS I zu Clem. Alex., 271,15). »Anfassen« im Sinne von »essen«/ «trinken« bedeutet »θιγγάνω« Clemens Alex., Protrept. 103,3 (GCS I zu Clem. Alex., 74,17); »(die Zügel) halten« bedeutet es Paed. III, Kap. 2, 14,1 (GCS I zu Clem. Alex., 244,19).

[758] Geistiges Berühren: Aristoteles, Metaph. 1051b23f.; 1072b20f. (vom νοῦς) (vgl. zu beiden Stellen *Bultmann*, Lichtsymbolik, 339, n. 92); Plotin, Enn. V, 3,10,42f.: »θίξις καὶ ἐπαφή«; VI, 9,7,4 (»θιγεῖν«) (im Sinne eines mystischen, vorbegrifflichen Erfassens, vgl. *Bultmann*, Lichtsymbolik, 351 mit n. 125 und s.u.).

»geistig« erfassen.[759] Dasselbe gilt auch von »ψαύω«[760], »ἅπτω« (mit seinen Komposita)[761] und »ψηλαφάω«[762]. Ausdruck rein körperlicher Berührung ist »χερσὶ λαμβάνειν«.[763] Offenkundig wurde im Laufe der begriffsgeschichtlichen Entwicklung eine ursprünglich körperliches Berühren und Anfassen ausdrückende Terminologie auf das geistige Erfassen übertragen.[764]

Wenden wir uns nun der Rede vom Begreifen bzw. Nicht-Begreifen *Gottes* zu und fangen wir bei einem wichtigen vorsokratischen Zeugnis an, das vielleicht auch Licht auf eine hermetische Passage wirft. Es handelt sich um das Fragment 133 des Empedokles[765], wo gesagt wird, daß Gott nicht mit mit den Augen gesehen werden oder mit den Händen angefaßt werden kann.[766] Vielleicht steht dieses Fragment im Hintergrund von CH V,1 und 2, wo ebenfalls davon die Rede ist, daß Gott unsichtbar ist[767] und nicht mit den Händen zu greifen.[768] Wörtliche Übereinstimmung besteht vor allem in dem Ausdruck »χερσὶ λαβεῖν«[769]. Das Empedokles-Fragment ist bei Clemens von Alexandrien überliefert;[770] wenn der Entstehungsort und -zeitraum des fünften hermetischen Traktates sich von dem von CH II nicht wesentlich unterscheidet,[771] kann es dem 5. Traktat durchaus als Vorlage gedient haben.

Daß Gott nicht mit den Händen angefaßt werden kann, besagt sowohl bei Empedokles als auch in CH V,2, daß Gott so, wie er an sich selbst ist, nicht sinnlich wahrgenommen werden kann, denn er ist nicht, wie die Dinge der Welt, ein materieller, sinnlicher Wahrnehmung zugänglicher Gegenstand. In CH V wird im weiteren Verlauf

---

[759] Beide Bedeutungen werden miteinander in Beziehung gesetzt SVF I, 60 (Cicero, Acad. Post. I, 41). Weitere Belege für die Bedeutung »geistig erfassen«: Philo, Spec. I, 46; 49; Post. 15; Ebr. 108; Conf. 138; Som. I, 231; Abr. 58; 71; 76; 80; Praem. 40; 45; Leg. All. III, 99; Det. 30–31; 89 (auch mit »ἐπιψαύω«); *Diels*, Doxog. 567,14f.; SVF II, 1124.

[760] Siehe Philo, Leg. 6; Abr. 76; Det. 89.

[761] Als Ausdruck geistigen Erfassens: Philo, Mut. 208; Plotin, Enn. V, 1,11,14; V, 3,17,25–26; VI, 5,10,27; VI, 9,4,27 (»ἐφάψασθαι καὶ θιγεῖν«). Vgl. auch Plutarch, Mor. 1086a: »ὁ γὰρ συμπλέκων σῶμα πάσῃ ποιότητι λόγος οὐδενὸς ἐᾷ μὴ σύν τινι ποιότητι σώματος ἅψασθαι τὴν διάνοιαν«.

[762] Siehe vorläufig die Stelle Philo, Mut. 126; unten mehr!

[763] Empedokles, FVS 31 B133 = Clemens, Stromat. V, 81,2; CH V,2, *Nock/Festugière* I, 61, Z. 5.

[764] Vgl. noch einmal Plutarch, Mor. 1086a; SVF I, 60 (Cicero, Acad. Post. I, 41): »... sed cum acceptum iam et approbatum esset, *comprehensionem* appellabat, similem iis rebus, quae *manu prehenderentur.*« Hierher gehört auch der stoische Begriff »κατάληψις«, er steht für den bewußten Akt des (geistigen) Begreifens, siehe z.B. SVF II, 70 (Sextus Empir., Adv. Math. VIII, 397); SVF II, 121 (Clemens Alex., Strom. VIII,15,2–16,3), u.a. Siehe auch *Bultmann*, Lichtsymbolik, 337–338.

[765] Zu Fr. 133 siehe auch *Bultmann*, Lichtsymbolik, 337f.

[766] Das Fragment lautet (= KRS Fr. 396): »οὐκ ἔστιν πελάσασθαι ἐν ὀφθαλμοῖσιν ἐφικτὸν ἡμετέροις ἢ χερσὶ λαβεῖν, ᾗπέρ τε μεγίστη πειθοῦς ἀνθρώποισιν ἀμαξιτὸς εἰς φρένα πίπτει.«

[767] Vgl. CH V,1 und 2, *Nock/Festugière* I, 60, Z. 5 und Z. 14.

[768] CH V,2, *Nock/Festugière* I, 61, Z. 5(f.).

[769] Bzw. bei dem Hermetiker: »λαβέσθαι αὐταῖς ταῖς χερσί«.

[770] Clemens Alexandrinus, Strom. V, 81,2.

[771] Vielleicht ist der Traktat ein wenig früher entstanden, da sich die mittel- bzw. neuplatonische Transzendenzlehre nicht findet, aber das kann auch einfach mit der Thematik des Traktates zu tun haben. Zur Datierung von CH II vgl. den Abschnitt »CH II im historischen Kontext. 1. Datierung und Lokalisierung«, unten, 275ff.

davon gesprochen, daß Gott in der Wohlgeordnetheit des Mikro- und Makro-Kosmos erfaßt werden kann,[772] bei Empedokles entspricht dem in gewisser Weise die Feststellung aus Fr. 134, daß Gott als reiner Geist vorzustellen ist, der den ganzen Kosmos durchwaltet (genauer: durcheilt).[773] Aber ob Fr. 134 den Verfasser von CH V beeinflußt hat, ist doch eher fraglich, andere traditionsgeschichtliche Hintergründe liegen näher.[774]

In der *stoischen Tradition* ist, anders als bei Empedokles, davon die Rede, daß Gott berührt werden kann.[775] Denn Gott ist nichts anderes als das stofflich gedachte Pneuma,[776] das alle körperlichen Dinge durchwaltet. Indem man einen materiellen Körper berührt, berührt man Gott.[777]

Die *platonische* Auffassung ist hingegen, daß Gott nicht in der Welt immanent, sondern ihr überlegen ist. Er ist, anders als der Kosmos und die Dinge in ihm, unkörperlicher Natur und daher unberührbar. Freilich kann er geistig erfaßt werden.[778] Maximos von Tyros bringt diese platonische Position sogar ausdrücklich in Kontrast zur stoischen.[779]

Zu Gott gelangt man nach dieser Tradition nur, wenn die Seele über den (körperlichen) Kosmos hinaus aufsteigt in die Welt des Unkörperlichen und Unveränderlichen.[780]

---

[772] Vgl. CH V,3, *Nock/Festugière* I, 61, Z. 8ff. (Makrokosmos); CH V,6, *Nock/Festugière* I, 62, Z. 15ff. (Mikrokosmos).

[773] FVS 31 B134 partim (= KRS Fr. 397 partim):»... ἀλλὰ φρὴν ἱερὴ καὶ ἀθέσφατος ἔπλετο μοῦνον, φροντίσι κόσμον ἅπαντα καταΐσσουσα θοῇισιν«.

[774] Allerdings kann das Fr. 134 in die Vorgeschichte der dort aufgenommenen Tradition, nämlich der Parousia-Tradition, gehören.

[775] *Bräuninger*, 24–25, mit n. 4. – Vgl. auch Marc Aurel II, 12,4.

[776] Vgl. *Long/Sedley*, Fr. 46A2 = SVF II, 1027 partim; Fr. 46B = SVF I, 102 partim; Fr. 46H = SVF II, 1052 partim.

[777] Vgl. *Norden*, Agnostos Theos, 16. Freilich wird man sagen müssen, daß die in der Literatur angeführten Beweise für diese Auffassung (siehe unten!) schwach sind. Trotzdem ist festzustellen, daß es auf der Linie der stoischen Philosophie liegt, von der Berührbarkeit Gottes zu sprechen, weil Gott als Pneuma Körper ist und nur als solcher auf die Dinge der Welt einwirkt (vgl. *Long/Sedley*, Fr. 45D = SVF II, 790 partim (Nemes., De nat. hom., cp. 2): nur ein Körper kann auf einen Körper einwirken), also auch umgekehrt von einer Einwirkung körperlicher Dinge auf Gott ausgegangen werden kann. Ein Beweis dafür könnte Philo, Mut. 208 vorliegen (vgl. die n. 2, p. 150 z.St. in Philon, Bd. VI *Cohn/Heinemann/Adler u.a.*: Nachhall posidonischer Ausdrucksweise); auch Mut. 126 (in stoischem Kontext). Vgl. auch *Long/Sedley*, Fr. 43A = SVF II, 1022 und 1132 (Diog. Laert. VII, 148–149).

[778] Gott kann nur geistig erfaßt werden: siehe dazu Platon, Tim. 28a1–2; zur ἀναφὴς οὐσία Phaidr. 247c7f.; auch Hippolyt über Platon, *Diels*, Doxog. 567,14f.; Plutarch, Numa 8,14; Mor. 1102a; [Albinos], Epit. X, 4; Athenagoras, Suppl. 10,1, p. 324 *Goodspeed*; Justin, Dial. 3,7, p. 95 *Goodspeed* (= PG 6, 481 D); Maximos Tyr., Or. XI, 9, p. 96,205–208 *Trapp*; Calcidius, In Tim., c. 372, p. 340,9 *Waszink*; siehe auch Ps.-Aristoteles, De mundo 399a30–31; (Ps.-)Onatus, Περὶ θεοῦ καὶ θείου bei de Vogel III, 1282: »Ὁ μὲν ὦν θεὸς αὐτὸς οὔτε ὁρατὸς οὔτε αἰσθητός, ἀλλὰ λόγῳ μόνον καὶ νόῳ θεωρατός« (= Stob., Ekl. I, 1,39, p. 48, 12–13 W.). Siehe *Norden*, Agnostos Theos, 16; *Whittaker*, Alcinoos-Ausgabe, 105, n. 196.

[779] Siehe Maximus Tyr., Or. XI, 9, p. 96,199–208 *Trapp*.

[780] Das ist also das oben behandelte Seelenflugmotiv, vgl. die genannte Stelle aus Platons *Phaidros*, dazu z.B. Philo, Spec. I, 36–40; Plant. 22; noch deutlicher Op. 70–71.

Eine weitere Steigerung des Transzendenzgedankens liegt vor, wenn gesagt wird, daß Gott nicht nur nicht körperlich greifbar ist, sondern auch gedanklich nicht erfaßt werden kann.[781]

*Philo von Alexandrien* liegt weitgehend auf der platonischen Linie,[782] die mit seiner jüdischen Sichtweise besser vereinbar ist als die stoische: Gott ist sinnlich nicht erfaßbar,[783] aber mit dem Geist.[784] An einigen Stellen vertritt er die eher stoische Sicht,[785] daß Gott anhand der Ordnungen der Natur erkannt werden kann.[786] Andererseits kann er betonen, daß Gott auch geistig nicht erfaßbar ist,[787] jedenfalls nicht an sich selbst.[788] Die Mittelstellung des Mose schließt ein, daß er direkten Kontakt mit dem Göttlichen hat, doch wird die Aussage vermieden, daß er *Gott* (selbst) »berührt«.[789] Eine typische Auffassung Philos ist, daß Gott in seinem Sein erfaßt werden kann, nicht aber in seinen Eigenschaften.[790] Schließlich gibt es auch die Aussage, daß Gott überhaupt nicht erfaßt werden kann,[791] es sei denn, er offenbart sich selbst,[792] was als *Berührung* (des Menschen) *durch Gott* bezeichnet werden kann.[793]

---

[781] Z.B. bei Minucius Felix, Octavius 18,8, p. 15 *Kytzler*; Tertullian, Apol. 17,2, CChr.SL I, p. 117.

[782] Platonisch im weiten Sinne, wozu auch die mittel- und neuplatonische Steigerung der Transzendenzvorstellung gehört. Vgl. Philo, Post. 169; Conf. 138; Mut. 6–7; Abr. 76 (mit »ψαύειν«); 80 (mit »καταλαμβάνειν«); Spec. I, 20, Leg. All. I, 38; III, 99; Det. 89–90 und Spec. I, 36–40 steht die platonische Gottesvorstellung im Rahmen des Seelenflugmotives.

[783] Philo, Abr. 76; 80; Mut. 6–7.

[784] Philo, Praem. 43 (»καταλαμβάνειν«); Abr. 76; 80; Mut. 6; Spec. I, 20; I, 46; Ebr. 108; Det. 91. Diese Auffassung auch bei Tatian, Or. adv. Gr. 4,2, PG 6, 813A = p. 271 *Goodspeed*. In Leg. All. I, 91 findet sich das auch aus CH V, 2, *Nock/Festugière* I, 61, Z. 6–8 bekannte Motiv, daß man Gott um so weniger direkt erfassen kann, als man das nicht einmal mit dem eigenen νοῦς oder der eigenen Seele (bei Philo) bzw. der eigenen νόησις (in CH V) kann.

[785] »Eher« stoisch, weil sie durchaus auch in platonischen Kontexten vorkommen kann, z.B. Tatian, Or. adv. Gr. 4,2, PG 6, 813A = p. 271 *Goodspeed*. In platonischer Sicht ist der Kosmos das Abbild der ewigen Wirklichkeit; die Dinge in ihm sind Ausfluß der schöpferischen Potenz des Göttlichen, aber sie spiegeln das Göttliche nur auf eine minderwertige, verzerrte Art wider. Daher kann man Gott zwar auch in platonischer Sicht anhand der Welt erkennen, aber besser ist es allemal, sich direkt zum Göttlichen zu erheben.
Zur stoischen Sicht vgl. noch einmal *Long/Sedley*, Fr. 46A2 = SVF II, 1027 partim; Fr. 46B = SVF I, 102 partim; Fr. 47A = SVF II, 413 partim; Fr. 47O = Diog. Laert. VII, 138–139; Fr. 47P = SVF II, 458 partim; typisch für die stoische Sicht ist die sich in CH II,15 findende »Parousia«-Tradition, daß Gott bzw. das Gute in allem gegenwärtig ist, siehe den Kommentar z.St.; eine eher abwertende Haltung zur Erkenntnis Gottes aus der Welt (im Sinne platonischer Sicht) vertritt Philo, Leg. All. III, 99; Praem. 43; jedenfalls ist die direkte Gottesschau höher zu bewerten.

[786] Philo, Plant. 20–21; Abr. 58; Conf. 138; Post. 14; siehe auch vorige Fußnote.

[787] Z.B. Philo, Leg. All. I, 38.

[788] So etwa Philo, Post. 15; 20; 169.

[789] Philo, Mut. 126: »τὰ θεῖα«; Mut. 208: »τὰ ὅσια«.

[790] Philo, Deus 62; Post. 15; 169 (mit der Unterscheidung: unerfaßbare οὐσία – erfaßbare ὕπαρξις); Som. I, 231; Praem. 45; Det. 89–90.

[791] Philo, Conf. 138; Mut. 7; Spec. I, 49 (von der οὐσία Gottes); I, 263. Spec. I, 44 heißt es sogar: »τὴν δ' ἐμὴν κατάληψιν οὐχ οἷον ἀνθρώπου φύσις οὐδ' ὁ σύμπας οὐρανός τε καὶ κόσμος δυνήσεται χωρῆσαι«, vgl. damit CH II,15, S. 38, Z. 7–8. (Das ist die bei *Norden*, Agnostos Theos, 85 erwähnte Stelle Περὶ μοναρχίας § 6).

[792] Philo, Praem. 45; vgl. auch Som. I, 232.

[793] Philo, Leg. All. I, 38.

Der platonischen Auffassung erstaunlich nahe steht die epikureisch-atomistische, denn hier werden die Götter als von den Menschen getrennt und in den Intermundien für sich selbst lebend angesehen, über sie kann man daher auch nichts Genaues wissen,[794] was mit Vokabeln der Berührung ausgedrückt werden kann. Außerdem sind die Götter von einer stofflichen Beschaffenheit, die der Unkörperlichkeit zumindest nahe kommt.[795]

Eine besondere Beachtung verdient das Verbum »ψηλαφᾶν«, das z.B. in Act 17,27 verwendet wird. Es kann sowohl in der Bedeutung »betasten«, »berühren«[796] (auch im übertragenen, geistigen Sinne)[797] verwendet werden[798] als auch, und zwar öfter, in der Bedeutung »(wie ein Blinder) herumtappen«.[799] Act 17,27 dürfte die zweite Bedeutung gemeint sein.[800] Dafür spricht die Verwendung des im Neuen Testament seltenen Optativs (»ψηλαφήσειαν«, »εὕροιεν«), der die Unsicherheit über den Erfolg des »ζητεῖν τὸν θεόν« zum Ausdruck bringt,[801] während die Meinung von Owen, daß »ψηλαφᾶν« an unserer Stelle deshalb nicht »anfassen«, »berühren« heißen könne, weil es dem Finden *vorausgeht*, also nur das Herumtappen eines Blinden gemeint sein könne, das zum Finden *führt*,[802] vielleicht etwas übergenau und spitzfindig ist, zumal ja auch gemeint sein könnte, daß das Finden Gottes *darin besteht*, daß er erfaßt wird.

Wenn aber Act 17,27 tatsächlich eher die Bedeutung »herumtappen wie ein Blinder« anzunehmen ist, spricht das gegen die These, daß sich die Wendung in Act 17,27 auf stoische Traditionen (möglicherweise Poseidonios) zurückführen läßt. Es wird immer wieder behauptet, daß die Stelle auf die stoffliche Gottesvorstellung der Stoa zurückgeht, also in diesem Sinne von einem Ergreifen Gottes die Rede ist. Die in der Literatur dafür genannten Beweise sind allerdings recht schwach: Insbesondere gibt die immer wieder genannte[803] – zweifellos stoische, wohl von Poseidonios beeinflußte[804] –

---

[794] Vgl. *Long/Sedley*, Fr. 23L (Lukrez, De rerum nat. V, 146–155), daraus besonders: »Illud item non est ut possis credere, sedes esse deum sanctas in mundi partibus ullis. Tenuis enim natura deum longeque remota sensibus ab nostris animi vix mente videtur; quae quoniam manuum tactum suffugit et ictum, tactile nil nobis quod sit contingere debet.«

[795] *Long/Sedley*, Fr. 23E (Cicero, Nat. deor. I, 43–50), zumal E4 und besonders E7: »nec tamen ea species corpus est, sed quasi corpus … Epicurus … docet eam esse vim et naturam deorum, ut primum non sensu sed mente cernatur, nec soliditate quadam …«

[796] Vgl. die Hinweise bei *Gilmour*, 29, sowie *Liddell-Scott*, s.v. ψηλαφάω, 2022, II: »feel, touch, handle«; auch IgnSm 3,2.

[797] Philo, Mut. 126; Polybios VIII, 16,4. Im Sinne von »(ein Thema, einen Punkt) behandeln«: 1. Klem. 62,2, p. 148 *Lindemann/Paulsen*. Im Sinne von »genau betrachten«, »untersuchen«: Hirt des Hermas, Sim. IX, 6,3, p. 208 *de Gebhardt/Harnack*.

[798] Lk 24,39; IgnPol 3,2, p. 236 *Lindemann/Paulsen*, allerdings verneint: ἀψηλάφητον«.

[799] Diese Bedeutung wird bei *Liddell-Scott*, 2022 sogar als erste genannt (unter I: »feel or grope about to find a thing, like a blind man«). Vgl. Homer, Odyss. IX, 415–418, bes. 416; Aristophanes, Eccl. 314–316; Eir. 689–692; Platon, Phaid. 99b4–5; Prot. 310c1; in der LXX: Dtn 28,29; Jdc 16,26 (Fassung B); Jes 59,10 (vgl. *Foakes-Jackson*, 166; *Roloff*, Apg., 263; *Schneider* II, 241, n. 89; *Gilmour*, 30f.); Hi 5,13f.; 12,25. Vgl. zu allem *Gärtner*, 160–161, n. 1 u. 2 auf 161.

[800] Vgl. auch *Schrenk*, 141.

[801] Vgl. *Roloff*, Apg., 263; *Pesch* II, 138; *des Places*, Actes 17,27, 3–4; *Gärtner*, 160–161.

[802] *Owen*, 135, n. 5.

[803] Z.B. *Theiler*, Vorbereitung, 102; *Weiser* II, 473; *Hommel*, Forschungen, 164; *Conzelmann*, Apg., 108.

[804] *Theiler*, Vorbereitung, 102.

12. Olympische Rede des Dion von Prusa[805] nicht den Beweis für die stoische Rede von der Berührbarkeit Gottes als Parallele zu Act 17,27 her, wie immer wieder behauptet wird, denn an der genannten Stelle ist eindeutig von der Berührung von Götter*bildern* die Rede, und statt »ψηλαφᾶν« wird ohnehin ein anderes Wort, nämlich »ἐφάπτομαι« verwendet. Die bei Pohlenz[806] genannte Cicerostelle[807] kann als Beweis nur durch eine Konjektur von Reinhardt dienen. Daneben wird eine Plutarchstelle genannt,[808] die ebenfalls nicht beweiskräftig ist. Philo von Alexandrien verwendet »ψηλαφᾶν« fast überhaupt nicht in der Bedeutung von »berühren«,[809] sondern nur »herumtappen«.[810] Allerdings steht bei Philo der einzige wirkliche Beleg, der dafür angeführt werden kann, daß »ψηλαφᾶν« in Act 17,27 »anfassen« (von Gott) bedeuten könnte.[811] Die andere Bedeutung ist aber üblicher und auch die Verwendung des Wortes in der Septuaginta.[812]

Wegen der Schwäche der Belege aus der Stoa und weil es klare, gut bezeugte Parallelen für die Bedeutung »herumtappen« weit gestreut in der in Frage kommenden Literatur gibt, und weil schließlich diese Bedeutung auch bei Philo und in der Septuaginta vorherrscht, ist zu vermuten, daß in Act 17,27, wo die Bedeutung »herumtappen wie ein Blinder« durchaus Sinn ergibt, weniger stoischer Einfluß als der allgemein übliche Sprachgebrauch und eventuell Einfluß des hellenistischen Judentums vorliegt.[813] Allerdings kann auch stoisches Denken für die Stelle insofern nicht ganz in

---

[805] Und zwar Abschnitt 60.

[806] *Pohlenz*, Paulus, 91, n. 47.

[807] Cicero, Div. I, 110.

[808] Plutarch, Mor. 1108e bei *Hommel*, Forschungen, 164, n. 35.

[809] Ausnahmen: Philo, Som. I, 114, wo von der dichten Finsternis über Ägypten die Rede ist, die man sozusagen ›greifen‹ konnte; das erinnert an Meliton von Sardes, z.B. § 20 (p. 70 *Perler*), § 22 (p. 72 *Perler*).

[810] Siehe Philo, Her. 250; Leg. All. III, 231.

[811] Siehe Philo, Mut. 126. Diese Stelle wird aber selten angeführt.

[812] Jes 59,10; Jdc 16,26 B; Dtn 28,29; Hi 5,14 und 12,25.

[813] Recht abwegig ist doch wohl die Auffassung von *Gilmour*, 27ff., daß Act 17,27 direkt auf die genannte Homer-Stelle (Odyss. IX, 416) anspielt, weil Homer zum damaligen Bildungskanon gehörte und sowohl Lukas als auch Paulus und seine athenischen Zuhörer überdurchschnittlich gebildet waren. Gilmour berücksichtigt in keiner Weise, daß die Areopagrede von Lukas selbst (als eine typische Heidenpredigt) verfaßt sein könnte und von Paulus so wohl nie gehalten worden ist. Zu Unrecht wird von Gilmour die Relevanz der genannten Septuagintaparallelen bestritten mit dem Argument, daß es sich bei den in Frage kommenden Stellen Hi 5,14; 12,25 und Dtn 28,29 um Flüche über Verfolger bzw. Gegner Gottes handelt; offenbar soll insinuiert werden, daß Paulus seine Zuhörer auf dem Areopag keinesfalls als Verfolger oder Gegner Gottes angesprochen hätte (siehe p. 31). Mit demselben Recht könnte man erwidern: Würde er sie mit dem Herumtappen des durch Odysseus geblendeten Zyklopen in Verbindung bringen? Auf der unberechtigten Historisierung der Areopagrede beruht das Argument, die Zuhörer des Paulus hätten als Heiden eine Anspielung an die Septuaginta nicht, an Homer aber sehr wohl verstanden (p. 30). Dieses Argument zieht auch deshalb nicht, weil es nicht darum geht, daß auf ganz *bestimmte* Septuagintastellen angespielt werden soll, sondern darum, daß sich bei Lukas ein Sprachgebrauch (Verwendungsweise von »ψηλαφᾶν«) findet, der dem der Septuaginta (an einigen Stellen) entspricht. Da sich in der Rede auch an anderen Stellen möglicherweise ein Bezug zur Septuaginta-Ausdrucksweise herstellen läßt (vgl. die Beigaben am Rand von Nestle-Aland[27] und die Diskussion um den Hintergrund von v. 26), könnte Lukas auch in 17,27 die Sprache der LXX sozusagen im Ohr gehabt und unser Verbum entsprechend verwendet ha-

Abrede gestellt werden, als in ihrer Umgebung von der Erkennbarkeit und Erfahrbarkeit Gottes in der Natur[814] die Rede ist. Daß Gott den ganzen Kosmos durchwaltet, daß der Kosmos als ganzer und seine Teile göttlich sind, ist, wie bereits gesagt, vor allem stoische Lehre. Act 17,25ff. macht sich diese Lehre zunutze; die Allgegenwart Gottes wird besonders in v. 27b und 28 betont, offenkundig unter Verwendung stoischer Traditionen.[815] Man könnte also sagen: der »Geist« der in Act 17,27 vertretenen Lehre ist der der stoischen kosmischen Religiosität, die Verwendung des Verbums »ψηλαφᾶν« als solches geht aber wohl nicht unbedingt auf stoischen Einfluß zurück. Vielleicht wird mit Hilfe dieses Verbs und auch der optativischen Formulierung sogar eine gewisse Skepsis gegenüber der Erkenntnismöglichkeit Gottes in der Schöpfung und damit gegenüber der stoischen natürlichen Theologie zum Ausdruck gebracht.

In der Bedeutung »betasten«, »berühren« wird »ψηλαφᾶν« in christlichen Texten dort verwendet, wo es um das Betasten des Leibes Jesu und damit die Feststellung der Realität seiner Menschheit geht.[816] Neutestamentliches Beispiel ist I Joh 1,1, wo primär die Feststellung der Realität des Auferstandenen im Sinne von Joh 20,27 gemeint sein dürfte.[817] Da aber auch »ψηλαφᾶν« im mehr übertragenen Sinne von »erfahren«, »erleben«, »mit etwas konfrontiert sein« verwendet werden kann,[818] könnte die Verwendung im Aorist in I Joh 1,1 auch so etwas bedeuten wie:»mit Jesus (durch Berichte, Erlebnisse etc.) Kontakt gehabt haben«,»von seinem Leben Kunde haben«.[819] Freilich wird durch die Erwähnung von »αἱ χεῖρες ἡμῶν« das Moment der konkreten Berührung des Leibes Jesu stark hervorgehoben, man denke nur an das Empedokles-Fragment oder CH V,2, wo ebenfalls die Erwähnung der Hände das Moment einer konkreten körperlichen Berührung anzeigte. Offensichtlich will sich der johanneische Verfasser, der wohl nur durch die Tradition der Gemeinde von Jesus Kunde gehabt hat (ihn also faktisch nur »geistig« berührte), durch die Ausdrucksweise ganz bewußt in die Reihe und den Rang der ersten Zeugen der Auferstehung stellen.

Die Bedeutung von »ψηλαφᾶν« in I Joh 1,1 unterscheidet sich also von der in Act 17,27; sie ist hingegen verwandt mit der in Lk 24,39 (auch dort auf den Auferstandenen

---

ben. Besonders unsinnig ist das Argument Gilmours (auf p. 30), Jes 59,10 komme als relevante Parallele deshalb nicht in Frage, weil dem griechischen »ψηλαφᾶν« nicht, wie an den anderen Stellen, hebr. »משש« entspricht, sondern das Hapaxlegomenon »גשש«, und deshalb könne man diese Stelle nicht als Beleg für die Parallelität der Verwendung von »ψηλαφᾶν« in der LXX zu derjenigen bei Lukas anführen.

[814] Oder in der Geschichte? Das hängt von der viel behandelten Frage ab, wie Act 17,26 aufzufassen ist. Der Ausgangspunkt ist die Debatte zwischen Dibelius und Pohlenz: *Dibelius,* Apg., 35; *Pohlenz,* Paulus, 85–88; weiter: *Eltester,* Areopagrede, 204ff., bes. 205, auch n. 6; *Hommel,* Forschungen, 160–164; *Nauck,* Areopagrede, 20f.; *Schrenk,* 139f.; *Wilckens,* Missionsreden, 87, auch n. 2; *Conzelmann,* Apg., 108; *Schneider* II, 240, auch n. 83 u. 84; *Weiser* II, 471.

[815] *Conzelmann,* Apg. 109f.; *Schneider* II, 241–242 mit n. 98 auf 242; *Weiser* II, 474; *Pesch* II, 138–139.

[816] Als späte, begrifflich aber besonders klare Belege seien angeführt: Greg. Nyss., C. Eun. XII, PG 45, 885B–C = Lib. III, Tom. X, Vol. II, p. 290 *Jaeger;* Joh. Damasc., Fid. 28, Vol. IV, p. 246f. *Kotter.*

[817] *Wengst,* JohBr., 36.

[818] So z.B. bei Meliton v. Sardes, § 20 (p. 70 *Perler*); § 23 und 24 (p. 72 *Perler*). Vgl. auch *Wengst,* JohBr., 35–36 sowie die umfassende, informative n. 55 bei *Strecker,* JohBr., 62–63.

[819] Vgl. dazu *Strecker,* JohBr., 60 u. 62–64; *Schnackenburg,* JohBr., 53–58 und 59–60.

bezogen) und wohl auch mit Hebr 12,18, wenn dort tatsächlich von »ὄρει« die Rede ist oder es in Gedanken zuzusetzen ist.[820]

Die Rede von der Berührbarkeit Gottes findet sich schließlich im Kontext von Mysterienfrömmigkeit[821] und in der mystisch orientierten Philosophie des Neuplatonismus.[822] Das mystische Erfassen und Einssein mit der Gottheit wird als »Berühren Gottes« durch die menschliche Seele aufgefaßt. Die Seele übersteigt die sichtbare Welt und erfährt eine berauschende Begegnung, ja sogar Vereinigung mit dem Einen bzw. (der Idee des) Guten.[823] Die geistige Schau und Vereinigung der Seele mit der höchsten οὐσία überwindet sozusagen deren Unberührbarkeit. Eine unkörperliche Berührung tritt an die Stelle körperlicher Berührung oder begrifflicher Erkenntnis.[824]

Ganz spät ist die Rede von der Berührung des Mysteriums Christi im Sinne der Einnahme des Abendmahls.[825]

»αὐτὸς ἐν ἑαυτῷ ἑστώς«: Eine kurze Klärung des religions- und philosophiegeschichtlichen Hintergrundes erleichtert die Deutung:

Daß Gott feststeht, unveränderlich ist, also sich in keiner Weise in Bewegung befindet, ist traditioneller Topos der griechischen philosophischen Gotteslehre. Sie ist in der uns interessierenden Zeit vor allem vor dem Hintergrund der Auffassung Platons zu verstehen, daß alles Veränderliche letztlich unwirklich ist, das hingegen, was unveränderlich ist und feststeht, wahre Realität hat oder zumindest Realität in einem höheren Maße als das sich Verändernde.[826] Entsprechend ist es für *Platon* wesentliche Eigenschaft (ei-

---

[820] Vgl. *Bauer*, 5. Aufl., s.v. ψηλαφάω, Sp. 1764; 6. Aufl., Sp. 1780; *Gärtner*, 160, n. 3; *Strecker*, JohBr., 63, n. 55 (von 62); *Braun*, Heb., 430; *Weiß*, Heb., 671.

[821] Vgl. Plutarch, Mor. 382d–e, besonders e: »καὶ θιγόντες [ἀληθῶς] τῆς περὶ αὐτὸ καθαρᾶς ἀληθείας οἷον [ἐν τελετῇ] τέλος ἔχειν φιλοσοφία[ς] νομίζουσιν.« (Die mit [] versehenen Stellen sind textkritisch unsicher.) Siehe zu dieser Stelle (und anderen) *Lilla*, 150 (Aufnahme von Mysteriensprache und -terminologie im Mittelplatonismus und bei Clemens von Alexandrien).

[822] Plotin, Enn. I, 2,6,13; V, 1,11,13–15; V, 3,10,42f.; V, 3,17,25–38; VI, 5,10,25–41; VI, 7,36,4; VI, 7,39,19; VI, 9,4,27 und VI, 9,7,4 (und Kontext); VI, 9,9,55; später dann Proklos, In Tim. I, 211,8–28 *Diehl*. Zu Plotin vgl. *Williams,* Immovable Race, 78, mit n. 16.

[823] Vgl. dazu *Bultmann*, Lichtsymbolik, 351. 352–353 werden Plotinstellen genannt, allerdings vornehmlich unter dem Aspekt der Lichtschau. Wichtig ist die auf 353 zitierte Stelle Enn. VI, 9,9,47ff., wo auch vom Berühren Gottes die Rede ist (VI, 9,9,55). Die plotinische Auffassung ist bei Platon schon vorgeformt, vgl. Platon, Symp. 211b; 212a (Hinweis bei *Bultmann*, Lichtsymbolik, 338, n. 85).

[824] Vgl. *Bultmann*, Lichtsymbolik, 351. Das vorbegriffliche Denken wird von Plotin ganz ähnlich wie die mystische Erfahrung charakterisiert, vgl. Enn. V, 3,10,42f. Der Grund dafür ist, daß die Erfahrung der Begegnung mit dem Ἕν nicht dasselbe wie begriffliches Denken ist und auch nur inadäquat oder gar nicht begrifflich faßbar ist.- Eine fast schon mystisch vorgestellte Einheit von Denkendem und Gedachtem ist in gewisser Weise sogar schon bei Aristoteles angelegt, wenn er vom νοῦς, der sich unaufhörlich selbst denkt, sagt: »αὐτὸν δὲ νοεῖ ὁ νοῦς κατὰ μετάληψιν τοῦ νοητοῦ. νοητὸς γὰρ γίγνεται θιγγάνων καὶ νοῶν ...« (Arist., Metaphys. 1072b19–21).

[825] Vgl. La Liturgie de Saint Jacques, p. 178,7–8 *Mercier*; S. Sophronii Hierosol. S. Cyri et Ioannis Mir., PG 87,3, 3524A.

[826] Das gilt besonders von den Formen (= der Ausdruck in der modernen Platonforschung für das, was traditionell »Ideen« heißt), vgl. Platon, Parm. 132 d2: »ἑστάναι ἐν τῇ φύσει« mit dem späten, aber zutreffenden Kommentar des Proklos, In Parm. IV, 906,16–24;

nes) Gottes, daß er unveränderlich ist.[827] *Aristoteles* faßt Gott als die erste Substanz, bzw. als νοῦς auf, der selber unbewegt ist, aber die unaufhörliche Kreisbewegung des Himmels und damit alle Bewegung innerhalb des Kosmos erzeugt.[828]

Der Topos von der Unbewegtheit und Unveränderlichkeit Gottes findet sich auch reichlich in der hellenistischen und kaiserzeitlichen Philosophie.[829] *Erst in der Zeit des Hellenismus* wird anscheinend der Gedanke der Unveränderlichkeit und des Unbewegtseins des wahren Seins, zumal der der Ruhe Gottes, als sein »Feststehen«, d.h. mit Hilfe des (Perfektes des) griechischen Verbums »ἵστασθαι« (Medium von »ἱστάναι«) ausgedrückt.[830] Unter den sich ausdifferenzierenden göttlichen Wesen der nachklassischen griechischen Theologie ist es häufig der *oberste* Gott, von dem dieses Feststehen ausgesagt wird,[831] doch auch von untergeordneten göttlichen Wesen kann ein Stehen ausgesagt werden.[832] Für Numenios ist es das *wahrhaft Existierende*, also der *höchste* Gott, der feststeht und sich nicht bewegt;[833] dieselbe Auffassung findet

---

907,27–908,4; 909,13–21 *Cousin; Williams,* Immovable Race, 39; 50; wichtig ist auch Platon, Phaidr. 246a4ff. mit *Williams,* Immovable Race, 75; weitere Platonstellen: Phaid. 78c6–e4; 79a; 80d5–6; Polit. 479a2–3; 500c2–3; Politik. 269d5–7; Phil. 59b4–c6; Krat. 439e1–5; Soph. 248a10–13; Nom. 797b1–8; 898a8–b8; deutlich ausgesprochen ist die Anschauung auch bei Philo, z.B. Som. I, 244–245; zu Philo siehe *Weiss,* 136. Vgl. auch Diogenes Laert. III, 13 und 15; [Albinos], Epit. IX, 2–4; Numenios, Fr. 4a *des Places.* Die Haltung zum Wirklichkeitscharakter der sichtbaren Welt wandelt sich bei Platon im Laufe seines Lebens; der späte Platon ist durchaus bereit, den sichtbaren Erscheinungen eine gewisse Seinsmaß zuzugestehen; vgl. dazu *Löhr,* 210.

[827] Vgl. Platon, Polit. 381b1–383a5.

[828] Vgl. noch einmal folgende, z.T. ergänzenden Aristoteles-Belege: Metaphys. 1071b3–5: »Ἐπεὶ δ᾽ ἦσαν τρεῖς οὐσίαι, δύο μὲν αἱ φυσικαὶ μία δ᾽ ἡ ἀκίνητος, περὶ ταύτης λεκτέον ὅτι ἀνάγκη εἶναι ἀίδιόν τινα οὐσίαν ἀκίνητον.« Auch 1072a21–27; b3f.; b7f., besonders: »ἐπεὶ δὲ ἔστι τι κινοῦν αὐτὸ ἀκίνητον ὄν, ...«. 1072b18–30 wird die erste Substanz als νοῦς identifiziert, der (als Aktualität) das Leben ist, und zwar ewiges, gutes Leben. 1073a11 wird von ihm, wie CH II,12, gesagt, er sei ἀπαθές und unveränderlich, womit er als über die sinnlich wahrnehmbare Wirklichkeit hinausgehoben charakterisiert wird. Zum *unbewegten* Beweger vgl. auch 1074a36–37 und oben zu CH II,6, S. 33, Z. 12 u.a.

[829] Numenios, Fr. 15 *des Places,* bezeichnet den ersten Gott als ἑστώς, während der zweite bewegt ist. Vgl. auch Fr. 5 *des Places* (der erste Gott = τὸ ὄν, siehe *Williams,* Immovable Race, 44) und Fr. 7 *des Places*; [Albinos], Epit. X, 4; 7.

[830] Vgl. *Williams,* Immovable Race, 39 (Nichtverwendung bei Platon); 42. Die Rede vom »ἑστάναι« der Ideen in Parm. 132d2 ist offenkundig noch nicht terminologisch, wird aber die spätere Ausdrucksweise beeinflußt haben. Daß Aristoteles in Bezug auf den unbewegten Beweger nicht von »ἑστάναι« spricht, wurde bereits oben gesagt. Auch in den Fragmenten aus der Alten Akademie ist nicht von »ἑστάναι« die Rede; die Unveränderlichkeit der Ideen wird vielmehr mit Hilfe von »ἀκίνητος« charakterisiert, vgl. Aristoteles, Metaphys. 987b16f.; 988b3f.; 1069a33; vgl. dazu *Williams,* Immovable Race, 42, n. 22.

[831] *Williams,* Immovable Race, 120–121. Vgl. z.B. [Albinos], Epit. X, 2; Numenios, Fr. 15 *des Places.*

[832] Vom philonischen λόγος wird ein Feststehen, Beharren ausgesagt, vgl. *Williams,* Immovable Race, 45, n. 32 und die dort genannten (überprüften) Philo-Stellen: Her. 205f.; Fug. 13; Som. II, 237. In der Nag-Hammadi-Schrift 3St.Seth ist es Adamas, eine Hypostase des noetischen Bereiches, von dem das Stehen ausgesagt wird, vgl. *Williams,* Immovable Race, 64f.; 66 über die Variabilität der Anwendung der Rede vom Stehen auf das erste und untergeordnete Prinzipien.

[833] Numenios, Fr. 6; 7; 8; besonders aber 15 *des Places*; vgl. *Williams,* Immovable Race, 44–45.

sich bei Plotin in Bezug auf das Ἕν,[834] wo allerdings auch von den dem Einen untergeordneten Hypostasen ein Feststehen ausgesagt werden kann.[835] Die Rede vom Feststehen bzw. von der Unveränderlichkeit Gottes im Gegensatz zum Werden und zur Veränderung findet sich auch im hellenistischen Judentum, zuerst bei Aristobul[836]. Bei diesem Autor ist offenbar überhaupt zum ersten Mal von der göttlichen στάσις die Rede.[837] Reichliche Belege für die Vorstellung der Unveränderlichkeit und Ruhe Gottes gibt es bei Philo,[838] und es ist möglich, daß Waszink recht hat mit seiner Meinung, daß Numenios in der Bezeichnung »ὁ ἑστώς« von Philo beeinflußt ist,[839] auch wenn die Frage einer Abhängigkeit des Numenios von Philo umstritten ist.

Auch bei Philo ist – im Anschluß an die philosophische Tradition – der ruhende Gott zugleich derjenige, der den Kosmos bewegt.[840]

Die Ruhe Gottes hat nun auch einen das religiöse Subjekt betreffenden Aspekt: sie soll sich nämlich auf den Gläubigen übertragen,[841] er soll Anteil an ihr bekommen. Nur indem man das Wechselhafte, Veränderliche (der Welt, der Meinungen, der Sinneseindrücke) hinter sich läßt,[842] kommt man Gott wirklich nahe.[843] Damit wird das »Stehen«

---

[834] Plotin, Enn. V, 3,12,40–44, bes. 41f.: »... αὐτὸν δὲ ἐπ᾽ ἄκρῳ τῷ νοητῷ ἑστηκότα βασιλεύειν ...« Vom Ἕν auch Enn. II, 3,7,11; III, 8,2,16f.; III, 8,6,39; III, 8,10,7 und 12; VI, 7,35,42; doch kann das Prädikat des Ruhens, Stehens auch verweigert werden, weil das Eine *über* Ruhe und Bewegung steht, vgl. *Williams*, Immovable Race, 46; Enn. VI, 9,3,42–44; VI, 6,3,20f.; 30; 39–41; ähnlich bei Clemens Alex., Strom. V, 71,4.

[835] *Williams*, Immovable Race, 46–47; 48f.; 57 (vom νοῦς); Plotin vom νοῦς Enn. II, 2,3,20–23; II, 9,1,26–30; II, 9,2,1–4; IV, 7,13,1–3; VI, 7,13; VI, 9,5,14–17. III, 9,7,2–3 wird vom νοῦς gesagt, daß er (als kreisförmig bewegter) sowohl steht als auch sich bewegt, ebenso III, 9,9,1–2; vgl. auch VI, 7,13,4–6; V, 2,1,10–13 ist davon die Rede, daß der νοῦς sich zum Einen zurückwendet und in seiner Betrachtung verharrt (= auf es »hin«steht), vgl. auch V, 5,5,16–19; V, 5,8,9–13; VI, 2,8,5–11. Enn. IV, 4,16,23–35 wird der νοῦς als unbeweglich im Hinblick auf das Kreiszentrum, die Seele aber als beweglich bezeichnet. Auch von der ψυχή kann gesagt werden, daß sie steht: Enn. IV, 3,22,4. Eine Art Résumé der plotinischen Auffassung enthält Enn. II, 3,18,16–19: »... ἑστηκότων μὲν τοῦ πρώτου καὶ δευτέρου, τοῦ δὲ τρίτου ἑστηκότος μὲν καὶ αὐτοῦ, ἀλλ᾽ ἐν τῇ ὕλῃ καὶ κατὰ συμβεβηκὸς κινουμένου.« – Die Rede von der Unbeweglichkeit Gottes findet sich im Anschluß an den Platonismus auch im Christentum, vgl. Clemens Alex., Strom. I, 163,6; Gregor v. Nyssa, Or. Dom. II, PG 44, 1140B–C; Augustin, Conf. IV, 15,26; *Williams*, Immovable Race, 77 und 80–81.

[836] Aristobul, Fr. 1,19–21. 25, p. 180 *Riessler* (= Fr. 2,9–10. 12, p. 271f. *Walter* = (im griechischen Original:) Fr. 3, p. 86, 44–48; 56–58 *Stearns*).

[837] Vgl. auch *Lüdemann*, 99.

[838] *Weiss*, 135f. mit n. 5 (Belege); *Colpe*, Menschensohn, 466–467, n. 430; vgl. Philo, Mut. 54; 87; Conf. 30; 96; Post. 19–20; 23; 27–30; Gig. 49; Som. I, 158; 241–242; 246; 249–250; II, 221–222; auch II, 237; Mut. 57; Leg. All. II, 83; Quaest. Gen. III, 55; Quaest. Ex. II, 37; andere Begriffe als »ἑστώς« und Verwandtes: Philo, Conf. 30; 96; Post. 22; 27–28; 29; Gig. 49; Cher. 90; Som. I, 158; II, 219–220; II, 221; 222; 237; Leg. All. I, 51; II, 33; II, 83; II, 89; Mut. 54; 87; siehe auch *Grundmann*, Art. ἵστημι, ThWNT VII, 643,25ff.; *Siegert*, Philon, 42f.; *Wlosok*, 73–75; *Williams*, Immovable Race, 42–43.

[839] *Waszink*, Entretiens XII, 51, n. 4 (von 50).

[840] Philo, Mut. 54–55; Post. 28.

[841] Philo, Conf. 30; Post. 23; 27f.; Gig. 52; Som. I, 250; Mut. 87 (Abraham als Beispiel dafür); vgl. damit auch Post. 24f.; Som. I, 158; Leg. All. III, 53; *Wlosok*, 73–76.

[842] Vgl. Philo, Ebr. 170 und ff.; Gig. 50–51.

[843] Philo, Post. 22–23; Mig. 148–150; Conf. 30–32.

zu einer Umschreibung des höchsten religiösen Ziels.[844] Der Gläubige wird darin Gott gleich, daß er selber, wie dieser, ein »Stehender« wird.[845]

Jemand, der vor Gott steht, steht vor dem, der selber ewig steht. Daher konnte sich die Bedeutung von »ἑστώς« dahin wandeln, daß es bedeutet: einer, der ewig steht, der vom Tod nicht betroffen ist, sich also nicht zum Sterben hinlegt oder nicht liegt wie ein Toter.[846]

Philo führt in das synkretistische, platonisch beeinflußte Milieu Ägyptens.[847] Auch aus Nag-Hammadi-Texten können reichlich Belege für die Vorstellung angeführt werden. Hier ist besonders an die platonischen und aristotelisch beeinflußten Dokumente gedacht, die möglicherweise in dasselbe oder zumindest ein ähnliches geistesgeschichtliches Umfeld gehören wie (etwas früher) Philo oder unser Traktat. Dementsprechend zeigen sie eine enge Verwandtschaft in der Rede vom »Stehen«.[848] Es wird gesagt, daß Gott steht,[849] aber auch der Logos[850] oder die Äonen stehen, z.B. vor Gott,[851] und wieder wird die Vorstellung des Feststehens auch auf die Gläubigen übertragen, und zwar in dem Sinne, daß die wahren Gnostiker eine »unbeweglich feststehende Menschenklasse« bilden.[852]

Die in mittelplatonischen und gnostischen Kreisen geläufige Redeweise vom »Stehen« Gottes und dem Stehen des Menschen vor ihm dürfte auch auf die Bezeichnung

---

[844] Vgl. Philo, Cher. 19; vgl. auch Gig. 48; Quaest. Ex., Unidentif. Fr. 11, p. 260 *Marcus*.

[845] Philo, Leg. All. III, 9 (von Abraham); Cher. 18–19; Sac. 8; vgl. auch *Williams,* Immovable Race, 27 und 76.

[846] *Kippenberg*, 131 mit n. 199; *Lüdemann*, 98; siehe auch *Colpe*, Menschensohn, 467 mit n. 431.

[847] Vgl. auch die schon genannte Stelle bei Clemens Alexandrinus, Strom. I, 163,6.

[848] Vgl. z.B. Tractatus Tripartitus (ca. 250 n. Chr., siehe *Robinson*, Nag Hammadi Library, 58), NHC I, 101,25–32; Paraphrase des Sem (evtl. vorchristlich, *Robinson*, Nag Hammadi Library, 341), NHC VII, 11,24–28 (mit der typischen Lichtterminologie); Allogenes, NHC XI, 64,37–67,20, wo von der Ruhe, vom Feststehen, aber auch vom Ort und vom Umfassen/Umfangen die Rede ist. Bezeichnenderweise wird dieser Traktat von A.C. Wire in Alexandria lokalisiert, um 300 n. Chr. (vgl. *Robinson*, Nag Hammadi Library, 491; ebd. zum platonischen Einfluß). Wichtig ist auch Zostrianos, NHC VIII, 74,10–75,11, wo die Rede vom »Stehen« und vom »Ort« mit eindeutig aristotelischen Vorstellungen (vgl. z.B. Arist., Metaphys. 1072b20–24) verbunden ist, wie in CH II. Zum platonischen Einfluß auf Zostrianos vgl. *Robinson*, Nag Hammadi Library, 402f.

[849] Tractatus Tripartitus, NHC I, 51,23–52,34; 53,6–27 (dazu *Williams,* Immovable Race, 116f.); Allogenes, NHC XI, 66,21–36, vgl. *Williams*, Immovable Race, 53.

[850] Tractatus Tripartitus, NHC I, 92,23; 93,6, wo vom Logos nicht nur ein Stehen ausgesagt wird, sondern er auch »Ort« (und »Äon«) genannt wird.

[851] Ev. Veritatis, NHC I, 41,29–30; vgl. auch Tractatus Tripartitus, NHC I, 70,15–20; 3St.Seth, NHC VII, 124,9–10; 23–25; Zostrianos, NHC VIII, 82,14–19; 125,11–25, bes. 18; vgl. auch Marsanes (ca. 3. Jhdt., siehe *Robinson*, Nag Hammadi Library, 462), NHC X, 4,24–5,4; zum Apokryphon des Johannes vgl. *Williams*, Immovable Race, 104–111.

[852] Siehe *Williams*, Immovable Race, passim, bes. 1–3 (mit Belegen); 67 u. 164 (zu 3St.Seth, z.B. NHC VII, 118,12f.); 73–74 (Zostrianos, vgl. NHC VIII, 7,5–22; 53,15–25); 127. 139 (ApokJoh, vgl. z.B. NHC II, 25,20–23); 145f. u. 161 (Ägypterevangelium, vgl. NHC III, 59,13f.; III, 60,25–61,2; III, 64,23f.); 154 (Sophia Jesu Christi, vgl. NHC III, 97,9; III, 113,23–114,2; 117,8–118,2). Vgl. auch das Ev. Thom., Log. 60, NHC II, 43,19–23; Dialog des Retters, NHC III, 133,13–24 mit 132,6–9.

des Simon Magus als »ὁ ἑστώς« und die spätere samaritanische Theologie eingewirkt haben.[853]

Act 7,56 ist von Colpe mit der samaritanischen Vorstellung in Zusammenhang gebracht worden:[854] Auf Christus sei hier das samaritanische Gottesprädikat »ἑστώς« übertragen worden, deshalb werde Christus als der *Stehende* charakterisiert, in Abwandlung der Ausdrucksweise vom *Sitzen* zur Rechten Gottes.

Demgegenüber ist sich die Mehrheit der Exegeten zu Recht einig, daß die Stelle eher aus der Erzählsituation am Ende von Act 7 erklärt werden muß: vielleicht meint Lukas, daß Christus aufgestanden ist, um den Märtyrer zu empfangen, oder um gegen sein Volk Anklage zu erheben.[855] Für eine immanente Erklärung spricht vor allem, daß sich keinerlei Grund dafür finden läßt, warum Lukas in Act 7,56 plötzlich samaritanische Tradition verwendet haben sollte.[856]

Im Corpus Hermeticum ist vom »Stehen« im uns interessierenden Sinne außerhalb von CH II nur an zwei Stellen die Rede:[857] CH X,14[858] und Ascl. 30,[859] beides Stellen, die Verwandtschaft mit oben aufgeführten philosophischen Traditionen zeigen.[860] Vielleicht findet sich an zwei anderen Stellen auch die Übertragung des Motivs auf das menschliche Subjekt in dem Sinne, daß das Stehen die Voraussetzung für den Kontakt mit der Gottheit ist;[861] freilich könn-

---

[853] Ob es sich um einen Titel, um eine Selbstbezeichnung des Simon oder um spätere Eintragung handelt, ist umstritten, siehe z.B. *Lüdemann*, 98. Vgl. weiter zu Simon als dem »Stehenden« *Weiss*, 135f.; *Widengren*, 44, n. 1; *Kippenberg*, 131, n. 199; 124–125; 347–349, n. 136 von 347; *Leisegang*, Gnosis, 62–63; *Williams*, Immovable Race, 55–57. Siehe Clemens Alex., Strom. II, 52,2; Ps.-Klem., Hom. β 22,3f.; β 24,5–7; ιη 6,5; 7,5; 12,1; 14,3; Rec. I, 72,3; III, 7,1–3; II, 11,2–4; III, 46,6; III, 47,3; Hippolyt., Ref. VI, 9,1–2 (Einleitung zur *Apophasis Megale*); VI, 12,3; VI, 13; VI, 17,1–3; VI, 18,4; Martyrium Petri, AAAp, 80,37–82,1. *Kippenberg*, 349 ist jedoch der Meinung, daß die simonianische Gnosis in dem »ὁ ἑστώς« *keinen* griechischen Einfluß aufgenommen hat, sondern von samaritanischem Erbe abhängig ist. Die samaritanische Tradition und z.B. Philo bzw. die griechisch-hellenistische Tradition seien *an diesem Punkt* voneinander unabhängig. Dagegen mit guten Gründen *Bergmeier*, Frühdatierung, 146f.; 152 mit den nn. 232 und 233.

[854] *Colpe*, Menschensohn, 466.

[855] *Weiser* I, 190; *Conzelmann*, Apg., 51; *Schneider* I, 474–475 mit den notae; *Pesch* I, 263–264; *Barrett, Stephen,* 36 (auf 32–34 werden die möglichen Erklärungen aufgelistet.). Die Erklärungen werden auch erörtert von *Colpe*, Menschensohn, 465 sowie *Sabbe*, 266–275.

[856] Vgl. dazu *Weiser* I, 194. Auch Colpe kann keine Erklärung dafür geben und verweist nur andeutungsweise auf andere in Act 7 verarbeitete samaritanische Traditionen, vgl. *ders.*, Menschensohn, 466.

[857] *Williams*, Immovable Race, 45–46.

[858] CH X,14, *Nock/Festugière* I, 120, Z. 1–2: »... καὶ ἡ μὲν ἀρχὴ κινεῖται, ἵνα πάλιν ἀρχὴ γένηται, τὸ δὲ ἓν μόνον ἔστηκεν, οὐ κινεῖται.«

[859] Ascl. 30, bes. (*Nock/Festugière* II, 338, Z. 17–21): »... solus deus et merito solus; ipse enim in se est et a se est et circum se totus est, plenus atque perfectus, isque sua firma stabilitas est ne alicuius inpulsu [nec] loco moueri potest ...« Diese Stelle erinnert überhaupt stark an CH II,12.

[860] Vgl. dazu *Nock/Festugière* I, 130, n. 52 zu CH X,14; II, 388, n. 265 und 266 zu Ascl. 30.

[861] Vgl. CH XIII,16, *Nock/Festugière* II, 207, Z. 11f.: »οὕτως οὖν, ὦ τέκνον, στὰς ἐν ὑπαίθρῳ τόπῳ, νότῳ ἀνέμῳ ἀποβλέπων περὶ καταφορὰν τοῦ ἡλίου δύνοντος,

te das auch eine Überinterpretation der beiden Stellen und der Rede vom »Stehen« an ihnen sein.

An unserer Stelle in CH II,12 (S. 37, Z. 4) dürfte die Wendung aus der mittel- oder neuplatonischen Tradition stammen. Wahrscheinlich ist hier der Einfluß des ganz spezifischen ägyptischen Milieus des Platonismus, wie es sich bei Philo, aber auch in den platonisch beeinflußten Paralleltexten aus Nag Hammadi findet, anzunehmen. Offenbar wird ein in dieser Tradition gängiges Prädikat Gottes oder des νοῦς auf den νοῦς/τόπος unseres Traktates angewendet.

Ein wichtiger Aspekt des an unserer Stelle Ausgesagten ist, daß der νοῦς *in sich selbst* feststeht. Die Rede davon, daß Gott bzw. der νοῦς *bei* sich selbst oder *für sich selbst* ist, ist durchaus traditionell,[862] im Mittel- und Neuplatonismus ist dieser Gedanke aber besonders wichtig;[863] dort finden sich auch Belege für die Ausdrucksweise »*in sich selbst*«,[864] wobei an unserer Stelle sicher auch die Identifikation des νοῦς als Lokalität bezeichnendes Wesen, also als Ort anklingt, die ja offenbar auch in den Bereich des Mittel- und Neuplatonismus gehört.

Durch die Wendung »αὐτὸς ἐν ἑαυτῷ« steht der ganze Ausdruck inhaltlich »… ἑαυτὸν ἐμπεριέχων« nahe;[865] auch durch »αὐτὸς ἐν ἑαυτῷ ἑστώς« soll wohl ausgesagt werden, daß der νοῦς nur in sich selbst ruht, also auf nichts anderem *beruht* als sich selbst. Die spezifische Nuance der hier behandelten Wendung dürfte jedoch sein, daß der νοῦς *feststeht*, wenn er sich selbst umfaßt. Das muß deshalb betont werden, weil der νοῦς/τόπος ja nicht nur sich selbst, sondern auch den Kosmos umfaßt, jedoch mit der Folge, daß dieser *bewegt* ist. Das gilt vom νοῦς selbst nicht; er verharrt in unbeweglicher Selbstreflexion.

»χωρητικὸς τῶν πάντων καὶ σωτήριος τῶν ὄντων«: Im Corpus Hermeticum kommt »χωρητικός« nur in CH II vor.[866] Mit dem Adjektiv soll offenbar noch einmal an die Eigenschaft des ›zweiten‹ Gottes, Ort des Alls zu sein, erin-

---

προσκύνει.« Vielleicht ist hier auch die Mahnung an die Menschen aus CH VII,1, *Nock/ Festugière* I, 81, Z. 5–6 zu nennen: »στῆτε νήψαντες. ἀναβλέψατε τοῖς ὀφθαλμοῖς τῆς καρδίας.«

[862] Das bekannteste Beispiel ist Anaxagoras, FVS 59 B12: »… νοῦς δέ ἐστιν ἄπειρον καὶ αὐτοκρατὲς καὶ μέμεικται οὐδένι χρήματι, ἀλλὰ μόνος αὐτὸς ἐπ᾿ ἑωυτοῦ ἐστιν …«

[863] Plotin, Enn. V, 1,6,12–13 wird über Gott gesagt: »ἐκείνου ἐν τῷ εἴσω οἷον νεῷ ἐφ᾿ἑαυτοῦ ὄντος, μένοντος ἡσύχου ἐπέκεινα πάντων«; vgl. auch Enn. V, 5,9,22f.; Proklos, El., Prop. 40, p. 42 *Dodds*; Prop. 41, p. 42–44 *Dodds*.

[864] Vgl. Philo, Som. I, 63: »κεχωρηκὼς ἑαυτὸν καὶ ἐμφερόμενος μόνῳ ἑαυτῷ«; Numenios, Fr. 11 *des Places:* »… Ὁ θεὸς ὁ μὲν πρῶτος ἐν ἑαυτοῦ ὤν ἐστιν ἁπλοῦς, διὰ τὸ ἑαυτῷ συγγιγνόμενος διόλου μή ποτε εἶναι διαίρετος«; Plotin, Enn. V, 9,8,7–8 vom νοῦς: »ἔστιν οὖν οὕτως ὁ νοῦς ἐν αὐτῷ …«; siehe auch Enn. VI, 2,8,8ff.: »… ὡς ἔστηκεν ἐν αὐτῷ καὶ ὡς διέστηκεν … καὶ ὡς νοῶν ἐν ἑαυτῷ καὶ οὐκ ἔξω … τὴν στάσιν ὑπεστήσατο καὶ ἔχει οὐκ ἐπακτόν, ἀλλ᾿ἐξ αὐτοῦ καὶ ἐν αὐτῷ«;

[865] Vgl. z.B. noch einmal Philo, Som. I, 64: »τὸ γὰρ περιεχόμενον διαφέρει τοῦ περιέχοντος, τὸ δὲ θεῖον ὑπ᾿οὐδενὸς περιεχόμενον ἀναγκαίως ἐστὶν αὐτὸ τόπος ἑαυτοῦ …«

[866] Siehe Index du Corpus Hermeticum p. 200, s.v. χωρητικός. Vgl. CH II,6, S. 33, Z. 11. Allerdings findet sich im *Corpus* des öfteren das Verbum »χωρέω«.

nert werden. Das ergibt sich aus einigen engen Parallelen, zum einen bei Philo,[867] zum anderen bei Sextus Empiricus.[868] Aus ihnen ergibt sich die enge Beziehung von Gottesvorstellung, τόπος und platonischer χώρα und für unsere Stelle, daß der νοῦς tatsächlich, wie oben behauptet, als τόπος/χώρα im platonischen Sinne[869] aufgefaßt werden soll.[870]

Die Aussageabsicht unseres Verfassers an der hier betrachteten Stelle wird noch deutlicher beim Blick auf CH II,6 (S. 33, Z. 10f.).[871] Dort ist davon die Rede, daß das zweite göttliche Wesen entweder als τόπος oder als θεός erfaßt werden kann. In seiner Eigenschaft als τόπος kann es nicht zugleich als (ein) Gott angesprochen werden (S. 33, Z. 9f.) Wenn es hingegen als θεός erfaßt wird, dann wird es in seiner Eigenschaft als ἐνέργεια χωρητική begriffen (S. 33, Z. 10–11).

Bezieht man nun beide Stellen, sowohl CH II,6, S. 33, Z. 10f. als auch CH II,12, S. 37, Z. 4f., aufeinander, ergibt sich aus der Verwendung von »χωρητικός«, daß an unserer Stelle der νοῦς nicht mehr bloß in seiner mehr physikalische Konnotationen tragenden Eigenschaft als τόπος, sondern als ein göttliches Wesen (»ὡς θεός«) betrachtet werden soll. Der Argumentationsgang des Traktates hat sich also von der Naturphilosophie endgültig zur »Theologie« aufgeschwungen. Ob der hermetische Verfasser freilich selber an diese Beziehung der beiden Stellen und die damit verbundene Aussage gedacht hat, ist – angesichts seiner sonst zu beobachtenden, jeweils auf eine Stelle und Aussage konzentrierten Argumentationsweise – eher zweifelhaft. Doch ist es nicht völlig ausgeschlossen.

Mit »τῶν πάντων« dürfte das Weltall und alles, was in ihm ist, gemeint sein, im Sinne der Redeweise von »τὸ πᾶν« II,4 (S. 37, Z. 1) und »πάντων ὅσα ἐστὶ σώματα« II,2 (S. 32, Z. 14f.). Das zweite göttliche Wesen umfaßt also alles, was existiert, es gewährt ihm geradezu Raum zum Existieren.[872] Das ist die platonische »Schöpfungsaussage«, denn ohne Raum (»χώρα«) kann überhaupt nichts existieren.[873]

Der νοῦς ist damit als ein eminent der Welt zugewandtes Wesen charakterisiert, er ist mit ihr, wie ja auch schon seine Charakterisierung als Weltseele zeigt, engstens verbunden. Vielleicht soll damit ein gewisser Kontrast

---

[867] Philo, Som I, 63–64; die Stelle wird unten zitiert.

[868] Sextus Empir., Adv. Math. X, 11; Pyrrh. Hyp. III, 121. Die letztgenannte Stelle wurde zu CH II,6 (zu S. 33, Z. 11: ἐνέργεια χωρητική) bereits behandelt, siehe den Kommentar z.St.

[869] Vgl. z.B. Platon, Tim. 49a; 50c–d; 51a–b; 52a8–b5 (a8 und b5 fällt der Begriff »χώρα«).

[870] Das Adjektiv »χωρητικός« wird von Platon selbst nicht verwendet, es findet sich aber z.B. in der hellenistisch-neupythagoreischen ›Platonimitation‹, dem *Timaeus Locrus* 94b, p. 32 *Tobin*; mittelplatonische Verwendung von »χώρα« bei Plutarch, Mor. 372f; 1024c; [Albinos], Epit. VIII, 2.

[871] Darauf verweist zu Recht *Scott* II, 103.

[872] Ähnliche Aussage aus mittelplatonischem Kontext: Apuleius, De Plat. 190f.: Gott ist »ipse conferens cuncta«.

[873] Platon, Tim. 52b1–5; Arist., Phys. 208a29–31; vgl. auch Simplikios, In Phys. 521,5–522,26 *Diels*; *Festugière* II, 116.

zum transzendent gedachten Gott oberhalb des νοῦς hergestellt werden, obwohl auch von ihm eine Weltzuwendung ausgesagt ist.[874]
Dem Adjektiv »χωρητικός« wird unmittelbar ein weiteres angefügt, nämlich »σωτήριος« (S. 37, Z. 5). Die enge Verbindung der beiden Eigenschaften zeigt sich an folgendem: die beiden Adjektive sind nicht, wie die anderen in CH II,12 aufgezählten Eigenschaften des νοῦς, *unverbunden* nebeneinander gestellt, sondern durch ein »καί« miteinander verknüpft (S. 37, Z. 5). Offenbar bilden sie also ein Paar und gehören enger untereinander zusammen als mit den anderen Eigenschaften.

Das Adjektiv »σωτήριος« wird in der griechischen Gotteslehre relativ häufig verwendet, doch meist im Sinne der Charakterisierung eines aktiv-dynamischen Rettungsgeschehens, z.b. der Rettung aus Gefahren (wie etwa einem Sturm auf hoher See oder einer Krankheit).[875] An vielen Stellen auch in philosophischen Texten schwingt noch die ursprüngliche, konkrete Bedeutung des Wortes mit, wenn von Gottes σωτηρία bzw. von seinem σώζειν die Rede ist:[876] in Gebet und Kultus wurden die verschiedenen Gottheiten, z.B. Zeus oder Apollon,[877] als Retter aus Gefahren verehrt und ihnen für ihre Hilfe gedankt.[878] Die Verwendung im Sinne von »bewahren«, »erhalten«, besonders wenn es nicht um die Bewahrung in einer konkret vorgestellten Gefahr (z.B. Krankheit, Sturm auf hoher See, etc.) geht, bezeichnet also nicht die ursprüngliche Hauptbedeutung des Wortes.[879] Andererseits handelt es sich dabei aber um eine durchaus gebräuchliche Vorstellung der hellenistischen philosophischen Gotteslehre:[880] Gott wird als der Bewahrer des Weltalls apostrophiert,[881] und zwar

---

[874] Besonders in CH II,17, vgl. Kommentar z.St.; auch indem der oberste Gott Ursache des Seins des νοῦς ist (CH II,14, S. 37, Z. 15), bedingt er indirekt den Kosmos mit.

[875] Vgl. z.B. IG 4, 718, p. 128; IG 2², 410, Z. 18, p. 171; *Dittenberger* I, p. 7, Z. 40–41, u.a.m., die Belege aus Inschriften ließen sich beliebig vermehren (siehe weitere Belege in *Foerster*, Art. σώζω, ThWNT VII, 967); Pindar, 5. Olymp. Ode 19; Homer, Od. V, 130; Aischylos, Choephoroi 1–2; Sophokles, Elektra 281; Xenophon, Anabasis III, 2,9, Vol. I, p. 136 *Masqueray*; Platon, Symp. 220d; Aristides, Or. 45,13.

[876] So z.B. bei Philo der Gedanke, daß Gott aus den Gefahren auf See rettet: Ebr. 199; Deus 129; Decal. 53; Spec. IV, 154.

[877] Sophokles, Elektra 281, vgl. n. z.St. bei *Jebb* (Hinweis auf Zeus Σωτήρ und Apollon Προστατήριος); siehe auch Numenios, Fr. 4a, p. 46 *des Places*; In CH XVI,12 (*Nock/Festugière* II, 235, Z. 25) wird die Sonne »σωτήρ ... καὶ τροφεύς ... παντός« genannt.

[878] Vgl. auch die Stellen in: *Foerster*, Art. σώζω, ThWNT VII, 967 und 1006.

[879] Vgl. Art. σώζω κτλ., ThWNT VII, 967; 969f.; demnach ist »σώζειν« zunächst ein aktiv-machtvoller Vorgang, ein akut dynamisches Geschehen. Im Sinne von »bewahren«, »erhalten« steht das Wort aber z.B. bei Platon, Symp. 208a6. An diese Stelle lehnt sich offenbar CH XII,14f. an, vgl. besonders »συσσώζων«, *Nock/Festugière* I, 180, Z. 9. Eine Mittelstellung zwischen der ursprünglichen, aktiv-dynamischen Bedeutung und der Verwendung im Sinne von »bewahren«, »erhalten« nimmt die Verwendung der Terminologie ein bei Philo, Decal. 60; 155; Abr. 70 (u.a.).

[880] Die Terminologie wird ähnlich wie für Gott auch im Herrscherkult verwendet: vgl. die in *Foerster*, Art. σώζω, ThWNT VII, 968 und 1009–1012 genannten Stellen, z.B. Dio Chrysost., Or. III, 39; LXII, 4.

[881] Zum ersten Mal sogar schon bei Platon in klassischer Zeit, vgl. Nom. 903b4–7: »Πείθωμεν τὸν νεανίαν τοῖς λόγοις ὡς τῷ τοῦ παντὸς ἐπιμελουμένῳ πρὸς τὴν σωτηρίαν

des öfteren im Kontext von Aussagen, die ihn zugleich als Hersteller, Schöpfer dessen was existiert, benennen.[882] Darüber hinaus sind Stellen zu nennen, wo, obgleich der Begriff »σωτηρία« etc. nicht fällt, der Sache nach dasselbe gemeint ist und die daher hierher gehören.[883] Damit sind ungefähr die Traditionen bzw. Gedankenzusammenhänge bezeichnet, in die auch unsere Stelle in CH II,12 gehört.[884] Der zweite Gott, d.h. der νοῦς, wird also als der Bewahrer und Erhalter dessen, was existiert, bezeichnet.

Durch das »καί« werden nun offensichtlich die Aussagen vom »Schöpfersein« des νοῦς und seiner Funktion als »Erhalter« zusammengezogen. In seiner Funktion als platonische χώρα ist der νοῦς die »Amme des Werdens« (genau-

καὶ ἀρετὴν τοῦ ὅλου πάντ᾽ ἐστὶ συντεταγμένα, ὧν καὶ τὸ μέρος εἰς δύναμιν ἕκαστον τὸ προσῆκον πάσχει καὶ ποιεῖ.« Im hellenistischen Bereich Philo, Spec. I, 209; II, 198; Conf. 98; besonders zu nennen ist hier Cornutus, ein stoischer Philosoph, der von Nero 66 oder 68 n. Chr. verbannt wurde. In unserem Zusammenhang ist besonders zu erwähnen die »Ἐπιδρομὴ τῶν κατὰ τὴν Ἑλληνικὴν θεολογίαν παραδεδομένων«, die im folgenden zitiert wird. In ihr vertritt Cornutus die stoische Theorie der Mythendeutung, nach denen die Göttersagen allegorische Einkleidungen der stoischen Physik sind (siehe *Arnim,* Art. Cornutus, 2225; vgl. auch *Nock,* Art. Kornutos, Sp. 999f.). Vgl. z.B. c. 2, p. 3,8–9 *Lang:* »Zeus« ist der Name für die ψυχὴ τοῦ κόσμου, er belebt alles und spendet Leben für alles. Deswegen herrscht er über das All wie über uns unsere Seele. »Δία δὲ αὐτὸν καλοῦμεν ὅτι δι᾽ αὐτὸν γίνεται καὶ σώζεται πάντα.« Vgl. auch c. 1, p. 2,17–3,1 *Lang:* »πρῶτον γὰρ οἱ ἀρχαῖοι θεοὺς ὑπελάμβανον εἶναι οὓς ἑώρων ἀδιαλείπτους φερομένους, αἰτίους νομίσαντες εἶναι τοῦ ἀέρος μεταβολῶν καὶ τῆς σωτηρίας τῶν ὅλων.« Zu erwähnen ist auch Aristides, ein Rhetor, der von 117–187 n. Chr. lebte und wirkte, eine der gebildetsten Persönlichkeiten seiner Zeit. Er unternahm ausgiebige Reisen, u.a. nach Ägypten, und entwickelte eine persönliche Beziehung zum Heilgott Asklepios. In der Oratio 42, die vielleicht am 6. Januar 177 im Heiligtum des Zeus Asklepios in Pergamon gehalten wurde, sagt Aristides: »οὗτός (= Zeus Asklepios) ἐσθ᾽ ὁ τὸ πᾶν ἄγων καὶ νέμων σωτὴρ τῶν ὅλων καὶ φύλαξ ἀθανάτων …« (= Or. XLII, 4, p. 335, Vol. II *Keil*). Vgl. auch Numenios, Fr. 15 *des Places,* anders als an unserer Stelle aber vom ersten Gott und der ihm anhaftenden στάσις gesagt: »… ἀφ᾽ ἧς ἥ τε τάξις τοῦ κόσμου καὶ ἡ μονὴ ἡ ἀίδιος καὶ ἡ σωτηρία ἀναχεῖται εἰς τὰ ὅλα«; Numenios, Fr. 4a *des Places:* Die Körper brauchen ein Prinzip zu ihrer Erhaltung, das nicht wiederum ein Körper sein darf: »Εἰ μὲν δὴ καὶ τοῦτο εἴη σῶμα, Διὸς Σωτῆρος δοκεῖ ἄν μοι δεηθῆναι αὐτὸ παραλυόμενον καὶ σκιδνάμενον.« Bei Marc Aurel X, 1 ist von der »σωτηρία τοῦ τελείου ζῴου« die Rede, womit der Kosmos gemeint sein dürfte (vgl. *Farquharson,* Bd. 2, 820f.). Zu erwähnen ist auch Dio Chrysostomus, Or. XII, 29: Wie können die Menschen von Gott keine Kenntnis haben, »τοῦ σπείραντος καὶ φυτεύσαντος καὶ σώζοντος καὶ τρέφοντος, πανταχόθεν ἐμπιμπλάμενοι τῆς θείας φύσεως …«

[882] Siehe vorige Fußnote; vgl. auch Attikos, Fr. 4 *des Places,* besonders: »καὶ γενέσθαι τοίνυν τι δεῖ καινόν, εἴ γε μέλλοι τις ὅλως ποιητής, καὶ τὸ καλὸν ἔργον πρὸς ἅπαν διασῴζεσθαι … μείζων δ᾽ ἄλλος εἰς σωτηρίαν τῶν γενομένων δεσμὸς οὐκ ἔστι τῆς τοῦ θεοῦ βουλήσεως.« Siehe auch noch einmal die genannte Stelle Cornutus, c. 2, p. 3,8–9 *Lang.*

[883] Z.B. Philo, Som. I, 63, wo Gott als »καταφυγὴ τῶν συμπάντων« bezeichnet wird; ähnlich Fug. 75; Apuleius, Apol. 64: »aeternus animantium sospitator« p. 78 *Vallette,* vgl. auch *Festugière* IV, 105–106.

[884] Weitere Beispiele: Ps.-Aristoteles, De mundo 398b6–10; Dio Chrysost., Or. XII, 74; aus mittelplatonischem Kontext: Maximos Tyr., Or. XI, 12, p. 100,289–291 *Trapp*; Clemens Alex., Protr. 26,8.

er: »γενέσεως ὑποδοχὴν ... οἷον τιθήνην)[885], also Voraussetzung für die Existenz des Alls, kurz gesagt ein platonisch gedachter »Schöpfer«. Das Prädikat »σωτήριος« spricht dagegen mehr die bewahrende, erhaltende Seite des νοῦς an, betont auch durch die den Seinsaspekt ansprechende Apposition »τῶν ὄντων«. In der Verwendung von »σωτήριος« könnte auch christlicher Einfluß wirksam sein, man vergleiche nur einmal die zahlreichen Belege für »σωτήρ«, «σωτηρία« etc. bei Clemens Alexandrinus.[886] Vielleicht wollte also unser Verfasser seinen zweiten Gott mit den gleichen Prädikaten bezeichnen wie die alexandrinischen Christen ihren zweiten Gott, den λόγος, und vielleicht unterliegt unsere Stelle in der Zusammenstellung der »Schöpfer-« und Erhalteraussage überhaupt christlichem Einfluß.[887]

Die beiden Wendungen »χωρητικός ...« und »σωτήριος ...« drücken also gleichsam in prägnanter Kürze aus, daß der νοῦς den Dingen (dem Kosmos und dem, was in ihm ist) ihr Sein verschafft und sie dann auch vor dem Angriff des Nichtseins (vgl. CH II,13) bewahrt.[888]

Problematisch ist, daß nur drei Zeilen später (II,12, S. 37, Z. 8 und ff.) festgestellt wird, daß gerade *der oberste Gott* für das Sein von allem, was existiert, verantwortlich ist (»τοῦ εἶναι ... αἴτιος«). Darin besteht ein offenkundiger Widerspruch zu der Feststellung, daß es der νοῦς, also der *zweite* Gott ist, der für die Bewahrung alles Seins zuständig ist. Die Konkurrenz beider Aussagen wird daran deutlich, daß ähnliche bzw. gleiche Wendungen verwendet werden: dem »τῶν ὄντων« in Z. 5 entspricht genau das »τοῦ εἶναι« Z. 8 bzw. das »τῶν ὄντων« Z. 9.

Diese offenkundige Spannung wirft zunächst wieder das Problem der Einheitlichkeit von CH II auf;[889] man kann aber durchaus Interpretationen finden, die den Widerspruch bei Annahme der Einheitlichkeit des Traktates und seines Gedankengangs auflösen oder zumindest verstehbar machen. Einen diskutablen Vorschlag macht Scott: der νοῦς bewahrt alle Dinge – aber unter der Aufsicht des ersten Gottes.[890] Vielleicht wird die enge Parallelität zwischen den Funktionen des νοῦς und denen des ersten Gottes vom Verfasser deshalb herausgestellt, weil er ausdrücklich betonen will, daß beide göttliche Wesen in Übereinstimmung miteinander wirken. Ein logischer Ausgleich kommt jedoch auch dann zustande, wenn man daran denkt, daß in gewisser Weise der erste Gott auch dann der Schöpfer und Bewahrer alles dessen ist, was existiert, wenn diese Funktion vollständig auf den νοῦς/τόπος übertragen ist, denn nach II,14 (S. 37, Z. 15) ist (der erste) Gott die Ursache dafür, daß der νοῦς existiert – und

---

[885] Platon, Tim. 49a6.
[886] Clemens Alex., GCS IV, p. 741f., s.v. σωτήρ, σωτηρία.
[887] Vgl. das Urteil *Foersters*, Art. σῴζω, σωτήρ, ThWNT VII, 1019: »Soweit kein chr Einfluß in den gnostischen Quellen vorliegt, erscheint auch σωτήρ nicht: nicht im Corp Herm ...«; 1020: Verwendung des σωτήρ-Begriffs in der valentinianischen Gnosis.
[888] Letzteres verdeutlicht durch »τῶν ὄντων« S. 37, Z. 5.
[889] Siehe dazu unten den Exkurs zur Einheitlichkeit von CH II, p. 193ff.
[890] *Scott* II, 103.

allein schon deshalb indirekt auch Verursacher alles dessen, was der νοῦς bewirkt. Vielleicht argumentiert der Verfasser aber auch nur wieder völlig unbesorgt um Konsistenzprobleme; er will an dieser Stelle möglicherweise nur die umfassende seinsschaffende und -bewahrende Rolle des νοῦς hervorheben. Einige der behandelten νοῦς-Prädikate bilden wahrscheinlich einen Traditionszusammenhang, aus dem unser Verfasser schöpft. Die entsprechenden Belege finden sich etwa bei Philo.[891] D.h. diese Prädikate führen in das platonisch-synkretistische Milieu Ägyptens. Aufgrund der Parallelen kann man mit einigem Recht spekulieren, daß Alexandria der Herkunftsort sein wird. Im folgenden »platonisiert« unser Verfasser noch stärker; die nicht-platonischen Traditionselemente sind nur noch gelegentliche Einlagen in einen nachhaltig platonisch geprägten Argumentationszusammenhang.

Diesen Befund kann man so deuten: unser Verfasser hat für den gedanklichen Aufstieg aus der sichtbaren Welt zu Gott noch verschiedene damals gängige naturphilosophische Theorien herangezogen, allerdings in platonischer Einschmelzung, ob ihm das nun bewußt war oder nicht; für die Darstellung der eigentlichen Gotteslehre zieht der Verfasser aber fast ausschließlich die platonische Tradition heran. Der Grund dafür könnte sein, daß er einfach platonisch geprägt ist und sie deshalb für besonders geeignet hielt; außerdem konnte er nur mit ihrer Hilfe seinem Anliegen gerecht werden, eine gestufte Hierarchie göttlicher Wesen darzustellen, die letztlich der Herausstellung der Überlegenheit des obersten Gottes dienen soll. Nur die platonische Tradition hielt die dafür geeigneten philosophischen Kategorien bereit.

Eine Zusammenstellung der entsprechenden Motive und Lehrstücke soll deutlich machen, wie sehr der Platonismus die folgenden Ausführungen bestimmt.

*Übersicht über die Elemente platonischer Tradition in CH II,12 (S. 37, Z. 5) – 17*

Aus der platonischen Tradition übernommen sein dürfte der Lichtgedanke, ausgedrückt in der Wendung: »οὗ ὥσπερ ἀκτῖνές εἰσι τὸ ἀγαθόν« (S. 37, Z. 5f.).[892] Zwar ist es durchaus zutreffend, wenn F.N. Klein sagt: »Die Vorstel-

---

[891] Philo, Som. I, 63–64: »κατὰ δὲ τρίτον σημαινόμενον αὐτὸς ὁ θεὸς καλεῖται τόπος τῷ περιέχειν μὲν τὰ ὅλα, περιέχεσθαι δὲ πρὸς μηδενὸς ἁπλῶς, καὶ τῷ καταφυγὴν τῶν συμπάντων αὐτὸν εἶναι, καὶ ἐπείδηπερ αὐτός ἐστι χώρα ἑαυτοῦ, κεχωρηκὼς ἑαυτὸν καὶ ἐμφερόμενος μόνῳ ἑαυτῷ. ἐγὼ μὲν οὖν οὔκ εἰμι τόπος, ἀλλ' ἐν τόπῳ, καὶ ἕκαστον τῶν ὄντων ὁμοίως. τὸ γὰρ περιεχόμενον διαφέρει τοῦ περιέχοντος, τὸ δὲ θεῖον ὑπ' οὐδενὸς περιεχόμενον ἀναγκαίως ἐστὶν αὐτὸ τόπος ἑαυτοῦ«; Fug. 75: »τόπον γὰρ καλεῖ νῦν οὐ χώραν ἐκπεπληρωμένην ὑπὸ σώματος, ἀλλὰ δι' ὑπονοιῶν αὐτὸν τὸν θεόν, ἐπείδη περιέχων οὐ περιέχεται καὶ καταφυγὴ τῶν ὅλων ἐστί.«

[892] Daß *Conzelmann*, Art. φῶς, ThWNT IX, 326 behauptet, die Lichtterminologie sei innerhalb des Corpus Hermeticum auf die dualistischen Traktate beschränkt (und CH II wird zu den monistischen gerechnet, vgl. ebd., n. 176), wird durch die hier genannte Wendung widerlegt.

lung Gottes als Licht ist zur Zeit des Hellenismus so allgemein, daß es aussichtslos ist, *eine* Religion als sicheren Ausgangspunkt dieser Lichtterminologie anzugeben.«[893] Doch dürfte angesichts der platonischen Elemente, mit denen die Lichtvorstellung verbunden ist und in deren Kontext sie steht, kaum zu bezweifeln sein, daß unser Verfasser auch seine Lichtvorstellung aus platonischem Denken entwickelt.

Der weitere Hintergrund der oben genannten Wendung ist das »Sonnengleichnis«[894] und das »Höhlengleichnis« aus Platons *Politeia*.[895] (Beide Gleichnisse werden von Platon offenbar als eine Einheit gesehen.) Platon befaßt sich mit der Idee des Guten, die mit der Sonne verglichen wird, und schildert bildhaft den Aufstieg der Seele zur Idee des Guten als Aufstieg aus der Finsternis zum Licht.[896] Für Platon ist das Licht ein *Gleichnis*, das *für* etwas anderes steht; nicht das Licht selbst ist von philosophischem Interesse.[897]

Das Sonnengleichnis ist in der platonischen Tradition immer wieder aufgegriffen worden.[898] Auch die Lichtterminologie kehrt im Mittel- und Neuplatonismus wieder,[899] ebenso gibt es zahlreiche Belege in gnostischen Texten,[900] doch wird das Licht nicht mehr als ein *Bild für* die göttliche Erleuchtung und Klarheit verwendet, sondern das Licht wird immer stärker selber als eine über-

---

[893] *Klein*, Lichtterminologie, 69–70, n. 6.

[894] *Beierwaltes*, 37ff.

[895] Sonnengleichnis: Platon, Polit. 508c–509c; Höhlengleichnis: Platon, Polit. 514a–517c.

[896] Zur Lichtmetaphorik in Platons Höhlengleichnis vgl. *Beierwaltes*, 61–72.

[897] So zu Recht *Klein*, Lichtterminologie, 16–17; vgl. auch (differenzierter) *Conzelmann*, Art. φῶς, ThWNT IX, 305, bes. Z. 25ff.

[898] *Dörrie*, Schultradition, Entretiens Hardt XII, 32 (Diskussion); Philo, Abr. 119; bei Philo zweifellos viele weitere Anspielungen und Anklänge; zur Aufnahme bei Kelsos, Origenes, C. Cels. VII, 45 vgl. *Dörrie*, Kelsos (Platonica Minora), 244–248.

[899] Mittelplatonisch: der Bezug zum Licht der Sonne findet sich (als Vergleich) bei [Albinos], Epit. X, 3 und 5: Gott ist die ἀρχή aller Wahrheit »ὡς ὁ ἥλιος παντὸς φωτός«. Vgl. auch Philo, Cher. 28; Som. I, 76; 85; Virt. 164; Ebr. 44; Spec. I, 279; im dualistischen Sinne bei Plutarch in seinem Bericht über die Lehre der Perser, Mor. 369e-f; neuplatonisch: Plotin, Enn. IV, 3,9,25–29 (= *de Vogel* III, 1365c partim); IV, 3,17,12–16 (= *de Vogel* III, 1365b); V, 1,6,28–30 (= *de Vogel* III, 1366 partim); V, 3,12,40–51 über den νοῦς (= *de Vogel* III, 1382a); V, 4,16–22 (= *de Vogel* III, 1370b); VI, 2,21,12f. (= *de Vogel* III, 1385b partim); VI, 7,22,1–5 (= *de Vogel* III, 1395a partim), wo das Gute als Licht beschrieben wird; VI, 7,36,15–21 (= *de Vogel* III, 1400c); VI, 9,4,10 (= *de Vogel* III, 1399a partim); Proklos, Elem., Prop. 143, p. 126 *Dodds* (= *de Vogel* III, 1465b). Entsprechend wird die mystische Schau des Einen als Erleuchtung der Seele beschrieben, vgl. Plotin, Enn. V, 3,17,31–32 (= *de Vogel* III, 1395b partim); II, 9,2,16–17 (= *de Vogel* III, 1404c partim). Vgl. auch als späten Beleg der Lichttradition Dionys. Areop., Div. nom. IV, 4, p. 147,2–148,2 *Suchla* (= PG 3, 697B–700A).

[900] Vgl. z.B. Hippolyt., Ref. I, 24,2 (von den Indern); VII, 26,5; VII, 26,8f.; Pistis Sophia, c. 143, p. 245,35 *Schmidt*; Unbekanntes altgnostisches Werk, c. 9, p. 345,25f. *Schmidt*; 2. Buch des Jeû, c. 45, p. 309,2 *Schmidt*; siehe GCS I, Koptisch-gnostische Schriften, s.v. Licht, Lichtreich, Lichtaeon etc., p. 410–412 *Schmidt/Till* (zahllose Belege); auch *Conzelmann*, Art. φῶς, ThWNT IX, 324–325; 332–334 (zahlreiche weitere Belege).

natürliche Substanz aufgefaßt,[901] die eine transzendente göttliche Kraft verkörpert.[902]

An unserer Stelle S. 37, Z. 5f. dürfte die Lichtmetaphorik aus platonischem Zusammenhang stammen; sogar das klassische griechische Verständnis des Lichtes als *Metapher für* göttliche Erleuchtung scheint noch durch in dem »ὥσπερ« Z. 5.[903] Später (in CH II,14) überwiegt jedoch eindeutig *hellenistische* platonische Tradition. Das zeigt sich an der Stelle S. 37, Z. 16 – S. 38, Z. 1. Dort wird nämlich, zwar nicht ausdrücklich, aber faktisch, der νοῦς mit dem Licht gleichgesetzt. Die (überwiegend traditionsgeschichtlichen) Argumente für diese Auffassung der Passage sollen unten, im Anschluß an die Ableitung weiterer Motive und Begriffe, präsentiert werden. Mit der Gleichsetzung von νοῦς und Licht wäre der rein metaphorische Gebrauch der Lichtvorstellung aufgegeben, denn in dem Falle würde vom νοῦς behauptet, daß er Licht *ist*, d.h. aus Lichtsubstanz besteht.

Nicht ausgeschlossen werden kann, daß die hellenistische Vorstellung vom νοῦς als einer Lichtsubstanz auch schon im Hintergrund der Wendung »οὗ ὥσπερ ...« S. 37, Z. 5 steht. Dafür spricht, daß bei Stobaios in der folgenden Zeile statt »τὸ ἀρχέτυπον πνεύματος« »τὸ ἀρχέτυπον φῶς«[904] steht. Wäre diese Lesart ursprünglich, würde schon in II,12 der νοῦς mit dem Licht identifiziert, er wäre als das Urlicht verstanden, von dem die Strahlen des Guten in den Kosmos hinausgehen.

In mittel- und neuplatonischer Tradition, aber auch in aus dem Bereich der Gnosis stammenden Texten und bei den Kirchenvätern wird *Gott* als das Licht bezeichnet. Aber auch untergeordnete göttliche Wesen wie der λόγος, der νοῦς oder die σοφία erhalten diese Bezeichnung.[905] An unserer Stelle wird entweder das Gottesprädikat analog auf den νοῦς übertragen, was nahelag, weil in der mittelplatonischen Tradition der erste Gott oft als (der erste) νοῦς bezeichnet wird, oder die an unserer Stelle vermutete (und später tatsächlich vollzogene) Gleichsetzung ist direkt parallel zu vergleichbaren Identifikationen des zweiten göttlichen Wesens in der genannten Tradition.

---

[901] *Conzelmann*, ThWNT IX, Art φῶς, 320–321.

[902] Siehe dazu auch *Bultmann*, Lichtsymbolik, 344–345.

[903] Vgl. dazu die Ausführungen bei *Beierwaltes*, 51f.

[904] *Nock/Festugière* I, 37, App. z.St.

[905] Gott oder andere göttliche Wesen als Licht: hermetisch: CH I,6, *Nock/Festugière* I, 8, Z. 16–18 (der νοῦς θεός als Licht); siehe weitere Belege bei: Philo, Op. 31 (Logos); Som I, 76; 85 (Logos); 115–117 (Gott und der Logos); Virt. 164; Ebr. 44; Spec. I, 279; 288 (die Sophia); Leg. All. III, 171 (Logos); weitere Stellen bei *Klein*, Lichtterminologie, 70, n. 2–4 und *Conzelmann*, Art. φῶς, ThWNT IX, 322f.; Vergleich des obersten Ἕν mit der Sonne: Plotin, Enn. V, 1,6,9; Iren., Haer. I, 30,1 (PG 7, 694B – 695A = p. 364–365, SC 264, ed. *Rousseau/Doutreleau*) (Ophiten); Greg. Naz., Or. 32,15, p. 116 *Moreschini/Gallay* = PG 36, 189D – 192A (Gott); Cyrill, C. Iul. I, 48, p. 202/204 *Burguière/Évieux* (= PG 76, 556A) (Hermes Trismegistos über Gott). Weitere Beispiele bei *Beierwaltes*, 55–57. Für das gnostische Milieu vgl. *Bousset*, Kyrios, 173–174, hier bes. n. 2. Die Gestalt der rettenden Gottheit bekommt geradezu den Titel »φῶς«. Die Verwendung der Lichtterminologie an unserer Stelle dürfte jedoch hinreichend aus dem platonischen Hintergrund erklärt sein.

Die genaueste Parallele zur Lichtvorstellung steht, besonders wenn man die schon genannte Stelle in CH II,14 (S. 37, Z. 17 – S. 38, Z. 1) und den Begriff »ἀρχέτυπον« (S. 37, Z. 5f.) hinzuzieht, bei Philo.[906] Also darf vermutet werden, daß unser Verfasser den Lichtgedanken aus dem platonisch beeinflußten synkretistischen Milieu übernimmt, aus dem auch Philo schöpft: dementsprechend ist ägyptischer, eventuell alexandrinischer Hintergrund zu vermuten.

Die Lichtterminologie steht, wie gesagt, im Zusammenhang anderer einem platonischen Zusammenhang entstammender Vorstellungen. Es wird sich immer wieder zeigen, daß die mittel- oder neuplatonische Tradition der Hintergrund der in unserem Traktat verwendeten Begriffe und Motive ist, und viele Spuren führen direkt nach Ägypten und Alexandria.

Die Gleichsetzung des νοῦς mit dem Licht ist eingebettet in eine Tradition, die wiederum aus dem Platonismus stammt bzw. dort zumindest enge Parallelen hat, nämlich in die oben untersuchte Seelenaufstiegstradition. In unserem Traktat ist von einem regelrechten Aufstieg der Seele nicht die Rede, aber man kann den Gedankengang des ersten Traktatteils durchaus als einen *gedanklichen* Aufstieg von den irdischen Tatsachen zur göttlichen Sphäre interpretieren. Im Lichte der Identifikation von νοῦς und φῶς kann der Gedankengang des Traktates auch als Aufstieg in die *Lichtsphäre* gedeutet werden.

Naheliegend ist, auch hier wieder an die Analogie aus Platons Höhlengleichnis, nämlich den dort beschriebenen stufenweisen Aufstieg aus der dunklen Höhle zum Licht der Sonne zu denken.[907]

Doch auch in der hellenistischen und kaiserzeitlichen Tradition ist das Motiv des Aufstiegs zum Licht solide verwurzelt.[908]

Festzuhalten ist also, daß das Lichtmotiv nicht isoliert steht, sondern in einen größeren in der platonischen Tradition nachweisbaren Zusammenhang eingebettet ist.

Die in Platons *Politeia* hergestellte Analogie zwischen dem Licht und der Idee des Guten legt nun die Annahme nahe, daß an unserer Stelle der νοῦς als mit der Idee des Guten identisch zu denken ist.[909]

Eine solche Gleichsetzung des νοῦς mit dem Guten erfolgt jedoch überraschenderweise nicht. Vielmehr wird ausdrücklich nur gesagt, daß das Gute wie Lichtstrahlen vom νοῦς *ausgeht* (noch einmal: S. 37, Z. 5–6). Das bedeutet faktisch, daß das Gute vom νοῦς abhängig und ihm untergeordnet ist, im Ge-

---

[906] Philo, Som. I, 75: »Ὁ θεὸς φῶς ἐστι … καὶ οὐ μόνον φῶς ἀλλὰ καὶ παντὸς ἑτέρου φωτὸς ἀρχέτυπον, μᾶλλον δὲ ἀρχετύπου πρεσβύτερον καὶ ἀνώτερον.« (Hinweis bei *Kroll*, 22, dort n. 2 zahlreiche weitere Belege; vgl. auch *Klein*, Lichtterminologie, 25–26.)

[907] Vgl. Platon, Polit. 515e–516b.

[908] *Wlosok*, 38; 43–45; vgl. z.B. Seneca, Ep. 102,28 u.v.a.; siehe oben mehr zur Himmelsblick- und Seelenaufstiegstradition!

[909] Die antiken Kommentatoren Platons identifizierten die Idee des Guten durchweg mit Gott (was bei Platon selbst nicht ausdrücklich geschieht): Ps.-Plutarch, Mor. 881e; 882d; Apuleius, De Plat. 190–191; Proklos, In rem publ. I, 287,16f. *Kroll*; Proklos, El., Prop. 13, p. 17 *Dodds* mit Prop. 113, p. 101 *Dodds*. Siehe *Beierwaltes*, 47–50, bes. 49, n. 2.

gensatz zu der von Platon im genannten Dialog vertretenen Lehre, daß das Gute die höchste Idee ist und noch »jenseits der οὐσία« steht.

In dem letztgenannten Gedanken dürfte aber nur eine Ungeschicklichkeit des Verfassers zu sehen sein, nicht der Versuch einer Revolutionierung des platonischen Aussagezusammenhangs. Gerade im platonischen Kontext findet diese Ungeschicklichkeit nämlich eine recht plausible Erklärung: Ein Blick auf die Ausführungen in CH II,14–16 zeigt, daß der Verfasser den *höchsten Gott* jenseits des νοῦς mit dem Guten identifizieren will.[910] Es hätte der platonischen Auffassung auch genau widersprochen, die *zweite* Stufe der Hierarchie mit dem Guten gleichzustellen, denn platonisch steht ja die Idee des Guten an erster Stelle. Die unglückliche Ausdrucksweise in S. 37, Z. 5f. dient offenbar dazu, diese Identifikationsmöglichkeit nicht anhand des νοῦς schon vorwegzunehmen, sondern im Hinblick auf den obersten Gott offenzuhalten.

Außerdem ist der Gedanke, daß das Gute sich, gleichsam wie das Licht der Sonne, vom νοῦς ausgehend in den Kosmos hinein verströmt, keineswegs unplatonisch. Im kaiserzeitlichen Platonismus wird des öfteren gesagt, daß das göttliche Licht in die Welt ausstrahlt.[911] An der schon oben genannten Philo-Parallele ist davon die Rede, daß das kosmische Licht auf das göttliche zurückgeht.[912] Eine weitere Stelle bei Philo stellt dar, wie aus der göttlichen Sphäre Licht ausstrahlt und die Seele des Menschen erfüllt.[913] Plotin vergleicht das Eine mit der Sonne, die ihre Strahlen aussendet.[914] Die für das Ausströmen des Lichtes verwendete Terminologie wird darüber hinaus im Mittel- und Neuplatonismus auch dafür verwendet, das Ausströmen des Guten von Gott aus in die Welt hinein auszusagen.[915] Das Wesen des Guten oder der Güte Gottes besteht gerade darin, sich zu verströmen und nicht bei sich zu bleiben. Bisweilen wird das Bild vom Ausströmen des Lichtes explizit zur Erläuterung herangezogen.[916]

Eine ähnliche Tradition wie in II,12, S. 37, Z. 5f. wird von unserem Verfasser offenbar in CH II,16, S. 39, Z. 3–5 verwendet; dort wird der oberste Gott

---

[910] Vgl. besonders CH II,15, S. 38, Z. 12–13; CH II,16, S. 39, Z. 5f.

[911] Das beweist schon die enge Parallele zu Philo, Cher. 97: »… αὐτὸς δ'ὢν ἀρχέτυπος αὐγὴ μυρίας ἀκτῖνας ἐκβάλλει …«, wo zwar nicht vom Guten die Rede ist, aber das Modell vorliegt, daß Gott Lichtstrahlen aussendet und daß er zugleich als »Archetyp« bezeichnet wird, wie der νοῦς in CH II,12. Vgl. auch Mut. 6.

[912] Philo, Som. I, 75. Zu dieser Stelle vgl. auch *Wlosok,* 90 mit n. 85.

[913] Philo, Quaest. in Gen. IV, 1, p. 266 *Marcus.* Vgl. auch Virt. 164.

[914] Plotin, Enn. V, 1,6, 28–35 (= *de Vogel* III, 1366 partim). Verwandt damit sind auch die Ausführungen Enn. III, 8,11, bes. 26ff., wo das Lichtmotiv, das Motiv des Aufblicks zum Himmel, aber auch z.B. der Begriff »ἀρχέτυπον« (III, 8,11,19) vorkommen, also ein dem an unserer Stelle einwirkenden ähnlicher Traditionszusammenhang zu konstatieren ist. Siehe auch Enn. VI, 7,21,6ff.; VI, 9,4,16ff.

[915] Philo, Decal. 81; Spec. I, 277; II, 53; Plotin, Enn. VI, 7,21,2–7; 11–17; VI, 7,22,1–21 (die beiden letztgenannten Zitate stehen auch *de Vogel* III, 1395a); Enn. III, 8,10,1–19 (= *de Vogel* III, 1398d).

[916] Plotin, Enn. I, 7,1,24–28; vgl. auch Enn. IV, 3,17,12–26; VI, 8,18,32–37; siehe auch *Beierwaltes,* 55 mit n. 1.

ausdrücklich mit dem Guten identifiziert, und das Gute wird als oberste Gattung bezeichnet, aus der alle anderen hervorgehen. Das sind ganz platonische Vorstellungen. Die Lichtterminologie fehlt, weil der Verfasser den obersten Gott von πνεῦμα, νοῦς und φῶς gerade unterscheiden will (s. S. 37, Z. 15 – S. 38, Z. 1), aber die Vorstellungen sind mit denen der hier behandelten Stelle S. 37, Z. 5f. traditionsgeschichtlich und auch sachlich eng verwandt.

Auch die Lehre vom *obersten* Gott steht in unserem Traktat ganz im Zeichen platonischer Anschauungen. Als identisch mit dem Guten ist dieser Gott »ἐπέκεινα τῆς οὐσίας«, während der νοῦς als τόπος ἐμπεριέχων in enger Beziehung zum körperlichen Kosmos steht.

Zwar wird nicht ausdrücklich mitgeteilt, daß der oberste Gott, im Sinne der platonischen Lehre, jenseits der οὐσία steht, aber der Gedanke ist durch die in II,5 (S. 33, Z. 3–4) getroffene Unterscheidung zwischen »οὐσιῶδες« (= τὸ θεῖον) und »ἀνουσίαστον« (= ὁ θεός) vorbereitet. Die Prädikate müssen nur noch sachgemäß auf νοῦς und Gott verteilt werden.

Der unterschiedliche Rang von Gott und νοῦς wird auch an einem scheinbar nebensächlichen Detail deutlich. Vom νοῦς wird gesagt, daß er »Archetyp« (ἀρχέτυπον) von Pneuma (oder Licht) und Seele ist, vom obersten Gott hingegen festgestellt, daß er die »Ursache« (αἴτιον) dessen ist, daß es Pneuma, Licht und νοῦς gibt (S. 37, Z. 15 – S. 38, Z. 1). Die unterschiedliche Ausdrucksweise ist durchaus signifikant.[917] Der erste der beiden Begriffe[918] bedeutet so viel wie Urbild, Original,[919] auch Vorbild.[920] Er geht nicht auf Platon selbst zurück.[921] Von Philo[922] und Plotin wird er im Sinne einer Bezeichnung der Ideen verwendet.[923] Nach platonischer Lehre ist die Idee das, dessen Idee sie ist, in beson-

---

[917] Gegen *Klein*, Lichtterminologie, 135, der einen Bedeutungsunterschied bestreitet.

[918] Auch CH I,8, *Nock/Festugière* I, 9, Z. 10.

[919] *Diels*, Doxog. 350a7–12 (Plutarch, Epit. II, 20); b7–12 (Stob. Ekl. I, 25,3, p. 210, 18ff.); 447a19–24 (Euseb, Pr. ev. XI, 23,3–6; Stob. Ekl. I,12,2, p. 136, 10f. W.); Diog. Laert. VI, 84; Dionys. Halic., Is. 11,1; 20,4; siehe dazu n. 5, p. 204 *Aujac*; Din. 7; Lucian, Zeuxis 3, Vol. III, p. 370 *MacLeod*; Prometheus en tois logois 3, Vol. IV, p. 86 *MacLeod*; Alex. 21, Vol. II, p. 341 *MacLeod*; Imag. 3, Vol. II, p. 361 *MacLeod*; Pro imag. 10, Vol. III, p. 121 *MacLeod*; Plotin, Enn. I, 2,2,3; II, 6,3,23; III, 2,1,25; AGr IX, 792,3–4, Bd. 3, p. 454 *Beckby*; XI, 253,4, Bd. 3, p. 670 *Beckby*; XVI, 151,1–2, Bd. 4, p. 382 *Beckby*; XVI, 204,1–2, Bd. 4, p. 410 *Beckby*; XVI, 206,1–2, Bd. 4, p. 410 *Beckby*.

[920] Vgl. zu dem Wort *Liddell-Scott*, s.v. ἀρχέτυπος, ον, I.1., 251: »pattern, model«; Plutarch, Mor. 966e; Lucian, Quomodo hist. 15, Vol. III, p. 296 *MacLeod*; De domo 23, Vol. I, p. 67 *MacLeod* (schwankt zwischen dieser und der vorherigen Bedeutung); Imag. 15, Vol. II, p. 370 *MacLeod*. Beide genannten Bedeutungen könnten bei Plotin, Enn. V, 1,4,5 gemeint sein.

[921] Vgl. *Theiler*, Philo, 215. Erstes Vorkommen (gegen Theiler): Cicero, Ep. ad Att. 16,3,1.

[922] Vgl. *Theiler*, Philo, 214–215; dort sind genannt: Spec. III, 207; Her. 280. Die wichtigste Stelle ist auch hier wieder Som. I, 75, vgl. dazu *Klein*, Lichtterminologie, 25f.; 30–31.

[923] Vgl. Plotin, Enn. V, 9,5,23 (*de Vogel* III, 1369c partim); Enn. VI, 5,8,13; VI, 7,15,9f.; VI, 8,18,27; vgl. auch VI, 2,22,35. Große Nähe zu unserer Stelle, auch im Kontext betrachtet, hat Enn. VI, 8,14,30–42.

ders reinem Maße. Nach Auffassung unseres Verfassers ist also der νοῦς Urbild oder Original von Seele bzw. Pneuma (oder Licht). Anders ausgedrückt: er ist Seele oder Pneuma (oder Licht) in besonders reinem, ja sogar gesteigertem Maße.

Bei Plotin finden wir den Begriff »ἀρχέτυπον« im Zusammenhang mit der Emanationsvorstellung.[924] Der Ausdruck erläutert den Seinsstatus der Emanationsstufen im Verhältnis zu den ihnen vorausliegenden im Sinne einer Urbild-Abbild-Beziehung. Die Stelle ist deswegen besonders erwähnenswert, weil im Kontext auch das Bild vom verströmenden Licht der Sonne gebraucht wird. Zwischen Emanationsvorstellung, Lichtmetaphorik und Urbild-Abbild-Vorstellung besteht also ein traditionsgeschichtlicher Zusammenhang, der dem an unserer Stelle einwirkenden verwandt ist.

Anders als »ἀρχέτυπον« impliziert der Begriff der Ursache (»αἴτιον«) nicht, daß das Verursachende in irgendeiner Weise (in reinerem oder gesteigertem Maße) das ist, dessen Ursache es ist,[925] ja er kann geradezu dazu verwendet werden, eine deutliche, auch rangmäßige Unterschiedenheit zwischen Ursache und Verursachtem auszudrücken.[926] Deshalb dürfte an unserer Stelle gemeint sein: der oberste Gott ist nicht selber φῶς, πνεῦμα und νοῦς, auch nicht in besonders reinem Maße, sondern er ist von diesen Größen deutlich unterschieden und ihnen übergeordnet.

Der Verfasser nuanciert die Beschreibung des Ranges Gottes und des νοῦς also schon durch die sorgfältige Wahl seiner Begrifflichkeit. Er hebt damit die Transzendenz und Überlegenheit des obersten Gottes über den νοῦς hervor.

---

[924] Plotin, Enn. V, 1,6,28–35 (= *de Vogel* III, 1366 partim): »Περίλαμψιν ἐξ αὐτοῦ … οἷον ἡλίου … καὶ πάντα τὰ ὄντα ἕως μένει ἐκ τῆς αὐτῶν οὐσίας ἀναγκαίαν τὴν περὶ αὐτὰ πρὸς τὸ ἔξω αὐτῶν ἐκ τῆς παρούσης δυνάμεως δίδωσιν αὐτῶν ἐξηρτημένην ὑπόστασιν, εἰκόνα οὖσαν οἷον ἀρχετύπων ὧν ἐξέφυ, πῦρ μὲν τὴν παρ' αὐτοῦ θερμότητα.«

[925] Vgl. dazu z.B. Seneca, Ep. 65,12–14, besonders: »… quaerimus, quid sit causa (= griech. αἰτία)? ratio scilicet faciens, *id est deus* … nos de causa generali quaerimus. illud vero non pro solita ipsis subtilitate dixerunt, totum mundum et consummatum opus causam esse. *multum enim interest inter opus et causam operis.*« Zur Wirkursache findet sich auch folgendes bei Ps.-Archytas, Περὶ ἀρχᾶν, b. Stob, Ekl. I,41,2, p. 279,14–16 W. (auch bei *de Vogel* III, 1281a): »ἀλλ' ἀνάγκα ἀτέραν τινὰ εἶμεν αἰτίαν, τὰν κινάσοισαν τὰν ἐστὼ τῶν πραγμάτων ἐπὶ τὰν μορφώ. ταύταν δὲ τὰν πράταν τᾷ δυνάμι καὶ καθυπερτάταν εἶμεν τᾶν ἀλλᾶν.« Es soll hier nicht behauptet werden, daß der Begriff »αἰτία« (lat. »causa«) *immer* eine scharfe Trennung von Ursache und Verursachtem impliziert; auch das aristotelische εἶδος ist eine αἰτία. Die Formalursache wird auch bei Seneca, Ep. 65 erwähnt, und zwar in dem eben zitierten Zusammenhang (65,13); aber mit der Bemerkung: »formam dicis causam esse? Hanc inponit artifex operi: pars causae est, non causa« wird ihre (aristotelische) Zuordnung zu den αἰτίαι in Frage gestellt. Der Begriff der Ursache soll also eine deutliche Trennung anzeigen, die im aristotelischen Formbegriff eben nicht gegeben ist.

[926] Vgl. Kelsos bei Origenes, C. Cels. VII, 45, wo deutlich die Überlegenheit des obersten Gottes hervorgehoben werden soll, wie in CH II,14: »… τοῦτο ἐν τοῖς νοητοῖς ἐκεῖνος, ὅσπερ οὔτε νοῦς οὔτε νόησις οὔτ' ἐπιστήμη, ἀλλὰ νῷ τε τοῦ νοεῖν αἴτιος καὶ νοήσει τοῦ δι' αὐτὸν εἶναι καὶ ἐπιστήμῃ τοῦ δι' αὐτὸν γινώσκειν καὶ νοητοῖς ἅπασι καὶ αὐτῇ ἀληθείᾳ καὶ αὐτῇ οὐσίᾳ τοῦ εἶναι, πάντων ἐπέκεινα ὤν, ἀρρήτῳ δυνάμει νοητός.«

Die Begriffe »ἀρχέτυπον«,[927] »πνεῦμα« und »ψυχή« führen in das schon öfters angesprochene religionsgeschichtliche Umfeld, nämlich den alexandrinischen Platonismus eines Philo, Clemens Alexandrinus oder Origenes, eventuell auch den beginnenden Neuplatonismus eines Plotin. Es erscheint wahrscheinlich, daß unser Verfasser diesem Umfeld seine Terminologie entnimmt.

Die Aussagen, daß der νοῦς Archetyp von Pneuma und von ψυχή ist, stehen unverbunden nebeneinander. Sie besagen offenbar dasselbe. Dafür spricht nicht nur, daß in CH II,8, S. 35, Z. 7 πνεῦμα und ψυχή miteinander identifiziert worden sind, sondern auch der philosophiegeschichtliche Hintergrund: die Gleichsetzung geht auf die Stoiker zurück,[928] wird aber z.B. von Philo übernommen.[929] Nicht ausgeschlossen werden kann freilich, daß in CH II,8 und hier unser Verfasser selber am Werk ist und in seiner üblichen Manier Entitäten unterschiedlicher philosophischer Herkunft gleichsetzt.

Auch die Lichtvorstellung gehört noch in diesen Zusammenhang; im alexandrinischen Denken sind Licht, πνεῦμα und ψυχή nahezu identisch;[930] die Begriffe bezeichnen die eine göttliche Lichtsubstanz, die – in Aufnahme der stoischen Pneumavorstellung[931] – als feinstofflich-feuerartig gedacht wird.[932]

Aufgrund der Identität der genannten Größen dürfte die textkritische Variante »φῶς« statt »πνεύματος« in Z. 6[933] nicht von großer sachlicher Bedeutung sein.[934] Vielmehr verweist sie noch einmal auf den Hintergrund der hier verwendeten Vorstellungen. »Φῶς« konnte eben tatsächlich »πνεῦμα« ersetzen oder durch es ersetzt werden.[935]

Noch klarer zeigt sich der hier ermittelte traditionsgeschichtliche Zusammenhang, wenn man daran denkt, daß auch die Vorstellung des »Stehens« S. 37, Z. 4[936] und der Begriff »ἀλήθεια« S. 37, Z. 6 dazugehören.[937] Der letztgenannte Begriff soll unten noch einmal gesondert untersucht und eingeordnet werden.

Mit der Wendung »χωρητικὸς τῶν ὄντων« (S. 37, Z. 4f.) wird auf die Vorstellung vom göttlichen τόπος angespielt, deren Ableitung aus dem hier gemeinten traditionsgeschichtlichen Zusammenhang ebenfalls wahrscheinlich ist.

---

[927] Vgl. dazu noch einmal *Klein*, Lichtterminologie, 30–31.

[928] *Leisegang*, Der Heilige Geist, 48–49, bes. n. 1 und 2 auf 49 (Belege); *Kleinknecht*, Art. πνεῦμα, ThWNT VI, 350; 352. Vgl. auch *Dihle*, Art ψυχή, ThWNT IX, 612.

[929] *Leisegang*, Der Heilige Geist, 48–49; 83–84, n. 1; *Bieder*, Art. πνεῦμα, ThWNT VI, 371; *Dihle*, Art. ψυχή, ThWNT IX, 633.

[930] *Leisegang*, Der Heilige Geist, 31–32; *Klein*, Lichtterminologie, 70f. (zu Philo, vgl. auch die dort angegebenen Stellen, bes. Her. 263ff.). *Klein* betont auf 12–13, n. 9 die weitgehende Parallelität der Lichtterminologie Philos und der Hermetica. Ein Beispiel dafür: Philo, Mut. 6: »πηγὴ δὲ τῆς καθαρωτάτης αὐγῆς θεός ἐστιν. ὥσθ’ ὅταν ἐπιφαίνηται ψυχῇ, τὰς ἀσκίους καὶ περιφανεστάτας ἀκτῖνας ἀνίσχει.« Die Parallelen bis in den Wortlaut hinein zu CH II,12 sind evident. Kommentar zur Stelle: *Wlosok*, 86.

[931] *Leisegang*, Der Heilige Geist, 41 mit n. 2 (Belege); 67 mit n. 3; 84.

[932] *Bieder*, Art. πνεῦμα, ThWNT VI, 372; *Dihle*, Art. ψυχή, ThWNT IX, 633; *Wlosok*, 86; *Bultmann*, Lichtsymbolik, 345; *Horn*, Angeld, 45, n. 11 von 44.

[933] *Nock/Festugière* I, 37, App. z.St.; siehe auch oben, Übersetzung, App. z.St.

[934] Zu dieser Variante siehe *Klein*, Lichtterminologie, 135 mit n. 5.

[935] *Klein*, Lichtterminologie, 22 und 70 zu Philo, Her. 263–265.

[936] Siehe oben Kommentar zu »αὐτὸς ἐν ἑαυτῷ ἑστώς«, oben, 158ff.

[937] Vgl. dazu *Bultmann*, Art. ἀλήθεια, ThWNT I, 241f. Zum Zusammenhang von Licht und Wahrheit bei Philo, Mig. 76, vgl. *Aalen*, 214f; Fug. 139 (*Wlosok*, 96).

Sogar die sprachliche Form, die Aneinanderreihung einer Anzahl von Ehrenprädikaten, ist aus philonischen und anderen mittelplatonischen Texten bekannt.[938]
Schließlich gibt es noch einen eher versteckten Hinweis: in Z. 2 wird von den
Kodices statt »ὅλος« »λόγος« geschrieben, der νοῦς also mit dem göttlichen Logos
identifiziert.[939] Wäre diese Variante ursprünglich, würde an unserer Stelle ein wichtiger, auch bei Philo vorkommender Begriff vorliegen, zumal auch Philo den Logos mit
πνεῦμα und Licht gleichsetzt.[940] Die Variante gehört aber vermutlich nicht in den Text,
denn die Kodices bieten gegenüber Stobaios normalerweise die schlechtere Textfassung, doch weist die Variante noch einmal auf den traditionsgeschichtlichen Kontext hin, dem die in CH II anzutreffenden Vorstellungen vermutlich entstammen.[941]

Nunmehr läßt sich erklären, warum der Verfasser in II,14 (S. 37, Z. 15 – S. 38,
Z. 1) gerade die drei Begriffe νοῦς, πνεῦμα und Licht wählt, um die Nichtidentität Gottes mit ihnen auszusagen: im vom Verfasser berücksichtigten
traditionsgeschichtlichen Zusammenhang sind *alle drei Größen miteinander
identisch.*[942] An der genannten Stelle wird damit also dreifach betont, daß Gott
und der νοῦς nicht gleichzusetzen sind, sondern letzterer von ersterem abhängt. Anders ausgedrückt: die Stelle stellt die mittelplatonische hierarchische
Stufung heraus und betont damit nachhaltig den Transzendenzgedanken.

Die Identität der drei Größen ergibt sich aber auch aus bisher schon betrachteten Stellen: Daß πνεῦμα und νοῦς gleichzusetzen sind, folgt aus der Tatsache, daß der νοῦς »Archetyp« des πνεῦμα ist (CH II,12, S. 37, Z. 6), also sozusagen πνεῦμα in seiner reinsten Form. Außerdem ergibt es sich bereits aus S.
35, Z. 6–7.[943]

Daß der νοῦς zugleich Licht ist, ergibt sich schon daraus, daß er πνεῦμα, also
lichtartige Geistsubstanz ist. Es wird aber auch nahegelegt in der Wendung, daß
das Gute wie Lichtstrahlen von ihm ausgeht (S. 37, Z. 5f.). Denn dahinter steht
gemäß dem platonischen Zusammenhang die Vorstellung, daß der νοῦς als eine
Lichtquelle von der Art der Sonne vorgestellt ist.[944] Erst recht wäre die Gleichsetzung natürlich vorausgesetzt, wenn der νοῦς S. 37, Z. 6 im Sinne der genannten textkritischen Variante als »archetypisches Licht« bezeichnet wäre.

---

[938] Siehe oben, 135 (Kommentar zu CH II,12).

[939] Siehe *Nock/Festugière* I, 37, App. z.St.; auch oben, Übersetzung, App. z.St.

[940] *Leisegang,* Der Heilige Geist, 15–16, n. 1; 58, n. 1; 67, auch n. 3; 83–84, n. 1 (Verweis auf Philo, Cher. 28 und 30); *Klein,* Lichtterminologie, 71; 73. Zur Gleichsetzung des
philonischen Logos mit dem Licht vgl. *Klein,* Lichtterminologie, 31; 33; 38; vgl. auch 40
mit Verweis auf Leg. All. III, 171; *Wlosok,* 86–90 (zu Philo, Justin und Clemens Alex. und
CH I); 94–96 und 106 (zu Philo). Ähnlich auch Plutarch in De Is. mit *Wlosok,* 56 mit n. 32;
57f. mit n. 34 (zahlreiche Belege aus Plutarch).

[941] Ein eindrucksvoller Beleg ist auch Clemens Alex., Protr. 2,3, zitiert bei *Wlosok,* 151,
n. 27, sowie Protr. 98,4, zitiert bei *Wlosok,* 167. Vgl. auch Protr. 120,1f. mit *Wlosok,* 153f.
Zur Gleichsetzung der Größen πνεῦμα, λόγος, νοῦς und φῶς vgl. *Wlosok,* 158.

[942] Zu Philo vgl. noch *Leisegang,* Der Heilige Geist, 31f.

[943] Siehe Kommentar z.St.

[944] Vgl. etwa noch einmal Plotin, Enn. V, 1,6,27–30.

Bezeichnenderweise leugnet der Verfasser in II,14 nicht ausdrücklich die Identität Gottes mit ψυχή, obwohl das den Kontrast zum νοῦς verstärkt hätte (vgl. S. 37, Z. 7). Es wird also nicht gesagt, daß Gott nicht ψυχή, aber deren Ursache ist. Der Grund dafür könnte folgender sein: in der vom Verfasser verwendeten Tradition ist, wie bereits gesagt, mit πνεῦμα und φῶς der feinstoffliche Charakter, der Gedanke an eine ganz feine Substanz assoziiert, der natürlich vom obersten Gott fernzuhalten ist.[945]

Der Begriff der ψυχή trägt in unserem Traktat dagegen eher platonische Konnotationen, man denke nur an die Identifikation des νοῦς als Weltseele. Platonisch gedacht ist ψυχή aber eine *unkörperliche* Entität und darin Gott verwandt. Unser Verfasser würde trotzdem wohl kaum sagen, daß Gott ψυχή ist, dazu ist der Begriff im Argumentationsgang des Traktates zu eng mit der πνεῦμα-Vorstellung verbunden, und außerdem wäre der transzendent gedachte Gott damit zu nahe an die Weltseele herangerückt. Andererseits braucht zwischen Gott und ψυχή aber auch nicht so streng und ausdrücklich unterschieden zu werden wie zwischen Gott und den anderen, stoffliche Konnotationen tragenden Konzepten.

Gemäß der valentinianischen sog. Menschenklassenlehre wird zwischen Pneumatikern und Psychikern unterschieden, was wiederum auf einer Unterscheidung zwischen einem pneumatischen und psychischen Substrat beruht.[946] Dabei wird das Psychische bzw. die Psychiker dem Pneumatischen bzw. den Pneumatikern untergeordnet. Aufgrund der faktischen Gleichsetzung von ψυχή und πνεῦμα in unserem Traktat kann mit Sicherheit davon ausgegangen werden, daß die entsprechenden Vorstellungen nicht gnostischen Kontexten entstammen. Demnach deutet die Erwähnung von »ψυχή« S. 37, Z. 7 nicht auf die genannte gnostische Lehre und damit gnostische Einflüsse hin; hier liegt rein platonisches Denken vor. Entsprechendes dürfte auch für S. 35, Z. 7 gelten, wo ψυχή und πνεῦμα, wie an unserer Stelle nebeneinander stehen, aber eben gleichgeordnet;[947] schließlich entstammt auch die Vorstellung der durch zwei Lasten beschwerten ψυχή S. 35, Z. 15, wie schon gesagt, platonischem Kontext.

Ein weiterer Begriff, der möglicherweise auf platonische Tradition zurückgeführt werden kann, ist die Bezeichnung Gottes als »Vater« in II,17 (S. 39,

---

[945] Siehe entsprechend zu Philo *Leisegang*, Der Heilige Geist, 32: Gott wird nie dem πνεῦμα gleichgestellt.

[946] Siehe etwa Irenaeus, Haer. I, 6,1 (= *de Vogel* III, 1335a; p. 90–91, SC 264, ed. *Rousseau/Doutreleau*); dazu *Bultmann*, Urchristentum, 208 (n. 46: Belege aus dem Neuen Testament); *Dihle*, Art. ψυχή, ThWNT IX, 658f. (mit den notae, zahlreiche Belege); *Markschies*, Valentinus Gnosticus, 81f.; 120–122, u.a. (siehe Register, s.v. »Menschenklassenlehre«).

[947] Gegen *Verbeke,* Doctrine du Pneuma, 316 mit n. 272, der in CH II,8b die gnostische Konzeption des Pneuma als des höherwertigen Teils im Menschen einwirken sieht. Das ist äußerst fraglich, vgl. die Interpretation z.St.: es geht an der Stelle gar nicht um das menschliche πνεῦμα, sondern um die Weltseele, die mit dem stoischen Weltπνεῦμα gleichgesetzt wird.

Z. 7).[948] Sie ist fest in der platonischen Tradition verankert,[949] allerdings auch traditionell[950] sowie eng mit der stoischen Philosophie verbunden.[951] In platonischer Tradition steht die Bezeichnung z.b. bei Philo[952] oder in der *Epitome* des [Albinos][953], wo gesagt wird, daß Gott, gemeint ist der erste νοῦς, »Vater« ist, weil er »αἴτιος πάντων« ist (vgl. damit S. 39, Z. 8). Maximos von Tyros sagt, daß uns der »Bote aus der Akademie« (= Platon) den *Vater* und Schöpfer des Alls gegeben hat, der allerdings unseren Sinnen unbekannt ist.[954] Numenios hat den ersten Gott offenbar »Vater« genannt.[955] Auch in der valentinianischen Gnosis ist vom Vater die Rede;[956] bei Ptolemaios[957] und (meist[958]) bei Markus, dem Magier[959] wird so das *erste* Prinzip bezeichnet,[960] bei Valentinus bedeutet es manchmal auch das *zweite* männliche Prinzip.[961]

---

[948] Im Corpus Hermeticum taucht die Bezeichnung »Vater« noch an folgenden Stellen auf: CH V,8 (*Nock/Festugière* I, 63, Z. 17) (in einem ähnlich Kontext wie II,17); VIII,2–3 (*Nock/Festugière* I, 88, Z. 2; 4; 7); IX,8 (*Nock/Festugière* I, 99, Z. 16); XIV,4 (*Nock/Festugière* II, 223, Z. 11); XVI,3 (*Nock/Festugière* II, 232, Z. 19); Fr. 22a bei *Nock/Festugière* IV, 123 (Bar Hebraeus). Siehe den Index du Corpus Hermeticum.

[949] Platon, Tim. 28c3–4; 37c7; 41a5–7; vgl. Attikos (mit Bezug auf Platon) bei Euseb, Pr. ev. XV, 13, 815d (*Festugière*, Compendium, 502f.)(= Fr. 9,35 *des Places*); Die zweite »platonische Frage« bei Plutarch, Mor. 1000e lautet: »Τί δήποτε τὸν ἀνωτάτω θεὸν πατέρα τῶν πάντων καὶ ποιητὴν προσεῖπε;«; zu Plotin vgl. das Lexicon Plotinianum, s.v. πατήρ, b), Sp. 828f.; Proklos, In Tim. I, 299,13–319,21, bes. 299,21–300,28; 303,24–304,22; 311,25–312,9.

[950] Vgl. das Ennius-Zitat (Ann. 581) in der Rede des Stoikers bei Cicero, Nat. deor. II, 4; Varro, Ling. V, 65; Homer, Il. I,544; Od. I,28; Hesiod, Op. 2; weitere traditionelle Belege bei *Schrenk*, Art. πατήρ, ThWNT V, 952f., n. 31 und 32; Sekundärliteratur in n. 28.

[951] Cicero, Nat. deor. II, 64; Dio Chrysost., Or. I, 39; XII, 22 (= olympische Rede); 24; 74f.; Epiktet, Diss. I, 6,40; I, 9,7; III, 11,5; Zeus wird in stoischer Tradition als Vater bezeichnet im Zeus-Hymnus des Kleanthes, siehe in SVF I, 537 (= *de Vogel* III, 943, Z. 34); zu Zeus als Vater siehe auch Aristides, Or. 43,29.

[952] Philo, Op. 7; 10; Abr. 58; Deus 19; 30; Plant. 9; Cher. 49; Spec. III, 178 u.a., siehe auch *Schrenk*, Art. πατήρ, ThWNT V, 956f.

[953] [Albinos], Epit. X, 3. Vgl. die Aussage dort: »πατήρ δέ ἐστι τῷ αἴτιος εἶναι πάντων« mit CH II,17: »ἡ δὲ ἑτέρα προσηγορία ἐστὶν ἡ τοῦ πατρὸς, πάλιν διὰ τὸ ποιητικὸν πάντων«; *Festugière* IV, 98.

[954] Maximos Tyr. Or. XI, 9 (= *de Vogel* III, 1330c) (= p. 96,199–202 *Trapp*); siehe auch Or. XI, 5, p. 91,76–79 *Trapp* (= *de Vogel* III, 1330a); *Festugière* IV, 110.

[955] Proklos, In Tim. I, 303,27ff. *Diehl* = *de Vogel* III, 1352a. Bei Minucius Felix findet sich Kritik am anthropomorphismus der Vaterbegriffs: jedenfalls klingen die Stellen Oct. 18,10, p. 15 *Kytzler*; 19,1, p. 16 *Kytzler* deutlich skeptisch.

[956] *Sagnard*, 325–333 (Exkurs über den Vater-Titel in den Quellen für die valentinianische Gnosis).

[957] *Sagnard*, 325–329; 331 (mit Belegen).

[958] Siehe dazu *Sagnard*, 329 (mit Belegen).

[959] Vgl. die bei *Sagnard*, 329f. angegebenen Stellen.

[960] So auch der valentinianisch-gnostische *Tractatus Tripartitus*, NHC I, 51,1–57,8; siehe dazu auch *Attridge* in: NHS XII, 179, mit n. 33 (Hinweis auf den platonischen Charakter der Vaterbezeichnung). Vgl. auch die Hinweise auf Irenaeus, Haer. I, 17–21 (eigentlich I, 19–21) bei *Sagnard*, 330f.

[961] Siehe *Sagnard*, 325 und 329.

Die Vatervorstellung ist also Gemeingut im Mittelplatonismus und davon beeinflußten Traditionen;[962] auch von Plotin wird die Bezeichnung verwendet, und zwar sowohl für den νοῦς als auch für das Eine.[963]

Bei Platon selbst findet sich der Vatertitel allerdings vergleichsweise selten.[964]

In CH II wird dem obersten Gott das Prädikat, Vater zu sein, zugesprochen (S. 39, Z. 7–8); es ist neben »gut« die einzige andere Bezeichnung, die auf ihn zutrifft.[965]

Mittel- und beginnender Neuplatonismus dürften also der Hintergrund für die Rede vom Vatersein Gottes in unserem Traktat sein; daneben liegt jedoch im Vatergedanken, wie die Analyse von CH II,17 zeigen wird, eventuell auch stoischer (und jüdischer) Einfluß vor.[966] Die Vorstellung, daß Gott Vater ist, weil er Schöpfer ist (vgl. S. 39, Z. 8), ist schon bei Platon zu finden[967] und damit gut platonisch;[968] stoisch ist die in CH II,14–16 anzutreffende Vorstellung einer Art Präsenz, Gegenwart Gottes im von ihm Geschaffenen; das würde ein Platoniker wohl kaum so vertreten.[969]

---

[962] Weitere Stellen: Philo, Spec. III, 189; Op. 2 (= de Vogel III, 1290b); 21; 74; 75; 77 (vgl. de Vogel III, 1297a).

[963] Der νοῦς: Plotin, Enn. III, 6,18,7; II, 9,16,9; V, 1,3,20f. (= de Vogel III, 1381b partim); angedeutet: Enn. V, 8,12,10–12 (= de Vogel III, 1401c partim); VI, 9,5,14; das Eine: Enn. V, 8,13,5; VI, 8,14, 38f. (= de Vogel III, 1393d, ad init.); VI, 8,18,23. Vgl. auch Iamblichos bei Damasc., Dub. Sol. 54, I, p. 108 *Ruelle* (= de Vogel III, 1451a): »νοῦς καὶ δύναμις καὶ πατήρ«.

[964] Siehe aber: Platon, Tim. 28c3; 37c7; 41a7; auch Hippias Maj. 297b6 (vgl. *Schrenk*, Art. πατήρ, ThWNT V, 954).

[965] Vgl. CH II,14, S. 38, Z. 1–3 mit II, 17, S. 39, Z. 7. Bei [Albinos] wird in Epit. X, 4 der oberste Gott ausdrücklich als weder gut noch schlecht bezeichnet; er steht überhaupt jenseits aller Eigenschaften. (In Epit. X, 3 wird er allerdings mit dem Guten gleichgesetzt.) Damit liegt der Text des [Albinos] auf der Linie einer Entwicklung, die schließlich zur Ausbildung einer rein »negativen« Theologie im Neuplatonismus führt: Gott kommen keine bestimmten Eigenschaften mehr zu, sondern man kann von ihm nur das Nichtvorhandensein bekannter Eigenschaften aussagen. In Epit. X, 5 ist ja bereits die diesem Denken entsprechende Abstraktionsmethode »κατ' ἀφαίρεσιν« angesprochen, also die Verneinung aller von sinnlichen Gegenständen bekannten Eigenschaften bei der Bestimmung des Wesens Gottes. – Die Konzentration auf nur *zwei* Eigenschaften Gottes in unserem Traktat mag eine Vorstufe der Entwicklung zur negativen Theologie, also zur Leugnung *aller* bestimmten Prädikate, sein.

[966] Siehe den Kommentar z.St.

[967] Vgl. noch einmal Platon, Tim. 28c3; 41a7 wird Gott δημιουργός der Götter und πατήρ τε ἔργων genannt.

[968] Vgl. Philo, Spec. III, 189; Op. 7; 10; 21; [Albinos], Epit. X, 2–3; Maximos Tyr., Or. XI, 9, p. 96,200 *Trapp* (auch bei de Vogel III, 1330c).

[969] Vgl. die unten zitierte Stelle aus Numenios, Fr. 2 des Places sowie überhaupt den Kommentar zu CH II,14–16 mit der Behandlung des (stoischen) παρουσία-Motivs. Wichtig ist auch die Parallele Plutarch, Mor. 1001a–c; auf dem Hintergrund solcher Ausführungen wie (1001a) »ἢ διαφέρει πατήρ τε ποιητοῦ καὶ γεννήσεως γένεσις; ... ἐμψύχου γὰρ γένεσις ἡ γέννησις ἐστι. καὶ ποιητοῦ μέν ... ἀπήλλακται γενόμενον τὸ ἔργον. ἡ δ' ἀπὸ τοῦ γεννήσαντος ἀρχὴ καὶ δύναμις ἐγκέκραται τῷ τεκνωθέντι καὶ συνέχει τὴν φύσιν, ἀπόσπασμα καὶ μόριον οὖσαν τοῦ τεκνέσαντος« ist die in II,17 gezogene Analogie zwischen der schöpferischen Tätigkeit Gottes und menschlicher Kinderzeugung verständlich.

Die Rede vom Vatersein Gottes und seinem Schöpfersein ist oft in der platonischen Tradition mit der Aussage verbunden, daß Gott *gut* ist.[970] Das ist zweifellos eine *genuin* platonische Auffassung.[971] In unserem Text wird Gott mit dem Guten sogar *identifiziert*.[972] Gemeint ist, daß Gott und die höchste platonische Idee, die des Guten aus Platons *Politeia*, miteinander identisch sind. Für diese Auffassung gibt es keinen Beleg bei Platon selbst, doch können wir verfolgen, wie im Mittelplatonismus Gott immer stärker mit dem Guten ineinsgesetzt,[973] ja mit ihm, wie auch in unserem Traktat in II,16, S. 39, Z. 2 und schließlich Z. 5f., als identisch bezeichnet wird.[974] Die oberste Wesenheit wird als »das Gute«, nicht nur »gut« verstanden, weil sie sonst gemäß dem platonischen Partizipationsdenken der Idee des Guten untergeordnet wäre.[975] Diese Motivation für die Gleichsetzung scheint unser Verfasser aber nicht übernommen zu haben.

Unser Verfasser dürfte aber in jedem Falle in der aufgezeigten mittelplatonischen Tradition stehen, wenn er sich um den Nachweis bemüht, daß Gott und das Gute identisch sind (CH II,16, S. 39, Z. 5f.).

Platonischer Tradition entstammt auch das in CH II,16 auftauchende Motiv, daß Gott deshalb gut ist, weil er *alles gibt und nichts empfängt* (siehe S. 39, Z. 4–5). Ursprünglich handelt es sich hierbei um das traditionell griechische

---

Offenbar versucht Plutarch als Platoniker durch die Unterscheidung zwischen »γένεσις« und »γέννησις« diese Konsequenz gerade zu vermeiden, ebenso in 1001b–c: »τὸ μὲν οὐκ ἐγέννησε θεὸς ἀλλὰ τῆς ὕλης παρασχομένης ἐμόρφωσε καὶ συνήρμοσε ...«.

[970] Vgl. CH IV,1–2; X,1–3; XIV,4; 9; Ascl. 8; 20; 26.

[971] *Prümm*, 592; *Hoffmann,* Platonismus und Mystik, 5; *Festugière*, Compendium, 503–504; *Festugière* II, 535–536 (Belege!). Aus den Primärquellen (z.T. in Verbindung mit dem Vater-Motiv): Platon, Polit. 397b1–2; b15–16; c2–6; auch 380b6–8; c6–9 (an diesen Stellen ist das Theodizeeproblem, welches auch im Corpus Hermeticum eine Rolle spielt, angelegt); 381b; Polit. 508e; 517b (vgl. *Zeller*, III, 2,2, 246, n. 1); Phaidr. 246d; Tim. 29a2–3; 5–6; d7–e2; 30a2–6; 41b; Nom. 887b7; Philo, Op. 21 (*Boyancé*, Philon-Studien, 44); Conf. 180; Deus 73; Spec. I, 209; II, 53; ähnlich II, 198f.; ausdrücklich mit Zitat aus Platon Plant. 131; vgl. auch die Aussagen über Gottes wohltätiges Wirken Cher. 125–127 (vgl. dazu *Theiler,* Vorbereitung, 28; *Früchtel*, Philo, 16, n. 5 und 6); Agr. 128–129; Seneca, Ep. 65,10; 12; [Albinos], Epit. XII, 1 ad fin. (auch bei de Vogel III, 1328); Attikos, Fr. 3,16–24 *des Places;* für Numenios vgl. *Puech*, Numenios, 458–460; Chalcidius, In Tim. c. 296, p. 298 *Waszink*; 298, p. 300 *Waszink*; daß für Platon Gott Vater, Schöpfer und gut ist, wird bei Diog. Laert. III, (71–72) behauptet. *Moreschini*, 252: »... offensichtlich war die (aus dem »Timaios« hergeleitete) Lehre von der göttlichen Güte von allen platonischen Schulen gemeinsam akzeptiert«.

[972] Siehe CH II,14, S. 38, Z. 11–13; II,16, S. 39, Z. 5f.

[973] Philo, Conf. 180; Decal. 81; Spec. I, 277; II, 53; [Albinos], Epit. X, 3; Numenios, Fr. 16 *des Places*; Fr. 19 *des Places*; Fr. 20 *des Places*; Plotin, Enn. VI, 9,2,34; 38–41.

[974] So ist wohl [Albinos'] Beteuerung (Epit. X, 3) zu verstehen, nachdem er den ersten Gott u.a. als »gut« bezeichnet hat: »Λέγω δὲ οὐχ ὡς χωρίζων ταῦτα, ἀλλ᾽ ὡς κατὰ πάντα ἑνὸς νοουμένου.« Vgl. auch Numenios, Fr. 16 *des Places*, wo der oberste Gott als »αὐτοάγαθον« bezeichnet wird. Bei Philo wird, wie die genannten Stellen zeigen, Gott meist vorsichtiger als das *erste Gute* bezeichnet (z.B. Decal. 81; Spec. I, 277); in Spec. II, 53 wird allerdings auch (wie in unserem Traktat) von Gott gesagt: »αὐτὸς ὢν τὸ ἀγαθόν«.

[975] Das ist die Erklärung für den scheinbaren Widerspruch zwischen Epit. X, 3 und X, 4; vgl. auch solche Stellen wie Plotin, Enn. VI, 9,6,56f.; auch Enn. V, 5,13,1–11 (= de Vogel III, 1393c); Enn. VI, 9,6,40–42 (= de Vogel III, 1394a).

Motiv[976] der Neidlosigkeit Gottes, das auch an anderen Stellen im Corpus Hermeticum zu finden ist.[977] Es gehört mit Aussagen über die Bedürfnislosigkeit Gottes zusammen.[978] Es ist zu vermuten, daß unser Verfasser es aus der platonischen Tradition entnommen hat. So ist z.B. Phaidr. 247a7 im Zusammenhang des Aufstiegs der Seele zum körperlosen τόπος (Phaidr. 247c–d)[979] davon die Rede, daß der Neid (φθόνος) sich nicht unter den Göttern im Götterreigen findet. Eine andere Stelle, in der von der Neidlosigkeit Gottes die Rede ist und die in der Antike nachgewirkt hat, ist Tim. 29d–e, wo das Motiv der Neidlosigkeit mit dem der Güte Gottes eng verbunden ist.[980] Das Motiv findet sich auch reichlich im hellenistischen Platonismus[981] und war überaus

---

[976] Euripides, Herc. 1345f., aufgenommen bei Plutarch, Mor. 1052e; Clemens Alex., Strom. V,75,2–3; vgl. *Norden*, 13–14 (weitere Belege).

[977] Z.B. CH IV,1 im Übergang zu 2; V,10; CH IX,9. Vgl. auch Ev. Verit., NHC I,18,35–40.

[978] Vgl. z.B. Philo, Plant. 35; Leg. All. III, 181; Cher. 44 (vgl. *Frohnhofen*, 109, auch n. 14); 1. Klemensbrief 52,1, p. 136 *Lindemann/Paulsen* (vgl. *Frohnhofen*, 132); Tatian, Apol. 4,2, p. 271 *Goodspeed*; Theophil., Ad Autol. II, 10, p. 122 *Bardy/Sender*; Diognetbrief 3,3f., p. 310 *Lindemann/Paulsen* (vgl. *Frohnhofen*, 143, n. 2); Athenagoras; Suppl. 29,2, p. 351 *Goodspeed* (vgl. *Frohnhofen*, 149, auch n. 33); Iren., Haer. III, 8,3 (PG 7, 868A = p. 97, SC 211, ed. *Rousseau/Doutreleau*) (vgl. *Frohnhofen*, 175, n. 16); ausdrückliche Ablehnung des Neides bei Gott (mit Bezugnahme auf Platon) bei Iren., Haer. III, 25,5 (PG 7, 970A = p. 487, SC 211, ed. *Rousseau/Doutreleau*) (vgl. *Frohnhofen*, 175, n. 20); vgl. zur Apathie Gottes auch Haer. II, 18,6 (PG 7, 770B = p. 182–183, SC 294, ed. *Rousseau/ Doutreleau*) (vgl. *Frohnhofen*, 176, n. 23).

[979] Die Stelle hat in der Antike gewaltige Nachwirkungen gehabt, weshalb *Boyancé*, Dieu Cosmique, 301, zu Recht moniert, daß Festugière bei seiner Unterscheidung einer pessimistischen, auf Platons *Phaidon* zurückgehenden Religiosität von einer optimistischen, den Kosmos bejahenden, auf Platons *Timaios* und die *Nomoi* zurückgehenden Anschauung die Bedeutung des Aufstiegsmythos im *Phaidros* vernachlässigt hat. Die Bedeutung dieses Mythos in der hellenistischen Literatur darf in der Tat nicht unterschätzt werden.

[980] Platon, Tim. 29d7–e1:»Λέγωμεν δὴ δι᾽ ἥντινα αἰτίαν γένεσιν καὶ τὸ πᾶν ὁ συνιστὰς συνέστησεν. Ἀγαθὸς ἦν, ἀγαθῷ δὲ οὐδεὶς περὶ οὐδενὸς οὐδέποτε ἐγγίγνεται φθόνος.« *Boyancé*, Philon-Studien, 44 u. 50f., n. 58; *Chadwick*, Contra Celsum, 467, n. 3. Vgl. auch Platon, Tim. 42e5–6.

[981] Vgl. z.B. Philo, Op. 21 (hier zusammen mit den Motiven der Güte Gottes, seines Vater-Seins und seines Schöpfer-Seins); Prob. 13; Deus 57; 107–108 (hier ist das Motiv der Neidlosigkeit mit dem Güte Gottes verknüpft); Spec. II, 249; Apollonios bei Euseb, pr. ev. IV, 13,1 (= *de Vogel* III, 1287b):»... δεῖται γὰρ οὐδενὸς οὐδὲ παρὰ τῶν κρειττόνων ἥπερ ἡμεῖς ἐσμέν.« Seneca, Ep. 95,47(–50) (vgl. *Theiler*, Vorbereitung, 108); Kelsos bei Origenes, C. Cels. VIII, 21; bei Plotin, Enn. V, 4,1, bes. 26–31 ist davon die Rede, daß das Eine nicht in sich selbst bleiben, sich »neidisch« zurückhalten kann. Vgl. auch Enn. IV, 8,6,12–13 (*Rist*, The Road, 74–75); Porphyrios, Ep. ad Marc. 18, p. 116 *des Places/Segonds*. Bei Ps.-Arist., De mundo 391a17 taucht das Motiv in folgendem Sinne auf: die vergöttlichte Seele berichtet frei (ἀφθόνως) von dem, was sie geschaut hat. Vgl. CH IV,3: Gott hat den νοῦς nicht allen gegeben, aber nicht aus Neid, *denn bei Gott gibt es keinen Neid.* So allgemein wird der Grundsatz auch bei Plotin, Enn. II, 9,17,16f. formuliert: »μὴ θέμις φθόνον ἐν τοῖς θεοῖς εἶναι«. Folgende Stellen im CH sind zu nennen: V,2; 10; XVI,5. In der LXX ist hier SapSal 7,13 zu erwähnen; das Motiv findet sich auch in den Pseudo-Klementinen, Homil. ιζ 16,3. Vgl. auch *Festugière* II, 461, n. 2 (Belege); 607, n. z.St. (Verweis auf *Wolfson*, Philo I, 25f.).

gängig.[982] Angesichts seiner philosophischen Bildung dürfte sich der Verfasser des platonischen Ursprungs des Motivs eventuell noch bewußt gewesen sein.[983]

Obwohl das Motiv traditionell auch in der Kultkritik verankert ist,[984] ist antikultische Polemik an unserer Stelle doch kaum anzunehmen.[985]

Dem Motiv des νοῦς als eines ἀρχέτυπον der Seele liegt, wie oben gezeigt, die Vorstellung zu Grunde, daß es eine besonders reine Form von Seele gibt, deren Abbilder die Einzelseelen sind. Diese Vorstellung geht nicht auf Platon selbst zurück; bei ihm ist die Einzelseele nicht Teil des Gegensatzes von Idee und Abbild, sondern sie steht diesem Gegensatz gleichsam betrachtend und beurteilend gegenüber. Sie kann sich zu den Ideen erheben oder bei der Betrachtung der sichtbaren Einzeldinge verharren, und sie wird entweder bei der Ideenschau zur Ruhe kommen oder von den Leidenschaften der Sinneswelt und der sich verändernden Sinneswahrnehmungen hin- und hergeworfen werden, je nachdem, welcher Seite sie sich zuwendet.[986] Eine Seele kann sich Gott angleichen (ὁμοίωσις-Gedanke)[987] oder es unterlassen, aber sie wird bei Platon nicht selber als eine Idee oder aber (etwa als »gefallene« Einzelseele) als ein unvollkommenes Abbild einer Idee aufgefaßt.

Anders in unserem Traktat, eben auf S. 37, Z. 7 (»ἀρχέτυπον ψυχῆς«). Hier ist die Vorstellung offensichtlich die, daß es eine besonders reine Form von Seele und davon abgeleitetes, weniger reines und ursprüngliches Seelisches gibt. Die Seele steht offenbar nicht einfach der Stufung von der geistigen bis hinunter zur sinnlich wahrnehmbaren Welt gegenüber, sondern sie ist selber Teil dieser Stufung.[988] Diese Vorstellung entstammt dem Emanationsdenken des Mittel- und Neuplatonismus.[989] Bei Plotin ist die Seele als Weltseele z.B.

---

[982] Vgl. auch *Festugière* IV, 108, n. 3 mit weiteren Belegen. Das Motiv findet sich z.B. auch Act 17,25; es klingt auch Act 14,17 möglicherweise an.

[983] *Chadwick*, Contra Celsum, 467, n. 3 verweist für C. Cels. VIII, 21 ebenfalls auf Phaidr. 247a.

[984] Vgl. damit noch einmal Seneca, Ep. 95,47–50.

[985] Gegen *Grese*, 40, mit n. 31; das gilt auch für CH V,10–11. Unsere Stelle kann kaum für eine grundsätzlich antikultische Haltung der Hermetiker ins Feld geführt werden. Siehe dazu mehr im Teil: »CH II im historischen Kontext. 2. Hermetische Schule und hermetischer Kult«, unten, 285ff.

[986] Vgl. den ganzen Abschnitt bei Platon, Phaid. 78b–84b; siehe auch *Archer-Hind*, Phaedo, 56–57.

[987] Vgl. Platon, Theaet. 176b1–2.

[988] Plotin, Enn. VI, 2,22,33–35 (= *de Vogel* III, 1372b partim): »Ἤ καὶ τὸ κάτω λεγόμενον αὐτῆς ἴνδαλμά ἐστιν αὐτῆς, οὐκ ἀποτετμημένον δέ, ἀλλ᾽ ὡς τὰ ἐν τοῖς κατόπτροις, ἕως ἂν τὸ ἀρχέτυπον παρῇ ἔξω.« Vgl. auch Enn. III, 2,1,25 (und Kontext); IV, 3,6,21–34 (= *de Vogel* III, 1373b); IV, 3,8,1ff.; IV, 3,12,1–8; IV, 8,7,1–14 (= *de Vogel* III, 1372a); IV, 8,7,18–32.

[989] Siehe vorige Fußnote und vgl. z.B. Philo, Op. 69 (= *de Vogel* III, 1296a partim): »... ἡ δὲ εἰκὼν λέλεκται κατὰ τὸν τῆς ἡγεμόνα νοῦν. πρὸς γὰρ ἕνα τὸν τῶν ὅλων ἐκεῖνον ὡς ἂν ἀρχέτυπον ὁ ἐν ἑκάστῳ τῶν κατὰ μέρος ἀπεικονίσθη ...« (siehe dazu auch *Leisegang*, Der Heilige Geist, 78, n. 2). Besonders zu vergleichen ist hier auch Philo, Cher. 97, weil hier der Urbild-Gedanke mit der Lichtterminologie verbunden ist: »... Ὁ γὰρ τοῦ ὄντος

eine Emanationsform des obersten Einen; die Einzelseelen wiederum sind unreine, minderwertige Emanationsformen der Weltseele.[990]

Diese Vorstellungen sind bei Platon rudimentär schon angelegt: daß es Urbild und Abbild der Seele gibt, kann aus dem Spätdialog *Philebos* herauskonstruiert werden (30a3–7), wo der menschliche νοῦς als Teil des kosmischen νοῦς gefaßt wird.[991] Auch gehört nach Platon die Seele, wenn sie sich von allen körperlichen Fesselungen befreit, zum Bereich des Geistigen, Unkörperlichen und gleicht darin den Ideen.[992]

Besonders wichtig ist natürlich auch die Vorstellung einer Weltseele im *Timaios* im Unterschied zum göttlichen Demiurgen einerseits, den kosmischen Göttern und den Einzelseelen andererseits. Daraus konnte eine Hierarchie und Stufenfolge extrapoliert werden.

Doch in der hier betrachteten Wendung liegt eindeutig Aufnahme des Emanationsmodells des späteren Platonismus vor, nicht Anknüpfung an Platon selbst. Es wird also vom Verfasser nicht platonische Tradition im klassischen Sinne, sondern mittel- oder neuplatonische Tradition aufgenommen.

Auffällig ist die Ausdrucksweise in CH II,14 (S. 37, Z. 15 – S. 38, Z. 1), daß Gott Ursache »*des Seins*« von νοῦς, πνεῦμα und φῶς ist. Die bei unbefangener Lektüre zu erwartende Formulierung wäre, daß Gott nicht νοῦς usw. ist, sondern Ursache von νοῦς, πνεῦμα usf. Die vom Verfasser gewählte Ausdrucksweise hat Parallelen in der mittelplatonischen Theologie[993] und der neuplatonischen Emanationslehre;[994] beides dürfte letztendlich zurückgehen auf Platon, Polit. 509b6–8. Dort wird ausgeführt, daß die Idee des Guten nicht nur Ursache dafür ist, daß man etwas (intellektuell) erkennen kann, wie die Sonne

---

ὀφθαλμὸς φωτὸς ἑτέρου οὐ δεῖται, αὐτὸς δ᾽ ὢν ἀρχέτυπος αὐγὴ μυρίας ἀκτῖνας ἐκβάλλει, ὧν οὐδεμία ἐστὶν αἰσθητή, νοηταὶ δ᾽ ἅπασαι.«

[990] Wobei das Verhältnis der Einzelseelen zur Weltseele ein Problematisches ist (Widerspruch gegen den *Philebos*), weil die Einzelseelen im Gegensatz zur Weltseele *viele* sind und mit *Körperlichkeit* verbunden; die Einswerdung mit der Weltseele, die Rückkehr nach oben ist dementsprechend für die Einzelseelen ein mühsamer Prozeß. Vgl. Enn. IV, 3,7,1–12 (= de Vogel III, 1373c) und *Rist,* The Road, 112–129.

[991] Dieser kosmische νοῦς mußte mit der Weltseele aus dem *Timaios* gleichgesetzt werden.

[992] Platon, Phaid. 65a11–66a8; 78c6–80b7; 84a6-b4; dazu *Archer-Hind,* Phaedo, 116; *Hackforth,* Phaedo, 85; *Guthrie,* Greek Philosophy IV, 360f. mit n. 2 auf 360; *Bostock,* Phaedo, 118–119; siehe auch Apuleius, De Plat. 193.

[993] Vgl. das oben wiedergegebene Zitat aus Origenes, C. Cels. VII, 45, besonders die Wendungen: Gott ist Ursache »νοήσει τοῦ δι᾽ αὐτὸν (= den Nous) εἶναι ... καὶ νοητοῖς ἅπασι καὶ αὐτῇ ἀληθείᾳ καὶ αὐτῇ οὐσίᾳ τοῦ εἶναι ...«

[994] Das gilt sowohl für die Rede vom »αἴτιος εἶναι« als auch für die Betonung, daß die Verursachung sich auf das *Sein* der Dinge bezieht. Vgl. Plotin, Enn. III, 1,1, bes. 1–8; III, 7,6,53; VI, 8,14,35–42 über den Vater als αἰτία. Vgl. auch Enn. III, 2,1,23–26: der νοῦς ist Ursache des Kosmos, »ἀλλ᾽ ὅτι παρὰ νοῦ ἐστι καὶ φύσει πρότερος ἐκεῖνος καὶ αἴτιος τούτου ἀρχέτυπον οἷον καὶ παράδειγμα εἰκόνος τούτου ὄντος.« Heranzuziehen ist auch Enn. III, 6,6,11–14: »τοῦτο δέ ἐστιν, ὃ πάντῃ ἐστὶν ὄν. τοῦτο δέ, ᾧ μηδὲν ἀποστατεῖ τοῦ εἶναι. τελέως δὲ ὂν οὐδενὸς δεῖται, ἵνα σῴζηται καὶ ᾖ, ἀλλὰ καὶ τοῖς ἄλλοις αἴτιον τοῖς δοκοῦσιν εἶναι τοῦ δοκεῖν εἶναι.« Es folgt das Motiv der Bedürfnislosigkeit des Einen.

die Ursache dafür ist, daß man etwas sehen kann, sondern die Idee des Guten ist auch für das Sein der Dinge und ihre Substanz (ἀλλὰ καὶ τὸ εἶναί τε καὶ τὴν οὐσίαν, b7–8) verantwortlich, während sie selbst jenseits des Seins (der Substanz) steht. Die Ausdrucksweise des hermetischen Verfassers könnte, vielleicht vermittelt durch den mittel- oder neuplatonischen Emanationsgedanken, auf die *Politeia*-Stelle zurückgehen, die ja auch sonst einwirkt.

Besondere Beachtung verdient schließlich der Begriff »ἀλήθεια«. Er steht auffällig unmotiviert und unvermittelt in der Reihe der Gottesprädikate von CH II,12, eingerahmt von der Mitteilung, daß das Gute wie Lichtstrahlen vom νοῦς ausgeht, und von der Feststellung, daß der νοῦς Archetyp von Pneuma und Seele ist (S. 37, Z. 5–6). Die scheinbar unmotivierte und in den Kontext schlecht eingepaßte Erwähnung des Begriffes läßt sich nur traditionsgeschichtlich erklären: in einem platonischen Zusammenhang »mußte« quasi auch dieses Prädikat vorkommen.

Schon bei Platon spielt »ἀλήθεια« eine wichtige Rolle. In Polit. 508dff. werden γνῶσις und ἀλήθεια (508e5) mit dem Licht der Sonne verglichen, das alles erhellt, aber es wird ausdrücklich betont, daß sie nicht mit der Sonne, die für die Idee des Guten steht, gleichzusetzen sind.[995] Ἀλήθεια wird also – wie an unserer Stelle – mit dem Licht in Zusammenhang gebracht, und wie an unserer Stelle ἀλήθεια den νοῦς, nicht Gott selbst charakterisiert, so steht sie auch bei Platon an zweiter Stelle, *unter* dem ἀγαθόν. Als weitere Parallele bei Platon ist Phil. 65d zu nennen, wo νοῦς und ἀλήθεια ausdrücklich miteinander identifiziert werden.[996] Zwar ist der menschliche νοῦς gemeint, doch wird im selben Dialog betont, daß der menschliche Geist ein Teil des göttlichen νοῦς ist (Phil. 30a3–7). Schließlich fällt auch Phaidr. 247c–d auffallend oft der Begriff »Wahrheit« bzw. »wahr«. Die Ausführungen über den »überhimmlischen Ort« werden als *wahr* eingeführt (247c5), weil es sich um eine Rede »über die Wahrheit« handelt (247c5–6). Der Aufstieg nach oben hat die Schau des Wahren zum Ziel.[997] Dasselbe wird auch im *Symposion* gesagt.[998]

Diese Beobachtungen legen schon die Auffassung nahe, daß der Begriff der Wahrheit an unserer Stelle aus platonischem Kontext stammt. Der engere Zusammenhang wird jedoch wiederum die mittel- und neuplatonische Tradition sein, wo »ἀλήθεια« immer wieder erwähnt wird.[999]

Bei [Albinos] wird der Begriff »ἀλήθεια« als Prädikat des *ersten* Gottes verwendet, im Gegensatz zu unserer Stelle, wo er Prädikat des νοῦς ist.[1000] Das

---

[995] Platon, Polit. 508d4–6; 508e1–6; 508e6–509a7.

[996] Besonders Phil. 65d2f.: »νοῦς δὲ ἤτοι ταὐτὸν καὶ ἀλήθειά ἐστιν ἢ πάντων ὁμοιότατόν τε καὶ ἀληθέστατον.«

[997] Platon, Phaidr. 247d1–5.

[998] Platon, Symp. 212a4–6.

[999] Z.B. Kelsos bei Origenes, C. Cels. VII, 45; weitere Belege s. unten.

[1000] Vgl. [Albinos], Epit. X, 3: vom ersten Gott werden folgende Prädikate ausgesagt, übrigens in einer Aufzählung, der der von II,12 für den νοῦς vergleichbar ist:«Göttlichkeit, οὐσιότης, Wahrheit, Symmetrie, das Gute«. Außerdem wird gesagt, daß der erste Gott ἀλήθεια ist, »διότι πάσης ἀληθείας ἀρχὴ ὑπάρχει«.

widerspricht jedoch nicht der Vermutung, daß an ihr mittelplatonische Tradition im Hintergrund steht, denn die Eigenschaften des ersten und zweiten Gottes werden in dieser Tradition äußerst variabel gehandhabt. D.h. die dem ersten und dem zweiten Gott zugesprochenen Eigenschaften sind zum großen Teil austauschbar.

Nicht ausgeschlossen werden kann, daß unser Verfasser auch Originalpassagen von Platon vor Augen hat. Bei Origenes gibt es z.b. eine Stelle, wo die ἀλήθεια, genau wie an unserer Stelle, den zweiten Rang unter Gott einnimmt. Im Kontext wird dabei eindeutig auf die relevanten Platon-Stellen, besonders das Sonnen- und Höhlengleichnis, angespielt.[1001] Wahrscheinlich hat auch unser Verfasser diese Platon-Passagen gekannt, ein weit verbreiteter Text, der vielleicht in einer von ihm verwendeten Platonanthologie stand, wie sie damals gebräuchlich waren.

Enge Verwandtschaft mit der an unserer Stelle zugrundeliegenden Vorstellung hat nicht nur die Origenes-Passage; auch bei Plotin finden sich enge Parallelen.[1002]

Damit dürfte der platonische Hintergrund von »ἀλήθεια« gesichert sein. Auch an anderen Stellen im Corpus Hermeticum finden sich Spuren der der platonischen Tradition entlehnten Verwendung des Begriffs.[1003]

Bezeichnenderweise steht in unserem Text »ἀλήθεια« im unmittelbaren Anschluß an die Erwähnung der Strahlen des Guten, die vom νοῦς ausgehen. Das spricht noch einmal besonders nachhaltig für Übernahme aus platonischer Tradition, denn bei Platon,[1004] aber auch im Mittelplatonismus, z.B. bei Philo,[1005] wird die Wahrheit mit dem Licht und der Sonne verglichen.[1006] In platonischer Tradition besteht ein enger Zusammenhang zwischen Licht und Wahrheit, Erleuchtung und Erkenntnis.[1007]

---

[1001] Origenes, Johanneskommentar, Buch XIX, 6, p. 305,12–17 *Preuschen* = PG 14, 536C: »ἀδύνατον δὲ χωρὶς τῆς προσαγωγῆς νοηθῆναι τὸν τῆς σοφίας Θεόν. Τὸ δ᾿αὐτὸ ἐρεῖς καὶ περὶ τῆς ἀληθείας. οὐ γὰρ νοεῖ τις τὸν Θεὸν, ἢ θεωρεῖ αὐτὸν, καὶ μετὰ ταῦτα τὴν ἀλήθειαν. ἀλλὰ πρότερον τὴν ἀλήθειαν, ἵν᾿ οὕτως ἔλθῃ ἐπὶ τὸ ἐνιδεῖν τῇ οὐσίᾳ, ἢ τῇ ὑπερέκεινα τῆς οὐσίας δυνάμει, καὶ φύσει τοῦ Θεοῦ …«

[1002] Plotin, Enn. V, 5,3,1 (= *de Vogel* III, 1382d ad init.); Enn. V, 5,2,2–3; 8–9; 10–11 (= *de Vogel* III, 1384c partim):«… οὔτε τῆς ἀληθείας ἀποστεροῦντας αὐτὸν ἀγνωσίαν τε τῶν νοητῶν ποιεῖν … τῷ ἀληθινῷ νῷ δοτέον τὰ πάντα … καὶ ἡ ἀλήθεια ἐν αὐτῷ«; Enn. V, 5,1, 65–68; an allen diesen Stellen werden der νοῦς und ἀλήθεια in Zusammenhang gebracht.

[1003] Vgl. z.B. Exc. Stob. II A, 9 (*Nock/Festugière* III, 6): »ἡ γὰρ ἀλήθεια τελεωτάτη ἀρετή ἐστιν, αὐτὸ τὸ ἄκρατον ἀγαθόν« usf. Siehe auch Exc. II A, 15 (mit 16–18); CH XIII, 6, *Nock/Festugière* II, 202, Z. 14ff.; Ascl. 32, *Nock/Festugière* II, 340, Z. 19; 341, Z. 14f.; *Festugière* IV, 72.

[1004] Platon, Polit. 508d; Phaid. 83c7.

[1005] Philo, Decal. 138; Jos. 68; Fug. 139; vgl. *Wlosok*, 93–97.

[1006] Schon bei Philo kommt die Wendung »Licht der Wahrheit« auf; sie wird später im Neuplatonismus »ganz geläufig«: *Beierwaltes*, 75, n. 1, dort auch Belegstellen; vgl. auch *Klein*, Lichtterminologie, 54–55; derselbe Begriff auch bei Clemens Alex., Strom. VI, 138,2, vgl. *Wlosok*, 175.

[1007] *Bultmann*, Art. ἀλήθεια, ThWNT I, 241; *Bultmann*, Untersuchungen, 158–159. Als Beispiele seien genannt Platon, Epist. VII, 344b3–c1 und die bei *Klein*, Lichtterminologie,

Aus einem platonischem Kontext stammt schließlich die Erwähnung der Götter (S. 38, Z. 3) und der Dämonen (CH II,17, S. 39, Z. 12ff.). Die *Götter* dürften primär der höchsten Gottheit subordinierte Gestirnsgottheiten[1008], daneben aber auch die traditionellen Götter der Mythologie sein,[1009] wie aus platonischer Tradition bekannt;[1010] diese Vorstellung ist über den platonischen Kontext hinaus freilich hellenistisches Allgemeingut.[1011]

---

66, n. 1 genannten Philo-Stellen: Leg. All. III, 45; Jos. 68; Decal. 138. Vgl. auch CH XIII, 18 mit *Klein*, Lichtterminologie, 114 und *Wlosok*, 158f. mit Clemens, Protr. 114,3, wo dieselbe Tradition fortlebt.

[1008] Es könnten freilich auch Heroen gemeint sein, vgl. *Rohde*, Psyche II, 358, n. 3 von 357, wo Hephaestion als ϑεὸς πάρεδρος bezeichnet wird. Vgl. auch ebd., 358–360. Heranzuziehen sind auch Minucius Felix, Octavius 19,7; 20,5ff.; Justin, Apol. I, 25,1, p. 42 *Goodspeed* (u.a. über Asklepios). Vgl. auch Maximos Tyrios, Or. XI, 12, p. 99,278f. *Trapp*.

[1009] Die platonische Tradition unterscheidet hier zwischen den sichtbaren und den unsichtbaren Göttern, vgl. Platon, Tim. 40a–41a; Nom. 930e3–931a8; Epin. 984d3-e3; [Albinos], Epit. XIV, 7; XV, 1–3; Apuleius, De Deo Socr. 116–121 (sichtbare Götter); 121–123 (unsichtbare Götter); Maximus Tyr., Or. XI, 12, p. 99,277f. *Trapp*; vgl. auch p. 100,292–296 *Trapp*; Plotin, Enn. III, 5,6,7ff.; 18ff. (wobei hier deutlich wird, daß die Unterscheidung zwischen den unsichtbaren Göttern und den Dämonen nicht immer streng beachtet wurde; vgl. dazu Apuleius, De Plat. 203–204, der sich auf Platon, Tim. 40d6 berufen konnte, wo Platon den Begriff »δαίμων« – freilich im Sinne von »göttliches Wesen, Gottheit« – pauschal für die traditionellen Götter, die nicht Gestirne sind, verwendet); vgl. auch Plotin, Enn. II, 9,9, wo davon die Rede ist, daß man die Gottheit in allen ihren Erscheinungen verehren soll, siehe II, 9,9,29–51; Porphyrios, De abstin. II, 37,3–4, p. 103–104 *Bouffartigue/Patillon*.

[1010] Weitere Belege: Platon, Polit. 508a4–9; Nom. 821b5-d4; 886d4ff.; 898d3ff.; 950d3–4; Epin. 981e3–983a2; 983e3–986a3; 986b6ff. (vgl. *Pépin*, 113, n. 3; 129); Tim. 39e10; 40b5–41d3; 41a; zu Platon vgl. Cyrill, C. Iul. II, 29, p. 264 *Burguière/Évieux* (= PG 76, 585D = Fr. divers 18, *Nock/Festugière* IV, 136f.); *Diels*, Doxog. 305b5–8; Tim. Locr. 96c, p. 43 *Tobin*. Für Xenokrates vgl. *Diels*, Doxog. 304b10–14. Für Philo vgl. SVF II, 613 (Philo, Aet. 47); Spec. I, 13; 19; 27; 66; Gig. 8; 60; Leg. All. I, 1; Plant. 12; Deus 46; Op. 27; 55; 73 (die Tradition ist also so tief verwurzelt, daß Philo sie trotz seines jüdischen Monotheismus' berücksichtigt); vgl. zu Platon und Philo *Boyancé*, Philon-Studien, 43f.; *Festugière* II, 531f., n. 6; 532, n. 1 und 2; *Zeller*, III, 2,2, 392f.; 393, n. 1 für Belege; [Albinos], Epit. XIV, 7; XV, 2f., vgl. *Loenen*, 106; Eudorus in den Aratea 40,25 nach *Theiler*, Philo, 211; Maxim. Tyr., Or. XI, 5, p. 91,78–79 *Trapp* (auch bei *de Vogel* III, 1330a); zu Plotin vgl. *Zeller* II, 2,2, 621, auch n. 2 (Belege, z.T. allerdings unrichtig!); Plotin, Enn. II, 1,5,19; II, 9,8,30–32; II, 9,9,30ff.; III, 2,3,24; III, 5,6,7–8; V, 1,4,3–4; V, 8,3,27ff.; u.v.a.m., siehe Lexicon Plotinianum, Sp. 494–497.

[1011] Die Vorstellung, daß die Gestirne Götter sind, ist schon vorplatonisch, vgl. Platon, Apol. 26d (*Pépin*, 129, auch n. 3); Krat. 397c–d; Xenokrates war der erste, der die olympischen Götter mit den Planeten identifizierte, *Boyancé*, Dieu Cosmique, 304; der Gedanke ist auch z.B. pythagoreisch, vgl. *Zeller* III, 2,2, 192f. Auch Aristoteles scheint die Gestirne ursprünglich für beseelte Wesen gehalten zu haben, vgl. *Arnim*, 15; Arist., De Caelo 292a20. Der wiederauflebende Neupythagoreismus vertrat dieselbe Theorie, vgl. Diog. Laert. VIII, 26–27 (aus dem Bericht des Alexander Polyhistor, ca. 80–40 v. Chr.; *de Vogel* III, 1279c); Onatas bei Stob., Ekl. I,1,39, p. 49,3ff. (= *de Vogel* III, 1282), vgl. *Zeller* III, 2,2, 132f.; 133, n. 1; *Theiler*, Philo, 213, n. 14 von 212; *Pohlenz*, Philon, 485f., n. 2; Prodikos v. Kos, FVS 84 B5,12–15 = Sextus Empir., Adv. math. XI, 18; Apollonius bei Euseb, pr. ev. IV, 13,1 (vgl. *de Vogel* III, 1287b); Philostrat, Vit. Apoll. III, 35; Ocellus, De univ. 40, p. 134 *Thesleff*. Zum Stoiker Kleomedes (2. Jahrhundert n. Chr.) vgl. *Festugière* II, 485, auch n. 4; vgl. auch Cicero, Som. Scip. §17; Ps.-Arist., De mundo 391b16; Cicero, Nat. deor. II, 39–43, 54; 55:

In platonischer Tradition,[1012] sowohl im Mittel-[1013] wie im Neuplatonismus[1014] (und auch im damit eng verbundenen und vermischten Neupythagoreismus)[1015], vermitteln *Dämonen* zwischen den obersten Gottheiten und den Gestirnsgöttern einerseits und den Menschen andererseits;[1016] die Dämonenvorstellung ist in unserem Traktat in einen komplexen, nicht nur durch platonische Vorstellungen bestimmten traditionsgeschichtlichen Zusammenhang verwoben. Doch hier sollte festgehalten werden, daß durch die Nennung der Götter und Dämonen (sowie der Menschen in CH II,17) das traditionsgeschichtliche Bild vollständig ist: wenn der Traktat als eine literarische Einheit angesehen werden kann, liegt ihm das mittelplatonische Normalschema oberster Gott – zweiter Gott (νοῦς, Weltseele) – Kosmos – Gestirnsgötter – Dämonen – (in II,17 durch die ethische Forderung angesprochene) Menschen zugrunde.[1017]

---

hier wird eine systematische stoische Lehre von den Gestirnen als Göttern entwickelt; vgl. auch das Fr. 31 des Arius Didymus, wo die Planeten als göttliche Wesen, mit einer Seele begabt, angesehen werden (= *Diels*, Doxog. 465,14ff., bes. 15; 466,3ff. = *Festugière* II, 493–496); weitere stoische Belege: SVF II, 1027 (Aetius, vgl. *Pépin*, 129, auch n. 4); SVF I, 165 (Zenon); SVF I, 530 (Kleanthes); SVF II, 1009; SVF II, 1077 (Chrysipp); Diog. Laert. VII, 148 (Boethos); Epiphanius, Pan. 5,1,2 = *Diels*, Doxog. 588,6–8; Varro, Fr. I, 26 (= Tert., Ad nat. II, 5,1–7), p. 26 *Cardauns*; Varro, Ant. Fr. I, 36, p. 30 *Cardauns*; zu allem *Pépin*, 130, bes. n. 4–6; 132, auch n. 6; 133, n. 2; die Vorstellung wird kritisiert von den Epikuräern, vgl. Lukrez, De rer. nat. V, 78–80; 114–125; vgl. *Pépin*, 108, auch n. 1; 115, auch n. 1.

[1012] Grundlegende Bedeutung für die platonische Dämonenlehre: Platon, Symp. 202d13ff., vgl. auch *Heinze*, Xenokrates, 91; für Xenokrates siehe noch einmal *Diels*, Doxog. 304b10–14.

[1013] Vgl. *Zeller* III, 2,2, 193. Vgl. z.B. Philo, Gig. 7.

[1014] *Zeller*, III, 2,2, 625. Ausführliche Fußnote mit Primär- und Sekundärliteratur zur platonischen Dämonenlehre siehe im Kommentar zu CH II,17 (= n. 1335 auf p. 244f.)!

[1015] Vgl. dazu *Zeller*, III, 2,2, 154f.; Belege 154, n. 2 und 155, n. 1.

[1016] Angelegt schon bei Platon, Symp. 202e; siehe auch Epin. 984d–e; Plutarch, Mor. 416c–417b; Maximus Tyr., Or. VIII, 8, p. 68,181–69,213; Or. IX, 2 (und ff.; Thema der ganzen Oratio IX), p. 71,32. 36–39. 42ff. usw. *Trapp*; vgl. auch den Papyrus Leiden bei *Dieterich*, Abraxas, 196, Z. 4ff.; vgl. dazu *Andres*, Art. Daimon, 293–294 (Platon); 296 (*Epinomis* und Xenokrates); 297ff. (Stoa); 299–301 (Neupythagoreismus); 301–311 (Mittelplatonismus), darin 302–305 (Plutarch); 311–322 (Neuplatonismus); *Zeller*, III, 2,2,193.

[1017] Vgl. z.B. Apuleius, De Deo Socr. 115–120 (Gestirnsgötter); 124 (oberster Gott, als »parens« dieser Götter bezeichnet); 132–133 (Dämonen als Mittler zwischen den Göttern und den Menschen); vgl. auch Apuleius, De Plat. 203–205. Eine wichtige Parallele ist auch das Summarium, das Porphyrios über die Lehre »einiger Platoniker« zu Gott, den Göttern und den Dämonen gibt in De abst. II, 37–39, bes. 37 (siehe auch *de Vogel* III, 1442a). Hier erscheint der übliche Götter-Aufbau der mittel- und neuplatonischen Theologie, der sich in unserem Traktat widerspiegelt, klar resümiert: »Ὁ μὲν πρῶτος θεὸς ἀσώματός τε ὢν καὶ ἀκίνητος … χρῄζει οὐδενὸς τῶν ἔξωθεν (also traditionsgeschichtlich das Neidlosigkeitsmotiv) … οὐ μὴν οὐδ' ἡ τοῦ κόσμου ψυχή … καὶ κινεῖν τὸ σῶμα τοῦ κόσμου (entspricht in unserem Traktat dem νοῦς als Beweger des Kosmos) …« Auch die weiteren in II, 37 genannten Bestimmungen der Weltseele entsprechen denen des νοῦς sehr genau. Porphyrios fährt fort: »τοῖς δὲ λοιποῖς θεοῖς, τῷ τε κόσμῳ καὶ τοῖς ἀπλάνεσι καὶ πλανωμένοις, ἔκ τε ψυχῆς καὶ σώματος οὖσιν ὁρατοῖς θεοῖς (hier sind also die Gestirnsgötter genannt, darüber hinaus wird der Kosmos ausdrücklich als Gott bezeichnet) … λοιπὸν οὖν ἡμῖν ἐστι τὸ τῶν ἀοράτων πλῆθος, οὓς δαίμονας ἀδιαστόλως εἴρηκε Πλάτων.« Damit sind also auch die Dämonen eingeführt. Im folgenden wird auf die Beziehung der Dämonen zu den Menschen

Die in II,17 verarbeiteten Traditionen sind ansonsten unterschiedlicher Herkunft, so daß eine traditionsgeschichtliche Scheidung der verschiedenen Gedanken notwendig ist. Sie soll im Kommentar zur Stelle durchgeführt werden. Hier sei nur so viel vorweggenommen, daß auch die Vorstellung von der Wiedergeburt entsprechend dem Verhalten im Leben und der Gedanke, daß die Dämonen darüber entscheiden, als was man wiedergeboren wird, platonischer Herkunft sein können. Das gilt zumal für den im Zusammenhang verwendeten Begriff »τιμωρία«.[1018]

Den Anschluß an platonische Traditionen in CH II,12–17 beweist folgende zusätzliche Beobachtung: in CH VI wird ganz deutlich auf platonische Begrifflichkeit und Theorie angespielt[1019] und der Begriff des ἀγαθόν wird, wie bei Platon,[1020] aber auch z.B. bei Plotin,[1021] mit dem des καλόν in Beziehung gesetzt.[1022] CH VI weist so enge Parallelen zum zweiten Teil von CH II auf,[1023] daß Reitzenstein sogar vermutet hat, beide Traktate hätten einmal eine literarische Einheit gebildet. Das dürfte wohl kaum zutreffen,[1024] aber man kann CH VI als weitere Bestätigung dafür anführen, daß auch die Ausführungen im zweiten Teil von CH II im wesentlichen auf platonisches Traditionsgut zurückgreifen.

---

eingegangen. Die Ausführungen sind, wenn man z.B. Apuleius heranzieht, typisch platonische Normallehre, während die Ausführungen zu den Dämonen in CH II,17 in einen auch durch andere, nicht-platonische Traditionen beeinflußten Zusammenhang eingebettet sind.- Zur Frage des Gesamtaufbaus der Theologie von CH II und dessen Einheitlichkeit vgl. den folgenden Exkurs (p. 193ff.) sowie den Abschnitt »Reflexionen zur »Theologie« von CH II«, unten, p. 255ff..

[1018] Für eine genaue Analyse und Belege vgl. den Kommentar zu II,17.

[1019] CH VI, 4, besonders S. 75, Z. 3f. Vor allem ist der Begriff »σκιαγραφία« zu nennen. Vgl. aber auch CH VI,4, S. 74, Z. 18–21 mit Platon, Symp. 211d8-e4.

[1020] Vgl. z.B. Polit. 509a5-7: »Ἀμήχανον κάλλος, ἔφη, λέγεις, εἰ ἐπιστήμην μὲν καὶ ἀλήθειαν παρέχει, αὐτὸ δ'ὑπὲρ ταῦτα κάλλει ἐστίν …« Siehe auch Phaidr. 246d8-e1; 250b5f.; c8-d1; Tim. 87c4f. (mit dem allgemeinen Grundsatz: »πᾶν δὴ τὸ ἀγαθὸν καλόν«); Symp. 204e1–2; Lys. 216d2; Hippias Maj. 297b2–7; Alc. I, 115a11f. (als Diskussionsfrage); c6 (thetisch); 116a3–8 u.a.; Phil. 64e5f.; 65a1f.; 65e2 wird (in Erwartung einer positiven Antwort) gefragt, ob der νοῦς an der Schönheit Anteil hat. Die ἀλήθεια wird als ein καλόν bezeichnet Nom. 663e3. (Hinweise bei *Beierwaltes*, 81, bes. n. 5.)

[1021] Identifikation des ἀγαθόν mit dem καλόν: Plotin, Enn. I, 6,6, bes. 17–21; 23f. 26f.; für Austauschbarkeit beider Größen spricht: Enn. II, 9,17, bes. 24f. 35f.; I, 6,8, bes. 2 (5–15 zeigt, daß hier auf das Höhlengleichnis Bezug genommen wird).

[1022] Vgl. CH VI,4–5.

[1023] Schon der erste Satz scheint unmittelbar an den zweiten Teil von CH II anzuknüpfen: »τὸ ἀγαθόν … ἐν οὐδενί ἐστιν, εἰ μὴ ἐν μόνῳ τῷ θεῷ.« Vgl. damit CH II,14 (S. 38, Z. 4–6). *Reitzenstein*, Poimandres, 208, weist darauf hin, daß CH II und CH VI derselben, an Asklepios gerichteten Sammlung hermetischer Traktate entnommen sein dürften. Siehe auch *Heinrici*, 46.

[1024] *Reitzenstein*, Poimandres, 194. Damit würden weitreichende Annahmen über die Entstehung des hermetischen Corpus verbunden sein, die schwer zu beweisen sein werden. Z.B. müßten ursprünglich selbständige Traktate nachträglich ineinander verschachtelt worden sein. Die Ähnlichkeit von CH II und CH VI läßt sich durch einfachere Theorien erklären, z.B. dadurch, daß diese Traktate im selben Hermetikerkreis entstanden sein mögen. Vgl. unten den Abschnitt »CH II im historischen Kontext. 2. Hermetische Schule und hermetischer Kult«, unten, 285ff.

Als Ergebnis kann festgehalten werden, daß unser Verfasser ab CH II,12 in besonderem Maße auf platonische Traditionen zurückgreift. Es ist schon angedeutet worden, daß die verwendeten platonischen Traditionselemente vermutlich aus schulischem Kontext stammen. Zusammenfassend können dafür folgende Gründe angeführt werden:

1. Die Traditionen scheinen handbuchartigen Zusammenstellungen platonischer Lehrstücke oder Anthologien platonischer Texte zu entstammen. Dafür spricht, daß die Vorstellungen nicht aus dem Argumentationsgang heraus *entwickelt* oder *diskutiert*, sondern nur gleichsam *resümiert* und (im Argumentationsgang) *verwendet* werden. Aus dem Text könnten dafür viele Beispiele angeführt werden; stellvertretend sei die Zusammenstellung traditioneller Gottesprädikate in CH II,12a (S. 37, Z. 2–7) genannt. Besonders der Begriff »ἀλήθεια« macht den Eindruck, als Stück platonischer Tradition übernommen zu sein, weniger als Bestandteil eines entwickelten Gedankens. Ein anderes Beispiel sind die Gestirnsgötter (CH II,14, S. 38, Z. 3, s. unten) und Dämonen (CH II,17, S. 39, Z. 12). Sie werden nicht explizit eingeführt, sondern fast beiläufig erwähnt. Der Verfasser interessiert sich nämlich nicht dafür, eine Lehre von Gestirnsgöttern und Dämonen zu entfalten (anders als z.B. Apuleius in *De Deo Socratis*), sondern er *verwendet* traditionelle platonische Lehrstücke im Rahmen seiner Argumentation, nämlich zum Erweis der Erhabenheit Gottes über diese göttlichen Wesen und als Strafmittel für nicht Gott entsprechendes menschliches Verhalten.

Vermutlich geht der Verfasser davon aus, daß die von ihm verwendeten Lehren als Teil eines Schulunterrichtes, der allgemeinen Bildung oder aus Schriften wie denen des Apuleius oder des Plutarch hinreichend bekannt sind, so daß er sie nicht noch einmal explizit darstellen muß.

2. Die meisten oben diskutierten Traditionen gehen auf mittel- oder neuplatonischen Kontext zurück, nicht auf Platon selbst. Trotzdem sind dem Autor sicher auch Texte von Platon selbst bekannt gewesen und haben im Traktat ihre Spuren hinterlassen.

Soweit Motive aus unserem Text auf Platon selbst zurückführbar sind, handelt es sich bezeichnenderweise um solche, die zur vermutlichen Abfassungszeit unseres Traktates allgemein bekannt waren und immer wieder verwendet wurden, um Platons Lehre zu diskutieren und zu resümieren. Sie entstammen *mehreren* Platondialogen. In der hier in Frage kommenden Zeit hatte sich geradezu ein »Kanon« solcher Stellen herausgebildet, die in Handbüchern (wie z.B. Apuleius' *De Platone* oder [Albinos'] *Epitome*) zusammengefaßt oder in Anthologien zusammengestellt wurden. Mit ihrer Hilfe wurde ein Überblick über die Lehren Platons gegeben und die platonische Lehre systematisiert.

Einige der immer wieder dabei verwendeten Platontexte sind meiner Beobachtung nach die folgenden:[1025]

---

[1025] Vgl. auch *Theiler*, Plotin, 68–70 (die für Plotin relevanten Platon-Passagen), vgl. auch 89, Diskussion; *Dörrie*, Mittelplatonismus, 212; *Boyancé*, Philon-Studien, 33–35.

– der ganze erste Teil des *Timaios*[1026], besonders Tim. 28–29 mit seinen Ausführungen über Gott als Vater, Gottes Güte, seine schöpferische Tätigkeit und die Neidlosigkeit Gottes;

– Symp. 210a–212c, wo vom Aufstieg der Seele zum Schönen die Rede ist;

– Polit. 508–517, wobei aus dem Sonnen- und Höhlengleichnis in die Handbücher aber meist nur die Begrifflichkeit und die Licht- und eine allgemeine Seelen-Aufstiegsmetaphorik übernommen werden; ganz selten nur werden konkrete Einzelzüge aus Platons Gleichnis aufgegriffen, etwa indem ausdrücklich von einem Aufstieg *aus einer Höhle* die Rede ist;

– Phaidr. 246a–249d mit der Rede von der Neidlosigkeit der Götter; mit seiner Aufstiegsmetaphorik und dem Gedanken der Betrachtung des Himmels und des Kosmos vom überkosmischen Ort her.[1027]

Diese (und weitere) Stellen wirken, das hat die Kommentierung gezeigt, auch in unserem Traktat, und zwar nicht nur ab CH II,12, ein. Am wenigsten gilt das vielleicht von der Passage aus dem *Symposion*, doch sie dürfte Hintergrund von CH VI,4–5 sein, und dieser Traktat ist, wie gesagt, mit CH II eng verwandt.

3. Die platonischen Motive und Lehren, die nicht auf Platon selbst zurückgehen, sondern aus mittelplatonischer Tradition stammen, machen ebenfalls einen schulmäßigen Eindruck. Im großen und ganzen handelt es sich um platonische Allgemeinplätze. Nicht umsonst finden sich viele Parallelen in den Handbüchern von Apuleius oder [Albinos]. Beispiele sind etwa die Identifikation des νοῦς mit dem Licht oder die Gleichsetzung des Guten mit Gott. Auch die im folgenden noch genauer diskutierte Götterhierarchie gehört dazu.

Der Verfasser scheint recht gute Kenntnisse der platonischen Schultradition gehabt zu haben. Es handelt sich also, trotz der manchmal problematischen Verwendung der philosophischen Lehren, um einen gebildeten Mann. Er kennt sich aus, wie die Fülle der Motive und Anspielungen und der recht »professionelle« Umgang mit ihnen beweist.

*(Fortsetzung der Kommentierung)*

Im folgenden soll versucht werden, zu ermitteln, wie der hermetische Verfasser die platonischen Traditionen (und andere, nicht-platonische Traditionselemente) für seine Argumentation verwendet. Dabei ist methodisch zu beachten, daß die Gefahr der Überinterpretation einzelner Begriffe und Wendungen besteht, wenn sie unabhängig von ihrem traditionsgeschichtlichen Kontext betrachtet werden und man ihnen einzeln eine zu große Bedeutung beimißt. Die meisten

---

[1026] Tim. 27c1–42d oder noch weiter.

[1027] Vollständigkeit ist bei dieser Aufzählung nicht beansprucht; so kommen sicher noch weitere Passagen aus dem *Timaios* (z.B. 90d1–7; 92c) und der *Politeia* in Frage. Die platonischen Mythen haben eine nicht zu unterschätzende Rolle gespielt (z.B. bei der Ausbildung der Dämonologie). Immer wieder gelesen wurde z.B. auch der 7. Brief Platons, erhebliche Bedeutung für die spätere platonische »Theologie« hatte merkwürdigerweise auch die rätselhafte Passage aus dem 2. Brief Platons (?), 312e1–4 (siehe *Dillon*, Middle Platonists, 46, auch mit Hinweis auf die erste Hypothese des zweiten Teils des *Parmenides*).

der dem νοῦς zugesprochenen Eigenschaften in II,12 z.B. haben vermutlich kein eigenständiges inhaltliches Gewicht, sondern sind einfach Bestandteile einer Aufzählung traditioneller göttlicher Ehrenprädikate. Man könnte auch sagen: diese Prädikate repräsentieren zusammen die zeitgenössische platonische Tradition und ihre Gotteslehre. Vielleicht spielen sie auch auf dem damaligen Leser leicht erkennbare Topoi und Argumentationszusammenhänge an. Man sollte also die einzelnen Wendungen und Begriffe in ihrer Aussageintention nicht überbewerten. Zumindest an einigen Stellen ist mit der Darstellung des traditionsgeschichtlichen Zusammenhangs schon die ganze interpretatorische Arbeit geleistet.

Die über die Repräsentation der mittelplatonischen Gottes- und Lichtlehre hinausgehende Bedeutung der Wendung »οὗ ὥσπερ ἀκτῖνές εἰσι τὸ ἀγαθόν« (S. 37, Z. 5f.) scheint darin zu bestehen, alles das, was vom νοῦς/τόπος ausgeht, als »gut«, wenn auch in einem abgeleiteten Sinne, zu qualifizieren. Der νοῦς/τόπος war ja zuvor als Schöpfer und Erhalter alles dessen, was existiert, qualifiziert worden (S. 37, Z. 4–5); durch die hier gemeinte Wendung wird nun auch dem Kosmos und den in ihm enthaltenen Entitäten, z.B. Seelen, Lebewesen, Gestirnen etc. eine relative Gutheit bescheinigt. Zwar würde unser Verfasser vermutlich sagen, daß der Kosmos nicht so gut ist wie der νοῦς oder gar Gott (über dem νοῦς) selbst, aber die Konzeption eines gnostischen Dualismus, wonach der Kosmos das Schlechte, Gottfeindliche, Böse und Hassenswerte ist, wird in unserem Traktat keinesfalls vertreten. Ähnlich wie in CH V dürfte vielmehr die Wohlgeordnetheit des Kosmos als Hinweis auf einen Ordner aufgefaßt werden. In CH V,1–3 wird zunächst betont, daß Gott selbst unsichtbar ist und nur in seinen Werken in Erscheinung tritt. Gegen Ende des Traktates wird der Hinweischarakter der Welt auf Gott allerdings außerordentlich stark herausgestellt, so daß es geradezu zu einer Identifikation des Kosmos und seiner Bestandteile mit Gott kommt (CH V,9–11). Diese Konsequenz wird in CH II sorgfältig vermieden, obgleich an einigen Stellen eine solche Auffassung zumindest anklingt.[1028]

Die Feststellung, der νοῦς sei »ἡ ἀλήθεια« (S. 37, Z. 6) ist besonders rätselhaft, wenn man nicht den traditionsgeschichtlichen Zusammenhang vor Augen hat, denn sie wird im Kontext nicht vorbereitet und später auch nicht ausgewertet. Vielleicht wird mit Hilfe dieses Begriffs der νοῦς/τόπος in seiner »noetischen Funktion« bezeichnet, d.h. unter dem Aspekt angesprochen, daß er alles und immer das Richtige weiß. Im platonischen Zusammenhang ist die Rede von der »Wahrheit« allerdings eher eine ontologische als eine erkenntnistheoretische Kategorie:[1029] die Idee des Guten ist deshalb ἀλήθεια, weil sie nicht dem Wechsel der sichtbaren Welt unterliegt, sondern, indem sie unwandelbar sie selbst bleibt, wahres, unverfälschtes Sein repräsentiert.[1030] Vielleicht

---

[1028] Z.B. CH II,16, S. 39, Z. 2–3: »ἓν γένος ἀμφοτέρων, ἐξ οὗ τὰ γένη πάντα.«
[1029] *Bultmann*, Untersuchungen, 134.
[1030] *Bultmann*, Untersuchungen, 146.

wollte der Verfasser Entsprechendes auch vom νοῦς aussagen: er gehört der Sphäre des wahren Seins an.[1031] Im Kontext der »ἀλήθεια« benachbarten Wendung »οὗ ὥσπερ ἀκτῖνες ...« könnte freilich auch noch daran gedacht sein, daß der νοῦς insofern Wahrheit ist, als von ihm für die Dinge in der Welt wahres Sein, Licht und das Gute ausgehen. Aber vielleicht ist letzteres auch schon wieder eine Überinterpretation. Vermutlich steht »ἀλήθεια« nur aufgrund von Assoziation mit der Lichtmetaphorik (auf dem beschriebenen traditionsgeschichtlichen Hintergrund) und hat keine tiefere Bedeutung.

Die Wendung, daß das Gute wie Lichtstrahlen vom νοῦς ausgeht, impliziert eventuell, so haben wir gesehen, die relative Gutheit der Welt. Vielleicht kann man daher auch die Logik der Wendungen »ἀρχέτυπον ψυχῆς« bzw. »ἀ. πνεύματος« sozusagen umdrehen: wenn der νοῦς in besonders reiner Form diejenige feinstoffliche Substanz psychischen und pneumatischen Charakters ist, die die ganze Welt durchwebt und aus der in besonderer Weise menschliche Seelen und (damit gleichbedeutend) πνεύματα bestehen, so kann man vielleicht umgekehrt auch daraus ableiten, daß menschliche πνεύματα und Seelen mit diesem νοῦς verwandt sind. Ob der Verfasser eine solche Auffassung aber selber intendiert, ist höchst fraglich.


## 11. CH II,12 (S. 37, Z. 7–9)

Mit diesen Ausführungen ist der Beweisgang des ersten Hauptteils unseres Traktates abgeschlossen. Die Funktionen und das Wesen des νοῦς/τόπος sind erschöpfend dargestellt. Durch eine im vorhergehenden Text nicht vorbereitete, scheinbar völlig unmotivierte Frage wird nun S. 37, Z. 7 der Gott oberhalb des νοῦς eingeführt. Durch die abrupt gestellte Frage wird hervorgehoben, daß der nunmehr eingeführte Gott aus dem vorher Gesagten gleichsam völlig unableitbar ist. Aber auch die Antwort auf die Frage zeigt an, daß der Verfasser Gott vom νοῦς scharf trennen will:

Gott ist, so wird reichlich übertrieben ausgeführt, nicht auch nur eines (»μηδὲ ἓν τούτων«) von dem, was der νοῦς ist (Z. 7f., also nicht ἀλήθεια, ἀρχέτυπον etc.), d.h. die Identität Gottes mit dem, was der νοῦς ist, wird völlig ausgeschlossen.

Die Nichtidentität Gottes mit den dem νοῦς zugeordneten Faktoren bedeutet jedoch nicht einen geringeren Rang oder Einfluß, vielmehr wird gesagt: Gott ist deren Ursache (Z. 8–9), sie sind also von ihm abhängig. Damit wird in allgemeiner Form auch die Aussage aus CH II,14 (S. 37, Z. 15 – S. 38, Z. 1) vorweggenommen, daß Gott die Ursache von νοῦς, πνεῦμα und Licht ist. Für die Ausdrucksweise gibt es eine Parallele bei Kelsos, wo wie an unserer Stelle die Überlegenheit Gottes betont werden soll.[1032]

---

[1031] Vgl. *Hübner*, Art. ἀλήθεια κτλ., EWNT I, 140.
[1032] Kelsos bei Origenes, C. Cels. VII, 45.

Das »πᾶσι« und das »τῶν ὄντων πάντων« (S. 37, Z. 9) entspricht »πάντων« und »ὄντων« aus der Wendung, der νοῦς sei »χωρητικὸς τῶν πάντων« und »σωτήριος τῶν ὄντων« (S. 37, Z. 5).[1033] Der oberste Gott »übernimmt« also gleichsam den Machtbereich des νοῦς, sein αἴτιος-Sein ist umfassend. Das wird besonders betont durch die plerophorische Wendung, Gott sei Ursache »sowohl für sie (= wohl πνεῦμα und ψυχή) als auch für alles als auch für jedes Einzelne von dem, was existiert« (S. 37, Z. 9). Damit wird überdeutlich, daß Gott wirklich alles verursacht, womit Aussagen über die Allwirksamkeit des νοῦς (z.B. »χωρητικὸς ...«, »σωτήριος ...«) austariert und vermutlich übertroffen werden sollen.

Die überraschende und unerwartete Einführung eines Gottes jenseits des νοῦς, der doch zuvor mit äußerst gewichtigen göttlichen Ehrenprädikaten ausgestattet worden ist, lädt zu der Überlegung ein, ob die ab II,12b, S. 37, Z. 7 folgenden Abschnitte unseres Traktates nicht eine nachträgliche Ergänzung von zweiter Hand sind. Dieses Problem ist nunmehr zu erörtern.

## Exkurs V: Das Problem der Einheitlichkeit von CH II

Die Frage, ob CH II, ab II,12, S. 37, Z. 7 (»῾Ο οὖν θεὸς τί ἐστιν;«) eine Ergänzung von zweiter Hand vorliegt, wird in der Literatur nicht ausdrücklich diskutiert. Doch ist bei Nock und Festugière angedeutet, daß man den zweiten Teil des Traktates als eine etwas künstliche Hinzufügung auffassen kann.[1034]
Das Problem der Einheitlichkeit hat sich m.E. vor allem deshalb nicht gestellt, weil CH II überhaupt selten gründlich diskutiert worden ist, nicht, weil die Fragestellung völlig aus der Luft gegriffen wäre.[1035] Wer den Traktat bis II,12a unbefangen liest, wird die dann folgenden Ausführungen ab II,12b zweifellos etwas überraschend finden, wenn auch bei genauerer Beobachtung durchaus Verbindungen zwischen beiden Traktatteilen bestehen.
Im folgenden soll so vorgegangen werden, daß zunächst die Gründe *gegen* die Einheitlichkeit aufgezählt werden, dann die (stärkeren) Gründe *dafür*, und schließlich die Schlußfolgerung aus der Gegenüberstellung gezogen wird.

---

[1033] Die Wendung taucht auch in CH II,13 mehrmals auf, vgl. S. 37, Z. 10 und 11; 13.

[1034] »Ce qui est notable ici, c'est la présence, après un assez long développement philosophique, d'une conclusion théologique et morale *assez mal rattachée à ce qui précède*« (*Nock/Festugière* I, 29. Sperrung von mir). Die Einteilung in einen philosophischen ersten und einen theologischen zweiten Teil des Traktates scheint mir allerdings unzutreffend, denn auch im zweiten Teil überwiegt philosophisches Denken. Vgl. auch die Ausführungen ebd., 30 und die Gliederung des Traktates in zwei Teile mit einem Übergangsabschnitt in II, 12, ebd., 30–31. *Copenhaver*, Hermetica, 127 (nota zu CH II,12) zitiert Ferguson mit einer Bemerkung über den plötzlichen Übergang zwischen den beiden Teilen des Traktates. *Kroll* (61f., n. 3) konstatiert Widersprüche in den Aussagen über νοῦς, λόγος (vgl. textkritische Anmerkung zu CH II,12, S. 37, Z. 2) und Gott und schließt: »Hier zeigt sich wieder, daß der zum Thema des zweiten Traktates nicht zugehörige Gottesbericht elend zusammengekleistert ist.«

[1035] Gewisse Zweifel sind ja auch, wie die vorige Fußnote zeigt, immer wieder geäußert worden.

Folgende Einzelbeobachtungen sprechen *gegen* die Einheitlichkeit des Traktates bzw. dafür, daß der zweite Teil eine nachträgliche Hinzufügung ist:
– Die Einführung eines Gottes oberhalb des νοῦς geschieht, wie bereits gesagt, recht unvermittelt. Ein unbefangener Leser kann, von einigen wenigen, schwer verständlichen Bemerkungen (z.B. S. 33, Z. 1–2; 3–4) abgesehen, bis CH II,12, S. 37, Z. 7 durchaus den Eindruck haben, daß der νοῦς die höchste Gottheit ist. Zum einen ist er das göttliche Wesen, auf das die ganze Argumentation hinläuft; man kann den Traktat bis zu der genannten Stelle geradezu als intellektuellen Aufstieg zum νοῦς betrachten. Zum anderen wird er dann in CH II,12 (S. 37, Z. 2–7) mit all den Eigenschaften versehen, die in der mittelplatonischen, teilweise aber auch aristotelischen Tradition dem höchsten Gott zukommen. Die »Kataloge« von Gottesprädikaten bei Apuleius, Maximos von Tyros und [Albinos], zu denen der in CH II,12a enge Beziehungen aufweist, wurden oben bereits erwähnt; sie charakterisieren an den genannten Parallelstellen immer das *oberste* göttliche Wesen. In der aristotelischen bzw. vom Aristotelismus beeinflußten mittelplatonischen Tradition ist der νοῦς der höchste Gott.[1036] Auch das könnte dafür sprechen, daß auch in CH II der νοῦς ursprünglich die höchste göttliche Instanz war.
Durch die vom Verfasser dem νοῦς zugeschriebenen Prädikate wird dieser auch in einer Weise charakterisiert, daß es sachlich und logisch ausgeschlossen ist, daß es noch ein göttliches Wesen über ihm geben kann. Z.B. wird neben der Bezeichnung »νοῦς« dieser Gott auch durch »ἀπαθής«[1037] als aristotelischer unbewegter Beweger bezeichnet, ebenso durch »αὐτὸς ἐν ἑαυτῷ ἑστώς«, und der aristotelische unbewegte Beweger ist, wie gesagt, natürlich der *höchste* Gott. Durch die Wendung »νοῦς ὅλος ἐξ ὅλου ἑαυτὸν ἐμπεριέχων« wird doch anscheinend impliziert, daß der νοῦς ganz für sich ist, von niemandem mehr abhängig; die Aussage CH II,14 (S. 37, Z. 15 – S. 38, Z. 1), daß der oberste Gott Ursache der Existenz des νοῦς ist, steht dazu im krassen Widerspruch. Der Begriff »ἀλήθεια«, in CH II,12 (S. 37, Z. 6) als Prädikat des νοῦς erwähnt, wird bei [Albinos][1038] und in dem unbekannten altgnostischen Werk bei Schmidt[1039] mit dem *höchsten* Gott gleichgesetzt; war also der νοῦς einmal höchster Gott? Besonders stark im Widerspruch zu der Einführung eines Gottes über dem νοῦς stehen die Prädikate »χωρητικὸς τῶν πάντων« und »σωτήριος τῶν ὄντων« (S. 37, Z. 4–5), denn damit wird eine allumfassende Zuständigkeit für das Sein der Welt und aller Dinge ausgedrückt, die für ein unbefangenes Verständnis nicht mehr zu überbieten ist. Gerade diese Wendungen stoßen sich jedoch mit einer Behauptung wie z.B. in CH II,17, daß der *oberste* Gott der platonische Weltschöpfer ist (vgl. besonders die Wendung: »πάλιν διὰ τὸ ποιητικὸν πάντων«, S. 39, Z. 7–8). Schließlich scheint sogar angedeutet zu sein, daß der νοῦς mit der platonischen Idee des Guten gleichzusetzen ist, von der das Gute wie die Strahlen von einer Lichtquelle ausgeht (S. 37, Z. 5f.). Da die Idee des Guten nach Platon die höchste ist, würde deren Gleichsetzung mit dem νοῦς alleine schon dafür sprechen, daß er der höchste Gott ist; hinzu kommt der Widerspruch, der dadurch entsteht, daß nun andererseits in CH II,14 (S. 38, Z. 3–7) behauptet wird, der oberste Gott allein verdiene die Bezeichnung »gut«, und CH II,16 (vgl. besonders S. 39, Z. 5f.) werden das Gute und (der oberste) Gott geradezu miteinander identifiziert.

---

[1036] Vgl. *Witt*, Albinus, 125–128.
[1037] Siehe oben, 145ff., die Ausführungen zu »ἀπαθής«.
[1038] Epit. X, 3.
[1039] *Schmidt*, 337,13–15; auch 357,6.

Allerdings wird ja CH II,4–5 (etwa S. 33, Z. 2–3) die Unterscheidung von »Gott« und »göttlich« eingeführt, die man auf den obersten Gott und den νοῦς beziehen könnte; doch scheint die Unterscheidung einigermaßen künstlich zu sein; sie könnte von der Hand eines Ergänzers stammen, der die Einführung eines höchsten Gottes oberhalb des νοῦς/τόπος frühzeitig im Traktat vorbereiten will. Jedenfalls kann die Bemerkung ohne Rest aus dem Kontext herausgelöst werden.

Für den sekundären Charakter des zweiten Teils von CH II spricht auch, daß ab CH II,12b der Dialogcharakter des Traktates in den Hintergrund tritt. Der Gedankengang des ersten Teils entwickelte sich noch im lebendigen Zusammenspiel von Frage und Antwort, Behauptung und Erwiderung. Ab CH II,12b hält Hermes Trismegistos jedoch im wesentlichen einen belehrenden Monolog. Auch die Gliederung des Traktates anhand von Variationen des ihn einleitenden Lehrsatzes fehlt nun.[1040] Ab CH II,13 nimmt der Text dann endgültig den Charakter anderer Stücke aus dem Corpus Hermeticum an, nämlich den einer einseitigen, feierlichen Deklamation von seiten eines »Offenbarers«. Derartige Offenbarungen, wie sie sich z.b. auch in CH V und CH VI finden, bedürfen keines dialogischen Gegenparts mehr.

Aber wenden wir uns noch einmal den traditionsgeschichtlichen Argumenten zu; das hier bestehende Problem läßt sich wie folgt zusammenfassen: viele der in CH II dem νοῦς zugesprochenen Prädikate werden an den Parallelstellen vom *höchsten* Gott ausgesagt; dieser wird gelegentlich, z.b. bei [Albinos][1041] oder Numenios[1042], als νοῦς bezeichnet; bei [Albinos] wird er geradezu als der aristotelische unbewegte Beweger gefaßt,[1043] ganz wie in CH II. Folgt daraus nicht, daß auch der νοῦς in CH II einmal der oberste Gott gewesen ist? Durch die Einführung eines Gottes oberhalb des νοῦς wäre er dann auf den zweiten Rang heruntergedrückt worden, wobei aber nicht alle Spuren seiner vormaligen Vorrangstellung getilgt wurden.

Gerade die traditionsgeschichtliche Argumentation ergibt jedoch auch starke Argumente *gegen* die Annahme, der zweite Teil des Traktates sei sekundär. Zum Teil wurden die relevanten Fakten im Kommentar bereits genannt. Das zweifellos wichtigste Element ist, daß in CH II,12b ein Gott eingeführt wird, der in der philosophischen Tradition Parallelen hat. Er ist offensichtlich transzendent vorgestellt, die Ursache des zweiten Gottes und selber eins mit dem Guten. Durch die Einführung dieses Gottes ergibt sich in CH II der schon beobachtete Stufenaufbau: an der Spitze steht der oberste Gott, identisch mit dem Guten, unter ihm der νοῦς, offenbar identisch mit der Weltseele, darunter andere Götter (z.B. die Gestirne) und der Kosmos. Genaue Beispiele für diesen Stufenaufbau finden sich reichlich im Mittelplatonismus.

Hier ist zunächst [Albinos] zu nennen. Zwar ist sein oberster Gott, anders als in CH II, ein νοῦς, doch ansonsten gibt es viele Vergleichbarkeiten. Der oberste Gott ist nämlich Ursache eines zweiten,[1044] der wiederum mehr oder weniger identisch ist mit der Weltseele.[1045]

---

[1040] Siehe oben, 38 (u. ff.), zur Gliederung von CH II!

[1041] [Albinos], Epit. X, 2, vgl. *Dillon*, Middle Platonists, 283.

[1042] Numenios, Fr. 16 *des Places*.

[1043] [Albinos], Epit. X, 2.

[1044] [Albinos], Epit. X, 2; 5.

[1045] Inwiefern der zweite νοῦς des [Albinos] identisch mit der Weltseele ist oder nicht, wird bei *Dillon*, Middle Platonists, 284 im Anschluß an den Aufsatz von *J.H. Loenen*, Albinus' Metaphysics: An Attempt at Rehabilitation, Mnemosyne 1956 und 1957 erörtert.

Ein vergleichbares Schema läßt sich bei der Betrachtung der Ogdoas (des Pleromas) in der *valentinianischen Gnosis* entdecken.[1046] Die valentinianischen Gnostiker dürften deutlich unter mittelplatonischem Einfluß stehen,[1047] wenn sie behaupten, daß der höchste Gott, wie in CH II als Vater, aber auch als Vor-Vater oder βύθος bezeichnet,[1048] aus sich den νοῦς heraussetzt, welcher allein die Größe des Vaters erfaßt. Der νοῦς bildet eine Syzygie mit der ἀλήθεια.[1049] Hier haben wir also den Fall, daß die ἀλήθεια auf einer Stufe mit dem zweiten, nicht dem ersten göttlichen Wesen steht. Es besteht also kein Grund, aus der Tatsache ihrer Identifikation mit dem νοῦς in CH II literarkritische Schlußfolgerungen abzuleiten.

Im übrigen können die Bezeichnungen der verschiedenen Stufen des Göttlichen in den verschiedenen gnostischen und philosophischen Systemen variieren und unterschiedlich über die Stufen der Hierarchie verteilt werden. Z.T. findet sich sogar Variabilität innerhalb ein- und desselben Systems, weshalb man aus Bezeichnungen einer Größe als Vater, Vorvater, erster νοῦς, zweiter νοῦς, Sohn etc. keine allzu weitreichenden Folgerungen ziehen sollte. Es ist keineswegs so, daß mit einer unterschiedlichen Bezeichnung auch immer etwas Verschiedenes gemeint sein muß.

Auch *Numenios*[1050] unterscheidet einen obersten Gott, der gelegentlich auch als erster νοῦς bezeichnet wird[1051] und der mit dem Guten identisch ist,[1052] von einem zweiten, aus ihm hervorgegangenen νοῦς, der wie in CH II,12a auch gut ist[1053] und wiederum halb identisch, halb nicht-identisch ist mit dem dritten Gott,[1054] dem Kosmos.[1055]

In dem *unbekannten altgnostischen Werk* bei Schmidt findet sich eine ähnliche Götterhierarchie: an erster Stelle steht der oberste Gott,[1056] der unbegreiflich und unnennbar ist; unter ihm steht der zweite Gott,[1057] der νοῦς, λόγος, Demiurg genannt wird,[1058] unter diesem wiederum der νοῦς des Alls[1059]. Der oberste Gott wird als ἀνούσιος bezeichnet,[1060] vergleichbar dem ἀνουσίαστος in CH II,5 (S. 33, Z. 4).

---

[1046] Vgl. *Kroll*, 62. Ich beziehe mich auf den Bericht des Irenaeus und den Johanneskommentar des Ptolemaios; siehe auch *Foerster*, Gnosis, 162–213 mit den dort abgedruckten Texten.

[1047] Siehe dazu auch *Krämer*, Geistmetaphysik, 238–248; *Dillon*, Middle Platonists, 384–389.

[1048] Iren., Haer. I, 1,1 (p. 28–29, SC 264, ed. *Rousseau/Doutreleau*) (vgl. *Sagnard*, 299 und 311).

[1049] *Sagnard*, 299 und 302; siehe auch *Krämer*, Geistmetaphysik, 239.

[1050] *Kroll*, 62, n. 1; *Dillon*, Middle Platonists, 366ff.

[1051] Numenios, Fr. 16; 17; 20; 22 *des Places*; *Krämer*, Geistmetaphysik, 69; *Dillon*, Middle Platonists, 371f.; *Frede*, Numenius, 1063.

[1052] Numenios, Fr. 2; 16; 19; 20 *des Places*; *Krämer*, Geistmetaphysik, 69.

[1053] Numenios, Fr. 16 *des Places*.

[1054] Numenios, Fr. 16 *des Places*; zur Frage von Identität und Nicht-Identität des zweiten Gottes mit der Weltseele vgl. *Krämer*, Geistmetaphysik, 70ff.; *Dillon*, Middle Platonists, 374f.; *Frede*, Numenios, 1055ff., bes. 1059; 1065.

[1055] Vgl. Numenios, Fr. 16 und Fr. 21 *des Places*; *Zeller* III, 2, 237f.; *Krämer*, Geistmetaphysik, 71; *Corrigan*, 983. Andere Deutung: *Frede*, Numenius, 1068f. (»κόσμος« als »Weltordnung«).

[1056] *Schmidt*, 335,12.

[1057] *Schmidt*, 335,21–23.

[1058] *Schmidt*, 343,36f.

[1059] *Schmidt*, 339,16ff.

[1060] *Schmidt*, 358,27–29.

Weitere Parallelen mit einer ähnlichen Hierarchie lassen sich leicht finden (z.B. in platonisch angehauchten Nag-Hammadi-Schriften[1061]), hier seien schließlich noch die *Chaldäischen Orakel* genannt,[1062] die etwa auf das Ende des zweiten Jahrhunderts zu datieren sind[1063] und offenbar unter mittelplatonischem Einfluß stehen.[1064] Die Hierarchie beginnt bei der ersten Trias; diese geht aus von Gott, dem Vater.[1065] Dieser setzt aus sich den νοῦς heraus.[1066] Es ist unklar, ob der oberste Gott selbst der *erste* νοῦς ist und von einem zweiten, demiurgischen νοῦς zu unterscheiden ist, oder ob der oberste Gott/Vater auch noch den *ersten* νοῦς transzendiert.[1067] In der Literatur werden darüber unterschiedliche Auffassungen vertreten, eine eindeutige Entscheidung für die eine oder andere Deutung läßt sich vermutlich nicht fällen. Die Orakeltexte selbst legen manchmal eher die eine, manchmal auch die andere Deutung nahe; vielleicht könnte man sagen, daß der erste Gott, sofern er aktiv ist, als erster, »väterlicher« νοῦς wirkt und sich diese Wirksamkeit gleichsam hypostasiert;[1068] als in sich ruhendes, von aller Aktivität freies Wesen aber transzendiert Gott den Zustand des νοῦς-Seins.[1069]

Vom ersten ist ein demiurgischer, der Welt zugewandter νοῦς zu unterscheiden. Als letzte Größe dieser Stufung tritt die Weltseele[1070] als ein weibliches Prinzip[1071] in Erscheinung. Sie wird mit Hekate identifiziert.[1072] Ihre Funktion wird verschieden geschildert: sie bildet mit dem Vatergott eine Syzygie[1073] – offenbar, damit dessen kreative Potentialität in einem mannweiblichen Doppelwesen freigesetzt wird[1074] – oder sie schließt Gott und den demiurgischen νοῦς zu einer Einheit zusammen.[1075] Schließlich bildet sie als unterste der genannten Größen sozusagen die Trennlinie zwischen Kosmos und oberer Welt.[1076] Diese Größe kann also sowohl als unterste Stufe der Hierarchie fungieren, aber auch neben dem ersten Gott oder zwischen Gott und νοῦς zu stehen kommen.[1077]

---

[1061] *Williams*, Immovable Race, 61 (– 67) nennt z.B. die *Drei Stelen des Seth* mit ihrem Aufbau Präexistentes – Barbelo – Adamas; 115f. für das *Apokryphon des Johannes*; erwähnt wird dort auch der *Tractatus Tripartitus*.

[1062] Vgl. *Kroll*, 62; *Majercik*, 5. Die Fragmente sind sowohl bei des Places als auch bei Majercik zur Kenntnis genommen worden; die Numerierung ist identisch.

[1063] Vgl. *Festugière* III, 53.

[1064] *Majercik*, 5; vgl. auch *Krämer*, Geistmetaphysik, 68.

[1065] *Lewy*, 76f.; *Festugière* III, 54; *Krämer*, Geistmetaphysik, 66; Fr. 3; 7; 14; 39; 49; 108–109 des Places/Majercik.

[1066] Fr. 4 des Places/Majercik; vgl. *Lewy*, 79.

[1067] Siehe des Places in seiner Ausgabe der Chald. Orakel, p. 11f.; 125, n. 4 zu Fr. 7; *Lewy*, 12–13; *Festugière* III, 54; *Krämer*, Geistmetaphysik, 66–67; *Majercik*, 6.

[1068] *Lewy*, 12–13.

[1069] Vgl. die recht plausibel erscheinende Deutung bei *Majercik*, 6.

[1070] *Krämer*, Geistmetaphysik, 67 mit n. 160.

[1071] *Lewy*, 12–13.

[1072] *Lewy*, 91f.; *Krämer*, Geistmetaphysik, 67, n. 160; *Festugière* III, 57; *Majercik*, 7; folgende Fragmente: 32; 35; 50; 52; 221 des Places.

[1073] *Lewy*, 83–98; *Festugière* III, 57, siehe Fr. 4.

[1074] *Majercik*, 7.

[1075] *Festugière* III, 54 und 57; *Vollenweider*, 105; des Places, 13; *Majercik*, 7; die Fr. 6, 42 und 44.

[1076] Chald. Or., Fr. 6.

[1077] *Festugière* III, 57–58.

Trotz einiger Unklarheiten und Variabilitäten spiegelt sich auch in den chaldäischen Orakeln der Aufbau transzendenter Gott – noetisches Wesen – Welt, Weltseele, seelisches Prinzip wider.

Wir haben also jetzt einige mittelplatonische Autoren bzw. Texte betrachtet, in denen sich ein dem Traktat CH II, als Einheit betrachtet, ähnlicher hierarchischer Stufenaufbau findet. Es liegt nahe, anzunehmen, daß unser Traktat in seiner Grundstruktur in die hier vorgeführte Tradition gehört.

Diese Schlußfolgerung soll aber noch einmal im Lichte einer den Platonismus betreffenden Theorie betrachtet werden, die H.J. Krämer in seinem Buch »Der Ursprung der Geistmetaphysik«[1078] dargelegt hat. Krämer unterscheidet zwei unterschiedliche Linien, man könnte auch sagen: Traditionen im kaiserzeitlichen Platonismus, die sich von den Nachfolgern Platons und letztlich von Unklarheiten bei Platon selbst herleiten.[1079] Würde es nun gelingen, CH II als Ganzes eindeutig einer dieser beiden Linien zuzuordnen, wäre der Traktat in den mittleren Platonismus eingeordnet und das Problem der Einheitlichkeit des Traktates wäre endgültig vom Tisch.

Bei dem von Krämer behaupteten Unterschied der beiden Traditionslinien geht es letztlich darum, ob die transzendente Ebene als eine Ganzheit aufgefaßt wird oder in sich weiter differenziert wird.[1080] Die eine Linie leitet sich von Xenokrates ab;[1081] zu ihr gehören Aristoteles,[1082] Numenios[1083] und die wichtigsten der anderen Mittelplatoniker (Plutarch,[1084] [Albinos],[1085] Maximos von Tyros[1086]).[1087] In der Sicht dieser Philosophen wird die transzendente Ebene nicht in verschiedene Wesen ausdifferenziert.[1088] Vielmehr wird von *einem* höchsten Gott gesprochen, der zugleich νοῦς, Vater, das Gute usw. ist.[1089] Unter ihm steht die Weltseele, die eher zum Bereich des Kosmos als der transzendenten Welt gehört und beide Bereiche voneinander scheidet.[1090]

Die andere Linie platonischer Philosophie leitet sich von Speusippos her.[1091] Hier ist mehr als in der Xenokrates-Tradition die transzendente Welt Gegenstand des eigent-

---

[1078] Siehe Lit.-Verz.!

[1079] Zur These vgl. *Krämer*, Geistmetaphysik, passim; zusammengefaßt wird die These 371ff.; vgl. auch die kurze Zusammenfassung bei *Williams*, Immovable Race, 58–60. Die Theorie Krämers wird, wenn auch mit geringen Abweichungen, übernommen von *Dillon*, Middle Platonists, z.B. 12–26. Zur Unklarheit bei Platon selbst vgl. *Krämer*, Geistmetaphysik, 379. Krämer erwägt hier, ob die beiden Entwicklungslinien nicht als Auswirkungen einer Kontroverse um die authentische Platoninterpretation verstanden werden können.

[1080] Vgl. z.B. *Krämer*, Geistmetaphysik, 376–377; s. auch *Williams*, Immovable Race, 59.

[1081] *Krämer*, Geistmetaphysik, 32–45 für Xenokrates.

[1082] *Krämer*, Geistmetaphysik, 127–191, bes. 173–191; 377f.

[1083] *Krämer*, Geistmetaphysik, 63–92, bes. 75.

[1084] *Krämer*, Geistmetaphysik, 93–99.

[1085] *Krämer*, Geistmetaphysik, 101–115.

[1086] *Krämer*, Geistmetaphysik, 115f.

[1087] Vgl. auch die Übersicht bei *Williams*, Immovable Race, 60.

[1088] Vgl. z.B. *Krämer*, Geistmetaphysik, 124; *Williams*, Immovable Race, 59; *Dillon*, Middle Platonists, 24.

[1089] *Krämer*, Geistmetaphysik, 38–44; vgl. auch 102ff.; 110–113; 377; 384 (Zusammenfassung) u.a.m.

[1090] Z.B. *Krämer*, Geistmetaphysik, 35; 40; 57 (zur ἀόριστος δυάς); 62; 78–81; 176f.; zu Numenios vgl. 72–74.

[1091] *Krämer*, Geistmetaphysik, 193ff. Krämer scheint zu meinen, daß die speusippische Linie mehr Anhalt an Platon selbst hat als die xenokrateische, vgl. seine Ausführungen auf 358–361; 372; 376.

lichen Interesses, daher wird sie auch differenziert betrachtet.[1092] Die Philosophen, die zu dieser Tradition gehören, unterscheiden einen höchsten Gott, der identisch ist mit dem Guten und dem Einen, von einem unter ihm stehenden zweiten Gott, der noetische Qualität hat, also νοῦς oder λόγος ist.[1093] Der erste Gott wird als vollkommen transzendent gedacht,[1094] er steht jenseits aller bestimmten Prädikate, bisweilen auch jenseits des Guten oder sogar der Bezeichnung »Gott«.[1095] Zu dieser Tradition gehören nach Krämers Ansicht insbesondere die alexandrinische philosophische Tradition,[1096] also die Valentinianer,[1097] Philo, Clemens von Alexandrien, Origenes[1098] und zuletzt, sozusagen als Kulminationspunkt der Entwicklung, Plotin[1099].

Als literarische Einheit betrachtet, scheint CH II mit seinem gestuften Aufbau der Götterhierarchie recht eindeutig zur auf Speusipp zurückgehenden Linie des Platonismus zu gehören, was gut zu den oben immer wieder angemerkten Parallelen mit der alexandrinischen Tradition (besonders Philo) passen würde. Irritierend bleibt jedoch, wie sehr der Rang, ja geradezu die Transzendenz des *zweiten* Gottes, des νοῦς, mit Hilfe der in der Tradition dem *ersten* Gott zukommenden Prädikate hervorgehoben wird: daraus könnte man ableiten, daß der νοῦς einmal, im Rahmen eines xenokrateischen Modell, die höchste im Traktat vorkommende Gottheit repräsentiert hat, die sozusagen die ganze Göttlichkeit/Transzendenz in sich vereinigt hat.[1100]

Doch ist die Theorie Krämers, auf der diese Zuordnungen beruhen, selbst nicht unproblematisch. Sie wurde hier vor allem deshalb referiert, weil sie so viel Aufsehen erregt hat und für die Lösung des Einheitlichkeitsproblems relevant schien, nicht aber, weil sie uneingeschränkte Zustimmung verdient.

Problematisch ist schon, daß Krämer seine eigene Theorie allzu schematisch anwendet, wenn er alle Philosophen, die den höchsten Gott als νοῦς bezeichnen, allein

---

[1092] *Krämer*, Geistmetaphysik, 384 (»Thematisierung des Umgreifenden an ihm selber«), vgl. auch die Wiedergabe der Intention Krämers bei *Williams,* Immovable Race, 59 und 60.

[1093] Vgl. *Krämer*, Geistmetaphysik, 207–210; 214; 217–221; 264–266; 325; 372 (kurze Zusammenfassung); *Dillon*, Middle Platonists, 17–18. Zur philonischen Logos-Lehre vgl. *Dillon*, Middle Platonists, 159–163; 166–167.

[1094] *Krämer*, Geistmetaphysik, 209; 216f.; 253; 260f.; *Dillon*, Middle Platonists, 12.

[1095] Vgl. *Krämer*, Geistmetaphysik, 216–221; 384–5.

[1096] So auch *Dillon*, Middle Platonists, 46.

[1097] *Krämer*, Geistmetaphysik, 238–248.

[1098] Die drei letztgenannten faßt *Krämer* im Kapitel »Die Logos-Theologie« zusammen, vgl. Geistmetaphysik, 264–292; für Philo (z.B.) wird die Entwicklungslinie zusammengefaßt auf p. 281; für die Logostheologie im allgemeinen p. 291–292. Vgl. auch *Dillon*, Middle Platonists, 144. In diese Reihe gehören nach Krämer auch der Prolog zum Johannesevangelium (Joh 1) sowie Kol 1,13–18 und Hebr 1,1ff., siehe *Krämer*, Geistmetaphysik, 282 mit n. 339.

[1099] Für Plotin siehe *Krämer*, Geistmetaphysik, 292–369. Vgl. auch noch einmal die Übersicht über die beiden Entwicklungslinien bei *Williams,* Immovable Race, 59f. Plotin war angeblich Schüler des alexandrinischen Philosophen Ammonios Sakkas und steht insofern auch in der »alexandrinischen Linie«, vgl. aber das vorsichtige Urteil von *Krämer*, Geistmetaphysik, 293–295, bes. n. 400 auf 293f., sowie 389 mit n. 45; ob Origenes Schüler des Ammonios war, ist umstritten, vgl. *Krämer*, Geistmetaphysik, 284f. mit n. 357; *Dörrie*, Kelsos, 257–259; *Dörrie*, Ammonios, 352–356.

[1100] Vgl. noch einmal *Krämer*, Geistmetaphysik, 377.

aus diesem Grund der xenokrateischen Linie zuordnet.[1101] Das gilt insbesondere von Numenios,[1102] der im Rahmen der Theorie Krämers doch wohl eindeutig zur speusippischen Linie gehören müßte, weil er den Bereich des Transzendenten ausdifferenziert;[1103] die gelegentlich bei Numenios anzutreffende Bezeichnung Gottes als νοῦς hat demgegenüber, wie Festugière zu Recht sagt, geringes Gewicht.[1104] Aber nicht nur die Anwendung, sondern die Theorie Krämers selbst ist fragwürdig. Sie beruht z.b. auf der Annahme von »unterirdischen« Überlieferungsströmen,[1105] die von der Alten Akademie bis in den kaiserzeitlichen Platonismus nachwirken; das ist jedoch schwer zu beweisen; die Argumente Krämers wirken z.T. konstruiert.[1106] Die Meinung, im kaierzeitlichen Platonismus wirke noch die altakademische Unterscheidung der Lehre des Speusipp von der des Xenokrates nach,[1107] dürfte schwerlich zu halten sein angesichts viel plausiblerer, naheliegenderer Erklärungen. Besonders zwei verdienen Erwähnung: zum einen dürfte eine Tendenz der immer stärkeren Steigerung der Transzendenz schließlich zur Übergipfelung Gottes durch ein noch höheres göttliches Wesen geführt haben;[1108] nicht umsonst findet sich die Unterscheidung eines transzendenten Gottes von einem noetischen zweiten vor allem bei späteren Mittelplatonikern, wie Kelsos und Numenios, während sie bei früheren, wie Attikos, Eudoros, Apuleius u.a. fehlt oder noch relativ unklar ist.[1109] Diese Tendenz zur Übergipfelung[1110] geht ja auch im Neuplatonismus weiter und führt zu einer auch über Plotin noch weit hinausgehenden Differenzierung der transzendenten Ebene, in der immer neue Stufungen und damit verbundene Entitäten die sichtbare Welt und das höchste göttliche Wesen voneinander trennen.[1111] Offenkundig liegt also eine Entwicklungstendenz vor; der Impuls der speusippischen Systembildung dürfte nicht stark genug gewesen sein, um diese Entwicklung zu erklären, vielmehr ist auf andere mögliche Gründe hinzuweisen, z.B. den Einfluß des orientalischen Transzendenzgedankens,[1112] aber wohl auch die Logik der Sache.

---

[1101] Das gilt m.E. insbesondere von [Albinos] (vgl. *Krämer*, Geistmetaphysik, 110 und 374) und Numenios, s. folgende Fußnote!

[1102] Vgl. *Krämer*, Geistmetaphysik, 73; 76–77; 83–92.

[1103] Vgl. *Krämer* selbst in Geistmetaphysik, 69f., wo der differenzierte Aufbau der Hierarchie bei Numenios nachgezeichnet wird.

[1104] *Festugière* IV, 127.

[1105] Z.B. *Krämer*, Geistmetaphysik, 30, n. 30 (von 29). Vgl. weitere Bemerkungen zur Überlieferung: 117–119; 207ff.; 221–223; 263f.; 365–368 u.a.m.

[1106] Vgl. die Kritik von *Vlastos*, Oral Doctrine, bes. 397 an Krämers Argumentationsweise in »Arete und Dihairesis«, die ohne weiteres auf das hier betrachtete Werk übertragen werden kann.

[1107] *Krämer*, Geistmetaphysik, 375 spricht von der Älteren Akademie als dem Kreuzungspunkt, an dem die beiden Überlieferungsstränge zusammenlaufen.

[1108] Polemik gegen diese Auffassung bei *Krämer*, Geistmetaphysik, 372 mit n. 3.

[1109] Zu Kelsos in diesem Zusammenhang vgl. *Dörrie*, Kelsos, 253.

[1110] Sie wird nachgezeichnet bei *Dörrie*, Hypostasenlehre, 294–296; vgl. auch *Dörrie*, Mittelplatonismus, 226; *Dörrie*, Kelsos, 254.

[1111] Hier ist besonders Iamblichos zu nennen, vgl. *Dillon*, Fragmenta, 29–33, bes. 32; 414 (!); 417–419; zu Iamblichos auch Proklos, In Tim. I, 307,14–309,13. Siehe auch *Kroll*, 3f., dort wird zitiert bzw. hingewiesen auf Laktanz, Div. Inst. VII, 18,3; Iamblichos, De myst. VIII, 2–3. Es ist anzunehmen, daß sich diese Tendenz auch in hermetischen Texten ausgewirkt hat, s. *Kroll*, 3–4.

[1112] Gegen *Krämer*, Geistmetaphysik, 11f.; 118–119 mit n. 336; 364; 424 u.a. Vgl. dazu *Kroll*, 7; *Cumont*, Jupiter summus, 327; 329 (zu Ps.-Aristoteles bzw. Apuleius, De mundo);

Eine andere Erklärung für die Variationen im Stufenaufbau der transzendenten Welt und in der Bezeichnung der göttlichen Wesen geht auf Witt[1113] und Festugière[1114] zurück: die unterschiedlich starke Rezeption der aristotelischen Gotteslehre im in Frage kommenden Zeitraum dürfte der Grund dafür sein, daß bei einigen Philosophen der aristotelische unbewegte Beweger der höchste Gott ist, also der νοῦς, bei anderen nicht.[1115]

Beide Erklärungsversuche lassen sich auch miteinander kombinieren; dementsprechend führt die Entwicklung zu einer Übergipfelung des aristotelischen Gottes[1116] durch einen noch höheren, der je nach Stärke platonischer oder aristotelischer Einflüsse entweder als Idee des Guten jenseits allen Seins[1117] oder als νοῦς über dem zweiten (oder als beides zusammen) gefaßt wird.[1118] Die Entwicklung dürfte also unübersichtlicher und variabler gewesen sein als Krämer es darstellt.

CH II ist nun ein Beispiel für eine solche Übergipfelung des νοῦς durch einen noch darüber stehenden, transzendenten Gott. Mit der Absicht, diesen Gott hervorzuheben, wird der νοῦς mit in der Tradition gängigen göttlichen Ehrenprädikaten ausgestattet, denn um so höher ist dann der Rang des Gottes, der diesen νοῦς verursacht. Die zu Zweifel Anlaß gebende Überhäufung des νοῦς mit göttlichen Eigenschaften beinhaltet also eine theologische Aussage. Vielleicht wollte der Verfasser auch ausdrücken, daß selbst die wichtigsten traditionellen Gottesprädikate in seiner Sicht allenfalls den zweiten, nicht aber den ersten Gott bestimmen können.

Auch die überraschende, unvermutete Frage S. 37, Z. 7, mit der der oberste Gott eingeführt wird, findet eine Erklärung: Diese argumentative Vorgehensweise ist nämlich ein rhetorisches Mittel, um Unableitbarkeit und Überlegenheit zu betonen. Z.B. wird in Platons *Philebos* (57e–58a) die Dialektik ganz plötzlich und überraschend eingeführt, um so ihren Vorrang vor den anderen Formen des Wissens zu verdeutlichen.[1119]

Aus der plötzlichen Einführung eines Gottes über dem νοῦς scheint also *nicht* geschlossen werden zu müssen, daß der zweite Teil von CH II nachträglich ergänzt ist.

---

330 (Apuleius, De Plat. 203–207); 332 (Cicero, Somnium Scipionis); 332–333 (Rückführung der Vorstellung auf orientalische (z.B. syrische und chaldäische) Anschauungen); 335–336 (ebenso).

[1113] *Witt*, Albinus, 124–128.

[1114] *Festugière* IV, 100–101; 112–113; 126–127.

[1115] Daß es um den Einfluß des Aristotelismus auf den mittleren Platonismus Auseinandersetzungen gab, zeigen die Fragmente des Platonikers Attikos (floruit: 176–180, vgl. *Dillon*, Middle Platonists, 248), der diejenigen kritisiert, die die Übereinstimmung zwischen Platon und Aristoteles behaupten und ersteren durch letzteren interpretieren wollen, vgl. Fr. 1 *des Places*. Nach Dillons Vermutung (Middle Platonists, 250) bezieht sich Attikos auf die Philosophiegeschichte des Aristokles, der Platon über alles lobte, aber zugleich behauptete, daß Aristoteles die platonische Lehre zur Vollendung geführt habe. Wie wenig man freilich damals zwischen den Lehren Platons und Aristoteles' differenzieren konnte, zeigt sich daran, daß Attikos selbst eine – wenn auch platonisierende und stoisierende – Fassung der Lehre vom unbewegten Beweger vertrat, vgl. Fr. 8 *des Places* mit *Dillon*, Middle Platonists, 252.

[1116] Angedeutet bei *Witt*, Albinus, 128.

[1117] Vgl. in diesem Zusammenhang zu Numenios *Festugière* IV, 124.

[1118] Vgl. *Festugière* IV, 112–113 (wichtig hier der Hinweis auf Maximos Tyr., Or. XI, wo der oberste Gott zunächst als platonisches Gutes, dann als aristotelischer oberster νοῦς aufgefaßt wird); 126–127; *Dörrie*, Mittelplatonismus, 218; 221–222.

[1119] *Löhr*, 254f.

Vielmehr entspricht die Hierarchie der Götterwesen in CH II recht genau dem oben vorgeführten, im Mittelplatonismus gängigen Stufenaufbau. Es finden sich sogar schon gewisse Anklänge an den Neuplatonismus: die Betonung der Einheit des obersten Gottes (CH II,16, S. 39, Z. 2–3) erinnert an das plotinische ῞Εν; die nachdrückliche Hervorhebung des νοῦς hat ihre Parallele in der neuplatonischen Tendenz, den obersten Gott noch weit über ein geradezu als *ersten Gott* charakterisiertes, absolut transzendentes Wesen hinauszuheben. In gewisser Weise ist der νοῦς in unserem Traktat schon so etwas wie ein *erster* Gott, der aber von einem noch höheren göttlichen Wesen übertroffen wird.

Vielleicht geht diese letzte Schlußfolgerung aber etwas weit und schreibt dem hermetischen Verfasser eine größere philosophische Kompetenz zu, als er hat. Vielleicht vollzieht er einfach nur die Grobstruktur einer philosophische Theorie nach, nämlich die Annahme eines Gottes oberhalb des νοῦς, während er mit den Details, also etwa den dem νοῦς und Gott zugeschriebenen Eigenschaften, etwas unachtsam, vielleicht sogar inkompetent umgeht. Ein Fachphilosoph wird der Verfasser von CH II ja nicht gewesen sein, wenn er auch durchaus philosophisch gebildet war.

Die Bezweiflung der philosophischen Kompetenz des Verfassers könnte nun aber wie eine Ad-hoc-Erklärung erscheinen, um die Annahme der Einheitlichkeit zu retten. Außerdem könnte die Parallelität zur mittelplatonischen Götterhierarchie nachträglich entstanden sein, nämlich erst durch die Hand des Ergänzers.

Dagegen sprechen jedoch die im Kommentar notierten Elemente *planvoller Vorbereitung* des hierarchischen Aufbaus Gott-νοῦς schon vor der entscheidenden Stelle CH II,12. Hierher gehören solche Details wie die Differenzierung zwischen »ἀρχέτυπον« (für den νοῦς) vs. »αἴτιον« (für den ϑεός), oder die Parallelität von »ἑνὶ ἑκάστῳ πάντων« (S. 37, Z. 9, für den ϑεός) zu »χ. τῶν πάντων« (S. 37, Z. 4f., für den νοῦς), die Identifikation des νοῦς als der Weltseele aus dem *Timaios*, u.a.m. Diese Einzelheiten sprechen dafür, daß die Parallelität zum mittelplatonischen Stufenaufbau nicht auf Zufall beruht, sondern Ergebnis planvoller Übernahme ist. Und in den meisten Fällen lassen sich diese Elemente nicht ohne weiteres als von der Hand eines Ergänzers stammend ausscheiden. Das gilt sogar für die oben erwähnte Stelle aus II,4; jede Elimination würde zu Schwierigkeiten mit II,6, S. 33, Z. 8–11 führen, wo eindeutig zwei Fälle, nämlich Gott und der τόπος, unterschieden werden, denen »ὁ ϑεός« und »τὸ ϑεῖον« S. 33, Z. 2 entsprechen.

Im Lichte dieser Überlegungen sei auch noch einmal darauf hingewiesen, daß die Plötzlichkeit der Einführung des obersten Gottes, die auf den ersten Blick besonders die Zweifel an der Einheitlichkeit des Traktates rechtfertigt, ein Element bewußter rhetorischer Gestaltung ist, vergleichbar der Vorgehensweise Platons an der genannten *Philebos*-Stelle. Der oberste Gott ist eben in gewissem Sinne aus einer Kette rationaler Schlußfolgerungen unableitbar, und das soll durch die Art seiner Einführung demonstriert werden.

Auch die Beobachtung über den im zweiten Teil zurücktretenden Dialogcharakter findet eine plausible Erklärung zugunsten der Einheitlichkeit des Traktates. Wie andere gnostische und hermetische Texte[1120] auch dürfte CH II eine Mischung zwischen Dialog und *Erotapokrisis* sein.[1121] In einer Erotapokrisis wird ein Wissensgebiet zwi-

---

[1120] *Berger*, Hellenistische Gattungen, 1321.

[1121] Man könnte auch, mit Dörrie und Dörries, sagen, es handele sich um eine besondere Art der Erotapokrisis, nämlich die »orakelnde« E., vgl. *Dörrie/Dörries*, Art. Erotapokriseis, Sp. 346ff. Die Verbindung von Dialog und Erotapokrisis behauptet auch *Grese*, 59–60.

schen Lehrer und Schüler in Form von Fragen und Antworten durchgearbeitet.[1122] Doch in der für unseren Traktat in Frage kommenden Zeit dient der dialogische Charakter nicht mehr der gemeinsamen, angeleiteten Erarbeitung von Wissen, sondern eher der Vermittlung autoritativer Lehre von einem überlegenen zu einem unterlegenen Dialogteilnehmer,[1123] überspitzt gesagt: der Vermittlung von Offenbarung.[1124] Deswegen gehen Dialoge immer stärker in monologische Lehrvorträge über.[1125] Die Schülerfragen treten immer stärker zurück, sie sind entweder als ganz abwegig und dumm charakterisiert, sie stören den Gedankengang[1126] oder sie betreffen Äußerlichkeiten,[1127] etc.[1128] Typisch sind auch Stücke, die dialogisch beginnen, aber im Verlauf immer stärker monologisch werden.[1129] In CH II liegt nun genau dieser Fall vor: der Traktat beginnt als Dialog, endet aber als Lehrvortrag. Bezeichnenderweise wird gerade die Gotteslehre im zweiten Traktatteil (weitgehend) monologisch vorgetragen, denn diese Wahrheit kann natürlich nur autoritativ vermittelt werden, fast als eine Art Lehroffenbarung,[1130] sie kann, wie die überraschende Einführung Gottes in II,12b zeigt, nicht als Abschluß eines auf Beweis, Argument und Widerlegung gegründeten Gespräches entdeckt werden.

Auch die anderen von Rudolph genannten Elemente des gnostischen Lehrdialoges finden sich in CH II, so daß der Traktat zu dieser Gattung gehören dürfte.[1131]

Der unterschiedliche Charakter der beiden Traktatteile läßt sich also nicht auf nachträgliche Ergänzung des zweiten zurückführen, sondern er findet seine Erklärung in der Gattung, der typisch gnostischen und hermetischen Mischform von kaiserzeitlichem Dialog und Erotapokrisis.[1132] Es sollte auch nicht übersehen werden, daß auch im zweiten Teil des Traktates das dialogische Element nicht ganz fehlt: es findet sich in der CH II,14 einleitenden Frage (S. 37, Z. 14), die, wie unten gezeigt wird, für den Traktat durchaus typisch ist.

Für die Annahme, daß der in CH II vertretene Stufenaufbau ursprünglich ist, sprechen schließlich auch die *antiken Testimonien*: sie bezeugen nämlich als typisch herme-

---

[1122] *Dörrie/Dörries*, Art. Erotapokriseis, Sp. 342f.; *Rudolph*, Der gnostische »Dialog«, 87–88.

[1123] *Hirzel*, Dialog II, 359; *Berger*, Formgeschichte, 250.

[1124] *Hirzel*, Dialog II, 359; *Rudolph*, Der gnostische »Dialog«, 87–88. *Berger*, Hellenistische Gattungen, 1320f. spricht von Orakelliteratur. Siehe auch *Dörrie/Dörries*, Art. Erotapokriseis, Sp. 368; *Grese*, 59–60.

[1125] *Rudolph*, Der gnostische »Dialog«, 87, auch 96. Rudolph weist mit Recht darauf hin, daß schon in Platons Spätdialogen eine Erstarrung der dialogischen Form zu beobachten ist.

[1126] *Rudolph*, Der gnostische »Dialog«, 96.

[1127] Vgl. *Bardy*, Art. Dialog, Sp. 941.

[1128] Siehe auch *Festugière* II, 31. Die Gesprächspartner können auch die Funktion haben, den Lehrvortrag voranzutreiben, vgl. *Rudolph*, Der gnostische »Dialog«, 94, auch 98; *Berger*, Formgeschichte, 250.

[1129] *Berger*, Hellenistische Gattungen, 1303; 1315.

[1130] Erotapokrisis als Mitteilung geoffenbarten Wissens: *Dörrie/Dörries*, Art. Erotapokriseis, Sp. 346–347.

[1131] Zur hermetischen Literatur allgemein vgl. *Dörrie/Dörries*, Art. Erotapokriseis, Sp. 346; *Rudolph*, Der gnostische »Dialog«, 104–105; n. 37 auf 104 wird auch CH II ausdrücklich der hier genannten Gattung zugeordnet. Genauer Nachweis der Einordnung anhand der gattungstypischen Merkmale im Abschnitt »CH II im historischen Kontext. 2.) Hermetischer Kult und hermetische Schule«, s. unten, 285ff.

[1132] Von *Rudolph* als »dialogischer Lehrvortrag« bezeichnet, vgl. *ders.*, Der gnostische »Dialog«, 89f. für die Merkmale der Gattung.

tische Lehre die von einem transzendenten, unbegreifbaren, erhabenen Gott.[1133] Natürlich können diese Zeugnisse durch Einflüsse aus dem Mittel- und Neuplatonismus sozusagen überformt sein, doch kann nicht von vornherein ausgeschlossen werden, daß korrekte Kenntnisse der hermetischen Lehren vorlagen. Das ist umso wahrscheinlicher, als z.b. bei Laktanz und Cyrill auch aus hermetischen Traktaten direkt zitiert wird,[1134] hermetische Dokumente also bekannt waren. Unter der Annahme seiner Einheitlichkeit ist CH II also ein typisches Dokument dieses Aspektes des Hermetismus und darüber hinaus einer bestimmten Tendenz der kaiserzeitlichen platonischen Philosophie.[1135] Zugegebenermaßen könnte letzteres freilich auch als Grund angeführt werden, weshalb ein ursprünglich »unvollständiger« Traktat nachträglich ergänzt worden ist.

Insgesamt scheinen die besseren Argumente aber eher dagegen als dafür zu sprechen, daß der zweite Teil von CH II (ab CH II,12, S. 37, Z. 7) nachträglich ergänzt ist. Die im Kommentar gemachte Voraussetzung der Einheitlichkeit des Traktates scheint gut begründet zu sein.

## 12. CH II,13 (S. 37, Z. 9 – 14)

Der zweite Teil von CH II als ganzer dürfte also wohl kaum eine nachträgliche Ergänzung von zweiter Hand sein; der Abschnitt CH II,13 macht nun aber definitiv den Eindruck, nachträgliche Einlage in den Traktat zu sein, von allen Partien in CH II wohl am stärksten. Allerdings wird die Passage nie unter diesem Aspekt diskutiert. Immerhin wird der Gedankengang von II,12, S. 37, Z. 8–9 durch das Zwischenstück aber ganz deutlich unterbrochen und erst II,14, S. 37, Z. 15 wieder aufgenommen: in II,12 ist davon die Rede, daß Gott für alles, was existiert, die Ursache *des Seins* ist (αἴτιος τοῦ εἶναι), in II,14 wird das anhand dreier Beispiele konkretisiert. Es wird gesagt, daß Gott Ursache davon ist, daß der Nous, der Geist und das Licht *sind*. Insofern ist CH II,12 »τοῦ εἶναι … αἴτιος … ἑνὶ ἑκάστῳ τῶν ὄντων πάντων« allgemeine Vorwegnahme des in II,14 Ausgeführten.

Dafür, daß II,13 sekundärer Zusatz ist, spricht auch folgende Beobachtung: Die II,14 einleitende Bemerkung (S. 37, Z. 14) »τί οὖν. …« könnte Glosse eines Lesers zu sein,[1136] die seine Perplexität über das in II,13 Gesagte zum Ausdruck bringt. Sie wäre dann nachträglich in den Text gelangt. Der Glossator

---

[1133] *Nock/Festugière* IV, 104, Fr. 2 (aus Ps.-Cyprianus, Quod idola dii non sint); vgl. auch Fr. 3a (= Laktanz, Div. inst. I, 6,4) und Fr. 3b (= Laktanz, Inst. epitome 4,4f.) bei *Nock/Festugière* IV, 105; Fr. 4c (= Laktanz, Epit. div. inst. 4,4) bei *Nock/Festugière* IV, 107; Iamblichos, De myst. VIII, 2.

[1134] Vgl. *Mahé*, Fragments, 62: christliche Autoren zitieren aus hermetischen Texten wegen deren monotheistischer Tendenz. Siehe wörtliche Zitate bei Laktanz, Div. Inst. II, 15,6 bei *Nock/Festugière* IV, 110, Fr. 10; Div. Inst. IV, 7,3 bei *Nock/Festugière* IV, 110, Fr. 11a; Div. Inst. VII, 13,3 bei *Nock/Festugière* IV, 114, Fr. 15; vgl. auch die Fragmente 23–36 aus Cyrill, *Nock/Festugière* IV, 126–143.

[1135] Vgl. noch *Früchtel*, 17, mit n. 3.

[1136] Vermutung von Nock, vgl. *Nock/Festugière* I, 40, n. 19, so auch Scott bei *Nock/Festugière* I, 37, App. z. St; *Copenhaver*, Hermetica, 127, n. z.St.

hätte nicht verstanden, was der Sinn von II,13 im Kontext von II,12–14 ist. Da es sich in II,13 um ein traditionelles, in der antiken Philosophie wohlbekanntes Argument handelt,[1137] wäre wohl nicht der Inhalt der Passage selbst anstößig gewesen, sondern die schlechte Einpassung in den Gedankengang von II,12–14. Das würde für den sekundären Charakter des Abschnittes sprechen.

Die Hypothese einer sekundären Ergänzung müßte natürlich erklären, wieso II,13 an seine Stelle gelangte. Die einzig mögliche Erklärung ist Stichwortanschluß: CH II,13 ist nämlich ein Exkurs über Sein und Nicht-Sein, der durch die Stichworte »τοῦ εἶναι ... αἴτιος« bzw. »τῶν ὄντων πάντων« in CH II,12 (S. 37, Z. 8 und 9) angeregt ist. Diese Erklärung spricht aber nun gerade dafür, daß II,13 zum ursprünglichen Textbestand des Traktates gehört. Denn der Abschnitt ist typisch für eine auch an anderen Stellen zu beobachtende Arbeitsweise unseres Verfassers: auf ein Stichwort hin wird ein bestimmtes Problem, z.T. exkursartig, thematisiert, und zwar mit Hilfe traditioneller Argumente.

Ein solches Vorgehen ist z.B. CH II,6 zu beobachten, wo das Stichwort »συγκινεῖσθαι« (S. 33, Z. 13) zum Anlaß der folgenden Abhandlung über Mit- bzw. Gegenbewegung der Gestirnssphären wird (S. 33, Z. 14 – S. 34, Z. 4). In CH II,5 (S. 33, Z. 5) wird das Stichwort »νοητόν« zum Anlaß für eine Erörterung der Selbsterkenntnis Gottes. Ein weiteres Beispiel steht CH II,10, wo auf das Stichwort »ἐν κενῷ« (S. 35, Z. 17) eine umfangreiche Abhandlung über das Leere folgt (bis S. 36, Z. 17).

Auch die kurze Frage von CH II,14 (S. 37, Z. 14) findet so ihre Erklärung, aber nicht als Glosse eines Späteren. Dann müßten Sätze wie (CH II,10, S. 35, Z. 17f.) »ἐν κενῷ δὲ δεῖ κινεῖσθαι τὰ κινούμενα, ὦ Τρισμέγιστε«, »τὸν οὖν τόπον τὸν ἐν ᾧ κινεῖται τὸ πᾶν, τί εἴπομεν;« (CH II,12, S. 36, Z. 18 – S. 37, Z. 1) oder, noch deutlicher, (S. 37, Z. 2) »Τὸ οὖν ἀσώματον τί ἐστι;« und (S. 37, Z. 7) »ὁ οὖν θεὸς τί ἐστιν;« ebenfalls Glossen sein, was sie sicher nicht sind. Diese kurzen Fragen führen vielmehr den Gedankengang weiter oder leiten zu einem neuen Gedanken über. Das ist vielleicht kein besonders elegantes Verfahren, aber jedenfalls die Vorgehensweise des Verfassers. Entsprechend ist die Funktion der Frage in CH II,14 (S. 37, Z. 14) offenkundig, nach dem Exkurs in II,13 den Gedanken von CH II,12, S. 37, Z. 7–9 weiterzuführen, also Gott als die Ursache genauer zu bestimmen, was dann auch in II,14, S. 37, Z. 15 – S. 38, Z. 1 erfolgt.

CH II,13 ist also eine Art Exkurs, dieses Mal nicht ausgelöst durch eine Frage des Asklepios, sondern von Hermes selbst eingeleitet. Die Beziehung des Exkurses zum übergeordneten Gedankengang ist vermutlich recht locker, sie besteht eigentlich nur in den Stichwörtern »Sein«, »Seiendes« und »NichtSein«, »Nicht-Seiendes«, wobei sogar noch eine gewisse Spannung darin liegt, daß Gott und Nichtsein nach II,13 geradezu miteinander unvereinbar sind, während in II,14[1138] gesagt wird, daß Gott νοῦς, πνεῦμα und Licht *nicht* ist.

---

[1137] Nachweis siehe unten!

[1138] Vgl. schon die einleitende Frage und dann S. 37, Z. 15 – S. 38, Z. 1.

Dem Abschnitt liegt ein traditionelles, weit verbreitetes[1139] Argument zu Grunde, nämlich die These von der Unmöglichkeit der Entstehung aus dem Nichts. Für diesen Grundsatz gibt es viele Parallelen; zum ersten Mal findet er sich bei dem Dichter Alkaios,[1140] dann bei den Vorsokratikern,[1141] bei Aristoteles[1142] und natürlich auch in der hellenistischen Philosophie.[1143] Zumal für die epikureische (atomistische) Naturphilosophie stellt die These so etwas wie ein Grundaxiom dar.[1144] CH II,13 am nächsten stehen Stücke, wo, wie bei Sextus Empiricus,[1145] beide Aspekte dieser These, nämlich die Unmöglichkeit der Entstehung aus dem Nichts und die Unmöglichkeit, ins Nichts zu vergehen, dargelegt werden.[1146] Offensichtlich handelt es sich um im Schulunterricht der

---

[1139] Vgl. die in ihrer Allgemeinheit typische Bemerkung bei Plutarch, Mor. 829c: »εἶτα τῶν φυσικῶν δήπου καταγελῶσι, λεγόντων μηδὲν ἐκ τοῦ μὴ ὄντος γενέσθαι« und die Ausführungen bei Aristoteles, Phys. 191a27–33.

[1140] *Kißel*, 464; *Gruber*, 380: »καί κ'οὐδέν ἐκ δένος γένοιτο«. Bei *Treu*, 76 wird das Fragment so wiedergegeben: »καί κ'οὐδεν ἐκ δένος γένοιτο«; Treus Kommentar dazu auf 173: »ältester sicherer Beleg«. So auch als Fr. 35 bei *Reinach/Puech*, während es als Fr. 320 bei Voigt in der bei Gruber genannten Fassung steht, s. dort auch den krit. Apparat.

[1141] Parmenides: FVS 28 B8,12–15; 19–20; Melissos: FVS 30 B1–2; zu den beiden letztgenannten vgl. Simplikios, In De Caelo 598,2–25; Empedokles: FVS 31 B11–12; Anaxagoras: FVS 59 B17; Demokrit: FVS 68 A1 partim = FVS II, p. 84,10ff. = Diog. Laert. IX, 44; zu Empedokles und Demokrit vgl. Simplikios, In De Caelo 673,26f.; Diogenes von Apollonia, FVS 64 B2; vgl. *Gruber*, 379f.; *Farquharson* II, 599f. (mit Belegen); *Pease*, 417 (zahlreiche weitere Belege).

[1142] Aristoteles, Phys. 187a26-b1; Metaphys. 1062b24–26.

[1143] Für Zenon und Chrysipp vgl. SVF I, 87 und 88 (Zenon); II, 597; 599 (Stoiker allgemein und Chrysipp); für die Stoiker allgemein vgl. auch Calcidius, In Tim. c. 289, p. 293f. *Waszink*; des weiteren ist zu vergleichen: Cicero, Div. II, 37; Plutarch, Mor. 829c; Persius, Sat. III, 83f.; Marc Aurel II, 17,4; IV, 4 (Klammerbemerkung); IV, 5; V, 13; VII, 32; auch bei Boethius, Consol. V, Pr. 1,5; vgl. auch *Farquharson* II, 599f.; *Kißel*, 464.

[1144] Epikur, Ep. Hdt. 38 = Diogenes Laert. X, 38f. (= *de Vogel* III, 829a partim); Lukrez, De rerum nat. I, 146–214 passim; II, 287; 303–307; vgl. auch (zu Demokrit) Diogenes Laert. IX, 44; auch Plutarch, Mor. 1110f; 1111a (zu Demokrit); Servius (Grammatiker im 4. Jahrhundert), Comm. in Verg. Georg. II, 49: »… unde Epicurei dicunt nihil esse, quod non habeat originem sui; nam hoc est gigni de nihilo nihilum: in nihilum nil posse reverti.« Vgl. *Kißel*, 464, Kommentar zu Persius, Sat. III, 83f.

[1145] Sextus Empiricus, Pyrrh. Hypot. II, 243: »ἤτοι τὸ ὂν γίνεται ἢ τὸ μὴ ὄν. τὸ μὲν οὖν ὂν οὐ γίνεται, ἔστι γάρ. ἀλλ' οὐδὲ τὸ μὴ ὄν. τὸ μὲν γὰρ γινόμενον πάσχει τι, τὸ δὲ μὴ ὂν οὐ πάσχει. οὐδὲν ἄρα γίνεται.« Ähnlich Pyrrh. Hypot. III, 104–105; dort steht auch der Satz: »ἄτοπον δὲ τὸ λέγειν τὸ ὂν οὐκ ὂν γίνεσθαι.« Vgl. auch Pyrrh. Hypot. III, 112–114: »Ἔνιοι δὲ καὶ οὕτω συνερωτῶσιν: εἰ γίνεταί τι, ἤτοι τὸ ὂν γίνεται ἢ τὸ μὴ ὄν. οὔτε δὲ τὸ μὴ ὂν γίνεται … κατὰ τὰ αὐτὰ δὲ οὐδὲ φθείρεται … , auch nicht das ὄν.« In den letzten beiden Beispielen sind also beide Aspekte erwähnt. Vgl. noch Pyrrh. Hypot. III, 148: »τὰ γὰρ γινόμενα ἔκ τινος ὄντος γίγνεσθαι δεῖ καὶ τὰ φθειρόμενα εἴς τι ὂν φθείρεσθαι κατὰ τὰς τῶν δογματικῶν αὐτῶν ὑποθέσεις … (das wird auf die Zeit angewendet) … ἄτοπον δὲ τὸ λέγειν τι ἐξ οὐκ ὄντος γίγνεσθαι ἢ εἰς τὸ μὴ ὂν φθείρεσθαι.« Dasselbe steht bei Sextus Empir., Adv. Math. X, 205.

[1146] Der doppelte Aspekt des Argumentes findet sich natürlich nicht nur bei Sextus Empiricus, der vielmehr selber auf traditionelle Argumentationsschemata zurückgreift. Vgl. z.B. die Rede von »σύγκρισις« und »διάκρισις« bei Aristoteles, Phys. 187a26-b1; vgl.auch Anaxagoras, FVS 59 B17; Werden und Vergehen werden auch reflektiert bei Parmenides,

akademischen Skeptiker immer wieder – in verschiedenen Versionen – durchgekaute Argumente,[1147] was auf den möglichen Hintergrund von CH II,13 hinweist.[1148] Der exkurshafte Charakter der Passage tritt deshalb so hervor, weil der hermetische Verfasser die doppelte These[1149] wie einen erratischen Block aus der Schultradition übernommen hat und, ohne sich viel um die Stringenz des Gedankengangs zu kümmern, an einer ihm passenden Stelle dem Traktat einverleibt. Die einzig erkennbare Beziehung zum Gedankengang des Traktates besteht eventuell darin, daß entsprechend dem νοῦς-Prädikat »σωτήριος τῶν ὄντων« (CH II,12, S. 37, Z. 5) auch für den obersten Gott gezeigt werden soll, daß er auf der Seite des Seins, nicht des Nichtseins gehört; das wiederum wird in der Absicht des Verfassers eine Hervorhebung von Gottes hohem Rang sein.

Die wortreichen, gewundenen Sätze, in denen die Traditionsaussage wiedergegeben wird, stammen wohl vom hermetischen Verfasser selbst.[1150] Typisch für ihn ist, daß er wieder einmal übertreibt und behauptet, daß Gott überhaupt nichts Nichtseiendes mehr übrig läßt, aus dem noch Sein entstehen könnte (S. 37, Z. 9f.). Es ist unwahrscheinlich, daß der Verfasser hier auf ein traditionelles ontologisches Argument zurückgreift;[1151] vielmehr will er seine Auffassung überdeutlich machen. Das ist schon in der gleichfalls übertriebenen Ausdrucksweise II,12, S. 37, Z. 8–9 vorbereitet: von dem Gedanken, daß Gott für das Sein von wirklich allem sorgt (»πᾶσι καὶ ἑνὶ ἑκάστῳ τῶν ὄντων πάντων«, S. 37, Z. 9), ist es nur ein kleiner Schritt bis zu der Vorstellung, daß für das Nichtsein sozusagen nichts mehr übrig ist. Auch dafür gibt es durchaus

---

FVS 28 B8,12–15; Empedokles, FVS 31 B12; Demokrit bei Diogenes Laert. IX, 44; Diogenes von Apollonia, FVS 64 B2; Cicero, Div. II, 37; Lukrez, De rerum natura I, 149–268; Marc Aurel II, 17,4; IV, 4 und 5; V, 13; Persius, Sat. III, 83f.

[1147] Vgl. noch Sextus Empiricus, Adv. Math. VII, 53; VII, 66–68; X, 326; X, 331–332 (= Werden; 344f. = Vergehen).

[1148] Vgl. auch Philo, Aet., wo die Schöpfung aus dem Nichts an mehreren Stellen ausgeschlossen wird, während Philo sie sonst (s. unten!) zu vertreten scheint; das hat zu Zweifeln an der Echtheit der Schrift geführt, vgl. *Colson* in der Loeb-Ausgabe, Bd. IX, 173–177 (Diskussion der These von Bernays); vgl. z.B. Aet. 4–5, wo ganz deutlich auf das traditionelle Argument zurückgegriffen wird: »λέγεται μέντοι καὶ φθορὰ ἥτε πρὸς τὸ χεῖρον μεταβολὴ [λέγεται δὲ] καὶ ἡ ἐκ τοῦ ὄντος ἀναίρεσις παντελής, ἣν καὶ ἀνύπαρκτον ἀναγκαῖον λέγειν. ὥσπερ γὰρ ἐκ τοῦ μὴ ὄντος οὐδὲν γίνεται, οὐδ' εἰς τὸ μὴ ὂν φθείρεται.« Ähnlich Aet. 78: »εἰ, φασί, γενητὸς καὶ φθαρτὸς ὁ κόσμος, ἐκ τοῦ μὴ ὄντος τι γενήσεται, ὅπερ καὶ τοῖς Στωικοῖς ἀτοπώτατον εἶναι δοκεῖ. διὰ τί; ὅτι οὐδεμίαν φθοροποιὸν αἰτίαν εὑρεῖν ἔστιν ... ἢ τὸν κόσμον ἀνελεῖ ...«. Vgl. auch Aet. 82.

[1149] Unmöglichkeit der Entstehung aus dem Nichts: CH II,13, S. 37, Z. 10–13 (»πάντα δέ ἐστι ... μὴ δύνασθαί τι [τὸ] γενέσθαι«); Unmöglichkeit des Vergehens ins Nichts: CH II,13, S. 37, Z. 13–14 (»καὶ πάλιν ... μηδέποτε εἶναι«).

[1150] Besonders der Satz S. 37, Z. 11–13: »τὰ γὰρ μὴ ὄντα ...« ist typisch für den gewundenen Stil des Verfassers.

[1151] Z.B. die des Parmenides, KRS Fr. 293 (= FVS 28 B6 ad init.): »χρὴ τὸ λέγειν τε νοεῖν τ' ἐὸν ἔμμεναι. ἔστι γὰρ εἶναι, μηδὲν δ'οὐκ ἔστιν.« Auch KRS Fr. 294 (= FVS 28 B7 ad init.): »οὐ γὰρ μήποτε τοῦτο δαμῇ εἶναι μὴ ἐόντα.«

Parallelen,[1152] doch dürfte den Verfasser auch hier vor allem rhetorischer Überschwang leiten; schon im nächsten Satz (zwei Zeilen später, S. 37, Z. 11–12) widerspricht er sich selbst, denn dort wird offenbar von dem Vorhandensein von Nichtseiendem ausgegangen, auch wenn es keine Chance hat, jemals ins Sein zu kommen. Der Verfasser kümmert sich also wenig um die Konsistenz seiner Ausführungen, so lange es ihm nur gelingt, Gott philosophisch zu erheben.

Natürlich stellt sich die Frage, ob CH II,13 an jüdische oder christliche Schöpfungstheologie und Eschatologie anknüpft[1153] und ihr widersprechen will. Das ist nicht sicher; der rhetorische Überschwang des Verfassers verführt leicht dazu, hinter seinen Ausführungen Gegner zu vermuten, die es wohl nicht gegeben hat. Immerhin fällt auf, daß der Verfasser an einigen Stellen Gott (S. 37, Z. 8f.) oder dem νοῦς (S. 37, Z. 4f.) Eigenschaften zuerkennt, die auch dem jüdischen und christlichen Gott oder Christus zuerkannt werden. Soll also in II,13 die hermetisch-platonische Theologie gegenüber der jüdisch-christlichen verteidigt werden?

Immerhin macht der Abschnitt deutlich, daß der Verfasser wohl nicht die Lehre der creatio ex nihilo vertritt, und das, obwohl es seiner Tendenz, die Macht Gottes hervorzuheben, durchaus entsprochen hätte. Vielleicht bedeutet das, daß der Verfasser die Lehre von der Ewigkeit der Welt vertritt, denn eine Weltentstehung wird nirgends vorausgesetzt. Doch vielleicht würde der Verfasser auch sagen, daß die Welt aus einem amorphen Zustand, z.B. einem Urstoff oder Urgemisch entstanden ist, ähnlich den Lehren z.B. des *Timaios* oder der platonisierenden διάκρισις-Kosmologien,[1154] die, wie wir gesehen haben, in CH I aufgegriffen sind.[1155] Die Wendungen S. 37, Z. 5 »σωτήριος τῶν ὄντων« oder S. 37, Z. 8: »τοῦ εἶναι τούτοις αἴτιος« widersprechen dem nicht. Die zweite Aussage bezieht sich ohnehin nicht auf die Welt, sondern auf den vermutlich als ewig seiend angenommenen νοῦς, der irgendwie, so soll betont werden, in einer Abhängigkeit von Gott steht. Die erstgenannte Aussage scheint zu betonen, daß der νοῦς die Dinge vor dem Fall in das Nichtsein bewahrt, nicht, daß er sie aus dem

---

[1152] Vgl. z.B. Plotin, Enn. III, 6,6, wo nur dem Einen überhaupt Sein zugesprochen wird und alles andere nur scheinbar ist, oder die in der SapSal anzutreffende Vorstellung, daß Gott mit dem Tod nichts zu tun hat, 1,12–14; 11,24.

[1153] Jüdisch: Philo, Spec. II, 2; II, 225; IV, 187; Mos. II, 99–100; Mig. 183; Leg. All. III, 10; christlich: Röm 4,17; mit Berufung auf Gen 1,1 und Ps 33,6.9: Hebr 11,3; 2 Petr 3,5; patristisch: Ps.-Justin, Quaest. 3,3, PG 6, 1437A; Origenes, In Ioan. XIX, PG 14, 536a; Nemesius, De nat. hom., cp. 5 (PG 40, 629A); Methodius, De autexusio VII, 3–9, p. 162,13–164,13 *Bonwetsch* = p. 755,7–757,9 *Vaillant.*

[1154] Vgl. *Spoerri,* 109.

[1155] Vgl. als Parallele auch Plutarch, Mor. 1014b (mit Bezug auf Platons *Timaios*): »... τὴν δ᾽ οὐσίαν καὶ ὕλην, ἐξ ἧς γέγονεν (sc. ὁ κόσμος), οὐ γενομένην ἀλλ᾽ ὑποκειμένην ἀεὶ τῷ δημιουργῷ εἰς διάθεσιν καὶ τάξιν ... οὐ γὰρ ἐκ τοῦ μὴ ὄντος ἡ γένεσις ἀλλ᾽ ἐκ τοῦ μὴ καλῶς μηδ᾽ ἱκανῶς ἔχοντος ... ἀκοσμία ἦν πρὸ τῆς τοῦ κόσμου γενέσεως ...«, usf., siehe auch 1014c.

Nichtsein erschafft. In der unmittelbar voraufgehenden Wendung »χωρητικὸς τῶν πάντων« (S. 37, Z. 4–5), der eigentlichen »Schöpfungsaussage«, ist ja außerdem die Kosmologie des *Timaios* angedeutet, nicht die Entstehung der Dinge aus dem Nichts. Die Meinung zum Schöpfungsproblem in II,13 ist damit völlig konsistent.

Zur jüdisch-christlichen Schöpfungslehre besteht also in CH II zumindest ein Widerspruch in der Sache. Letztendlich kann aber nicht bewiesen werden, daß in II,13 gegen die Lehre von der Entstehung der Welt aus dem Nichts (und ihrem schließlichen Vergehen ins Nichts) polemisiert wird. Der rhetorische Überschwang kann nicht angeführt werden, denn er durchzieht den ganzen Traktat (besonders den zweiten Teil) und läßt keine Schlußfolgerung auf spezielle Gegnerschaft zu. Zudem ist das verwendete Argumentationsschema traditionell; es konnte – auch in seiner polemischen Ausrichtung[1156] – der griechischen philosophischen Tradition ohne Bezug auf jüdische oder christliche Theologie entnommen werden. Wir haben in CH II,13 eine von mehreren Stellen in CH II, wo der Verdacht einer jüdischen oder christlichen Beeinflussung aufkommt, aber nicht schlüssig bewiesen werden kann.

Der Abschnitt ist jedoch vermutlich ein Hinweis darauf, daß für CH II kein ägyptischer Hintergrund anzunehmen ist. Denn die in II,13 vertretene Auffassung widerspricht der ägyptischen Lehre, daß Gott das Sein und das Nichtsein geschaffen hat.[1157] Sowohl das Sein als auch das Nichtsein werden im ägyptischen Denken als eine Art eigenständiger Entitäten verstanden; nicht nur das Sein, sondern auch das Nichtsein hat reale Existenz.[1158] In der ägyptologischen Forschung wird diskutiert, ob die reale Existenz des Nichtseins als Vorhandensein einer Potentialität zu verstehen ist, nämlich der Potentialität, einmal ins Sein zu kommen.[1159] Dann würde Gott nicht nur das schaffen, was ist, sondern auch das, was *noch* nicht ist, aber einmal sein wird.[1160]

Wie dem auch sei, die in II,13 vertretene Lehre steht jedenfalls in deutlichem Widerspruch zu der hier referierten ägyptischen Spekulation. Der Satz »πάντα δέ ἐστι τὰ ἐκ τῶν ὄντων γινόμενα οὐκ ἐκ τῶν μὴ ὄντων. τὰ γὰρ μὴ ὄντα οὐ φύσιν ἔχει τοῦ δύνασθαι γενέσθαι ἀλλὰ τοῦ μὴ δύνασθαί τι ... γενέσθαι ...« (S. 37, Z. 10f.) steht z.B. in Widerspruch zur Lehre von der Entstehung aus dem Nichtsein als der Potentialität des Seins.

---

[1156] Deutlich polemischer Charakter: Empedokles, FVS 31 B11–12; Aristoteles, Phys. 191a24–33; Plutarch, Mor. 829c.

[1157] *Iversen*, 17–18. Es ist allerdings darauf hinzuweisen, daß ich die von Iversen angeführten Belege (p. 61, nn. 80–82) nicht überprüfen kann, da sie in Hieroglyphenschrift vorliegen.

[1158] *Iversen*, 17: »... as separate entities«; 18: »... the Egyptians considered them two distinct forms of existence«.

[1159] Vgl. die von *Iversen*, 18 erwähnte Interpretation von Yoyotte und Sauneron.

[1160] In dieser ägyptischen Tradition – und demnach im Widerspruch zu CH II,13 – steht aber CH V,9, S. 64, Z. 1–3: »ἔστιν οὗτος καὶ τὰ ὄντα αὐτὸς καὶ τὰ μὴ ὄντα. τὰ μὲν γὰρ ὄντα ἐφανέρωσε, τὰ δὲ μὴ ὄντα ἔχει ἐν ἑαυτῷ (= Gedanke der Potentialität)«; vgl. *Iversen*, 48–49.

Damit soll nicht gesagt werden, daß unser Verfasser absichtsvoll der genannten ägyptischen Lehre widerspricht. Das ist äußerst unwahrscheinlich. Vielmehr besteht ein sachlicher Widerspruch zwischen der ägyptischen Seins- und Nichtseinsspekulation und der vom Verfasser aufgegriffenen griechischen Tradition. Es ist durchaus fraglich, ob der Verfasser die genannte ägyptische Lehre überhaupt gekannt hat.

## 13. CH II,14 – II,16 (S. 37, Z. 14 – S. 39, Z. 6)

In CH II,14 beginnt die genauere Bestimmung des transzendenten Gottes, der noch über dem νοῦς steht. Zunächst wird er negativ (II,14, S. 37, Z. 15 – S. 38, Z. 1), dann positiv bestimmt, und zwar durch zwei Prädikate, von denen das eine, nämlich »gut«, in II,14–16 ausführlich diskutiert wird (S. 38, Z. 3 – S. 39, Z. 6).

Die Funktion der II,14 einleitenden Frage: »τί οὖν φῂς τοῦ μὴ εἶναί ποτε;« (S. 37, Z. 14), die man schon aufgrund des textkritischen Befundes wohl nicht als Glosse auffassen kann,[1161] ist offenbar, die folgenden Ausführungen irgendwie mit dem exkursartigen Abschnitt in II,13 zu verbinden. Das verbindende Stichwort ist »Nichtsein« (»τοῦ μὴ εἶναί ποτε«).[1162] Eine enge gedankliche Verknüpfung zwischen II,13 und dem Anfang von II,14 darf man vermutlich nicht suchen, der Exkurs in II,13 ist, wie schon gesagt, blockartig und ziemlich künstlich in den Argumentationsgang eingepaßt. Allenfalls könnte der Verfasser eine Beziehung zwischen II,13 und II,14, S. 37, Z. 15 – S. 38, Z. 1 darin gesehen haben, daß ebenso, wie laut II,13 (S. 37, Z. 11f.) aus dem Nichtsein nie ein Sein werden kann, nun auch aus der Tatsache, daß Gott *nicht* νοῦς, πνεῦμα und Licht *ist*, nie ein πνεῦμα-, νοῦς- oder Licht*sein* Gottes werden kann. Aus der Nichtidentität Gottes mit diesen Größen kann also nie eine Identität Gottes mit ihnen werden. Das entspräche dem auch sonst immer wieder konstatierten Grundanliegen des Verfassers, der Hervorhebung Gottes. Der θεός ist den aufgezählten Größen νοῦς, πνεῦμα und φῶς überlegen, darf mit ihnen also – anders als in den Traditionen – nicht gleichgesetzt oder auf eine Stufe gestellt werden. Ob dieses Motiv tatsächlich den Übergang von II,13 zu II,14 vermittelt, ist allerdings nicht sicher.

Die Wendungen »οὐ νοῦς ἐστιν«, »οὐδὲ πνεῦμα ... οὐδὲ φῶς« dürften wohl nicht Ausdruck einer »negativen Theologie« unseres Verfassers sein.[1163] Denn der Verfasser geht nicht, wie die negative Theologie des Neuplatonismus, von der völligen Unerkennbarkeit Gottes aus.[1164] Einer negativen Theologie wider-

---

[1161] Vgl. dagegen *Nock/Festugière* I, 37, App. z. St.

[1162] Vgl. damit »τὸ μὴ ὄν« S. 37, Z. 10; »ἐκ τῶν μὴ ὄντων« bzw. »τὰ γὰρ μὴ ὄντα« S. 37, Z. 11.

[1163] Wie sie sich z.B. bei Plotin, Enn. V, 3,17, bes. 4–14; V, 5,13; VI, 6,9; VI, 8,21 findet, siehe dazu *Whittaker,* Neopythagoreanism, 123 mit n. 53.

[1164] Vgl. noch einmal CH II,6, S. 33, Z. 6f.

spricht auch, daß zwei positive Bestimmungen Gottes (»gut« und »Vater«) genannt werden. Aber der Hermetiker bedient sich der im Platonismus für negative Theologie verwendeten *Ausdrucksweise*,[1165] um die Nichtidentität Gottes mit den genannten Größen herauszustellen und seine Überordnung über sie zu betonen.[1166] Wahrscheinlich stammt der Traktat aus einem Milieu, in dem sich die negative Theologie zu entwickeln beginnt, vielleicht sogar schon vorhanden ist. Die Beschränkung auf nur zwei Prädikate für den transzendent gedachten Gott im Gegensatz zu den in CH II,12a aufgelisteten zahlreichen Bestimmungen des νοῦς könnte die Vorstufe einer Entwicklung sein, die schließlich zur Leugnung *aller* bestimmten Prädikate für das transzendente oberste göttliche Wesen führt.

Der Verfasser scheint an unserer Stelle aber auch noch andeuten zu wollen, daß das Nicht-Gott-Sein des νοῦς/πνεῦμα/φῶς nicht deren totales Nicht-Sein beinhaltet. Durch die drei Mal wiederholte Wendung »αἴτιος τοῦ εἶναι« (S. 37, Z. 15 – S. 38, Z. 1) soll im Gegenteil wohl betont werden, daß der erste Gott für das Sein der genannten Größen sorgt – und damit auch für das Sein des Kosmos, dessen Abhängigkeit zumindest vom νοῦς in II,12a hinlänglich betont worden ist. Die Formulierung dürfte bereits auf CH II,17 vorausweisen, wo von der schöpferischen Tätigkeit Gottes die Rede ist.[1167]

Der Satz S. 37, Z. 15 – S. 38, Z. 1 zeigt komprimiert das für den Verfasser typische Argumentationsschema Negation – Position.

Die Ausführungen von CH II,14, S. 38, Z. 1 bis zum Ende des hier behandelten Abschnittes in CH II,16, S. 39, Z. 6 sind von zwei Vorstellungen bzw. Traditionen bestimmt, die zueinander in Spannung, ja in einem deutlichen Gegensatz stehen. Es handelt sich 1. um die Vorstellung, daß das Göttliche im Kosmos

---

[1165] Hier ist besonders eine der drei bei [Albinos] und Plotin erwähnten Methoden der Gotteserkenntnis zu nennen, nämlich die »κατ᾽ ἀφαίρεσιν« bzw. »κατ᾽ ἀνάλυσιν« (*Whittaker*, Neopythagoreanism, 113 mit n. 25: Clemens Alex. und Kelsos verwenden letzteren Begriff, Plotin und [Albinos] ersteren): [Albinos], Epit. X, 5; Kelsos bei Origenes, C. Cels. VII, 42, dazu *Festugière* IV, 119–123 zu der Frage, welche Methoden der Gotteserkenntnis hier gemeint sind; C. Cels. VII, 45 ist dann eine besonders enge Parallele zu unserer Stelle, vgl. *Festugière* IV, 117; Plotin, Enn. VI, 7,36; typisches Beispiel auch Justin, Dial. 4,1, p. 95 *Goodspeed*; Maximus Tyr., Or. XI, 11 (p. 98–99, bes. p. 99,267f. *Trapp*), vgl. dazu *Festugière* IV, 114f., der diese Stelle mit CH II,12 und 14 vergleicht; s. zum Thema auch *Dörrie*, Mittelplatonismus, 222–223; *Festugière* IV, 131f. zu Numenios; 136 und 138–140 zum Mittelplatonismus allgemein und bes. Numenios; *Krämer*, Geistmetaphysik, 105–108 zu [Albinos]; 343–346 zu Plotin, vgl. auch 350f. mit den notae; u.a.m.; *Moreschini*, 247; 248f. mit Verweis auf Kelsos, [Albinos] und Apuleius; *Whittaker*, Neupythagoreismus, 170f.; 175–179; *Whittaker*, Neopythagoreanism, passim; *Witt*, Albinus, 132f. mit Verweis auf [Albinos], Kelsos und Plotin.

[1166] In derselben Weise verwendet offenbar Basilides Verneinungen, und zwar nicht nur solche positiver, sondern auch negativer Prädikate, vgl. *Whittaker*, Basilides, 368 und bes. 370 mit dem Zitat aus Hippol., Ref. VII, 21 = PG 16,3, 3303A; in den nn. 9–15 weitere Belege; wichtig auch die Charakterisierung der ὕλη bei [Albinos], Epit. VIII, 2 (*Whittaker*, Basilides, 370f.); 371 betont *Whittaker*, daß diese Ausdrucksweise nicht eine privative Funktion hat, sondern ein Verhältnis des Übertreffens ausdrücken soll. Das gilt auch für unsere Stelle.

[1167] Vgl. *Nock/Festugière* I, 39, Z. 8.

und in allen Dingen gegenwärtig und wirksam ist, und 2. um den Gedanken, daß Gott über alles erhaben ist und damit sich von allem, was existiert, deutlich unterscheidet. Insbesondere ist der oberste Gott das einzige Wesen, das wirklich »Gott« genannt zu werden verdient.

Das Problem der folgenden Abschnitte besteht darin, daß der Verfasser beide Vorstellungen miteinander verbinden will. Da der Grundgehalt beider Vorstellungen aber gegensätzlich ist, trägt ihre enge Verbindung dazu bei, den Gedankengang von CH II,14–16 verwirrend und bisweilen widersprüchlich erscheinen zu lassen.

Die beiden Motivkomplexe lassen sich wie folgt traditionsgeschichtlich ableiten:

Die Vorstellung, daß das Göttliche im Kosmos allgegenwärtig und allwirksam ist, ist *stoischer* Herkunft;[1168] Theiler hat überzeugend dafür argumentiert, daß sie auf Poseidonios zurückgehen wird.[1169] Nach Theiler ist diese Tradition auch im Hermetismus wirksam,[1170] besonders in CH V;[1171] auch CH II,16 führt Theiler ausdrücklich auf posidonische Tradition zurück.[1172]

Diese Tradition wird von Theiler als »παρουσία-Vorstellung« bezeichnet:[1173] Gott oder das Göttliche sind in allem wirksam, überall gegenwärtig, letztlich sogar mit allem identisch.[1174] Der Gedanke wird zum Allgemeingut des hellenistischen Synkretismus[1175] und findet sich weit über den stoischen Gedankenkreis hinaus.[1176]

---

[1168] Vgl. *Norden*, Agnostos Theos, 240–242.

[1169] Vgl. *Theiler*, Vorbereitung, 100 (und ff.).

[1170] *Theiler*, Vorbereitung, 125–134.

[1171] *Theiler*, Vorbereitung, 128–131.

[1172] *Theiler*, Vorbereitung, 131 (mit der Bemerkung: »Damit ist unsere Poseidonioshypothese zum letztenmal und endgültig gesichert.«)

[1173] Vgl. z.B. *Theiler*, Vorbereitung, 100; 103; 127.

[1174] Theiler verweist u.a. auf: Aetius bei *Diels*, Doxog. 302b22–303b2; Dio Chrysost., Or. XII, 28; typisch auch Seneca, Ep. 95,47: »deus ubique et omnibus praesto est.« Epikt., Diss. I, 14,3–6; 9–10; 13–14 (auf Poseidonios zurückgeführt von *Theiler*, Vorbereitung, 99); Epikt., Diss. II, 8 (die ganze Rede ähnelt der Thematik unseres Abschnittes: »Τίς οὐσία τοῦ ἀγαθοῦ;«), 11–12, bes.: »σὺ ἀπόσπασμα εἶ τοῦ θεοῦ«; 13; 16; Sextus Empiricus, Adv. Math. VII, 130; Kleomedes I,1,4 *Goulet*; Plotin, Enn. V, 5,1; VI, 7,13,15ff.; 40ff.; VI, 9,4,24–28; besonders deutlich und damit hier zitiert: Enn. VI, 9,7,28–30, bes.: »οὐδενὸς οὖν θεός, φησίν, ἐστὶν ἔξω, ἀλλὰ πᾶσι σύνεστιν οὐκ εἰδόσι …«; Porphyrios, Ep. ad Marc. 11; Proklos, In Tim. I, 209,19ff. *Diehl*; Augustin, Conf. I, 2 und 4; hierher gehört auch Act 17,28; vgl. die Angaben bei *Theiler*, Vorbereitung, 95–97 und 101–102; 103; 107; 125–134 (weitere Belege). Heranzuziehen ist auch *Norden*, Agnostos Theos, 240ff.; z.B. das Zitat aus Marc Aurel IV, 23: »ἐκ σοῦ πάντα, ἐν σοὶ πάντα, εἰς σὲ πάντα«, vgl. Röm 11,33ff.; Or. Sib. III, 11f.; Oppian, Hal. I, 409–419; Laktanz, Div. Inst. II, 11,18 (Or. Sib.); Aristides, Or. 45, 21; 24, p. 358–359 *Keil*; besonders wichtig Seneca, Nat. quaest. I, Pr. 13: »quid est deus? quod vides totum et quod non vides totum. sic demum magnitudo illi una redditur qua nihil maius cogitari potest, si solus est omnia«; II, 45,3 (= *Theiler*, Vorbereitung, 129).

[1175] Vgl. Ps.-Arist., De mundo 397b13–15: »ἀρχαῖος μὲν οὖν τις λόγος καὶ πάτριός ἐστι πᾶσιν ἀνθρώποις, ὡς ἐκ θεοῦ πάντα καὶ διὰ θεὸν ἡμῖν συνέστηκεν.«

[1176] Der Gedanke findet sich z.B. leicht variiert im hellenistischen Judentum und im Christentum, vgl. *Norden*, Agnostos Theos, 246, n. 5 und 250, n. 1; siehe z.B. Sir 43,28;

Im letzten Teil des Abschnittes, etwa ab S. 39, Z. 1ff., nimmt die παρουσία-Tradition eine deutlich stärker platonische Färbung an;[1177] überhaupt ist die Tradition in einen platonisch bestimmten Argumentationszusammenhang[1178] eingebettet,[1179] wie sich schon aus dem Überblick über die platonischen Traditionen ergibt und die Analyse am Detail noch genauer erweisen wird.

Die παρουσία-Tradition stößt sich jedoch hart mit dem anderen in unserem Abschnitt verwendeten Traditionsmotiv, nach dem Gott mit nichts Existierendem gleichzusetzen ist, sondern allem prinzipiell überlegen ist.[1180] Gott allein ist nach dieser Auffassung der wirkende und wirkliche. Dieser Gedanke soll im folgenden als »Exklusivitätsgedanke« bezeichnet werden; er entspricht einem breiten, das Göttliche immer mehr auf *ein* Wesen oder *ein* Prinzip konzentrierenden Traditionsstrom.[1181] Diese Tradition kann nicht eindeutig nur einer philosophischen oder religiösen Richtung oder Schule zugeordnet werden, doch ist sicher ein Knotenpunkt der hellenistisch-jüdische Monotheismus und die ihm entsprechende monotheistische Propaganda.[1182] Einige bemerkenswert ähnliche Formulierungen in unserem Text zu Philo[1183] und anderen helleni-

---

[1176] Philo, Quaest. Ex. II, 51, p. 97f. *Marcus*; Joh 1,3 (vgl. *Norden*, Agnostos Theos, 349); Athenagoras, Suppl. 10,2; 16,2; 22,4 (aber von Isis); Tertullian, Adv. Prax. V, 2, CChr.SL II, p. 1163; Laktanz, Div. Inst. I, 3,7; hermetisch: CH V,8–10; CH XII,21–22 (s. *Theiler*, Vorbereitung, 126f., der CH XII,14ff. für einen eigenständigen, von posidonischer Philosophie beeinflußten Traktat hält); Ascl. 2 (*Nock/Festugière* II, 297, Z. 23–298, Z. 2); 20 (*Nock/Festugière* II, 321, Z. 2–7); 29–30 (*Nock/Festugière* II, 336, Z. 3–4; 338, Z. 21f.); für Zosimus vgl. *Norden*, Agnostos Theos, 249f; vgl. weiterhin die bei *Norden*, Agnostos Theos, Anhang IV, bes. p. 347 und 349f. angegebenen Belegstellen.

[1177] Das zeigt sich daran, daß plötzlich mehr emanationsartige Vorstellungen (aus dem Guten gehen die anderen Gattungen hervor, S. 39, Z. 2–3) vorherrschen, weniger stoische Allgegenwartsvorstellungen, doch fließen die Traditionen natürlich ineinander. Platonisch ist auch das Motiv, daß Gott nur gibt und nichts nimmt (S. 39, Z. 4–5).

[1178] Nämlich dem Beweis der Identität Gottes mit dem Guten, siehe oben den Überblick über die platonischen Traditionen, p. 180ff.

[1179] Daher scheint eine gewisse Skepsis gegenüber der Meinung Theilers angebracht, daß ausgerechnet die von ihm zitierten Passagen aus CH II,16 (vgl. *Theiler*, Vorbereitung, 131) die Posidonios-Hypothese beweisen, denn es handelt sich eher um verbreitete platonische Allgemeinplätze. Stoisch bestimmt sind eher die voraufgehenden Passagen, besonders CH II,15.

[1180] Auf den νοῦς bezogen bei Anaxagoras, Fr. 12, vgl. *Delling*, ΘΕΟΣ, 395; bei Philo: Leg. All. II, 1–3 (vgl. *Delling*, ΘΕΟΣ, 398).

[1181] Siehe dazu den Aufsatz von *Delling*, ΘΕΟΣ, passim.

[1182] *Dalbert*, 124ff.; *Wlosok*, 83f. (mit n. 63 auf 84); Philo, De Deo, Z. 56f., p. 26 *Siegert*; auf diese Art von Propaganda verweist besonders die emphatische Rede und die nachdrückliche Art und Weise, religiösen Irrtum zu brandmarken, an unserer Stelle speziell solche Irrtümer, die die Einmaligkeit Gottes herabsetzen: CH II,15, S. 38, Z. 12f. (Rede von der ἀσέβεια); CH II,16, bes. S. 38, Z. 16 (das Motiv der ἄγνοια); auch II,17, S. 39, Z. 11 (ἀσέβημα), dem entspricht positiv die εὐσεβεστάτη σπουδή in II,17, S. 39, Z. 9. Auch die Herabwürdigung anderer Götter zu bloßen Menschen, wie sie II,14, S. 38, Z. 3 in der Wendung »τῶν ἄλλων λεγομένων θεῶν« angedeutet wird, gehört zum Wesen der jüdisch-monotheistischen Propaganda, Belege siehe unten n. 1192; 1197.

[1183] Philo, Spec. I, 19f., vgl. auch *Wlosok*, 83f.

stisch-jüdischen Texten[1184] legen die Auffassung nahe, daß unser Verfasser (vielleicht über Umwege) durch solche monotheistische Propaganda beeinflußt sein könnte. Dabei verbindet sich die monotheistische Argumentation mit einer weiteren traditionellen Auffassung und bedient sich ihrer: mit Hilfe *euhemeristischen* Gedankengutes werden nämlich die traditionellen Gottheiten abgewertet. Auch dafür gibt es Parallelen in der hellenistisch-jüdischen Literatur,[1185] aber auch bei christlichen Autoren,[1186] so daß hier entsprechender Einfluß auf den Hermetismus vorliegen könnte.[1187] Diesem »monotheistischen« Traditionsstrom[1188] schließt sich unser Hermetiker natürlich insofern gerne an, als er seinem Anliegen entspricht, den überlegenen Rang Gottes herauszustellen.

Die monotheistische Tradition bedient sich häufig einer emotionsgeladenen, deklaratorischen Redeweise, die der Apologetik oder religiösen Propaganda entstammt. Auch in den hier behandelten Passagen finden sich Elemente dieser Redeweise; d.h. der Verfasser entnimmt der Tradition nicht nur den Inhalt, son-

---

[1184] Beispiele siehe unten, z.B. n. 1197; 1206.

[1185] Laut *Jacoby*, 971–972 fand die Ἱερὰ ἀναγραφή des Euhemeros offenbar Anklang bei den hellenistischen Juden, da sie philosophischen, dem Polytheismus feindlichen Charakter hatte, vgl. Or. Sib. V, 277. 285, p. 117f. *Geffcken* mit Bezug auf die ägyptische Tierverehrung; s. auch den Verweis auf die Sibylle bei Laktanz, Div. Inst. I, 15,15 (PL 6,196A); Or. Sib. III, 110–154/ Laktanz, Div. Inst. I, 14,1–7 mit *Jacoby*, 971; *Thraede*, 882.

[1186] Tatian, Or. ad Gr. 3, p. 270f. *Goodspeed*; Athenagoras, Suppl. 28,1–2, p. 348 *Goodspeed*; 29, p. 350f. *Goodspeed*; 30,1–3, p. 351f. *Goodspeed*; Theophilos, Ad Autol. I, 9, p. 76–79 *Bardy/Sender*; Minucius Felix, Oct. 19,7; 20,5–6; 21,1; 22,5–7; 29,3–5; Laktanz, das ganze Buch Div. Inst. I, 6 (= ANFa VII, 15f.; PL 6, 138–148); auch I, 15, PL 6, 192A–196A (= ANFa VII, 26ff.); Div. Inst. VII, 14, PL 6, 779B–780B (= ANFa VII, 211). Von großer Bedeutung ist auch Tertullian, Apol. 10, 2–11,7 (p. 94–100 *Becker* = CChr.SL I, 105–108); vgl. zur christlichen Aufnahme euhemeristischer Argumentationen *Taeger*, Charisma II, 577–584.

[1187] Vgl. Ps.-Klem., Hom. ϑ 5,2–5; dann folgt die für euhemeristische Tradition typische Religionsgeschichte der Völker, für die Perser z.B. 6,1. Monotheistische Argumentation und euhemeristische Tradition sind auch deutlich miteinander verbunden in Ps.-Klem., Hom. ς 23,1, wo mit Bezug auf die Ägypter gesagt wird: »καὶ τοῦτο μὲν ἧττόν ἐστιν ἀσέβημα ὅτι ζῶντος ἀνθρώπου θείας τιμὰς νομίζουσιν Αἰγύπτιοι, ἀλλὰ τὸ πάντων γελοιότατον, ὅτι καὶ πτηνὰ καὶ ἑρπετὰ καὶ ζῷα πάντα προσκυνοῦσιν.« Das euhemeristische Denken hat Vorläufer, z.B. bei den Sophisten (für Kritias vgl. FVS 88 B25; *Jacoby*, 967; 970; für Prodikos vgl. *Spoerri*, 165, n. 2; für Theodoros vgl. Diog. Laert. II, 100), in deren Tradition es steht (vgl. FGH 63,4a, IA, p. 300 *Jacoby* = Aetios, Plac. I, 7,1, *Diels*, Doxog. 297a13ff.; Sextus Empir., Adv. math. IX, 17 und 51, für die letzten beiden Belege siehe auch FGH 64, 4b–c, IA, p. 300–301 *Jacoby*), und bei den Atomisten (auf sie gemünzt ist wohl Platon, Nom. 889e4–6; siehe zu Demokrit *Spoerri* 165, n. 4 mit Verweis auf FVS 68 A75). Vgl. überhaupt *Spoerri*, 165f. und die unten zur Wendung »σέβεσθαι δεῖ« angeführten Philo-Belege.

[1188] Wie *Delling*, ΘΕΟΣ zeigt, hat sich die monotheistische Tendenz erst im Laufe der Entwicklung von den Vorsokratikern bis Philo und darüber hinaus herausgebildet. Anfänglich ist die Einzigkeitsaussage ungenau, sozusagen henotheistisch gemeint, doch im Bestreben, möglichst viele Prädikate auf ein göttliches Wesen zu häufen, drückt sich die Tendenz aus, die Göttervielfalt immer stärker in einem Gott zu konzentrieren. Vgl. *Delling*, ΘΕΟΣ, 393; 396, u.a.; *Nilsson*, Griech. Religion, 288.

dern teilweise auch den Stil, um auf diese Weise den Vorrang und Einzigartigkeit Gottes zu propagieren.

Es gilt nun, das Gegen- und Miteinander vor allem dieser beiden Traditionen in II,14–16 zu verfolgen. Die Verwendung der beiden Traditionen und ihre Verknüpfung läßt sich jedoch erst richtig nachvollziehen im Lichte des S. 39, Z. 1–2 Gesagten. Hier werden zwei προσηγορίαι Gottes angesprochen. Das »ὄθεν« (S. 38, Z. 1) scheint anzuzeigen, daß die Tatsache, daß Gott nur zwei Prädikate zugesprochen werden, die *Folge* dessen ist, daß er über νοῦς, πνεῦμα und φῶς erhaben ist; dementsprechend treffen *diese* Bezeichnungen, die durchaus in der Tradition als Charakterisierungen des göttlichen Wesens verankert sind, nicht auf ihn zu; wahrscheinlich ist auch gemeint, daß die in der Tradition diesen Größen (also etwa dem νοῦς oder dem πνεῦμα) wiederum zukommenden Bestimmungen auf den ersten Gott gleichfalls nicht zutreffen. In dem »ὄθεν« wäre also tatsächlich eine negative Theologie zumindest angedeutet.

Die beiden vom θεός geltenden positiven Bestimmungen werden nicht ausdrücklich genannt, aber aus dem folgenden geht eindeutig hervor, daß eine dieser Bezeichnungen Gottes das Prädikat »gut« ist. Die andere ist nach Scotts Meinung »θεός«,[1189] doch aus CH II,17, S. 39, Z. 7 wird deutlich, daß wohl eher die Bezeichnung Gottes als »πατήρ« gemeint sein dürfte.[1190]

Es handelt sich um zwei in der philosophischen, zumal platonischen Tradition übliche und geradezu selbstverständliche Gottesbezeichnungen.[1191] Unser Verfasser geht jedoch über diese Tradition hinaus, wenn er davon spricht, daß die Zuerkennung der Prädikate ein Akt der Gottesverehrung sei (vgl. »σέβεσθαι δεῖ«, S. 38, Z. 2). Die Ausdrucksweise stammt aus der hellenistisch-jüdischen Exklusivitätstradition.[1192] Im Nachsatz (S. 38, Z. 2f.), der ebenfalls der Exklusivitätstradition verpflichtet ist, wird der Grund dafür angegeben, weshalb die Zuerkennung der beiden Prädikate ein Akt der Verehrung ist: da sie nur Gott allein zukommen, wird er vor allen anderen Wesen hervorgehoben, wenn man ihn »gut« oder »Vater« nennt.

Diese Stelle ist ein gutes Beispiel dafür, wie der Verfasser philosophische und religiöse Traditionen miteinander verbindet, in diesem Falle z.B. den platonischen Gedanken, daß Gott »gut« ist, mit der Ausdrucksweise religiöser Propaganda (»σέβεσθαι δεῖ«). Die philosophischen Traditionen haben für unseren Verfasser eine religiöse Funktion, sie dienen nicht einfach einer sach-

---

[1189] *Scott* II, 107; vgl. *Nock/Festugière* I, 40, n. 20 z.St.

[1190] So auch *Nock* und *Festugière*, siehe vorige Fußnote!

[1191] *Norden*, Agnostos Theos, 353f.: Gott, Vater und gut konnten sogar als die »bekannte Triade« (»τὰ τρία ταῦτα«) bezeichnet werden. Siehe oben den Überblick über die platonischen Traditionen, p. 177ff.

[1192] Vgl. etwa folgende Philo-Parallele, die überhaupt große Ähnlichkeit mit der hier behandelten Passage aufweist: Virt. 179: »τί δ' ἂν εἴη τῶν ὄντων ἄριστον ἢ θεός; οὗ τὰς τιμὰς προσένειμαν τοῖς οὐ θεοῖς ... πάντας οὖν, ὅσοι τὸν κτίστην καὶ πατέρα τοῦ παντὸς εἰ καὶ μὴ ἐξ ἀρχῆς *σέβειν* ἠξίωσαν ...«, siehe auch Spec. II, 255–256; Mos. II, 197f.; Virt. 34; 102.

lichen Charakterisierung Gottes, sondern seiner »Verehrung« und Verherrlichung. Zwar ist die im Traktat zum Ausdruck kommende Grundhaltung ver-
hältnismäßig nüchtern, wahrscheinlich unter dem Einfluß philosophischen
Denkens, die religiöse Intention darf aber nicht übersehen werden; sie kommt
darin zum Ausdruck, *wie* der Verfasser das philosophische Denken verwendet.

In den folgenden Passagen wiederholen sich anscheinend dieselben Aussagen, leicht verändert ausgedrückt, immer wieder. Es hat geradezu den Anschein, als würde der Gedankengang zwischen etwa S. 38, Z. 3 und S. 39, Z. 6
kaum fortschreiten, sondern immer um sich selbst kreisen.

Das ist Ausdruck der gewundenen Denk- und Argumentationsweise des hermetischen Verfassers. Er scheint in seiner auch sonst zu beobachtenden Art den
Gedankengang in kleine, für den Leser kaum unterscheidbare Schritte zu zerle-
gen. Dabei bringt er ein- und dieselbe Feststellung mehrfach in unterschiedlichen Formulierungen, schließt durch Negationen das Gegenteil des Gemeinten
aus, etc. In dem »Redebrei« des Verfassers verlieren sich allerdings die Kontu-
ren der einzelnen Aussagen, aber auch der verwendeten Traditionen.

Bei genauerem Hinsehen zeichnen sich jedoch gewisse Umrisse ab. So ist
z.b. das Argumentationsziel vollkommen klar: der Verfasser will offenbar die
Identität Gottes mit dem Guten erweisen (vgl. den letzten Satz des Abschnittes:
S. 39, Z. 5–6).

Wahrscheinlich soll die voraufgehende Argumentation diese Schlußfolgerung irgendwie ableiten.

Angesichts der Argumentationsweise erfordert es langen Atem und Geduld,
den gedanklichen Spannungsbogen nachzuvollziehen, der von der Einführung
des Gottesprädikates »gut« schließlich zur Gleichsetzung Gottes mit »dem
Guten« führt.

Schlüssel zur genauen Erfassung des Sinns der Passage dürfte die Beobachtung sein, daß Exklusivitäts- und παρουσία-Tradition dazu eingesetzt werden,
auf die Schlußfolgerung S. 39, Z. 5–6 hinzuführen, und in ihrem Lichte
reinterpretiert werden. Die Exklusivitätstradition wird dazu herangezogen, die
Exklusivität der Bezeichnung »gut« für Gott auszusagen, die παρουσία-Tradition dazu, die Allpräsenz und Allwirksamkeit des Guten auszusagen.

S. 38, Z. 2–3 wird der Exklusivitätsgedanke für beide προσηγορίαι ausgesprochen; im folgenden wird er aber nur bei der Behandlung der ersten wirklich verwendet; von der Exklusivität der Vatereigenschaft ist in II,17 nirgends
die Rede,[1193] es wäre ja auch der Sache nach höchst unplausibel.

S. 38, Z. 3ff. wird zunächst der negierte Nachsatz S. 38, Z. 3 (»καὶ ἄλλῳ
οὐδενί«) vertieft. Die positiven Aussagen über das Gute folgen später; der Ver-

---

[1193] Das dürfte Scott dazu veranlaßt haben, als zweite προσηγορία Gottes nicht »Vater«,
sondern »θεός« anzunehmen, weil (z.B. S. 38, Z. 3, s. unten!) tatsächlich angedeutet wird,
daß eigentlich nur der oberste Gott wirklich Gott ist, also *exklusiv* als Gott angesprochen
werden kann. Doch Scott nimmt den Verfasser zu sehr beim Wort; man darf das Fehlen der
Exklusivitätsaussage für den Vatertitel nicht überbewerten, schließlich ist S. 39, Z. 7 ganz
eindeutig von der »ἑτέρα προσηγορία« die Rede, und dort ist der Vatertitel gemeint.

fasser gewinnt seine Position wieder, indem er zunächst eine Negation der gegenteiligen Auffassung ausspricht. Z. 3–4 werden die Wesen aufgezählt, die nach Auffassung des Verfassers die Bezeichnung »gut« nicht verdienen: die »anderen Götter« dürften die traditionellen Gottheiten der Mythologie und wohl auch die als göttliche Wesen aufgefaßten Gestirne[1194] sein. Mit den Z. 4 erwähnten Menschen könnten Heroen, aber auch herausragende Persönlichkeiten wie Sokrates gemeint sein.[1195] Die Nennung der Dämonen komplettiert das traditionelle, z.B. auch im mittleren Platonismus übernommene Stufenschema Götter – Dämonen – Menschen.[1196] Durch die Verwendung des Ausdrucks »τῶν ἄλλων λεγομένων θεῶν« (S. 38, Z. 3), der Zweifel an der Göttlichkeit der θεοί zum Ausdruck bringt, greift unser Verfasser vermutlich auf euhemeristische Traditionselemente zurück,[1197] die ihm vielleicht durch hellenistisch-jüdische oder christliche Tradition vermittelt ist. Euhemeristisch ist die Meinung, daß die traditionellen Gottheiten in Wahrheit gar keine Götter sind,[1198] sondern Könige und Wohltäter der Urzeit, denen schließlich göttliche Verehrung zuteil geworden ist.[1199]

Wie sehr der Verfasser die Exklusivität des Prädikates »gut« für Gott und damit seine Überlegenheit über alle anderen Wesen herausstellen will, zeigt sich daran, daß er zu der völlig unplausiblen und übertriebenen Aussage greift, von den anderen Göttern, den Menschen und Dämonen könne niemand *auch nur im geringsten* (»κἂν κατὰ ποσονοῦν«, S. 38, Z. 4) gut sein. Wie übertrieben diese Aussage im Kontext unseres Traktates ist, zeigt sich, wenn man bedenkt, daß logischerweise dann auch der νοῦς nicht als »gut« angesehen werden kann und ebensowenig der Kosmos und die Gestirne. Das aber steht in Spannung und letztlich im Widerspruch zu den meisten der in CH II,12a (S. 37,

---

[1194] Vgl. den Überblick über die platonischen Traditionen, p. 186f. Schwingt hier ein aufklärerischer Ton mit, etwa in dem Sinne, daß Gestirne nur physikalische Entitäten sind, nicht göttliche Wesen? Angesichts der physikalischen Orientierung des ersten Teils von CH II ist ein solcher Gedanke erwägenswert.

[1195] Als Leser der Arbeit von Büchli ist man auch versucht, hier einen kritischen Bezug auf die Person Jesu herauszuhören (z. These Büchlis siehe die Einleitung, p 10–12), doch dürfte das kaum zu beweisen sein.

[1196] Vgl. Apuleius, Deo Socr. 116–145.

[1197] Dieselbe Wendung findet sich bei Pseudo-Justin an einer Stelle, wo in charakteristischer Weise hellenistisch-jüdische, christliche und euhemeristische Tradition eng miteinander verbunden sind; die Stelle soll hier zitiert werden, da sie mit CH II,14ff. eng verwandt ist und die Wendung »τῶν λεγομένων θεῶν« wörtlich bringt, siehe Cohortatio ad gent. 36e–37b, p. 6f. *Scott/Ferguson* IV: »Εἰ τοίνυν, ὦ ἄνδρες Ἕλληνες, μὴ προτιμοτέραν ἡγεῖσθε τῆς ὑμῶν αὐτῶν σωτηρίας τὴν περὶ τῶν μὴ ὄντων θεῶν ψευδῆ φαντασίαν, πείσθητε, ὥσπερ ἔφην, τῇ ἀρχαιοτάτῃ καὶ σφόδρα παλαιᾷ Σιβύλλῃ, ἧς τὰς βίβλους ἐν πάσῃ τῇ οἰκουμένῃ σῴζεσθαι συμβαίνει, περὶ μὲν τῶν λεγομένων θεῶν, ὡς μὴ ὄντων, ἀπό τινος δυνατῆς ἐπινοίας διὰ χρησμῶν διδασκούσῃ,« nämlich über den kommenden Retter Jesus (= Cohort. ad Gr. 38,2, p. 78 Marcovich).

[1198] Vgl. noch einmal Ps.-Justin, Cohortatio ad gent. 36e–37b, p. 6f. *Scott/Ferguson* IV = Cohort. ad Gr. 38,2, p. 78 Marcovich.

[1199] Diodor. Sic. I, 13,1ff.; VI, 1,4ff.; vgl. *Spoerri*, 193; *Nilsson*, Griech. Religion, 283–285.

Z. 2–7) auf den νοῦς gehäuften Eigenschaften, die sein Wesen und Wirken überaus positiv bestimmen und ihn deutlich verherrlichen sollen. Wenn wirklich nur Gott gut und alles andere schlecht wäre, wäre auch die vom Verfasser vorausgesetzte Vorstellung, daß aus kosmischen Sachverhalten, z.b. aus den kreisförmigen Bewegungen der Gestirne (CH II,7) oder dem Stillstehen des Schwimmers im Wasser (CH II,8), auf einen göttlichen Beweger des Alls geschlossen werden kann, recht unplausibel. Schließlich wäre auch der Gegensatz zwischen körperlichem Kosmos und unkörperlichem göttlichem νοῦς/ τόπος, von dem der Verfasser im Rahmen seiner Argumentation Gebrauch macht, faktisch eingeebnet und damit bedeutungslos.

Unter dem Einfluß der Exklusivitätstradition stellt sich der Verfasser also gegen die sonst von ihm verwendete mittel- bzw. neuplatonische Tradition, denn platonische Ansicht ist überwiegend,[1200] daß nicht nur Gott selbst, sondern auch die ihm untergeordneten Götter – seien es Gestirnsgötter[1201] oder die traditionellen mythologischen Gottheiten[1202] – und einige Dämonen[1203], freilich in einem geringeren Maße als er selbst, gut sind.[1204] Erst recht steht die euhemeristisch beeinflußte Infragestellung der Göttlichkeit dieser Wesen im Gegensatz zur platonischen Tradition.[1205]

Die hier und im folgenden zu beobachtende nachdrückliche Hervorhebung Gottes und die Abwertung der anderen göttlichen Wesen könnte im Prinzip allein auf die Argumentationsabsicht des Verfassers zurückgeführt werden, denn sie entspricht seiner auch sonst beobachtbaren Tendenz, Gottes Vorrang zu betonen. Es dürfte aber auch mit euhemeristischen Vorstellungen verbundene jüdisch-monotheistische Propaganda einwirken. Dafür spricht, daß der Ver-

---

[1200] Ganz deutlich kommt diese Auffassung bei Plotin zum Ausdruck, vgl. Enn. II, 9,9,29–32: »... ἀλλὰ καὶ ἀνθρώπους ἄλλους ἀρίστους, ἔτι καὶ δαίμονας ἀγαθοὺς εἶναι, πολὺ δὲ μᾶλλον θεοὺς τούς τε ἐν τῷδε ὄντας κἀκεῖ βλέποντας, πάντων δὲ μάλιστα τὸν ἡγεμόνα τοῦδε τοῦ παντός, ψυχὴν μακαριωτάτην.« Vgl. auch Plutarch, Mor. 370c–d.

[1201] Philo, Spec. I, 19–20; Apuleius, Deo Socr. 116–121.

[1202] Philo, Op. 144; Apuleius, Deo Socr. 121f.

[1203] Vgl. [Ps.-] Platon, Epin. 984e–985b; Apuleius, De Plat. 204–205; De Deo Socr. 133– 134; Plutarch, Mor. 415b–c; 416c; 417a–b; 944c–d. Daß es gute und schlechte Dämonen gibt, sagt auch Philo, Gig. 16; die guten identifiziert er als Engel, vgl. auch Som. I, 141 (und überhaupt 137–142). Zur Frage guter und böser Dämonen im Mittelplatonismus siehe *Zintzen*, Art. Geister (Dämonen), RAC IX, Sp. 646f.

[1204] Für relative Güte der unsichtbaren Götter und der Gestirnsgötter vgl. Apuleius, De Deo Socr. 123; Maximus Tyr., Or. XI, 12, p. 100,291–292 *Trapp* (die sichtbaren und unsichtbaren Götter sind an Gottes Herrschaft beteiligt); Plotin, Enn. III, 5,6.

[1205] Siehe Platon, Tim. 39e10–41d3. Bei Plotin, Enn. II, 9,9,35–39 heißt es (im Anschluß an die oben zitierte Stelle): »... οὐ γὰρ τὸ συστεῖλαι εἰς ἕν, ἀλλὰ τὸ δεῖξαι πολὺ τὸ θεῖον, ὅσον ἔδειξεν αὐτός, τοῦτό ἐστιν δύναμιν θεοῦ εἰδότων, ὅταν μένων ὅς ἐστιν πολλοὺς ποιῇ πάντας εἰς αὐτὸν ἀνηρτημένους καὶ δι' ἐκεῖνον καὶ παρ' ἐκείνου ὄντας.« Für Porphyrios ist Gott überhaupt nur insofern Gott, als er über andere Götter herrscht; der christliche Monotheismus wird mit dem Schlagwort »μονάρχης γάρ ἐστιν οὐχ ὁ μόνος ὤν« bestritten, Adv. Chr. IV, 75, p. 91 *Harnack* (wobei allerdings zweifelhaft ist, ob die Fragmente aus Makarios Magnes auf Porphyrios führen).

fasser deren deklaratorische, emotionale Sprachform übernimmt,[1206] und daher ist zu vermuten, daß nicht nur die Sprache, sondern auch Inhalte eingewirkt haben.

Im Rahmen der Argumentation unseres Verfassers ist der Zweifel an der Göttlichkeit der »anderen sogenannten Götter«, insofern damit u.a. die Gestirnsgottheiten gemeint sind, durchaus konsequent. In der im ersten Traktatteil durchgeführten Argumentationskette wird ja aus den regelmäßigen, physikalisch-mechanisch verursachten Umläufen der Gestirne auf einen Verursacher, den Beweger, geschlossen; dieses Argument würde ausfallen, wenn die Gestirne, wie das etwa bei Platon vorausgesetzt ist,[1207] selber als Gottheiten gedacht oder gar mit den traditionellen mythologischen Göttern identifiziert wären. Dann wären sie nämlich beseelte Wesen und könnten sich selber bewegen, bedürften also keines Anstoßes von außen. Ob unser Verfasser sich dieser Zusammenhänge allerdings bewußt war, ist doch zu bezweifeln, wahrscheinlich übernimmt er das Traditionsgut relativ unreflektiert. Immerhin beweist er guten philosophischen Instinkt, denn die Abwertung der »sogenannten Götter« paßt mit den Argumentationen der früheren Textpassagen gut zusammen.

Der Satz (S. 38, Z. 5f.) »καὶ τοῦτό ἐστι μόνον καὶ οὐδὲν ἄλλο« kann auf zweierlei Weise übersetzt werden:[1208]

1. »Und nur das (nämlich gut) ist er (Gott), und (er ist) nichts sonst.«
2. »Und das (nämlich gut) ist nur er (Gott), und nichts sonst (ist gut).«

Im ersten Fall würde die exklusive Identität Gottes mit dem Guten in dem Sinne betont, daß er nichts anderes ist, im zweiten Falle in dem Sinne, daß nichts anderes gut ist. Gemäß der zweiten Übersetzungsmöglichkeit würde die Aussage des voraufgehenden Satzes nur verstärkt, gemäß der ersten über sie hinausgegangen.

Für welche man sich auch immer entscheidet, deutlich ist, daß unser Verfasser in dem Satz die Exklusivität der Gutheit Gottes noch einmal – fast möchte man sagen, bis zum Überdruß – hervorheben will.

---

[1206] Vgl. z.B. Philo, Spec. I, 20: »... ἐὰν δέ τις τὴν τοῦ αἰδίου καὶ ποιητοῦ θεραπείαν ἄλλῳ προσνέμῃ νεωτέρῳ καὶ γενητῷ, φρενοβλαβὴς ἀναγεγράφθω καὶ ἔνοχος ἀσεβείᾳ τῇ μεγίστῃ.« Auch Ps.-Klem., Hom. ϑ 1,2; 2,1–2 ist hier zu nennen, wo die Ausdrücke »ἀσέβεια«, »τὸ μέγιστον ἁμάρτημα« und »εἰς τὸν τῶν ὅλων θεὸν ἀσεβεῖν« fallen. Siehe auch die Konkordanz, GCS, Pseudo-Klement. III, s.v. ἀσεβέω, ἀσέβημα. Damit ist zu vergleichen die Rede von der Gottlosigkeit CH II,15, S. 38, Z. 12–13; CH II,17, S. 39, Z. 11. Daß die jüdisch-hellenistische Missionsliteratur – vielleicht unter euhemeristischem Einfluß – den Gedanken kennt, daß die anderen Götter in Wahrheit keine sind, zeigt Or. Sib. III, 113, p. 54 *Geffcken* (zu Or. Sib. III, 110–153 und dem euhemeristischen Einfluß vgl. *Thraede*, 882); besonders aber III, 629, p. 80 *Geffcken* (vgl. *Dalbert*, 112); IV, 4–7, p. 91 *Geffcken*; V, 276–285, p. 117f. *Geffcken*; auch Aristeasbr. 132; 136–137 p. 62f. *Meisner*; auch 4 Makk 5,24; siehe *Dalbert*, 127 u. 130 (weitere Belege); *Delling*, ΘΕΟΣ, 397.

[1207] Platon, Tim. 38e; 40c–d.

[1208] Für die beiden Übersetzungsmöglichkeiten vgl. *Nock/Festugière* I, 38 und 41, n. 22; *Copenhaver*, Hermetica, 11. »Μόνον« dürfte also adverbial zu verstehen sein und nicht, wie es grammatikalisch auch möglich wäre, prädikativ auf »ἀγαθόν« bzw. »τοῦτό« zu beziehen sein (denn das ergäbe keinen Sinn im Kontext).

Das Übersetzungsproblem läßt sich nicht mit letzter Sicherheit entscheiden, doch trifft die zweite Übersetzungsvariante wahrscheinlich eher die Intention des Verfassers. Denn

1. würde die Aussage sonst in Widerspruch dazu stehen, daß Gott ja auch noch »Vater« ist, also durchaus noch etwas anderes als nur »gut«;

2. wäre das Ergebnis des folgenden Gedankengangs, nämlich die Gleichsetzung Gottes mit dem Guten (S. 39, Z. 5–6), schon in einer Deutlichkeit vorweggenommen, daß die folgenden Ausführungen beinahe überflüssig wären;

3. entspricht die zweite Übersetzungsmöglichkeit der auch sonst beobachtbaren emotionalen Redeweise des Verfassers: der Gedanke der voraufgehenden Ausführungen (Z. 3–5) wird noch einmal emphatisch betont und der Negation (Z. 3: zweimaliges »οὔτε«) die eigene Position kontrastierend gegenübergestellt; demgegenüber würde die Annahme, daß ein neuer gewichtiger Gedanke eingeführt wird, wie es der erste Übersetzungsvorschlag impliziert, dem Satz ein dem Duktus der Passage nicht entsprechendes, zu hohes Gewicht geben;[1209]

4. wird die Aussage dieses und des voraufgehenden Satzes im folgenden offenbar aufgenommen und genauer begründet (vgl. den Anschluß »ἄλλο« – »τὰ δὲ ἄλλα«). Das läßt sich aber nur begreiflich machen, wenn die zweite Übersetzungsmöglichkeit zutrifft.

In diesem Falle ergibt sich jedoch folgende Schwierigkeit: die Wendung »τὰ δὲ ἄλλα πάντα ...« (S. 38, Z. 6), die sich ja offenbar auf »οὐδὲν ἄλλο« (ebd.) bezieht, also das Thema des voraufgehenden Satzes aufnimmt, wird von ihm durch ein »δέ« (S. 38, Z. 6, viertes Wort) scheinbar *abgesetzt*. Im Falle eines Anschlusses würde man dagegen ein »γάρ« erwarten. Das »δέ« scheint nur verständlich, wenn – wie es die erste Übersetzungsmöglichkeit ausdrückt – »οὐδὲν ἄλλο« etwas anderes meint als »τὰ ... ἄλλα ...«; wenn es sich dagegen auf dasselbe bezieht, dürfte es nicht davon abgesetzt werden.

Doch das »δέ« soll wohl nicht »τὰ ... ἄλλα« von »οὐδὲν ἄλλο« absetzen, sondern es deutet offensichtlich noch einmal den Gegensatz zwischen Gott und den anderen für die Prädikation von »gut« in Frage kommenden Wesen an. Damit drückt also auch das kleine »δέ« noch einmal den Exklusivitätsgedanken aus.

Die mit »τὰ δὲ ἄλλα πάντα ...« (S. 38, Z. 6) beginnenden Ausführungen (S. 38, Z. 6–11) sind besonders schwer verständlich. Daß alles außer Gott die »Natur des Guten« nicht aufnehmen kann, wie der Satz Z. 6f. besagt, ergibt sich aus dem Vorhergehenden,[1210] auch wenn die Ausdrucksweise etwas merkwürdig ist. Doch wie ist die Begründung zu verstehen, daß alles außer Gott das Gute deshalb nicht aufnehmen kann, weil es aus σῶμα und ψυχή besteht und deshalb keinen Platz für das Gute hat (S. 38, Z. 7–8)?[1211]

---

[1209] Der Satz hat eher *rhetorisches* als *inhaltliches* Gewicht.

[1210] Z.B. aus der Aussage, daß weder Götter noch Menschen noch Dämonen auch nur im geringsten gut sind.

[1211] Für eine solche Auffassung gibt es m.W. keine Parallelen in der Religions- oder Philosophiegeschichte der hellenistischen Antike.

Für die Beantwortung dieser Frage ist zunächst darauf hinzuweisen, daß mit der Wendung: »σῶμα γάρ εἰσι καὶ ψυχή« wahrscheinlich der Ausdruck »τὰ δὲ ἄλλα πάντα« genauer bestimmt werden soll: es scheint also nicht einfach alles, was existiert, gemeint zu sein, sondern die Z. 3–4 genannten Götter, Dämonen und Menschen; zumindest werden sie primär im Blick sein.

Zur weiteren Deutung unserer Stelle würde es sich nun nahelegen, die Parallele aus CH VI,3 (*Nock/Festugière* I, 74, Z. 7f.) heranzuziehen:[1212] dort ist davon die Rede, daß das Gute nicht in ein σῶμα ὑλικόν eintritt.[1213] Von einem Eingehen des Guten in die ψυχή wie an unserer Stelle ist dort allerdings nicht die Rede; das schränkt den Belegwert der Parallele ein.

Vielleicht liegt das Gewicht der hier betrachteten Wendung (S. 38, Z. 7) auf dem betont vorangestellten Begriff »σῶμα«. Daraus ergibt sich folgende Interpretationsmöglichkeit: die genannten Wesen sind nicht von rein unkörperlicher Natur, wie Gott oder das Gute, sondern eine Mischung aus Körperlichkeit und Unkörperlichkeit. Damit aber sind sie gegenüber Gott bzw. dem Guten geringerwertig, denn Gott und das Gute sind natürlich rein unkörperlich. Die körperlichen Bestandteile der anderen Götter, etc. haben zur Folge, daß sie nicht auf derselben Stufe wie das Gute bzw. Gott stehen, also dem Guten nicht adäquat sind.[1214] Im Hintergrund der so rekonstruierten Argumentation würde also der platonische Dualismus Körperlichkeit-Unkörperlichkeit stehen, der hier in den Dienst des Exklusivitätsgedankens gestellt wird.

Das Problem einer solchen Interpretation besteht darin, daß sie keine Erklärung für die nachgeschobene, offenbar als Begründung gedachte Wendung bietet: »τόπον οὐκ ἔχοντα χωρῆσαι δυνάμενον τὸ ἀγαθόν« (S. 38, Z. 7–8).

Bei Berücksichtigung dieser Wendung ist die von Scott vorgeschlagene Interpretation[1215] sehr plausibel. Scott erklärt den Satz im Lichte dessen, was im folgenden Satz in CH II,15 (S. 38, Z. 8–11) wortreich ausgeführt wird. Dort wird festgestellt, daß das Gute so groß ist wie alles, was existiert, sowohl körperlich Wahrnehmbares als auch unkörperlich Geistiges.

Entsprechend zielt nach Scotts Meinung der Satz S. 38, Z. 7–8 auf das Problem, daß kein Raum groß genug sein kann, um etwas so umfängliches wie das Gute zu umfassen. Ein *einzelner* Körper und/oder eine *einzelne* Seele eines Menschen, Dämonen oder Gestirnsgottes können einfach nicht groß genug sein, denn das Gute ist laut Z. 8–10 so umfänglich wie *alles* Körperliche und Geistige. Anders ausgedrückt: Das ἀγαθόν ist koextensiv mit *allem* Existierendem; daher übertrifft es an Größe jedes *einzelne* Existierende, also jedes *einzelne* σῶμα und jede *einzelne* ψυχή der Götter, Dämonen und Menschen.

---

[1212] Vgl. den Verweis darauf bei *Nock/Festugière* I, 41, n. 23 (z.St.).

[1213] *Nock/Festugière* I, 74, Z. 7f.: »Οὐ γὰρ χωρεῖ (τὸ ἀγαθὸν) σῶμα ὑλικόν.«

[1214] Vgl. dazu die Ausführungen Plutarchs über den unterschiedlichen Rang von Dämonen, je nach Anteil der körperlichen bzw. seelischen Bestandteile, Mor. 415b–c; siehe dazu auch *Zintzen,* Art. Geister (Dämonen), RAC IX, Sp. 645; vgl. auch Plutarch, Mor. 360e; Apuleius, Deo Socr. 154, siehe auch ebd., 147f.

[1215] *Scott* II, 107.

Die Richtigkeit dieser Interpretation wird durch das Wörtchen »γάρ« (S. 38, Z. 8) bestätigt, weil damit offenkundig eine Begründungsbeziehung zwischen dem es enthaltenden und dem voraufgehenden Satz hergestellt wird. Daß das Gute so umfangreich (»τοσοῦτον«) ist wie *alles*, was existiert, scheint also Begründung dafür zu sein, daß die genannten Wesenheiten das Gute nicht aufnehmen können. Dann kann der Grund nur sein, daß ein *einzelnes* σῶμα oder eine *einzelne* ψυχή einfach nicht groß genug dafür sind.

Eventuell haben auch *beide* Interpretationsvorschläge ihr Recht. Es könnte sein, daß der Verfasser beide Vorstellungen miteinander zu einer in der Analyse nicht mehr auflösbaren Einheit verbindet. Der von Scott hervorgehobene Gedanke der Größe des Guten scheint aber im Vordergrund zu stehen.

In dem Satz Z. 8–11 verwendet der Verfasser die παρουσία-Tradition,[1216] aber nicht, um die παρουσία Gottes, sondern die des Guten auszusagen. Entgegen den stoischen oder stoisch beeinflußten Parallelen wird nämlich der Gedanke der Allgegenwart und Allwirksamkeit *Gottes*[1217] im Hinblick auf das Argumentationsziel des Abschnittes umgeformt zur Aussage der Allgegenwart und Allwirksamkeit *des Guten*.

Der Gegensatz der beiden dem ganzen Abschnitt zugrundeliegenden Traditionen kommt darin zum Ausdruck, daß in Z. 7f., falls die vorgeschlagene Analyse des Satzes zutrifft, eine deutliche Scheidung des Guten von der Körperlichkeit der genannten Wesen angedeutet scheint, während im hier betrachteten Satz Z. 8ff. das Gute ausdrücklich auch auf körperliche und sinnlich wahrnehmbare Dinge bezogen wird. Das ist eine für einen Platoniker, als der sich unser Verfasser ja in den bisherigen Teilen des Traktates erwiesen hat, höchst ungewöhnliche Feststellung, wie eine recht genaue Kontraparallele bei Numenios noch einmal verdeutlicht.[1218] Der Hermetiker schließt sich also so eng der παρουσία-Tradition an, daß sein in anderen Teilen des Traktates vertretener platonischer Standpunkt aus dem Blick gerät. Doch läßt er eine gewisse Vorsicht walten, er spricht z.B. nicht ausdrücklich von der *Allgegenwart* des Guten *in* den Dingen (zumal den wahrnehmbaren und körperlichen), sondern nur davon, daß das Gute »so umfangreich« (»τοσοῦτον«, S. 38, Z. 8) ist wie alles, was existiert. Damit soll eine pan(en)theistische Aussage offenbar gerade vermieden werden. Der Verfasser unseres Traktates ist also vorsichtiger als der von CH V, der die Allwirksamkeit und allumfassende schöpferische Tätigkeit eines zu Beginn völlig transzendent charakterisierten Gottes (vgl. CH V,1) so

---

[1216] Der Satz ähnelt z.B. dem bei Epiktet, Diss. I, 14,9: »ὁ δὲ θεὸς οὐχ οἷός τ᾽ἐστὶ πάντα ἐφορᾶν καὶ πᾶσιν συμπαρεῖναι καὶ ἀπὸ πάντων τινὰ ἴσχειν διάδοσιν;«

[1217] Siehe *Theiler,* Vorbereitung, 131 (Beispiele aus CH V und Augustin); siehe auch die bei *Norden,* Agnostos Theos, 241 stehenden Belege Röm 11,36; I Kor 8,6; Kol 1,16f.; Eph 4,5f.; Hebr 2,10; siehe weiter *Norden,* Agnostos Theos, 347–348.

[1218] Vgl. Numenios, Fr. 2 *des Places:* »τὰ μὲν οὖν σώματα λαβεῖν ἡμῖν ἔξεστιν σημαινόμενος ἔκ τε ὁμοίων ἀπό τε τῶν ἐν τοῖς παρακειμένοις γνωρισμάτων ἐνόντων. τἀγαθὸν δὲ οὐδενὸς ἐκ παρακειμένου οὐδ᾽ αὖ ἀπὸ ὁμοίου αἰσθητοῦ ἐστι λαβεῖν μηχανή τις οὐδεμία … εἰ δέ τις τοῖς αἰσθητοῖς λιπαρῶν τὸ ἀγαθὸν ἐφιπτάμενον φαντάζεται κἄπειτα τρυφῶν οἴοιτο τῷ ἀγαθῷ ἐντετυχηκέναι, τοῦ παντὸς ἁμαρτάνει.«

sehr hervorhebt, daß er schließlich bei der Vorstellung der Allgegenwart Gottes im Kosmos und sogar im gläubigen Beter selbst (vgl. CH V,9–11) auskommt. In unserem Traktat bleibt dagegen Gott das dem Kosmos gegenüber souveräne Wesen, dessen Gegenwart in den Dingen allenfalls als »Hervorgehen« aller Dinge aus ihm und als »Geben ohne zu nehmen« (S. 39, Z. 3–4) ausgesprochen wird. An der hier betrachteten Stelle ist der παρουσία-Gedanke ja zusätzlich dadurch abgeschwächt, daß er gar nicht von Gott selbst, sondern sozusagen indirekt von dem Guten ausgesagt wird.

Der unbestimmte Bezug des folgenden Satzes (S. 38, Z. 11): »τοῦτό ἐστι τὸ ἀγαθόν, τοῦτό ἐστιν ὁ θεός« macht Schwierigkeiten. Folgendes ist die wahrscheinlichste Interpretation:

Der Bezug des zweifachen »τοῦτο« ist wohl »τὸ μέγεθος« bzw. die ganze Wendung »τὸ μέγεθος, ὅσον ...«. Der Verfasser betont also noch einmal emphatisch, daß Gott bzw. das Gute so umfänglich (»τοσοῦτον«) sind wie alles, was existiert.[1219] Durch die Parallelform der beiden Satzteile werden Gott und das Gute syntaktisch eng miteinander parallelisiert, womit wohl schon ihre Gleichsetzung am Ende von CH II,16 angedeutet werden soll.

In den folgenden Zeilen tritt der (der platonischen Gottesvorstellung widerstreitende) παρουσία-Gedanke eher zurück. Schon der nächste Satz (S. 38, Z. 11–13) reflektiert wieder die Exklusivitätstradition, was schon daran erkennbar ist, daß wieder deren charakteristische Ausdrucksweise (»ἀσεβεῖς«, Z. 12 und 13) Verwendung findet. Im ganzen betrachtet herrscht im hier behandelten Textteil ohnehin die Exklusivitätsvorstellung vor, trotz der Verknüpfung mit der παρουσία-Tradition. Der Exklusivitätsgedanke ist auch dem platonischen Standpunkt des Verfassers gemäßer. In den platonisch gefärbten Aussagen gegen Ende des Argumentationsgangs in CH II,16, daß alles aus Gott hervorgeht und er alles gibt, nichts dagegen empfängt, klingt allerdings noch einmal die Vorstellung der Allwirksamkeit und Allgegenwart Gottes an; der Verfasser läßt sich aber bezeichnenderweise auf diese Vorstellungen nur insoweit ein, als es im Rahmen der platonischen Tradition möglich ist und nicht mit dem Gedanken der Überlegenheit Gottes in Konflikt gerät.

Auf den ersten Blick ist ohnehin erstaunlich, daß unser Verfasser die παρουσία-Tradition aufnimmt, wo er doch sonst durchweg die Transzendenz und Erhabenheit Gottes herausstellt. Der Grund dafür könnte sein, daß in der hellenistisch-jüdischen/christlichen Tradition, die in den hier betrachteten Abschnitten offenbar einwirkt, die *Verbindung* von Exklusivitätstradition und παρουσία-Vorstellung bereits vorgegeben war. Auch sachlich liegt sie ja nicht

---

[1219] Auch die sprachliche Form, zumal das vorangestellte »τοῦτο«, deutet auf Aufnahme der παρουσία-Tradition hin. Vgl. das bei *Norden*, Agnostos Theos, 249 wiedergegebene Beispiel aus Zosimos, das in dieser Tradition steht: »τοῦτό ἐστι τὸ θεῖον καὶ μέγας μυστήριον, τὸ ζητούμενον. τοῦτο γάρ ἐστι τὸ πᾶν καὶ ἐξ αὐτοῦ τὸ πᾶν καὶ δι' αὐτοῦ τὸ πᾶν« (= Vol. III, p. 143 *Berthelot-Ruelle* (Zosimos, Περὶ τοῦ θείου ὕδατος). Auch die ebenfalls der παρουσία-Tradition zugehörige Passage aus CH V,10 (*Nock/Festugière* I, 64, Z. 3ff.) mit dem mehrfach vorangestellten »οὗτος« ist hier zu nennen.

fern: aus der Exklusivität und Einzigartigkeit Gottes kann durchaus sinnvoll abgeleitet werden, daß er der in allen Dingen exklusiv Wirkende ist.[1220]

Ein genauer Beleg für die Verbindung von Exklusivitäts- und παρουσία-Tradition (unter Einschluß euhemeristischer Elemente) steht im Neuen Testament, nämlich in I Kor 8,5–6. Es handelt sich dabei um ein *Parallelphänomen* zur hier behandelten Passage CH II,14–16, es ist nicht davon auszugehen, daß der Hermetiker von dem Paulustext abhängig ist. Der für unseren Traktat konstatierte Zusammenhang ist exakt reflektiert: 8,5 ist von den λεγόμενοι θεοί die Rede, das ist der in unserem Traktat S. 38, Z. 3 stehende, euhemeristisch gefärbte Gedanke; ihm wird in 8,6 das monotheistische Bekenntnis »εἷς θεὸς ὁ πατήρ« gegenüber gestellt.[1221] Paulus dürfte hier auf Sprache und Inhalte der hellenistisch-jüdischen, monotheistischen Propaganda zurückgreifen,[1222] um die Entmächtigung der »vielen Götter und Herren« auszusagen. Er wird wohl nicht selbst die Verbindung der Exklusivitätradition zur euhemeristischen hergestellt haben, sondern diese Verbindung schon vorgefunden haben. Charakteristisch ist die Verknüpfung der monotheistischen, exklusiv orientierten Tradition mit Andeutungen der παρουσία-Vorstellung (8,6): »ἐξ οὗ τὰ πάντα etc.«,[1223] wie in unserem Traktat. Wie in CH II,16, S. 39, Z. 3[1224] wird dabei sorgfältig vermieden, die in der Tradition ja angelegte All*gegenwart* Gottes auszusprechen, bei Paulus natürlich unter jüdisch-monotheistischem, wohl kaum platonischem Einfluß. Schließlich wird in der Korintherbriefpassage die ursprünglich hellenistisch-jüdische Tradition »verchristlicht« und auf den κύριος Ἰησοῦς Χριστός ebenfalls die hellenistische παρουσία-Vorstellung angewendet: »δι᾽ οὗ τὰ πάντα ...«. Durch Parallelität des Satzbaus wird sehr geschickt die der umfassenden Wirksamkeit Gottes (»ἐξ οὗ ...«) entsprechende, gleichfalls umfassende Wirkung des κύριος Christus ausgedrückt (»δι᾽ οὗ ...«),[1225] wobei man auf den Unterschied von »ἐξ οὗ« und »δι᾽ οὗ« wohl nicht zu viel interpretatorisches Gewicht legen sollte. Wichtig für die Interpretation unserer Passage aus CH II ist, daß sowohl euhemeristisches Denken, Exklusivitätradition und παρουσία-Tradition bei Paulus eng miteinander verknüpft sind, weshalb die Stelle als Beweis für einen CH II,14–16 zugrundeliegenden Traditionszusammenhang dienen kann; außerdem zeigt der Gedankengang bei Paulus deutlicher als in unserem Traktat,

---

[1220] Für die Verbindung der beiden Traditionen vgl. Or. Sib. III, 11 und 17 mit III, 20ff.; Laktanz, De ira XI (PL 7, 111A = ANFa VII, 268); Div. inst. II, 11,18 (Sibyllenfragment); siehe weiter *Norden*, Agnostos Theos, 244–245, dort auch n. 5. Unser Verfasser könnte also auch in der Verbindung von Parousie- und Exklusivitätradition unter jüdisch-christlichem Einfluß stehen; zumindest handelt es sich aber um ein paralleles Phänomen. Die Verbindung beider Traditionen ist für unseren Verfasser allerdings erheblich problematischer als für die jüdischen und christlichen Theologen, denn der Hermetiker kann für die von ihm intendierte Aussage der Abhängigkeit alles Existierenden von Gott nicht auf die Schöpfungsaussage zurückgreifen; er muß daher einen mühsamen Ausgleich zwischen Exklusivität und (stoischem) pan(en)theistischem Vorstellungsgut finden.
[1221] Vgl. dazu *Conzelmann*, Kor., 176, mit n. 26 (Belege!).
[1222] Siehe *Lietzmann*, Kor., 37; *Conzelmann*, Kor., 176; *Klauck*, 1. Korintherbrief, 61.
[1223] Vgl. Röm 11,36; siehe auch *Lietzmann*, Kor., 37; *Conzelmann*, Kor., 179 mit n. 46 (Belege).
[1224] Vgl. die ähnliche Formulierung »ἐξ οὗ τὰ γένη πάντα«, CH II,16, S. 39, Z. 3.
[1225] Siehe *Conzelmann*, Kor., 179.

wie sich aus dem Exklusivitätsgedanken der Gedanke der Allwirksamkeit Gottes beinahe schon mit logischer Notwendigkeit ergibt.[1226]

In CH II,16 wird der Exklusivitätsgedanke der monotheistischen Propaganda breit ausgeführt. Z. 14–15 wird ein allgemeines negatives Urteil über diejenigen ausgesprochen, die zwar das Wort »gut« ständig im Munde führen, das Wesen des Guten aber nicht erkennen. Das Wesen des Guten ist natürlich seine exklusive Identität mit Gott. Der Satz ist wieder einmal übertrieben, insbesondere die verneinte Feststellung, daß *von allen nicht* erkannt werde, was das Gute ist.[1227] Das korrespondiert zur oben kommentierten, gleichfalls übertriebenen Feststellung, daß keines der anderen göttlichen Wesen außer Gott allein auch nur im geringsten gut ist (Z. 4–5).

Hier in Z. 14f. wird der Verfasser die allgemein verbreitete Ansicht im Visier haben, daß neben Gott auch die vergöttlichten Gestirne, mythologische Gottheiten und einige Dämonen »gut« sind. Gerade weil diese Ansicht so verbreitet war (– zumindest in den dem Verfasser offenbar nahestehenden platonischen Kreisen –),[1228] muß er so scharf dagegen angehen.

Die vom Verfasser verwendete Ausdrucksweise stammt eventuell wieder aus der Sprache der hellenistisch-jüdischen Propaganda. Ganz genaue Belege konnten dafür freilich nicht gefunden werden. Doch die Vermutung liegt nahe, daß ein Topos der Polemik gegen den heidnischen Gottesglauben die Behauptung war, daß die Heiden zwar das Wort »Gott« im Munde führen, aber nicht erkennen, wer er wirklich ist, z.B. weil sie nur Götzen und Dämonen verehren.[1229] Diese vermutete Tradition wird vom hermetischen Verfasser wieder in den Kontext seiner Argumentation eingegliedert, denn er polemisiert nicht gegen verfehlte *Gottes*erkenntnis, sondern gegen verfehlte Erkenntnis des *Guten*.

Wie viel Mühe es dem Verfasser aber bereitet, seine radikale Auffassung, daß nur der oberste Gott gut ist, durchzuhalten, zeigen die Ausführungen S. 38, Z. 15 – S. 39, Z. 1. Offenbar setzt er sich hier mit der genannten, allgemein verbreiteten Meinung (dreimaliges »ὑπὸ πάντων« in Z. 14–16) auseinander, daß *alle* Götter gut sind, und zwar einfach deshalb, weil sie Götter sind.[1230] Wären sie nicht gut, würde es sich vielleicht um böse Dämonen handeln, aber jedenfalls nicht um Götter.

---

[1226] Zum Ganzen siehe auch *Norden*, Agnostos Theos, 241; 244–245 mit n. 4 und 5; 246–247; 253, n. 4.

[1227] Liegt in der Wendung »τί ποτέ ἐστιν« eine Anspielung an den aristotelischen Substanzbegriff des τί ἦν εἶναι (siehe z.B. Arist., Metaphys. 1032b2; b14; 1035b32; 1037a23 u.a.m.) vor?

[1228] Bekanntlich gibt es in der in Frage kommenden Zeit auch den Glauben, daß die Gestirne die Welt versklavende Schicksalsmächte sind (vgl. *Bultmann*, Urchristentum, 205; *Leipoldt/Grundmann* I, 380–381), doch ist diese Anschauung nicht im Blickfeld des Verfassers.

[1229] Vgl. z.B. Or. Sib. IV, 4f., p. 91 *Geffcken*; Or. Sib.V, 278–280, p. 117–118 *Geffcken*; vgl. auch Or. Sib. III, 605f., p. 79 *Geffcken*; vgl. auch SapSal 13,1–2; 13,10; Philo, Decal. 53–54; 64; 66.

[1230] Sextus Empir., Pyrrh. Hypot. III, 215. Weitere Belege für diese Ansicht oben in der Übersicht über die platonischen Traditionen, p. 180–182.

Andererseits wird es nicht allgemein verbreitete Ansicht gewesen sein, daß alle Dämonen oder alle Menschen gut sind. Das erklärt, weshalb unser Verfasser hier (S. 38, Z. 16f.), im Gegensatz zu II,14 (S. 38, Z. 3–4) auf die Erwähnung der Dämonen ganz verzichtet und die Zahl der in Frage kommenden Menschen durch ein »τινας« (Z. 16) einschränkt. Damit berücksichtigt er, daß man Dämonen teilweise für etwas Gefährliches und Bedrohliches hielt und daß man nicht alle Menschen, sondern nur einige, wie z.b. Heroen oder Sokrates, als ganz und gar »gut« betrachtete.

Das Motiv der Unwissenheit (S. 38, Z. 16) ist wieder typisch für religiöse Propaganda und Apologetik.[1231] Es dürfte der schon bisher immer wieder herangezogenen monotheistischen Propaganda entstammen. Beachtenswert ist, daß unser Verfasser in dem kleinen Nachsatz »μηδέποτε δυναμένους μήτε εἶναι μήτε γενέσθαι« (S. 38, Z. 17–18) den allgemeinen Grundsatz aus CH II,13, daß aus einem Nichtsein nie ein Sein werden kann, auf die »anderen« Götter und Menschen anwendet. Aus deren Nicht-gut-Sein kann nie ein Gut-Sein werden. Vielleicht klingt auch hier die hellenistisch-jüdische Tradition an, denn dort wird Gott als der charakterisiert, der alles Seiende liebt.[1232] Jedenfalls wird die in CH II,13 vertretene Lehre sowohl am Anfang von II,14 (S. 37, Z. 14 – S. 38, Z. 1) als auch an der hier betrachteten Stelle zur Hervorhebung Gottes vor anderen Wesenheiten, also zum Ausdruck des Exklusivitätsgedankens, benutzt.

Wie sehr die Ansicht, Götter seien eo ipso gut, selbstverständlich gewesen sein muß, zeigt folgende Beobachtung: S. 38, Z. 18 – S. 39, Z. 1 reagiert unser Verfasser offenbar auf den denkbaren[1233] Einwand, daß die Götter keine mehr sind, wenn man ihnen ihre Gutheit abspricht.[1234]

Es liegt dem Verfasser ja durchaus nicht fern, an der Göttlichkeit der in der Tradition vorkommenden Götterwesen zu zweifeln, wie die Wendung »τῶν ἄλλων λεγομένων θεῶν« S. 38, Z. 3 beweist.

Allerdings wagt er doch nicht, die Existenz anderer Götter neben dem ersten Gott ausdrücklich zu leugnen, um dadurch die Exklusivität der Bezeichnung »gut« für den ersten Gott zu sichern. Sein Ausweg ist vielmehr, das Wesen der Götter durch die Eigenschaft der Unsterblichkeit (S. 38, Z. 20) zu definieren. Dieser Gedanke ist Allgemeingut im griechischen Denken,[1235] könnte an un-

---

[1231] Es findet sich z.B. in dem missionarisch und appellativ orientierten Traktat CH VII, 1, vgl. auch *Norden*, Agnostos Theos, 6; 129; Belege bei *Nock/Festugière* I, 81–82, n. 2 und 3. Siehe z.B. Clemens Alexandrinus, Protr. 23,1; 65,4; 118,5; vgl. auch *ders.*, Paed. II, Kap. 9, 80,1; Strom. III, 43,1; IV, 168,2; VII, 43,6; Philo handelt ausführlich von der Unwissenheit in Ebr. 154ff.; 157–158; 160; 162ff.; vgl. auch Philo, Fug. 8; Post. 52; Som. I, 114; Plant. 98; Ebr. 161.

[1232] SapSal 11,24; vgl. *Dalbert*, 126.

[1233] Ob der Einwand wirklich erhoben worden ist, kann natürlich nicht mit Sicherheit gesagt werden. Immerhin ist es möglich, daß unser Verfasser innerhalb des hermetischen Kreises Widerspruch geerntet hat.

[1234] Vgl. die enge Parallele bei Sextus Empiricus, Pyrrh. Hypot. III, 215.

[1235] Für die platonische Tradition vgl. Platon, Tim. 41b–d.

serer Stelle aber, im Lichte der bisher konstatierten Traditionszusammenhänge, speziell der euhemeristischen Tradition entstammen:[1236] nach euhemeristischem Verständnis ist es ein Wesensmerkmal der Götter, daß sie unsterblich und ewig sind.[1237] Das ist aber bei den vergötterten Königen und Wohltätern nicht der Fall: sie sind einmal geboren worden, und sie sind schließlich gestorben. Daher sind sie in Wahrheit keine Götter.[1238]

Indem der Verfasser die anderen Götter nicht durch ihre Gutheit, sondern Unsterblichkeit als Götter bestimmt, muß er ihnen nicht ihre Göttlichkeit absprechen, um die Exklusivität des Prädikates »gut« für den obersten Gott zu sichern. Der Verfasser möchte wahrscheinlich nicht in völligen Gegensatz zur platonischen Tradition, aber auch zur eigenen Annahme eines göttlichen νοῦς geraten. Daß er einer völligen Leugnung der Existenz anderer Götter neben dem höchsten aber nahekommt, zeigt, wie stark die monotheistische Tradition einwirkt. Aber auch die vom Verfasser vertretene Auffassung hat Anhalt an der monotheistische Tradition des hellenistischen Judentums: die Existenz anderer Götter und Dämonen kann in dieser Tradition durchaus akzeptiert werden, wie ja auch Paulus noch zeigt.[1239]

In den Zeilen 18–19 konstruiert der Verfasser eine Analogie, die an die Gleichsetzung Gottes mit dem Guten bereits nahe heranführt: das Gute ist von Gott ebenso »ἀναλλοτριώτατον« und »ἀχώριστον« wie seine Eigenschaft, Gott zu sein. Letzteres ist natürlich die am meisten Gott zugehörige Eigenschaft; ohne sie wäre Gott nicht Gott, ja überhaupt nicht vorhanden. Der

---

[1236] Vgl. Diod. Sic. I, 13,1–2. Der Gedanke ist denkbar unägyptisch, siehe *Müller*, Isisaretalogien, 50: die ägyptischen Götter gehören zur geschöpflichen Sphäre, sie werden geschaffen bzw. geboren und können auch wieder sterben.

[1237] Zur Unsterblichkeit als Merkmal der Gottheit im euhemeristischen Denken siehe Diod. Sic. III, 9,1; VI, 1,2 (wohl nicht direkt von Euhemeros, vgl. *Spoerri*, 190); Laktanz, Div. Inst. I, 15, PL 6,194A (im Cicero-Zitat) (= ANFa VII, 27); 195B im Zusammenhang zweier Vergil-Zitate (= ANFa VII, 27). Div. Inst. I, 8, 154B heißt es: »Dii ergo si sunt immortales et aeterni …« (= ANFa VII, 18). Im Zusammenhang der Argumentation gegen die »multi rectores«, von denen gesagt wird: »homines fuerunt, et iidem primi, ac maximi reges«, wird wiederum Unsterblichkeit als typisches Merkmal des Wesens Gottes genannt: Laktanz, De ira Dei XI, PL 7, 110B; 113B (= ANFa VII, 268–269). Für die Lehre von den vergöttlichten Menschen erwähnt Laktanz u.a. Euhemeros (111A–B), Ennius (111B) und Cicero. Im engen Zusammenhang mit diesen Stellen beruft er sich für die monotheistische Lehre Platons: »unus est igitur princeps et origo rerum Deus« auch auf Hermes Trismegistos (112B) – wie CH II zeigt, durchaus zu Recht!

[1238] Laktanz, Div. Inst. I, 8; I, 22, ad fin. Plutarch, der Euhemeros kritisch gegenüber steht (Mor. 359f – 360b), vertritt die Ansicht, daß die στρατηγοί, ναυαρχαί und βασιλεῖς (cf. De Is. et Os., cp. 23 = Mor. 360a) weder Götter noch Menschen, sondern Halbgötter sind (De Is. et Os., cp. 25 = Mor. 360d–e). – Hier sei daran erinnert, daß in CH II,4 (S. 33, Z. 2–3) das ἀγέννητόν von einem γεννητὸν θεῖον unterschieden wird, dort also eventuell der auch hier verwendete euhemeristische Gedanke angedeutet wird.

[1239] Siehe z.B. Or. Sib. III, 278, p. 62 *Geffcken* (unter Aufnahme platonischer Tradition); vgl. auch *Dalbert*, 112; 126 und 127. Für Paulus siehe die oben behandelte Stelle I Kor 8, 5–6.

Verfasser scheint andeuten zu wollen, daß dasselbe auch von der Eigenschaft, gut zu sein, gilt. Das Gute macht ebenso Gottes Wesen aus wie seine Göttlichkeit.

Der Sinn der Stelle hängt allerdings von der textkritischen Entscheidung ab, die Lesart der Kodices,[1240] nicht die von Reitzenstein vorgeschlagene,[1241] zugrunde zu legen. Aus dem Vorschlag Reitzensteins würde sich als Sinn der Stelle ergeben, daß bereits hier die *Identität* Gottes mit dem Guten festgestellt wird; das aber wäre Vorwegnahme der den Gedankengang beschließenden Folgerung von S. 39, Z. 5f. Der Sinn der von den Kodices gebotenen Lesart »ὤν« ist hingegen, daß die Unabtrennbarkeit der Eigenschaft »gut« von Gott mit der der Eigenschaft »Gott« *verglichen* wird; damit wäre die Identität beider Größen deutlich zum Ausdruck gebracht, ohne sie schon explizit auszusagen. Die Schlußfolgerung der ganzen Argumentation wäre also nicht vorweggenommen. Daher ist die von den Kodices gebotene Lesart nicht nur aus textkritischen, sondern auch aus inhaltlichen Gründen vorzuziehen.

Im hier behandelten Satz S. 38, Z. 19 – S. 39, Z. 1, beginnend mit »θεοὶ μὲν οὖν οἱ ἄλλοι …«, wird der Status der »anderen Götter« durch ein weiteres Detail deutlich herabgemindert: das Zugeständnis, daß sie doch Götter sind, wird nämlich durch »τετιμημένοι« relativiert (S. 38, Z. 20). Der Ausdruck steht in Kontrast zur von Gott verwendeten Ausdrucksweise »κατὰ φύσιν« (S. 39, Z. 1). Den »anderen« Göttern wird die Eigenschaft der Unsterblichkeit und damit letzten Endes ihre Göttlichkeit nur aufgrund menschlicher Verehrung (»τετιμημένοι«, S. 38, Z. 20) zuerkannt; Gott ist hingegen »κατὰ φύσιν« das Gute. Der Gegensatz von »κατὰ τιμήν« bzw. »τιμῇ» und »κατὰ φύσιν« bzw. »φύσει« stammt aus der euhemeristischen Tradition, wo zwischen Göttern, die das von Natur aus sind, und solchen, die aufgrund menschlicher Verehrung zu Göttern geworden sind, unterschieden wird.[1242]

---

[1240] Also »ὤν« statt des »ὄν« bei *Nock/Festugière* I, 38, Z. 19.

[1241] Reitzenstein schlägt also »ὄν« vor. Das ist in Verbindung mit der Übersetzung von Festugière (*Nock/Festugière* I, 38) grammatikalisch unmöglich, weil statt »αὐτός« ein »αὐτό« stehen müßte (bezogen auf τὸ ἀγαθόν). Reitzensteins Emendation liegt aber auch sachlich nicht nahe, weil sie das Resultat des Argumentationsganges vorwegnimmt, während der Verfasser ganz deutlich Schritt für Schritt vorgeht, um die Identität Gottes mit dem Guten zu erweisen. Das Ziel ist erst S. 39, Z. 5f. erreicht.

[1242] »τιμή« ist eigentlich, was den Göttern als solchen zukommt, vgl. den Art. τιμή, ThWNT VIII, 170ff., bes. 171 für Platon, Nom. 723e (und weitere Belege); 173 für LXX-Belege; 174 für Belege aus Philo und Josephus; s. auch Diod. Sic. I, 15,9; III, 2,2; VI, 1,2; VI, 1,4; Ps.-Klem., Hom. ια 27,2; ς 18,3. »τιμᾶν« kann aber auch einfach den Sinn haben: »ehrenvoll bezeichnen«, z.B. Exc. Stob. XXIII, 10; 32.
Für euhemeristische Tradition: Ps.-Klem., Hom. ϑ 5,3; 5,4–5 (beides für ein »τιμᾶν« der Götter durch Menschen, an letzterer Stelle kontrastiert mit »ὄντως θεοὶ εἶναι ἐνομίσθησαν«); 6,1 (»προστιμᾶν«); ς 23,1; Diod. Sic. III, 9,1 (»τετευχέναι τιμῶν ἀθανάτων«; im Zusammenhang auch der Begriff »φύσις«); VI, 1,2 (»διὰ δὲ τὰς εἰς ἀνθρώπους εὐεργεσίας ἀθανάτου τετευχότας τιμῆς τε καὶ δόξης« – wegen »εὐεργεσία« deutlich stoisch beeinflußt; im Zusammenhang ist ebenfalls von »φύσις« die Rede). Hierher gehört mit einiger Wahrscheinlichkeit aus dem Neuen Testament auch die Wendung Gal 4,8: »τοῖς φύσει μὴ οὖσιν θεοῖς«, eine Ausdrucksweise, die Paulus vielleicht aus hellenistisch-

Der Verfasser sagt allerdings nicht, wie die Parallelität zu S. 38, Z. 20 erwarten läßt, daß Gott κατὰ φύσιν *Gott* ist. Die erwartete Aussage wird abgewandelt im Hinblick auf das Argumentationsziel, den Erweis der Identität Gottes mit dem Guten. Daher wird gesagt, daß Gott κατὰ φύσιν das *Gute* ist.

Offenbar scheut sich der Verfasser nicht, für die Erhebung Gottes über die anderen Götter Traditionen zu verwenden, die auf einen notorischen Atheisten (»ἄθεος«) der Antike, nämlich Euhemeros, zurückgehen;[1243] ähnlich hatte er ja in CH II,9–10 auf Lehren eines anderen bekannten Gottesleugners der Antike, nämlich des Epikur zurückgegriffen.[1244] Zur Verherrlichung Gottes sind also nicht einmal solche philosophischen Traditionen tabu, die – zumindest nach antiker Anschauung – ausdrücklich gegen den Gottesglauben gerichtet sind.[1245]

Beim Rückgriff auf euhemeristische Vorstellungen scheint der Verfasser aber nicht direkt auf Euhemeros zurückzugreifen, sondern auf die doxographische Tradition. Denn er geht offenbar von der Vorstellung aus, daß die »sogenannten« Götter durch *Konsekration der Menschen* zu Göttern geworden sind.[1246] Das ist typisch für spätere, schon bei Diodor[1247] und auch bei Laktanz[1248] zu findende *euhemeristische Tradition,*[1249] während *Euhemeros selbst* der Meinung war, daß die Urzeitkönige durch *Selbst*konsekration zu Göttern geworden sind.[1250]

---

jüdischer monotheistischer Propaganda kannte, die sich ja aufgeklärter Traditionen bediente, vgl. *Conzelmann*, Kor., 176.

[1243] Plutarch, Mor. 359f – 360b (= De Is. et Os., cp. 23) über Euhemeros: »... ὃς αὐτὸς ἀντίγραφα συνθεὶς ἀπίστου καὶ ἀνυπάρκτου μυθολογίας πᾶσαν ἀθεότητα κατασκεδάννυσι τῆς οἰκουμένης ...«; Cicero, Nat. deor. I, 118–119; Sextus Empir., Adv. math. IX, 17 = FGH 63,4c, IA, p. 301 *Jacoby*, und IX, 51 = FGH 63,4b, IA, p. 300–301 *Jacoby*. Der Atheismusvorwurf gegen Euhemeros schimmert auch durch bei Clemens Alex., Protr. 24,2–3, p. 18 *Stählin*, Clemens macht ihn sich aber nicht zueigen. Vgl. *Hopfner*, Isis 2, 103; *Jacoby*, 964; *Thraede,* 880.

[1244] Epikur als Gottesleugner, in einer Reihe mit Euhemeros und anderen antiken Atheisten erwähnt: Cicero, Nat. deor. I, 117–121; zu Epikur vgl. Laktanz, De ira IX, PL 7, 98A–B (= ANFa VII, 264f.); Div. Inst. I, 2, PL 6, 120A (= ANFa VII, 11). Andere antike Atheisten sind: Protagoras; Diagoras; Kritias; Prodikos von Kos; Theodorus.

[1245] Darin ist das Vorgehen des Hermetikers vergleichbar dem christlicher Autoren, die Euhemeros als Zeugen gegen den heidnischen Polytheismus verwenden, *Jacoby*, 966; *Hopfner*, Isis 2, 103. Vgl. Laktanz, De ira IX (= ANFa VII, 264), wo Euhemeros, im Gegensatz zur Vorlage bei Cicero, aus der Liste der ἄθεοι gestrichen ist; ebenso:) Div. inst. I, 2 = ANFa VII, 11.
Vgl. auch Clemens Alex., Protr. 24,2–3 (p. 18 Stählin); Laktanz, Div. Inst. I, 11,33 = ANFa VII, 23; Augustin, Civ. Dei VI, 7.

[1246] So ist wohl S. 39, Z. 20 zu verstehen. Der Gedanke könnte aber auch in den Ausführungen der Zeilen 15–17 (vgl. die Wendungen »ὑπὸ πάντων«; »ὀνομάζουσι«) wirksam sein.

[1247] *Thraede,* 881; *Jacoby*, 965.

[1248] Laktanz, Div. Inst. I, 15, PL 6, 193a; im 15. Kapitel (= ANFa VII, 26–28) beschreibt Laktanz die Evolution des Gottesglaubens aus der Verehrung von Menschen, z.B. Königen und Städtegründern; zu I, 22,21–26 vgl. *Jacoby*, 965. Auch Div. Inst. VII, 14,1, PL 6, 779B–780A liegt euhemeristische *Tradition* zugrunde: »... qui mortales quosdam decretis placitisque mortalium deos esse factos opinantur ...«

[1249] *Jacoby*, 964–965; *Spoerri*, 193.

[1250] Selbstkonsekration wird geschildert Laktanz, Div. Inst. I, 22,21–27 = FGH 23, IA, p. 311f. *Jacoby*; Laktanz, Div. Inst. I, 11,45–46 = FGH 24, IA, p. 312 *Jacoby*; euhemeri-

Angesichts der in den hier behandelten Abschnitten immer wiederholten, mit Emphase vorgetragenen Feststellung, daß nur Gott gut ist, muß einmal ausdrücklich die Frage gestellt werden, ob der Verfasser vielleicht gegen Ansichten konkreter Gegner polemisiert. Die ersten beiden Sätze von CH II,16 (S. 38, Z. 14 bis etwa 17) scheinen doch recht deutlich auf bestimmte Personen Bezug zu nehmen, deren Ansichten der Verfasser bestreiten will (bes. Z. 17: »ὀνομάζουσι«).

Die Position denkbarer Gegner wäre, daß nicht allein der eine, oberste Gott gut ist, sondern auch die untergeordneten Götter, z.b. die Gestirne, und auch Dämonen und einige Menschen als »gut« bezeichnet werden können. Die Position der Gegner wäre nicht, daß Gott nicht gut oder sogar schlecht ist. Das zeigt sich schon daran, daß der Verfasser Z. 15 einfach voraussetzt, daß durch die mangelhafte Erkenntnis der wahren Natur des Guten (d.h. seiner exklusiven Identität mit Gott) auch Gott nicht erkannt wird. Darin kommt natürlich primär die Gleichsetzung Gottes mit dem Guten durch den Verfasser selbst zum Ausdruck, aber er könnte doch nicht so argumentieren, wenn die vermeintlichen Gegner nicht die Ansicht teilen würden, daß Gott gut ist. Die Kritik des Hermetikers richtet sich gegen eine Position, die Gottes *exklusive* Gutheit in Frage stellt, nicht seine Gutheit überhaupt.[1251]

Die denkbaren Gegner hätten dabei die Position vertreten, daß die untergeordneten Götter, Dämonen und Menschen in einem *geringeren Maße* als Gott gut sind, daß ihre Gutheit abgeleitet und sekundär zu der Gottes ist. Sie hätten also eine Abstufung des Guten vom höchsten, ganz und gar guten Gott bis hinab zu den Menschen angenommen. Genau diese Stufentheorie scheint nämlich vom Verfasser mit der Wendung »κἂν κατὰ ποσονοῦν« (S. 38, Z. 4) angegriffen zu werden.

Damit ist aber, wie schon öfters angedeutet, gerade die Lehre des *Mittelplatonismus* beschrieben.[1252] Wir können auch sagen: es handelt sich weitgehend um die Position der vom Verfasser selbst bevorzugten Tradition! Das macht es nun aber doch recht unwahrscheinlich, daß er sich in Auseinandersetzung mit konkreten Gegnern befindet, gegen deren Ansichten er in unserer Passage zu Felde zieht. Über weite Strecken des Traktates scheint er ja auch selber davon auszugehen, daß Größen, die Gott untergeordnet sind, gut sind, wobei das durchaus ein geringeres Maß an Gutheit als bei Gott sein kann. Der νοῦς wird allerdings so positiv charakterisiert, daß er an Gutheit Gott geradezu gleichkommen muß; die Prädikationen des νοῦς in II,12a wären gar nicht verständlich, wenn er nicht gut wäre, und auch eine Bemerkung wie in II,16 (S. 39, Z. 2–3) setzt voraus, daß es Gutheit auch außerhalb von Gott gibt. Der

---

stische *Tradition* liegt wohl Diod. Sic. III, 9,1 zu Grunde: hier ist nämlich der für Euhemeros selbst unbekannte, stoische Gedanke der εὐεργέται eingeflossen, vgl. auch *Diels*, Doxog. 296a15–297a10; siehe auch *Spoerri*, 194; *Thraede*, 881.

[1251] Vgl. auch das betonte »καί ... καί« S. 38, Z. 16, daß die Ansicht, sowohl Götter als auch (einige) Menschen seien gut, herausstellt.

[1252] Belege siehe oben!

Verfasser würde also gegen Gegner polemisieren, ohne zu bemerken, daß er selbst ihre Position vertreten hat.

Wahrscheinlicher ist, daß er sich einfach von der Exklusivitätstradition mitreißen läßt; dazu mag die emotionale Sprache der monotheistischen Propaganda beigetragen haben. Er schließt sich der Tradition an, die seinem Anliegen, die Einzigartigkeit Gottes zum Ausdruck zu bringen, am meisten dienlich ist, ohne Rücksicht auf die Vereinbarkeit mit ihm nahestehenden Traditionen (besonders der platonischen) und seinen eigenen Ausführungen an anderen Stellen des Traktates. Es entsteht sogar der Eindruck, als wolle er diesen Auffassungen und Traditionen ausdrücklich widersprechen.

Das ist aber keine Polemik gegen konkrete Gegner, sondern nur eine an der hier behandelten Stelle hervortretende Einseitigkeit. Auch die scheinbare Bezugnahme auf konkrete Personen läßt sich mit Hinweis auf die Exklusivitätstradition erklären; zu ihr gehört nämlich auch der aus der monotheistischen Propaganda stammende Gedanke, daß diejenigen Menschen, die nicht an den einen Gott glauben, einen verfinsterten Verstand haben, blind und im Irrtum befangen sind, etc.;[1253] dieses Element der Tradition dürfte in den Z. 14–17 seine Spuren hinterlassen haben.[1254]

Der Verfasser verbindet im ganzen Traktat immer wieder unterschiedliche, teilweise widersprüchliche Vorstellungen zu einer spannungsreichen, im letzten nicht logisch ausgeglichenen Einheit. An unserer Stelle schließt er sich der exklusiven Vorstellung an, daß nur Gott allein gut ist, nimmt aber z.B. in derselben Passage (in CH II,15, S. 38, Z. 8–10) auch die dazu in Spannung stehende Tradition von der Allgegenwart Gottes bzw. des Guten im Kosmos auf. Man darf also die Exklusivitätstradition und ihre Spitzensätze nicht isoliert betrachten. Ein ganz ähnliches Phänomen der Verbindung gegensätzlicher Anschauungen findet sich auch in CH V. Dort ist zunächst von der absoluten Unerkennbarkeit Gottes die Rede (CH V,1, *Nock/Festugière* I, 60, Z. 6; 13–14 u.a.); das entspricht dem Transzendenz- und Exklusivitätsgedanken in unserem Traktat. Im Verlauf der Argumentation wird diese Vorstellung aber in einen Pan(en)-theismus (CH V,10–11, *Nock/Festugière* I, 64, Z. 11 – 65, Z. 5) überführt, der sicher mit der auch in CH II aufgenommenen παρουσία-Tradition zu-

---

[1253] Siehe die oben genannten Stellen, bes. zum Motiv der Unwissenheit; vgl. etwa SapSal 13,1 (ff.); 14,14; 14,22 (ff.); 16,16 (ff.); Ps.-Klem. Hom. ϑ 2,1–2; 5,2; 6,1–2; Or. Sib. IV, 4–7, p. 91 *Geffcken*; V, 276–280, p. 117f. *Geffcken*; weitere Belege aus den Or. Sib. bei *Wilckens*, Rö., 97, n. 143; Philo, Virt. 179, vgl. auch Virt. 102; Mos. II, 171; Ebr. 109–110; Clemens Alex., Protr. 23,1; 65,4; 118,5; Strom. IV, 168,2–3; VII, 43,6. Dasselbe Motiv (und dieselbe Tradition) wirkt auch im Hintergrund von Röm 1,18–32, bes. 23–26, vgl. *Lietzmann*, Rö., 33 (mit Parallelstellen); *Bornkamm*, Offenbarung, 140–141; 145; 150 mit n. 43; *Käsemann*, Rö. 34–36; 41–42; *Wilckens*, Rö., 96–97; 99–100; bes. 97, n. 143–145 (Parallelen aus der jüdischen bzw. jüdisch-hellenistischen Literatur).

[1254] Es erscheint gegenüber der Tradition aber deutlich gedämpft, allzu drastische Formulierungen werden vermieden. Der Grund dürfte sein, daß sich der Verfasser sehr wohl bewußt war, mit seinen Ausführungen in Widerspruch zur platonischen, aber auch z.B. zur hermetischen Tradition zu stehen. Das mag ihn zur Zurückhaltung veranlaßt haben.

sammenhängt. Streng logisch sind beide Vorstellungen nicht vereinbar, aber sie gehören *theologisch* zusammen, denn sie dienen beide demselben Zweck, der Hervorhebung und Verherrlichung Gottes.

Spannungen und Widersprüche treten auch deshalb hervor, weil der oder die Verfasser[1255] die der Tradition entnommenen Aussagen und Motive zuspitzen und mit religiöser Inbrunst steigern. Anzeichen gläubigen Eifers sind dabei die reichliche Verwendung von Superlativen, mehrfache Wiederholung inhaltlich gleicher Aussagen in unterschiedlichen Formulierungen, Gegenüberstellung von negativer und sie überbietender positiver Aussage, etc. Diese Phänomene lassen sich in CH V und CH II leicht nachweisen. Sie dürfen nicht als Polemik gegen bestimmte Gegner verstanden werden.

An unserer Stelle läßt sich der Verfasser also von der Exklusivitätstradition mitreißen, an anderer Stelle dagegen von der Parousiavorstellung[1256], wobei er aber deutlich vorsichtiger als bei der Exklusivitätstradition ist; er hält sich auch mehr zurück als der Verfasser von CH V, der, wie gesagt, bei pantheistischen Vorstellungen auskommt.

Wir haben mehrfach auf die Steigerung der Parousia-Tradition zum Pantheismus in CH V verwiesen; in CH VI, einem mit CH II eng verwandten Text,[1257] wird, wie in CH V die Parousiatradition, entsprechend die *Exklusivitätstradition* gesteigert. Zunächst findet sich auch in CH VI die Aussage, daß Gott allein gut bzw. das Gute ist (CH VI,1, *Nock/Festugière* I, 72, Z. 3–4). Auch in der Welt der ὕλη findet sich das Gute, nämlich – ganz platonisch gedacht – qua Teilhabe am Guten selbst (CH VI,2, *Nock/Festugière* I, 73, Z. 11f.).[1258] Diese vergleichsweise differenzierte und dem in den meisten Teilen von CH II Gesagten ähnliche Sicht wird dann jedoch aufgegeben; der Autor versteigt sich zu dem Spitzensatz (CH VI,4, *Nock/Festugière* I, 74, Z. 17f.): »ὁ γὰρ κόσμος πλήρωμά ἐστι τῆς κακίας, ὁ δὲ θεὸς τοῦ ἀγαθοῦ …«. Hier wieder ein gnostischer Antikosmismus seine Spuren hinterlassen haben,[1259] doch ist es genau so gut möglich, daß nur wieder religiöser Übereifer durchschlägt.

Eine Auffassung wie die in CH VI,4 ist dann offenbar im hermetischen Kreis auf entschiedenen Widerspruch gestoßen, wie CH IX,4 deutlich macht.[1260] Offenbar in Widerspruch zu einer Position, die den Kosmos pauschal als schlecht qualifiziert, wird in IX,4 betont, daß diese Ansicht blasphemisch ist und nicht der Kosmos, sondern die Erde (γῆ) Quelle des Schlechten ist (*Nock/Festugière* I,98, Z. 6f.). Und auch wenn es (von der Erde her) im Kosmos Schlechtes gibt,

---

[1255] Ob CH V einen, und dann denselben Verfasser hat wie CH II, soll hier nicht entschieden werden.

[1256] Hierher gehört z.B. die oben bemerkte emphatische Voranstellung des Demonstrativpronomens in dem Satz S. 38, Z. 11: »τοῦτό …«.

[1257] Siehe *Reitzenstein*, Poimandres, 194.

[1258] Vgl. auch CH VI,3, *Nock/Festugière* I, 73, Z. 17–18: »ἐν δὲ τῷ ἀνθρώπῳ κατὰ σύγκρισιν τὸ ἀγαθὸν τοῦ κακοῦ τέτακται.« Vgl. auch die folgenden Ausführungen in VI, 3, besonders S. 73, Z. 18 – S. 74, Z. 3.

[1259] Vgl. *Nock/Festugière* I, 103, n. 16.

[1260] *Nock/Festugière* I, 77, n. 17 von 76.

so ist es dem θεοσεβής doch gut und wirkt ihm zum Guten (*Nock/Festugière* I,98, Z. 8–9).

Man wird also zwar weder für CH II,14–16 noch für CH VI annehmen können, daß Gegner im Visier sind, aber die in CH II,14–16 anklingende und in CH VI,4 mit aller Deutlichkeit vertretene Position könnte selbst Anlaß gewesen sein, daß sich im Kreise der Hermetiker eine Gegenposition gebildet hat, die in CH IX,4 greifbar wird. Wir haben hier vielleicht Spuren einer lebendigen Diskussion im Hermetikerkreis.

Die Argumentation unseres Verfassers kommt in CH II,16, S. 39, Z. 2–6 zum Ziel. Dabei versucht er, den Eindruck einer dichten, besonders stringenten Argumentations- und Folgerungskette zu erwecken: dem Leser soll deutlich sein, daß bei der Ableitung der Schlußfolgerung Z. 5–6 nirgends ein Gedankensprung vorliegt, sondern sie sich streng logisch ergibt. Die zu diesem Zweck verwendeten Mittel sind Stichwortanschluß und am Ende sogar die Andeutung eines syllogistisch aufgebauten Schlusses.

Der S. 39, Z. 2 beginnende Satz klingt recht gewichtig, weil zentrale philosophische Begriffe wie »γένος« und »φύσις« verwendet werden. Es wäre aber wohl falsch, in ihn allzu viel Gehalt hineinzulegen. Die merkwürdig geschraubt wirkenden Formulierungen, daß Gott und das Gute »eine Natur« haben und daß ihnen »ein Genos« zueigen ist, haben wohl keinen tiefen philosophischen Sinn, sondern dienen einem doppelten Zweck: sie sollen zum einen die Gleichsetzung Gottes mit dem Guten so klar wie möglich zum Ausdruck bringen, zum anderen diese Gleichsetzung aber noch nicht explizit aussprechen, sondern bis zum Schluß der Argumentation offen halten. Die Identitätsaussage wird gleichsam in immer enger an das Zentrum heranführenden Windungen umkreist. Dadurch will der Verfasser Spannung erzeugen und seinen Leser noch ein wenig auf die Folter spannen, bevor er schließlich das Resultat seiner Überlegungen ausspricht.

Der Begriff φύσις[1261] in Z. 2 wird also wohl nicht in seinem tiefen philosophischen Gehalt beansprucht. Er dürfte Stichwortanschluß zu »κατὰ φύσιν« in Z. 1 herstellen und so die enge gedankliche Verbindung beider Sätze insinuieren, um den Eindruck argumentativer Stringenz und Dichte zu erwecken. Außerdem wird durch die Feststellung, daß Gott und das Gute *eine* Natur haben, deren Identität deutlich zum Ausdruck gebracht, aber eben immer noch nicht explizit ausgesprochen.

Für die Formulierung (»Gottes φύσις ist das Gute«) gibt es kaum präzise Parallelen,[1262] was den redaktionellen Charakter der Bemerkung bestätigt.

---

[1261] Vgl. die Parallelen zu unserer Stelle bei Epiktet, Diss. II, 8,3: »ἐνταῦθα (= in Gott) τοίνυν ἁπλῶς ζήτει τὴν οὐσίαν τοῦ ἀγαθοῦ«; auch Seneca, Epist. 95,49: »quae causa est dis bene faciendi? *natura* (= griech. φύσις) …«; Seneca, Epist. 65,10: »Quaeris, quod sit propositum deo? bonitas. Ita certe Plato ait: ›quae deo faciendi mundum fuit causa? bonus est … ‹«.

[1262] Vgl. aber Greg. Nyss., Vit. Mos. 7, PG 44, 301A: »τὸ πρῶτον καὶ κυρίως ἀγαθόν, οὗ ἡ φύσις ἀγαθότης ἐστίν, αὐτὸ τὸ θεῖον …«; vgl. auch Greg. Nyss., De hom. opif. XII, PG 44, 161C; ders., C. Eun. IX, PG 45, 808D (beides aber ohne den Begriff »φύσις«).

Freilich gibt es zahlreiche Parallelen für die Rede von der »Natur der Götter« oder der »Natur des Guten«; der Verfasser greift einfach auf allgemein übliche Ausdrucksweisen zurück. Vielleicht klingt die Formulierung von der φύσις ϑεοῦ, die das Gute ist, neuplatonisch.[1263]

Besonders geschraubt und umständlich wirkt die Wendung »ἓν γένος ἀμφοτέρων« (S. 39, Z. 2–3). Das Künstliche der Ausdrucksweise[1264] zeigt sich daran, daß sie genau genommen besagt, daß es für Gott und das Gute ein Genos gibt – nämlich eines, das beiden übergeordnet ist und sie umschließt, nicht eines, das mit ihnen identisch ist. Dann aber wären Gott und das Gute nicht das oberste Genos, sondern ein untergeordnetes.

Natürlich ist das nicht gemeint; der Verfasser meint selbstverständlich, daß Gott und das Gute eine und dieselbe, und zwar die oberste Gattung sind. Aber diesen Gedanken klar auszudrücken würde bedeuten, die Schlußfolgerung des Gedankengangs vorwegzunehmen. Deswegen wählt der Verfasser eine so umständliche, ja mißverständliche Ausdrucksweise. Sie hat wieder Ähnlichkeit mit neuplatonischen Formulierungen.[1265]

Die Wendung »ἐξ οὗ τὰ γένη πάντα« (S. 39, Z. 3) soll das bezeichnete Mißverständnis abwehren, denn sie charakterisiert Gott bzw. das Gute als die *oberste* Gattung. Denn von keiner anderen kann gesagt werden, daß *alle* (anderen) γένη aus ihr hervorgehen.[1266] In der Wendung klingt entfernt noch einmal der παρουσία-Gedanke an, allerdings in platonischer Gestalt; der Satzteil leitet über zu den beiden folgenden Sätzen, in denen das ebenfalls platonische Bedürfnislosigkeitsmotiv aufgenommen ist (S. 39, Z. 3–5).

Die Gedankenverbindung besteht in einer Parallelisierung zwischen dem Hervorgehen aller Gattungen aus der obersten einerseits und dem schöpferisch wirksamen Geben des Guten bzw. Gottes andererseits. In der platonischen Tradition ist der Gedanke bereits vorgegeben, daß das Gute nicht nur oberste Gattung, sondern auch oberstes schöpferisches Prinzip ist.[1267]

Außerdem ist wohl an eine Entsprechung zwischen der Voraussetzungslosigkeit der obersten Gattung[1268] einerseits und der Bedürfnislosigkeit Gottes andererseits gedacht. Auch diese Parallelität scheint beim Übergang des Z. 2–3 stehenden Satzes zu den drei letzten im Hintergrund zu stehen.

---

[1263] Vgl. z.B. zur φύσις ἀγαϑοῦ: Sextus Empir., Pyrrh. Hypot. III, 174–175; Plotin, Enn. I, 4,3,32; I, 6,9,38; I, 8,2,1; III, 9,1,1f.; V, 5,13,20; VI, 2,17,2–5; VI, 7,16,27f.; VI, 7,23,7; VI, 7,28,26.

[1264] In der Übersetzung wurde versucht, das Ungeschickte, Künstliche der Wendung nachzuahmen, siehe die Übers., z.St.

[1265] Vgl. die sachlich korrekten Formulierungen bei Plotin, Enn. IV, 3,2,2–3; VI, 2,17,5; VI, 3,8,4–6; VI, 3,9,2 und 40–42; VI, 3,27,2–3; vgl. auch VI, 3,3,13–15.

[1266] Vgl. die parallele Ausdrucksweise bei Plotin, der freilich davon ausgeht, daß das ἀγαϑόν selber gerade *kein* Genos ist: »ἀλλὰ καὶ τὰ ἄλλα ἔφαμεν γένη ἐν αὐτῷ …«, Enn. VI, 2,17,10f.

[1267] Vgl. z.B. schon Platon, Phaid. 99c und dann die wichtige, bereits genannte Stelle Polit. 509b6–8.

[1268] Ein platonischer Gedanke, siehe *Stenzel*, Dialektik, 17–18; *Beierwaltes*, 45–46; siehe Proklos, In rem publ. I, 287,5ff. *Kroll* (zur Voraussetzungslosigkeit der Idee des Guten).

Die letzten Zeilen des Abschnittes lassen sich nun als Andeutung eines logischen Schlusses interpretieren, während die Gedankenverbindungen der voraufgehenden Sätze auf (in der Tradition an- oder nahegelegten)[1269] mehr oder weniger überzeugenden Analogien und Parallelisierungen beruhen. Offenbar soll bei der endgültigen Ableitung der vom Verfasser intendierten Schlußfolgerung besonders nachhaltig der Anschein logischer Stringenz erweckt werden. Die letzten drei Sätze haben nämlich eine syllogistische Struktur. Der angedeutete Syllogismus läßt sich wie folgt rekonstruieren:

1. Prämisse: Das Gute gibt alles und empfängt nichts.

2. Prämisse: Gott gibt alles und empfängt nichts.

3. Konklusion: Gott ist das Gute und das Gute ist Gott.

Dieser »Schluß« ist – logisch betrachtet – aus vielen Gründen verfehlt, z.B. weil der Verfasser auf eine Identitätsaussage hinauswill, während syllogistische Schlüsse Prädikationsaussagen betreffen, und auch weil Syllogismen in der Tradition nicht singuläre Aussagen betreffen.[1270] Vor allem ist der Schluß auch deshalb verfehlt, weil der Verfasser in der ersten Prämisse die Schlußfolgerung vorwegnimmt. Denn er schreibt nicht, wie oben rekonstruiert, »das Gute« (»τὸ ἀγαθόν«), sondern »der Gute« (»ὁ ... ἀγαθός«); das Beweisziel ist also sozusagen schon in die Prämisse eingedrungen, weil der Verfasser nicht damit warten kann, auszusagen, daß *das* Gute zugleich *der* Gute, also Gott selbst, ist.

Traditionsgeschichtlich gesehen gehört die Passage in den Kontext einer aristotelisch beeinflußten Logik.[1271] Auch in platonischen Kreisen beschäftigte man sich mit logischen Schlußverfahren, wie das Beispiel Galens zeigt,[1272] der sich mit der weiteren Systematisierung und Strukturierung der aristotelischen Logik beschäftigte. Vermutlich will unser Verfasser aber nicht unbedingt einen schulgerechten aristotelischen oder mittelplatonischen Syllogismus aufstellen. Dafür ist sein Argumentationsschema von einem fachgerechten Schluß einfach zu weit entfernt. Es ist sogar wahrscheinlich, daß der Verfasser über keine guten Logikkenntnisse verfügt. Seine Absicht dürfte eher gewesen sein, durch gewisse Ähnlichkeiten die *Assoziation* eines syllogistischen Schlusses zu er-

---

[1269] Vgl. noch einmal einige Belege für die Vorstellung vom Hervorgehen alles Guten aus Gott: Philo, Decal. 81; Spec. II, 53; 173f.; Leg. All. I, 34; 80 (mit dem Neidlosigkeitsmotiv); III, 105; 164; 177; Mig. 30; 121; Sac. 40; 59 (erinnert ein wenig an CH II,15, ersten Satz: »ἡ μὲν οὖν ἀγαθότης αὐτοῦ μέτρον ἀγαθῶν ἐστιν ... , ὁ δὲ ἡγέμων αὐτὸς ἁπάντων καὶ σωμάτων καὶ ἀσωμάτων ...«); 76 (mit dem Neidlosigkeitsmotiv); Abr. 143; von der φύσις De Exsecr. 130, u.a.; vgl. auch Philo, De Deo, Z. 144–153, p. 31f. *Siegert*; für das Hervorgehen des Schönen aus Gott: Maximos von Tyros, Or. XI, 11, p. 98,257–99,266 *Trapp*.

[1270] *Kneale/Kneale*, Development, 187.

[1271] Zur aristotelischen Syllogistik siehe *Kneale/Kneale*, Development, 54–81. Auch die eben diskutierte Wendung »ἓν γένος ἀμφοτέρων« S. 39, Z. 2f. »klingt« aristotelisch.

[1272] *Kneale/Kneale*, Development, 182–185.

wecken. Durch *Anklänge* an ein syllogistisches Schema will er seinen Darlegungen den Anschein logischer Strenge geben.

## 14. CH II,17 (S. 39, Z. 7 – 19)

In diesem Abschnitt wird die zweite προσηγορία Gottes behandelt, nämlich »Vater«.[1273] Rätselhaft erscheint das »πάλιν« S. 39, Z. 7, doch ein Blick auf die beiden letzten in II,16 angeführten Begründungen für Gottes Gutheit zeigt, weshalb unser Verfasser es verwendet: mit der Begründung: »διὰ τὸ ποιητικὸν πάντων« (Z. 8) ist seiner Ansicht nach offenbar dasselbe gemeint wie mit: »ἐξ οὗ τὰ γένη πάντα« in Z. 3 und »ἅπαντα ... διδούς« Z. 3–4 bzw. »πάντα δίδωσι« in Z. 4. Unser Verfasser will also sagen, daß Gott aus demselben Grund »Vater« genannt wird, aus dem er mit dem Guten gleichgesetzt wird: nämlich deshalb, weil alles aus ihm hervorgeht und von ihm abhängt. Das ist nämlich sowohl durch die Bezeichnung Gottes als Vater als auch durch das Neidlosigkeitsmotiv und die Gleichsetzung mit dem Guten impliziert. Jede ausführlichere Begründung für den Vatertitel ist damit überflüssig; sie wird nur mit zwei kurzen Bemerkungen angedeutet,[1274] bevor der Verfasser auf sein eigentliches Thema in diesem Abschnitt kommt.

Wichtiger sind ihm nämlich die praktischen Konsequenzen aus dem Vatertitel Gottes. Mit demselben Nachdruck, mit dem in II,14–16 Göttlichkeit und das Gutsein Gottes hervorgehoben wurden, wird in II,17 eine ethische Applikation eingeschärft: das gottentsprechende Leben besteht darin, Kinder zu zeugen.[1275]

Der Verfasser empfiehlt die Gottes väterlichem Wirken entsprechende Lebensweise mit folgenden Superlativen:[1276] die Kindeszeugung ist »μεγίστη ἐν τῷ βίῳ σπουδὴ καὶ εὐσεβεστάτη« (S. 39, Z. 9). Kinderlosigkeit ist entsprechend »μέγιστον ἀτύχημα καὶ ἀσέβημα« (S. 39, Z. 10f.). Es ist nur ein Geschmacksurteil, aber die Grenze zur Lächerlichkeit wird bei solchen Formulierungen sicherlich überschritten.

Wie bei der Betonung der Güte Gottes im vorhergehenden Textabschnitt ist auch hier vermutlich nicht eine gegnerische Position im Blick.[1277] Dagegen sprechen ungefähr dieselben Gründe wie in CH II,14–16. Die angenommenen Gegner der Kinderzeugung wären vermutlich Asketen, etwa konsequente

---

[1273] Für die in diesem Abschnitt vorkommenden Gedanken vgl. Ascl. 20.

[1274] S. 39, Z. 8: a) »διὰ τὸ ποιητικὸν πάντων«; b) »πατρὸς γὰρ τὸ ποιεῖν«.

[1275] Der Traktat ist also auch insofern planvoll aufgebaut, als nach der »*Dogmatik*« (besonders in II, 12) nun ein Stück »*Ethik*« folgt.

[1276] Die übertriebene Ausdrucksweise hat Parallelen in der stoischen Tradition, aus der die Aufforderung zur Kinderzeugung vermutlich stammt (siehe das Folgende); hier dürfte sich stoisch-kynischer Diatribenstil widerspiegeln. Vgl. z.B. Musonius XIV, p. 75,6–12 *Hense*: »Ὅτι δὲ μέγα καὶ ἀξιοσπούδαστον ὁ γάμος ἐστί ... πάντας γὰρ τούτους ὑπολαμβάνειν ἔργον πεποιῆσθαι τοῦτο, συνάγειν ἀλλήλοις πρὸς παιδοποιίαν ἄνδρα καὶ γυναῖκα.«

[1277] Gegen *Scott* II, 109; *Festugière*, Hermetica, 13.

Platoniker, Pythagoreer oder Mitglieder bestimmter gnostischer Zirkel in platonischer Tradition.[1278] Die Haltung des Verfassers zur Kinderzeugung ist dagegen sicherlich unplatonisch. Aber unser Verfasser stellt sich ja ansonsten überwiegend auf den platonischen Standpunkt. Vor allem vertritt er Positionen, die, konsequent zu Ende gedacht, durchaus zu einer asketischen oder enkratitischen Haltung führen könnten. Z.B. scheint ihm als Erlösungsideal die Befreiung von der Körperlichkeit vorzuschweben (s. S. 35, Z. 15f.).

Wenn man Gegner voraussetzt, müßte man also annehmen, daß der Verfasser in II,17 seine eigene Partei angreift bzw. Positionen, die von einer ihm nahestehenden philosophischen und religiösen Richtung vertreten werden. Das erscheint jedoch ziemlich unwahrscheinlich.

Folgende Interpretation dürfte eher zutreffen, vor allem wenn man die bisher gemachten Beobachtungen zur Arbeitsweise des Verfassers einbezieht:

Unser Hermetiker hat aus seiner Umwelt eine philosophische Tradition übernommen, die ihm besonders dazu geeignet schien, nun auch die sich seiner Ansicht nach aus der Hervorhebung Gottes ergebenden Konsequenzen für das praktische menschliche Verhalten zu ziehen. Gott wird im praktischen Vollzug geehrt, wenn man sich so verhält, wie es seiner Aktivität entspricht. Unseren Verfasser kümmert es dabei wie üblich wenig, daß die von ihm aufgegriffene Tradition in Spannung zu an anderen Stellen von ihm vorausgesetzten oder vertretenen Theorien steht. Er argumentiert rein »lokal«, d.h. er konzentriert sich ausschließlich und ohne Rücksicht auf Konsistenz auf das Anliegen, daß er an dieser Stelle vertreten will.

Dabei greift er auf eine in der Antike, auch in der für unseren Traktat in Frage kommenden Zeit, geführte Debatte zurück, deren Material sich an vielen Stellen findet, besonders aber bei Stobaios zusammengestellt ist, der im selben Werk ja auch CH II überliefert. Es wurde damals nämlich heftig darum gestritten,[1279] ob ein Mann heiraten und Kinder aufziehen solle oder nicht.[1280] Zuge-

---

[1278] Zu gnostischen Asketen (Enkratiten) siehe *Markschies*, Valentinus Gnosticus, 87, bes. n. 28.

[1279] Vgl. *Festugière*, Réligion Grecque, 324; *Nilsson*, Griechische Religion, 290f. Die Diskussion spiegelt sich wider in der Votensammlung zu Ehe, Frauen und Kindern bei Stobaios, Ekl. IV, 22, Teil 1, p. 494–512 *Hense* (positive Voten); Teil 2, p. 513–523 *Hense* (negative Voten); Teil 3, p. 524–531 *Hense* (neutrale bzw. gemischt pos.-negat. Positionen); Teil 7, p. 550–568 *Hense* (negative Voten); IV, 24 (dieser Abschnitt besonders zu den Kindern) Teil 1, p. 600–607 *Hense* (positive Voten); Teile 2 und 3, p. 608–615 *Hense* (negative Voten).

[1280] *Scott* II, 109; *Geytenbeek*, 80–82. Vgl. *Bousset*, Gnosis, 49, wo er Epiphanius nennt, der sich gegen Gnostiker wendet, die Kinderzeugung als die größte Sünde des Pneumatikers betrachteten und daher angeblich Kannibalismus mit dem Embryo praktizierten. Vgl. Clemens Alex., Strom. II, 138,2–6 (*Munier*, Nr. 74, 108f.); II, 139,3–5 (*Munier*, Nr. 75, 110f.); II, 140,1–2 (*Munier*, Nr. 76, 110–113); II, 141,2–142,2 (*Munier*, Nr. 77, 112f.); III, 45,1ff., bes. 6 (*Munier*, Nr. 86, 126f.); III, 67,1 (*Munier*, Nr. 90, 132f.). Zu Clemens vgl. noch einmal *Markschies*, Valentinus Gnosticus, 87 mit n. 28. Für einen Lobpreis der Kinderzeugung, vielleicht im übertragenen Sinne des Lehrer-Schüler-Verhältnisses (*Wyrwa*, 38f.), vgl. Clemens Alex., Strom. I, 1,2.

spitzt wurde das Problem auf die Frage, wie ein *Philosoph* sich in dieser Angelegenheit verhalten solle.[1281] Platonisch ist eher[1282] Gegnerschaft von Ehe und Kinderzeugung,[1283] die Stoiker waren eher Befürworter,[1284] weil Ehe und Kinderzeugung im Einklang mit ihrem Ideal vom Leben nach der Natur standen.[1285] Daneben gab es allerdings unter ihnen gelegentlich auch die Meinung, Ehe und Kinder(zeugung) seien Adiaphora.[1286]

Diese Debatte, insbesondere die Argumentation für die Kinderzeugung, dürfte der Verfasser in unserer Passage aufnehmen, um das der Schöpferkraft (und damit Größe) Gottes entsprechende Leben nachdrücklich einzuschärfen. Dabei mögen stoische Gedanken im Hintergrund stehen,[1287] der Verfasser ist

---

[1281] Vgl. z.B. Epiktet über die Kyniker, Diss. III, 22,67ff.: Der Kyniker sollte nicht durch Kinder von seinem Ziel, die Menschheit zu verbessern, abgehalten werden. Das gilt aber nur für die auserwählten Weisen; faktisch betrachtet Epiktet γαμεῖν καὶ παιδοποιεῖσθαι als eine der wichtigsten Pflichten überhaupt (Diss. III, 7,25f., auch I, 23). Siehe *Geytenbeek*, 83. Vgl. zu dieser Frage auch Musonius XIV, p. 76,10f. *Hense*.

[1282] Platon forderte allerdings in den *Nomoi* Gesetze gegen Ehelosigkeit, siehe Nom. 774a–b; vergleichsweise positiv zur Fortpflanzung auch Platon bei Stob., Ekl. IV, 24, Teil 1, p. 602,15–603,4 *Hense* (= Sympos. 208a–b).

[1283] Vgl. z.B. Stob., Ekl. IV, 22, Teil 2, p. 515,13–16 *Hense*; kritisch auch Ekl. IV, 22, Teil 2, p. 520,10–12 *Hense*; weitere Belege siehe unten!

[1284] SVF I, 270 (Diog. Laert. VII, 121 (Zenon)); SVF III, 686 (Stob., Ekl. II, 7,11, p. 109,16–18 *W.* (Chrysipp)); SVF III, 136 (Stob., Ekl. II,7,7, p. 81,5–6 *W.* (Chrysipp)); Musonios bei Stob., Ekl. IV, 24,15, p. 605,17–607,11 *Hense*; SVF III, 99 (Seneca, Ep. 74,22); SVF III, 96 (Sextus Empir., Adv. Math. XI, 46); SVF III, 731 (Diogenes Laert. VII, 120 partim); SVF III, 727 (Hieronym., Adv. Iov. II, 48.).

[1285] Hier ist besonders Musonius Rufus zu nennen, XV A, p. 77,4; 9–12; p. 78,1; 6–13; p. 78,15 – 79,1 (alles *Hense*); auch noch einmal SVF III, 686 (s. vorige Fußnote); stoisch auch Hierokles bei Stob., Ekl. IV, 24, p. 603,9–605,16 *Hense*; dazu *Geytenbeek*, 84. Auch Plutarch ist von stoischem Gedankengut beeinflußt, wenn er aus der Natur abliest: »πῶς γαμῶμεν αὐτοὶ καὶ γεννῶμεν καὶ τεκνοτροφῶμεν (ὡς μηδὲν ἐν ἑαυτοῖς δήλωμα τῆς φύσεως ὄν)« (Mor. 493c). Eine positive Sicht der Kinderzeugung findet sich auch in den Ps.-Klementinen, Hom. ε 22,2, p. 101 *Rehm*.

[1286] Siehe SVF III, 163 (Clemens Alex., Strom. II); SVF III, 164 (Theodoret., Graec. affect. cur.).

[1287] Daß es im stoischen Denken von der Vorstellung Gottes als des Schöpfers zu dem Gedanken kommen konnte, menschliches Zeugen entspreche diesem Verhalten, belegen Stellen wie Plutarch, Mor. 1001a–c (vgl. damit die SVF I, 128 gesammelten Stellen); SVF II, 622 (Dio Chrysost., Or. XXXVI, 55 (II, p. 15,12–27 *Arnim*)); dort heißt es u.a.: »... ἔρωτα δὲ λαβών – ὥρμησεν ἐπὶ τὸ γεννᾶν καὶ διαμένειν ἕκαστα καὶ δημιουργεῖν τὸν ὄντα νῦν κόσμον ... ὑγρὰν δὲ ποιήσας τὴν ὅλην οὐσίαν, ἓν σπέρμα τοῦ παντός, αὐτὸς ἐν τούτῳ διαθέων ...« (vgl. auch hier noch einmal die Stellen zur menschlichen Zeugung und Fortpflanzung in SVF I, 128). Wichtig ist in diesem Zusammenhang auch die – häufig mit der Bezeichnung als πατήρ zusammenstehende – Titulatur des Zeus als Φίλιος und Ἑταιρεῖος: Zeus will, daß alle Menschen zusammenkommen, Freunde sind, staatliche Gemeinschaften bilden und ihre Gesetze einhalten, vgl. etwa Dio Chrysost., Or. I, 39–40; Or. XII, 75; vgl. dazu *Jagu*, 71, n. 117; *Geytenbeek*, 78f. mit n. 2 auf 79; siehe dort auch: Epikt., Diss. III, 11,6. Bezeichnenderweise betont Musonius Rufus im selben Argumentationszusammenhang (XV A, p. 78,13 *Hense*): »ὁ δέ γε περὶ τοὺς θεοὺς ἁμαρτάνων ἀσεβής« (vgl. dazu die Redeweise an unserer Stelle!).

aber, wie im folgenden zu zeigen ist, auch durch andere Vorstellungen (z.B. jüdischer Provenienz) beeinflußt.

Etwas anderes als Gott »gut« zu nennen oder etwas anderes als das Gute »Gott«, ist ein ἀσεβεῖν (S. 38, Z. 12–13, Bezug: erstes Gottesprädikat). Dem entspricht, daß Kinderlosigkeit im Leben als »ἀσέβημα« (S. 39, Z. 11) bezeichnet wird (Bezug: zweites Gottesprädikat). Der Verfasser geht sogar so weit, dem Kinderlosen das Strafgericht durch die Dämonen, die Verwandlung in den Leib »von der Natur weder eines Mannes noch einer Frau« und die Verfluchung durch die Sonne anzudrohen (S. 39, Z. 12–15). Gerade der letzte Gedanke ist wichtig: wer in seinem Leben nicht dem göttlichen Wirken entspricht, dem tritt die Sonne, die das Licht der göttlichen Sphäre vertritt, feindlich gegenüber.

In der hier beschriebenen Argumentation verbindet der hermetische Verfasser unterschiedliche philosophische und religiöse Traditionen.

Eine Erklärung des religionsgeschichtlichen Hintergrundes unserer Stelle hat Festugière im zweiten Teil eines kurzen Aufsatzes vorgelegt.[1288] Er führt aus, daß der hermetische Verfasser sich an der hier gemeinten Stelle gegen freiwillig Kinderlose wende.[1289] Deren Bestrafung durch die Sonne bestehe in der Verbannung in einen Eunuchenleib.[1290] Die Erwähnung von Strafdämonen erkläre sich dadurch, daß die Dämonen allgemein – und besonders im Corpus Hermeticum – als Diener der Gestirne gesehen würden und ausführten, was diese ihnen befehlen.[1291] Das Hauptgestirn ist in diesem Zusammenhang die Sonne, der Schöpfer und Bewahrer des Lebens.[1292] Diese Rolle werde der Sonne auch im Corpus Hermeticum zugesprochen. Die unausgesprochene Schlußfolgerung Festugières ist: die Dämonen handeln bei der Bestrafung des Kinderlosen im Auftrag der Sonne.

Die Vorstellung von der Sonne als Schöpfer des Lebens ist nach Festugière besonders für Ägypten nachgewiesen.[1293] Die Sonne freut sich, wenn sie schöpferisch tätig ist;[1294] sie freut sich also auch über jede Weitergabe des Lebens[1295] und haßt denjenigen, der – seiner Männlichkeit beraubt – der Weitergabe des Lebens entgegensteht, also den Eunuchen.[1296]

Die in II,17 zum Ausdruck gebrachte moralische Auffassung scheint nach Festugières Meinung jüdischen Hintergrund zu haben: dafür spreche, daß im Judentum Eunuchentum wie Prostitution in gleicher Weise verurteilt würden;[1297] im Corpus Hermeticum sei jüdischer Einfluß an vielen Stellen nachweisbar; an unserer werde jedoch der Gott der Juden durch den Sonnengott ersetzt, im übrigen aber dieselbe moralische Schlußfolgerung gezogen.[1298]

---

[1288] *Festguière*, Hermetica (s. Lit.-Verz.), 13ff.
[1289] *Festugière*, Hermetica, 13f.
[1290] *Festugière*, Hermetica, 15.
[1291] *Festugière*, Hermetica, 15f. mit Berufung auf CH XVI,13–14.
[1292] *Festugière*, Hermetica, 16.
[1293] *Festugière*, Hermetica, 17.
[1294] *Festugière*, Hermetica, 17.
[1295] *Festugière*, Hermetica, 17–18.
[1296] *Festugière*, Hermetica, 18.
[1297] *Festugière*, Hermetica, 18–19.
[1298] *Festugière*, Hermetica, 20.

Obwohl die traditionsgeschichtliche Ableitung Festugières wichtige Aspekte des Textes ans Licht gebracht hat, müssen einige seiner Auffassungen kritisch überprüft und ergänzt werden. Daß z.b. der in II,17, S. 39, Z. 14 genannte Leib der eines Eunuchen ist, ist angesichts der antiken Sicht des Eunuchentums möglich, aber doch nicht sicher, wie Festugière anzunehmen scheint. Aus unserer Stelle ist auch nicht zu ersehen, daß die genannten Dämonen im Dienst der Gestirne stehen; die von Festugière herangezogenen Stellen[1299] zeigen, daß die Gestirne Einfluß auf die Menschen haben und im Corpus Hermeticum davon die Rede ist, daß die Dämonen von den Gestirnen beeinflußt werden.[1300] Doch ist an unserer Stelle vom Einfluß der Konjunktion der Gestirne auf den Menschen und von einer Unterordnung der Dämonen unter die Sonne nicht die Rede. Es muß daher als eine gewagte Kombination bezeichnet werden, wenn Festugière im Hintergrund unserer Stelle derartige Vorstellungen vermutet.[1301] Diese Auffassung ist schon deshalb problematisch, weil die Vorstellung, die Gestirne bzw. Gestirnskombinationen bei der Geburt eines Menschen hätten Einfluß auf sein Geschlechtsleben, und der Gedanke, die Dämonen führten den Willen der Gestirne aus, in den von Festugière genannten Quellen *nirgends zusammen* vorkommen.

Daß die Sonne das Gestirn des Lebens ist, ist in den antiken Quellen oft bezeugt;[1302] doch wird man vorsichtig sein müssen mit der Behauptung, daß die Sonne die Weitergabe des Lebens durch den Menschen segnet und den Eunuchen deshalb verflucht, weil er dazu nicht fähig ist. Die entsprechende Behauptung Festugières[1303] beruht nicht auf Belegen, sondern lediglich auf einer logischen Schlußfolgerung: »Si le Soleil a donc joie à créer la vie, il *doit nécessairement* (kursiv von mir) bénir toute transmission de la vie ... comme il doit hair ... l'être privé de virilité ...« Die einzigen hier relevanten Belege finden sich im jüdischen Bereich: es gibt die Vorstellung der »von der Sonne an« oder »durch die Sonne« Kastrierten (= »חמה סריס«).[1304] Merkwürdigerweise macht Festugière auf diese, relativ naheliegenden Parallelen *nicht* aufmerksam.

Die in diesem Zusammenhang von Festugière hingegen als Parallele angeführte Passage CH X,2–3[1305] sagt nicht dasselbe aus wie CH II,17, und man darf nicht den in CH X,2f. trotz ähnlicher Traditionen deutlich anderen Sinn nach CH II,17 eintragen: in X,2–3 ist nicht von der Verfluchung durch die Sonne die Rede, sondern davon, daß Gott durch sie nach dem Guten verlangt, also danach, schöpferisch tätig zu werden (S. 114, Z. 5–8). Die Sonne tritt also als positive Größe auf. Im Hintergrund dieser Auffassung könnte die platonische Identifikation des Guten mit dem Licht stehen; auf platonischen Kontext deutet auch die Verbindung mit dem Schöpfungsgedanken (»τὸ γὰρ ἀγαθόν ἐστι τὸ ποιητικόν«, Z. 7–8) und dem Gedanken der Neidlosigkeit (Z. 9–10: »τῷ μηδὲν μὲν λαμβάνοντι, πάντα δὲ θέλοντι εἶναι«) hin.[1306] Im übrigen ist die von Festugière vorgenommene Kombination von Stellen aus *verschiedenen* hermeti-

---

[1299] Vgl. *Festugière*, Hermetica, 15, auch n. 80 und 81.

[1300] *Festugière*, Hermetica, 15–16.

[1301] Gegen *Festugière*, Hermetica, 16.

[1302] Vgl. *Festugière*, Hermetica, 17, auch die n. 83–86 genannten Stellen.

[1303] *Festugière*, Hermetica, 17–18.

[1304] Siehe pauschal dazu die Belege bei *Strack/Billerbeck* I, 805–807; *Schneider,* Art. εὐνοῦχος, 765. Die Kernpassage ist Yev 8,4–6.

[1305] Vgl. *Festugière*, Hermetica, 17; *Nock/Festugière* I, 41, n. 28.

[1306] Die gleichen Traditionen sind auch in CH II,12b–17 miteinander verbunden.

schen Traktaten (besonders CH X und CH XVI) so lange methodisch fragwürdig,[1307] wie nicht erwiesen ist, daß die unterschiedlichen hermetischen Traktate zur Darstellung *einer* hermetischen Gesamtauffassung kombiniert werden dürfen.[1308] Festugières Argumentation für jüdischen Einfluß in der Aufforderung zur Kinderzeugung ist ebenfalls unvollständig.[1309] Es ist durchaus möglich, daß auch die jüdische Haltung zu Kinderzeugung und Kinderlosigkeit auf unsere Stelle eingewirkt haben könnte, zumal angesichts der angezeigten Parallelen zur Vorstellung des Kastriertseins von der Sonne. Die von Festugière selbst angeführten Belege sind jedoch äußerst mager; aus dem für CH II in Frage kommenden Zeitraum werden kaum überzeugende Parallelen genannt, und es fehlt bei Festugière jeder Hinweis auf eventuelle rabbinische Parallelen.[1310] Außerdem übersieht Festugière andere mögliche Einflußquellen, z.B. das oben genannte stoische Denken. Schließlich wäre zumindest darauf hinzuweisen, daß es für den fraglichen Zeitraum im Sinne jüdischen Reinheitsdenkens eine hellenistisch-jüdische Tradition der Hochschätzung des Eunuchentums gibt; theoretisch könnte sich der Verfasser auch gegen eine solche Auffassung gewandt haben.[1311] Zu bedenken wäre angesichts der oft gehörten Behauptung einer grundsätzlichen jüdischen Hochschätzung von Kinderzeugung und Kinderreichtum auch, daß es in hellenistisch-jüdischen Dokumenten Belege gibt, wo eine positive Wertung von Kinder*losigkeit* anklingt bzw. der Wert von Kinderreichtum in Frage gestellt wird.[1312] Problematisch ist schließlich die Argumentation mit Hilfe der generalisierenden Feststellung, daß jüdischer Einfluß im Corpus Hermeticum breit bezeugt sei (»amplement attestée«[1313]), was zu der Schlußfolgerung verwendet wird, jüdischer Einfluß liege auch in CH II vor. Nun läßt sich an mehreren Stellen im Corpus Hermeticum in der Tat jüdischer Einfluß, zumal der LXX, begründen, z.B. in CH I,11 und CH III,1 und 3, doch kann gegenüber der pauschalen Feststellung Festugières vom breiten jüdischen Einfluß geltend gemacht werden, daß ebenso von einem breiten ägyptischen Einfluß gesprochen werden könnte, ganz abgesehen davon, daß ja offenbar der griechische, etwa platonische Einfluß weit überwiegt.[1314] Reine Spekulation ist schließlich Festugières Annahme, an

---

[1307] Z.B. darf in CH II der Gedanke aus CH XVI, 18, daß die Sonne der δημιουργός ist, nicht eingetragen werden; auch ein Satz wie »σωτὴρ δὲ καὶ τροφεύς ἐστι παντὸς γένους ὁ ἥλιος« ist für CH II undenkbar; derartige Bezeichnungen kommen hier eher dem νοῦς zu.

[1308] Vgl. Boussets Kritik an Kroll, in: *Bousset*, Hermes Trismegistos, 98.

[1309] Die Argumentation bei *Festugière*, Hermetica, 18–20, bes. 20.

[1310] *Festugière*, Hermetica, 19, auch die nn.

[1311] SapSal 3,13f.; Philo, Det. 176: »ἐξευνουχισθῆναί γε μὴν ἄμεινον ἢ πρὸς συνουσίας ἐκνόμους λυττᾶν«; vgl. auch Mt 19,12; *Berger*, Gesetzesauslegung, 573.

[1312] Siehe SapSal 3,13–19; 4,1–6; Sir 16,1–3; vgl. auch Sir 9,1–13. Philo vergeistigt die Kinderzeugung (z.B. Post. 175; Cong. 72); er kann sich positiv zur Kinderzeugung äußern (z.B. Praem. 108, auch Virt. 207; Kinderlosigkeit als Negativum in Decal. 42), meist im Zusammenhang der Exegese einer Bibelstelle entsprechenden Inhaltes (Abraham und Sarah). Aber es gibt auch skeptische Äußerungen (vgl. etwa Cong. 12). Meist läuft seine Stellungnahme darauf hinaus, daß Kinder zu haben positiv ist, der Lustaspekt der Kinderzeugung aber negativ gewertet wird (siehe etwa Virt. 207; Abr. 253 (Lob der ἐγκράτεια); Spec. II, 135). So verbindet Philo die jüdische und die platonische Sicht.

[1313] *Festugière*, Hermetica, 19–20.

[1314] Merkwürdig ist, daß gerade Festugière die referierte Meinung vertritt, der doch in den Bänden II–IV seines Werkes »La Révélation d'Hermès Trismégiste« bemüht war, zu zeigen, daß sich die hermetischen Vorstellungen weitgehend aus griechischem Gedankengut erklären lassen. Viele der Stellen, an denen im Corpus Hermeticum jüdischer Einfluß nach-

unserer Stelle sei der jüdische Gott durch den Sonnengott ersetzt worden. Für diese Kombination unterschiedlicher Elemente bietet der Autor trotz Anführung einiger antiker Belege[1315] keine Parallelen. Eine solche Auffassung wäre nur mit Hinweis auf die genannte jüdische Vorstellung zu erwägen, zumal da auch von der Verschneidung »durch den Himmel« (סריס שמים, d.h. Verschneidung durch Gott) in Parallele zur Verschneidung durch die Sonne die Rede sein kann.[1316] Diese Parallelen werden aber, wie gesagt, von Festugière gar nicht herangezogen.

Die von Festugière vorgeschlagene Ableitung des religionsgeschichtlichen Hintergrundes unserer Stelle ist aus den angegebenen Gründen nicht voll überzeugend. Vor allem scheint nicht die ganze Vielfalt gerade in dieser Passage verarbeiteter Traditionen berücksichtigt. Außerdem werden zu viele spekulative Hypothesen aufgestellt. Der traditionsgeschichtliche Hintergrund unserer Passage könnte wie folgt zu bestimmen sein:

Die Bezeichnung Gottes als des »Vaters« dürfte dem Hermetiker aus der mittelplatonischen »Normalphilosophie« bekannt sein,[1317] ist jedoch auch in stoischem und jüdischem Denken verankert. Die Ableitung aus den beiden letztgenannten Traditionen liegt wegen der stoisch[1318] und/oder jüdisch[1319] bestimmten Aufforderung zur Kinderzeugung nahe. Dementsprechend dürfte der hermetische Verfasser eher auf den stoischen und jüdischen als auf den platonischen Gehalt der Vater-Vorstellung zurückgreifen, wenn er fordert, die Menschen müßten in ihrem Verhalten der schöpferischen Aktivität Gottes entsprechen.[1320]

Bemerkenswert ist, daß das von den Menschen geforderte Verhalten dem ja eigentlich transzendent gedachten *obersten* Gott entsprechen soll, nicht etwa

---

weisbar ist, sind denn auch durch *hellenistisch*-jüdische Tradition geprägt. – Vgl. auch *Mahé*, Hermès II, 447f.

[1315] Die aber alle nicht den in Frage stehenden Sachverhalt betreffen, vgl. *Festugière*, Hermetica, 20, nn. 101–104.

[1316] *Blinzler*, Εἰσὶν εὐνοῦχοι, 270, n. 54. Siehe bYev 80b, vgl. auch 75b.

[1317] Für die traditionsgeschichtliche Ableitung siehe oben, Übersicht über die platonischen Traditionen, bes. p. 177–179.

[1318] Noch einmal einige Belege: Siehe etwa *Andresen*, Justin, 158, n. 6; *Long/Sedley*, Fr. 57F,1 = (z.T.) SVF III, 340 (Cicero, De fin. III, 62ff.; De off. I, 128 über die Kyniker); Justin, Apol. I, 29,1, p. 45 *Goodspeed*; Athenagoras, Suppl. 33,1, p. 354 *Goodspeed*; Musonius XII, p. 63,17–64,3 *Hense*; XIII, p. 67,6–7; 68,1–2.8; XIV, p. 71,17–72,3 (alles *Hense*); SVF I, 270 (Diogenes Laert. VII, 121 – für diesen Beleg vgl. *Jagu*, 67, n. 106). Stoische Argumente finden sich auch in den II,17 vergleichbaren Ausführungen Ascl. 21.

[1319] Vgl. *Festugière*, Hermetica, 19–20. Dafür spricht eventuell auch wieder die emotionale Sprache sowie einzelne Begriffe (»εὐσεβεστάτη« – »ἀσέβημα«), die wieder an die hellenistisch-jüdische Propaganda erinnern.

[1320] Stoisch gesehen spiegelt sich darin sich wohl die schon erwähnte Vorstellung, daß Kinderzeugung geboten ist, weil sie naturgemäß ist, vgl. vor allem noch einmal Musonius XVa, p. 78,1; 6–13 *Hense*, wo Kinderlosigkeit als Vergehen gegenüber den Göttern und zumal Zeus kritisiert wird; auch XIV, p. 73,10–15; p. 75,6–8 *Hense*; vgl. *Geytenbeek*, 81; Cicero, De fin. III, 62; 64; 68, = aus *Long/Sedley*, Fr. 57F, vgl. SVF III, 340; besonders auch Chrysipp bei SVF III, 686 (Stob., Ekl. II, 7,11, p. 109,10ff.); SVF III, 731 (Diog. Laert. VII, 120 partim).

dem (weltzugewandten) νοῦς. Auf den ersten Blick scheint der Verfasser, vermutlich unter dem Einfluß der von ihm aufgenommenen stoischen und jüdischen Traditionen, die eigene Differenzierung zwischen den göttlichen Wesen zu vergessen. Denn in den genannten Traditionen gibt es ja keine Götter-«Hierarchie«. Der Widerspruch zu den übrigen Auffassungen des Hermetikers dürfte aber nicht einfach ein Versehen oder die übliche Inkonsistenz bei der Aufnahme divergierender Traditionen sein; vielmehr will der Verfasser damit auch eine dezidierte theologische Aussage wiederholen, nämlich den allumfassenden, auch das menschliche Handeln umgreifenden Autoritätsanspruch des obersten Gottes verdeutlichen. Die Passage liegt demnach auf der Linie der Argumentation des gesamten letzten Traktatteils (CH II,12b–17), in dem der überlegene Rang des obersten Gottes dargestellt wird; vielleicht könnte man die Argumentation in II,17 besonders mit der für II,14–16 konstatierten παρουσία-Vorstellung in Verbindung bringen, die ja auch den allumfassenden Herrschaftsanspruch Gottes aussagt und im übrigen, wie die Aufforderung zur Kinderzeugung, stoischen Hintergrund hat.

Aus unserer Stelle kann auch geschlossen werden, daß der Verfasser den obersten Gott offenbar noch nicht so völlig weltabgewandt und transzendent denkt wie Numenios seinen ersten Gott oder Plotin das überseiende Ἔν. In anderen Passagen von CH II kommt allerdings die Transzendenz des obersten Gottes stärker zum Ausdruck.[1321] Eventuell repräsentiert unser Traktat eine Entwicklungsphase des Platonismus, bei der sich der spätere neuplatonische Transzendenzgedanke erst allmählich herausbildet, dabei aber noch nicht eindeutig zum Durchbruch gelangt ist und auch erst noch mit anderen, entgegenstehenden Vorstellungen ausgeglichen werden muß.[1322]

Wie gesagt dürften hinter der Verurteilung der Kinderlosigkeit keine konkreten Gegner zu vermuten sein, die Aufforderung zur Kinderzeugung[1323] widerspricht aber sachlich dem überwiegend platonischen Standpunkt der voraufgehenden Abschnitte,[1324] weil der Platonismus eher[1325] leibfeindlich gesonnen war[1326] und die Entsprechung zu Gott eher in der Betrachtung der Gestirne und der vernünftigen Weltordnung sah,[1327] keinesfalls jedoch in der Kinderzeu-

---

[1321] Z.B. in den Verneinungen in CH II,14, S. 37, Z. 15 – S. 38, Z. 1.

[1322] Vielleicht gehört CH II also in die Zeit des sich gerade bildenden Neuplatonismus oder des späteren Mittelplatonismus, siehe dazu den Abschnitt »CH II im historischen Kontext. 1.) Datierung und Lokalisierung«, p. 275ff.

[1323] Mit starken sexuellen Konnotationen wird die Schöpfertätigkeit Gottes geschildert Ascl. 20, *Nock/Festugière* II, 321, Z. 9–12.

[1324] Vgl. z.B. Plotin, Enn. III, 4,2,12–15, dort heißt es u.a.: »διὸ φεύγειν δεῖ πρὸς τὸ ἄνω, ἵνα μὴ εἰς τὴν αἰσθητικὴν ἐπακολουθοῦντες τῇ ἐφέσει τοῦ γεννᾶν (!!) καὶ »ἐδωδῶν λιχνείαις«, ἀλλ᾽ εἰς τὸ νοερὸν καὶ νοῦν καὶ θεόν.«

[1325] Siehe oben aber einige dagegen sprechende Belege, besonders Platon, Nom. 774a–b.

[1326] Vgl. *Dörrie*, Eudorus, 299.

[1327] Für eine aus der Betrachtung der Gestirnsläufe gewonnene moralische Anwendung vgl. Plutarch, Mor. 550c–f (= *de Vogel* III, 1315b); die Grundstellen sind Platon, Tim. 47b–c; 90d.

gung.[1328] Doch verwendet der Hermetiker für die Untermauerung seiner Forderung den empedokleisch[1329]-platonischen[1330] Gedanken der Wiederverkörperung in einer Existenz, die dem Verhalten im Leben entspricht.[1331] Daß der Gedanke der Wiedergeburt in unserem Traktat eher dem platonischen als einem zu vermutenden ägyptischen Kontext entstammt,[1332] zeigt sich daran, daß S. 39, Z. 13ff. offenbar von der Wiedergeburt in *dieser* Welt die Rede ist und nicht, wie in der ägyptischen Mythologie, von der Bestrafung in der Unterwelt.[1333] Auch die Vorstellung strafender Dämonen verweist auf platonischen Kontext,[1334] wenn sie auch weiter verbreitet gewesen sein dürfte.[1335] Ein Pro-

---

[1328] Vgl. vor allem Platon, Symp. 208e1–209e4 (Diotima-Rede). 208e1–5 wird das Kinderzeugen mit Frauen abgewertet; das wahre Zeugen ist das geistige Zeugen, das auf die Seele, nicht den Leib bezogene Zeugen der Dichter, Staatslenker, Werkmeister etc. Für geistige Erzeugnisse sind Menschen schon Heiligtümer errichtet worden, nicht aber wegen der leiblichen Kinderzeugung. Eine »platonische Version« des Gedankens findet sich auch bei Philo, Op. 144, wo eine »geistige« Angleichung an Gott, den Schöpfer gemeint ist: »... διότι μόναις ψυχαῖς θέμις προσέρχεσθαι τέλος ἡγουμέναις τὴν πρὸς τὸν γεννήσαντα θεὸν ἐξομοίωσιν.«

[1329] Empedokles, FVS 31 B115 = KRS Fr. 401. Vgl. dazu Plotin, Enn. IV, 8,5, wo von der Wiedergeburt die Rede ist und im Zusammenhang Empedokles genannt wird. Die Pythagoreer hatten ähnliche Vorstellungen: vgl. zu Pythagoras KRS Fr. 284 (dort ist vom Scheinen der Sonne über den Gerechten, vom ewigen Nichtscheinen über den Ungerechten in der Unterwelt die Rede); siehe auch die Fragmente KRS Fr. 277 und 282–283.

[1330] Vgl. *Stettner,* 3 sowie das dort genannte Zitat aus Servius, In Aen. III, 68, p. 350 *Thilo/Hagen:* »... quia Plato perpetuam, dicit animam et ad diversa corpora transitum facere statim pro meritis vitae prioris.« Für Platon siehe Phaid. 113a2–5; für den Gedanken des moralischen Endgerichtes, jedoch noch ohne den Gedanken der Wiederverkörperung, vgl. Platon, Gorg. 523b; 523e–524a; 524d–525a; 526b–d1. Aus der platonischen Tradition stammt auch Timaios Lokros 84–87, p. 70–73 *Tobin;* Plotin, Enn. III, 4,2,16–30; III, 4,5; IV, 3,8,6–17; IV, 8,1,11–26. Stellen bei *Rich,* Reincarnation, 232, auch n. 4; *Dörrie,* Platonismus, 191; *Baltes,* Timaios Lokros, 245 (dort weitere Belege!).

[1331] Platon, Phaid. 81d–e; 82b–c; Polit. 618a; (619b); 620d; Plutarch, Mor. 567e–568a (mit bemerkenswertem Bericht über die Bestrafung der Seele des Nero); 591b–c; [Albinos], Epit. XXV, 6; für Plotin vgl. *Zeller* III, 2,2, 643–649 und die Stellen III, 2,13,3–8; 15. Enn. III, 4,2,16f. steht der Grundsatz: »ὅσοι μὲν οὖν τὸν ἄνθρωπον ἐτήρησαν, πάλιν ἄνθρωποι, ὅσοι δὲ αἰσθήσει μόνον ἔζησαν, ζῷα«; IV, 3,13ff., bes. IV, 3,15; 24; 27 (u.a.).

[1332] Vgl. KRS Fr. 261 = Herodot II, 123, wo die Vorstellungen der Unsterblichkeit der Seele und der Wiedergeburt auf die Ägypter zurückgeführt werden. Dazu die Bemerkung der Herausgeber: Metempsychosis ist in ägyptischen Quellen nicht bezeugt! »Herodotus frequently posits Egyptian origins for thoroughly Greek ideas and practices« (KRS, p. 220).

[1333] Die in der Antike bisweilen geäußerte Meinung, die antike Wiedergeburtslehre gehe auf ägyptischen Ursprung zurück (z.B. bei Tertullian, De an. 28,1, p. 39 *Waszink* – Rückführung auf Hermes Aegyptus; Herodot II, 123,2, siehe *Baltes,* Timaios Lokros, 245), dürfte daher vermutlich unzutreffend sein.

[1334] Vgl. vor allem Platon, Phaid. 107d; 113d1–4; angedeutet (Ps.-)Platon, Epin. 985a; vgl. Timaios Lokros 87f., p. 72–73 *Tobin*; Plutarch, Mor. 567b–c; Mor. 417a–b = de Vogel III, 1318c; Mor. 944c–d = de Vogel III, 1319c; siehe *Heinze,* Xenokrates, 91.

[1335] Zur kaiserzeitlichen, besonders *mittelplatonischen* Dämonologie vgl. folgende Primär- und Sekundärliteratur: a) *Quellen:* Philo, Gig. 6–18; Som. I, 134f.; 141f.; Plutarch, Def. Or. = Mor. 415b–c; 416c–417d; 418e; 419a; 421a–b; 431a–c; 436f. (u.a.m.); De Fac. = Mor. 944ff.; De Is., cp. 25–26 = Mor. 360d–361c (dazu *Hopfner,* Isis 2, 112–117); De Genio

blem ist die Beantwortung der Frage, *wo* die genannten Dämonen sich aufhalten und die Bestrafung der Kinderlosen vornehmen. Bei Platon selbst spielt sich die Bestrafung in der Unterwelt ab;[1336] die mittelplatonische und darüber hinaus weit verbreitete Anschauung in der für CH II in Frage kommenden Zeit war jedoch, daß sich die Dämonen im Luftraum unter den Gestirnen sowie auf dem Mond aufhalten.[1337] Dort erfolgt auch die Bestrafung der schuldbeladenen Seelen. Es gibt sogar deutliche Hinweise, daß in der hier in Frage kommenden Zeit der Glaube an die Unterwelt fraglich geworden war und als frommes Märchen angesehen wurde, zumindest in gebildeten Kreisen. Da wir für den Verfasser- und Leserkreis von CH II durchaus ein gewisses Bildungsniveau voraussetzen dürfen, ist es unwahrscheinlich, daß die genannte Bestrafung der Kinderlosen in einer irgendwie vorgestellten Unterwelt stattfindet. Vielmehr dürfte sie sich im Luftraum unter der Gestirnssphäre abspielen.

Der Begriff »τιμωρία« (S. 39, Z. 13) weist vielleicht darauf hin, daß unser Verfasser an eine besondere Dämonenklasse denkt, die δαίμονες τιμωροί, die in den ägyptischen Zauberpapyri,[1338] aber auch z.B. in der *Pistis Sophia*[1339]

---

Socr. = Mor. 585f–586a; 591d ff.; 593d–594a; Apuleius, De Plat. 204–206 (mit *Beaujeu*, p. 269–271, n. 2 und 3); De Deo Socr. 132–156 (mit *Beaujeu*, p. 216–239); [Albinos], Epit. XV, 1–2; Maximos von Tyros, Or. IX, p. 70–76 *Trapp*; Numenios, Fr. 37 *des Places*; Kelsos b. Origenes, C. Cels. VII, 67–68; VIII, 2; 28; 45ff. (s. auch *Chadwick*, Contra Celsum, 514 s.v. Daemons); Chald. Orakel, Fr. 88; 89; 90; 91–93; 216 *Majercik* (mit p. 13f., ebd.); Diog. Laert. III, 79; Hippolyt, Ref. I, 19,7–9; Calcidius, In Tim., c. 127–136, p. 170,6–177,12 *Waszink*. *b) Sekundärliteratur: Andres*, Art. Daimon; *Geffcken*, Apologeten, 219–221; *Bousset*, Dämonologie; *Friedlaender*, Sittengesch. III, 124–126; *G. Soury*, La Démonologie de Plutarque, Paris 1942; *Andresen*, Logos, 302–303 mit n. 31 und 32; *Nilsson*, Griech. Religion II, 539–543; 551f.; *Festugière* IV, 93 (Ursprung der mittelplatonischen Dämonenlehre in Platons *Symposion*); *Heinze*, Xenokrates, 78–123; *Dillon*, Middle Platonists, 172–174 (Philo); 216–224 (Plutarch); 287f. ([Albinos]); 317–320 (Apuleius); 378 (Numenios); *Brenk,* In the Light of the Moon; *Whittaker/Louis*, Alcinoos, 119, n. 299; besonders wichtig ist aber: RAC IX, Art. Geister (Dämonen), bes. die Abschnitte B, III a (Östliche Mittelmeerwelt seit dem 4./3. Jhdt. v. Chr.; Synkretismus in Ägypten; *C. Colpe*, Sp. 615–625); b (Frühes u. hellenistisches Judentum, *J. Maier*, Sp. 626–640); c (Hellenistische und kaiserzeitliche Philosophie, *C. Zintzen*, Sp. 640–668); C, II (Griechische Väter, *A. Kallis*, Sp. 700–715); III (Apologeten und lateinische Väter, *P.G. van der Nat*, Sp. 715–761); IV (Volksglaube, *C.D.G. Müller*, Sp. 761–797).

[1336] *Stettner,* 52; siehe auch die oben genannten Platon-Belege und die Pythagoras-Testimonien KRS Fr. 282 und 283.

[1337] Cicero, Somn. Scip. § 29; Plutarch, Mor. 943c ff.; auch 563f ff.; 590f ff.; Diog. Laert. VIII, 31f.; siehe auch *Heinze*, Xenokrates, 139f.; 146f.; *Stettner,* 52ff.; *Baltes*, Timaios Lokros, 241.

[1338] PGrM VII, 302–303 (= (Übers.) p. 125 *Betz*); PGrM XIII, 146–149; 456–457; vgl. auch *Ziegler*, Art. Timoros, Sp. 1309; *Preisendanz*, Art. Timoros, Sp. 965–966; *Dieterich*, Abraxas, 5, Z. 5–8; 35, n. 1 u. 2.

[1339] *Pistis Sophia*, c. 144, p. 246,28ff.; ebd., p. 247,27–32; c. 145, p. 248,13–36; c. 146, p. 249, 6–31, bes. 14f.; 249,35–250,22; 250,25–29; c. 147, p. 251,1–13; 252,3ff. (alles GCS, *Schmidt*; Schmidt/MacDermot bietet denselben Text). Dieselbe Vorstellung in der koptischen Asklepiusversion NHC VI, 8, 78,27–43, p. 449f. *Parrott*.

oder bei Plutarch[1340] eine wichtige Rolle spielen.[1341] Ihre Aufgabe ist es, die Seelen der Verstorbenen in Entsprechung zu ihrem Verhalten im Leben zu bestrafen. Die Vorstellung der *rächenden* Dämonen ist eng verwandt mit der in platonischem Kontext bekannten der *Gerichts*dämonen; beide Vorstellungen sind oft zu einer verschmolzen,[1342] z.b. an unserer Stelle, wo die Dämonen der Seele eine neue Existenz zusprechen, die der im vergangenen Leben entspricht.[1343] Möglich ist, daß auch die ägyptische, z.b. sich im Totenbuch findende Vorstellung der 42 Rache-Götter, die Osiris beim Totengericht beisitzen und die Seelen der Schuldigen quälen, eine gewisse Rolle spielt.[1344]

Es ist viel darüber spekuliert worden, in was für einen Leib die Seelen der Kinderlosen verbannt werden (S. 39, Z. 13–14). Im Zusammenhang platonischer Vorstellungen liegt es nahe, an einen Tierleib[1345] zu denken; doch würde von einem Tier gesagt werden können, es sei »von der Sonne verflucht« (Z. 15)?[1346] Deshalb gibt es den Vorschlag, an unserer Stelle sei der Leib eines

---

[1340] Vgl. Plutarch, Vit. par., Caes. 69,2 = Plut. I, 740, p. 335 *Ziegler*.

[1341] Vgl. *Zintzen,* Art. Geister (Dämonen), 646 (Mittelplatonismus, Plutarch, Plotin, Iamblich); 653 (Plotin).

[1342] Vgl. Maximus Tyr., Or. IX, 6, p. 74,125–75,155 *Trapp,* wo die vom Körper befreite Seele »Daimon« genannt wird und von ihr gesagt wird (p. 75,153–155): »... καὶ τοῖς μὲν χρηστοῖς συνεπιλαμβάνειν, τοῖς δὲ ἀδικούμενοις τιμωρεῖν, τοῖς δὲ ἀδικοῦσιν προστιθέναι τὴν δίκην.« Ein anderes Beispiel: Plutarch, Mor. 417a–b; 564e–568a; Stichwort »τιμωρία« in 564e.

[1343] Vielleicht spielt hier auch die Stelle Platon, Nom. 904a–905b, bes. 905a2–b2 eine Rolle, wo der Vergeltungsgedanke ausgesprochen ist und in diesem Zusammenhang in 905a7 die Wendung »προσήκουσαν τιμωρίαν« steht. Die personifizierte Δίκη tritt in Nom. 872d7–e5 als τιμωρός auf. Siehe auch Platon, Epist. VII, 335a3–5: »... οἳ δὴ μηνύουσιν ἡμῖν ἀθάνατον ψυχὴν εἶναι δικαστάς τε ἴσχειν καὶ τίνειν τὰς μεγίστας τιμωρίας, ὅταν τις ἀπαλλαχθῇ τοῦ σώματος.« Es scheint sich hier um ein orphisches Fragment zu handeln, vgl. Orph. Fr. 10, p. 86 *Kern*. Hierher gehört auch noch einmal Plutarch, Mor. 564e–f.

[1344] Totenbuch, Spruch 125, vgl. bes. 125,60ff., p. 236 *Hornung*; auch Spruch 127, p. 247–249 *Hornung*.

[1345] Vgl. z.B. Platon, Phaid. 81d–82b; 113a2–5; Phaidr. 249a–b (Gericht nach den Taten im Leben, Einkörperung in Tiere); Polit. 618a; 620a; d; Tim. 42b–c; 76e; 92c; zur Diskussion im Mittel- und Neuplatonismus, ob eine Reinkarnation in Tierleiber möglich ist, vgl. *Rich,* Reincarnation, 236–238 (vor allem zu Plotin); siehe auch Plutarch, Mor. 567e–568a; Timaios Lokr. 87f., p. 72–73 *Tobin*; Numenios, Fr. 49 *des Places* (vgl. dazu auch die Anmerkungen bei *des Places,* p. 123); [Albinos], Epit. XXV, 6; Plotin, Enn. III, 4,2, vgl. dazu *Zeller* III, 2,2, 645; dazu sind zu nennen Enn. III, 3,4,41–44; III, 4,6,17f.; IV, 3,12,35–39; IV, 3,24 (undeutlicher); IV, 7,14,1–3; VI, 4,16,3–4; VI, 7,6,22; vgl. auch IV, 8,5 passim; Or. Chald., Fr. 160, p. 105 *des Places* (= Proklos, In rem publ. II, 336,29–337,5.; Bestreitung der Seelenwanderung in Tierleiber); Proklos, In rem publ. II, 312,10–14; 313,7–12 (die letzten beiden Belege = *de Vogel* III, 1474c); vgl. zum ganzen Problem *Stettner,* 68–69 und ff. (68–69: die mittelplatonischen Philosophen; 71–72: Plotins Annahme einer Seelenwanderung in Tier- und Pflanzenkörper; 72–73: Porphyrios' Ablehnung der Seelenwanderung in Tierleiber, vgl. Porphyrios bei Augustin, Civ. Dei X, 30; XII, 27; XIII, 19; 76–77: Iamblichos' Ablehnung der Seelenwanderung in Tierkörper); *Dihle,* Art. ψυχή, ThWNT IX, 607f., dort bes. n. 9; *Dörrie,* Seelenwanderung, 421–426; 428–429; 431–433; *Dillon,* Middle Platonists, 377–378.

[1346] Richtig *Festugière,* Hermetica, 14–15.

Eunuchen gemeint. Dem Fehlverhalten im Leben würde also entsprechen, daß die Seele in einen geschlechtslosen Körper verbannt wird.

Für diese Auffassung sprechen die genannten rabbinischen Belege, in den von Eunuchen als סריס חמה (im Unterschied von »durch Menschen Verschnittene«) die Rede ist.[1347] Allerdings kann die Formel auch so verstanden werden, daß der Eunuch »von der Sonne an«, d.h. seit seiner Geburt kastriert ist. Doch gibt es in diesem Zusammenhang eindeutig auch die Vorstellung der Urheberschaft (des Himmels, d.h. Gottes), so daß an unserer Stelle auch an die *Urheberschaft* der Sonne gedacht sein mag.[1348] Für die Parallelität spricht, daß sprachlich auch an unserer Stelle die Doppelheit der Funktion der Sonne möglich ist (doppelte Übersetzungsmöglichkeit des »ὑπό«).

Aber woher kommt die Vorstellung, daß ein Eunuch »verflucht« ist bzw. daß die Sonne ihn verflucht? Immerhin wurden Eunuchen nicht durchweg negativ gesehen; im Orient, weniger in Griechenland,[1349] hatten Eunuchen offenbar eine religiöse Funktion und standen dementsprechend durchaus in religiösem Ansehen.[1350] Im Judentum wird das Eunuchentum allerdings meist verachtet,[1351] was sich z.B. darin äußert, daß Jesus wegen seiner ehelosen Lebensweise möglicherweise als Eunuch beschimpft wurde.[1352]

Die Verfluchung durch die Sonne besteht doch offenbar darin, daß der Körper, in den der Kinderlose wiedergeboren wird, durch die Sonne geschädigt, d.h. seiner normalen Funktion als Körper eines Mannes oder einer Frau beraubt ist.

Diese Vorstellung ist vielleicht im Lichte zahlreicher antiker Belege zu deuten, in denen davon die Rede ist, daß die Sonne so heiß brennt, daß die Menschen darunter leiden.[1353] Die Sonne tritt als *Feind der Menschen* auf. Vor diesem Hintergrund ist die von Festugière vorgeschlagene Verbindung von jüdischem Gott und Sonne mit Vorsicht zu betrachten. Bezeichnenderweise findet sich die Vorstellung der Schädigung des Menschen und des Lebens durch die Sonne vor allem in Berichten über südliche Gegenden, z.B. über Nubien und Libyen.[1354] An einer Stelle ist in diesem Zusammenhang sogar aus-

---

[1347] Siehe oben n. 1304.

[1348] Siehe noch einmal *Blinzler,* Εἰσὶν εὐνοῦχοι, 270, n. 54 (bYev 80b).

[1349] *Nock,* Eunuchs, 32–33.

[1350] *Nock,* Eunuchs, 28f.; 31–32.

[1351] Allerdings gab es im hellenistischen Judentum durchaus auch die Hochschätzung des Eunuchentums, s. oben, p. 241.

[1352] Das ist vielleicht der Hintergrund des Eunuchenspruches Mt 19,12, vgl. *Gnilka,* MtEv II, 155–156.

[1353] Philo, Spec. III, 160f.; hier ist die Rede von einer Bestrafung, die darin besteht, Wind, Sonne etc. ausgesetzt zu sein; Philo spricht von »ἀθρόαι τιμωρίαι« (vgl. den Begriff »τιμωρία« in CH II,17, S. 39, Z. 13). Vgl. auch Seneca, Nat. quaest., Pr. 8.

[1354] Vgl. Strabo, Geogr. 822, Vol. VIII, 146–147 *Jones,* wo von »Atheisten« die Rede ist, die deshalb so bezeichnet werden, weil sie die Sonne hassen und beschimpfen, die sie verbrennt; der Gedanke findet sich bei Posidonios (also einem Stoiker), vgl. *Reinhardt,* Pos., 205 und Posidonios, Fr. 290a, p. 212 *Theiler* = Kleom., p. 145f. *Goulet;* der Text wird zitiert auch *Festugière* II, 484f.; zu nennen ist auch Posidonios, Fr. 13 = Strabo, 95a–96a, Vol. I, 364–367 *Jones,* bes. 95a, siehe auch p. 28 *Theiler,* wo von körperlichen Entstellungen durch

drücklich von der »Verfluchung durch die Sonne« die Rede.[1355] Auch in Ägypten wird man verstanden haben, was es heißt, von der Sonne verbrannt zu werden.[1356] Die Vorstellung von der Verfluchung durch die Sonne in II,17 könnte also auf das Motiv einer Schädigung durch die heiß brennende Sonne zurückgehen.

Im konkreten Fall besteht die Schädigung in der Kastration. Für diese Art der Schädigung gibt es eine recht genaue Parallele im rabbinischen Schrifttum.[1357] Dort wird die Entstehung eines Kastraten (חמה סריס) darauf zurückgeführt, daß seine Mutter in der Mittagssonne gebacken hat: offenbar ist sie dabei durch die Sonne und den Ofen einer übermäßigen Hitze ausgesetzt und verbrannt worden.

Das Motiv, daß sich eine Verfluchung durch die Sonne schädigend auf die Geschlechtlichkeit auswirkt, findet sich noch in einem ganz anderen Traditionszusammenhang: Bei Plutarch, De Iside et Osiride, steht zu Beginn des Osiris-Mythos die Mitteilung, daß der Sonnengott die Göttin Rhea mit der Folge verflucht hat, daß sie nicht mehr gebären konnte.[1358] Im weiteren Verlauf dieses Teils des Mythos wird die Entstehung der fünf Schalttage des ägyptischen Kalenders erklärt. Der Teil des Mythos ist gut ägyptisch und führt offenbar in sehr alte Zeit.[1359] Demnach könnte auch die Vorstellung von der Verfluchung durch die Sonne in CH II,17 auf ägyptische Tradition zurückgehen, so daß wir hier erstmals einen *eindeutigen* Beleg für die Aufnahme ägyptischen Denkens in unserem Traktat hätten. In den uns bekannten altägyptischen Quellen hat man allerdings bisher kein überzeugendes Beispiel für diese Vorstellung gefunden.[1360] Immerhin gibt es einige Texte, die als mögliche Parallelen in Frage kommen; sie zeigen, daß der Fluch des Sonnengottes Re vermutlich ein alter Bestandteil der Osiris-Legende ist.[1361]

---

die überheiße Sonne berichtet wird, vgl. auch *Theiler*, Erl. (zu Pos.), 23; vgl. auch Strabo 830, Vol. VIII, p. 174–177 *Jones*: auf die durch die Sonne bewirkte Trockenheit wird hier (von Posidonios) sogar die Pest zurückgeführt; vgl. auch Artemidor II, 36, p. 162,16–17 *Pack*. (Hierher gehört sicher auch, daß Demokrit offenbar für die südlichen Gegenden (»ἐν τοῖς νοτίοις«) eine größere Zahl von Fehlgeburten als in nördlichen behauptete, vgl. FVS 68 A152 = Aelianus, Nat. an. XII, 17).

[1355] Herodot IV, 184 (es geht um die sog. Ataranten, die wohl im heutigen Libyen wohnten): »οὗτοι τῷ ἡλίῳ ὑπερβάλλοντι καταρῶνται καὶ πρὸς τούτοισι πάντα τὰ αἰσχρὰ λοιδορέονται …«

[1356] Vgl. *Roeder* in ALGM IV, Sp. 1155: »Die am südlichen Himmel doppelt mächtige Sonne …«

[1357] bYev 80a.

[1358] Plutarch, De Is. et Os., cp. 12, Mor. 355d. Den Hinweis auf diese Stelle verdanke ich meinem Bruder Dr. habil. Winrich Löhr. Vgl. auch die Kommentare z.St.: *Froidefond* in seiner Ausgabe der Schrift Plutarchs, 262–263; *Griffiths*, 291–293; *Hopfner*, Isis 1, 18–20; *Hani*, Réligion Égyptienne, 31ff.

[1359] *Hani*, Réligion Égyptienne, 32; 33–34.

[1360] *Hani*, Réligion Égyptienne, 32.

[1361] *Hani*, Réligion Égyptienne, 32–33 mit n. 2 und 3 auf 32 sowie n. 1 auf 33. Hani beruft sich mit Sauneron insbesondere auf eine Passage aus dem »Festkalender von Esna«. Vgl. auch die 33, n. 1 zitierte Passage aus dem Papyrus Louvre 3079.

Es kann also nicht ausgeschlossen werden, daß unser Verfasser sich eine Vorstellung des ägyptischen Osiris-Mythos oder ein uraltes ägyptisches Motiv zunutze macht, um die Forderung der Kinderzeugung einzuschärfen. Die Wirkung des Fluches der Sonne wäre die Sterilität. Um noch ein wenig weiter zu spekulieren, könnte man vermuten, daß der Hermetiker den Mythos aus euhemeristischem Zusammenhang kannte,[1362] denn bei Diodoros Siculus findet sich im Kontext euhemeristischer Argumentation der Osiris-Mythos in einer von der Version bei Plutarch abweichenden, aber durchaus verwandten Fassung.[1363]

Vielleicht greift der Verfasser aber auch nur ein Motiv auf, das seinerseits Eingang in den Osiris-Mythos bei Plutarch gefunden hat: gemeint ist die im griechischen Denken an vielen Stellen nachweisbare Vorstellung, daß die Sonne alles sieht und deshalb der Rächer verborgenen Unrechtes und der Richter über die Untaten der Menschen ist.[1364] Wir kennen dieses Motiv aus dem Sprichwort: »Die Sonne bringt es an den Tag.« Besonders wichtig ist die Vorstellung dort, wo menschliche Gerechtigkeit zu kurz oder überhaupt nicht greift, wo z.B. Menschen, denen ein Unrecht geschehen ist, keine rechtliche Hilfe oder rechtliches Gehör finden oder wo Gräber vor Plünderern und Räubern geschützt werden müssen: dann wird die Sonne als Zeuge über das Unrecht und als dessen Rächer (»τιμωρός«) angerufen.[1365]

Das Motiv spielt auch an einigen Stellen der Tradition von der alles verbrennenden Sonne[1366] eine Rolle. Möglicherweise greift der Verfasser dieses Motiv auf, und zwar im Zusammenhang mit dem Begriff »τιμωρία« und der Vorstellung von den Gerichtsdämonen. Da lag es einfach nahe, auch die Vorstellung von der Sonne als Richter und Rächer zu assoziieren. Die Sonne exekutiert nun sozusagen das Urteil, das die Strafdämonen gefällt haben, indem sie den Kinderlosen verbrennt und damit kastriert. Die Verbindung des Motivs »Gericht über den Kinderlosen« mit dem der strafenden Sonne erfolgte wohl über die jüdische Vorstellung des »Kastriertseins von der Sonne«. Vielleicht spielt auch, wie Festugière meint, die gemeingriechische Vorstellung eine Rolle, daß die Sonne im eminenten Sinne der Geber des Lebens ist.[1367] Das Manko der

---

[1362] Zugegebenermaßen handelt es sich bei dieser Vermutung um eine Spekulation.

[1363] Diodorus Sic. I, 13,3–4. Die Vorstellung der Verfluchung durch den Sonnengott kommt nicht vor. Die Version bei Diodor ist die konventionellere, üblichere Fassung des Mythos (vgl. *Decharme*, 377–378) gemäß dem System von Heliopolis (*Hani*, Réligion Égyptienne, 37). Die Motive bei der Entstehung des Mythos in der sich bei Plutarch findenden, komplexeren Fassung stellt überzeugend dar *Hani*, Réligion Égyptienne, 37–38.

[1364] *Rapp*, Art. Helios, ALGM I, Sp. 2020; *Cumont*, Il Sole Vindice, 65–69; 73–76 (= Beispiele aus Inschriften); *Nilsson*, Griech. Religion, 487. Aus den Quellen: Aischylos, Agam. 1323; Euripides, Med. 1252–54; Sophokles, Oed. Kol. 869 (der Sonnengott, der alles sieht); Sophokles, Elektra 824–826; Sophokles, Oed. Rex 1424–28; Apollonios Rhod., Arg. IV, 229; Vergil, Aen. IV, 607.

[1365] Beispiele bei Cumont und den griechischen Tragödiendichtern, siehe vorige Fußnote.

[1366] Dazu noch *Rapp*, Art. Helios, ALGM I, Sp. 2022.

[1367] Vgl. zu dieser Vorstellung *Festugière*, Hermetica, 16f. (hermetische Belege); weiter *Rapp*, Art. Helios, ALGM I, Sp. 2021–2023 (mit zahlreichen Belegen); *Nilsson*, Griech.

Erklärung Festugières besteht darin, die relevanten Traditionen vom Kastriert-
sein durch die Sonne und von der Sonne als Rächer und Richter nur extrapoliert, nicht traditionsgeschichtlich erschlossen zu haben. Damit wird nicht
deutlich, daß der hermetische Verfasser sich auch in dieser Hinsicht auf vorgegebene Traditionen (unterschiedlicher Provenienz) bezieht.

Ob es eine Wiederverkörperung für die Menschen gibt, die Kinder gezeugt
haben, wird nicht ausdrücklich mitgeteilt. Im Rahmen der platonischen Vorstellungen läge eine solche Annahme jedoch nahe. Doch der Verfasser führt
diesen Gedanken nicht aus, weil er ausschließlich damit beschäftigt ist,
Kinder*losigkeit* als Verstoß gegen das schöpferische Wesen Gottes zu brandmarken.

Einige der vom Verfasser im hier behandelten Abschnitt aufgegriffenen Traditionen könnten, wie die Analyse gezeigt hat, durch ägyptische Vorstellungen
beeinflußt sein, z.b. die Seelenwanderung, das Gericht durch die Dämonen
oder die Verfluchung durch die Sonne. Doch ist der ägyptische Einfluß auch in
diesen Fällen unsicher und, wenn überhaupt, nur undeutlich zu erkennen; die
in Frage kommenden Vorstellungen finden sich auch in anderen Traditionen.
Eventuelle ägyptische Motive wären jedenfalls stark überformt, vor allem
durch griechisch-hellenistische Philosophie. Demnach läge es nahe, als Verfasser einen in Ägypten ansässigen Griechen anzunehmen, der ägyptische
Motive oder das, was er dafür hielt, in die ihm bekannten Traditionen einord-
nete, mit Hilfe ihm bekannter Vorstellungen ausdrückte oder aus Zusammenhängen übernahm, in denen diese Vorstellungen schon hellenistisch vermittelt
waren. Allerdings gab es schon seit ptolemäischer Zeit hellenisierte und philosophisch gebildete Ägypter; ein bekanntes Beispiel aus der Zeit des Augustus ist der ägyptische Priester und stoische Philosoph Chairemon. Doch bestand der Unterschied der beiden Gruppen, zumal auf religiösem Gebiet,
durchaus fort.[1368] Weil im Traktat *eindeutig* als ägyptisch identifizierbare Motive fast ganz fehlen, griechisch-philosophisches, zumal platonisches Denkens
dagegen eindeutig dominiert, dürfte unser hermetischer Verfasser wohl eher
als in Ägypten ansässiger Grieche denn als ein griechisch sprechender Ägypter
zu identifizieren sein.[1369]

Wie sehr der Verfasser auch in diesem Abschnitt ohne Rücksicht auf logische Erwägungen auf sein übergeordnetes Argumentationsziel fixiert ist, zeigt
folgende abschließende Überlegung: wenn die Kinderzeugung tatsächlich die
Gott am meisten entsprechende Aktivität ist, müßte sich ihr auch der in Z. 16
wieder angeredete Asklepios widmen; als göttliches Wesen ist er von ihr je-

---

Religion, 487 mit n. 4; aus den Quellen (kleine Auswahl!): Platon, Polit. 509b2–4; Aristoteles, Phys. 194b13 (»ἄνθρωπος γὰρ ἄνθρωπον γεννᾷ καὶ ἥλιος«); Julian Apostata, Oratio
IV, 137d–138a; 140a–b; 151b–d; 153b u.a.

[1368] Siehe *Bowman*, 179.

[1369] Weitere Argumente finden sich in den Abschnitten zur Datierung und Lokalisierung
unseres Traktates sowie in den Ausführungen zu den Göttergestalten im CH unten, p. 263ff.
und 275ff.

doch ausgeschlossen, weshalb Hermes Trismegistos ihn auch nicht dazu auffordert, sondern zum Mitleid mit den Kinderlosen (S. 39, Z. 17: »ἐλέησον«). Strenggenommen bleiben damit aber Asklepios und jedes andere göttliche Wesen (auch z.B. Hermes Trismegistos selbst) von der »μεγίστη καὶ εὐσεβεστάτη σπουδή« ausgeschlossen.[1370]

---

[1370] Die Behandlung des letzten Satzes des Traktates findet sich im Abschnitt über »Die Stellung von CH II im Corpus Hermeticum«, unten, p. 301f.

# Auswertung

# I. Reflexionen zur »Theologie« von CH II

Im »Exkurs über die Einheitlichkeit von CH II« wurde die »Theologie« des Traktates, die besonders deutlich in II,12 zum Ausdruck kommt, dargestellt und in ihren traditionsgeschichtlichen Zusammenhang eingeordnet. Die dort angestellten Überlegungen sollen hier ergänzt und vertieft werden.

Die Hierarchie göttlicher Wesen in CH II (oberster Gott – νοῦς/Weltseele – Gestirnsgötter und Kosmos) gehört in den Kontext der mittelplatonischen Philosophie; die engsten Parallelen finden sich, wie im Exkurs genannt, bei den Mittelplatonikern Apuleius, [Albinos], Kelsos, Numenios oder auch in den chaldäischen Orakeln. Einer der beiden in der Forschung immer wieder angenommenen Schulen des Mittelplatonismus, der des *Gaios* oder der des *Attikos*,[1] läßt sich CH II aber nicht zuordnen.[2] Der Traktat macht insgesamt den Eindruck, mittelplatonische Durchschnittsphilosophie zu enthalten. Dieses Urteil stellt sich nicht nur beim Versuch der Zuordnung des Traktates zu einer der beiden genannten Schulen ein, sondern auch, wenn er einer der von Krämer postulierten Grundströmungen[3] zugeordnet werden soll: CH II enthält sowohl auf Xenokrates rückführbare Elemente (Gottesprädikate des νοῦς; Zuordnung des zweiten Gottes, d.h. der Weltseele, zum Kosmos) als auch solche, die auf Speusipp zurückgehen könnten (Differenzierung der transzendenten Ebene, Annahme eines transzendenten, nicht als νοῦς gefaßten Gottes über dem νοῦς). Also kann man den Traktat nicht einer Schule oder Richtung des Mittelplatonismus zuordnen; der Verfasser greift auf geläufige philosophische Schullehren zurück, scheint selber dem Platonismus nahe zu stehen, ist aber an letzter philosophischer Eindeutigkeit nicht interessiert.

Dörrie hat denn auch geurteilt, der Hermetismus sei ein »Ding ohne Kanten«, er habe keine scharfen Umrisse und keine Dogmatik.[4] Die negativen Folgerungen Dörries aus dieser zutreffenden Charakterisierung (»Der Hermetismus ist ein einzigartiges Zeugnis für die Existenz einer philosophischen Halbbildung«)[5] sind jedoch ungerechtfertigt, da die geistige Ausrichtung der hermeti-

---

[1] *Dörrie*, Platonismus, 188–189.
[2] Es ist höchst fraglich, ob es die beiden Schulen oder »Gruppen« überhaupt gegeben hat, vgl. die negative Schlußfolgerung einer ausführlichen Untersuchung bei *Dillon*, Middle Platonists, 340.
[3] Für eine kurze Zusammenfassung der Theorie Krämers vgl. *Williams*, Immovable Race, 58–61. Siehe im übrigen den Exkurs über die Einheitlichkeit von CH II, oben, p. 193ff.
[4] *Dörrie*, Rez. Festugière, 104.
[5] *Dörrie*, Rez. Festugière, 106.

schen Schriften anders ist als die der von Dörrie bevorzugten mittelplatonischen Texte. Entweder sahen die Hermetiker in den philosophischen Lehren überhaupt nur eine Vorstufe mystischer religiöser Erfahrung, dann mußte auf eine übermäßige Genauigkeit kein Wert gelegt werden. Oder die philosophischen Erkenntnisse dienen, wie es offenbar in unserem Traktat der Fall ist, selber einem religiösen Interesse, dann haben sie sich dem unterzuordnen.[6] Dabei kann die argumentative Folgerichtigkeit oder definitorische Begriffsschärfe schon einmal zurückstehen. Angesichts der Tatsache, daß die für die Traktate des CH Verantwortlichen wohl keine Schulphilosophen waren, auch wenn sie über philosophische Grundkenntnisse verfügten, ist der Grad der philosophischen Kompetenz und das Argumentationsniveau von CH II durchaus respektabel.

Die philosophische Unschärfe kann darüber hinaus auch damit erklärt werden, daß der Traktat CH II eventuell zur Anknüpfung eines Dialoges der Hermetiker mit Außenstehenden, auch außenstehenden *Philosophen*, dienen sollte.[7] Dabei soll gezeigt werden, wie verbreitete und allgemein akzeptierte philosophische Grundvorstellungen auch von den Hermetikern geteilt werden und mit hermetischen Lehren übereinstimmen. Damit eine solche Argumentation ihren Zweck erreicht, ist nicht unbedingt eine schulgerecht strenge Wiedergabe philosophischer Lehren erforderlich, vielmehr müssen die philosophischen Argumente in einer gewissen Breite und Selbstverständlichkeit präsent sein. Die Festlegung auf eine bestimmte Schulmeinung würde engstirnig wirken und Leser, die anderer Meinung sind, sicher abschrecken. Für den Argumentationszweck besser geeignet ist eine philosophische Durchschnittslehre, ein Amalgam aus damals gängigen philosophischen Ansichten, mit denen Vertreter unterschiedlicher Schulen einverstanden sein konnten; eine solche breit angelegte Durchschnittslehre wird in CH II dargeboten bzw. vorausgesetzt. Dabei bedeutet es keine Gefahr für den Argumentationszweck, wenn der Traktat im wesentlichen einen platonischen Standpunkt einnimmt; der mittlere Platonismus war ohnehin eine der dominanten philosophischen Schulen (neben den Stoikern); das mittelplatonische System wurde immer stärker zur herrschenden und verbreitetsten philosophischen Weltsicht der Epoche. Der Standpunkt des Verfassers dürfte also, zumal im alexandrinischen Milieu, in das der Traktat vielleicht gehört, ohnehin der Meinung der meisten seiner Leser entsprochen haben. Außerdem ist der Platonismus des Traktates gänzlich undogmatisch, Auffassungen anderer philosophischer Schulen werden integriert, sogar die der verpönten Epikuräer, und auch die Lehren des »gottlosen« Euhemeros klingen an.[8]

---

[6] Vgl. zum möglichen »Sitz im Leben« von CH II den Abschnitt »CH II im historischen Kontext«, unten, p. 275ff.

[7] Vgl. dazu die Abschnitte »CH II im historischen Kontext. 2. Hermetische Schule und hermetischer Kult; 3. Die Stellung von CH II im Corpus Hermeticum«, unten, p. 285ff. bzw. 297ff.

[8] Für diese Behauptungen siehe den Kommentar!

An der Hierarchie göttlicher Wesen läßt sich exemplarisch zeigen, daß die Argumentation von CH II im Vergleich zu Schulphilosophen wie [Albinos] oder Numenios ungenau und vage ist. Die im Mittelplatonismus grundlegende ontologische Gotteslehre wird, obwohl offenkundig vom Verfasser vorausgesetzt, nicht einmal systematisch entfaltet. Was der Verfasser dazu meint, muß aus verschiedenen, z.T. versteckten Bemerkungen zusammengestellt werden. Im Grunde wird überhaupt nur das Verhältnis von θεός zum νοῦς ausdrücklich thematisiert.

Die Vagheit hat ihren Grund vor allem darin, daß der Verfasser sich nicht für die philosophische Theorie als solche interessiert, nicht versucht, sie zu begründen oder zu beweisen, sondern sie für seine religiöse Aussageabsicht einspannt. Man könnte auch sagen, daß er die mittelplatonische Gotteslehre *voraussetzt*, nicht für sie argumentiert oder sie vor seinem Leser entwickelt.

Wenn sich diese Behauptung beweisen läßt, kann man gut verstehen, warum der Verfasser eine Durchschnittslehre »ohne Kanten« bietet: möglichst viele Leser sollen von der religiösen Aussage überzeugt werden, und das gelingt nur, wenn der Ausgangspunkt, nämlich die philosophische Lehre, von möglichst vielen geteilt wird. Also wird ein grobes, weit verbreitetes Modell vorausgesetzt.

Die übergeordnete Aussageabsicht des Verfassers scheint nun zu sein, Gott zu verherrlichen. *Dafür* bedient er sich der philosophischen Lehre und ihrer Begriffe. Um das am Beispiel der Götterhierarchie zu zeigen, muß a) von der *Funktionsbestimmung* der göttlichen Wesen im Vergleich zur damals verbreiteten platonischen Schulphilosophie gehandelt werden, und b) von der *Bestimmung des Verhältnisses* der göttlichen Wesen *zueinander*.

Für den Vergleich sollen besonders die Lehren des platonischen Philosophen *Numenios* herangezogen werden.

a) Die Annahme eines höchsten Gottes über dem Weltschöpfer bedeutet im Mittelplatonismus vor allem, daß der oberste Gott von der Berührung mit der Materie frei ist. Der Bereich der Materie und der Veränderlichkeit, in noch ausgeprägter dualistischen Konzeptionen wie z.B. bei Plutarch[9] oder in gnostischen Systementwürfen sogar der Bereich des Bösen, ist *der Kosmos*. Die Unterscheidung eines Demiurgen im Sinne von Platons *Timaios* von einem ersten Gott ἐπέκεινα τῆς οὐσίας ermöglicht es, diesen von jeder Berührung mit dem sichtbaren Kosmos als dem Bereich der Wechselhaftigkeit und Veränderlichkeit freizuhalten.[10] Der höchste Gott steht unbeirrbar fest, er ist das ewig sich selbst gleiche, unveränderliche Eine jenseits des Seins;[11] für den Kosmos ist er nicht, jedenfalls nicht direkt, sondern höchstens über den Umweg des Schöpfergottes, verantwortlich.[12]

---

[9] *Dillon*, Middle Platonists, 202–206; *Krämer*, Geistmetaphysik, 94–99; *Frede*, Numenius, 1053.
[10] *Dillon*, Middle Platonists, 368 zur Stellung des ersten Gottes bei Numenios, ebenso *Frede*, Numenius, 1060; vgl. Fr. 12, 15 und 16 *des Places*.
[11] Vgl. Numenios, Fr. 15 *des Places*.
[12] Numenios, Fr. 13 *des Places*, vgl. dazu auch *Dillon*, Middle Platonists, 368.

Der Schöpfergott ist hingegen der Welt zugewandt oder sogar mit der platonischen Weltseele identisch;[13] er durchdringt den Kosmos, hält ihn gelegentlich wie das stoische Pneuma zusammen[14] oder umfängt ihn im Sinne des philonischen τόπος/λόγος.[15] Zugleich ist er in den mittelplatonischen Systementwürfen aber auch auf den ersten Gott ausgerichtet und vermittelt so dessen Beziehung zur Welt.[16]

b) Das Verhältnis von erstem und zweitem Gott zueinander wird unterschiedlich bestimmt, besonders sorgfältig bei Numenios als das des Vaters zum Sohn,[17] wobei dieses Verhältnis als ein Emanationsverhältnis verstanden und sorgfältig von einer Zeugung unterschieden wird. Für die Verhältnisbestimmung der beiden Wesenheiten von Bedeutung ist darüber hinaus, daß der erste Gott als das Gute selbst, also sozusagen die Idee des Guten aufgefaßt wird. Für die Beziehung des zweiten (demiurgischen) Gottes zum ersten ergibt sich dann im Rahmen des platonischen Denkens fast zwangsläufig, daß der Demiurg an der Idee des Guten *partizipiert*, also in abgeleiteter Weise gut ist oder das Gute nur insofern ist, als es Abbild vom Urbild des Guten ist.[18] Das ist – platonisch gedacht – eine vollkommen klare Verhältnisbestimmung.

In CH II ist die offenkundig aus dem Mittelplatonismus übernommene Hierarchie von θεός und νοῦς auffallend unklar gefaßt. Wie bei Numenios wird ein höchster, »überseiender« Gott von einem zweiten unterschieden, der mit der οὐσία gleichgesetzt wird.[19] Diese an sich klare Struktur wird aber völlig konterkariert, denn im Unterschied zu Numenios wird der erste Gott nicht als Vater bezeichnet wird, weil er den νοῦς aus sich herausgesetzt hat,[20] sondern aufgrund seiner *weltschöpferischen Tätigkeit* (vgl. CH II,17, S. 39, Z. 7–8). Damit verliert die mittelplatonische Götterhierarchie ihren Sinn, denn der oberste Gott ist nicht mehr von der Berührung mit dem Kosmos durch Vermittlung des zweiten getrennt. Im Gegenteil, er wird in CH II,17 sogar ausdrücklich mit

---

[13] Das Problem z.B. bei Numenios ist, ob er unter dem ersten Gott zwei oder drei göttliche Wesen annimmt, und wenn drei, in welchem Sinne die beiden unteren miteinander identisch sind, wie Fr. 11 *des Places* sagt; vgl. *Frede*, Numenius, 1055–1070, bes. 1068. Zur Identität von νοῦς und Weltseele vgl. *Dörrie*, Mittelplatonismus, 218.

[14] So z.B. der philonische Logos, vgl. *Krämer*, Geistmetaphysik, 276–277.

[15] Vgl. zu Philo auch *Dillon*, Middle Platonists, 159–161.

[16] Z.B. Numenios, Fr. 13 *des Places*.

[17] Numenios, Fr. 12 und auch 21 *des Places*; zu dieser Ausdrucksweise vgl. *Frede*, Numenius, 1069.

[18] Numenios, Fr. 19 *des Places* verwendet für das Verhältnis den technischen Ausdruck »μετουσία« sowie »μεταλαγχάνω«; Fr. 20 *des Places* findet sich ebenfalls »μετουσία«, während vom ersten Guten als »ἰδέα« des Demiurgen gesprochen wird.

[19] Vgl. CH II,5: »Ἐὰν μὲν οὖν ᾖ θεῖον, οὐσιῶδές ἐστιν. ἐὰν δὲ ᾖ θεός, καὶ ἀνουσίαστον γίνεται.« Die Hermetica durchzieht eine Unsicherheit darüber, ob Gott eine οὐσία hat oder nicht, vgl. CH VI,4; XII,1; diese Unsicherheit findet sich auch im Mittelplatonismus, vgl. zu Origenes, Clemens von Alexandrien und Numenios *Whittaker*, Ἐπέκεινα νοῦ, 93–94. Zum Verhältnis Gottes zur οὐσία in der christlichen Theologie, im Gnostizismus und im Neuplatonismus vgl. auch einige Anmerkungen bei *Siegert*, Philon, 67–68.

[20] *Whittaker*, Plutarch, 53.

dem All (S. 39, Z. 8: »πάντων«) verbunden.[21] Das läßt sich nicht aus einem philosophischen, wohl aber aus einem religiösen Motiv erklären: der Hermetiker will die Größe und Herrlichkeit Gottes dadurch steigern, daß er ihn auch für die ständige Schöpfung und Erhaltung der Welt verantwortlich macht; andeutungsweise wird sogar Gottes Präsenz in allem, was existiert, ausgesagt.[22] Daß der höchste Gott letztlich für alles, was existiert, verantwortlich ist, wird auch bei Mittelplatonikern gesagt,[23] doch lassen sie sich von religiösem Eifer nicht dazu veranlassen, die hierarchische Abstufung ganz außer Kraft zu setzen. Unser Verfasser hat die philosophischen Unterscheidungen wohl nicht bewußt negiert – er will ja gerade die Philosophie dazu verwenden, die Größe Gottes zu verdeutlichen – aber er höhlt sie faktisch aus.

Er hat auch nicht bemerkt, daß die Eigenschaften und Funktionen der beiden Götterwesen sich nicht wesentlich voneinander unterscheiden: der zweite Gott, der νοῦς, erfüllt im Grunde dieselben Aufgaben wie der erste und hat viele von dessen Eigenschaften.[24] Der erste Gott ist also nichts anderes als eine Verdoppelung des zweiten. In gewisser Weise ist er sogar »ärmer«, denn ihm kommen nur die zwei Prädikate »gut« und »Vater« zu, dem νοῦς hingegen mehrere, die mindestens ebenso gewichtig sind.[25] Im Unterschied zu Mittel-[26] und Neuplatonismus[27] ist in CH II nicht einmal die typische Eigenschaft des transzendenten Wesens jenseits der οὐσία, nämlich eins zu sein, auf den ersten Gott beschränkt, denn die Wendungen »νοῦς ὅλος ἐξ ὅλου ἑαυτὸν ἐμπεριέχων« und »αὐτὸς ἐν ἑαυτῷ ἑστώς« (CH II,12, S. 37, Z. 2–4) deuten an, daß auch das zweite göttliche Wesen als ideale Einheit aufgefaßt wird.

Das Verhältnis der beiden Götter zueinander wird nur in CH II,14, S. 37, Z. 15 (vorweggenommen in CH II,12b, S. 37, Z. 7f.) ausdrücklich bestimmt, Gott ist nämlich die Ursache des νοῦς. Auch bei [Albinos] ist die Verhältnis-

---

[21] Vgl. ganz anders Numenios, Fr. 11 *des Places*, der den zweiten mit dem ersten Gott in dieser Hinsicht ausdrücklich kontrastiert.

[22] Vgl. S. 38, Z. 8–11 und S. 39, Z. 3–6. An diesem Punkt dürfte die bei der Kommentierung von II,14–16 genannte, auf Poseidonios zurückgehende παρουσία-Tradition wirksam sein.

[23] So ist bereits das oberste Eine des Eudoros Kausalprinzip der Materie und aller geschaffenen Dinge, vgl. *Dillon*, Middle Platonists, 127; *ders.*, Eudoros, 18; vgl. auch [Albinos], Epit. X, 3 mit der Aussage, der erste νοῦς sei Vater »τῷ αἴτιος εἶναι πάντων«; auch die Aussage des Numenios (Fr. 15 *des Places*) von der στάσις = κίνησις σύμφυτος des ersten Gottes »ἥ τε τάξις τοῦ κόσμου καὶ ἡ μονὴ ἀίδιος καὶ ἡ σωτηρία ἀναχεῖται εἰς τὰ ὅλα« hat dieselbe Tendenz.

[24] Ein besonders hervorstechendes Beispiel: in CH II wird der *zweite* Gott als ἑστώς bezeichnet, anders als z.B. bei Numenios, wo dieses Prädikat dem *ersten* Gott zukommt, vgl. Fr. 15 *des Places*.

[25] Siehe noch einmal CH II,12a, S. 37, Z. 2–7.

[26] Diese Eigenschaft schreibt Numenios gerade dem ersten im Unterschied zum zweiten Gott zu, vgl. Numenios, Fr. 16 *des Places*.

[27] Das oberste göttliche Wesen ist bei Plotin ja gerade das Ἕν; das *zweite* göttliche Wesen ist der νοῦς, in dem die Vielheit beginnt, vgl. Plotin, Enn. VI,7,15,10–24 (= *de Vogel* III, 1382c), bes. 20–22: »Ἀλλ' ἐξ ἑνὸς αὐτοῦ πολλὰ τούτῳ. ἣν γὰρ ἐκομίζετο δύναμιν ἀδυνατῶν ἔχειν συνέθραυε καὶ πολλὰ ἐποίησε τὴν μίαν ...«

bestimmung ähnlich nichtssagend; eine ausdrückliche Lehre, nämlich die vom Vater-Sohn-Verhältnis des ersten und zweiten Gottes, findet sich bei Numenios.

Besonders anhand der typisch platonischen Eigenschaft Gottes, gut zu sein,[28] läßt sich zeigen, daß in CH II das Verhältnis von θεός und νοῦς philosophisch höchst unklar gefaßt ist.

Numenios bezeichnet den *höchsten* Gott (der in CH II dem θεός entspricht) als »das Gute selbst«, den zweiten (entspricht dem νοῦς in CH II) als in abgeleiteter Weise gut.[29] Die Bemerkungen unseres Verfassers dazu sind allerdings unglücklich. Zwar soll offenkundig der erste Gott mit dem Guten gleichgesetzt werden. Die Formulierung »καὶ ἓν γένος ἀμφοτέρων« (S. 39, Z. 2–3) kann jedoch auch so aufgefaßt werden, als gebe es *über* »ἀγαθόν« und »θεός« ein Genos, das beide zusammenfaßt. Das ist natürlich nicht gemeint; die Ausdrucksweise unseres Verfassers hat bestimmte Gründe, die oben entwickelt worden sind,[30] ist aber dennoch ein sprachlicher Fehlgriff.

Vom philosophischen Standpunkt ebenso mißlungen ist die Verhältnisbestimmung von »gut« und νοῦς: der νοῦς wird nicht als gut bezeichnet, was einerseits konsequent ist, weil ja allein der erste Gott gut ist, andererseits aber problematisch, weil der νοῦς in CH II,12a so viele Ehrenprädikate zugesprochen bekommt, daß er zumindest in irgendeinem Sinne auch als »gutes Wesen« aufgefaßt sein muß, vielleicht als Abbild des Urbildes des Guten, wie bei Numenios. Offensichtlich wird diese Aussage aber absichtlich umgangen, und zwar in der Wendung, daß das Gute vom νοῦς wie Lichtstrahlen *ausgeht* (S. 37, Z. 5f.). Das ist unglücklich ausgedrückt und das Gegenteil dessen, was der Verfasser meint: faktisch macht er damit den obersten Gott vom νοῦς abhängig, denn Gott ist ja das Gute, geht also, wenn man die Formulierung (in malam partem) genau nimmt, vom νοῦς aus; das will unser Verfasser aber sicher nicht sagen. Der Fehlgriff läßt sich nur aus der religiösen Aussageintention erklären: Der νοῦς soll nicht einmal wie ein platonisch gedachtes Abbild zum Urbild, nämlich Gott, in Beziehung stehen; daher vermeidet es der Verfasser auch, zu sagen, daß der νοῦς in irgendeinem, und sei es auch minderem, abgeleiteten Sinne, gut ist, denn das wäre bereits eine Verhältnisbestimmung, die nicht genügend zwischen Gott und dem νοῦς trennt. Gott ist eben nicht Archetyp, sondern Ursache (αἴτιον) des νοῦς (CH II,14, S. 37, Z. 15).[31] Platonisch ausgedrückt besteht zwischen Gott und νοῦς ein absoluter χωρισμός, eine ontologische Kluft. Um nicht ein Urbild-Abbildverhältnis doch irgendwie zu insinuieren, wählt der Verfasser wahrscheinlich S. 37, Z. 5f. die gewundene und

---

[28] Siehe oben den Überblick über die platonischen Traditionen, p. 180ff.
[29] Numenios, Fr. 16 *des Places.*
[30] Siehe den Kommentar z.St.
[31] Zum trennenden, den Unterschied betonenden Beiklang des Begriffes »αἴτιον« siehe oben die Übersicht über die platonischen Traditionen in CH II,12bff., besonders die dort zu diesem Punkt genannte Stelle Origenes, C. Cels. VII, 45 (p. 173–174).

höchst mißverständliche Ausdrucksweise. Sie ist also letztlich ein Mittel der Hervorhebung der Überlegenheit Gottes.

Der Verdacht liegt nahe, daß vielleicht sogar die Wendung von S. 38, Z. 5f., die besagt, daß nichts außer (dem obersten) Gott gut ist, den νοῦς einschließt. In CH II,12a scheint der Verfasser noch ganz anderer Meinung zu sein, seine spätere Position steht ihm noch nicht vor Augen. Aber in CH II,14, S. 38, Z. 3 ist der νοῦς vermutlich in der polemischen Abwertung der »sogenannten Götter« eingeschlossen. Das paßt weder zu den Ehrenprädikaten des νοῦς aus CH II,12a (S. 37, Z. 3–6) noch zu der Formulierung, daß das Gute wie Strahlen vom νοῦς ausgeht (S. 37, Z. 5f.), denn wie sollte es das, wenn der νοῦς nicht selber in irgendeinem Sinne gut ist?

Der vermutete Widerspruch läßt sich nur so erklären, daß der Verfasser an der hier betrachteten Stelle den Vorrang (des obersten) Gottes ohne Rücksicht auf andere Aussagen betonen will; er hat seine Ausführungen mit anderen Stellen, z.B. CH II,12a, gar nicht abgestimmt. Er ist, wie auch an anderen Stellen des Traktates zu beobachten ist, bereit, Widersprüche und Inkonsistenzen in Kauf zu nehmen, wenn es um die Verherrlichung Gottes geht. Das philosophische Ungenügen dieser Vorgehensweise wird dem Verfasser nicht wichtig gewesen sein.

Die bisherigen Beobachtungen bestätigen, daß für den Verfasser die religiöse Aussageintention vorrangig ist. Die philosophischen Traditionen und Begriffe werden gleichsam als Atome verwendet und nicht in einen philosophisch-argumentativen Gesamtzusammenhang eingebettet. Sie werden fast mehr zitiert als wirklich philosophisch genutzt.

Die mittelplatonische Götterlehre wird nicht aufgenommen, um sie schulgerecht und systematisch zu entfalten und zu begründen, sondern weil sie die Möglichkeit bot, verständlich und nachvollziehbar die höchste Stellung Gottes auszusagen. Das religiöse Bedürfnis, diese Überlegenheit hervorzuheben, konterkariert aber teilweise die philosophischen Begründungszusammenhänge der Theorie. Das gilt nicht nur für die Unterscheidung der beiden göttlichen Wesen, sondern sogar für die von Gott und Welt. Schon in CH II,17 wird der oberste Gott mit der Welt in Beziehung gesetzt. Das ist, wie wir sahen, ungewöhnlich, es dient dazu, seine schöpferische Macht zu betonen. Noch extremer liegt der Fall in einem anderen Traktat, nämlich CH V: zunächst wird die Unerkennbarkeit Gottes und seine Unterschiedenheit von der Welt betont, doch das religiöse Bedürfnis, Gottes Herrlichkeit und Allverantwortlichkeit auszusagen, führt am Ende zur Identifikation Gottes mit allem, was existiert, also zum Pantheismus.[32]

Eine weitere Beobachtung bestätigt, daß die philosophische Argumentation einem religiösen Aussagezweck dient: dort, wo das Motiv der Hervorhebung

---

[32] Die gedankliche Entwicklung in CH V ist geradezu paradox: zunächst wird die Unerkennbarkeit Gottes hervorgehoben (CH V,1), das gerät aber am Ende völlig aus dem Blick, wo die Identität Gottes mit allem, was existiert, vor allem auch mit dem Beter selbst, behauptet wird (CH V,9–11).

Gottes nicht mehr wirksam ist, nämlich auf den unteren Stufen des platonischen Stufenaufbaus, läßt das Interesse des Hermetikers an dieser Hierarchie
deutlich nach. Unterhalb des νοῦς verliert sich nämlich die am oberen Ende
deutlich erkennbare Struktur ins Ungewisse; die Abstufungen werden auf den
unteren Ebenen nicht genau weiterverfolgt, obwohl der Verfasser die schulmäßigen Lehren darüber gekannt haben muß, wie die skizzenhaften Hinweise
auf die »anderen sogenannten Götter« und die Dämonen (CH II,14, S. 38,
Z. 3–4) beweisen. Trotz seiner philosophischen Ausrichtung will der Autor
offenbar kein bis ins Detail ausgearbeitetes metaphysisches Modell entwikkeln. Die philosophische Gotteslehre ist nur insofern von Interesse, als sie für
den Argumentationszweck der Verherrlichung Gottes dienlich ist.[33]

Der Hermetiker hat also typisch mittelplatonische Theologie übernommen,
aber obwohl er sich einen philosophisch argumentativen Anstrich gibt und
möglicherweise auch überzeugt war, eine philosophisch überzeugende Argumentation durchgeführt zu haben, kann sein Vorgehen letztlich nur aus seiner
Absicht, die Überlegenheit (des obersten) Gottes hervortreten zu lassen, erklärt werden. Paradoxerweise gelangt er dabei manchmal zu Aussagen, die auf
den ersten Blick wie eine Herabsetzung oder Relativierung der Vorrangstellung Gottes wirken müssen,[34] aber diese Momente lassen sich letztlich aus der
entgegengesetzten Argumentationsabsicht des Verfassers erklären.

---

[33] Daß unser Verfasser alles auf die Zwecke seiner Argumentation ausrichtet, kann auch
mit dem Hinweis darauf begründet werden, daß sich in CH II von der traditionellen platonischen *Ideenlehre* keine Spur findet. Der Grund dafür könnte sein, daß unser Verfasser, ähnlich wie Mittelplatoniker oder Plotin, die Ideen als störendes Element in der hierarchischen
Ordnung empfand; doch während die Platoniker die Ideen in der Weise in den hierarchischen Stufenaufbau integrierten, daß sie sie zu Gedanken (des zweiten) Gottes machten
und damit vermieden, neben den göttlichen Wesen und unabhängig von ihnen ewig existierende Entitäten ansetzen zu müssen, die sich nur schwer den Stufen der Hierarchie zuordnen
ließen, übergeht unser Verfasser trotz seines Platonismus' die Ideen ganz. Er vermeidet damit jede Störung der hierarchischen Struktur.
[34] Vgl. etwa die scheinbar vom Verfasser ausgesagte Abhängigkeit des obersten Gottes
als des Guten vom νοῦς (vgl. CH II,12a, S. 37, Z. 5f.).

# II. Die Dialogpartner in CH II

In diesem Abschnitt soll der religionsgeschichtliche Hintergrund und die Funktion der in CH II auftretenden Dialogpartner, also Hermes Trismegistos und Asklepios, behandelt werden. Da in der Überschrift zu unserem Traktat auch noch Tat erwähnt wird, soll auch diese Gestalt untersucht werden. Damit sind drei der wichtigsten, im gesamten Corpus Hermeticum genannten Gesprächsteilnehmer erfaßt.

Über die genannten hinaus treten in hermetischen Dialogen noch der Noῦς, Poimandres, Isis, Horus, der König Ammon u.a. auf, die hier aber weniger beachtet werden sollen.

Die Gestalten des Tat, des Hermes Trismegistos und in geringerem Maße auch des Asklepios deuten auf Ägypten als Ursprungsort der religiösen Vorstellungen in unserem Text hin.[35] Genauer gesagt dürfte es das Ägypten der hellenistisch-römischen Zeit sein, das den Hintergrund für die in unserem Text vorkommenden Dialogpartner bildet. Es sollte beachtet werden, daß sich die Funktion und Charakteristik der genannten Gestalten im Rahmen des Corpus Hermeticum gegenüber der allgemein-hellenistischen Anschauung verändert haben kann, so daß ein genauer Blick auf ihre spezifische Bedeutung im Rahmen des Corpus und besonders von CH II notwendig ist.

Hermes, Tat und Asklepios in den philosophischen Hermetica haben nur noch wenige Züge mit ihren klassischen ägyptischen Pendants Thoth (für Hermes und Tat) und Imhotep (für Asklepios) gemeinsam. Besonders Asklepios und Tat, im *Poimandres* aber auch Hermes Trismegistos selbst, sind an vielen Stellen nicht die hohen, weisen Götter der klassischen ägyptischen Religion, sondern Schülergestalten, die das vom Lehrer Hermes vermittelte Wissen aufzunehmen und zu verstehen versuchen. (In CH I spielt Hermes selbst diese Rolle gegenüber Poimandres, dem »αὐθεντίας νοῦς«.)

Einige Züge erinnern allerdings doch an die ägyptischen Götter. Auffällig ist z.B., daß die ägyptischen Götter, von denen die Dialogpartner in den Traktaten des Corpus Hermeticum hergeleitet sind, im engen Zusammenhang mit Wissenschaft, Weisheit, Kunst, Magie u.ä. stehen. So ist z.B. der Gott Thoth der

---

[35] Zum ägyptischen Hintergrund siehe *Erman*, Religion der Ägypter, Register s.v. Imhotep, bes. 326f.; s.v. Thoth, bes. 39; s.v. Asklepios, bes. 402f.; s.v. Hermes und Hermes Trismegistus; *Erman*, Ägyptische Religion, s.v. Imhotep, bes. 194; s.v. Hermes; s.v. Thoth; s.v. Asklepios; zu Asklepios vgl. auch *Schneider*, Kulturgeschichte II, 815–819, dort n. 2 weitere wichtige Literatur; zu Thoth: *Boylan*, Thoth.

klassische ägyptische Gott der Weisheit und Wissenschaft.[36] Er soll der Erfinder der Schrift gewesen sein;[37] seine Assoziation mit dem Mond[38] führte dazu, daß er als der »Einteiler« und »Ausmesser« der Zeit,[39] aber auch des Raumes[40] angesehen wurde.[41] Er gilt als Sekretär der Götter;[42] im Totengericht schreibt er das Urteil des Osiris über den Wert der Seele des Verstorbenen auf.[43] Auf dem Gebiete der Kunst und Wissenschaft obliegt ihm besonders die Medizin;[44] Pflanzen werden, wenn sie eine heilsame Wirkung haben, mit ihm in Verbindung gebracht.[45] Aber auch die Fähigkeit zur magischen Heilung wird Thoth zugesprochen, wie ihm überhaupt magische, wunderhafte Fähigkeiten zu Gebote stehen.[46] In der Periode des Neuen Reiches wird er, besonders in Hermopolis, sogar als der Weltschöpfer und Welterhalter verehrt.[47] Auch die moralische Dimension dieses Gottes darf nicht übersehen werden: er ist der Gott der

---

[36] Vgl. Aristoxenos v. Tarent, De arithm. frgt. ap. Stob. Ekl. I, 20,8 *Wachsmuth = Hopfner*, 63, Z. 14–16; *Roeder*, Art. Thoth, ALGM V, Sp. 847; *Burton*, 77; *Hani*, Réligion Égyptienne, 207; *Fowden*, 22.

[37] *Pietschmann*, 15–16; *Roeder*, Art. Thoth, ALGM V, Sp. 849; *Boylan*, 99–101; *Burton*, 77; *Bleeker*, 140f.; *Hani*, Réligion Égyptienne, 207; KP V, s.v. Thot, Sp. 776; *Mahé*, Art. Hermes Trismegistos, 288; *Nolan*, Ermetici, Sp. 1178. Thoth ist daher der Schutzgott der Schreiber, sie pflegten ihm aus dem Wassertopf, aus dem sie ihre Tinte anfeuchteten, eine Spende darzubringen, vgl. *Roeder*, Art. Thoth, ALGM V, Sp. 838 u. 850.

[38] *Pietschmann*, 3; 7; 11; *Roeder*, Art. Thoth, ALGM V, Sp. 845–847; *Festugière* I, 67; *Boylan*, 62–75; 83–87; *Burton*, 77 und 78; *Bleeker*, 114–116; 156; *Watterson,* 179 und 181; *Hani*, Réligion Égyptienne, 207 und 401; KP V, s.v. Thot, Sp. 776; *Fowden*, 22.

[39] *Pietschmann*, 3; 12; *Boylan*, 9f.; 84–87; *Festugière* I, 67; *Burton*, 77; *Watterson,* 181; *Hani*, Réligion Égyptienne, 207; *Fowden*, 22. Der erste Monat des Jahres trägt seinen Namen. Am 19. Tag dieses Monats findet ein Fest zu seinen Ehren statt. Vgl. *Roeder*, Art. Thoth, ALGM V, Sp. 851–852; s. auch Plutarch, De Is., c. 68 (= Mor. 378b).

[40] In dieser Funktion ist Thoth für die rechten Proportionen eines Tempelbaus zuständig.

[41] *Roeder*, Art. Thoth, ALGM V, Sp. 851–852; *Pietschmann*, 12–13.

[42] *Pietschmann*, 16; *Roeder*, Art. Thoth, ALGM V, Sp. 849; *Boylan*, 26; 44 u.a.; *Festugière* I, 67–68; *Bleeker*, 119; *Burton*, 78; *Watterson*, 180; 182; *Hani*, Réligion Égyptienne, 352. Als Berater der Isis fungiert er Diod. Sic. I, 17,3.

[43] *Boylan*, 25; *Festugière* I, 68; *Bleeker*, 136; *Burton*, 78; *Watterson,* 181; *Hani*, Réligion Égyptienne, 402. Hierzu und zum Voraufgehenden auch *Boylan*, 53ff.

[44] *Pietschmann*, 21; *Roeder*, Art. Thoth, ALGM V, Sp. 854; *Festugière* I, 68; *Hani*, Réligion Égyptienne, 404; *Fowden*, 23.

[45] Vgl. *Hopfner*, 364–365, hier: 365, Z. 11–20 (= Galen, De simplic. medic. temper. et fac.); vgl. dazu *Hopfner*, Offenbarungszauber I, 266; *Hopfner*, 535, Z. 19ff. (Anonym., De herbis).

[46] *Pietschmann*, 21–22; *Boylan*, 124–135; *Hopfner*, Offenbarungszauber I, 202; II, 7; 282 (s. auch Bd. I und II,2, Register, s.v. Thoth; That; Hermes-Thoth; Hermes Trismegistos (Thoth)); *Festugière* I, 67; 283–285; *Hijmans*, 424, n. 106; *Burton*, 78; *Fowden*, 22; *Copenhaver*, Hermetica, 93.

[47] *Roeder*, Art. Thoth, ALGM V, Sp. 851 u. 861; *Festugière* I, 68; 73; *Hani*, Réligion Égyptienne, 240–241.

Ordnung, Gerechtigkeit und des Rechtes;[48] im Mythos bekämpft er Seth und damit die Unordnung und das Chaos.[49]

Von den Griechen[50] wurde Thoth offenbar schon recht früh[51] mit dem Götterboten Hermes identifiziert,[52] und in der Tat gibt es viele Gemeinsamkeiten zwischen beiden Gestalten. Wie Thoth hat auch der griechische Hermes mit Magie, Medizin und der Unterwelt zu tun, und er wird auch in Verbindung mit dem Mond gebracht.[53] Auch der griechische Hermes ist ein Gott des Wissens und der Klugheit,[54] und schließlich agiert Hermes als Götterbote und ist darin mit dem Göttersekretär Thoth vergleichbar.[55]

Besondere Hervorhebung verdient im Hinblick auf die hermetischen Traktate, daß Thoth als Erfinder der Buchstaben[56] und Hermes als Bote und Herold der Götter in besonderer Weise mit Sprache[57] und Kommunikation in Verbindung stehen.[58] Seine magischen Fähigkeiten dürften u.a. damit zu tun haben, daß er der Gott der zauber- und wirkkräftigen Sprache ist.[59] In hellenistischer Zeit, möglicherweise aber auch schon vorher,[60] scheint es Spekulationen über Hermes/Thoth als das schöpferische Wort, das die Welt erschafft[61] und Menschen untereinander und mit den Göttern verbindet,[62] gegeben zu haben.[63] Bis-

---

[48] *Pietschmann*, 15; *Roeder*, Art. Thoth, ALGM V, Sp. 853–854; *Boylan*, 57: Thoth als Wäger des Herzens des Verstorbenen; 88–89; *Bleeker*, 122f.; 157; *Müller*, Isis-Aretalogien, 26–27; *Hani*, Réligion Égyptienne, 40 und 207; *Copenhaver*, Hermetica, 93.

[49] Vgl. *Roeder*, Art. Thoth, ALGM V, Sp. 844–845. Die Eigenschaften des »vorgriechischen« Thoth sind zusammengefaßt bei *Reitzenstein*, Zwei religionsgesch. Fragen, 72f.

[50] Für die griechische Überlieferung von Thoth vgl. *Roeder*, Art. Thoth, ALGM V, Sp. 861–862.

[51] Seit Herodot, vgl. *Hopfner*, 29 (Herodot II,138) (in Boubastis soll ein Hermes-Tempel gestanden haben, der natürlich ein Thoth-Tempel war); *Festugière* I, 69; *Griggs*, Art. Hermes Trismegistus, 1223.

[52] *Heinrici*, 3; *Festugière* I, 67 und 69; *Burton*, 77; *Bleeker*, 107; *Watterson,* 181; *Hölbl*, 181; *Nolan*, Ermetici, Sp. 1179; *Fowden*, 23. Offiziell wird diese Gleichsetzung auf dem Stein von Rosetta, vgl. *Festugière* I, 70. Vgl. auch *Pietschmann*, 29, und *M.-Th. Derchain/ Ph. Derchain*, 9.

[53] *Fowden*, 23; s. auch *Copenhaver*, Hermetica, 93.

[54] Diod. Sic. I, 15,9–16; III, 60,4; *Festugière* I, 71–72.

[55] *Watterson,* 181; *Fowden*, 24.

[56] *Müller*, Isis-Aretalogien, 22–25.

[57] *Roeder*, Art. Thoth, ALGM V, Sp. 850f.; *Müller*, Isis-Aretalogien, 55f.; z. griechischen Hermes: *Pietschmann*, 29–31.

[58] Platon, Krat. 407eff.; davon abgeleitet: Diod. Sic. I,16. *Festugière* I, 283.

[59] *Pietschmann*, 15; *Boylan*, 94–95; *Festugière* I, 283.

[60] Vgl. die Hinweise bei *Roeder*, Art. Thoth, ALGM V, 850f.; *Boylan*, 92–97.

[61] *Reitzenstein*, Zwei religionsgesch. Fragen, 58; 71–73; *Boylan*, 112–123; *Festugière* I, 68; siehe auch *Bleeker*, 137.

[62] *Reitzenstein*, Zwei religionsgesch. Fragen, 81–83; *Festugière* I, 72–73. Hingewiesen sei auf die dort erwähnten Stellen; neutestamentlich interessant ist besonders Act 14,12.

[63] Weitere, nicht in der Literatur erwähnte Belege: Pseudo-Klementinen, Recog. X, 34,4; 41,8. Vgl. auch *Reitzenstein*, Zwei religionsgesch. Fragen, 100; *Fowden*, 24.

weilen wird Hermes als der Logos angesprochen und mit ihm gleichgesetzt.[64] Vielleicht hat – neben der Verbindung des Hermes zu Wissen und Weisheit – auch seine Assoziation mit Rede und Gespräch sein Auftreten in den hermetischen Dialogen motiviert.[65]

Für die »Vermenschlichung« der Gestalt des Hermes im Corpus Hermeticum dürfte es verschiedene Gründe gegeben haben.[66] Schon die Gleichsetzung des ägyptischen Hochgottes Thoth mit dem listigen, trickreichen griechischen Götterboten dürfte dafür gesorgt haben, daß für die Griechen die Gottheit mehr irdische Züge annahm.[67] Bei Platon wird z.b. ausdrücklich offengelassen, ob Theuth ein Gott oder ein Mensch ist;[68] allerdings wird Theuth nicht mit Hermes identifiziert,[69] was aber Zufall sein kann.[70] Zur »Vermenschlichung« könnte beigetragen haben, daß man von seiten der Griechen ägyptische Lehren von der Geburt und dem Tod von Göttern mißverstand und als historische Nachrichten, z.b. über vorzeitliche Königsgestalten oder weise Männer, auffaßte. Gerade von Hermes erzählte man sich phantastische Geschichten über seine Abstammung, sein Schicksal und reicherte sie mit pseudohistorischen Nachrichten an.[71] Hermes wurde in eine Reihe mit sprichwörtlichen Weisen[72] wie Orpheus, Herakles, Zoroaster, Pythagoras, Petosiris und Mose gestellt,[73] ja sogar zum Teil mit ihnen identifiziert.[74] In dem für die Entstehung von CH II in Frage kommenden Zeitraum hatte sich geradezu für alle diese Gestalten relativ

---

[64] So z.B. Pseudo-Klementinen, Hom. ς 15,2. Siehe auch *Reitzenstein*, Zwei religionsgesch. Fragen, 82–87; auch 100–103 (mit Bezug auf den λόγος in Joh 1); *Dieterich*, Abraxas, 71; *Festugière* I, 68f. mit den notae; 71; *Nolan*, Ermetici, Sp. 1179; *Hani*, Réligion Égyptienne, 241; *Fowden*, 24. In der stoischen Philosophie wurde die Identifikation von Hermes und λόγος zu einem Gemeinplatz, vgl. *Festugière* I, 72.

[65] *Nolan*, Ermetici, Sp. 1179 führt die Tatsache, daß auf Hermes religiöse Offenbarungsschriften zurückgeführt werden, auf seine Gleichsetzung mit dem göttlichen Wort als Logos und seine Eigenschaft als Erfinder der Schrift zurück.

[66] Schon für die altägyptische Zeit postuliert *Pietschmann*, 26 eine Linie menschlicher (»euhemeristischer«) Interpretation des Thoth.

[67] Vgl. dazu *Reitzenstein*, Zwei religionsgesch. Fragen, 69, n. 1.

[68] Platon, Phil. 18b.

[69] *Reitzenstein*, Zwei religionsgesch. Fragen, 87.

[70] Die Platon-Stelle war in der uns interessierenden Zeit bekannt, allerdings wurde selbstverständlich davon ausgegangen, daß Platon Theuth und Hermes gleichsetzte, vgl. Clemens Alex., Strom. I, 68,3 = *Hopfner*, 369.

[71] *Hopfner*, 87f. (Cicero, Nat. deor. III, 56); *Hopfner*, 385 (L. Ampelius, Lib. memor.); *Hopfner*, 463 (Arnobius, Adv. nat.); *Hopfner*, 488 (Laktanz, Div. Inst. I, 6); *Hopfner*, 614 (Servius, In Verg. Aen. IV, 577); *Hopfner*, 695 (Lactantius Placidus, Commentar. in Statii Theb.); vgl. auch *Heinrici*, 4.

[72] *Bleeker*, 151.

[73] Clemens Alex., Strom. I, 134, vgl. dazu *Hopfner*, Offenbarungszauber II, 284f. (§ 182); *Fowden*, 29.

[74] Für die Gleichsetzung von Hermes und Mose bei Artapanos siehe *Hopfner*, 277 (Euseb, pr. ev. IX, 27,6); dazu *Dieterich*, Abraxas, 70, dort auch zu der ganzen Tradition; *Reitzenstein*, Zwei religionsgesch. Fragen, 100–101; *Festugière* I, 70.

ähnliche Tradition herausgebildet;[75] die Hermetiker wurden zumindest verstanden, wenn sie »ihren Weisen« im gelehrten Gespräch auftreten ließen. Bisweilen war von seiten der Griechen bei der Beschäftigung mit den Göttern
Ägyptens, bei aller Hochachtung und allem Respekt, auch ein Überlegenheits-
gefühl gegenüber den Lehren der »barbarischen Urbewohner« wirksam;[76] die
spätere christliche Theologie konnte z.b. problemlos an die aufgeklärte Polemik gegen den ägyptischen Tierkult anknüpfen.[77]

In den hermetischen Traktaten könnte sich ein »aufgeklärter« Umgang mit
ägyptischen Gottesgestalten widerspiegeln.[78] Vielleicht unter dem Einfluß philosophischer, z.b. stoischer Mytheninterpretation,[79] sophistischer Götter-
kritik,[80] aber auch euhemeristischer Deutung der Gottesverehrung[81] werden
die ägyptischen Götter als »in Wahrheit« geschichtlich einordbare weise Menschen, historisch verifizierbare Könige etc. aufgefaßt. Wir haben ja in den
hermetischen Traktaten durchaus euhemeristisch beeinflußte Stellen;[82] andererseits gibt es auch Belege außerhalb der Hermetica für eine Deutung des
Hermes (und des Asklepios[83]) als ursprünglich menschliche, später vergöttlichte Gestalten.[84] Für die christlichen Kirchenväter und Apologeten waren
Vermutungen über den ursprünglichen menschlichen, d.h. nicht-göttlichen Ursprung des Hermes (= Mercurius) ein willkommener Anlaß, die hermetische
Religion als Menschenwerk herabzusetzen und ihre Wahrheit und ihren Wert in
Zweifel zu ziehen.[85]

---

[75] *Dieterich*, Abraxas, 70–71; *Festugière* I, 79–80. Vgl. Euseb, pr. ev. IX, 27,4, wo berichtet wird, daß Mose der Lehrer des Orpheus gewesen sei.

[76] Siehe *Bowman*, 170 (Kaiser Augustus); 178f., bes. das Zitat aus Lukians *Deorum Concilium* 10–11. Man darf nicht vergessen, daß die Griechen gegenüber den Ägyptern in der
hellenistischen und römischen Zeit auch institutionell und sozial bevorteilt waren, siehe
*Bowman*, 125–127; 209–210 u.a.

[77] Für ein christliches Zeugnis, das die Menschlichkeit des Hermes behauptet, vgl. Clemens Alex., Strom. I, 134,1 = *Hopfner*, 369f.; für weitere Hinweise siehe unten, n. 85!

[78] *Taeger*, Charisma II, 205–206; vgl. (zu Diod. Sic. I, 11–13) *Spoerri*, 164–211.

[79] *Pépin*, Mythe, 125–131; 152–167; 184–188; *Nilsson* II, 267–269; *Spoerri*, 166; 179;
181–184; 201; u.a.; s. auch Lakt., Div. Inst. I, 17,1ff.

[80] Cicero, Nat. deor. I, 117–121, vgl. *Spoerri*, 165.

[81] Zum Euhemerismus siehe *Pépin*, Mythe, 146–149; *Nilsson* II, 269–274; *Spoerri*, 166;
189–195; zur euhemeristischen Tendenz der hermetischen Gestalten siehe *Pietschmann*, 26;
37.

[82] CH II,4–5 und II,14–16, siehe Kommentar z.St. Euhemeristischer Einfluß könnte auch
CH X,5 und Ascl. 37 vorliegen; in sehr menschlicher Weise ist von Hermes CH XI,12–13 die
Rede. Euhemeristisches Gedankengut zeigt sich vielleicht auch darin, daß in CH XVI, XVII
und Ascl. 1 der König Ammon (unsicher für XVII) als Gesprächspartner auftritt, denn das
erinnert an die Lehre des Euhemeros von den vergöttlichten Urzeitkönigen, s. *Spoerri*, 193.

[83] Minucius Felix, Oct. 22,5.

[84] Z.B. Plutarch, Mor. 359e = De Is., cp. 22; Diod. Sic. I, 13,1–2; I, 17,3; besonders ein-
drucksvoll auch Clemens Alex., Strom. I, 21,134,1: »ἀλλὰ καὶ τῶν παρ' Αἰγυπτίοις
ἀνθρώπων ποτέ, γενομένων δὲ ἀνθρωπίνῃ δόξῃ θεῶν, Ἑρμῆς τε ὁ Θηβαῖος καὶ
Ἀσκλήπιος ὁ Μεμφίτης …«.

[85] Laktanz schwankt in seinem Urteil (Hinweise bei *Fowden*, 29, n. 96), s. Laktanz, Div.
Inst. I, 6,1–5; VII, 13,1–4; kritische Einstellung bei Athenagoras, Suppl. 28,1–6, bes. 4,

Eine Spur des ägyptischen Ursprungs des Hermes besteht in seinem Beinamen »Trismegistos« fort.[86] Zunächst dürfte der ägyptische Thoth als der »in jeder Hinsicht große« bezeichnet worden sein,[87] was ägyptisch durch die zweifache Wiederholung von »groß« ausgedrückt wurde.[88] Zur Steigerung dieses Prädikates wurde schließlich ein weiteres hinzugefügt, das ebenfalls »groß« bedeutet, doch mit der Nuance, daß die Aussage der Größe sich auf die beiden anderen Epithete im Sinne von deren Steigerung (»sehr«) bezieht;[89] Thoth wurde also als »sehr groß in jeder Hinsicht« bezeichnet.[90] Bei der Übersetzung des Titels ins Griechische wurden in sklavischer Treue zum Wortbestand der ägyptischen Originalprädikation zu »Hermes« drei Epithete gesetzt,[91] davon zwei Superlative (»μέγιστος καὶ μέγιστος«) und ein Positiv (»μέγας«).[92] In Kreisen, in denen man nicht mehr des Ägyptischen (der Hieroglyphenschrift und des Demotischen) kundig war, mißverstand man die drei Beiworte als drei parallele Prädikationen und wandelte die letzte in einen Superlativ um; schließlich faßten griechische Kreise alle drei in dem Beiwort »τρισμέγιστος« zusammen.[93] Die ersten Belege für diesen Titel außerhalb des Corpus Hermeticum scheinen erst aus dem zweiten[94] oder sogar dritten[95] Jahrhundert n. Chr vorzuliegen.[96] Das ist allerdings umstritten; M.Th. und Ph. Derchain führen aus Esna einen Beleg in Hieroglyphenschrift auch für den »zusammenfassenden« Titel »τρισμέγιστος« an,[97] der damit älter (aus der Zeit um 200 v. Chr.) und selbst ursprünglich ägyptisch wäre.[98] Aber auch wenn er erst aus dem 3. nachchristlichen Jahrhundert stammt, hat das keine Konsequenzen für die unten vorgeschlagene Datierung von CH II, denn der Titel kommt im Traktat nicht vor. Von einem »Titel« kann für das Corpus Hermeticum ohnehin kaum

---

p. 348–350 *Goodspeed*; Tertullian, Adv. Valent. XV, 1, CChr.SL II, p. 765–766, s. dazu *Pietschmann*, 42; Laktanz, Epit. div. inst. 12–14, bes. 14,3; Augustin, Civ. Dei VIII, 26; *Hopfner*, 571 (Filastrius, Diversar. haeres. lib.).

[86] Ältere Diskussion: *Pietschmann*, 35–37; *Hopfner*, Offenbarungszauber, 372f.

[87] Vgl. *Mahé*, Hermès I, 3; *Daumas*, 9.

[88] In der ptolemäischen Zeit gibt es dafür viele Zeugnisse, vgl. *Parlebas*, 25; s. auch *Skeat/Turner*, 208; *Mahé*, Hermès I, 1–2; *Daumas*, 7.

[89] *Parlebas*, 26; *Daumas*, 9.

[90] Daneben finden sich auch andere Ehrenprädikate, wie »der achtmalgroße Hermes« oder »der neunmalgroße Hermes«. Diese Titel dürfte auf die Assoziation des Hermes mit der Götter-Ogdoade in Hermopolis magna zurückgehen. Vgl. *Hopfner*, Offenbarungszauber II, 372–373.

[91] *Daumas*, 9; vgl. *Mahé*, Hermès I, 2.

[92] In den Ostraka von Saqqâra, 168–164 v. Chr., vgl. *Skeat/Turner*, 202–203; 206; *Parlebas*, 25; *Mahé*, Hermès I, 1; *Daumas*, 8; *Copenhaver*, Hermetica, xiv–xv; 93.

[93] *Parlebas*, 26; vgl. auch *M.-Th Derchain/Ph. Derchain*, 8–9. *Mahé*, Hermès I, 1 spricht von einer »progressiven Hellenisierung«, die man anhand des Titels »τρισμέγιστος« beobachten könne.

[94] *Fowden*, 216.

[95] *Parlebas*, 26 mit n. 8 auf 28.

[96] Vgl. auch *Mahé*, Hermès I, 2; *Copenhaver*, Hermetica, 93.

[97] *M.-Th. Derchain/Ph. Derchain*, 9.

[98] *M.-Th. Derchain/Ph. Derchain*, 9; *Copenhaver*, Hermetica, 93.

noch die Rede sein, vielmehr ist »Hermes Trismegistos« weitgehend zu einem inhaltlich nicht mehr aussagekräftigen Eigennamen geworden. In den Traktaten des CH ist damit offenbar nicht mehr der große, sich in allen Aspekte des Lebens als machtvoll wirksam erweisende Gott Thoth[99] angesprochen. Insofern wird man in dem Beiwort »τρισμέγιστος« wohl noch eine entfernte Spur ägyptischer Ursprünge sehen können, aber so, wie der Titel in den hermetischen Traktaten des CH gebraucht ist, überwiegt die hellenistische Auffassung.[100]

Die »Vermenschlichung« des Thoths erschöpfte sich nicht darin, daß er mit dem griechischen Gott Hermes gleichgesetzt oder als nachträglich vergöttlichter Urweiser gesehen wurde. Von Thoth/Hermes wird nämlich später, z.B. bei Pseudo-Manetho[101] und im Corpus Hermeticum[102] Tat unterschieden, der entweder als Sohn oder Enkel des Hermes Trismegistos eingeführt wird.[103] Der Name »Tat« ist im übrigen nichts anderes als die fajjumische Form des Namens »Thoth« (koptisch Θωουτ, Θαυτ, Θοουτ[104]).[105] Daß man später Tat von Thoth unterschied, zeigt, wie wenig man zumal im griechisch-hellenistischen Milieu[106] noch mit den ägyptischen Namen anfangen konnte.[107] Später erfolgt dann noch eine weitere Differenzierung,[108] die offenbar z.T. schon im hermetischen *Asclepius* eingesetzt hat.[109] Möglicherweise ist diese Unterscheidung dann auch in ägyptische Priesterkreise gelangt und von dort – als angeblich uralte Nachricht – verbreitet worden; es kann also durchaus sein, daß der Hermetiker die Unterscheidung im Bewußtsein vornimmt, in Übereinstimmung mit ägyptischer Theologie zu stehen.

Der Effekt solcher Differenzierung ist, daß die ursprüngliche Gottesgestalt menschlicher wird, denn die Götter haben wie historische Menschen eine Geschichte mit Stammbaum. Auch werden die Söhne oder Enkel der Götter meist nicht selbst als Götter, sondern als Halbgötter oder besondere Menschen aufgefaßt. D.h. auf der Ebene der Nachkommen berührt der ursprünglich unnahbare Gott sozusagen die Erde. Dahinter steht möglicherweise die Vorstellung, daß

---

[99] Vgl. *Mahé*, Hermès I, 3.

[100] Zu »τρισμέγιστος« vgl. auch *Roeder*, Art. Thoth, ALGM V, Sp. 855.

[101] *Hopfner*, 74 (Ps.- Manetho, frgt. ap. Syncellum).

[102] Vgl. hierzu vor allem Ascl. 37.

[103] Vgl. hierzu und zum folgenden *Hopfner*, Offenbarungszauber II, 371–372 (§ 221).

[104] Das Koptische scheint die ägyptische Form korrekt bewahrt zu haben, vgl. *Boylan*, 4–6.

[105] *Pietschmann*, 31–32; *Boylan*, 4–6; vgl. damit die Erörterungen des Namens durch Philo von Byblos bei Euseb, pr. ev. I, 9,24 = *Hopfner*, 289; s. auch *Copenhaver*, Hermetica, 93.

[106] Daß die Unterscheidung mehrerer Götter anhand von Thoth auf Hellenisierung der ägyptischen Vorstellungen zurückgeht, sagt *Reitzenstein*, Zwei rel.-gesch. Fragen, 91–92.

[107] *Pietschmann*, 33–34.

[108] Z.B. wird eine Genealogie Thoth-Agathodaimon-zweiter Hermes-Tat aufgestellt. Dieser »Stammbaum« findet sich bei Syncellus im Zitat aus Pseudo-Manetho, vgl. *Hopfner*, 74.

[109] Siehe Ascl. 37, *Nock/Festugière* II, 348, Z. 3–6: »Hermes, cuius avitum mihi nomen est ...«

das Göttliche in den Kindern und Enkeln eines Gottes nur noch in abge-
schwächter und verblaßter Form wirksam ist.

Vermutlich sind die genealogischen Vorstellungen auch dazu verwendet
worden, die hermetischen Schriften zu legitimieren. Sozusagen im umgekehr-
ten Schlußverfahren wird von den menschlichen Gesprächspartnern über ihre
göttlichen Vorfahren auf den göttlichen Ursprung der hermetischen Lehren
geschlossen. Es ist jedenfalls nicht ausgeschlossen, daß die Nachricht über
Manetho bei Syncellus oder Ascl. 37 diese Tendenz haben.[110]

Thoth, Hermes, Mercurius, etc. werden (als Göttern und Menschen) durchweg große kulturelle und geistige Leistungen zugeschrieben. Thoth ist ja ohnehin ein Kulturgott; Manetho oder Ps.-Manetho berichtet nun von einem zweiten Hermes, dem Vater des Tat (und Enkel des ersten Hermes), daß dieser die
vom ersten Hermes/Thoth auf Stelen in Hieroglyphenschrift niedergelegten
Schriften übersetzt haben soll.[111] Auch werden dem Thoth/Hermes heilige Bücher in großer Zahl zugeschrieben.[112]

In den hermetischen Traktaten hingegen erscheinen Tat, aber auch (in CH I
und CH XI) Hermes selbst, als unwissende, sogar etwas tumbe Schüler, als
Anfänger in der philosophisch-mystischen Lehre, die z.T. noch nicht einmal
die Grundkenntnisse beherrschen. Dasselbe gilt auch durchweg von Asklepios,
dem in CH II,10 (S. 36, Z. 5) z.B. völliger Irrtum bescheinigt wird.[113]

Die möglichen Hintergründe dieser Sichtweise wurden oben bei der Charakterisierung des Hermes/Thoth bereits genannt; sie treffen auch auf Asklepios
zu. Dessen ägyptisches Gegenstück ist der weise Schreiber Imhotep,[114] griechisch auch Imouth oder Imouthes (Ἰμούθης) genannt.[115] Wie die schriftlichen
Dokumente, aber auch figürliche Darstellungen beweisen,[116] ist man sich des
menschlichen Ursprungs dieses Gottes lange, auch noch in hellenistischer Zeit,
bewußt gewesen: er galt als vergöttlichter Großer der Urzeit.[117]

Vermutlich hat Imhotep im 27. Jahrhundert v. Chr., zur Zeit des Königs
Zoser (= Doser, 3.–6. Dynastie, Altes Reich),[118] an dessen Hof in Memphis
gelebt und gewirkt. Er ist Wesir dieses Königs gewesen. Als sein Architekt soll

---

[110] Vgl. *Copenhaver*, Hermetica, xv–xvi.

[111] Vgl. das genannte Fragment von Pseudo-Manetho, *Hopfner*, 74; *Copenhaver*, Hermetica, xv–xvii.

[112] Vgl. die phantastische Zahl der angeblich von Hermes verfaßten Bücher nach Iamblichos, De myst. VIII, 1; dazu *Stock*, Art. Hermes Trismegistus, 626; *Dieterich*, Abraxas,
63; *Copenhaver*, Hermetica, xvi. Nach Clemens Alex. geht die heilige, für den Ablauf der
Prozessionen relevante Literatur auf Hermes zurück, Strom. VI,35,3–37,3 = *Hopfner*, 372f.,
vgl. damit *Festugière* I, 75, mit n. 3; für weitere Belege siehe *Hopfner*, 844f. (Register), s.v.
Hermes Trismegistus.

[113] Allerdings wird in den genannten Traktaten Hermes Trismegistos nicht ganz so negativ dargestellt wie Tat und Asklepios.

[114] *Erman*, Religion der Ägpyter, 326.

[115] *Hani*, Réligion Égyptienne, 138.

[116] *Sethe,* Imhotep, 4–5.

[117] *Sethe,* Imhotep, 4–13.

[118] *Sethe,* Imhotep, 23.

er für ihn den Bau des Grabhauses, der Stufenpyramide von Saqqâra bei Memphis (mitsamt den umliegenden Kultbauten) beaufsichtigt haben.[119] Wir kennen sogar die Namen von Imhoteps Eltern.[120]

Auch Manetho[121] ist sich der historischen Realität des Imhotep bewußt, er gliedert ihn in die dritte Dynastie der memphitischen Könige ein und teilt mit, sein wirklicher Name sei Sosorthus gewesen.[122]

Anders als Thoth ist Imhotep also erst nachträglich vergöttlicht worden;[123] ähnlich wie Thoth wird er mit der Dichtkunst,[124] Alchemie, Magie[125] und – besonders wichtig – der Heilkunde[126] in Verbindung gebracht.[127] In einer Inschrift des in hellenistischer Zeit errichteten Tempels von Edfou wird der vergöttlichte Imhotep wieder als Architekt bzw. Oberbaumeister beansprucht.[128] Außerdem ist er wie Thoth kundiger Schreiber.[129]

Die Griechen identifizierten ihn aufgrund seiner Eigenschaft als Heilgott mit ihrem Heilgott Asklepios[130]; in der für griechische Mythologie typischen Weise wird er mit einer göttlichen Genealogie ausgestattet, er soll nämlich Sohn des Ptah = Hephaistos sein.[131] Sein ägyptisches Haupttheiligtum steht dort, wo

---

[119] *Erman*, Religion der Ägypter, 327; *Reitzenstein*, Poimandres, 120; KP II, s.v. Imuthes, Sp. 1384.

[120] Auch die Menschlichkeit des Asklepios fand ein Echo bei christlichen Kritikern und Zweiflern, wie die oben erwähnte Stelle aus *Hopfner*, 369f. = Clemens Alex., Strom. I, 134,1 zeigt, denn dort wird neben Hermes auch Asklepios erwähnt: dieser war bei den Ägyptern ein Mensch, der«δόξῃ ἀνθρωπίνη» (ein) Gott geworden ist. Zu dieser Stelle vgl. *Sethe*, Imhotep, 8–9.

[121] Siehe dazu *Sethe*, Imhotep, 18–22.

[122] Vgl. *Hopfner*, 68 (Manetho); da »Sosorthus« eine gräzisierende Verballhornung von Doser/Zoser sein dürfte, liegt hier natürlich ein Mißverständnis des Manetho vor. Die Konjektur von Sethe in der Eusebnachricht (Imhotep, 19: statt »Σέσορθος, ὃς Ἀσκληπιὸς παρὰ Αἰγυπτίοις ἐκλήθη …« schlägt Sethe vor: »Σέσορθος, ἐφ' οὖ Ἰμούθης, ὃς …«), die auch von *Reitzenstein* (Poimandres, 120) unterstützt wird und die Annahme eines Mißverständnisses vermeidet, dürfte eine nicht annehmbare Glättung sein.

[123] Sein Kult ist frühestens unter der Regierung des Königs Amasis bezeugt, vgl. *Sethe*, Imhotep, 3; vgl. auch KP II, s.v. Imuthes, Sp. 1384.

[124] *Reitzenstein*, Poimandres, 120.

[125] *Sethe,* Imhotep, 25.

[126] Bei Manetho, siehe *Sethe*, Imhotep, 19–21; 26 (Nachträge); *Drexler*, Art. Imhotep, ALGM II, Sp. 123f.; KP II, s.v. Imuthes, Sp. 1384.

[127] *Drexler*, Art. Imhotep, ALGM II, Sp. 123; *Heinrici*, 10; *Erman*, Religion der Ägypter, 326; *Reitzenstein*, Poimandres, 120f.

[128] *Sethe*, Imhotep, 16.

[129] *Drexler*, Art. Imhotep, ALGM II, Sp. 123–124; *Sethe*, Imhotep, 17 (Imhotep als »Schreiber des Gottesbuches«).

[130] Zu Asklepios als Gott der ärztlichen Kunst und Heilgott vgl. *Heinrici*, 10; *Erman*, Religion der Ägypter, 327; *Hopfner*, 632 (Synesios, Calvitii encom.); Cyrill, C. Iul. VI, 200 = PG 76, 805 B–D = *Hopfner*, 656; Suidas, Lex., γράμματα bei *Hopfner*, 749. Zur Gleichsetzung Imhotep – Asklepios vgl. *Sethe,* Imhotep, 22, siehe auch 20.

[131] *Drexler*, Art. Imhotep, ALGM II, Sp. 123; Kore Kosmou (= Exc. Stob. XXIII) 6, *Nock/ Festugière* IV, 2, Z. 24–25 = *Hopfner*, 390, wobei die Deutung dieser Stelle allerdings umstritten ist, vgl. *Reitzenstein*, Poimandres, 122; *Nock/Festugière* IV, 24–25, n. 22 z.St.; anders *Sethe*, Imhotep, 22f. mit 22, n. 3.

er als Mensch gewirkt hat und vermutlich begraben ist, nämlich in Memphis, nahe dem Serapeion.[132] Dorthin strömten die Gläubigen, um im Heilschlaf Heilung von allerlei Krankheiten zu erlangen.[133] Doch werden im ganzen Land Asklepios-Heiligtümer gestanden haben, z.b. in Philae, Theben, etc.[134]

Für die Griechen war Asklepios/Imhotep also vor allem der Gott der Heilkunst und ein Fachmann der Naturkunde. Als solcher wird er auch in CH XIV,1 angesprochen.[135] Zu erwägen ist, ob die Tatsache, daß in CH II, im ersten Teil (II,1–12), vornehmlich naturphilosophische und physikalische Theorien traktiert werden, etwas mit dem genannten naturkundlichen Hintergrund des Asklepios zu tun hat. Immerhin wird der Traktat ja im letzten Satz als eine »προγνωσία τις τῆς πάντων φύσεως« bezeichnet (S. 39, Z. 18f.).

Die Einführung des Asklepios als *Schüler* des Hermes dürfte durchaus davon beeinflußt sein, daß der ägyptische Imhotep trotz der Verehrung, die man ihm entgegenbrachte, nicht den Rang des großen Gottes Thoth beanspruchen konnte,[136] weil er eher als eine Art Halbgott oder vergöttlichter Mensch empfunden wurde.[137] Die Gleichstellung war nur so möglich, daß er auf eine Stufe mit Tat als dem Schüler und Enkel des Thot gestellt wurde. Möglicherweise spiegeln die auffälligen Erörterungen über die Rangfolge von Tat und Asklepios in CH XIV,1, Ascl. 1 und Kore Kosmou 6 ein Unbehagen über die Annäherung des Asklepios/Imhotep an Hermes/Thoth wider.

Im hermetischen *Asclepius* (Ascl. 37) findet sich nicht nur die Andeutung einer Genealogie des Hermes, sondern auch des Asklepios. Er wird als der Enkel des Erfinders der Medizin, also des Asklepios-Imouthes, ausgegeben.[138] Es ist natürlich nicht sicher, ob diese Genealogie in allen Traktaten des CH (also auch in CH II) vorausgesetzt ist. Aber sie zeigt, wie man versuchte, den hermetischen Dialogpartner Asklepios aus der göttlichen Sphäre herabzuholen und zu einem Menschen mit einer nachvollziehbaren Geschichte zu machen. Auch im hermetischen *Asclepius* ist das Göttliche des Ursprungs nur noch abgeschwächt wirksam.

Die hermetischen Dialogpartner sind also Ausdruck eines griechisch gefärbten religiösen Synkretismus,[139] der auf die stark hellenisierten Teile Ägyptens als Entstehungsort der hermetischen Traktate hindeutet,[140] also den Fajjum und vor allem Alexandria.[141] Dabei dürften die philosophischen Hermetica eher auf

---

[132] *Hopfner*, 641 (Hieronymus, Vit. Hilar.); *Drexler*, Art. Imhotep, ALGM II, Sp. 124; *Sethe*, Imhotep, 24–25; *Reitzenstein*, Poimandres, 121.
[133] *Hopfner*, 641 (Hieronymus, Vit. Hilar.); KP II, s.v. Imuthes, Sp. 1384.
[134] *Drexler*, Art. Imhotep, ALGM II, Sp. 124; *Reitzenstein*, Poimandres, 121; KP II, s.v. Imuthes, Sp. 1384.
[135] *Nock/Festugière* II, 222, Z. (9-)10: »... ὡς ... ἐπιστήμονι τῆς φύσεως«.
[136] *Hani*, Réligion Égyptienne, 138–139, siehe auch Augustin, Civ. Dei VIII, 26.
[137] Vgl. *Sethe,* Imhotep, 4f.
[138] *Mahé*, Art. Hermes Trismegistos, 288.
[139] Vgl. *Festugière* I, 86–87.
[140] Zur Datierung und Lokalisierung siehe den entsprechenden Abschnitt unten, p. 275ff.
[141] Vgl. *Fowden*, 19.

griechische als ägyptische Bevölkerungskreise zurückgehen,[142] wie an anderer Stelle mit weiteren Gründen argumentiert werden soll. Auch in hellenistisch-römischer Zeit hätte kein Ägypter, erst recht kein ägyptischer Priester,[143] und sei er auch noch so hellenisiert, Gestalten wie Thoth oder Imhotep als zwar lernbegierige, aber unwissende und naive Schüler dargestellt.[144] In dieser Charakterisierung, die in CH I und CH XI auch für Hermes Trismegistos gilt, kommt vielmehr ein gewisser griechischer intellektueller Dünkel,[145] vielleicht auch Respektlosigkeit gegenüber der ägyptischen Religionswelt zum Ausdruck, wie es das neben genuinem Interesse und Achtung für die ägyptische Religion zweifellos auch gab.[146] Bezeichnenderweise ist das höchste göttliche Wesen in den zentralen Traktaten des CH, nämlich CH I und XIII, der ganz und gar griechische νοῦς. In jedem Fall ist es unägyptisch, wenn in CH I und XI Hermes, in CH XVI und XVII ein wohl urzeitlicher König als unwissende Schüler stilisiert werden; König Ammon[147] ist sogar Schüler des Schülers eines Schülers (nämlich des Asklepios, der wiederum Schüler des Hermes Trismegistos ist,[148] der wiederum von Νοῦς-Poimandres unterrichtet worden ist[149]), wenn die Einheitlichkeit des *Corpus Hermeticum* vorausgesetzt werden darf, was jedoch fraglich ist.[150]

Gegen eine Herkunft des Corpus Hermeticum aus ägyptischen Kreisen (z.B. Priesterzirkeln) spricht auch, daß einige wesentliche, schon in der Antike als typisch für die ägyptische Religion angesehene Züge in unseren Texten ganz fehlen. Im Corpus ist – trotz der besonderen Assoziation des Thoth mit dem Verstorbenen, dem Totengericht[151] und den Totenriten[152] – z.B. von einem besonderen Totenkult nirgends die Rede; die Lehre von der Fortexistenz der Seele geht, wie gerade CH II,17 zeigt, nirgends wesentlich über die in der griechischen Welt üblichen, meist platonisch eingefärbten Lehren hinaus.[153] Auch die

---

[142] Gegen *Stock,* Art. Hermes Trismegistus, 628.

[143] Gegen *Reitzenstein,* Zwei religionsgesch. Fragen, 92–93. Gerade die ägyptische Priesterschaft hielt gegenüber dem hellenistischen Denken lange an traditionellen Vorstellungen fest, siehe *Bowman,* 180.

[144] *Reitzenstein,* Zwei religionsgesch. Fragen, 88 trennt nicht scharf genug zwischen der griechisch-hellenistischen Sicht des ägyptischen Thoth und der ursprünglich ägyptischen Auffassung: dazu *Hani,* Réligion Égyptienne, 138–139.

[145] Zum Dünkel der griechischen Oberschicht gegenüber den Ägyptern, die als arm, einfach und ungebildet angesehen wurden, auch weil viele nicht die griechische Sprache beherrschten, siehe *Bowman,* 126; das Gefühl der Unterlegenheit konnte von den Ägyptern selbst geradezu internalisiert werden, siehe das Dokument bei *Bowman,* ebd.

[146] Vgl. *Fowden,* 16–17, auch 18; 51.

[147] In CH XVI.

[148] Z.B. in CH II.

[149] Z.B. in CH I und CH XI.

[150] Siehe den folgenden Abschnitt III., unter 3.

[151] *Pietschmann,* 23–25; *Roeder,* Art. Thoth, ALGM V, Sp. 852; *Boylan,* 136–141; *Bleeker,* 145–146; 157; *Shorter,* 74.

[152] *Bleeker,* 146.

[153] Siehe den Kommentar z.St.

von antiken Reisenden immer wieder beschriebene Verehrung von Tieren bzw.
tiergestaltigen Göttern hat, obwohl z.b. Thoth mit Ibis und Pavian in besonderer Verbindung stand,[154] im CH keine erkennbaren Spuren hinterlassen, vermutlich weil Griechen mit einer Verehrung von Katzen, Affen, Stieren, Wid-
dern, Krokodilen und Ibissen nichts anfangen konnten.[155]

Als Fazit kann festgehalten werden, daß die im CH herangezogenen Göttergestalten eine enge Beziehung zu Wissenschaft und Gelehrsamkeit aufweisen,[156] was der Hauptgrund für ihre Verwendung als Dialogpartner sein dürfte.
In dieser Hinsicht sind Tat, Hermes und Asklepios kaum voneinander zu unterscheiden und geradezu austauschbar;[157] allerdings sorgt die Erinnerung an den
ägyptischen Hochgott Thoth dafür, daß Hermes meist als Lehrer auftritt. Die
Dialogpartner stehen in einer Lehrer-Schüler-Relation zueinander, worin sich
vermutlich hellenistischer Wissenschafts- und Schulbetrieb widerspiegelt.

---

[154] *Pietschmann*, 3–4 und 6; 8–11; *Roeder*, Art. Thoth, ALGM V, Sp. 838–841; *Boylan*,
7–9 (gegen Pietschmanns Deutung des Thoth-Namens auf den Ibis); 77–80; *Hopfner*, Offenbarungszauber II, 282; 372; *Bleeker*, 108–112 (wobei Bleeker von einem Rhesusaffen
spricht).

[155] Vgl. z.B. Philo, Vit. Cont. 8–9, wobei allerdings Philos Auffassung auch aus dem
Kontext jüdischer Kritik am heidnischen Kult zu verstehen ist; vgl. *Bowman*, 172ff., bes.
178f. (Lukian, Deorum Concilium 10–11).

[156] Dazu gehört die bildende Kunst, die Medizin, aber auch Alchemie, Magie und Astrologie. Vgl. *Drexler*, Art. Imhotep, ALGM II, Sp. 123.

[157] Der ägyptische Thoth wurde gelegentlich sogar mit dem griechischen Asklepios identifiziert, siehe *Brugsch*, 527–528; *Pietschmann*, 43f.; *Drexler*, Art. Imhotep, ALGM II, Sp.
123.

# III. CH II im historischen Kontext

## 1. Datierung und Lokalisierung

Die Traktate des Corpus Hermeticum können nicht mit letzter Sicherheit datiert und lokalisiert werden; das gilt auch für CH II. Es liegt allerdings nahe, an Ägypten als Entstehungsort zu denken;[158] besonders die Gestalten des Hermes Trismegistos und des Tat sind eng mit Ägypten verbunden, und die Asklepios-Gestalt widerspricht dem jedenfalls nicht.[159] Dabei werden die philosophischen hermetischen Schriften wohl aus den stärker hellenisierten Teilen Ägyptens stammen, also aus Oberägypten, dem Fajjum oder dem Nildelta.[160] Wegen der Vielzahl der in CH II und anderen Traktaten aufgenommenen philosophischen und religiösen Traditionen sind die Texte vermutlich im Milieu einer Großstadt entstanden, wo man leicht mit den unterschiedlichsten Weltanschauungen bekannt werden konnte; auch der ein wenig elitäre Anstrich der Traktate, die Atmosphäre von Gelehrsamkeit, Wissenschaft und Lehrbetrieb, die durch die Verarbeitung philosophischer, aber auch naturwissenschaftlicher Traditionen entsteht, spricht für städtisches Entstehungsmilieu.[161] In erster Linie ist dabei an Alexandria als Entstehungsort der »hohen« hermetischen Literatur zu denken,[162] wo sich wie in kaum einer anderen Stadt des römischen Reiches die unterschiedlichsten kulturellen, religiösen und philosophischen Traditionen konzentrierten[163] und mit der ägyptischen Kultur ein mehr oder weniger enges Verhältnis eingingen.[164] In keiner anderen Stadt, Athen vielleicht ausgenommen,[165] konnte man in Kontakt mit so vielen verschiedenen

---

[158] *Tröger,* Die hermetische Gnosis, 101; *ders.,* Mysterienglaube, V; *ders.,* Art. Hermetica, TRE XVIII, 749.

[159] Vgl. oben die Erörterungen zu den Dialogpartnern von CH II, p. 263ff.

[160] Vgl. *Fowden,* 19.

[161] Vgl. *Fowden,* 191. Fowden erläutert auch, daß gerade die alexandrinischen Platoniker, denen CH II einen Großteil seiner Vorstellungen verdankt, in der damaligen Welt das höchste Ansehen genossen, vgl. *Fowden,* 192.

[162] So auch *van Moorsel,* 10–11; *Tröger,* Mysterienglaube, 7, mit n. 8 (im Anschluß an Quispel). Zu Alexandrien in der ptolemäischen Zeit (also in der Zeit *vor* Entstehung unseres Traktates, s. unten) siehe *Fraser* I–III.

[163] Für Alexandria vgl. in diesem Zusammenhang *Bell,* Egypt, 52–53; *Bowman,* 209.

[164] Siehe *Fowden,* 161, auch *Marrou,* Erziehung, 316.

[165] Zur Bedeutung Athens als Ort philosophischer Bildung vgl. *Rauschen,* 53; *Marrou,* Erziehung, 315–316. Zur Bedeutung Athens gehört, daß die Stadt auch in der für uns interessanten Zeit Sitz der platonischen Akademie war; seit 176 gab es in Athen sogar, von Kaiser Marc Aurel eingerichtet, je einen Lehrstuhl für alle vier wichtigen philosophischen Schulen,

philosophischen und religiösen Traditionen kommen, wie sie in den Hermetica reflektiert sind, in kaum einer anderen Stadt gab es ein so großes Potential an geistig interessierten und gebildeten Zuhörern und religiösen Suchern,[166] die dem Hermetismus zugeführt werden konnten. Für Alexandria als Entstehungsort spricht auch, daß viele der im Kommentar herangezogenen Parallelstellen von Autoren (z.B. Philo, Clemens Alexandrinus, Origenes, Galen, Numenios, Plotin) stammen, die irgendwie mit Alexandria in Beziehung stehen, z.B. dort geboren und aufgewachsen sind, dort eine Zeit lang gelernt oder gelehrt haben oder zumindest durch ihre Lehrer mit alexandrinischen Theorien bekannt wurden. Auch der an einigen Stellen zu konstatierende jüdische oder christliche Einfluß in den hermetischen Traktaten spricht, soweit Ägypten als Ursprungsort angenommen werden kann, für eine große Stadt, also wohl Alexandria, als Heimat der hermetischen Traktate: in Alexandria gab es eine starke jüdische Gemeinschaft,[167] deren Ideen und Gedanken auch nach ihrer Dezimierung in den Aufständen um 117[168] fortwirkten; auch das Christentum faßte zunächst in Alexandria Fuß,[169] die meisten der ersten Christen Ägyptens werden wohl konvertierte alexandrinische Juden gewesen sein;[170] von Alexandrien aus breitete sich das Christentum allmählich[171] über die Metropolen der einzelnen Nomen[172] ins Landesinnere aus; städtischer Hintergrund wird also wohl für die hellenistisch-jüdischen bzw. christlichen Einflüsse in unserem Traktat wahrscheinlich sein.

Die hier interessierenden »philosophischen« hermetischen Traktate sind wohl, zumindest in ihrer überwiegenden Zahl, eher von Griechen als von Ägyptern verfaßt.[173] Der Unterschied beider Volksgruppen bestand auch im für unseren Traktat in Frage kommenden Zeitraum (s. gleich) durchaus fort, wenn auch von einer Hellenisierung der ägyptischen Oberschicht ausgegangen wer-

---

also die platonische, peripatetische, stoische und epikureische. Zur mittelplatonischen Schule in Athen vgl. *Dillon*, Middle Platonists, 231–265, bes. 232f.; zur neuplatonischen Schule in Athen siehe *Whittaker*, Neo-Platonists, 155–184. Bezeichnenderweise soll ja auch die von Cyrill erwähnte, uns unbekannte Sammlung von 15 hermetischen Traktaten in Athen entstanden sein, siehe Cyrill, C. Iul. I, 41, PG 76, 548B; *Fowden*, 27 mit n. 85; 200; *Copenhaver*, Hermetica, xlii.

[166] Vgl. das Beispiel des Thessalus, aber auch des Plotin und Proklos, *Fowden*, 177.

[167] *Bell*, Egypt, 52; *ders.*, Jews and Christians, 10–11 (und ff.); *Lewis*, Life in Egypt, 28–29; *Bowman*, 123. Jüdische Gemeinschaften gab es natürlich nicht nur in Alexandria, zur jüdischen Besiedlung vgl. *Bowman*, 123; eine Übersicht über die Verbreitung jüdischer Gemeinschaften im Ägypten unter römischer Herrschaft gibt *Juster* I, 204–207.

[168] *Mahé*, Fragments, 61; *Bowman*, 43.

[169] *Bowman*, 190–191.

[170] *Harnack*, Mission und Ausbreitung II, 707, n. 1; siehe auch *Morenz*, Art. Ägypten IV, RGG I, 3. Aufl., Sp. 122.

[171] Erste dokumentierte Christenverfolgung in Ägypten: unter Decius, 249–250, siehe *Bowman*, 191; *Lewis*, Life in Egypt, 101–102.

[172] *Harnack*, Mission und Ausbreitung II, 712 mit n. 2; 714; *Lewis*, Life in Egypt, 100. Eine »Nome« ist eine Art ägyptischer Regierungsbezirk.

[173] Siehe *Kroll*, X–XI.

den muß. Doch blieben beide Gruppen auch im 2. und 3. Jahrhundert n. Chr. in für einen so langen Zeitraum des Zusammenlebens bemerkenswerter Weise unterschieden.[174] Das läßt sich z.b. mit einiger Sicherheit an den Eigennamen erkennen.[175] Als »Griechen« galten pauschal die Bürger der griechischen Städte Alexandria, Ptolemais, Naukratis und Antinoopolis;[176] doch wurde der Zugang zum Bürgerrecht dieser Städte von der römischen Ordnungsmacht sorgfältig kontrolliert.[177] Als unter Augustus die Vorrangstellung dieser Städte gegenüber den Nomenhauptstädten zu erodieren begann, bemühte man sich um eine klare Definition dessen, was als »Grieche« zu gelten habe.[178] Es war generelle Politik der Römer, die Klassifizierung Griechen – Ägypter – Juden aufrechtzuerhalten;[179] im Jahre 215 n. Chr. wurden z.b. alle Ägypter durch ein Edikt des Caracalla aus Alexandrien verwiesen.[180] Auch die generelle Gewährung des römischen Bürgerrechtes 212 n. Chr. führte nicht zu einer Auflösung der Volksgruppen, im Gegenteil: jetzt galten wieder – neben dem materiellen Status – Geburt und Abkunft als Unterscheidungsmerkmal, so daß die ethnischen Unterschiede geradezu zementiert wurden.[181] Das Fortbestehen der ägyptischen Identität gilt besonders auf religiösem Gebiet: die traditionelle ägyptische Religion hat sich nie völlig in den hellenistischen Synkretismus aufgelöst, sondern bestand, wenn auch stark geschwächt,[182] fort.[183] Ihre Besonderheiten wurden sogar in die römische Religionsgesetzgebung aufgenommen.[184] Besonders die Priesterschaft widersetzte sich lange der Assimilation.[185]

Der CH II (und verwandte Texte) durchwehende Geist ist nun so durch und durch griechisch-hellenistisch,[186] daß daraus durchaus auf die Abkunft des oder der Verfasser geschlossen werden darf; griechische philosophische Traditionen haben ein eindeutiges Übergewicht gegenüber vereinzelten und abgeschwächten ägyptischen Motiven.[187] Auf die auf griechisch-hellenistischen Hintergrund weisende Verwendung ägyptischer Göttergestalten wurde oben bereits aufmerksam gemacht. Reitzensteins Meinung, die hermetischen Trak-

---

[174] Vgl. *Bowman*, 179. Zum Ganzen vgl. auch *Goudriaan*, Ethnical Strategies.

[175] *Bagnall*, 232–233, wobei dort allerdings gleich ein Gegenbeispiel genannt wird, um die faktisch recht komplizierten Verhältnisse zu dokumentieren.

[176] *Bagnall*, 232f.

[177] *Bowman*, 125.

[178] Wobei freilich auch Abkömmlinge aus Mischehen als »Griechen« galten. Vgl. *Bowman*, 125.

[179] *Bowman*, 127.

[180] *Bowman*, 126.

[181] *Bowman*, 128.

[182] Z.B. wurden die Besitztümer der Tempel (Land, etc.) beschnitten.

[183] *Bowman*, 179.

[184] *Bowman*, 180.

[185] *Bowman*, ebd.; vgl. auch *Fowden*, 166f.

[186] So zu Recht *Dörrie*, Art. Hermetica, RGG III, 3. Aufl., Sp. 265.

[187] Ähnliches Urteil bei *Kroll*, Art. Hermes Trismegistos, Sp. 820; siehe auch *van Moorsel*, 10–11; *Festugière* I, 85–87 (der aber übertreibt).

tate stammten aus ägyptischen Priesterkreisen, ist, obwohl es auch griechisch-
philosophisch gebildete Priester gab,[188] höchst unwahrscheinlich;[189] vermutlich folgt er Iamblichos,[190] dessen Behauptung aber entweder falsch sein dürfte[191] oder anders erklärt werden kann.[192] Auf keinen Fall sind die Traktate
unseres Corpus Hermeticum aus dem Ägyptischen übersetzt, sondern originale
griechischsprachige Produkte.[193] Vielleicht hatten der philosophische Hermetismus aber *Anhänger* und die Traktate *Leser* unter ägyptischen Priestern des
Thoth und des Imhotep.[194]

Hauptargument für die Lokalisierung der Traktate des CH in Ägypten und
Alexandria ist letztlich, daß es *keinen* plausiblen Grund *gegen* diese Lokalisierung gibt. Für Ägypten spricht auch, daß unter den Funden von Nag Hammadi
in Oberägypten sich einige hermetische Texte befinden,[195] darunter eine Schrift
(NHC VI,6:»Über die Ogdoade und Enneade«), die in vielen Zügen dem Traktat CH XIII ähnlich ist, und ein koptisches Fragment aus dem *Asclepius*; gerade
der *Asclepius* ist unserem Traktat CH II im Geist und der philosophischen
Grundausrichtung recht ähnlich; außerdem gibt es auch inhaltliche Parallelen.[196]

Über die zeitliche Ansetzung der hermetischen Traktate kann kaum definitiv
entschieden werden.[197] Jedenfalls kann die Datierungsfrage nicht pauschal für
alle Traktate des Corpus Hermeticum beantwortet werden, denn vermutlich
sind sie nicht alle zur gleichen Zeit entstanden.[198] Darin ist den Kommentatoren Recht zu geben.

Die Datierung der einzelnen Traktate ergibt sich im wesentlichen aus der
zeitlichen Ansetzung der jeweils verwendeten Traditionen und Motive.[199] Der
Rückgriff auf dieses Datierungskriterium ist zugegebenermaßen mit vielen

---

[188] Als bekanntes Beispiel schon aus viel früherer Zeit, nämlich der des Augustus, wäre
Chairemon zu nennen, der als ägyptischer Priester die stoische Götterlehre vertrat. Vgl. *H.
Dörrie*, Art. Chairemon, KP I, Sp. 1121 (Lit.). Zugleich dokumentiert Chairemon aber auch
den fortbestehenden Unterschied zwischen ägyptischer Religion und griechisch-hellenisti-
schem Denken, denn er verweist ausdrücklich auf die Besonderheiten der ägyptischen Religion, so zu Recht *Bowman*, 180.

[189] Gegen *Reitzenstein*, Zwei religionsgesch. Fragen, 92–93, mit *Kroll*, X. Auch *Fowden*
meint, daß für die *philosophischen* Hermetica Entstehung im ägyptischen Tempelmilieu
unwahrscheinlich ist, trotz einer solchen Stilisierung in Ascl. 1, vgl. *Fowden*, 166–168.

[190] Iambl., De myst. VIII, 4.

[191] *Fowden*, 168.

[192] Vgl. *Fowden*, 168.

[193] *Stock*, Art. Hermes Trismegistus, 627; *Mahé*, Art. Hermes Trismegistos, 289.

[194] *Fowden*, 168; 176.

[195] *Tröger*, Mysterienglaube, 7; *Fowden*, 193.

[196] Vgl. etwa Ascl. 20–21 mit CH II,17.

[197] Daß die zeitliche Einordnung der Hermetica ein schweres Problem ist, betont zu
Recht *Nilsson*, Griech. Religion, 584.

[198] Vgl. *Fowden*, 11, n. 53; *Copenhaver*, Hermetica, xliii–xliv.

[199] Vgl. für CH I: *Dodd*, Bible, 201; 206–209 (Nähe von CH I zur valentinianischen
Gnosis); ähnlich (zu CH I) *Prümm*, 557f.

Unsicherheiten und Ungenauigkeiten behaftet und daher ein unbefriedigendes Verfahren.[200] Die Kommentatoren haben daher immer wieder versucht, andere, nicht von der Datierung der Traditionen abhängige Datierungskriterien heranzuziehen. Das gilt besonders für CH I; aus dessen zeitlicher Ansetzung[201] wird auf die von CH XIII (wo offenkundig auf CH I angespielt wird)[202] und anderer Traktate[203] geschlossen. Doch müssen die dabei angestellten Überlegungen und Kombinationen als insgesamt wenig überzeugend beurteilt werden;[204] z.T. sind sie mit Sicherheit falsch.[205]

Selbst wenn die Plausibilität der Datierungsversuche zu CH I zugestanden würde, folgt daraus für CH II(b) nahezu nichts. Für diesen Traktat ist man darauf angewiesen, aus dem traditionsgeschichtlichen Hintergrund die ungefähre zeitliche Ansetzung abzuleiten. Dabei ergibt sich eine enge Verwandtschaft tragender Konzepte und Vorstellungen in CH II mit Traditionen des Mittelplatonismus.[206] Das gilt vor allem für die Hierarchie (Erster) Gott – (zweiter Gott =) νοῦς – Gestirnsgötter usw. – Kosmos, aber wohl auch für die Konzeption des τόπος oder die typisch mittelplatonische Fassung des νοῦς als eines unbewegten Bewegers.[207] Einige in CH II verwendeten Traditionen (z.B. die Betonung der Einheit Gottes[208]; die Steigerung des Transzendenzgedankens[209]; möglicherweise auch die τόπος-Vorstellung[210]) führen eventuell auch schon in die Zeit des Neuplatonismus, vielleicht handelt es sich um sich entwickelnde Vorformen.[211] Selbstverständlich gibt es zu vielen Begriffen und Vorstellungen

---

[200] Vgl. z.B. die Argumentation bei *Prümm*, 559–569.

[201] Siehe *Copenhaver*, Hermetica, xliv.

[202] In CH XIII,15, siehe *Dodd*, Bible, 201; *Prümm*, 559; *Festugière* II, 8; *Fowden*, 11, n. 53.

[203] *Prümm*, 559 (zu CH XI); 563 (zu CH VII).

[204] Beispiele: Reitzensteins Behauptung einer literarischen Abhängigkeit des *Hirt des Hermas* von CH I in *Reitzenstein/Schaeder*, 10 (kritisch dazu *Heinrici*, 5; *Dodd*, Bible, 203; *Prümm*, 555); die literarische Beziehung zwischen CH I und dem *Asclepius* bei *Dodd*, Bible, 202. Zu Recht betont *Copenhaver*, Hermetica, xliv, daß sich Spekulationen über die relative Datierung der Traktate nicht als überzeugend erwiesen haben, ähnlich *Fowden*, 11, n. 53.

[205] Das gilt insbesondere für die genannte Abhängigkeitsbeziehung von CH I und dem *Hirt des Hermas*; auch dürfte es unzutreffend sein, wenn Reitzenstein (in: *Reitzenstein/ Schaeder*, 11) behauptet, daß möglicherweise Philo von CH I abhängig ist.

[206] *Prümm*, 562 setzt CH II aufgrund der Verwandtschaft mit gnostischem Gedankengut in die Zeit von 100–250 n. Chr.

[207] Weitere Beispiele sind: das Motiv des Himmelsblickes; das Schwimmer-Beispiel, der Begriff »ἀρχέτυπον«, die Parallele zu dem auffälligen Begriff »ἐνέργεια χωρητική« bei Sextus Empiricus, u.a.; siehe den Kommentar z.d.St.

[208] Z.B. in CH II,16, S. 39, Z. 2–3.

[209] Siehe dazu den Exkurs »Das Problem der Einheitlichkeit von CH II«, oben, p. 193ff.

[210] Siehe den Exkurs »Der religionsgeschichtliche Hintergrund der Auffassung des Ortes als eines göttlichen Wesens«, oben, p. 64ff.

[211] Solche Vermutungen sind deshalb erlaubt, weil die Quellenlage zum mittleren Platonismus schlecht ist und wir immer davon ausgehen müssen, gar nicht alle Dokumente (und damit alle lehrmäßigen Entwicklungen) zu kennen.

in unserem Traktat Parallelen auch aus (viel) späterer Zeit,[212] z.B. bei Kirchenvätern wie Gregor von Nyssa oder Johannes Damascenus; die Auflistung auch
solcher Stellen im Kommentar hat keine Auswirkungen auf die Datierungsfrage, da es sich um über einen langen Zeitraum verwendete, überaus gängige
Traditionen und Vorstellungen handelt, die nur deshalb angeführt werden, um
eine typische Verwendung eines Begriffs oder Motivs oder dessen Entwick-
lungsgeschichte zu illustrieren.

Für die zeitliche Ansetzung als problematisch erweist sich aber die in CH
II,11 vertretene Theorie der »elementaren Mischung«, weil für sie nämlich eindeutige Textbelege nur aus der Zeit des voll ausgebildeten Neuplatonismus
vorliegen; doch es gibt, wie im Kommentar belegt, Hinweise darauf, daß die
Theorie schon vom Mittelplatoniker Numenios vertreten wurde,[213] so daß die
im folgenden vorgeschlagene Datierung nicht falsch sein muß.

CH II wird wohl in gewisser zeitlicher Nähe zu Mittelplatonikern wie [Albi-
nos], Numenios oder Apuleius entstanden sein. Da die mittelplatonischen Konzepte vom Verfasser nicht eigens bewiesen, sondern vorausgesetzt werden,
wird man für die Ansetzung unseres Traktates mit aller Vorsicht eher an die
hintere Grenze des durch die genannten Philosophen bezeichneten Zeitraumes
gehen müssen. Vielleicht gehört der Verfasser schon in die Zeit des Neuplatonismus, da man für die Verbreitung der mittelplatonischen und/oder den Neuplatonismus andeutenden Konzepte und Vorstellungen ja auch einen gewissen
Zeitraum ansetzen muß. Freilich kann dieser Zeitraum gering gewesen sein,
wenn der Traktat tatsächlich in der Metropole Alexandria entstanden ist.

Konkret gesagt wird CH II ungefähr zwischen 160 (floruit des Albinos[214] des
Numenios,[215] des Maximos von Tyros,[216] des Kelsos,[217] eventuell auch des
Galen[218]) und ca. 250 n. Chr.[219] (floruit des Plotin) entstanden sein.[220]

---

[212] Vgl. das oben zu »ἀναφής« und der Vorstellung der Berührbarkeit/Unberührbarkeit
Gottes Gesagten; siehe auch zu »ἀπαθής«, »ἀπλανής«, etc., pp. 143ff.; 145ff.; 148–158.

[213] Siehe oben, Kommentar z.St. Es handelt sich um Fr. 51 sowie Fr. 52, p. 98, Z. 114–
121 *des Places*; doxographisch bei Proklos, In Tim. II, 9,4f.

[214] *Dillon*, Middle Platonists, 267 (unter der Voraussetzung, daß Albinos der Autor der
*Epitome* ist).

[215] *Dillon*, Middle Platonists, 362.

[216] *Dillon*, Middle Platonists, 399.

[217] *Dillon*, Middle Platonists, 400.

[218] *Dillon*, Middle Platonists, 339.

[219] Zu weit darf man sich zeitlich nicht von den mittelplatonischen Systementwürfen ent-
fernen, denn später wäre die Theologie von CH II mit Sicherheit stärker vom Neuplatonismus überformt worden (z.B. würde die Vorstellung eines unsagbaren, unaussprechlichen
῞Εν als höchstes göttliches Wesen stärker hervortreten; wahrscheinlich wären auch weitere
Hypostasen eingeführt worden, z.B. mindestens die Unterscheidung eines intelligiblen vom
sichtbaren Kosmos). Im übrigen ist darauf hinzuweisen, daß der Mittelplatonismus eines
Numenios dem Neuplatonismus etwa Plotins möglicherweise viel stärker ähnlich war, als es
sich uns aufgrund der wenigen erhaltenen Fragmente heute darstellt. Immerhin wurde be-
kanntlich in der Antike der Vorwurf erhoben, Plotin habe Numenios plagiiert (siehe *Frede*,
Numenius, 1035 und die dort angegebenen Belege), und auch wenn dieser Vorwurf unbe-

Diese Ansetzung wird mit gewissen Variationen in der Literatur geteilt und auch für die meisten anderen hermetischen Traktate behauptet.[221] Im Hinblick auf die in der Literatur vorgeschlagene relative und absolute Datierung von CH I[222] würde das bedeuten, daß CH II nicht viel später oder sogar zeitgleich mit dem *Poimandres* entstanden wäre und damit eines der frühen Dokumente des philosophischen Hermetismus ist.[223] Angesichts der reichlich spekulativen Natur mancher Überlegungen zur Datierung von CH I muß diese Schlußfolge-

---

rechtigt ist, so mußte er doch, wenn er nur irgend plausibel sein sollte, einen gewissen Anhalt an den Lehren der beiden Philosophen haben. – Für CH II ergibt sich, daß man auch aus diesen Gründen bei der Datierung wohl nicht allzu weit in den Neuplatonismus hineingehen muß.

[220] Für diese zeitliche Ansetzung spricht auch die *Gattung* des Traktates, siehe unten!

[221] *Heinrici*, 4; *Kroll*, Art. Hermes Trismegistos, Sp. 821; *Dodd*, Bible, xiv; 203; *van Moorsel*, 10; *Tröger*, Mysterienglaube, 8; *Tröger*, Art. Hermetica, TRE XVIII, 749; *Nolan*, Ermetici, Sp. 1178; *Fowden*, 11; *Copenhaver*, Hermetica, xli. Für die Datierung spricht auch, mit ähnlicher Argumentation wie in dieser Arbeit (lehrmäßige Verwandtschaft zum Neuplatonismus), *Doresse*, L'Hermétisme, 471. Anders aber *Stock*, Art. Hermes Trismegistus, 628 (mit wenig überzeugenden Argumenten). Für *Mahé* (z.B. Hermès I, 6; II, 441) gehört nur die letzte redaktionelle Schicht in den hier vorgeschlagenen Zeitraum, die (auch literarischen) Ursprünge sind jedoch viel älter. Berechtigte Kritik an Mahé bei *Fowden*, 71– 74. Siehe auch die Einleitung dieser Arbeit, bes. p. 16f.

[222] *Copenhaver*, Hermetica, xliv nennt CH I eine der ersten und frühen philosophischen hermetischen Schriften, siehe auch *Fowden*, 11, n. 53.

[223] *Heinrici*, 7 ist allerdings der Ansicht, daß CH I eines der spätesten hermetischen Stükke ist, er setzt es in das 4. Jahrhundert. – Für den *oberen Rand* des vorgeschlagenen Zeitraum spricht auch folgende, hier mit aller Vorsicht vorgetragene Überlegung: Der pseudapuleiische *Asclepius* ist lateinische Übersetzung eines griechischen Originals, das von Laktanz (z.T. ausdrücklich) zitiert wird (*Nock/Festugière* II, 276). Laktanz führt uns in die Zeit um ca. 300 n. Chr. Er bietet die Zitate als Nachrichten aus uralter Zeit dar (siehe besonders Laktanz, Div. Inst. I, 6,3–4; die anderen Zitate stehen Div. Inst. VII, 13,3; VII, 18,3–4 (hier ausdrückliche Berufung auf den λόγος τέλειος)); wenn das plausibel gewesen sein soll, wird der *Asclepius* bzw. seine griechische Vorlage nicht gerade in der Zeit des Laktanz selbst entstanden sein; außerdem muß ein gewisser Zeitraum für die Verbreitung des Traktates angenommen werden. Also wird man mit dem Entstehen des griechischen Originals spätestens für ca. 270, eher sogar noch früher rechnen müssen (ähnliche zeitliche Ansetzung: *Copenhaver*, Hermetica, xliv). Der *Asclepius* ist eine Art Kompendium oder Enzyklopädie des philosophischen Hermetismus (vgl. *Nock/Festugière* II, 285; *Fowden*, 10; *Copenhaver*, Hermetica, 214); es finden sich zahllose Parallelen zu den Traktaten des Corpus Hermeticum (aufgelistet bei *Nock/Festugière* II, 285, n. 2 und 286–288), auch zu CH II (besonders schlagend ist die Parallele Ascl. 20–21, wo, wie in CH II,17, eine positive Haltung zur geschlechtlichen Fortpflanzung eingenommen wird). Offenkundig werden also philosophische hermetische Schriften vorausgesetzt (allerdings wohl nicht die stärker gnostisch beeinflußten Traktate, siehe *Nock/Festugière* II, 287); der *Asclepius* faßt die Lehren der vorausgesetzten Traktate sozusagen zu einer Art hermetischer »Dogmatik« zusammen. Also wird man davon ausgehen müssen, daß er später als die meisten dieser Traktate entstanden sein dürfte. Das führt uns für die Entstehung der vom *Asclepius* vorausgesetzten philosophischen Hermetica mindestens an den oberen Rand der oben für CH II vorgeschlagenen Datierung (also schätzungsweise 250); eher ergibt sich ein noch früheres Datum für den spätesten Entstehungszeitpunkt der vorausgesetzten Hermetica. Aus dieser kombinatorischen Überlegung ergibt sich also eine gewisse Bestätigung für die oben für CH II vorgeschlagene Datierung.

rung jedoch selber hypothetisch bleiben. Immerhin sprechen auch andere Argumente dafür, daß im für CH II ins Auge gefaßten Zeitraum der philosophische Hermetismus gerade entsteht bzw. ans Licht tritt.[224]

Das methodische Recht, die Datierung von CH II[225] aus den im Text verarbeiteten Traditionen und Motiven abzuleiten, kann durch folgenden Gedankengang gestützt werden: der Hermetismus ist so, wie er uns im CH entgegentritt, eine hellenistische philosophische Intellektuellenreligion.[226] Das war er offenbar nicht immer, denn in den Quellen finden sich zahlreiche Hinweise auf eine Verbindung von Hermes mit allerlei phantastischen Vorstellungen aus dem Bereich des Aberglaubens und der Magie. Einige Quellen deuten darauf hin, daß hermetische Schriften an Thoth-Tempeln entstanden sind, also vermutlich aus Kreisen ägyptischer Priester stammen.[227] Offenbar hat es tatsächlich eine ägyptische, esoterische Thoth-Theologie gegeben.[228] Vermutlich liegt hier der Ursprung der hermetischen Literatur und Religion. Ihrer Herkunft nach ist die Hermetik also wohl ein *ägyptisches* Phänomen. Doch irgendwann ist diese Religion aus den kleinen, esoterischen Priesterzirkeln, in denen sie entstanden sein mag, ausgebrochen;[229] dieser Ausbruch gelang, weil die Hermetik sich mit religiösen und philosophischen Vorstellungen der Umwelt verband. Z.B. gibt es sehr früh eine enge Beziehung von Hermetik zu Magie, Alchemie und Astrologie,[230] vom Charakter des Gottes Thoth und seines griechischen Pendants her durchaus naheliegend.[231] Später kann man beobachten, wie sich die Hermetik mit Elementen aus den Mysterienreligionen, mit Philosophie und schließlich sogar mit entchristlichten Elementen gnostischen Denkens verbindet. In die »hohe«, philosophische Hermetik dringt gnostisches Gedankengut schließlich in einem solchen Maße ein, daß Hermetik und Gnosis ununterscheidbar wer-

---

[224] Aus dem späten zweiten oder frühen dritten Jahrhundert stammen z.B. die ersten Fragmente theoretischer Hermetica, die Wiener Papyrusfragmente (vgl. *Fowden*, 4 und 10; *Copenhaver*, Hermetica, xliii; genauer untersucht bei *Mahé*, Fragments, passim; zur Datierung: ebd., 51); auch finden wir in dieser Zeit das erste Zitat aus einer philosophischen hermetischen Schrift bei einem christlichen Autor, nämlich Tertullian (*Heinrici*, 4; *Fowden*, 198; *Copenhaver*, Hermetica, xliii).

[225] Das gilt m.E. auch für andere hermetische Traktate.

[226] *Fowden*, 188–189.

[227] *Mahé*, Hermès I, 4–5; *Fowden*, 29–31; 53–57; 58–65; vgl. auch 214; *Copenhaver*, Hermetica, xv–xvi. Besonders wichtig ist in diesem Zusammenhang: Clemens Alex., Strom. VI,35,3–37,3 (= *Hopfner*, 372f.); siehe auch Iambl., De myst. VIII, 4.

[228] Siehe vorige Fußnote und *Daumas*, 25; *Fowden*, 16; 22; 30; 62f.; 136.

[229] Ähnlich wird die Entwicklung aufgefaßt von *Tröger,* Art. Hermetica, TRE XVIII, 751. – Über die Gründe für den Ausbruch kann nur spekuliert werden; es liegt nahe, daran zu denken, daß die Priesterkreise dem in hellenistischer Zeit immer mehr abnehmenden Interesse an einem lebendigen Verhältnis zur von ihnen repräsentierten Religion durch Verbreitung (angeblich) alter, tiefe Weisheit enthaltender Schriften entgegentreten wollten. – Vgl. *Fowden*, 63.

[230] *Festugière* I, 66–68; 76–81; 283–286; *Fraser* I, 437–439; *Mahé*, Hermès I, 3; 6; *Fowden*, 65; *Copenhaver*, Hermetica, xxxiii–xxxvi.

[231] Siehe das vorige Kapitel sowie *Fowden*, 59–60.

den,[232] wohl nicht zuletzt deshalb, weil hermetischem wie gnostischem Denken die Vorstellung von der Erlösung durch Wissen zugrundeliegt. Das hat die Gnosis-Forscher lange in die Irre geführt, die Hermetik als eine Form der Gnosis zu betrachten.

Im Laufe der Entwicklung ist die Hermetik also immer mehr zu einem bloßen Gefäß für die verschiedensten Anschauungen, die gerade religiös oder philosophisch aktuell waren, geworden.[233] Das ist der Grund dafür, warum es so schwer fällt, das Wesen und die Identität des Hermetismus auf einen Begriff zu bringen.[234] Zugleich dürfte es der Grund dafür sein, warum wir über eine so lange Zeit hermetische Literatur verfolgen können, warum die Hermetik die islamische Eroberung des Orients überlebte[235] und bis Indien und sogar China vordrang.[236] Im europäischen Raum erlebte die hermetische Literatur, zusammen mit ihrem langjährigen Bruder, dem Platonismus, eine neue Blüte in der Renaissance;[237] ihr Einfluß ist sogar noch bei Isaac Newton nachweisbar.[238] Ihr Überleben und ihre Verbreitung verdankt die Hermetik ihrer Flexibilität und Anpassungsfähigkeit, die sich schon in der Antike zeigt:[239] für an der Magie Interessierte wurde Hermes Trismegistos der große Magier, für Kranke der Medizinmann und Retter im Tod, für Sternengläubige der Aufseher über die Gestirne, für philosophisch Gebildete offenbarte er die Wahrheiten des Platonismus, Aristotelismus oder Stoizismus. Später bekommt er sogar in der christlichen Theologie eine Funktion, er wird nämlich zum Kronzeugen für die christliche Gottes- und Trinitätslehre.[240]

Die Stilisierung der ägyptischen Göttergestalten als irrtumsfähige, sehr menschliche Dialogpartner in unseren hermetischen Traktaten[241] könnte durchaus etwas damit zu tun haben, daß diese Gestalten, zumal Hermes/Thoth, aus den magischen hermetischen Schriften übernommen worden sind; als die Hermetik sich mit (platonischer oder stoischer) Philosophie verband, verloren magische Texte vermutlich ihr Ansehen; entsprechend wurde auch der in ihnen

---

[232] Vgl. *Mahé*, Symboles Sexuels, 144–145.

[233] Das und die Tatsache, daß um 200 n. Chr. der Hermetismus gerade anfing, sich mit mittelplatonischen Vorstellungen zu verbinden und damit auch philosophisch zu werden, dürfte der Grund dafür sein, daß z.B. Plotin anscheinend wenig Interesse für hermetische Schriften zeigt. Für die magischen Hermetica interessierte er sich verständlicherweise nicht, und die philosophischen boten gegenüber den ihm bekannten mittelplatonisch-stoischen Lehren nicht viel Neues. Anders *Fowden*, 200–201.

[234] Vgl. *Mahé*, Art. Hermes Trismegistos, 292. Siehe auch die Ausführungen in der Einleitung der Arbeit.

[235] *Doresse*, L'Hermétisme, 479.

[236] *Doresse*, L'Hermétisme, ebd.

[237] *Doresse*, L'Hermétisme, 487; *Copenhaver*, Hermetica, xlix.

[238] *Copenhaver*, Hermetica, l–li.

[239] Vgl. *Doresse*, L'Hermétisme, 489.

[240] *Fowden*, 179–181; zu Laktanz s. *Fowden*, 205–208.

[241] Siehe oben den Abschnitt über die Dialogpartner in CH II, p. 263ff.

erwähnte Hermes/Thoth nicht mehr im gleichen Maße respektiert.[242] So war es möglich, ihn als Schüler des Poimandres darzustellen. Dieser Vorgang könnte auch soziologisch beschrieben werden: in dem Moment, wo die Hermetik durch Verbindung mit dem philosophisch-kosmologischen Wissen in die Schichten der philosophisch Gebildeten in den Städten aufsteigt, verlieren die aus der Mythologie und Magie[243] übernommenen, eher vom einfachen Volk verehrten Götter ihren Status;[244] sie sind im besten Falle noch Mittel zum Zweck der Darlegung des philosophisch-religiösen Bildungswissens, im schlechtesten aber tumbe Schüler, die erst einmal das rechte Wissen vermittelt bekommen müssen.

Es gibt – neben der Beibehaltung freilich gräzisierter ägyptischer Götternamen – eigentlich nur einen Zug, der dem Hermetismus in der ganzen Zeit seiner Entwicklung erhalten bleibt und daher als typisches Identitätsmerkmal bezeichnet werden kann: das ist die besondere Verbindung des Hermetismus mit Gelehrsamkeit, Wissen und Wissenschaft (auch Pseudo-Wissenschaft).[245] Wissen ist Heil und bewirkt Erlösung oder Rettung.[246] In den magischen Papyri hofft man auf das magische Wissen und die Fähigkeiten des Thoth. In den philosophischen Hermetica ist die Bitte um Wissen[247] der Anfang der zur Erlösung führenden Belehrung. Entsprechend ist in der Aufnahme einer Vielzahl philosophischer und gelegentlich sogar naturwissenschaftlich-technischer Traditionen seiner Zeit in CH II der Geist des ägyptischen Thoth am Werk; hierin kann das »typisch Hermetische« von CH II gesehen werden. *Was* aufgenommen wird, ist weit überwiegend griechisch-hellenistisch, aber *daß* und *wie* es aufgenommen wird, geht zumindest auch auf einen schon der ursprünglichen ägyptischen Priesterreligion innewohnenden Impetus zurück.[248]

Von diesen Überlegungen aus ergibt sich das methodische Recht der oben vorgetragenen Datierung: wenn es der Charakter des Hermetismus ist, Gefäß der jeweils zu einer Zeit gültigen Weltanschauungen zu sein, *kann von deren*

---

[242] Daß durch Verachtung der Magie auch die mit ihr verbundenen Götter abgewertet werden konnten, zeigt Pseudo-Klement., Hom. ς 20,2–21,3: »πιθανώτερον οὖν λέγειν, ὅτι οἱ ὑπ' αὐτῶν ᾀδόμενοι θεοὶ κακοί τινες γεγόνασιν μάγοι, οἵτινες ἄνθρωποι ὄντες μοχθηροί, μαγείᾳ μεταμορφούμενοι γάμους διέλυον, βίους διέφθειρον, τοῖς δὲ πάλαι οὐκ εἰδόσιν τί ποτ' ἔστιν μαγεία δι' ὧν ἔπραττον ἐδόκουν εἶναι θεοί. ὧν κατὰ πόλεις καὶ οἱ μόροι καὶ οἱ τάφοι φαίνονται. So zeigt man im Kaukasus das Grab des wilden Tyrannen Kronos, sein Sohn war Zeus, χείρων γενόμενος, μαγείας δυνάμει κοσμοκράτωρ ἀναφανεὶς πολλοὺς διαλύει γάμους, usw.; dann: *Hermes liegt in Ägypten begraben, Asklepios in Epidauros* (= euhemeristische Tradition), καὶ ἄλλων πολλῶν τοιούτων φαίνονται τάφοι.«

[243] Zum reichen mythologischen Gehalt der ägyptischen Magie siehe *Fowden*, 66.

[244] Allerdings beschäftigten sich auch viele philosophisch Gebildete mit Magie, Alchemie, Theurgie und auch der Astrologie, wie allein schon die Namen Iamblichos und Zosimos beweisen. Zu intellektueller Kontinuität und Diskontinuität zwischen magischen und philosophischen Hermetica siehe *Fowden*, 116–117 (und ff.).

[245] Selbst die Charakterisierung der bei der Prozession verwendeten Hermes-Bücher weist darauf hin, vgl. noch einmal Clemens Alex., Strom. VI,35,3–37,3 = *Hopfner*, 372f.

[246] *Fowden*, 189.

[247] Vgl. CH I,3, *Nock/Festugière* I, 7, Z. 11–14; NHC VI,6, 54–57 passim.

[248] Vgl. *Dörrie*, Art. Hermetica, RGG III, 3. Aufl., Sp. 265; dagegen *Nilsson*, Griech. Religion, 602.

*zeitlicher Einordnung auch die Datierung der jeweiligen hermetischen Schrift annäherungsweise hergeleitet werden.* Die verwendeten Traditionen sind wegen des Fehlens anderer, sicherer Anhaltspunkte meist sogar das wichtigste Kriterium für die Datierung. Im Falle von CH II führen sie in den oben angegebenen Zeitraum. In ihm tritt der Hermetismus nach externen Zeugnissen anscheinend erstmals als philosophische Religion hervor. Also gehört CH II in die früheste Phase des philosophischen Hermetismus, wie oben schon vermutet wurde.

Für die Entstehung von CH II im vorgeschlagenen Zeitraum spricht nicht zuletzt auch, daß die verwendeten Vorstellungen offenbar noch lebendig sind und diskutiert werden, die Lehre also noch nicht scholastisch erstarrt ist. Das geht aus der Emphase hervor, mit der manche Auffassungen in CH II vertreten werden, aber auch daraus, daß sich im Corpus Hermeticum Widerspruch und Diskussion von in den Traktaten vorkommenden Behauptungen finden. Im Kommentar wurde erörtert, ob nicht in CH IX,9 auf in CH II,4–5 vertretene Auffassungen Bezug genommen wird; selbst wenn das nicht der Fall ist, dürfte doch die zugrunde liegende mittelplatonische Vorstellung noch lebendig diskutiert worden sein.[249]

## 2. Hermetische Schule und hermetischer Kult[250]

Eine in der Literatur zur Hermetik heftig diskutierte Frage ist, ob die Hermetik ein rein literarisches Phänomen gewesen ist oder ob es hermetische Gemeinden gegeben hat, die kultische Handlungen ausführten und sich dabei auf Hermes Trismegistos beriefen.[251]

Auf (ägyptischen) magischen Papyri, Amuletten, Ostraka, Tempel- und Sarkophaginschriften aus der hellenistisch-römischen Zeit wird neben anderen Götter auch Hermes/Thoth angerufen oder mit Hilfe magischer etc. Praktiken beschworen.[252] Im Sinne dieser Dokumente ist hermetische Religion und

---

[249] Es finden sich auch andere Diskussionen, z.B. über die Frage »πόθεν τὰ κακά;«, vgl. CH VI,4 (die Welt als Pleroma des Bösen, *Nock/Festugière* I, 74, Z. 17–18) vs. CH IX,4 (dort wird diese Behauptung als Blasphemie bezeichnet: die Erde, nicht der Kosmos, ist der Ort des Schlechten, *Nock/Festugière* I, 98, Z. 6–7).

[250] Siehe dazu *Tröger,* Art. Hermetica, TRE XVIII, 750 (Abschnitt 5).

[251] Die verschiedenen Standpunkte zu dem Problem werden aufgezählt bei *Tröger,* Die hermetische Gnosis, 118; siehe auch *ders.,* Mysterienglaube, V-VI. Zu dieser Frage auch *Kroll*, Art. Hermes Trismegistos, Sp. 819f.; *van Moorsel*, 34ff.; 128–129; *Gaffron*, 291, n. 113; *Doresse*, L'Hermétisme, 472 und 491; *Mahé*, Symboles Sexuels, 124–125; *Mahé,* Hermès II, 442–445.

[252] Zahlreiche Beispiele bei *Betz*, Magical Papyri, z.B. PGrM I, 232–247; PGrM III, 45–50; PGrM IV, 94–153, u.a.m.; PGrM XXXVIII,1–26; PDM lxi, 63–78; PDM, Suppl. 149–162, u.v.a. Hermes/Thoth ist ja bekanntlich *der* ägyptische Gott der Magie, vgl. den vorigen Abschnitt über die Dialogpartner in CH II, aber auch *Hopfner*, Offenbarungszauber II, 371–373 und Bd. I und II,2, Register, s.v. Thoth, Hermes Trismegistus, That u.a.; *Fowden*, 59; 62 u.a.; siehe auch *Skeat/Turner*, passim (Hermesorakel).

Frömmigkeit ohne Zweifel nicht nur ein rein literarisches Phänomen.[253] Aber nicht jeder, der zu Hermes/Thoth um Liebeskraft, gutes Geschick und Wohlstand betete, verschiedene Stoffe in seinem Namen zusammenmischte, etc., war ein Hermetiker im hier interessierenden Sinne. Die in der Literatur diskutierte Frage ist vielmehr, ob die »hohen« hermetischen Traktate, also vor allem die des *Corpus Hermeticum*, aber auch die Exzerpte aus Stobaios und die Nag Hammadi-Texte, für die Existenz einer fest organisierten hermetischen »Bruderschaft« sprechen oder nicht.

*Reitzenstein* war der Ansicht, daß es eine hermetische Bruderschaft gegeben hat;[254] *Festugière* hingegen konnte den hermetischen Traktaten nichts über eine hermetische Gemeinde, die kultische Handlungen praktizierte, entnehmen.[255] Freilich kannte Festugière auch nicht die Dokumente aus Nag Hammadi. Vielleicht hätten sie seine Auffassung verändert.[256]

Eine Mehrheit der heutigen Forscher ist der Ansicht, daß man von der Existenz hermetischer Gemeinden ausgehen muß.[257] Für diese Sicht der modernen Forschung ausschlaggebend war die Entdeckung des Nag Hammadi-Traktates NHC VI,6 (»Schrift ohne Titel«, auch »Über die Ogdoade und Enneade« genannt). Klarer als aus Traktaten des CH können dieser Schrift Hinweise auf eine hermetische Gemeinde und auf von ihr vollzogene kultische Handlungen entnommen werden.[258] Im Lichte der Schrift können nun auch einige häufig diskutierte Stellen aus dem Corpus Hermeticum selbst als Hinweise auf eine hermetische Bruderschaft mit einem Kult verstanden werden.

---

[253] Das wird auch von dem Gegner der Annahme einer hermetischen Gemeinde, Festugière (s. unten!), nicht in Zweifel gezogen, s. *Festugière* I, 427, n. zu p. 81ff.

[254] *Reitzenstein*, Poimandres, 211–213; 248 u.a.

[255] *Festugière* I, 81–84; 427–428. Vgl. auch seine Kritik an Reitzenstein und Geffcken, *Festugière* II, 32; *ders.,* Hermetica, 12 mit n. 67. Z. Ganzen siehe *Mahé,* Hermès II, 12 mit n. 57; 27f.

[256] Das wird allerdings zweifelhaft, wenn man die Reaktion Festugières auf die ersten Nachrichten von den Nag Hammadi-Funden beachtet: »En quoi la découverte de textes hermétiques coptes dans *une jarre d'Égypte ...* infirme-t-elle ce jugement (i.e. die Auffassung, daß es keine hermetische Gemeinde mit einer Liturgie gegeben hat, G.L.)? ... Ce qui me semblait improbable, *et que je crois tel encore,* c'est que les écrits hermétiques aient été composés par et pour une »secte hermétique« constituée en Église« (Kursiv von G.L.; siehe *Festugière* I, 427–428, n. zu p. 81ff.). Zu Festugières Haltung zu den Nag-Hammadi-Funden vgl. auch *Mahé,* Symboles Sexuels, 125 mit n. 6.

[257] *Gaffron,* 291, n. 113 (von 290); *Pearson,* Jewish Elements, 342–346; *Mahé,* Hermès I, 27–28; 54–58; anders *Nilsson,* Griech. Religion, 583f. Einige Forscher vertreten eine Mittelposition: es gibt hermetische Gemeinschaften, die auch bestimmte rituelle Handlungen vollzogen haben mögen, aber die in CH XIII geschilderte Mysterienweihe und andere rituelle Stellen sind nur symbolisch gemeint, so etwa *Bräuninger,* 23; *van Moorsel,* bes. 77ff.; *Tröger,* Mysterienglaube, V-VI; 57–58 (mit weiterer Lit.); 167; *ders.,* Die hermetische Gnosis, 113; vgl. auch *Mahé,* Hermès II, 30; 443 (Überblick); eine der Trögers und van Moorsels ähnliche Position vertritt *Grese,* 201–202.

[258] So auch *Mahé,* Hermès II, 443–444.

Folgende Stellen werden in der Literatur als Argumente für die Existenz hermetischer Gemeinden mit einem Kult angeführt:

1. CH I,27–29; dort ist von der Predigt des Hermetikers die Rede, aufgrund derer sich einige zu seiner Lehre bekehren; das scheint ein Hinweis auf die Bildung einer hermetischen Gemeinschaft zu sein.[259] Weiter wird gefolgert, daß diese Gemeinschaft einen klosterähnlichen Charakter gehabt haben könnte. Das wird aus CH I,29 (S. 17, Z. 13) gefolgert, wo von der Rückkehr der Predigthörer in ihr eigenes Bett gesprochen wird. Damit könnte die Rückkehr in die eigene Mönchszelle gemeint sein.

2. CH IV,4 ist von einer νοῦς-Taufe in einem Mischkrug (κρατήρ) die Rede. In der Literatur zur Stelle ist heftig gestritten worden, ob es sich dabei um eine real vollzogene Taufhandlung, eine Art Bekehrungstaufe mit Geist-(= νοῦς-) Verleihung handelt.[260]

3. Im Zusammenhang mit der in CH I,27ff. geschilderten Predigt ist vom Nähren durch ambrosianisches Wasser die Rede (CH I,29, S. 17, Z. 9–10). Es wird diskutiert, ob auch mit dieser Wendung auf eine Taufhandlung angespielt wird.[261]

4. CH XIII kann als eine Art »Liturgie« oder »Fahrplan« einer von den Hermetikern real vollzogenen Mysterienweihe verstanden werden.[262]

5. Auch der Traktat NHC VI,6 scheint eine real vollzogene hermetische Weihehandlung widerzuspiegeln.[263]

6. NHC VI,6, 52,30–53,22 findet sich offenbar ein deutlicher Hinweis auf eine hermetische Bruderschaft von Eingeweihten.

7. NHC VI,6, 57,26f. wird als Hinweis auf eine liturgisch vollzogene Umarmung bzw. einen liturgischen Bruderkuß verstanden. Von einem rituellen Kuß ist offenbar auch in der »Notiz des Schreibers« NHC VI,7, 65,4 die Rede.[264]

---

[259] Vgl. *Fowden*, 145.

[260] *Bräuninger*, 18; *van Moorsel*, 38; 58–65; 58, nn. 12 und 13 (Lit.); *Nilsson*, Griech. Religion, 609; *Festugière* I, 83; *Tröger,* Die hermetische Gnosis, 119; *ders.,* Mysterienglaube, 55–57 (mit weiterer Lit.); *Fowden*, 146 mit n. 17 (Diskussion). Festugière ist der Meinung, daß es sich um eine literarische Metapher für das *Trinken* von Wein aus einem Krug handelt, ähnlich wie in den Mysterienkulten, wo man dem Initianden einen Schluck Wein aus einem κρατήρ gab, vgl. *Festugière*, Hermetica, 2–3 (und ff.).

[261] Siehe z.B. *van Moorsel*, 38; 65–71; *Tröger,* Die hermetische Gnosis, 118–119; *ders.,* Mysterienglaube, 55. Festugière bringt diese Stelle mit der Krater-Taufe aus CH IV,4 in enge Verbindung und sieht in beidem eine literarische Metapher für das in den Mysterienkulten vollzogene *Trinken* von Wein, vgl. *ders.,* Hermetica, 3 mit n. 8.

[262] *Mahé*, Hermès II, 444; vgl. *Scott* II, 374 und 378; *Prümm*, 560. Auf die Versuche (etwa bei *Bräuninger, van Moorsel, Festugière, Tröger* u.a.), CH XIII als abgeblaßtes, rein literarisches Mysterium zu verstehen, wurde bereits hingewiesen.

[263] Zu den letzten beiden Punkten siehe *Fowden*, 146. Auch in Bezug auf NHC VI,6 spricht Tröger von einem »Lesemysterium«, vgl. *ders.,* Die hermetische Gnosis, 113. Zur Frage des realen Vollzuges des Mysteriums in CH XIII und NHC VI,6 siehe auch *Mahé*, Symboles Sexuels, 140–141.

[264] *Tröger,* Mysterienglaube, 167; *ders.,* Die hermetische Gnosis, 119; *Mahé*, Hermès I, 56–58; Hermès II, 444; *Fowden*, 146. Diskussion des Kusses auch bei *Mahé*, Symboles Sexuels, 141–142 (mit Nennung gnostischer Parallelen auf 142), wobei nach Mahés Mei-

8. Im hermetischen Kult, im Rahmen der Mysterienhandlung, könnten eventuell wirkmächtige Lautfolgen ausgestoßen worden sein (NHC VI,6, 56,17–22).

9. Es scheint gemeinsame hermetische Mahle gegeben zu haben (NHC VI,7, 65,6f.)[265]

10. Hermetische »Gottesdienste« scheinen darüber hinaus Hymnen und Gebete (zu Sonnenauf- und -untergang),[266] aber auch Phasen des rituellen Schweigens[267] enthalten zu haben.

Diese Stellen sprechen durchaus dafür, daß man von der Existenz hermetischer Gemeinschaften auszugehen hat, die sich zu kultischen Verrichtungen zusammenfanden.[268] Damit ist jedoch nicht gesagt, daß *alle* der aufgezählten Stellen für real vollzogene kultische Handlungen stehen. Der rituelle und gemeinschaftliche Hintergrund wird in den Nag Hammadi-Texten am deutlichsten. An anderen Stellen mag jedoch liturgische Sprache und kultische Metaphorik aufgenommen sein, ohne daß dem ein wirklich vollzogener hermetischer »Gottesdienst« entspricht.[269] Nur durch sorgfältige Einzelanalyse der genannten Stellen kann jeweils entschieden werden, ob von einer tatsächlich vollzogenen kultischen Handlung oder nur von kultischen Metaphern auszugehen ist, und in vielen Fällen wird das Problem unentschieden bleiben müssen.

Die genannten Stellen bedeuten auch nicht, daß *alle* Hermetiker zu einer Gemeinde gehörten, und erst recht ist nicht anzunehmen, daß es nur *eine* hermetische Gemeinde gegeben hat. Bezeichnenderweise finden sich nämlich Hinweise auf einen hermetischen Kult fast nur in den Dokumenten, die gnostische Einflüsse verraten.[270] Es hat also vermutlich Hermetiker gegeben, die sich, ähnlich den in ihrer Umgebung zu findenden gnostischen Zirkeln, in gemeindeähnlichen Gruppen zusammenfanden und – wiederum ähnlich wie manche gnostische Gruppen – Kulthandlungen praktizierten. Dabei übernahmen sie in gnostischen Gemeinschaften praktizierte Kulthandlungen,[271] aber

---

nung zwischen dem Kuß in NHC VI,6 und dem aus der Notiz des Schreibers funktional zu unterscheiden ist.

[265] *Tröger,* Mysterienglaube, 167; *ders.,* Die hermetische Gnosis, 119.

[266] CH I,29, *Nock/Festugière* I, 17, Z. 10f.; XIII,16ff., vgl. bes. *Nock/Festugière* II, 207, Z. 11f.; Ascl. 41, *Nock/Festugière* II, 352, Z. 4–7; vgl. *Fowden,* 145.

[267] *Fowden,* 148 mit n. 25: Belegstellen. Beispiele: CH I,31, *Nock/Festugière* I, 19, Z. 2–3 ; X,5, *Nock/Festugière* I, 115, Z. 12–13 und X,9, *Nock/Festugière* I, 117, Z. 12f.; NHC VI,6, 56,10–12; 58,17–21 u.a.m.

[268] *Mahé,* Hermès II, 444–445.

[269] Ähnlich in gnostischen Texten, vgl. *Sevrin,* 441–445.

[270] Also CH I; CH IV; CH XIII; NHC VI,6.

[271] *Mahé,* Hermès I, 27–28; 55. Zu bei Gnostikern praktizierten Kulthandlungen vgl. *Krause,* Christlich-gnostische Texte, 60–61; *Krause,* Sakramente, 47; *Tröger,* Mysterienglaube, 68–69; *Pokorny,* 84; *Sevrin,* 400, zur Taufhandlung bei Gnostikern siehe *Krause,* Christlich-gnostische Texte, 62 (Philippusevangelium); *Gaffron,* 117–118 (ebd.); *Krause,* Sakramente, 51–52 (Exegese über die Seele, NHC II); *Sevrin,* 445–447 (Ägypterevangelium); zum rituellen Kuß und zu einer eucharistischen Mahlzeit im Philippusevangelium siehe *Sevrin,* 447; zur Verbindung von Eucharistie und Taufe, die möglicherweise in CH IV,4 vorliegt, vgl. *Festugière,* Hermetica, 9 und 12 (Vergleich u.a. mit der *Pistis Sophia*);

auch andere Einflüsse könnten wirksam gewesen sein, entweder direkt oder über den Umweg des gnostischer Einflüsse. Z.B. könnte, wie Tröger vermutet, Einfluß von seiten der Mysterienreligionen vorliegen;[272] auch Einfluß von seiten der christlichen Gemeinden ist durchaus denkbar, etwa bei der Taufe und dem gemeinsamen Mahl; schließlich dürfen auch Einflüsse seitens jüdischer Gruppen, z.b. der Therapeuten, angenommen werden;[273] hier ist etwa an das Gebet zu Sonnenaufgang und -untergang sowie an Askese zu denken.[274]

Die aufgeführten kultischen und gottesdienstlichen Elemente dürfen, soweit ein realer Vollzug wahrscheinlich gemacht werden kann, auch nicht sämtlich als Bestandteile *eines* hermetischen Rituals interpretiert werden. Einige Elemente dürften zusammengehören: wenn es eine hermetische Mysterienweihe gegeben hat, dürfte auch der heilige Kuß Bestandteil des Rituals gewesen sein;[275] zu jedem hermetischen Gottesdienst gehörten wohl Gebete und das Singen von Hymnen.[276] Dagegen ist sehr fraglich, ob alle Hermetiker kultische Mahlzeiten hielten. Vermutlich haben die gemeindeartig organisierten hermetischen Gruppen in unterschiedlicher Weise rituelle Elemente aus ihrer Umwelt aufgenommen, die einen mehr, die anderen weniger. Entsprechend sind in den erhaltenen hermetischen Dokumenten einige Elemente stärker, andere weniger stark bezeugt; daß die meisten hermetischen Zirkel wohl Gebete gesprochen haben,[277] ergibt sich z.B. aus den vielen uns erhaltenen Gebeten und Hymnen;[278] die Bezeugung gemeinsamer kultischer Mahlzeiten dagegen ist schwach.[279]

Einige hermetische Gruppen mögen sich eher in der Art philosophischer Schulen organisiert und überhaupt keinen Kult praktiziert haben, wobei allerdings die Übergänge zwischen philosophischer Schule und religiöser Gemeinschaft durchaus fließend gewesen sein können.[280] Auch für diese mögliche Organisationsform gibt es Parallelen in der Umwelt: einige gnostische Gruppen werden durchaus mehr schulhaften Charakter gehabt haben,[281] z.B. die

---

zum Sakrament des Brautgemaches siehe *Krause,* Christlich-gnostische Texte, 62–63; *Krause,* Sakramente, 52–55.

[272] Siehe z.B. *Tröger,* Mysterienglaube, 167–169; *ders.,* Die hermetische Gnosis, 111–114; 118–119.

[273] Bezeichnenderweise werden die Therapeuten von Philo in der Umgebung von Alexandria lokalisiert, vgl. Philo, Vit. Cont. 21–22; *Schürer* II, 591; *Culpepper,* 203.

[274] Philo, Vit. Cont. 27; *Schürer* II, 592–593.

[275] *Tröger,* Die hermetische Gnosis, 119.

[276] Analyse des in CH XIII enthaltenen Hymnus: *Zuntz,* The Hymns, passim.

[277] Vgl. *van Moorsel,* 129–132; *Tröger,* Die hermetische Gnosis, 119; *Mahé,* Hermès I, 55–56.

[278] Auch bei den Therapeuten wurden Hymnen gesungen, vgl. Philo, Vit. Cont. 29; 79–80; 84; 89.

[279] *Krause,* Christlich-gnostische Texte, 63; auch die vorsichtige Einschätzung bei *Tröger,* Die hermetische Gnosis, 119; *Fowden,* 147–149; *Mahé,* Hermès I, 54–56. Für die gemeinsamen Mahlzeiten der Therapeuten vgl. Philo, Vit. Cont. 40; 81.

[280] Vgl. etwa die Ausführungen bei *van Moorsel,* 129–132; *Gaffron,* 93f.

[281] *Marrou,* Erziehung, 472; zu den verschiedenen Formen gnostischer Gemeinschaften vgl. *Neymeyr,* 205–206.

Valentinianer[282] oder die Anhänger des Basilides;[283] die neupythagoreische Tradition andererseits schilderte die Schule des Pythagoras als quasi-religiöse Gemeinschaft.[284]

Von einigen Kommentatoren ist die Meinung vertreten worden, daß die Hermetiker (der uns vorliegenden Traktate) generell antikultisch eingestellt waren. Dabei wird auf Stellen wie CH II,16 (*Nock/Festugière* I, 39, Z. 3f.); CH V,10 (S. 64, Z. 14–15); CH VI,1 (S. 72, Z. 11–13); CH XII,23 und Ascl. 41 (*Nock/Festugière* II, 352) verwiesen.[285]

Aus der Literatur ergeben sich zwei Motive dafür, antikultische Einstellung bei den Hermetikern zu vermuten: zum einen werden die Hermetiker überwiegend als eine rein philosophische Gemeinschaft angesehen, die dem Kult fernstand. Zum anderen werden die Hermetiker offenbar als Gnostiker aufgefaßt, und auch wenn nachweisbar ist, daß gnostische Rituale übernommen sind, so wird doch die gnostische Grundhaltung als antirituell bestimmt.[286]

Selbst wenn diese Belege eine antikultische Einstellung dokumentierten, könnten sie doch nicht als Beweis dafür gelten, daß *alle* Hermetiker sich in rein philosophischen Gemeinschaften organisiert haben, die keine kultischen Handlungen vollzogen. Allenfalls würden die Stellen beweisen, daß *einige* Hermetiker oder hermetische Gruppen antirituell eingestellt waren.

Doch bei genauerer Betrachtung können die genannten Belegstellen nicht einmal das beweisen. CH XII,23 ist viel zu unspezifisch, um überhaupt etwas zu beweisen, in CH II,16, V,10 und VI,1 liegt Aufnahme des traditionellen platonischen Motivs von der Bedürfnislosigkeit Gottes vor, so daß auch hier nicht auf antikultischen Hintergrund geschlossen werden muß.[287] Einzig Ascl. 41 verdient Aufmerksamkeit;[288] vermutlich interpretieren die genannten Kommentatoren auch CH II,16, V,10 und VI,1 im Licht der folgenden Aussage:[289] »… hoc enim sacrilegis simile est, cum deum roges, tus ceteraque incendere. nihil enim deest ei, qui ipse est omnia aut in eo sunt omnia …« Hier wird das Motiv der Bedürfnislosigkeit mit der Ablehnung des (Weihrauch-)Opfers verbunden. Das beweist aber keinesfalls eine generelle antikultische Einstellung

---

[282] Siehe *Lüdemann*, Geschichte, passim, bes. 102 mit n. 46.

[283] Siehe dazu die Arbeit meines Bruders Dr. habil. *W. Löhr*, Basilides und seine Schule (s. Litverz.). Zu beiden Gruppen siehe auch *Gaffron*, 92f.

[284] *Culpepper*, 47–57. Nähe der Hermetiker zum Schultypus des Neupythagoreismus behauptet *Gaffron*, 291, n. 113 (von 290) (– wobei aber unsicher ist, ob es überhaupt neupythagoreische Gemeinschaften gegeben hat).

[285] *Van Moorsel*, 38–40; *Tröger*, Mysterienglaube, 53f.; *ders.*, Die hermetische Gnosis, 113.

[286] Siehe *Tröger*, Die hermetische Gnosis, 118–119; *Gaffron*, 76; 79; 86 (zu den hermetischen Schriften). *Mahé*, Hermès II, 443 kommentiert: »La logique l'exigeait ainsi, mais la réalité des faits fut différente.«

[287] *Tröger*, Mysterienglaube, 53, n. 3 gesteht indirekt sogar ein, daß die genannten Stellen letztlich wenig austragen: zu CH II, V und VI sagt er: »Zwar ist hier (= CH VI,1, G.L.) nicht vom Opfer die Rede, es wird ebensowenig erwähnt wie in den Traktaten II und V …«; zu CH XII,23 sagt er: »Man darf wohl in diesem Falle von einer indirekt ausgesprochenen Abweisung des empirischen Opfers reden.«

[288] Vgl. *van Moorsel*, 38–39; *Tröger*, Die hermetische Gnosis, 119; *ders.*, Mysterienglaube, 53, n. 3: »Ein regelrechtes Opferverbot ist nur im lateinischen Asclepius enthalten.«

[289] *Van Moorsel*, 39.

der Hermetik.[290] Denn 1. ist der soziologische und zeitliche Zusammenhang zwischen dem *Asclepius* und anderen hermetischen Traktaten nicht geklärt, so daß, was in ersterem steht, nicht ohne weiteres auf letztere (eben z.b. CH II und CH V) übertragen werden kann; 2. kann aus Ascl. 41 allenfalls eine Gegnerschaft gegen das *Opfer* gefolgert werden, was aber vollkommen vereinbar wäre mit der Ausübung anderer kultischer Handlungen, z.B. einer Taufe, und 3. ist die Ablehnung des Opfers an der genannten Stelle vermutlich nicht mehr als eine Extrapolation aus dem Bedürfnislosigkeitsmotiv und hat eventuell, d.h. wenn der *Asclepius* genau so »lokal« argumentiert wie z.b. CH II, überhaupt keine weitere, über die Stelle hinausreichende Bedeutung.

Die genannten Stellen können also nicht beweisen, daß die Hermetiker generell Kult und Ritual abgelehnt haben. Eher ist davon auszugehen, daß *einige* Hermetiker eher nicht-kultisch, sondern mehr theoretisch-philosophisch ausgerichtet waren, aber eine explizite Gegnerschaft gegen kultische Handlungen läßt sich nicht nachweisen.[291]

Vermutlich haben die Hermetiker nicht nur in ihren Lehren (s.o.), sondern auch im Hinblick auf ihre Organisations-, Gemeinschafts- und Kultformen wie ein Schwamm aufgesogen, was sie jeweils in ihrer Umgebung vorfanden. Vielleicht hat es sogar Einzelpersonen gegeben, die sich als Hermetiker verstanden, ohne überhaupt einer organisierten Gemeinschaft anzugehören. Die Rückkehr »εἰς τὴν ἰδίαν κοίτην« in CH I,29 könnte durchaus so aufgefaßt werden, daß hier reflektiert ist, wie Individuen zum Hermetismus »bekehrt« werden, dann aber in ihre weltlichen Lebenszusammenhänge, also nach Hause, zurückkehren, ohne eine organisierte Gemeinde zu bilden.[292]
CH II macht nun einen eher schulmäßigen Eindruck.[293]

Zum einen ist darauf hinzuweisen, daß der Traktat in einem Corpus steht, das selbst schulhafte Züge hat. Z.B. kann erwogen werden, ob nicht im Übergang der Lehrautorität von Poimandres auf Hermes (CH I) und von diesem wiederum auf Asklepios und Tat (CH XVI und XVII) die schulmäßige διαδοχή reflektiert ist.[294]
Doch das CH ist vermutlich eine späte Konstruktion (s. u.); viel näher liegt, an die im Kommentar zahlreich nachgewiesenen Schultraditionen zu denken, die in den Traktat CH II Eingang gefunden haben. Der Verfasser greift offenbar auf Schulwissen und Schulhandbücher zurück, vielleicht um selbst schulisch lehrend tätig zu werden.[295]

---

[290] Gegen *Festugière* I, 83.

[291] Gegen *Tröger*, Mysterienglaube, VI.

[292] Zu den verschiedenen möglichen Organisationsgraden schulischer Gemeinschaften vgl. *Culpepper*, 253–255.

[293] Zum schulhaften Charakter der hermetischen Traktate vgl. bes. das zweite Kapitel von *Festugière* II, 28–50.

[294] Zur Lehrsukzession in heidnischen Philosophenschulen siehe *Marrou*, Erziehung, 306–307; *Méhat*, 62; zur Lehrsukzession in hermetischen Kreisen vgl. *Fowden*, 157.

[295] Auch das Ausgehen von allgemeinen oder alltäglichen Fragestellungen, hingeworfenen Bemerkungen oder scheinbar selbstverständlichen Tatsachen, das in CH II zu finden ist, kann ein Element des Schulunterrichtes bzw. belehrender Erörterungen eines Meisters mit seinen Schülern sein, siehe *Marrou*, Erziehung, 309; Gellius, Noctes Atticae II, 2,7–8; IV, 1,19; XII, 5; XVII, 8,7–8 (= Warum klumpt Öl zusammen?). In CH II sind besonders das Schwimmerbeispiel (CH II,8), die Rede von leeren bzw. hohlen Körpern (CH II,10–11), das Beispiel eines Menschen, der eine Last schleppt (CH II,9) Themen, die Gegenstand schulhafter Erörterungen gewesen sein mögen.

Aus dem Bereich der Schule stammt auch die Gattung von CH II. Wie oben gesagt, handelt es sich um eine Mischung zwischen Dialog und »Erotapokrisis«.[296] Die wichtigsten Merkmale dieser Gattung, die Dörrie, Dörries, Rudolph und Berger zusammengestellt haben, lassen sich in CH II nachweisen.[297] Die Gattung hat, wie K. Rudolph gezeigt hat, ihren Sitz im Leben in der schulischen Lehrunterweisung,[298] besonders der theologischen Lehre gnostischer Gruppen.[299] Bezeichnenderweise ist sie typisch für gnostische Texte aus dem zweiten und dritten nachchristlichen Jahrhundert, so daß sich von hier aus noch ein Argument für die oben vorgeschlagene Datierung von CH II ergibt.[300]

Vielleicht stammt also die Form von CH II aus einem Kontext religiöser Gruppen mit schulmäßigem Charakter; vielleicht ist genauer an gnostische Schulen in Alexandrien und Umgebung zu denken.[301]

Wichtig ist Rudolphs Feststellung,[302] daß die Gattung »dialogischer Lehrvortrag« in gnostischem Kontext nirgends zu polemischen Zwecken verwendet wird, weder zu innergnostischer Polemik noch zu Angriffen auf äußere Gegner.[303] Vielmehr geht es rein um theologische schulische Belehrung. Wenn die Gattung von CH II tatsächlich aus dem von Rudolph charakterisierten Kontext stammt, ergibt sich auch von hier aus noch einmal, daß im Hintergrund von CH II, trotz der bisweilen emotionalen Sprache, keine realen Gegner zu vermuten sind.

Ob der Traktat auf eine institutionell organisierte hermetische Schule mit einem festen Schülerstamm und regelmäßigen Unterrichtsstunden zurückgeht, ist nicht sicher. Es gibt drei Möglichkeiten: der Traktat entstammt einer Schule, er formuliert die philosophischen Grundlagen einer gnosisähnlichen Gemeinschaft oder die schulischen Elemente sind rein literarische Einkleidung.

---

[296] Speziell zur hermetischen Literatur: *Rudolph*, Der gnostische »Dialog«, 104–105 mit n. 37 auf 104.

[297] Diese Merkmale sind: dialogischer Charakter; ein Verhältnis der Über- bzw. Unterordnung von Lehrer und Schüler (erkennbar u.a. an der Anrede »o mein Kind«, »o mein Sohn« und andererseits »o Vater«, vgl. *Grese*, 66; *Neymeyr*, 208f.; vgl. besonders CH XIII passim, u.a.); Übergang von einem dialogischen Teil zu monologischen Ausführungen des überlegenen Gesprächsteilnehmers; Offenbarungscharakter der Ausführungen des Lehrers, Nähe seiner Ausführungen zum Lehrvortrag; besonders wichtig auch: der fehlende Bezug des Textes auf seinen dialogischen Rahmen, vgl. dazu *Rudolph*, Der gnostische »Dialog«, 91.

[298] So für den Dialog CH XIII auch *Grese*, 59.

[299] *Rudolph*, Der gnostische »Dialog«, 106; vgl. auch *Neymeyr*, 204.

[300] CH II scheint also in einer Zeit entstanden zu sein, in der man überhaupt von einer Wiederbelebung der Dialogform sprechen kann, besonders bei einigen Platonikern, nach dem Vorbild der platonischen Lehrdialoge. Vgl. *Bardy*, Art. Dialog, Sp. 942; *Berger*, Hellenistische Gattungen, 1303. *Hirzel*, Dialog II, 359 sieht eine Parallele zwischen der Verwendung der Dialogform beim Mittelplatoniker Numenios und den hermetischen Dialogen. Das ist insofern bemerkenswert, als auch inhaltliche Parallelen zwischen Numenios und den Hermetica bestehen.

[301] Alexandria als Stadt der Bildung in Philosophie, Medizin und Rhetorik: *Marrou*, Erziehung, 281ff.; zu gnostischen Lehrern und Schulen in Alexandrien und Umgebung vgl. *Neymeyr*, 201f.

[302] Wiederholt bei *Berger*, Hellenistische Gattungen, 1321.

[303] *Rudolph*, Der gnostische »Dialog«, 89–90 mit n. 14.

Jedenfalls ist Nähe zu Schule und Schulunterricht für CH II unverkennbar. Der Inhalt des ersten Traktatteils entspricht recht genau einer der Schule entstammende Definition dessen, was unter dem Topos »Physik« abzuhandeln war.[304] Der philosophische Unterricht gehört in der Antike zur *höheren* Bildung.[305] Der Schreiber und auch die Leser von CH II werden also wohl einer sozial höherstehenden, gebildeteren Bevölkerungsschicht angehört haben;[306] das bestätigt die oben geäußerte Ansicht.[307] Im philosophischen Unterricht wurde üblicherweise zunächst ein Überblick über die Positionen der anderen Schulen gegeben.[308] Das diente der Allgemeinbildung,[309] ermöglichte aber zugleich die unvermeidliche Polemik gegen andere Lehrauffassungen.[310] Der Verfasser von CH II verwendet offenbar das, was er in einem solchen Überblicksunterricht kennengelernt hat; seine affektierte und übertriebene Sprache spiegelt den offenbar üblichen Diskussions- und Erörterungsstil des Unterrichts wider,[311] vielleicht aber auch noch die ursprüngliche polemische Ausrichtung der Traditionen. Da die referierten Positionen meist im Kontext plato-

---

[304] Es geht um die Philosophiegeschichte Pseudo-Galens, die offenbar ein Kompendium von Schullehren (gedacht zum Ersatz des einführenden Philosophieunterrichtes) war (dazu *Diels*, Doxog., 242; *Diels*, De Galeni Historia … ,16; 22–23, vgl. die Bestimmung der Aufgabe in Ps.-Galen, Hist. Phil. I, 2 (p. 28–29); zur zeitlichen Ansetzung *Diels,* Doxog., 256–258; *Mansfeld, Physikai doxai,* 327; zum wissenschaftlichen Zweck der Quellen der Philosophiegeschichte siehe *Mansfeld, Physikai doxai,* 328–329). Zur Definition des Physikunterrichtes vgl. *Diels,* De Galeni Historia …, 11–12; 33 (Ps.-Galen, Hist. Phil. II, 3): die Aufgabe des Physikunterrichtes wird bestimmt als »καθορᾶν, τίς ἡ αἰτία τοῦ τάξει προϊέναι τῶν οὐρανίων τὴν κίνησιν ὅσα φέρεσθαι δοκεῖ, καὶ τίνες αὐτῶν ταχυτῆτες ἢ βραδυτῆτες πρὸς ἀλλήλα καὶ ὅσα τούτων ἐστὶν ὅμοια.« Gewisse Ähnlichkeiten zum ersten Teil von CH II sind nicht zu übersehen! Vgl. auch die Nennung typischer Themen, die in physikalischen Diskussion angesprochen werden und zu deren Zweck Materialsammlungen über die verschiedenen Schulmeinungen angefertigt wurden, bei *Mansfeld, Physikai doxai,* 342 (»Ist die Welt unendlich?«; »Gibt es etwas außerhalb des Kosmos?«, etc.).
[305] *Marrou,* Erziehung, 307; *Neymeyr,* 215f.
[306] Vgl. *Marrou,* Erziehung, 305. Zum Gnostiker Ptolemäus und der Flora, die beide ebenfalls der höheren Bildungsschicht entstammt sein dürften, vgl. *Lüdemann,* Geschichte, 101 und 103. Auch darin ist also die valentinianische Schule ein Parallelphänomen zum philosophischen Hermetismus.
[307] Vgl. die ähnlichen Feststellungen *Pokornys* über die Gnostiker, 86.
[308] Siehe *Marrou,* Erziehung, 308; *Neymeyr,* 216–217; 221–222 (Lektüre und Interpretation philosophischer Texte im Unterricht); Gellius, Noctes Atticae I, 26,3; typisches Beispiel ist der Überblick über philosophische Lehrmeinungen zur voluptas in IX, 5.
[309] Vgl. die Aufforderung des Origenes an seine Schüler, alle Lehren von Philosophen und Dichtern zur Kenntnis zu nehmen außer denen, die im Widerspruch zur Gottesverehrung stehen, bei Gregor. Thaumaturg., Preisrede, § 151; § 170–172; der Verfasser von CH II bezieht in sein Lob Gottes durch Philosophie dagegen sogar Lehrsätze »atheistischer« Theorien (Atomismus, Euhemerismus) ein.
[310] Vgl. *Marrou,* Erziehung, 310–311; vgl. Gellius, Noctes Atticae IX, 5,8 (Polemik gegen die epikureische Sicht der voluptas).
[311] *Friedlaender,* Sittengeschichte III, 344ff.; *Rauschen,* 73–75; 84 (mit Verweis auf den mittelplatonischen Rhetor und Philosophen Maximos von Tyros). Für die Spuren mündlichen Unterrichtes in den hermetischen Traktaten siehe auch *Festugière* II, 36–40.

nischer Auffassungen stehen oder aus einer platonischen Perspektive, mit Hilfe platonischer Begrifflichkeit referiert sind,[312] können wir vermuten, daß der Verfasser eine platonische Schule besucht hat und nun seine Kenntnisse weitergibt.

Vielleicht ist das philosophische Wissen, das in CH II ausgebreitet wird, nun seinerseits Lehrgegenstand in einem hermetischen Schulunterricht gewesen. Der Verfasser würde das, was er bei den Platonikern kennengelernt hat, weitergeben. CH II könnte in die *erste Phase* eines hermetischen Unterrichtes gehören, die dem Überblick über die verschiedenen, wichtigen philosophischen Positionen gewidmet war. Für Anfangsunterricht spricht auch noch einmal die Gattung, die in der antiken Schultradition überwiegend der Einleitung in ein Wissensgebiet oder dem Elementarunterricht für Anfänger diente.[313] Die Momente der Erhebung Gottes, die im Kommentar immer wieder hervortraten, gehen jedoch schon über einen einführenden Überblick hinaus und repräsentieren bereits den eigentlichen Impetus des Hermetikers.

Falls hermetischer Schulunterricht anzunehmen ist, könnte CH II eine Art Lehrschrift gewesen sein, oder ein Begleittext für den Einführungsunterricht.[314] Auch zum Zwecke der Einweisung abwesender Schüler konnten die Vorlesungen und Gespräche eines Lehrers mit seinen Adepten schriftlich niedergelegt werden.[315] Vielleicht wollten sich hermetische Lehrer aber auch nur verewigen und zeichneten ihre Gespräche und Vorträge auf[316] oder ließen sie von Schülern aufzeichnen.[317] Letztendlich ist das alles recht spekulativ.[318] Einigerma-

---

[312] Auch das ist eine bei der Kommentierung des Traktates gemachte Beobachtung.

[313] *Dörrie/Dörries*, Art. Erotapokriseis, Sp. 343 und 347; *Rudolph*, Der gnostische »Dialog«, 87; *Berger*, Hellenistische Gattungen, 1303.

[314] Das war wohl z.T. der Zweck der Lehrschriften des Aristoteles, siehe *Bousset*, Schulbetrieb, 3. Zum möglichen Zweck der hermetischen Traktate siehe *Tröger,* Mysterienglaube, 57.

[315] Vgl. CH XIV,1, *Nock/Festugière* II, 222, Z. 3–10.

[316] Vielleicht auch zum Zweck eigener Vorbereitung auf den Kurs, vgl. CH XIII,13, *Nock/Festugière* II, 206, Z. 6f., wo der Fachausdruck »ὑπεμνηματισάμην« fällt, in einer textkritisch allerdings umstrittenen Stelle. Vgl. *Festugière* II, 41 mit n. 3. Siehe auch Diog. Laert. V, 73.

[317] *Bousset*, Schulbetrieb, 3–4. Vgl. auch Ascl. 1, *Nock/Festugière* II, 297, Z. 3–7: »… etenim ad eius nomen multa meminimus a nobis esse conscripta, sicuti etiam ad Tat amantissimum et carissimum filium multa physica exoticaque quam plurima. tractatum hunc autem tuo scribam nomine …« Vgl. auch den erhellenden Vergleich Festugières mit den Gifford-Lectures, die zunächst mündlich vorgetragen werden und dann im Druck erscheinen, *Festugière* II, 44. Man könnte den Vergleich noch weiter ausführen und auf Vorträge hinweisen, die zusammen mit der sich anschließenden Diskussion abgedruckt werden, z.B. in den Entretiens Hardt.

[318] Die verschiedenen Möglichkeiten ergeben sich (neben den Hinweisen in den hermetischen Schriften selbst) aus dem, was wir von Zweck, Funktion und Entstehungshintergrund anderer antiker, dem Schulzusammenhang entstammender Schriften wissen, z.B. der *Epitome* des [Albinos] (Handbuch für den Unterricht), der Philosophiegeschichte (Ps.-) Galens (Handbuch zum Ersatz des Unterrichtes), den Aufzeichnungen des Gellius über seinen Lehrer Kalbenos Tauros in den *Noctes Atticae* (Schüleraufzeichnungen), aber auch den aristotelischen Lehrschriften (Forschungsberichte, Materialsammlungen, Vorlesungsmanu-

ßen wahrscheinlich scheint, daß die Texte, ob nun im Rahmen einer Schule oder mehr einer religiösen Gemeinschaft, der wiederholten Reflexion und Meditation über hermetische Grundlehren dienten, so wie es zu Beginn von NHC VI,6 reflektiert ist.[319] Wenn es eine hermetische Schule gegeben hat, so fällt doch auf, daß wir nirgends etwas über hermetische Lehrergestalten erfahren. Wir kennen zwar die Namen von einzelnen Hermetikern oder religiös Interessierten, die sich auch dem Hermetismus zugewandt haben,[320] aber die individuellen Persönlichkeiten, die hermetischen Schulunterricht durchgeführt haben und die vielleicht für die Abfassung philosophischer Hermetica verantwortlich sind, sind uns nicht bekannt. Auch von einem *Gründer* einer hermetischen Schule erfährt man nichts.

Hingegen ist es üblicherweise ein Element antiker Schultradition, daß der Name des Schulgründers und die Persönlichkeiten einzelner Lehrergestalten bekannt sind. Das gilt z.b. von der platonischen, epikureischen, skeptischen oder peripatetischen Schule, aber auch die Schulhäupter gnostischer Gemeinschaften wie Valentin, Ptolemaios oder Basilides sind uns namentlich und individuell bekannt.[321] Für die vier großen antiken Schulen läßt sich die διαδοχή der Lehrergestalten fast die ganze Antike hindurch verfolgen.[322] Die antike Philosophie war so personalisiert, daß zum einführenden Überblick über die philosophischen Theorien offenbar auch die Information gehörte, wer eine bestimmte Auffassung vertrat und zu welcher Schule er gehörte.[323] Dieses Charakteristikum ist in die christliche und gnostische Schulpolemik übernommen worden.

Demgegenüber fällt die Anonymität der hermetischen Lehrer auf. Daß wir sie nicht kennen, könnte ein Argument dafür sein, daß es eine regelrechte institutionalisierte hermetische Schule gar nicht gegeben hat.[324] Der Schulcharakter einiger Traktate, eben auch von CH II, könnte literarische Stilisierung sein.

Es gibt aber auch andere Erklärungsmöglichkeiten. Vor allem wird man daran denken müssen, daß der Hermetismus ein besonders facettenreiches und

---

skripte) oder den platonischen Dialogen (Lehrdialoge). Vgl. dazu auch *Bousset*, Schulbetrieb, 2–5; eine besonders wichtige Quelle, sowohl bei Bousset als auch bei Festugière zitiert, ist Iamblichs *De Vita Pythagorica*, vgl. *Bousset*, Schulbetrieb, 4–5; *Festugière* II, 35.

[319] NHC VI,6, 52,11–14; 54,5–10; 14–19.

[320] Vgl. z.B. die bei *Fowden*, 161f. erwähnten Namen; auch Zosimos (*Fowden*, 120ff.) und Iamblichos (*Fowden*, 131ff.) wären hier zu nennen.

[321] Das gilt unbeschadet der Tatsache, daß das Verhältnis der genannten Lehrer zu den nach ihnen benannten und auf sie zurückgeführten Schulen höchst problematisch sein kann. Das zeigt etwa bezüglich Valentin *Markschies*, Valentinus Gnosticus, 392–407 (Zusammenfassung).

[322] *Marrou*, Erziehung, 306–307.

[323] Vgl. die *Placita* des Aetios, *Diels*, Doxog. 273ff.; auch die *Epitomé* des Arius Didymus und Philosophiegeschichte (Ps.-)Galens können hier genannt werden, *Diels*, Doxog. 447ff.; 597ff., u.a.m.

[324] So *Festugière* II, 46–47.

vielgestaltiges Phänomen gewesen sein dürfte.[325] Es wird wohl nicht *eine* große oder *einige wenige* bedeutsame hermetische Gemeinschaften gegeben haben, sondern viele kleine, unterschiedlich organisierte Grüppchen und Zirkel.[326] Sogar die Möglichkeit, daß es nicht gemeinschaftlich organisierte Hermetiker gegeben hat, wurde oben nicht ausgeschlossen. Wenn es hermetische Schulen gab, wird es sich also um kleine Zirkel aus wenigen Schülern gehandelt haben, die sich um einen Lehrer scharten. Das ist genau die Situation, die sich in den Traktaten widerspiegelt.[327]

Die Vielfalt und Zersplitterung wird dazu geführt haben, daß sich nicht *ein* Lehrer zum Schulhaupt *der* Hermetiker aufwerfen konnte. Vielmehr werden sich die Zirkel und Gruppen allesamt als Teilhaber an der einen Offenbarung des Hermes Trismegistos verstanden haben. Das spezifische Selbstverständnis der Hermetiker könnte gewesen sein, daß jeder, der über die Anfangsstufen der Belehrung oder Einweihung hinausgelangt ist, nun wiederum als Lehrer in die Pflicht genommen ist.[328] Dieses Selbstverständnis spiegelt sich zu Beginn von NHC VI,6 wider,[329] aber auch im Übergang der Lehrerfunktion von Poimandres auf Hermes Trismegistos (CH I) und von diesem wiederum auf seine Schüler Asklepios und Tat (vgl. CH XVI und XVII). Insofern steht die ganze Gemeinde und nicht einzelne, individuell hervortretende Persönlichkeiten, in der hermetischen Lehrsukzession.[330] Das mag erklären, warum einzelne hermetische Lehrer nicht hervortreten.

Einige Beobachtungen legen die Vermutung nahe, daß der Traktat CH II möglicherweise nicht nur in den hermetischen Schulunterricht gehört, sondern auch protreptisch-missionarischen Zwecken diente.[331] Vielleicht sollte die Lektüre philosophisch gebildete Außenstehende für den Hermetismus interessieren. Denn der Traktat geht an mehreren Stellen von damals allgemein anerkannten philosophischen oder naturwissenschaftlichen Grundsätzen aus.[332] Ihnen konnte fast jeder Gebildete zustimmen; dann wird er mit der Frage des Hermetikers konfrontiert worden sein, ob er die daraus abgeleiteten Schlußfolgerungen anerkennt. Angesichts der Parteilichkeit der Argumentation und der

---

[325] Betont von *Fowden*, 160.

[326] *Festugière* II, 32–34; *Tröger,* Die hermetische Gnosis, 119; *Fowden*, 159–160, für spätere Zeit: 173.

[327] *Fowden*, 156–157 mit Berufung auf *Festugière*; 159. Siehe *Festugière* II, 29.

[328] *Tröger,* Mysterienglaube, 58; *Fowden*, 159.

[329] NHC VI,6, 54,29–30.

[330] Auch *Puech,* Hermès trois fois incarné, 118, vertritt anhand von vier auf den Hermetismus anspielenden Passagen aus dem *Phaidros*-Kommentar des Hermias von Alexandrien die Ansicht, daß sich in der Gestalt des (reinkarnierten) Hermes Trismegistos der ideale Gnostiker oder Pneumatiker widerspiegelt und darin eine hermetische *Gruppe* ihr Glaubensideal in den Mythos ihres Patrons projiziert.

[331] Zum protreptischen Charakter der philosophischen Hermetica siehe *Fowden*, 156: »an exhortation to set out in the way of Hermes«.

[332] Siehe auch die Feststellungen von *Festugière* II, 32.

evidenten Bevorzugung religiöser vor philosophischer Richtigkeit[333] werden die Hermetiker wohl selten die Zustimmung von Fachphilosophen gefunden haben; ihr Vorgehen dürfte allerdings den philosophisch gebildeten Nicht-Fachleuten durchaus gelegentlich eingeleuchtet haben, entsprach der Charakter der Texte doch der damals üblichen Mischung zwischen Frömmigkeit und Intellektualität.

Neben dem Schulhintergrund ist für CH II also auch versteckt eine protreptisch-missionarische Intention zu vermuten.

### 3. Die Stellung von CH II im Corpus Hermeticum

Das uns bekannte Corpus Hermeticum ist wahrscheinlich eine späte Kompilation. Es dürfte erst in byzantinischer Zeit aus ursprünglich selbständigen Traktaten zusammengestellt worden sein.[334] Jedenfalls ist es nicht vor Michael Psellos im 11. Jhdt. bezeugt.[335] Die uns erhaltenen Handschriften[336] stammen erst aus dem 14. Jahrhundert oder später,[337] es ist nicht sicher, ob sie auf das Exemplar des Psellos zurückgehen.[338] Es gibt zwar aus viel früherer Zeit stammende Nachrichten über Sammlungen hermetischer Schriften,[339] doch dürften sie sich nicht auf das uns vorliegende Corpus beziehen.[340]

Es ist wahrscheinlich, daß es eine große Zahl hermetischer Traktate gegeben hat, die uns nicht erhalten sind;[341] Einzeltexte werden schon relativ früh in

---

[333] *Festugière* II, 32.

[334] *Nock/Festugière* I, XLVII–XLVIII; *Doresse*, L'Hermétisme, 433; *Festugière* II, 6; *Mahé*, Hermès I, 22–24; *ders.*, Hermès II, 442; *Fowden*, 8; *Copenhaver*, Hermetica, xli.

[335] *Kroll*, Art. Hermes Trismegistos, Sp. 794; *Reitzenstein*, Poimandres, 211; *Nock/Festugière* I, XLIX–LI; *Klein*, Lichtterminologie, 82; *Mahé*, Hermès II, 19; *Fowden*, 7–8; *Copenhaver*, Hermetica, xliii.

[336] Übersicht über Alter und Inhalt bei *Nock/Festugière* I, XI–XII; vgl. auch *Reitzenstein*, Poimandres, 323–327.

[337] *Dodd*, Bible, xii–xiii.

[338] Vielleicht nur Kodex M (Vaticanus graecus), vgl. *Nock/Festugière* I, LI; s. auch *Festugière* II, 2; *Reitzenstein*, Poimandres, 333f. n. zu Z. 13; mit 319 und 325.

[339] Z.B. bei Cyrill und Stobaios, vgl. *Kroll*, Art. Hermes Trismegistos, Sp. 795–796; *Festugière* II, 2–5; *Fowden*, 4.

[340] So wird das bei Cyrill erwähnte Corpus (s. oben!), aus 15 Traktaten bestehend, kaum das uns vorliegende Corpus Hermeticum sein, so auch *Festugière* II, 3; *Copenhaver*, Hermetica, xlii; einzelne Traktate können aber durchaus mit Texten des Corpus identisch sein; außerdem gab es offenbar Sammlungen, in denen die Unterredungen des Hermes mit einem bestimmten Schüler zusammengestellt waren, als Corpora von Tat-, Asklepios- oder Ammon-Traktaten. CH II scheint einer Sammlung von Unterredungen des Hermes mit dem Schüler Asklepios zu entstammen (siehe die Überschrift des ersten Traktatfragmentes von CH II bei Stobaios, Ekl. I,18,2, p. 157,6 *W.*: »Ἑρμοῦ ἐκ τῶν πρὸς Ἀσκληπιόν«); aus dieser Sammlung werden bei Stobaios noch andere Texte zitiert.

[341] Vgl. nur die Anmerkung des Abschreibers NHC VI,7a, 65,8–14, hier: 65,9: »... very many have come to me« (übers. von Parrott). Diese Bemerkung bezieht sich eindeutig auf

Sammlungen zusammengefaßt worden sein.[342] Ob das uns vorliegende Corpus
in irgendeiner Weise repräsentativ für andere hermetische Sammlungen[343] ist,
kann nicht mit Sicherheit gesagt werden; in der Literatur wird vermutet, daß
die byzantinischen Theologen aus den ihnen überlieferten Hermetica magische
und alchemische Schriften okkulten Charakters ausgeschieden haben, so daß
uns mit dem CH eine »gereinigte Hochform« des Hermetismus vorliegt.[344]
Damit wäre das CH gerade *nicht* repräsentativ für andere hermetische Sammlungen.

Aufgrund der Vielzahl nicht im CH zu findender hermetischer Texte sowie
des vermutlich späten Charakters des Corpus ist es äußerst unwahrscheinlich,
daß die Sammlung als ganze eine Art »Heiliger Schrift« einer hermetischen
Gemeinde gewesen ist.[345]

Seit Reitzenstein wird die Ansicht vertreten, daß zwischen CH II(b) und CH I
ein Traktat ausgefallen ist. Dafür wird als Argument angeführt, daß die Überschrift von CH II(b) wegen der Nennung des Tat statt des Asklepios nicht zu
diesem Traktat paßt; sie wird also zu einem möglicherweise verloren gegangenen Traktat CH II(a) gehört haben, in dem Tat und nicht Asklepios der Gesprächspartner des Hermes Trismegistos ist. Dieser Traktat ist, so die Hypothese
Reitzensteins, zusammen mit dem Beginn unseres Traktates CH II(b) weg-
gebrochen.[346]

Die Hypothese Reitzensteins[347] ist aber nicht unbedingt zwingend, sie wäre
es nur, wenn wir die Urhandschrift des Corpus hätten und diese Anlaß zur Vermutung gäbe, daß einige Seiten fehlen. Wir haben die Urhandschrift aber nicht,
sondern nur Kodices, die ein paar hundert Jahre später entstanden sind und
eventuell auf einen Archetyp zurückgehen.[348] Wie wenig zwingend Reitzen-

---

weitere hermetische Traktate. Siehe *Reitzenstein*, Poimandres, 2–3; *Doresse*, L'Hermétisme,
433; *Mahé*, Hermès II, 407; *Copenhaver*, Hermetica, xlii–xliii.

[342] *Reitzenstein*, Poimandres, 117; *Fowden*, 3–4; *Copenhaver*, Hermetica, xlii–xliii. Für
die relativ frühe Existenz hermetischer Sammlungen spricht, daß in den Traktaten selber
gelegentlich solche Sammlungen erwähnt werden (γενικοὶ λόγοι (CH X,1 und 7; XIII,1;
Exc. Stob. III, 1; Exc. Stob. VI,1, s. *Nock/Festugière* II, 204, n. 4; vgl. dazu *Kroll*, Art. Hermes Trismegistos, 797), διεξοδικοὶ λόγοι (Ascl. 1, *Nock/Festugière* II, 297, Z. 6 mit ebd.,
357, n. 9 und *Nock/Festugière* I, 113–114, n. 2; *Kroll*, Art. Hermes Trismegistos, 796; *Reitzenstein*, Poimandres, 117; siehe Cyrill, C. Iul. I,46, PG 76, 553A); zum Ganzen: *Festugière*
II, 39 mit den notae.

[343] Siehe dazu noch *Doresse*, L'Hermétisme, 433.

[344] *Fowden*, 8–9; *Copenhaver*, Hermetica, xli.

[345] Vgl. *Mahé*, Hermès II, 442 zur Auffassung Geffckens und Festugières; *Festugière*
I, 82–84.

[346] *Reitzenstein*, Poimandres, 193; die Kodices bezeugen den Text unseres Traktates erst
ab CH II,4 (»ἢ θεός«, *Nock/Festugière* I, 33, Z. 2, s. App. z.St.); vorher wird Stobaios herangezogen, um den Text unseres Traktates zu rekonstruieren.

[347] Vgl. dazu *Festugière* II, 9; *Copenhaver*, Hermetica, 124.

[348] Selbst diese Annahme, die von allen Editoren des CH mehr oder weniger überzeugt
geteilt wird, scheint nicht ohne Probleme, wenn man die Variationen der Textfamilien betrachtet.

steins Auffassung ist, erkennt man auch daran, daß er – wohl aufgrund der Kalkulation der Seitenlänge – zu der Hypothese gezwungen ist, noch mehr von CH II(b) sei verloren gegangen als die uns aus Stobaios erhaltenen Passagen – eine höchst fragwürdige Annahme, wie oben gezeigt wurde. Hier soll eine andere, freilich nicht weniger hypothetische, möglicherweise aber befriedigendere Erklärung für die »falsche« Überschrift von CH II(b) versucht werden:

Vielleicht ist CH II nachträglich in ein schon vorhandenes Corpus eingefügt worden, und zwar als *Ersatz* eines ursprünglichen Dialoges zwischen Hermes und Tat. Die Überschrift des ersetzten Dialoges wurde versehentlich stehen gelassen bzw. nicht angeglichen.[349] Über die Gründe des Austausches kann nur spekuliert werden; vielleicht wollten die Kompilatoren des CH eine gewisse Ausgewogenheit von Tat- und Asklepios-Traktaten herstellen,[350] vielleicht gefiel ihnen der (nunmehr offenbar verlorene) Tat-Traktat aber auch aus anderen, z.B. dogmatischen Gründen nicht.[351]

Daß dogmatische Gründe mindestens für die Einfügung von CH II(b), wenn nicht für die Streichung von CH II(a) verantwortlich gewesen sein können, legt vielleicht folgende Beobachtung nahe: CH II steht in den Kodices, wie bereits mehrfach gesagt, in verstümmelter Form, ohne seinen Anfang. Das muß nicht auf den Verlust einiger Seiten der ursprünglichen Handschrift zurückzuführen sein, wie Reitzenstein meint,[352] sondern kann auch dogmatische bzw. literarische Gründe haben: dadurch, daß der Anfang fehlt, beginnt der Traktat mit dem für Theologen wichtigsten Wort, nämlich mit »ἢ θεός« (in einigen Kodices sogar nur »θεός«).[353] Diese Feststellung ist nicht ganz exakt, denn offenbar lautet das erste Wort in den meisten Kodices nicht »ἢ«, sondern »ἦ«;[354] die Vergleichspartikel wurde also in eine Fragepartikel umgewandelt. Der sich so ergebende Satz ist mithin offenbar als Frage aufgefaßt worden; als solche ist er – freilich im Rahmen der schwierigen, gewundenen Redeweise der Hermetica – durchaus sinnvoll: »Nenne ich Gott das Göttliche, nicht das

---

[349] Es könnte sich um ein Versehen handeln, das vielleicht darauf zurückführbar ist, daß die Charakterisierung als λόγος καθολικός durchaus auch für den uns erhaltenen Traktat zutrifft (s. unten!), ja eventuell sogar zu seiner Einfügung an dieser Stelle geführt hat. Demgegenüber ist der Name des Dialogpartners weniger wichtig; seine Rolle ist ohnehin äußerst begrenzt.

[350] Diese Ausgewogenheit könnte darin bestehen, daß in der Abfolge der Traktate mit einiger Regelmäßigkeit Tat- und Asklepios-Dialoge aufeinander folgen: [CH II(a) (Tat)]; CH II(b) (Askl.); CH IV (Tat); CH V (Tat); CH VI (Askl.); CH IX (Askl.); CH X (Tat); CH XII (Tat); CH XIII (Tat); CH XIV (Askl.); CH XVI (Belehrung durch Askl.); CH XVII (Belehrung durch Tat). Die Tat-Gruppe hat ohnehin ein gewisses Übergewicht, das ohne die Einfügung von CH II(b) noch deutlicher ausgefallen wäre. Warum die Kompilatoren des Corpus einen Wechsel der Traktatgruppen hergestellt haben, ist nicht ersichtlich; vielleicht wollten sie nur zwei ihnen vorliegende Sammlungen ausgewogen kombinieren.

[351] Zu möglichen dogmatischen Gründen bei der Zusammenstellung des uns vorliegenden Corpus vgl. *Fowden*, 8; *Copenhaver*, Hermetica, xli–xlii.

[352] *Reitzenstein*, Poimandres, 193.

[353] *Scott* I, 134, App. z.St.; *Nock/Festugière* I, 33, App. z.St.

[354] *Nock/Festugière* I, 33, App. z.St.

gezeugte, sondern das ungezeugte (Göttliche)? Wenn er (d.h. Gott) nun ein
Göttliches ist, dann ein substanzhaftes (Göttliches), wenn er aber Gott ist, dann
wird er ein Nicht-Substanzhaftes …« In den folgenden Zeilen wird dann die
Frage erörtert, ob Gott für uns überhaupt erkennbar ist – und sie wird positiv
beantwortet.[355] Ist es eine zu weit hergeholte Vermutung, daß bei einer möglichen Einfügung von CH II(b) in das Corpus der oder die Kompilatoren absichtlich den ganzen weitschweifigen und untheologischen, auf den ersten Blick
rein physikalischen Anfangsteil des Traktates[356] gestrichen haben, um mit dem
entscheidenden Begriff »Gott« einzusetzen zu können und sozusagen direkt
auf die theologischen Fragen zuzusteuern?[357] Durch diesen Eingriff wird
gleich zu Beginn des Traktates und – nach der »Ouvertüre« in CH I – zu Beginn
des Corpus überhaupt Gott näher bestimmt und dann die Frage nach der Möglichkeit von Gotteserkenntnis beantwortet. Unter der Voraussetzung, daß die
hier vorgelegte Hypothese stimmt, zeigt sich, daß der Eingriff in den Traktat
von dem Gedanken bestimmt ist, die Klärung der theologischen Grundfragen,
also der nach Wesen und Erkennbarkeit Gottes, sei sozusagen die Voraussetzung für alle weiteren im Corpus vorgetragenen Lehren. Es liegt dann natürlich
nahe, an *christliche* Kompilatoren zu denken, die Hermes als eminenten Theologen und Zeugen für den Gottesglauben anführen wollten. Jedenfalls scheint
es im Lichte dieser Überlegungen durchaus möglich, daß der Anfang von CH II
absichtlich fortgelassen wurde, und das wiederum spricht für die oben gegen
Reitzenstein geäußerte Vermutung, doch bleibt deren hypothetischer Charakter natürlich bestehen.

Vielleicht ist der verlorene Traktat CH II(a) darin unserem Text CH II(b)
ähnlich gewesen, daß er eine Art Überblickscharakter hatte, also wichtige
Grundlehren überblicksartig zusammenfaßte.[358] Darauf deutet die Überschrift
des verlorengegangenen Traktates (»λόγος καθολικός«),[359] aber auch der letzte

---

[355] CH II,5–6, *Nock/Festugière* I, 33, Z. 4–10; siehe oben, Kommentar z.St.

[356] Der erste Traktatabschnitt (CH II,1–4) ist insgesamt ein Beispiel für die im Kommentar immer wieder konstatierte Argumentationsstrategie des Verfassers, sich dem Argumentationsziel von weit her, von allgemein bekannten, auf den ersten Blick mit der eigentlich
intendierten Aussage nichts zu tun habenden Feststellungen anzunähern. Die Kompilatoren
haben vielleicht nicht mehr verstanden, was die allgemeinen naturphilosophischen Ausführungen über den Ort, die Bewegung und das Bewegte mit der sie allein interessierenden
Gottesfrage zu tun haben, also haben sie – so die hier vorgeschlagene Erklärung – diese
Passagen einfach eliminiert.

[357] Für absichtliche Korrektur spricht auch, daß in allen Kodices, gegen Stobaios, das
»δέ« S. 33, Z. 2 fehlt: es wurde wahrscheinlich von dem oder denjenigen, die CH II in das
Corpus gesetzt haben, eliminiert, da es nach dem Wegfall des ersten Traktatteils als sinnlos
empfunden wurde. Siehe die Übersetzung, Apparat z.St.

[358] Vgl. *Festugière* II, 9 über den vermutlichen Inhalt des verlorenen Traktates. Der
Überblickscharakter von CH II(b) wird im Schlußsatz, S. 39, Z. 18f. angesprochen, besonders durch den Begriff »προγνωσία«, vgl. dazu *Nock/Festugière* I, 41, n. 30; *Fowden*, 100,
n. 21; *Copenhaver*, Hermetica, 128, z.St.

[359] *Reitzenstein*, Poimandres, 193.

Satz des uns erhaltenen, besonders die Wendung »προγνωσία τις τῆς πάντων φύσεως« (S. 39, Z. 19) hin.

Der Begriff »προγνωσία« wird von den Kommentatoren meist im Sinne von »vorläufiger Überblick«, »Vorschau«, »Einführung« übersetzt.[360] Nach dieser Auffassung wird der Traktat durch seinen letzten Satz offenbar als eine Art *einleitender Überblick* über die hermetischen Lehren charakterisiert. Das würde gut zum Einführungs- und Überblickscharakter des Traktates passen. Vielleicht schwingt im Begriff »προγνωσία« aber auch noch eine andere Bedeutung mit: »προγνωσία« oder, was dasselbe bedeutet, »πρόγνωσις«[361] und die Derivate stehen auch für das göttliche oder prophetische Vorherwissen,[362] für die Fähigkeit Gottes oder eines Propheten, alles genau zu durchschauen.[363] So wird z.B. dem Pythagoras[364] oder dem Anaxagoras die πρόγνωσις zugeschrieben;[365] im Zusammenhang mit der Erwähnung des Pythagoras bei Clemens ist auch von den entsprechenden Fähigkeiten des Hermes und des Asklepios die Rede.[366] Ob unserem Verfasser nun genau diese Auffassung vor Augen gestanden hat, ist fraglich, aber vielleicht wollte er im letzten Satz das prophetisch-seherische Moment seines Textes andeuten.

Die Stellung von CH II relativ zu Beginn des Corpus ist wahrscheinlich durch die Wendung in seinem letzten Satz mitbedingt.[367] Der Traktat empfahl sich damit sozusagen selbst als Einführungstext. Aber auch der übrige Inhalt mit seinem Überblick über wichtige philosophische Grundlehren und der verborgenen missionarischen Tendenz werden für eine Stellung eher zu Beginn des Corpus, möglicherweise sogar direkt hinter dem berühmten *Poimandres*, gesorgt haben. Die Kompilatoren werden im Blick gehabt haben, daß dem Leser durch Hermes zunächst einmal ein Überblick über die philosophischen Grundlehren gegeben werden mußte, bevor er tiefer in die Geheimnisse der Hermetik eingeführt wurde und schließlich, in CH XIII, das Mysterium der Vergottung des Schülers Tat vorgeführt bekommt, mit dem er sich wahrscheinlich identifizieren sollte.[368] Damit wird deutlich, daß zumindest für die Kompilatoren des uns vorliegenden Corpus der Hermetismus im mystischen Erleben der Vergottung oder Gottesschau kulminiert, wie es an zwei markanten Punkten der

---

[360] *Nock/Festugière* sprechen von »connaissance préliminaire« (*Nock/Festugière* I, 39), vgl. auch *Festugière* II, 9; *Fowden*, 100, n. 21 übersetzt »preliminary knowledge«, *Copenhaver*, Hermetica, 12 und 128, nota z.St. spricht von »introduction«.

[361] Für die Bedeutungsidentität vgl. *Liddell/Scott*, s.v. προγνωσία, 1473.

[362] *Lampe*, s.v. προγι(γ)νώσκω, 2b), 1141; s. auch s.v. προγνωσία, πρόγνωσις, προγνώστης und προγνωστικός, 1141–1142. Für prophetische πρόγνωσις vgl. s.v., Abschnitt C; s.v. προγνώστης, Abschnitt 1.

[363] Einige Stellen seien genauer genannt: Clemens Alex., Strom. II,54,1 (von der Prophetie); VI,110,3 (von Gott); ähnlich VI,58,1; Origenes, C. Cels. I, 35 (von der Prophetie); Hippolyt, Ref. I, 25,1–2 (über die Druiden, die angeblich von pythagoreischer Philosophie beeinflußt sind; vgl. *Diels*, Doxog. 574,10).

[364] Clemens Alex., Strom. I,133,2–3.

[365] Hippolyt, Ref. I, 8,13; *Diels*, Doxog. 563,11–13.

[366] Clemens Alex., Strom. I,134,1.

[367] So auch *Festugière* II, 9.

[368] Siehe *Grese*, 202.

Sammlung, nämlich gleich im ersten Traktat und dann im zentral in der Mitte stehenden Traktat CH XIII geschildert wird.[369] Für die Verantwortlichen der uns vorliegenden Sammlung werden also philosophische Lehren wohl nur eine Art Vorbereitungsfunktion gehabt haben, sie waren die Basis, von der sich dann die eigentliche hermetische Religion erhob. Der intellektuelle Weg zu Gott, wie er in CH II dargestellt wird, kann doch in keiner Weise mit der mystischen Erfahrung der Gottesschau und Vergottung konkurrieren.

Ob diese Auffassung auch bereits in den hermetischen Gemeinschaften des 2. oder 3. Jahrhunderts herrschte, aus denen CH II möglicherweise entstammt, ob also der Aufbau des vermutlich späten Corpus an diesem Punkt eine hermetische Haltung aus viel früherer Zeit reflektiert, kann nicht mit Sicherheit gesagt werden. Es wird möglicherweise hermetische Gemeinschaften gegeben haben, die mehr Gewicht auf philosophische Argumentation als auf mystische Erfahrung legten; solchen Kreisen könnte unser Traktat entstammen, zumal auch die Philosophie der damaligen Zeit durchaus religiöse Bedürfnisse befriedigen konnte.[370]

Aus NHC VI,6 und CH XIII kann entnommen werden, daß es – zumindest in einigen Gemeinschaften – verschiedene Stufen einer hermetischen »Initiation« gegeben hat.[371] Die unterste Stufe besteht offenbar darin, daß sich das Neumitglied der Gemeinde Wissen aneignet, das ihm von einem fortgeschrittenen Hermetiker vermittelt wird oder in »Büchern« nachzulesen ist.[372] Um welche Art Wissen es sich dabei handelt und was in den in NHC VI,6 erwähnten Büchern stand, wird nicht gesagt. Möglicherweise ist zunächst einmal etwas über das Wesen der Göttergestalten dargelegt worden, die in den hermetischen Texten auftreten; vielleicht hat man sich dabei auf Bücher und Stelen aus uralter Zeit berufen, denen Nachrichten über Thoth, Imhotep und Ammon entnommen

---

[369] Die Anfangsstellung von CH I und die Mittelpunktstellung von CH XIII scheinen Strukturmomente des uns vorliegenden Corpus zu sein. Darüber hinaus sind allerdings nur wenige Gliederungsmerkmale erkennbar. Zu beobachten ist immerhin, daß die eher weltzugewandten Traktate (z.B. CH II(b); CH V) mehr am Anfang des Corpus stehen (so auch *Copenhaver*, Hermetica, xxxix), so daß sich zur Mitte hin eine zunehmende Abwendung von der Welt und eine Vergeistigung zeigt. Auch könnten die Traktate bewußt so angeordnet sein, daß zunächst Belehrung und Einweihung des Hermes geschildert wird (in CH I), dann Asklepios und Tat als Schüler des Hermes belehrt werden (CH II, IV, V–VI, IX–X, XII) und schließlich diese beiden Gestalten selbst als Lehrer gegenüber dem König Ammon auftreten (CH XVI-XVII). Auch aus dieser Aufstellung wird die Mittelposition von CH XIII deutlich, wo die Einweihung und Vergottung des Tat geschildert wird; in CH XIV,1 wird darauf (gegenüber Asklepios) offenbar Bezug genommen. Vgl. die von *Reitzenstein* angestellten Beobachtungen, Poimandres, 190–199 sowie *Festugière* II, 6–7.

[370] Vgl. besonders die bei *Hadot*, Philosophie als Lebensform, 34 zitierte Plutarchpassage aus Mor. 477c, in der eindeutig Mysterienterminologie anklingt.

[371] NHC VI,6, 54,6–30; CH XIII,1, bes. *Nock/Festugière* II, 200, Z. 4–11; XIII,2, 201, Z. 6–8; XIII,3, 201, Z. 11–13; II, 216–217, n. 74; vgl. *Mahé*, Symboles Sexuels, 141 mit n. 59; *Fowden*, 159.

[372] Dafür sprechen die in der vorigen Fußnote erwähnten Belegstellen, vgl. bes. NHC VI,6, 54,8–9; 11–13; 23–25.

werden konnten.[373] Der Charakter von CH II als Einführungstraktat sowie die philosophischen Elemente auch in mysterientheologischen Texten wie CH I, XIII und NHC VI,6 legen allerdings die Vermutung nahe, daß der Einführungsunterricht, zumindest in einigen hermetischen Gruppen, *auch* der Vermittlung von philosophischem Grundwissen diente.

Vielleicht stammt CH II aus einem solchen, das Initiationserlebnis vorbereitenden Unterricht, wobei aber nicht nur philosophisches Grundwissen trocken referiert wird, sondern an ihm schon die Momente hervorgehoben werden, die der Gotteserkenntnis und Gottesverherrlichung dienen und damit irgendwie schon auf die mysterienhafte Gottesschau und das Vergottungserlebnis vorbereiten.

In der im Kommentar immer wieder aufgegriffenen mittel- bzw. neuplatonischen Tradition gibt es den Gedanken einer Unterscheidung zwischen intellektuellem Aufstieg zu Gott und mysterienhafter Gottesschau.[374] Dabei wird dem philosophisch-intellektuellen Weg deutlich ein eher vorbereitender Charakter zugesprochen; die rein intellektuelle Gotteserkenntnis ist nach dem überwiegenden Zeugnis dieser Tradition der direkten Gottesschau unterlegen.

Wenn CH II letztendlich doch aus Kreisen eines Hermetismus stammt, wie er in CH I und CH XIII repräsentiert ist, würde er nicht die eigentliche Lehre dieser Kreise repräsentieren, die im irrationalen Gotteserlebnis gipfelt.[375] Für solche Kreise wären die genannten Traktate viel zentralere Texte. CH II steht dagegen mehr für den intellektuellen Weg zu Gott, den Weg der philosophischen Gottes*erkenntnis*, nicht den der mystischen Gottes*erfahrung*. Im Lichte der genannten Tradition hätte der Traktat wohl eher einen untergeordneten Stellenwert als *Vorstufe* einer wirklichen Erfassung Gottes.

Doch es ist eben nicht sicher, ob CH II in dieselbe Richtung der Hermetik gehört wie CH I, CH XIII oder NHC VI,6. Vielleicht stammt der Text aus einem philosophischen Hermetikerzirkel oder einer regelrechten philosophi-

---

[373] Siehe *Fowden*, 29–31; 214; *Copenhaver*, Hermetica, xv–xvi; Iamblichos, De myst. I,1 (= *Hopfner*, 497); wichtig auch Clemens Alex., Strom. VI, 35,3–37,3 (dazu *Prümm*, 542; *Festugière* II, 75); in der hermetischen Literatur vgl. Ascl. 1, *Nock/Festugière* II, 297, Z. 3–11; typisch auch NHC VI,6, 61,18–30.

[374] Philo, Leg. All. III, 96ff.; vgl. dazu *Wlosok*, 70; *Leisegang*, Der Heilige Geist, 60–61 mit n. 1 und 2 auf 61; Abr. 120ff. (dazu *Klein*, Lichtterminologie, 57–58); Plant. 27 (vgl. *Wlosok*, 70). Die intellektuell-philosophische Gotteserkenntnis (»ἐξ ἐπιλογισμοῦ«) schließt nach Philo von der Geordnetheit und Zweckmäßigkeit des Kosmos und der Regelmäßigkeit der Gestirnsbewegungen auf den Schöpfer (bes. Leg. All. III, 97–99). Zwei Arten der Erkenntnis werden auch zwei Jahrhunderte nach Philo bei Plotin unterschieden, vgl. Enn. VI,9,4; auch VI,7,36. Auch bei [Albinos], Epit. XXVIII gibt es die Unterscheidung zweier Wege, doch entscheidet sich [Albinos] für den philosophischen Weg, vgl. *Dörrie*, Hypostasenlehre, 294, n. 42, Widerspruch dagegen bei *Whittaker*, Alkinoos, 138–139, n. 459, hier: 139.

[375] Eine solche Sicht wird scheinbar auch in dem hermetischen Papyrus Vind. 29456 r° vertreten, insbesondere in der Wendung (p. 53, Z. 15f.): (»… τῷ θ(ε)ῷ τοῦτο ὑπὲρ μα-(θήματα … ) ἐστίν«, vgl. *Mahé*, Fragments, 57.

schen Schule,[376] repräsentiert also nicht eine Vorstufe zu einem Mysterien-
erlebnis.

Es muß also letztendlich offen bleiben, ob CH II ursprünglich als Vor-
bereitungstext in den Zusammenhang eines Mysteriums gehört (ob also die
byzantinischen Theologen, die ihn offenbar so werteten, Recht hatten) oder ob
er eine eher intellektuell ausgerichtete, philosophische Hermetik repräsentiert.

---

[376] Im Mittelplatonismus konnte durchaus auch der philosophische Weg zu Gott allein
vertreten werden, z.B. Apuleius, De Plat. 252–253, p. 100 *Beaujeu*.

# Literaturverzeichnis

*Bemerkungen*: Mehrere Textausgaben eines antiken Autors sind aufgeführt, wo sie für die Arbeit konsultiert worden sind.

Dort, wo es, um Verwechslungen oder Unklarheiten auszuschließen, nötig schien, werden in Klammern nach der Literaturangabe die Kurztitel, die in den Fußnoten verwendet werden, angegeben. In den anderen Fällen ergibt sich die Zuordnung von selbst.

## I. Hilfsmittel

*Aland, K., u.a.,* Vollständige Konkordanz zum Griechischen Neuen Testament unter Zugrundelegung aller modernen kritischen Textausgaben und des Textus Receptus, Bd. I, Teil 1, A–Λ, Berlin/New York 1983; Bd. I, Teil 2, M–Ω, Berlin/New York 1983; Bd. II, Spezialübersichten, Berlin/New York 1978

*Altaner, B./Stuiber, A.,* Patrologie. Leben, Schriften und Lehre der Kirchenväter, Freiburg 1980[9]

*Bauer, W.,* Griechisch-Deutsches Wörterbuch zu den Schriften des Neuen Testaments und der übrigen urchristlichen Literatur, Berlin/New York 1971[5] (Bauer)

–, Griechisch-deutsches Wörterbuch zu den Schriften des Neuen Testaments und der frühchristlichen Literatur, hrg. von K. Aland/B. Aland, Berlin/New York 1988[6]

*Blass, F./Debrunner, A.,* Grammatik des neutestamentlichen Griechisch, bearbeitet von F. Rehkopf, Göttingen 1990[17] (= unveränderter Nachdruck der Ausgabe Göttingen 1984[16])

*Bonitz, H.,* Index Aristotelicus, Aristotelis Opera, ed. Academia Regia Borussica, Vol. V, Berlin 1870

*Bonnet, H.,* Reallexikon der Ägyptischen Religionsgeschichte, Berlin/New York 1971[2] (Bonnet, Art.)

*Brandwood, L.,* A Word Index to Plato, Leeds 1976

*Busa, R./Zampolli, A.,* Concordantiae Senecanae, Tomus I–II, Hildesheim u.a. 1975

*Claesson, G.,* Index Tertullianus, Bd. 1–3, Paris 1974–1975

*Crum, W.E.,* A Coptic dictionary, Oxford 1979 (Nachdruck der Ausgabe 1939)

*Delatte, L./Govaerts, S./Denooz, J.,* Index du Corpus Hermeticum (Lessico Intellettuale Europeo XIII), Roma 1977

*Drobner, H.R.,* Lehrbuch der Patrologie, Freiburg 1994

*Georgi, D./Strugnell, J.,* Concordance to the Corpus Hermeticum. Tractate one. The Poimandres (Concordances to Patristic and Late Classical Texts), Cambridge 1971

*Goodspeed, E.J.,* Index Apologeticus Sive Clavis Iustini Martyris Operum Aliorumque Apologetarum Pristinorum, Leipzig 1969 (= 1912)

–, Index Patristicus Sive Clavis Patrum Apostolicorum Operum, Leipzig 1907

*Hatch, E./Redpath, H.A.,* A Concordance to the Septuagint And the Other Greek Versions of the Old Testament (Including the Apocryphal Books), Vol. I. A–I ; Vol. II. K–Ω, Graz 1954 (Nachdruck der Ausg. Oxford 1897)

An Index to the Anthologia Graeca. Anthologia Palatina and Planudea, Amsterdam 1985

Indices Chrysostomici I: Ad Olympiadem, Ab Exilio Epistula, De Providentia Dei (Alpha–Omega. Lexika. Indizes. Konkordanzen zur klassischen Philologie, Reihe A, XXXI, Indices Chrysostomici I), hrg. von A.-M. Malingrey, Hildesheim/New York 1978

*Janáček, K.,* Sexti Empirici Opera (hrg. von H. Mutschmann), Vol. IV: Indices, Leipzig 1962[2]

*Kühner, R.,* Ausführliche Grammatik der Griechischen Sprache, I. Teil, Bd. 1–2: Elementar- und Formenlehre, besorgt von F. Blass, Hannover 1890[3]/1892[3]

*Kühner, R./Gerth, B.,* Ausführliche Grammatik der Griechischen Sprache, II. Teil, Bd. 1–2: Satzlehre, Darmstadt 1963 (Nachdruck der 3. Aufl. Hannover/Leipzig 1898/1904)

*Lambdin, T.O.,* Introduction to Sahidic Coptic, Macon, Ga. 1983

*Lampe, G.W.H.,* A Patristic Greek Lexicon, Oxford 1987 (Lampe)

*Leisegang, J.,* Philonis Alexandrini Opera Quae Supersunt (hrg. von L. Cohn/P. Wendland), Vol. VII, Pars I. II: Indices ad Philonis Alexandrini Opera, Berlin 1926–30

Lexikon der Alten Welt, hrg. von C. Andresen, H. Erbse, O. Gigon u.a., Bd. 1, A–K; Bd. 2: L–Z, Zürich/Stuttgart 1965

*Liddell, H.G./Scott, R./Jones, H.S.,* A Greek-English Lexicon, Oxford 1968/1983 (Liddell-Scott)

*Mayer, G.,* Index Philoneus, Berlin/New York 1974

*Mayser, E.,* Grammatik der Griechischen Papyri aus der Ptolemäerzeit, Bd. I,1 bearbeitet von H. Schmoll, Berlin 1970[2]; Bd. I,2, Berlin/Leipzig 1938[2]; Bd. I,3, Leipzig o.J.; Bd. II,1, Berlin/Leipzig 1926; Bd. II,2 und II,3, Berlin/Leipzig 1934

*Merguet, H.,* Handlexikon zu Cicero, Hildesheim 1964 (Nachdruck)

–, Lexikon zu den philosophischen Schriften Ciceros, Bd. 1–3, Hildesheim 1987 (Nachdruck der Ausgabe Jena 1887–1894)

*Müller, G.,* Lexicon Athanasianum, Berlin 1952 (Lexicon Athanas.)

*Nestle-Aland,* Novum Testamentum Graece, 27., rev. Aufl. Stuttgart 1993

*Oldfather, W.A./Canter, H.V./Perry, B.E.,* Index Apuleianus (Philological Monographs III), Middletown, Conn. 1934

*Powell, J.E.,* A Lexicon to Herodotus, Hildesheim 1960[2] (Nachdruck der Ausg. Cambridge 1938)

*Preisigke, F.,* Wörterbuch der griechischen Papyrusurkunden, hrg. von E. Kießling, Bd. I: Berlin 1925; Bd. II, Berlin 1927; Bd. III: Berlin 1931

Wörterbuch der griechischen Papyrusurkunden, Supplement 1, hrg. von E. Kießling, Amsterdam 1971

*Quasten, J.,* Patrology, Vol. I: The Beginnings of Patristic Literature, Utrecht/Brüssel 1950; Vol. II: The Ante-Nicene Literature after Irenaeus, Utrecht/Antwerpen 1953; Vol. III: The Golden Age of Greek Patristic Literature From the Council of Nicaea to the Council of Chalcedon, Utrecht/Antwerpen/Westminster, Maryland 1960

*Radermacher, L.,* Neutestamentliche Grammatik (HNT 1), Tübingen 1925[2]

*Rahlfs, A.* (Hrg.), Septuaginta Id est Vetus Testamentum Graece iuxta LXX interpretes. Editio minor. Duo volumines in uno, Stuttgart 1979

*Reitz, C.C.* (Hrsg.), Index Luciani sive Lexicon Lucianeum, Amsterdam 1965 (Nachdruck der Ausgabe Utrecht 1746)

*Roscher, W.H.* (Hrg.), Ausführliches Lexikon der griechischen und römischen Mythologie, Bd. I–VI und Supplementbände 1–4, Hildesheim 1965 (Nachdruck der Ausgabe Leipzig 1884–1937) (ALGM)

*Rubenbauer, H./Hofmann, J.B.,* Lateinische Grammatik, neubearbeitet von R. Heine, Bamberg/München 1989[11]

*Schwyzer, E./Debrunner, A.,* Griechische Grammatik auf der Grundlage von Karl Bergmanns Griechischer Grammatik (Handbuch der Altertumswissenschaft, 2. Abt., 1. Teil, Bd. 2), München 1950

*Siegert, F.,* Nag-Hammadi-Register. Wörterbuch zur Erfassung der Begriffe in den koptisch-gnostischen Schriften von Nag-Hammadi (WUNT 26), Tübingen 1982

*Sleeman, J.H./Pollet, G.,* Lexicon Plotiniacum (Ancient and Medieval Philosophy. De Wulf-Mansion Centre Series 1, Bd. II), Leiden/Leuven 1980

*Stählin, O.,* Clemens Alexandrinus, Register, GCS, Vierter Band, Leipzig 1936

–, Clemens Alexandrinus, Register. Erster Teil: Zitatenregister, Testimonienregister, Initienregister für die Fragmente, Eigennamenregister, GCS, Vierter Band, Erster Teil, 2. Aufl. hrg. von U. Treu, Berlin 1980

*Strecker, G.,* Die Pseudoklementinen III, Konkordanz zu den Pseudoklementinen, Erster Teil: Lateinisches Wortregister, Berlin 1986; Zweiter Teil: Griechisches Wortregister. Syrisches Wortregister. Index nominum. Stellenregister, Berlin 1989

Thesaurus Graecae Linguae ab H. Stephano constructus post ed. Anglicam novis additamentis auctum, ordine alphabetico digestum tertio ed. C.B. Hase/W. Dindorf/L. Dindorf, Bd. I–IX, Graz 1954 (Nachdruck der Ausgabe Paris 1865)

Thesaurus Linguae Latinae ed. iussu et auctoritate consilii ab academiis societatibusque diversarum nationum electi, 9 Bde. in 17 Teilbänden, Leipzig 1900–1989 (und ff.)

*Till, W.C.,* Koptische Dialektgrammatik mit Lesestücken und Wörterbuch, München 1961[2]

–, Koptische Grammatik (Saidischer Dialekt), mit Bibliographie, Lesestücken und Wörterverzeichnissen, Leipzig 1986[6]

*Westendorf, W.,* Koptisches Handwörterbuch, bearbeitet auf Grund des Koptischen Handwörterbuches von W. Spiegelberg, Heidelberg 1965–1977

*Wyttenbach, D.,* Lexicon Plutarcheum I, II, Hildesheim 1962 (Nachdruck der Ausgabe Oxford 1930)

Zu folgenden Lexika bzw. Wörterbüchern: EWNT, PRE, RAC; RGG, ThWNT und TRE finden sich die genauen Literaturangaben im IATG[2].

# II. Quellen

(Bemerkung: Übersetzungen sind nur wenn unbedingt erforderlich berücksichtigt.)

*Allgemein: Quellensammlungen*

*Ioannes ab Arnim,* Stoicorum Veterum Fragmenta, Bd. 1: Zeno et Zenonis discipuli, Stuttgart/Leipzig 1978

–, Bd. 2: Chrysippi fragmenta logica et physica, Stuttgart/Leipzig 1979

–, Bd. 3: Chrysippis fragmenta moralia. Fragmenta successorum Chrysippi, Stuttgart/Leipzig = (SVF I–III) 1978

–, Bd. 4: Indices, Stuttgart/Leipzig 1978, auch zusammengefaßt als: Vol. I und II, New York 1986; Vol. III und IV, New York 1986

*Barrett, C.K. / Thornton, C.J.* (Hrsg.), Texte zur Umwelt des Neuen Testaments, Tübingen 1991²

*Berger, K. / Colpe, C.* (Hrsg.), Religionsgeschichtliches Textbuch zum Neuen Testament (NTD Textreihe, Bd. 1), Göttingen 1987

*Diels, H.,* Doxographi Graeci, Berlin 1976⁴ (Nachdruck der Ausgabe Berlin 1879) (Diels, Doxog.)

*Foerster, W.* (Hrsg.), Die Gnosis. Erster Band: Zeugnisse der Kirchenväter, Zürich / Stuttgart 1979² (Foerster); Zweiter Band: Koptische und manichäische Quellen, Zürich / Stuttgart 1971

*Haardt, R.,* Die Gnosis. Wesen und Zeugnisse, Salzburg 1967

*Hopfner, Th.* (Hrg.), Fontes Historiae Religionis Aegyptiacae, Bd. I–V, 1922–1925 (Hopfner, Seite (durchgezählt))

*Jacoby, F.* (Hrg.), Die Fragmente der Griechischen Historiker (FGrHist), Erster Teil: Genealogie und Mythographie, A: Vorrede. Text. Addenda. Konkordanz, Leiden 1968 (= 1957) (FGH IA); a: Kommentar. Nachträge, Leiden 1968 (= 1957) (FGH Ia)

*Kießling, E.,* Sammelbuch Griechischer Urkunden aus Ägypten, Bd. 10 (Nr. 10209–10763), Wiesbaden 1971 (Sammelbuch X)

*Kirk / Raven / Schofield,* The Presocratic Philosophers siehe unter *Vorsokratiker!*

*Layton, B.,* The Gnostic Scriptures. A new translation with annotations and introductions, London 1987

*Long, A.A. / Sedley, D.N.,* The Hellenistic Philosophers. Volume 1: Translations of the principal sources with philosophical commentary, Cambridge 1987; Volume 2: Greek and Latin texts with notes and bibliography, Cambridge 1987 (zitiert nach der Nummer des Fragmentes, evtl. mit Absatzangabe)

*de Vogel, C.J.,* Greek Philosophy. A Collection of Texts With Notes and Explanations, Vol. III: The Hellenistic-Roman Period, Leiden 1973³ (de Vogel III)

*Accius*

Remains of Old Latin in Four Volumes, hrg. von E.H. Warmington, Vol. II: Livius Andronicus, Naevius, Pacuvius and Accius, London / Cambridge (Mass.) 1961

Tragicorum Romanorum Fragmenta, hrg. von O. Ribbeck (Scaenicae Romanorum Poesis I), Leipzig 1897

*Acta Apostolorum*

Acta Petri, Acta Pauli, Acta Petri et Pauli, Acta Pauli et Theclae, Acta Thaddaei (Acta Apostolorum Apocrypha, Pars Prior), hrg. von R.A. Lipsius, Darmstadt 1959 (Nachdruck der Ausgabe Leipzig 1891) (AAAp, p.,Zeile)

*Aischylos*

Aeschylus, Agamemnon, hrg. von E. Fraenkel, Vol. I: Prolegomena, Text, Translation; Vol. II: Commentary on 1–1055; Vol. III: Commentary on 1056–1073. Appendixes, Indexes, Oxford 1950

Aeschylus, Vol. I: Suppliant Maidens – Persians – Prometheus – Seven Against Thebes, übers. von H.W. Smyth, Cambridge (Mass.) / London 1922 (Nachdrucke)

–, Vol. II: Agamemnon – Libation – Bearers – Eumenides – Fragments, übers. von H.W. Smyth / H. Lloyd-Jones, Cambridge (Mass.) / London 1926 (Nachdrucke)

Aischylos, Tragödien und Fragmente, hrg. u. übers. von O. Werner, Zürich / München 1988⁴

*Albinos* bzw. *Alkinoos*

Albinos. Epitomé, hrg. von P. Louis, Paris 1945
Alcinoos. Enseignement des doctrines de Platon, hrg. von J. Whittaker (Übersetzung:
P. Louis), Paris 1990

*Alchemisten*

*Berthelot, M./Ruelle, C.-E.,* Collection des Anciens Alchimistes Grecques, Bd. I–III,
London 1963 (Reprint)

*Alexander von Aphrodisias*

Alexandri Aphrodisiensis Praeter Commentaria Scripta Minora. De Anima Liber Cum
Mantissa, hrg. von I. Bruns (Supplementum Aristotelicum, Vol. II, Pars I), Berlin
1887
Alexandri Aphrodisiensis Praeter Commentaria Scripta Minora. Quaestiones – De
Fato – De Mixtione, hrg. von I. Bruns (Supplementum Aristotelicum, Vol. II, Pars II),
Berlin 1892
Alexandri Aphrodisiensis In Aristotelis Metaphysica Commentaria, hrg. von M. Hay-
duck (CAG I), Berlin 1891
Alexandri In Aristotelis Meteorologicorum Libros Commentaria, hrg. von M. Hay-
duck (CAG III, Pars II), Berlin 1899

*Alkaios*

Alcée. Sapho, hrg. von T. Reinach/A. Puech, Paris 1960 (zitiert: Reinach/Puech, Seite)
Alkaios. Griechisch und deutsch herausgegeben von M. Treu, München 1952[1] ( zitiert
als Treu, Seite)
Sappho et Alcaeus, Fragmenta edidit E.-M. Voigt, Amsterdam 1971 (zitiert: Voigt)

*Alkiphron*

The Letters of Alciphron, Aelian and Philostratus, hrg. von A.R. Benner/F.H. Fobes,
Cambridge (Mass.)/London 1949

*Anthologia Graeca*

Anthologia Graeca, hrg. von H. Beckby, Bd. 3, Buch IX–XI, München 1958; Bd. 4,
Buch XII–XVI, München 1958, 1967[2] (AGr)

*Apollonios Dyskolos*

Apollonii Dyscoli Quae Supersunt, hrg. von R. Schneider/G. Uhlig, Vol. I,1: Apollonii
Scripta Minora, hrg. von R. Schneider (Grammatici Graeci I,1), Leipzig 1878

*Apollonios von Rhodos*

Apollonii Rhodii Argonautica, hrg. von H. Fränkel, Oxford 1961

*Apologeten*

Die ältesten Apologeten. Texte mit kurzen Einleitungen, hrg. von E.J. Goodspeed, Göttingen 1984 (= 1914)

*Apostolische Konstitutionen*

siehe unter: *Didaskalia und Apostolische Konstitutionen*

*Apostolische Väter*

Die Apostolischen Väter, hrg. von A. Lindemann / H. Paulsen, Tübingen 1992
Die Apostellehre und die Jüdischen Beiden Wege, hrg. von A. Harnack, Leipzig 1886
Apostolic Fathers, Vol. I: I Clement – II Clement – Ignatius – Polycarp – Didache – Barnabas, übers. von K. Lake, Cambridge (Mass.) / London 1912 (Nachdrucke)
–, Vol. II: Shepherd of Hermas – Martyrdom of Polycarp – Epistle To Diognetus, übers. von K. Lake, Cambridge (Mass.) / London 1913 (Nachdrucke)
The Apostolic Fathers, revised texts with introductions, notes, dissertations and translations by J.B. Lightfoot, Bd. 1–5, London 1885–1890
Die Apostolischen Väter, eingeleitet, herausgegeben, übertragen und erläutert von J.A. Fischer (Schriften des Urchristentums 1), Darmstadt 1986[9]
Barnabae Epistula, hrg. von O. de Gebhardt / A. Harnack (Patrum Apostolicorum Opera, Fasc. I, Part. II, Ed. II), Leipzig 1878
Clementis Romani ad Corinthos Quae Dicuntur Epistulae (Patrum Apostolicorum Opera Fasc. I, Part. I, Ed. II), hrg. von O. de Gebhardt / A. Harnack, Leipzig 1876
Hermae Pastor Graece, hrg. von O. de Gebhardt / A. Harnack (Patrum Apostolicorum Opera Fasc. III), Leipzig 1877
Ignatii et Polycarpi Epistulae Martyria Fragmenta, hrg. von Th. Zahn (Patrum Apostolicorum Opera Fasc. II), Leipzig 1876

*Apuleius*

Apulei Apologia sive Pro Se De Magia Liber, hrg. von H.E. Butler / A.S. Owen, Hildesheim 1967 (Nachdruck der Ausgabe Oxford 1914)
Apulée, Apologie. Florides, hrg. von P. Vallette, Paris 1960
Apulée, Opuscules Philosophiques (Du Dieu de Socrate, Platon et Sa Doctrine, Du Monde) et Fragments, hrg. von J. Beaujeu, Paris 1973
Apuleius, Metamorphoses (»The Golden Ass«), Vol. I: Books I–VI; Vol. II: Books VII–XI, übers. von J.A. Hanson, Cambridge (Mass.) / London 1989

*Aratos und Scholien zu Aratos*

Arati Phaenomena, hrg. von E. Maass, Berlin 1893
Arati Phaenomena, hrg. von J. Martin, Florenz 1956
Aratos, Phainomena. Sternbilder und Wetterzeichen, hrg. von M. Erren (mit 23 Sternkarten von P. Schimmel), München 1971
Commentariorum in Aratum Reliquiae, hrg. von E. Maass, Berlin 1898 (Anon. II in Arat. Maass; Scholia in Arat. Maass)

*Aristeasbrief*

Aristeae Ad Philocratem Epistula Cum Ceteris De Origine Versionis LXX Interpretum Testimoniis, hrg. von P. Wendland, Leipzig 1900
Unterweisung in erzählender Form. E. Hammershaimb: Das Martyrium Jesajas. N. Meisner: Aristeasbrief (JSHRZ II, 1), Gütersloh 1977[2]
Lettre D'Aristée à Philocrate, hrg. von A. Pelletier (SC 89), Paris 1962
The Apocrypha and Pseudepigrapha of the Old Testament in English, hrg. von R.H. Charles, Vol. II: Pseudepigrapha, Oxford 1969 (Reprint)

*Aristides*

Aelii Aristidis Smyrnaei Quae Supersunt Omnia, hrg. von B. Keil, Vol. II, Orationes XVII–LIII Continens, Berlin 1898, 1958[2]
P. Aelius Aristides, The Complete Works translated into English by C.A. Behr, Vol. I, Orations I–XVI with an appendix containing the fragments and inscriptions, Leiden 1986; Vol. II: Orations XVII–LIII, Leiden 1981

*Aristobulos*

*Gunneweg, A.H.J./Janssen, E./Walter, N.*, Unterweisung in lehrhafter Form (JSHRZ, Lieferung 2, Bd. 3), Gütersloh 1980 (Aristobul, Fr. ... Walter)
*Riessler, P.*, Altjüdisches Schrifttum außerhalb der Bibel, Darmstadt 1966 (Aristobul, Fr. ... Riessler)
*Stearns, W.N.* (Hrsg.), Fragments From Graeco-Jewish Writers, Chicago 1908 (Aristobul, Fr. ... Stearns)

*Aristophanes*

Aristophanes, Vol. I: Acharnians – Knights – Clouds – Wasps, übers. von B.B. Rogers, Cambridge (Mass.)/London 1924 (Nachdrucke)
–, Vol. II: Peace – Birds – Frogs, übers. von B.B. Rogers, Ausgabe Cambridge (Mass.)/ London 1924 (Nachdrucke)
–, Vol. III: Lysistrata – Thesmophoriazusae – Ecclesiazusae – Plutus, übers. von B.B. Rogers, Cambridge (Mass.) / London 1924 (Nachdrucke)
Aristophanis Comoediae, hrg. von F.W. Hall/W.M. Geldart, Bd. I, Oxford 1952[2] (= 1900) (Aristophanes, Eir.); Bd. II, Oxford 1951[2] (= 1901) (Aristophanes, Eccl.)

*Aristoteles*

Aristotelis Opera Ex Recensione Immanuelis Bekkeri edidit Academia Regia Borussica, Editio Altera, hrg. von O. Gigon, Vol. I–IV, Berlin 1960–1987
Aristotelis Analytica Priora et Posteriora, hrg. von Sir D. Ross, Oxford 1982 (Reprint)
Aristotelis De anima, hrg. von W.D. Ross, Oxford 1979 (Reprint)
Aristotelis Categoriae et Liber de Interpretatione, hrg. von L. Minio-Paluello, Oxford 1980 (Reprint)
Aristote, Du Ciel, hrg. von P. Moraux, Paris 1980
Aristotle, Ethica Eudemia, hrg. von R.R. Walzer/J. Mingay, Oxford 1991
Aristotelis Ethica Nicomachea, hrg. von I. Bywater, Oxford 1979 (Reprint)
Aristotelis Fragmenta Selecta, hrg. von W.D. Ross, Oxford 1958
Aristotelis Qui Ferebantur Librorum Fragmenta, hrg. von V. Rose, Leipzig 1886
Aristote, De la Génération et de la Corruption, hrg. von C. Mugler, Paris 1966 (Arist., De Gen. et Corr.)
Aristoteles' Metaphysik. Erster Halbband: Bücher I (A)–VI (E), Übersetzung: H. Bonitz; Einleitung und Kommentar: H. Seidl; Griechischer Text: W. Christ, Hamburg 1982[2]
Aristotelis Metaphysica, hrg. von W. Jaeger, Oxford 1978 (Reprint)
Aristoteles, Meteorologica, hrg. von H.D.P. Lee, Cambridge (Mass.)/London 1952 (Nachdrucke)
Aristoteles' Physik. Vorlesung über die Natur. Erster Halbband: Bücher I (A)–IV (Δ), hrg. von H.G. Zekl (griech. Text nach W.D. Ross), Hamburg 1987

Aristoteles' Physik. Vorlesung über die Natur. Zweiter Halbband: Bücher V (E)–VIII (Θ), hrg. von H.G. Zekl (griech. Text nach W.D. Ross), Hamburg 1988
Aristotelis Physica, hrg. von Sir D. Ross, Oxford 1977 (Reprint)
Aristotle, Topica et Sophistici Elenchi, hrg. von Sir D. Ross, Oxford 1958, 1991

*(Ps.- Aristoteles)*

Aristoteles, Über die Welt. Übersetzt und kommentiert von O. Schönberger, Stuttgart 1991 (Ps.-Aristoteles, De mundo)
Aristoteles, Meteorologie, Über die Welt, übers. von H. Strohm (Aristoteles Werke in deutscher Übersetzung, hrg. von E. Grumach, fortgef. von H. Flashar, Bd. 12,3), Berlin 1984[3]
Aristotelis qui fertur libellus De Mundo, hrg. von W.L. Lorimer (accedit capitum V, VI, VII interpretatio syriaca ab E. König Germanice versa), Paris 1933

*Artemidorus*

Artemidori Daldiani Onirocriticon Libri V, hrg. von R.A. Pack, Leipzig 1963

*Athanasius*

S.P.N. Athanasii … Opera Omnia Quae Exstant, Tomus I, PG 25, Paris 1884 (Athanas., Decr.; C. gentes, PG 25)
S.P.N. Athanasii … Opera Omnia Quae Exstant, Tomus II, PG 26, Paris 1887 (Athanas., Or. I, II c. Ar.; De synod., PG 26)
S.P.N. Athanasii … Opera Omnia Quae Exstant, Tomus III, PG 27, Paris 1887 (= hier: *Ps.-Athanasius*)
Athanasius Werke. Zweiter Band, Erster Teil: Die Apologien. 1. De Decretis Nicaenae Synodi, hrg. von H.-G. Opitz, Berlin/Leipzig 1935
Athanasius Werke. Zweiter Band, Erster Teil: Die Apologien: De Synodis (c. 13–55). Apologia Ad Constantium (c. 1–3), hrg. von H.-G. Opitz, Berlin 1941
Athanasius, Contra Gentes and De Incarnatione, hrg. von R.W. Thomson, Oxford 1971
Athanasiana. Five Homilies. Expositio Fidei. Sermo Maior (Societas Scientiarum Fennica. Commentationes Humanarum Litterarum XXX.2), Part I: The Texts, hrg. von H. Nordberg, Helsinki 1962

*Athenagoras*

Athenagoras, Legatio pro Christianis, hrg. von M. Marcovich (PTS 31), Berlin/New York 1990

*Attikos*

Atticos, Fragments de Son Oeuvre, hrg. von J. Baudry, Paris 1931
Atticus, Fragments, hrg. von E. des Places, Paris 1977

*Augustinus*

Sancti Aurelii Augustini … Opera Omnia, Tomus Tertius, Pars Prior, PL 34, Paris 1841
St. Augustine, City of God, Vol. I: Books I–III, übers. von G.E. McCracken, Cambridge (Mass.)/London 1957 (Nachdrucke)
–, Vol. II: Books IV–VII, übers. von W.M. Green, Cambridge (Mass.)/London 1963 (Nachdrucke)

–, Vol. III: Books VIII–XI, übers. von D.S. Wiesen, Cambridge (Mass.) / London 1968
–, Vol. IV: Books XII–XV, übers. von P. Levine, Cambridge (Mass.) / London 1966 (Nachdrucke)
–, Vol. V: Books XVI–XVIII,35, übers. von E.M. Sanford / W.M. Green, Cambridge (Mass.) / London 1965 (Nachdrucke)
–, Vol. VI: Books XVIII,36–XX, übers. von W.C. Greene, Cambridge (Mass.) / London 1960 (Nachdrucke)
–, Vol. VII: Books XXI and XXII, übers. von W.M. Green, Cambridge (Mass.) / London 1972
Sancti Aurelii Augustini De Civitate Dei Libri I–X, hrg. von B. Dombart / A. Kalb (CChr.SL XLVII), Turnholt 1955
Sancti Aurelii Augustini De Civitate Dei Libri XI–XXII, hrg. von B. Dombart / A. Kalb (CChr.SL XLVIII), Turnholt 1955
St. Augustine, Confessions, Vol. I: Books I–VIII, übers. von W. Watts, Cambridge (Mass.) / London 1912 (Nachdrucke)
–, Vol. II: Books IX–XIII, übers. von W. Watts, Cambridge (Mass.) / London 1912 (Nachdrucke)
S. Aureli Augustini Confessionum Libri XIII, hrg. von M. Skutella / H. Juergens / W. Schaub, Stuttgart 1969
Aurelius Augustinus, Selbstgespräche über Gott und die Unsterblichkeit der Seele. Lateinisch und Deutsch, hrg. von H. Fuchs / H. Müller (Bd. 2 der Werke des Augustinus), Zürich 1954 (Augustin, Sol.)
Augustine, Confessions, I. Introduction and Text, hrg. von J.J. O'Donnell, Oxford 1992

*Basilius der Große* bzw. *von Caesarea*

S.P.N. Basilii Opera Omnia, Tomus III (PG 31), Paris 1885 (Basil., De renunt., PG 31) (Autorschaft zweifelhaft)
Basile de Césarée, Contra Eunome suivi de Eunome, Apologie, hrg. von B. Sesboüé / G.-M. de Durand / L. Doutreleau, Bd. II (SC 305), Paris 1983

*Boethius*

Anicius Manlius Severinus Boethius, De consolatione philosophiae libri quinque, hrg. von A. Fortescue / G.D. Smith, Hildesheim / New York 1976 (Nachdruck der Ausgabe London 1925)
Boethius, The Theological Tractates, übers. von H.F. Stewart / E.K. Rand, rev. von S.J. Tester; The Consolation of Philosophy, übers. von S.J. Tester, Cambridge (Mass.) / London 1973 (Nachdrucke)

*Calcidius*

Timaeus A Calcidio Translatus Commentarioque Instructus, hrg. von J. Waszink (Plato Latinus, hrg. von R. Klibansky, Vol. IV – Corpus Platonicum Medii Aevi), London / Leiden 1962

*Chairemon*

*Schwyzer, H.-R.,* Chairemon (KPS 4), Leipzig 1932

## Cicero

M. Tulli Ciceronis De Divinatione Libri Duo, hrg. von A.S. Pease, Darmstadt 1963 (Reprint) (Cicero, Div., bzw. Pease)

M. Tulli Ciceronis Epistulae ad Atticum, hrg. von D.R. Shackleton Bailey, Vol. II: Libri IX–XVI, Stuttgart 1987 (Cicero, Ep. ad Att.)

M. Tulli Ciceronis De Fato/Marcus Tullius Cicero, Über das Fatum, hrg. von K. Bayer, München 1980[3]

Cicero, Vol XVII: De Finibus, übers. von H. Rackham, Cambridge (Mass.)/London 1914 (Nachdrucke)

Marcus Tullius Cicero, Von den Grenzen im Guten und Bösen. Lateinisch und Deutsch, hrg. von K. Atzert, Zürich/Stuttgart 1964

Cicero, Vol. XIX: De Natura Deorum-Academica, übers. von H. Rackham, Cambridge (Mass.)/London 1933 (Nachdrucke)

M. Tulli Ciceronis Scripta Quae Manserunt Omnia Fasc. 45: De Natura Deorum, hrg. von W. Ax, Stuttgart 1980

M. Tullius Cicero, Vom Wesen der Götter. Drei Bücher lateinisch – deutsch, hrg. von W. Gerlach/K. Bayer, München/Zürich 1987[2]

Auch die neueste Ausgabe wurde noch verglichen:

M. Tullius Cicero, De natura deorum. Über das Wesen der Götter, Lateinisch/Deutsch, hrg. u. übers. von U. Blank-Sangmeister, Stuttgart 1995

M. Tulli Ciceronis De officiis Libri Tres, hrg. von H.A. Holden, Amsterdam 1966

Cicero, Vol. XXI: De Officiis, übers. von W. Miller, Cambridge (Mass.)/London 1913 (Nachdrucke)

Cicero, Vol. XVI: De Re Publica – De Legibus, übers. von C.W. Keyes, Cambridge (Mass.)/London 1928 (Nachdrucke)

M. Tulli Ciceronis Scripta Quae Manserunt Omnia, Fasc. 39: De re publica, hrg. von K. Ziegler, Stuttgart/Leipzig 1992 (Nachdruck der 7. Auflage 1969)

Cicero, Vol. XX: De Senectute – De Amicitia – De Divinatione, übers. von W.A. Falconer, Cambridge (Mass.)/London 1923 (Nachdrucke)

Cicero, Gedanken über Tod und Unsterblichkeit. Somnium Scipionis – Tusculanae disputationes I – Cato Maior, hrg. von K. Reich / H.G. Zekl / K. Bringmann (Philosophische Bibliothek 273), Hamburg 1969

Cicero, Vol. XVIII: Tusculan Disputations, übers. von J.E. King, Cambridge (Mass.)/London 1945 (Nachdrucke)

Cicéron, Tusculanes, Tome I (I–II), hrg. von J. Humbert, Paris 1970

M. Tulli Ciceronis Scripta Quae Manserunt Omnia, Fasc. 44: Tusculanae Disputationes, hrg. von M. Pohlenz, Stuttgart/Leipzig 1982 (Reprint der Ausgabe von 1918)

## Clemens Alexandrinus

Clemens Alexandrinus, GCS, Erster Band. Protrepticus und Paedagogus, hrg. von O. Stählin, Leipzig 1936; 3. Aufl. hrg. von U. Treu, Berlin 1972

Clemens Alexandrinus, GCS, Zweiter Band, Stromata I–VI, hrg. von O. Stählin, neu hrg. von L. Früchtel, mit Nachträgen von U. Treu, Berlin 1985[4]

Clemens Alexandrius, GCS, Dritter Band, Stromata Buch VII und VIII – Excerpta ex Theodoto – Eclogae Propheticae – Quis Dives Salvetur – Fragmente, hrg. von O. Stählin, Leipzig 1909; 2. Aufl. hrg. von L. Früchtel/U. Treu, Berlin 1970

Clément D'Alexandrie, Le Protreptique. hrg. von C. Mondésert/A. Plassart (SC 2), Paris 1949[2]

Clément D'Alexandrie, Extraits de Théodote, hrg. von F. Sagnard (SC 23), Paris 1970[2]
Clément D'Alexandrie, Les Stromates. Stromate I, hrg. von C. Mondésert/M. Caster (SC 30), Paris 1951
Clément D'Alexandrie, Les Stromates. Stromate II, hrg. von P. Th. Camelot/C. Mondésert (SC 38), Paris 1954

*Cornutus*

Cornuti Theologiae Graecae Compendium, hrg. von K. Lang, Leipzig 1881

*Cyprianus*

Cypriani Opera Omnia, PL 4, Paris 1844 (Cyprian, De id. van., PL 4)

*Cyrill von Alexandrien*

Cyrille d'Alexandrie, Contre Julien, Tome I: Livres I et II, hrg. von P. Burguière/ P. Évieux (SC 322), Paris 1985
S.P.N. Cyrilli Alexandriae Archiepiscopi Opera Quae Reperiri Potuerunt Omnia, Tomus Primus, PG 68, Paris 1864 (Cyrill, Ador., PG 68)
S.P.N. Cyrilli Alexandriae Archiepiscopi Opera Quae Reperiri Potuerunt Omnia, Tomus Octavus, PG 75, Paris 1863
S.P.N. Cyrilli Alexandriae Archiepiscopi Opera Quae Reperiri Potuerunt Omnia, Tomus Nonus, PG 76, Paris 1863
S.P.N. Cyrilli Alexandriae Archiepiscopi Opera Quae Reperiri Potuerunt Omnia, Tomus Decimus, PG 77, Paris 1859

*Damaskios*

Damascii Successoris Dubitationes et Solutiones, De Primis Principiis, In Platonis Parmenidem, Bd. II, hrg. von C.A. Ruelle, Paris 1899 = Nachdruck Brüssel 1964

*Didaskalia und Constitutiones Apostolorum*

Didascalia et Constitutiones Apostolorum, Vol. I und II, hrg. von F.X. Funk, Turin 1964 (= Paderborn 1905)
Les Constitutions Apostoliques, Tome I: Livres I et II, hrg. von M. Metzger (SC 320), Paris 1985; Tome II, Livres III–VI, hrg. von M. Metzger (SC 329), Paris 1986; Tome III, Livres VII et VIII, hrg. von M. Metzger (SC 336), Paris 1987

*Dio Chrysostomus*

Dionis Prusaensis Quem Vocant Chrysostomum Quae Exstant Omnia, hrg. von J. de Arnim, Vol. I–II, Berlin 1962[2] (Reprint)
Dio Chrysostom In Five Volumes, hrg. von J.W. Cohoon, Vol. I–V, Cambridge (Mass.)/London 1962–1979

*Diodorus Siculus*

Diodorus Siculus, Library of History, Vol. I–XII, übers. von C.H. Oldfather (Vol. I–VI), C.L. Sherman (Vol. VII), C.B. Welles (Vol. VIII), R.M. Geer (Vol. IX–X), F.R. Walton (Vol. XI–XII), Index von R.M. Geer (Vol. XII), Cambridge (Mass.)/London 1933–1967 (verschiedene Nachdrucke)
Zum Kommentar von A. Burton siehe unten, unter III.2.

*Diogenes Laertios*

Diogenes Laertius, Lives of Eminent Philosophers in Two Volumes, übers. von R.D. Hicks, Vol. I: Books I–V; Vol. II: Books VI–X, Cambridge (Mass.)/London 1925 (Nachdrucke)

*(Pseudo-)Dionysios Areopagita*

S. Dionysi Areopagitae Opera Omnia Quae Exstant (PG 3), Paris o.J.
Corpus Dionysiacum, Bd. I: Pseudo-Dionysius Areopagita, De Divinis Nominibus, hrg. von B.R. Suchla (PTS 33), Berlin/New York 1990

*Dionysios Halikarnassos*

Denys D'Halicarnasse, Opuscules Rhétoriques, Tome I: Les Orateurs Antiques, hrg. von G. Aujac, Paris 1978 (Dionys. Halic., Is.)
Dionysius of Halicarnassus, The Critical Essays in Two Volumes, Vol. I, hrg. von S. Usher, Cambridge (Mass.)/London 1974; Vol. II, hrg. von S. Usher, Cambridge (Mass.)/London 1985

*Epikuros*

Epicurea, hrg. von H. Usener (Sammlung wissenschaftlicher Commentare), Stuttgart 1966 (Nachdruck der Ausgabe von 1887)

*Epiktetos*

Epictetus, Vol. I: Discourses, Books I & II, übers. von W.A. Oldfather, Cambridge (Mass.)/London 1925 (Nachdrucke)
–, Vol. II: Discourses, Books III, IV. Fragments. The Encheiridion, übers. von W.A. Oldfather, Cambridge (Mass.)/London 1928 (Nachdrucke)

*Epiphanius*

Epiphanius, Ancoratus und Panarion haer. 1–33 (GCS, Erster Band zu Epiphanius), hrg. von K. Holl, Leipzig 1915
Epiphanius, Panarion haer. 34–64 (GCS, Zweiter Band zu Epiphanius), hrg. von K. Holl/J. Dummler, Berlin 1980[2]
Epiphanius, Panarion haer. 65–80. De fide (GCS, Dritter Band zu Epiphanius), hrg. von K. Holl/J. Dummler, Berlin 1985[2]
The Panarion of Epiphanius of Salamis, Book I (Sects 1–46), übers. von F. Williams (NHS XXXV), Leiden u.a. 1987
The Panarion of Epiphanius of Salamis, Books II and III (Sects 47–80; *De Fide*), übers. von F. Williams (NHMS (= früher: NHS) XXXVI), Leiden u.a. 1994

*Euhemeros*

Euhemeri Messeni Reliquiae, hrg. von M. Winiarczyk, Stuttgart/Leipzig 1991

*Euripides*

Euripide, Tome I: Le Cyclope – Alceste – Médée – Les Héraclides, hrg. von L. Méridier, Paris 1970 (7. Nachdruck)

Euripides, Hercules, hrg. von K.H. Lee, Leipzig 1988

*Eusebius*

Eusebius, Ecclesiastical History, Vol. I: Books I–V, übers. von K. Lake, Cambridge (Mass.)/London 1926 (Nachdrucke)
–, Vol. II: Books VI–X, übers. von K. Lake, Cambridge (Mass.)/London 1932 (Nachdrucke)
Eusebius, Die Kirchengeschichte (GCS, Zweiter Band zu Eusebius), Teile 1–3, hrg. von E. Schwartz (lat. Übersetzung Rufins hrg. von T. Mommsen), Leipzig 1903–1909
Eusebius, Kirchengeschichte, hrg. von E. Schwartz, Leipzig 1922³
Eusebii Pamphili Opera Omnia Quae Exstant, Tomus Secundus, PG 20, Paris 1857
Eusebius, Die Praeparatio Evangelica (GCS, Achter Band zu Eusebius), Teile 1–2, hrg. von K. Mras, neubearb. von É. des Places, 2. Aufl. Berlin 1982–1983

*Evangelium Veritatis*

L'Évangile de Vérité (NHS II), hrg. von J.-É. Ménard, Leiden 1972 (Ménard)
*Till, W.,* Das Evangelium der Wahrheit. Neue Übersetzung des vollständigen Textes, ZNW 50, 1959, 165–185 (Ev. Ver., Till)

*Galenos*

ΚΛΑΥΔΙΟΥ ΓΑΛΗΝΟΥ ΑΠΑΝΤΑ. Claudii Galeni Opera Omnia, hrg. von C.G. Kühn, Bd. 1–23, Hildesheim 1965 (Nachdruck der Ausgabe Leipzig 1821–1829)

*Gellius*

Gellius, Attic Nights, übers. von J.C. Rolfe, Vol. I, Books I–V, Cambridge (Mass.)/London 1927 (Nachdrucke); Vol. II, Books VI–XIII, Cambridge (Mass.)/London 1927 (Nachdrucke); Vol. III, Books XIV–XX, Cambridge (Mass.)/London 1927 (Nachdrucke)

*Gregorius von Nazianz*

Gregorii Theologi Opera Quae Exstant Omnia, PG 36, o.O. (Belgien), o.J.
Grégoire de Nazianze, Discours 32–37, hrg. von C. Moreschini, übers. von P. Gallay (SC 318), Paris 1985

*Gregorius von Nyssa*

Gregor von Nyssa, Die große katechetische Rede, hrg. von J. Barbel (Bibliothek der Griechischen Literatur, Bd. 1), Stuttgart 1971
S.P.N. Gregorii Episcopi Nysseni Opera Quae Reperiri Potuerunt Omnia, Tomus Primus, PG 44, Paris 1863 (Greg. Nyss., Or. Dom., PG 44); Tomus Secundus, PG 45, Paris 1863 (Greg. Nyss., Or. Cat.)
Gregorii Nysseni Opera, Vol. I: Contra Eunomium Libri (Pars Prior, Liber I et II, Vulgo I et XII b), hrg. von W. Jaeger, Leiden 1960
Gregorii Nysseni Opera, Vol. II: Contra Eunomium Libri, Pars Altera (Liber III, Vulgo III–XII). Refutatio Confessionis Eunomii (Vulgo Liber II), hrg. von W. Jaeger, Leiden 1960

*Gregorius Thaumatourgos*

Grégoire Le Thaumturge, Remerciment à Origène suivi de La Lettre D'Origène à Grégoire, hrg. von H. Crouzel (SC 148), Paris 1969 (Gregor. Thaumat., Preisrede)

*Hermetica*

*Copenhaver, B.P.,* Hermetica. The Greek *Corpus Hermeticum* and the Latin *Asclepius* in a new English translation, with notes and introduction, Cambridge 1992
*Nock, A.D./Festugière, A.J.,* Corpus Hermeticum, CUFr, Paris 1954–83 (Nock/Festugière I–IV), Bd. 1: Traités I–XII, 6. Aufl.
–, Bd. 2: Traités XIII–XVIII, Asclepius, 6. Aufl.
–, Bd. 3: Fragments extraits de Stobée I–XXII, 3. Aufl.
–, Bd. 4: Fragments extraits de Stobée XXIII–XXIX. Fragments divers, 1. Aufl.
*Scott, W.,* Hermetica. The Ancient Greek and Latin Writings Which Contain Religious or Philosophic Teachings Ascribed to Hermes Trismegistus, Boston 1985 (Nachdruck der Ausgabe Oxford 1924–36 (Scott bzw. Scott/Ferguson), Bd. 1: Introduction, Texts and Translation
–, Bd. 2: Notes on the Corpus Hermeticum
–, Bd. 3: Notes on the Latin Asclepius and the Hermetic Excerpts of Stobaeus
–, Bd. 4: Testimonia, with introduction, addenda and indices by A.F. Ferguson

*Herodotos*

Herodotus, Vol I: Books I–IV; Vol. II: Books V–IX, hrg. von K. Hude, Oxford 1952–57 (= 1927³)
Herodotus, Zweiter Band, Buch IV, erklärt von H. Stein, Berlin 1963⁵

*Heron von Alexandria*

Herons von Alexandria Druckwerke und Automatentheater (Heronis Alexandrini Opera Quae Supersunt Omnia, Vol. I: Pneumatica et Automata), Im Anhang Herons Fragment über Wasseruhren. Philons Druckwerke. Vitruvs Kapitel zur Pneumatik, hrg. von W. Schmidt, Leipzig 1899
The Pneumatics of Hero of Alexandria, hrg. von M.B. Hall, London/New York 1971

*Hesiodos*

Hesiod, Theogonia, Opera et Dies, Scutum, Fragmenta Selecta, hrg. von F. Solmsen/R. Merkelbach/M.L. West, Oxford 1990³

*Hippolytos*

Hippolytus. Refutatio omnium haeresium, hrg. von M. Marcovich (PTS 25), Berlin/New York 1986
Hippolytus Werke, Dritter Band: Refutatio Omnium Haeresium (GCS III zu Hippolyt), hrg. von P. Wendland, Hildesheim/New York 1977 (Nachdruck der Ausgabe Leipzig 1916)

*Homeros*

Homer, Vol I: Illias, Books I–XII; hrg. von D.B. Monro/T.W. Allen, Oxford 1920³
Homer, Vol. II: Illias, Books XIII–XXIV, hrg von D.B. Monro/T.W. Allen, Oxford 1920³

Homer, Vol. III: Odyssea, Books I–XII, hrg. von T.W. Allen, Oxford 1917[2]
Homer, Vol. IV: Odyssea, Books XIII–XXIV, hrg. von T.W. Allen, Oxford 1919[2]
Homer, Vol. V: Hymni, Cyclus, Fragmenta, Margites, Batrachomyomachia, Vitae, hrg.
  von T.W. Allen, Oxford 1912

*Horatius*

Horace, hrg. von E.C. Wickham, 2. Auflage hrg. von H.W. Garrod, Oxford 1912
Horace, Odes and Epodes, übers. von C.E. Bennett, Cambridge (Mass.)/London 1968
  (Nachdrucke)

*Iamblichos*

Iamblichi De Mysteriis Liber, hrg. von G. Parthey, Vol. I und II, Amsterdam 1965
  (Nachdruck der Ausgabe Berlin 1857)
Jamblique, Les Mystères D'Égypte, hrg. von E. des Places, Paris 1966
Iamblichi Chalcidensis In Platonis Dialogos Commentariorum Fragmenta, hrg. von
  J.M. Dillon (PhAnt XXIII), Leiden 1973 (Dillon, Fragmenta)
Iamblichi De Vita Pythagorica Liber, hrg. von A. Nauck, Amsterdam 1965

*Inscriptiones*

Inscriptiones Argolidis (Inscriptiones Graecae, Vol. IV), hrg. von M. Fraenkel, Berlin
  1902 (IG 4)
Inscriptiones Atticae Euclidis Anno Posteriores (Inscriptiones Graecae Voluminis II et
  III Editio Minor Pars Prima), hrg. von J. Kirchner, Berlin 1913 (IG 2[2])
*Dittenberger, W.* (Hrg.), Orientis Graeci Inscriptiones Selectae. Supplementum Sylloges
  Inscriptionum Graecarum, Vol. I–II, Hildesheim 1960 (Reprint) (Dittenberger I, II)

*Irenaeus*

Sancti Irenaei Contra Haereses Libri Quinque, PG 7, Paris 1882
Irénée de Lyon, Contre les Hérésies, Livre I (hrg. von A. Rousseau/L. Doutreleau),
  2 Bde. (SC 263–264), Paris 1979
–, Livre II (hrg. von A. Rousseau/L. Doutreleau), 2 Bde. (SC 293/294), Paris 1982
–, Livre III (hrg. von A. Rousseau/L. Doutreleau), 2 Bde. (SC 210–211), Paris 1974

*Jakobus-Liturgie*

La Liturgie de Saint Jacques, hrg. von B.-Ch. Mercier (PO XXVI,2), Paris 1946

*Johannes Chrysostomus*

Jean Chrysostome, Lettres à Olympias (SC 13), hrg. von A.-M. Malingrey, Paris o. J.
  (Joh. Chrysost., Olymp. Malingrey)
Jean Chrysostome, Sur la Providence de Dieu (SC 79), hrg. von A.-M. Malingrey, Paris
  1961 (Joh. Chrysost., Prov. Malingrey)
Joanni Chrysostomi Opera Omnia quae extant XII, PG 63, Paris 1862 (Joh. Chrysost.,
  In Epist. ad Heb., PG 63)

*Johannes Damascenus*

Die Schriften des Johannes von Damaskus, hrg. von B. Kotter, Bd. II: Ἔκδοσις
  ἀκριβὴς τῆς ὀρθοδόξου πίστεως. Expositio fidei (PTS 12), Berlin/New York 1973

Die Schriften des Johannes von Damaskus, hrg. von B. Kotter, Bd. IV: Liber de haeresibus. Opera polemica (PTS 22), Berlin / New York 1981

*Johannes Philoponos*

Ioannis Philoponi In Aristotelis Physicorum Libros Tres Priores Commentaria, hrg. von H. Vitelli (CAG XVI), Berlin 1887
Ioannis Philoponi In Aristotelis Physicorum Libros Quinque Posteriores Commentaria, hrg. von H. Vitelli (CAG XVII), Berlin 1888

*Johannes Stobaios*

Ioannis Stobaei Anthologii Libri Duo Priores, hrg. von C. Wachsmuth, Vol. I, Berlin 1884 (Stob., Ekl. I, p. W(achsmuth))
Ioannis Stobaei Anthologii Libri Duo Priores, hrg. von C. Wachsmuth, Vol. II, Berlin 1884 (Stob., Ekl. II, p. W(achsmuth))
Ioannis Stobaei Anthologii Libri Duo Posteriores, Vol. I, hrg. von O. Hense, Berlin 1894 (Stob., Ekl. III, p. Hense)
Ioannis Stobaei Anthologii Libri Duo Posteriores, Vol. II, hrg. von O. Hense, Berlin 1909 (Stob., Ekl. IV, p. Hense)
Ioannis Stobaei Anthologii Libri Duo Posteriores, Vol. III, hrg. von O. Hense, Berlin 1912 (Stob., Ekl. V, p. Hense)

*Josephus*

Flavius Josephus, De Bello Judaico, Bd. II,2, hrg. von O. Michel / O. Bauernfeind, Darmstadt 1969

*Julian Apostata*

The Works of the Emperor Julian In Three Volumes, hrg. von W.C. Wright, Vol. I, Cambridge (Mass.) / London 1962

*Kleomedes*

Cleomedis Caelestia (ΜΕΤΕΩΡΑ), hrg. von R. Todd, Leipzig 1990
Cleomedis De Motu Circulari Corporum Caelestium Libri Duo, hrg. von H. Ziegler, Leipzig 1891
Cléomède, Théorie Élémentaire («De motu circulari corporum caelestium»), hrg. von R. Goulet, Paris 1980

*Koptisch-gnostische Schriften und Nag Hammadi-Texte*

Zum *Evangelium Veritatis* siehe oben, s.v.!
The Facsimile Edition of the Nag Hammadi Codices, published under the auspices of the Department of Antiquities of the Arab Republic of Egypt in conjunction with the United Nations Educational, Scientific and Cultural Organisation, Bd. 1–12, Leiden 1972–1979
The Nag Hammadi Library in English, hrg. von J.M. Robinson, Leiden, Revised Edition 1992
Gnostische und Hermetische Schriften aus Codex II und Codex VI, hrg. von M. Krause / P. Labib (Abhandlungen des Deutschen Archäologischen Instituts Kairo, Koptische Reihe, Bd. 2), Glückstadt 1971

L'Exégèse de l'Ame. Nag Hammadi Codex II,6 (NHS XXV), hrg. von M. Scopello, Leiden 1985

Koptisch-gnostische Schriften, hrg. von C. Schmidt, Bd. 1: Die Pistis Sophia. Die beiden Bücher des Jeû. Unbekanntes altgnostisches Werk, 2. Aufl. von W. Till (GCS 45), Berlin 1962 (Nachdruck der Ausgabe Berlin 1954); 4., um das Vorwort erweiterte Aufl. hrg. von H.-M. Schenke, Berlin 1981

Pistis Sophia (The Coptic Gnostic Library. NHS IX), hrg. von C. Schmidt (Text) u. V. MacDermot (Übers., Anm.), Leiden 1978 (Pistis Sophia ... Schmidt / MacDermot)

The Books of Jeu and the Untitled Text in the Bruce Codex (The Coptic Gnostic Library. NHS XIII), hrg. von C. Schmidt (Text) und V. MacDermot (Übers., Anm.), Leiden 1978

Nag Hammadi Codex I (The Jung Codex) (NHS XXII), hrg. von H.W. Attridge, Leiden 1985

Nag Hammadi Codex II,2–7 ..., Vol. I: Gospel According to Thomas. Gospel According to Philip. Hypostasis of the Archons. And Indexes (NHS XX), hrg. von B. Layton, Leiden u.a. 1989

Nag Hammadi Codex II,2–7 ..., Vol. II: On the Origin of the World. Expository Treatise On the Soul. Book of Thomas the Contender (NHS XXI), hrg. von B. Layton, Leiden u.a. 1989

Nag Hammadi Codices III,3–4 and V,1 ... Eugnostos and The Sophia of Jesus Christ (NHS XXVII), hrg. von D.M. Parrott, Leiden u.a. 1991

Nag Hammadi Codex III,5: The Dialogue of the Saviour (NHS XXVI), hrg. von S. Emmel, Leiden 1984

Nag Hammadi Codices V, 2–5 und VI with Papyrus Berolinensis 8502, 1 and 4 (NHS XI), hrg. von D.M. Parrott, Leiden 1979

Nag Hammadi Codex VIII (NHS XXXI), hrg. v. J.H. Sieber, Leiden u.a. 1991

Nag Hammadi Codices IX and X (NHS XV), hrg. von B.A. Pearson, Leiden 1981

Nag Hammadi Codices XI, XII, XIII (NHS XXVIII), hrg. von C.W. Hedrick, Leiden 1990

Bemerkung: Die Quellen aus Nag Hammadi werden nach der NHS-Ausgabe bzw. nach Robinson, Nag Hammadi Library in English (s.o.) zitiert. Die folgenden Ausgaben wurden nur gelegentlich, meist zum Vergleich, herangezogen:

*Menard, J.-É.* (Hrg.), L'Authentikos Logos (BCNH.T 2), Québec 1977

*Painchaud, L.* (Hrg.), Le Deuxième Traité du Grand Seth (NH VII,2) (BCNH.T 6), Québec 1982

*Claude, P.* (Hrg.), Les Trois Stèles de Seth. Hymne gnostique à la Triade (NH VII,5) (BCNH.T 8), Québec 1983

*Sevrin, J.M.* (Hrg.), L'Exégèse de l'Ame (NH II,6) (BCNH.T 9), Québec 1983

*Poirier, P.-H. / Painchaud, L.* (Hrsg.), Les Sentences du Sextus (NH XII,1). Fragments (NH XII,3), suivi du Fragment de la République de Platon (NH VI,5) (BCNH.T 11), Québec 1983

*Menard, J.-É.* (Hrg.), La Traité sur la Résurrection (NH I,4) (BCNH.T 12), Québec 1983

*Menard, J.-É.* (Hrg.), L'Exposé valentinien. Les Fragments sur le baptême et sur l'eucharistie (NH XI,2) (BCNH.T 14), Québec 1985

*Morard, F.* (Hrg.), L'Apocalypse d'Adam (NH V,5) (BCNH.T 15), Québec 1985

*Kuntzmann, R.* (Hrg.), Le Livre de Thomas (NH II,7) (BCNH.T 16), Québec 1986

*Veilleux, A.* (Hrg.), La Première Apocalypse de Jacques (NH V,3). La Seconde Apocalypse de Jacques (NH V,4) (BCNH.T 17), Québec 1986

*Rouleau, D./Roy, L.* (Hrsg.), L'Épitre apocryphe de Jacques (NH I,2), suivi du L'Acte de Pierre (BG 4) (BCNH.T 18), Québec 1987

*Kritolaos*

Die Schule des Aristoteles. Texte und Kommentar, hrg. von F. Wehrli, Heft X: Hieronymos von Rhodos, Kritolaos und seine Schüler. Rückblick: Der Peripatos in vorchristlicher Zeit. Register, Basel/Stuttgart 1969²

*Lactantius*

*Roberts, A./Donaldson, J.* (Hrsg.), Fathers of the Third and Fourth Centuries: Lactantius u.a. (ANFa VII), Edinburgh/Grand Rapids, Mich. 1989 (Reprint) (Lact., in: ANFa VII)
Lactantii Opera Omnia, Lactantii Tomus Primus, PL 6, Paris 1844; Lactantii Tomus Secundus et Ultimus, PL 7, Paris 1844
L. Caeli Firmiani Lactanti Opera Omnia, Pars I: Divinae Institutiones et Epitome Divinarum Institutionum (CSEL XIX), hrg. von S. Brandt und G. Laubmann, Wien u.a. 1890
L. Caeli Firmiani Lactanti Opera Omnia, Pars II, Fasciculus I: Libri De Opificio Dei et De Ira Dei. Carmina Fragmenta. Vetera de Lactantio Testimonia (CSEL XXVII), hrg. von S. Brandt, Wien u.a. 1893

*Leontius von Byzanz*

Eusebii Alexandrini Episcopi, Eusebii Emeseni, Leontii Byzantini Opera Quae Reperiri Potuerunt Omnia, PG 86, Pars Prior, Paris o.J.

*Lucanus*

M. Annaei Lucani Belli Civilis Libri Decem, hrg. von A. E. Housman, Oxford 1927

*Lukianos*

Luciani Opera, hrg. von M.D. Macleod, Tom. I: Libelli 1–25, Oxford 1972
–, Tom. II: Libelli 26–43, Oxford 1974
–, Tom. III: Libelli 44–68, Oxford 1980
–, Tom. IV: Libelli 69–86, Oxford 1987

*Lucretius*

T. Lucreti Cari De Rerum Natura Libri Sex, hrg. von H. Diels, Berlin 1923
Lucretius, De rerum natura, übers. von W.H.D. Rouse, rev. von M.F. Smith, Cambridge (Mass.)/London 1975 (Nachdrucke)
T. Lucreti Cari De Rerum Natura Libri Sex, hrg. von C. Bailey, Vol. I, Oxford 1950
T. Lucreti Cari De Rerum Natura Libri Sex, hrg. von W.E. Leonard/S.B. Smith, Madison (Milwaukee)/London 1968

*Manetho*

Manetho, History of Egypt and Other Works, hrg. von W.G. Waddell, Cambridge (Mass.)/London 1940, 1971

*Marcus Aurelius*

The Communings With Himself of Marcus Aurelius Antoninus, hrg. von C.R. Haines, London/Cambridge (Mass.) 1961
The Mediations of the Emperor Marcus Antoninus, hrg. von A.S.L. Farquharson, Vol. I–II, Oxford 1968² (Reprint)
Kaiser Marc Aurel, Wege zu sich selbst (Deutsch-Griechisch), hrg. von W. Theiler (BAW.GR), Zürich/München 1984³

*Maximos Tyrios*

Maximi Tyrii Philosophumena, hrg. von H. Hobein, Leipzig 1910
Maximus Tyrius Dissertationes, hrg. von M.B. Trapp, Stuttgart/Leipzig 1994

*Methodius*

Methodius, hrg. von G.N. Bonwetsch (GCS, Methodius), Leipzig 1917
Le *De Autexusio* de Méthode d'Olympe, Version Slave et Texte Grec, hrg. und übers. von A. Vaillant (PO XXII,5), Paris 1930

*Meliton von Sardes*

Méliton de Sardes, Sur la Pâque et Fragments, hrg. von O. Perler (SC 123), Paris 1966

*Minucius Felix*

M. Minucius Felix, Octavius, hrg. von B. Kytzler, Leipzig 1982

*Musionius Rufus*

C. Musonii Rufi Reliquiae, hrg. von O. Hense, Leipzig 1905
Musonius Rufus. Entretiens et Fragments. Introduction, Traduction et Commentaire von A. Jagu (SMGP.KR 5), Hildesheim/New York 1979 (Jagu)

*Nemesius*

SS. Patrum Aegyptiorum Opera Omnia ..., Tomus Unicus, PG 40, Paris 1863 (zu Nemesius, De nat. hom.)
Nemesius, De natura hominis, hrg. von M. Morani, Leipzig 1987

*Nikolaos von Damaskus*

Nicolaus Damascenus On the Philosophy of Aristotle. Fragments Of the First Five Books From the Syriac With an Introduction and Commentary, von H.J. Drossaart Lulofs (PhAnt XIII), Leiden 1969

*Numenios*

Numénius. Fragments, hrg. von E. des Places, Paris 1973

*Olympiodorus*

Olympiodorus, Commentary on the First Alcibiades of Plato, hrg. von L.G. Westerink, Amsterdam 1956

## Oppianus

Poetae Bucolici et Didactici. Theocritus, Bion, Moschus, hrg. von C.F. Ameis; Nicander, Oppianus (u.a.), hrg. von F.S. Lehrs, etc., Paris 1931²

## Oracula Chaldaica

Oracles Chaldaiques Avec un choix de commentaires anciens, hrg. von E. des Places, Paris 1989²
The Chaldean Oracles. Text, Translation and Commentary by R. Majercik (SGRR 5), Leiden u.a. 1989 (Majercik)

## Oracula Sibyllina

Die Oracula Sibyllina, hrg. von J. Geffcken (GCS), Leipzig 1902

## Origenes

Origenis Opera Omnia, Tomus Quartus, PG 14, Paris 1862
*Chadwick, H.* (Hrg.), Origen: Contra Celsum, Cambridge 1965 (Reprint with corrections) (Chadwick, Contra Celsum)
*Scherer, J.* (Hrsg.), Entretien d'Origène avec Héraclide (SC 67), Paris 1960 (Origenes, Dialog mit Herakl.)
Origenes Werke, GCS, Erster Band zu Origenes: Die Schrift vom Martyrium. Buch I–IV Gegen Celsus, hrg. von P. Koetschau, Leipzig 1899
Origenes Werke, GCS, Zweiter Band zu Origenes: Buch V–VIII Gegen Celsus. Die Schrift vom Gebet, hrg. von P. Koetschau, Leipzig 1899
Origenes Werke, GCS, Vierter Band zu Origenes: Der Johanneskommentar, hrg. von E. Preuschen, Leipzig 1903
Origenes Werke, GCS, Fünfter Band zu Origenes: De Principiis, hrg. von P. Koetschau, Leipzig 1913

## Orphica

Orphicorum Fragmenta, hrg. von O. Kern, Berlin 1963²

## Ovid

Ovid in Six Volumes. Vol. III: Metamorphoses in Two Volumes, Vol. I: Books I–VIII, hrg. von F.J. Miller, Cambridge (Mass.)/London 1971

## Papyri

*Betz, H.D.* (Hrg.), The Greek Magical Papyri in Translation, Including the Demotic Spells, Chicago 1986 (PGM.., p. Betz)
Papyri Graecae Magicae. Die griechischen Zauberpapyri, hrg. u. übers. von K. Preisendanz/A. Henrichs, Bd. I und II, Stuttgart 1973², 1974² (PGrM)

## Persius Flaccus

Aules Persius Flaccus, Satiren, hrg. von W. Kißel, Heidelberg 1990 (Persius, Sat.; wo der Kommentar zitiert wird: Kißel)

*Philo Alexandrinus*

(Die Bände der folgenden Philo-Ausgabe werden wegen ihrer Bedeutung für die Arbeit einzeln aufgeführt.)

Philo, Vol. I: On the Creation – Allegorical Interpretation of Genesis II and III, übers. von F.H. Colson/G.H. Whitaker, Cambridge (Mass.)/London 1929 (Nachdrucke)

–, Vol. II: On the Cherubim – The Sacrifices of Abel and Cain – The Worse Attacks the Better – On the Posterity and Exile of Cain – On the Giants, übers. von F.H. Colson/ G.H. Whitaker, Cambridge (Mass.)/London 1929 (Nachdrucke)

–, Vol. III: On the Unchangeableness of God – On Husbandry – Concerning Noah's Work as a Planter – On Drunkenness – On Sobriety, übers. von F.H. Colson/G.H. Whitaker, Cambridge (Mass.)/London 1930 (Nachdrucke)

–, Vol. IV: On the Confusion of Tongues – On the Migration of Abraham – Who is the Heir of Divine Things? – On Mating With the Preliminary Studies, übers. von F.H. Colson/G.H. Whitaker, Cambridge (Mass.)/London 1932 (Nachdrucke)

–, Vol. V: On Flight and Finding – On the Change of Names – On Dreams, übers. von F.H. Colson/G.H. Whitaker, Cambridge (Mass.)/London 1934 (Nachdrucke)

–, Vol. VI: On Abraham – On Joseph – On Moses, übers. von F.H. Colson, Cambridge (Mass.)/London 1935 (Nachdrucke)

–, Vol. VII: On the Decalogue – On the Special Laws, Books I–III, übers. von F.H. Colson, Cambridge (Mass.)/London 1937 (Nachdrucke)

–, Vol. VIII: On the Special Laws, Book IV – On the Virtues – On Rewards and Punishments, übers. von F.H. Colson, Cambridge (Mass.)/London 1939 (Nachdrucke)

–, Vol. IX: Every Good Man is Free – On the Contemplative Life – On the Eternity of the World – Against Flaccus – Apology For the Jews – On Providence, übers. von F.H. Colson, Cambridge (Mass.)/London 1941 (Nachdrucke)

–, Vol. X: On the Embassy to Gaius. General Indexes, hrg. von F. H. Colson/J.W. Earp, Cambridge (Mass.)/London 1962 (Nachdrucke)

Supplement I: Questions and Answers on Genesis, übers. aus dem Armen. von R. Marcus, Cambridge (Mass.)/London 1953 (Nachdrucke)

Supplement II: Questions and Answers on Exodus, übers. aus dem Armen. von R. Marcus, Cambridge (Mass.)/London 1953 (Nachdrucke)

Philonis Alexandrini Opera Quae Supersunt, Vol. I–VII, hrg. von L. Cohn/P. Wendland, Berlin 1896–1930 (Nachdruck Berlin 1962–1963)

Philonis De Aeternitate Mundi, hrg. von F. Cumont, Berlin 1891

Die Werke Philos von Alexandria. Sechster Teil, hrg. von I. Heinemann/M. Adler (SJHL 6), Breslau 1938

*Philodemos*

Philodemos Über die Götter. Drittes Buch, I. Griechischer Text hrg. von H. Diels (APAW.PH 1916, Nr. 4), Berlin 1917 (Nachdruck Leipzig 1970)

Philodem, Über Frömmigkeit, hrg. von Th. Gomperz (Herkulanische Studien 2), Leipzig 1866

*Philostratus*

Philostratus, The Life of Apollonius of Tyana In Two Volumes, hrg. von F.C. Conybeare, Vol. I und II, London/Cambridge (Mass.) 1969

*Pindaros*

Pindar. The Olympian and Pythian Odes, hrg. von B.L. Gildersleeve, Amsterdam 1965 (Reprint der Ausgabe New York 1890)
Pindare, Tome I: Olympiques, hrg. von A. Puech (Collection Budé), Paris 1958[4]

*Platon*

Platonis Opera, hrg. von J. Burnet, Tomus I, Tetralogias I–II Continens: Euthyphro, Apologia Socratis, Crito, Phaedo, Cratylus, Theaetetus, Sophista, Politicus, Oxford 1905[2]
–, Tomus II, Tetralogias III–IV Continens: Parmenides, Philebus, Symposium, Phaedrus, Alcibiades I, II, Hipparchus, Amatores, Oxford 1915[2]
–, Tomus III, Tetralogias V–VII Continens: Theages, Charmides, Laches, Lysis, Euthydemus, Protagoras, Gorgias, Meno, Hippias Major, Hippias Minor, Io, Menexenus, Oxford 1903
–, Tomus IV, Tetralogiam VIII Continens: Clitopho, Respublica, Timaeus, Critias, Oxford 1905
–, Tomus V, Tetralogiam IX, Definitiones et Spuria Continens: Minos, Leges, Epinomis, Epistulae, Definitiones, Spuria, Oxford 1908
(jeweils verschiedene Nachdrucke)
Platon, Der siebente Brief. Übersetzung, Anmerkungen und Nachwort von E. Howald, Stuttgart 1988
*Hackforth, R.,* Plato's Phaedrus, Cambridge 1985 (Reprint)
*Rowe, C.J.,* Plato: Phaedrus, Warminster 1986 (Rowe, Phaedrus)
*Thompson, W.H.,* The Phaedrus of Plato (Philosophy of Plato and Aristotle), New York 1973

*Plotinos*

Plotini Opera, hrg. von P. Henry / H.-R. Schwyzer, Vol. I: Enneades I–III cum vita Porphyrii, Oxford 1964, 1987
–, Vol. II: Enneades IV–V, Oxford 1977, 1990
–, Vol. III: Enneas VI, Oxford 1982, 1992
Plotins Schriften, übers. von R. Harder, neubearb. von R. Beutler und W. Theiler, 6 Bde. in 13 Teilen, Hamburg 1956–1971

*Plutarchos*

Plutarch, Moralia, Vol. I, übers. von F.C. Babbitt, Cambridge (Mass.) / London 1927
–, Vol. II, übers. von F.C. Babbitt, Cambridge (Mass.) / London 1928
–, Vol. III, übers. von F.C. Babbitt, Cambridge (Mass.) / London 1931
–, Vol. IV, übers. von F.C. Babbitt, Cambridge (Mass.) / London 1936
–, Vol. V, übers. von F.C. Babbitt, Cambridge (Mass.) / London 1936
–, Vol. VI, übers. von W.C. Helmbold, Cambridge (Mass.) / London 1939
–, Vol. VII, übers. von P.H. De Lacy / B. Einarson, Cambridge (Mass.) / London 1959
–, Vol. VIII, übers. von P.A. Clement / H.B. Hoffleit, Cambridge (Mass.) / London 1969
–, Vol. IX, übers. von E.L. Minar, Jr. / F.H. Sandbach / W.C. Helmbold, Cambridge (Mass.) / London 1961
–, Vol. X, übers. von H.N. Fowler, Cambridge (Mass.) / London 1936
–, Vol. XI, übers. von L. Pearson / F.H. Sandbach, Cambridge (Mass.) / London 1965

–, Vol. XII, übers. von H. Cherniss / W.C. Helmbold, Cambridge (Mass.) / London 1957
–, Vol. XIII, übers. von H. Cherniss, Cambridge (Mass.) / London 1976
–, Vol. XIV, übers. von B. Einarson / P.H. De Lacy, Cambridge (Mass.) / London 1967
–, Vol. XV, übers. von F.H. Sandbach, Cambridge (Mass.) / London 1969
(jeweils mit verschiedenen Nachdrucken, außer Vol. XIII)
Plutarchi Moralia, Vol. VI, Fasc. 2, hrg. von M. Pohlenz, editio altera durch R. West-
man, Leipzig 1959
Plutarque, Oeuvres Morales, Tome V – 2ᵉ Partie. Isis et Osiris, hrg. von C. Froidefond,
Paris 1988
*Hopfner, Th.,* Plutarch über Isis und Osiris, I. Teil: Die Sage. Text, Übersetzung und
Kommentar (Monographien des Archiv Orientální IX), Prag 1940; II. Teil: Die Deu-
tungen der Sage. Übersetzung und Kommentar (Monographien des Archiv Orien-
tální (= MOU) IX), Prag 1941 (Hopfner, Isis 1, 2)
Plutarch's De Iside et Osiride, hrg. von J.G. Griffiths, Cambridge 1970
Plutarch, The Parallel Lives, Vol. I–XI, übers. von B. Perrin, Vol. XI: General Index
von J.W. Cohoon, Cambridge (Mass.) / London 1914–1926 (Nachdrucke)
Plutarchi Vitae Parallelae, Vol. II, Fasc. 2: Philopoemen et Titus Flaminius – Pelopidas
et Marcellus – Alexander et Caesar, hrg. von K. Ziegler, Stuttgart / Leipzig 1993
(Nachdruck der Ausgabe Leipzig 1968²) (Plutarch, Caes ... Ziegler)
Plutarchi Vitae Parallelae, Vol. III, Fasc. 2: Lycurgus et Numa – Lysander et Sulla –
Agesilaus et Pompeius – Galba et Otho, hrg. von K. Ziegler, Stuttgart / Leipzig
1973²

*Polybios*

Polybios, The Histories in Six Volumes, Vol. III, hrg. von W.R. Paton, Cambridge
(Mass.) / London 1960

*Porphyrios*

Porphyrius, Gegen die Christen, 15 Bücher. Zeugnisse, Fragmente und Referate hrg.
von A. v. Harnack (Einzelausgabe aus APAW.PH), Berlin 1916 (Porphyr., Adv. Chr.,
p. Harnack)
Porphyre, De l'abstinence, Tome II: Livres II et III, hrg. von J. Bouffartigue / M. Patil-
lon, Paris 1979
Porphyre, Vie de Pythagore. Lettre à Marcella, hrg. von E. des Places / A.-Ph. Segonds,
Paris 1982 (Porphyr., Ep. ad Marc.; Vit. Pyth., des Places / Segonds)
*Hadot, P.,* Porphyre et Victorinus II: Textes, Paris 1968 (Porphyr., In Parm.II, p. Hadot)

*Poseidonios*

Poseidonios, Die Fragmente, hrg. von W. Theiler, Bd. I: Texte, Berlin / New York 1982;
Bd. II: Erläuterungen, Berlin / New York 1982 (Poseidonios, Fr. / Erl., p. Theiler)
Posidonios, Vol. I: The Fragments, hrg. von L. Edelstein / I.G. Kidd, Cambridge 1972

*Proklos*

Procli Philosophi Platonici Opera Inedita, hrg. von V. Cousin, Frankfurt am Main 1962
(Nachdruck der Ausgabe Paris 1864)
Proclus, Commentaire sur le Timée, hrg. von A.J. Festugière, Tome I–V (Bibliothèque
des Textes Philosophiques), Paris 1966–1968

Proclus, Sur le Premier Alcibiade de Platon, Tome II, hrg. von A. Ph. Segonds, CUFr, Paris 1986

Procli Diadochi In Platonis Rem Publicam Commentarii, hrg. von G. (= W.) Kroll, Vol. I, Leipzig 1899; Vol. II, Leipzig 1901

Procli Diadochi In Platonis Timaeum Commentaria, hrg. von E. Diehl, Vol. I–III, Amsterdam 1965

Proclus, The Elements of Theology, hrg. von E.R. Dodds, Oxford 1963[2]

Proclus, Théologie Platonicienne, hrg. von H.D. Saffrey/L.G. Westerink, Livre II, Paris 1974; Livre V, Paris 1987

*Pseudo-Klementinen*

Die Pseudoklementinen I, Homilien, hrg. von B. Rehm (GCS, Die Pseudoklementinen I, Homilien), Berlin/Leipzig 1953

Die Pseudoklementinen II, Rekognitionen in Rufins Übersetzung, hrg. von B. Rehm (GCS, Die Pseudoklementinen II, Rekognitionen), Berlin 1965

*Pseudo-Justin*

Justini Opera necnon Tatiani u.a., PG 6, Paris 1884 (Ps.-Justin, Or. adv. Gr.)

Pseudo-Justinus, Cohortatio ad Graecos. De Monarchia. Oratio ad Graecos, hrg. von M. Marcovich (PTS 32), Berlin/New York 1990

*Pythagoreer*

*Thesleff, H.*, The Pythagorean Texts of the Hellenistic Period (AAAbo.H 30, nr. 1), Abo 1965

*Rabbinica*

*Strack, H./Billerbeck, P.*, Kommentar zum Neuen Testament aus Talmud und Midrasch, Bd. 2: Das Evangelium nach Markus, Lukas und Johannes und die Apostelgeschichte, München 1985[8] (Strack/Billerbeck II)

*Bonsirven, J.* (Hrsg.), Textes Rabbiniques des deux premiers siècles chrétiens pour servir à l'intelligence du Nouveau Testament, Rom 1955

Der Babylonische Talmud, nach der ersten zensurfreien Ausgabe unter Berücksichtigung der neueren Ausgaben und handschriftlichen Materials neu übertragen von Lazarus Goldschmidt, 12 Bde., Berlin 1929–1936 (daraus besonders Bd. 4: Megilla/Moed Qatan/Hagiga/Jabmuth, Berlin 1931)

Midrash Rabbah. Genesis, Vol. II, hrg. von H. Freedman, London/Bournemouth 1951

Der tannaitische Midrasch. Sifre zu Numeri, hrg. von K.G. Kuhn (RT, 2. Reihe: Tannaitische Midrashim, 3. Band: Sifre zu Numeri), Stuttgart 1959

*Bietenhard, H./Ljungman, H.* (Hrsg.), Sifre Deuteronomium (Der tannaitische Midrasch. JudChr 8), Bern 1984

*Bietenhard, H.* (Hrg.), Die Mischna. Text, Übersetzung und ausführliche Erklärung. III. Seder: Naschim. 6. Traktat: Sota. Sota (Die des Ehebruchs Verdächtige), Berlin 1956

*Rengstorf, K.H.* (Hrg.), Jebamot. Text, Übersetzung und Erklärung (Die Mischna. Text, Übersetzung und ausführliche Erklärung, III. Seder. Naschim. 1. Traktat. Jebamot), Gießen 1929

*Marti, K./Beer, G.* (Hrsg.), ʾAbot (Väter). Text, Übersetzung und Erklärung (Die Mischna. Text, Übersetzung und ausführliche Erklärung, IV. Seder. Neziqin. 9. Traktat. ʾAbot), Gießen 1927

*Milikowsky, C.J.,* Seder Olam. A Rabbinic Chronography, Vol. II: Text and Translation, Diss. Yale Graduate School, May 1981

## Seneca

Seneca, Ad Lucilium Epistulae Morales, hrg. von L.D. Reynolds, Oxford 1977, Vol. I: Books I–XIII;
–, Vol. II: Books XIV–XX
Seneca, Philosophische Schriften, Erster Band, Dialoge I–VI (De Providentia, De Constantia Sapientis, De Ira, Ad Marciam De Consolatione), hrg. von M. Rosenbach, lateinischer Text von A. Bourgery / R. Waltz, Darmstadt 1980
–, Zweiter Band, Dialoge VII–XII (De Vita Beata, De Otio, De Tranquillitate Animi, De Brevitate Vitae, Ad Polybium De Consolatione, Ad Helviam Matrem De Consolatione), hrg. von M. Rosenbach, lateinischer Text von A. Bourgery / R. Waltz, Darmstadt 1971
Sénèque, Dialogues,Tome I: De Ira, hrg. von A. Bourgery, Paris 1961
–, Tome II: De la Vie Heureuse. De la Brièveté de la Vie, hrg. von A. Bourgery, Paris 1962
–, Tome III: Consolations, hrg. von R. Waltz, Paris 1961[4]
–, Tome IV: De la Providence – De la Constance Du Sage – De la Tranquillité De l'Ame – De l'Oisiveté, hrg. von R. Waltz, Paris 1959[4]
L. Annaei Senecae Dialogorum Libri Duodecim, hrg. von L.D. Reynolds, Oxford 1977
Seneca, Moral Essays, übers. von J.W. Basore, Vol. I: De Providentia – De Constantia – De Ira – De Clementia, Cambridge (Mass.) / London 1928
–, Vol. II: De Consolatione Ad Marciam – De Vita Beata – De Otio – De Tranquillitate Animi – De Brevitate Vitae – De Consolatione Ad Polybium – De Consolatione Ad Helviam, Cambridge (Mass.) / London 1932; 1951
–, Vol. III: De Beneficiis, Cambridge (Mass.) / London 1935
(jeweils verschiedene Nachdrucke)
–, Vol. VII: Naturales Quaestiones, Books I–III, übers. von T.H. Corcoran, Cambridge (Mass.) / London 1971
–, Vol. X: Naturales Quaestiones, Books IV–VII, übers. von T.H. Corcoran, Cambridge (Mass.) / London 1972
Sénèque, Questions Naturelles, Tome I (Livres I–III), hrg. von P. Oltramare, Paris 1929, 1961[2]

## Servius

Servii Grammatici Qui Feruntur in Vergilii Carmina. Commentarii, hrg. von G. Thilo / H. Hagen, Vol. I, Hildesheim 1961 (Nachdruck der Ausgabe Leipzig 1881)
Servii Grammatici Qui Feruntur in Vergilii Bucolica et Georgica Commentarii, hrg. von G. Thilo, Hildesheim 1961 (Nachdruck der Ausgabe Leipzig 1887)

## Sextus Empiricus

Sextus Empiricus, übers. von R.G. Bury, Vol. I: Outlines of Pyrrhonism, Cambridge (Mass.) / London 1933
–, Vol. II: Against the Logicians, Cambridge (Mass.) / London 1935
–, Vol. III: Against the Physicists – Against the Ethicists, Cambridge (Mass.) / London 1936

–, Vol. IV: Against the Professors, Cambridge (Mass.) / London 1949 (jeweils verschiedene Nachdrucke)

*Simplikios*

Simplicii In Aristotelis De Caelo Commentaria (CAG VII), hrg. von I.L. Heiberg, Berlin 1894
Simplicii in Aristotelis Categorias Commentarium (CAG VIII), hrg. von C. Kalbfleisch, Berlin 1907
Simplicii in Aristotelis Physicorum Libros Quattuor Priores Commentaria (CAG IX), hrg. von H. Diels, Berlin 1882
Simplicii in Aristotelis Physicorum Libros Quattuor Posteriores Commentaria (CAG X), hrg. von H. Diels, Berlin 1895
Simplicii In Libros Aristotelis De Anima Commentaria (CAG XI), hrg. von M. Hayduck, Berlin 1882

*Sophokles*

Sophocle, Tome I: Les Trachiniennes – Antigone, hrg. von A. Dain / P. Mazon, Paris 1962
–, Tome II: Ajax – Oedipe Roi – Électre, hrg. von A. Dain / P. Mazon, Paris 1965
–, Tome III: Philoctète – Oedipe à Colone, hrg. von A. Dain / P. Mazon, Paris 1960
Sophocles. The Plays and Fragments, hrg. von R.C. Jebb, Part VI: The Electra, Cambridge 1894 (Sophocles, Electra)
Sophoclis Fabulae, hrg. von H. Lloyd-Jones / N.G. Wilson, Oxford 1990

*Sophronius von Jerusalem*

Procopii Gazaei Opera Quae Reperiri Potuerunt Omnia, Accedunt S. Sophronii Hierosolymitani, Ioannis Moschi, Alexandri Monarchi Scripta vel Scriptorum Fragmenta Quae Supersunt, Tomus Tertius, PG 87,3, Paris 1865

*Strabo*

Strabo, Geography, übers. von H.L. Jones, Vol I–VIII, Cambridge (Mass.) / London 1917–1932 (Nachdrucke)

*Straton von Lampsakos*

Die Schule des Aristoteles. Texte und Kommentare, hrg. von F. Wehrli, Heft V: Straton von Lampsakos, Basel / Stuttgart 1969[2]

*Syrianos*

Syriani In Metaphysica Commentaria (CAG VI,1), hrg. von W. Kroll, Berlin 1902

*Tatianus*

S.P.N. Justini Philosophie et Martyris Opera Quae Extant Omnia necnon Tatiani, Hermiae, Athenagorae et S. Theophili Quae Supersunt, PG 6, Paris 1884

*Tertullian*

Tertullian, Apologeticum. Verteidigung des Christentums, hrg. von C. Becker, München 1952
Quinti Septimi Florentis Tertulliani De Anima, hrg. von J.H. Waszink, Amsterdam 1947
Quinti Septimi Florentis Tertulliani Opera, Pars I: Opera Catholica. Adversus Marcionem (CChr.SL I), Belgien 1954
Quinti Septimi Florentis Tertulliani Opera, Pars II: Opera Monastica (CChr.SL II), Belgien 1954

*Themistius*

Themistii In Aristotelis Physica Paraphrasis (CAG V,2), hrg. von H. Schenkl, Berlin 1900

*Theon von Smyrna*

Theonis Smyrnaei Philosophi Platonici Expositio Rerum Mathematicarum Ad Legendum Platonem Utilem, hrg. von E. Hiller, Leipzig 1878

*Theophilos von Antiochien*

Théophile D'Antioche, Trois Livres à Autolycus, hrg. von G. Bardy/J. Sender (SC 20), Paris 1948

*Timaios Lokros*

Timaios Lokros, Über die Natur des Kosmos und der Seele, kommentiert von M. Baltes (PhAnt XXI), Leiden 1972 (Baltes, Timaios Lokros)
Timaeus Locrus, De Natura Mundi et Animae, hrg. von W. Marg (PhAnt XXIV), Leiden 1972
Timaios of Locri, On the Nature of the World and the Soul, hrg. von T.H. Tobin (SBL.TT 26, GRRS 8), Chico, Ca. 1985

*Totenbuch der Ägypter*

Das Totenbuch der Ägypter, hrg. von E. Hornung, Zürich/München 1990

*Varro*

M. Terentius Varro, Antiquitates Rerum Divinarum, hrg. von B. Cardauns (AAWLM.G), Teil I: Die Fragmente, Wiesbaden 1976 (Varro, Ant. Fr ... .Cardauns); Teil II: Kommentar, Wiesbaden 1976
Cato and Varro, On Agriculture, übers. von W.D. Hopper/H.B. Ash, Cambridge (Mass.)/London 1934 (Nachdrucke)
Varro, On the Latin Language, Vol. I, Books V.–VII., London/Cambridge (Mass.) 1967

*Vergil*

Virgil, übers. von H.R. Fairclough, Vol I: Eclogues – Georgics – Aeneid, Books I–VI, revidierte Ausgabe Cambridge (Mass.)/London 1935 (Nachdrucke)
–, Vol. II: Aeneid, Books VII–XII. The Minor Poems, revidierte Ausgabe Cambridge (Mass.)/London 1934 (Nachdrucke)

Virgile, Énéide, Livres I–IV, hrg. von J. Perret, Paris 1977
–, Livres V–VIII, hrg. von J. Perret, Paris 1978
–, Livres IX–XII, hrg. von J. Perret, Paris 1980

*Vorsokratiker*

*Diels, H./Kranz, W.,* Die Fragmente der Vorsokratiker, Bd. 1, Dublin/Zürich 1974[17] (Nachdruck der Ausgabe Berlin 1956[8]); Bd. 2, Dublin/Zürich 1972[16] (Nachdruck der Ausgabe Berlin 1952[6]); Bd. 3, Hildesheim 1984[16] (Nachdruck der Ausgabe Berlin 1952[6]) (FVS)
*Kirk, G.S./Raven, J.E./Schofield, M.,* The Presocratic Philosophers. A Critical History With a Selection of Texts, Cambridge 1983[2] (KRS)
–, Die Vorsokratischen Philosophen. Einführung, Texte und Kommentare (übers. von K. Hülser), Stuttgart/Weimar 1994

*Xenophon*

Xénophon, Anabase, Tome I (Livres I–III), hrg. von P. Masqueray, Paris 1964[4]; Tome II, Livres IV–VII (sic!), hrg. von P. Masqueray, Paris 1961[4]
Xenophontis Commentarii, hrg. von C. Hude, Stuttgart 1969 (Reprint der Ausgabe von 1934) (Xenophon, Mem. … Hude)
Xenophon, Erinnerungen an Sokrates. Griechisch – deutsch hrg. von P. Jaerisch, München/Zürich 1987[4]
Xenophon, Vol. IV: Memorabilia and Oeconomicus, übers. von E.C. Marchant; Symposium and Apologia, übers. von O.J. Todd, Cambridge (Mass.)/London 1923
–, Vol. V: Cyropaedia, Books I–IV, übers. von W. Miller, Cambridge (Mass.)/London 1914
–, Vol. VI: Cyropaedia, Books V–VIII, übers. von W. Miller, Cambridge (Mass.)/London 1914
(jeweils verschiedene Nachdrucke)

# III. Aufsätze und Monographien

## 1. Sekundärliteratur zum Hermetismus

*Baillie, J.,* Rez. zu: Scott, Hermetica, Vol. I–II, Philosophical Review 35, 1926, 269–272
*Barrett, C.K./Thornton, C.-J.,* A. Die Hermetische Literatur, in: dies., Texte zur Umwelt des Neuen Testaments, 2., erweiterte deutsche Ausgabe, Tübingen 1991, 123–134
*Betz, H.D.,* The Delphic Maxim ΓΝΩΘΙ ΣΑΥΤΟΝ in Hermetic Interpretation, HThR 63, 1970, 465–484
–, Schöpfung und Erlösung im hermetischen Fragment ›Kore Kosmou‹, ZThK 63, 1966, 160–187
*Bonner, C.,* Rez. zu: Scott, Hermetica, Vol. I–II, CJ 23, 1927, 152–154
*Bousset, W.,* Josef Kroll, Die Lehren des Hermes Trismegistos, in: ders., Religionsgeschichtliche Studien. Aufsätze zur Religionsgeschichte des hellenistischen Zeitalters, hrg. von A.F. Verheule (NT.S L), Leiden 1979, 97–191 (Bousset, Hermes Trismegistos)

*Bräuninger, F.,* Untersuchungen zu den Schriften des Hermes Trismegistos, Gräfen-hainichen 1926

*Büchli, J.,* Der Poimandres, ein paganisiertes Evangelium. Sprachliche und begriff-liche Untersuchungen zum 1. Traktat des Corpus Hermeticum (WUNT, Reihe 2, 27), Tübingen 1987

*Carpenter, J.,* The Hermetica: Their Religious Significance, HibJ 25, 1927, 523–534

*Casey, R.P.,* Rez. zu Nock/Festugière, Corpus Hermeticum I–II, CP 44, 1949, 206–209

*Colpe, C.,* Art. Corpus Hermeticum, in: KP V, Sp. 1588–1592

*Copenhaver, B.P.,* Hermetica. The Greek *Corpus Hermeticum* and the Latin *Asclepius* in a new English translation, with notes and introduction, Cambridge 1992

*Creed, J.M.,* The Hermetic Writings, JThS 15, 1914, 513–538

*Cumont, F.,* Rez. zu Scotts Hermetica, Vol. I–II, JRS 15, 1925, 272–274

*Daumas, F.,* Le Fonds Égyptien de l'Hermétisme, in: J. Ries/Y. Janssens/J.-M. Sevrin (Hrsg.), Gnosticisme et Monde Hellénistique. Actes du Colloque de Louvain-la-Neuve (11–14 mars 1980), Louvain-la-Neuve 1982, 3–25

*Derchain, M.-Th./Derchain, Ph.,* Noch einmal »Hermes Trismegistos«, GöMisz 15, 1975, 7–10

*Derchain, Ph.,* L'Authenticité de l'inspiration égyptienne dans le ›Corpus Hermeti-cum‹, RHR 161, 1962, 175–198

*Dodd, C.H.,* Review of Nock and Festugière's Corpus Hermeticum, Vol. I–IV, JThS, N.S. 7, 1956, 299–307

*Dörrie, H.,* Art. Hermetica, RGG³, Bd. III, Sp. 265

*Doresse, J.,* L'Hermétisme Égyptianisant, in: H.-C. Puech (Hrg.), Histoire des Reli-gions II: La Formation des Religions Universelles et des Religions de Salut dans le Monde Méditerranéen et le Proche-Orient. Les Religions Constituées en Occident et leurs Contre-Courants (Encyclopédie de la Pléiade), Paris 1972, 430–497

*Faivre, A.,* Art. Hermetism, EncRel(E) 6, New York 1987, 293–302

*Festugière, A.J.,* Le Compendium Timaei de Galien, in: ders., Études de Philosophie Grecque, Paris 1971, 487–506 (Festugière, Compendium)

–, Corpus Hermeticum 13.12 (205.11 N.-F.), CP 48, 1953, 237–238

–, Hermetica, HThR 31,1, 1938, 1–20 (Festugière, Hermetica)

–, Hermétisme et mystique paienne, Paris 1967

–, Hermétisme et Gnose paienne, in: M. Gorce/R. Mortier (Hrg.), Histoire Générale des Religions, Vol. III, Paris 1945, 61–65

–, L'Hermétisme, Arsberättelse. Bulletin de la Société Royale des Lettres de Lund 1947–1948, 1–58 (Festugière, L'Hermétisme)

–, Le ›Logos‹ Hermétique d'Enseignement, REG 55, 1942, 77–108

–, La pyramide hermétique, MH 6, 1949, 211–215

–, La Révélation d'Hermès Trismégiste, (ÉtB), Paris 1949–54 (Festugière I–IV), Bd. 1: L'Astrologie et les sciences occultes, mit einem Anhang von L. Massignon, 3. Aufl.

–, Bd. 2: Le Dieu cosmique

–, Bd. 3: Les Doctrines de l'âme

–, Bd. 4: Le Dieu inconnu et la gnose, 2. Aufl.

*Fowden, G.,* The Egyptian Hermes. A Historical Approach to the Late Pagan Mind, Cambridge 1986

*Frye, R.N.,* Reitzenstein and Qumran Revisited by an Iranian, HThR 55, 1962, 261–268

*González Blanco, A.,* Hermetism. A Bibliographical Approach, in: ANRW 17.4, 1984, 2240–2281

–, Misticismo y escatología en el Corpus Hermeticum, CFC 5, 1973, 313–360

*Granger, F.,* The Poemandres of Hermes Trismegistus, JThS 5, 1904, 395–412

*Grese, W.C.,* Corpus Hermeticum XIII and Early Christian Literature (SCHNT 5), Leiden 1979

*Griggs, C.W.,* Art. Hermes Trismegistus, The Coptic Encyclopedia, hrg. von A.S. Atiya, Bd. 4, New York u.a. 1991, 1223f.

*Gundel, H.,* Art. Poimandres, PRE XXI,1, 1951, Sp. 1193–1207

*Gundel, W.,* Neue astrologische Texte des Hermes Trismegistos. Funde und Forschungen auf dem Gebiet der antiken Astronomie und Astrologie, ABAW.PH, N.F. XII, 1936

*Haenchen, E.,* Aufbau und Theologie des ›Poimandres‹, in: ders., Gott und Mensch. Gesammelte Aufsätze, Tübingen 1965, 335–377

*Heinrici, C.F.,* Die Hermes-Mystik und das Neue Testament, hrg. von E. Dobschütz (Arbeiten zur Religionsgeschichte des Urchristentums 1), Leipzig 1918

*Holzhausen J.,* Der »Mythos vom Menschen« im hellenistischen Ägypten. Eine Studie zum »Poimandres« (= CH I), zu Valentin und dem gnostischen Mythos (Theophaneia, Bd. 33), Bodenheim 1994

–, Natur und Gottes Wille im hermetischen Traktat ›Poimandres‹, Hermes 120, 1992, 483–489

*Horman, J.F.,* The Text of the Hermetic Literature and the Tendencies of its Major Collections, Diss. McMaster University, Hammond, Ontario 1974 (mir leider nicht zugänglich)

*Hornik, H.,* The philosophical Hermetica: their history and meaning, AAST CIX, 1975, 343–392

*Iversen, E.,* Egyptian and Hermetic Doctrine (Opuscula Graecolatina 27), Copenhagen 1984

*Jonas, H.,* The Secret Books of the Egyptian Gnostics, JR 42, 1962, 262–273

*Johnson, S.E.,* Rez. zu: Nock/Festugière, Corpus Hermeticum I–II, JBL 67, 1948, 262–266

*Klein, F.N.,* Die Lichtterminologie bei Philon von Alexandrien und in den Hermetischen Schriften. Untersuchungen zur Struktur der religiösen Sprache der hellenistischen Mystik, Leiden 1962

*Krause, M.,* Zur Bedeutung des gnostisch-hermetischen Handschriftenfundes von Nag Hammadi, in: ders. (Hrg.), Essays on the Nag Hammadi Texts. In Honour of Pahor Labib (NHS VI), Leiden 1975, 65–89

*Kroll, J.,* Die Lehren des Hermes Trismegistos, Münster 1913, 2. Aufl. Münster 1928 (Kroll)

*Kroll, W.,* Art. Hermes Trismegistos, in: PRE VIII,1, 1912, Sp. 792–823

*Lagrange, M.-J.,* L'Hermétisme: Le Poimandrès, RB 35, 1926, 240–264

*Lyman, M. E.,* Hermetic Religion and the Religion of the Fourth Gospel, JBL 49, 1930, 265–276

*Mahé, J.-P.,* Les Définitions d'Hermès Trismégiste à Asclépius (Traduction de l'arménien), RevSR 50, 1976, 193–214

–, Fragments Hermétiques Dans les Papyri Vindobonenses Graecae 29456 r° et 29828 r°, in: E. Lucchesi/H.D. Saffrey (Hrsg.), Mémorial André-Jean Festugière. Antiquité Paienne et Chrétienne (COr X), Genève 1984, 51–64 (Mahé, Fragments)

–, Hermès en Haute-Égypte, (BCNH 3 und 7), Québec 1978 / 1982 (Mahé, Hermès I, II), Tome I: Les Textes Hermétiques de Nag Hammadi et leurs parallèles Grecs et Latins

–, Tome II: Le Fragment du Discours parfait et les Définitions Hermétiques Arméniennes

–, Art. Hermes Trismegistos, EncRel(E) 6, New York 1987, 287–293 (Mahé, Art. Hermes Trismegistos)

–, Remarques d'un latiniste sur l'Asclepius Copte de Nag Hammadi, RevSR 48, 1974, 136–155

–, Le Sens et la composition du traité Hermétique »L'Ogdoade et L'Ennéade«, conservé dans le Codex VI de Nag Hammadi, RevSR 48, 1974, 54–65

–, Le Sens des Symboles Sexuels Dans Quelques Textes Hermétiques et Gnostiques, in: J.-E. Ménard (Hrg.), Les Textes de Nag Hammadi. Colloque du Centre d'Histoire des Religions (Strasbourg, 23–25 octobre 1974) (NHS VII), Leiden 1975, 123–145 (Mahé, Symboles Sexuels)

*Marcus, R.,* Rez. zu Nock und Festugière, Corpus Hermeticum, Vol. I–II, RR 12, 1948, 406–409

*Mead, G.R.S.,* Thrice – Greatest Hermes. Studies in Hellenistic Philosophy and Gnosis, 3 Bde., London (Theosophical Society) und Benares 1906

*Ménard, L.,* Hermès Trismégiste. Traduction Complète Précédée d'une Étude sur l'Origine des Livres Hermétiques, Paris 1867²

*Merlan, P.,* Die Hermetische Pyramide und Sextus, MH 8, 1951, 100–105

*van Moorsel, G.,* The Mysteries of Hermes Trismegistus: A phenomenologic study in the process of spiritualisation in the Corpus Hermeticum and Latin Asclepius (STRT 1), Utrecht 1955

–, Die Symbolsprache der hermetischen Gnosis, Symb. 1, 1960, 128–137

*Nock, A.D.,* A New Edition of the Hermetic Writings: Review of Scott's Hermetica, Vol. I, JEA 11, 1925, 126–137

–, Review of Scott's Hermetica, Vol. II, JEA 13, 1927, 268

*Nolan, D.,* Art. Ermetici, Scritti, EncRel(I) 2: Ceram – Germani, Bologna 1970, Sp. 1177–1184 (Nolan, Ermetici)

*Parlebas, J.,* L'origine égyptienne de l'appellation »Hermès Trismégiste«, GöMisz 13, 1974, 25–28

*Parthey, G.,* Hermetis Trismegisti Poemander, Berlin 1854

*Pearson, B.A.,* Jewish Elements in *Corpus Hermeticum* I (Poimandres), in: R. Van Den Broek / M.J. Vermaseren (Hrsg.), Studies in Gnosticism and Hellenistic Religions (FS G. Quispel), Leiden 1981, 336–348

*Pépin, J.,* Grégoire de Nazianze, Lecteur de la Littérature Hermétique, VigChr 36, 1982, 251–260

*Philonenko, M.,* Le Poimandrès et la Liturgie Juive, in: F. Dunand / P. Lévêque (Hrsg.), Les Syncrétismes dans les Religions de l'Antiquité. Colloque de Besançon (22–23 Octobre 1973) (EPRO 46), Leiden 1975, 204–211 (Philonenko, Le Poimandrès)

*Pietschmann, R.,* Hermes Trismegistos. Nach ägyptischen, griechischen und orientalischen Überlieferungen dargestellt, Leipzig 1875

*Puech, A.,* Rez. zu Scott, Hermetica, Vol. I, REA 27, 1925, 166–168

–, Rez. zu Scott, Hermetica, Vol. II, REA 27, 1925, 352–356

*Puech, H.-C.,* Hermès trois fois incarné. Sur quelques témoignages négligés relatifs à l'hermétisme (1946), in: ders., En quête de la Gnose, Bd. 1: La Gnose et le temps et autres essais (Bibliothèque Sciences Humaines), Paris 1978, 117–118 (Puech, Hermès)

*Pulver, M.,* The Experience of Light in the Gospel of St. John, in the ›Corpus Hermeticum‹, in Gnosticism and in the Eastern Church, in: J. Campbell (Hrg.), Papers from Eranos Yearbooks, BollS XXX, Vol. IV: Spiritual Disciples, New York 1960, 239–266

*Quispel, G.,* Hermes Trismegistus and Tertullian, VigChr 43, 1989, 188–190

*Reitzenstein, R.,* Poimandres. Studien zur griechisch-ägyptischen und frühchristlichen Literatur, Leipzig 1904 = Nachdruck Darmstadt 1966

–, Rez. zu Scott, Hermetica, Vol. I, Gn. 1, 1925, 249–253

–, Rez. zu Scott, Hermetica, Vol. II, Gn. 3, 1927, 266–283

*Riess, E.,* Rez. zu: Scott, Hermetica, Vol. I–II, AJP 47, 1926, 191–197

*Rose, H.J.,* Hermes Restitutus. Rez. zu: Nock/Festugière, Corpus Hermeticum I–II, ClR 61, 1947, 102–104

–, Rez. zu: Scott, Hermetica, Vol. I, ClR 39, 1925, 133–135

–, Rez. zu: Scott, Hermetica, Vol. II–III, ClR 40, 1926, 204–205

–, Rez. zu: Scott/Ferguson, Hermetica, Vol. IV, ClR 50, 1936, 222–223

*Rühle, O.,* Art. Hermetica, RGG², Sp. 1825

*Skeat, T.C./Turner, E.G.,* An Oracle of Hermes Trismegistos at Saqqâra, JEA 54, 1968, 199–208 (Skeat/Turner)

*Segal, R.A.,* The Poimandres as Myth: Scholarly Theory and Gnostic Meaning (Religion and Reason 33), Berlin 1986

*Sheppard, H.J.,* A Survey of Alchemical and Hermetic Symbolism, Ambix 8, 1960, 35–41

*Stock, G.,* Art. Hermes Trismegistus, in: ERE VI, Edinburgh/New York 1913, 626–629

*Stricker, B.H.,* The Corpus Hermeticum, Mn. 2, ser. IV, 1949, 79–80 (Stricker, Corpus Hermeticum)

*Tröger, K.-W.,* Die Bedeutung der Nag-Hammadi-Schriften für die Hermetik, in: P. Nagel (Hrg.), Studia Coptica (BBA 45), Berlin 1974, 175–190 (Tröger, Bedeutung)

–, Die hermetische Gnosis, in: ders. (Hrsg.), Gnosis und Neues Testament. Studien aus Religionswissenschaft und Theologie, Berlin 1973, 97–119 (Tröger, Die hermetische Gnosis)

–, Art. Hermetica, TRE XVIII, 745–752

–, Mysterienglaube und Gnosis in Corpus Hermeticum XIII (TU 110), Berlin 1971 (Tröger, Mysterienglaube)

*Windisch, H.,* Urchristentum und Hermesmystik, ThT 52, 1918, 186–240

*Zielinski, T.,* Hermes und die Hermetik I: Das hermetische Corpus, ARW 8, 1905, 321–372 (Zielinski I)

–, Hermes und die Hermetik II: Der Ursprung der Hermetik, ARW 9, 1906, 25–60 (Zielinski II)

*Zuntz, G.,* On the Hymns in Corpus Hermeticum XIII, Hermes 83, 1955, 68–92, wieder abgedruckt in: ders., Opuscula Selecta: Classica, Hellenistica, Christiana, Manchester 1972, 150–177

## 2. Übrige Sekundärliteratur

*Aalen, S.,* Die Begriffe ›Licht‹ und ›Finsternis‹ im Alten Testament, im Spätjudentum und im Rabbinismus, Oslo 1951

*Andres, F.,* Art. Daimon, PRE.S 3, Stuttgart 1964 (Nachdruck der Ausgabe Stuttgart 1918), Sp. 267–322

*Andresen, C.,* Justin und der mittlere Platonismus, ZNW 44, 1952/53, 157–195 (wieder abgedruckt in: C. Zintzen (Hrg.), Der Mittelplatonismus (WdF 70, Darmstadt 1981, 319–368)

–, Logos und Nomos. Die Polemik des Kelsos wider das Christentum (AKG 30), Berlin 1955

*Archer-Hind, R.D.,* The Phaedo of Plato (Philosophy of Plato and Aristotle), New York 1973² (Reprint) (Archer-Hind, Phaedo)

–, The Timaeus of Plato (Philosophy of Plato and Aristotle), New York 1973 (Reprint der Ausg. 1888) (Archer-Hind, Tim.)

*von Arnim, H.,* Art. L. Annaeus Cornutus, PRE I, Sp. 2225–2226 (Arnim, Cornutus)

–, Die Entwicklung der aristotelischen Gotteslehre, in: F.-P. Hager (Hrg.), Metaphysik und Theologie des Aristoteles (WdF 206), Darmstadt 1969, 1–74 (Arnim)

–, Plutarch über Dämonen und Mantik (VAW), Amsterdam 1921 (Arnim, Dämonen)

*Bagnall, R.S.,* Egypt in Late Antiquity, Princeton, N.J. 1993

*Bardy, G.,* Art. Dialog, AII/III und B, RAC III, Sp. 938–955

*Barrett, C.K.,* Stephen and the Son of Man, in: Apophoreta. Festschrift für Ernst Haenchen (BZNW 30), Berlin 1964, 32–38 (Barrett, Stephen)

*Beierwaltes, W.,* Lux Intelligibilis. Untersuchungen zur Lichtmetaphorik der Griechen, München (Diss.) 1957

*Bell, H.I.,* Egypt From Alexander the Great to the Arab Conquest. A Study in the Diffusion and Decay of Hellenism, Oxford 1966 (Bell, Egypt)

–, Jews and Christians in Egypt. The Jewish Troubles in Alexandria and the Athanasian Controversy, Westport (Conn.) 1972 (Reprint) (Bell, Jews and Christians)

*Berger, K.,* Formgeschichte des Neuen Testaments, Heidelberg 1984

–, Hellenistische Gattungen im Neuen Testament, ANRW 25.2, Berlin/New York 1984, 1031–1432

–, Die Gesetzesauslegung Jesu. Ihr historischer Hintergrund im Judentum und im Alten Testament. Teil I: Markus und Parallelen (WMANT 40), Neukirchen-Vluyn 1972

*Bergmeier, R.,* Zur Frühdatierung samaritanischer Theologumena, JSJ 5, 1974, 121–153 (Bergmeier, Frühdatierung)

*Betz, H.D.* (Hrg.), Plutarch's Ethical Writings and Early Christian Literature (SCHNT 4), Leiden 1978

–, Plutarch's Theological Writings and Early Christian Literature (SCHNT 3), Leiden 1975

*Beutler, R.,* Art. Porphyrios, PRE XLIII, Sp. 275–313 (Beutler, Porphyrios)

*Bianchi, U.,* Le Origini dello Gnosticismo. Colloquio die Messina, 13–18 Aprile 1966 (SHR 12), Leiden 1967

*Bickerman(n), E.,* Die römische Kaiserapotheose, in: A. Wlosok (Hrg.), Römischer Kaiserkult (WdF 372), 82–121

*Bieder, W.,* Art. πνεῦμα κτλ., C. I. 1–8; II. 1–2, ThWNT VI, 367–373 (Bieder, Art. πνεῦμα)

*Bleeker, C.J.,* Hathor and Thoth. Two Key Figures of the Ancient Egyptian Religion (SHR 26), Leiden 1973

*Blinzler, J.,* Εἰσὶν εὐνοῦχοι. Zur Auslegung von Mt 19,12, ZNW 48, 1957, 254–270

*Boll, F.,* Kleine Schriften zur Sternkunde des Altertums (hrg. von V. Stegemann), Leipzig 1950 (Boll, Kl. Schriften)

–, Sphaera. Neue Griechische Texte und Untersuchungen zur Geschichte der Sternbilder, Leipzig 1903, Nachdruck Hildesheim 1967 (Boll, Sphaera)

*Boll, F. / Gundel, W.,* Art. Sternbilder, Sternglaube und Sternsymbolik bei Griechen und Römern, ALGM VI, Leipzig / Berlin 1924–37 (Nachdruck Hildesheim 1965), Sp. 867–1071 (Boll / Gundel)

*Bornkamm, G.,* Die Offenbarung des Zornes Gottes. Röm. 1–3, in: ders., Studien zum Neuen Testament, München 1985, 136–150 (Bornkamm, Offenbarung)

*Bostock, D.,* Plato's Phaedo, Oxford 1986 (Bostock, Phaedo)

*Bouché-Leclerq, A.,* L'Astrologie Grecque, Bruxelles 1963 (Nachdruck der Ausgabe Paris 1899)

*Bousset, W.,* Zur Dämonologie der späteren Antike, ARW 18, 1915, 134–172 (Bousset, Dämonologie)

–, Art. Gnosis, in: PRE VII,2, 1912, Sp. 1503–1533

–, Hauptprobleme der Gnosis (FRLANT 10), Göttingen 1973 (Nachdruck) (Bousset, Gnosis)

–, Jüdisch-Christlicher Schulbetrieb in Alexandria und Rom. Literarische Untersuchungen zu Philo und Clemens von Alexandria, Justin und Irenäus (FRLANT 23), Göttingen 1915 (= Hildesheim 1975) (Bousset, Schulbetrieb)

–, Kyrios Christos. Geschichte des Christusglaubens von den Anfängen des Christentums bis Irenaeus, Göttingen 1967[6] (Bousset, Kyrios)

–, Religionsgeschichtliche Studien. Aufsätze zur Religionsgeschichte des hellenistischen Zeitalters (NT.S 50), Leiden 1979

*Bousset, W. / Gressmann, H.,* Die Religion des Judentums im späthellenistischen Zeitalter, 4. Aufl. mit einem Vorwort von E. Lohse (HNT 21), Tübingen 1966

*Bowman, A.K.,* Egypt after the Pharaos. 332 BC–AD 642 from Alexander to the Arab Conquest, London 1986

*Boyancé, P.,* Le Dieu Cosmique, REG LXIV, 1951, 300–313 (Boyancé, Dieu Cosmique)

–, Philon-Studien, in: C. Zintzen (Hrg.), Der Mittelplatonismus (WdF 70), Darmstadt 1981, 33–51 (Boyancé, Philon-Studien)

–, La Religion Astrale de Platon à Cicéron, REG LXV, 1952, 312–350

–, Thoth, the Hermes of Egypt. A Study of Some Aspects of Theological Thought in Ancient Egypt, Oxford 1922

*Braun, H.,* An die Hebräer (HNT 14), Tübingen 1984 (Braun, Heb.)

*Brenk, F.E.,* In the Light of the Moon: Demonology in the Early Imperial Period, in: ANRW II, 16.3, 1986, 2068–2145 (Brenk, In the Light of the Moon)

*Brugsch, H.,* Religion und Mythologie der alten Aegypter. Nach den Denkmälern bearbeitet, Leipzig 1891 (fotomechanischer Nachdruck Osnabrück 1969)

*Bultmann, R.,* Art. ἀλήθεια κτλ., ThWNT I, 239–251 (Bultmann, Art. ἀλήθεια)

–, Das Evangelium des Johannes (KEK 2), Göttingen 1986[21]

–, Zur Geschichte der Lichtsymbolik im Altertum, in: ders., Exegetica. Aufsätze zur Erforschung des Neuen Testamentes, hrg. von E. Dinkler, Tübingen 1967, 323–355 (Bultmann, Lichtsymbolik)

–, Theologie des Neuen Testaments (hrg. von O. Merk), Tübingen 1984[9]

–, Untersuchungen zum Johannesevangelium, ZNW 27, 1928, 113–163 (Bultmann, Untersuchungen)

–, Das Urchristentum im Rahmen der antiken Religionen, München 1992 (Nachdruck der 5. Auflage 1986) (Bultmann, Urchristentum)

*Burkert, W.,* Griechische Religion der archaischen und klassischen Epoche (RM 5), Berlin / Köln / Mainz 1977

*Burkhardt, H.,* Die Inspiration heiliger Schriften bei Philo von Alexandrien (TVGMS), Gießen / Basel 1988 (Burkhardt, Inspiration)

*Burton, A.,* Diodorus Siculus. Book I. A Commentary With a Frontispiece (EPRO 29), Leiden 1972

*Cadiou, R.,* La Jeunesse D'Origène. Histoire de L'École D'Alexandrie au Début du III^e Siècle (ETH), Paris 1935

*Cherniss, H.,* Rezension zu R.E. Witt, Albinus and the History of Middle Platonism (1938), in: C. Zintzen (Hrg.), Der Mittelplatonismus (WdF 70), Darmstadt 1981, 91–97

*Colpe, C.,* Art. Gnosis II (Gnostizismus), RAC XI, Sp. 537–659

–, Art. ὁ υἱὸς τοῦ ἀνθρώπου, ThWNT VIII, 403–481 (Colpe, Menschensohn)

–, Die religionsgeschichtliche Schule. Darstellung und Kritik ihres Bildes vom gnostischen Erlösermythus (FRLANT 78), Göttingen 1961

–/ J. Maier/C. Zintzen/E. Schweizer u.a.m., Art. Geister (Dämonen), RAC IX, Sp. 546–797

*Conzelmann, H.,* Die Apostelgeschichte (HNT 7), Göttingen 1972² (Conzelmann, Apg.)

–, Der erste Brief an die Korinther (KEK 5), Göttingen 1981² (Conzelmann, Kor.)

–, Art. φῶς κτλ., ThWNT IX, 302–349 (Conzelmann, Art. φῶς)

*Cornford, F.M.,* Plato's Cosmology. The *Timaeus* of Plato Translated with a Running Commentary, New York 1957 (Cornford, Plato's Cosmology)

*Corrigan, K.,* Amelius, Plotinus and Porphyry on Being, Intellect and the One. A Reappraisal, in: ANRW II, 36.2 (hrg. von W. Haase), Berlin/New York 1987, 975–993

*Culpepper, R. A.,* The Johannine School: An Evaluation of the Johannine-School Hypothesis Based on an Investigation of the Nature of Ancient Schools (SBL.DS 26), Missoula/Montana 1975

*Cumont, F.,* Jupiter summus exsuperantissimus, ARW 9, 1906, 323–336

–, Die orientalischen Religionen im römischen Heidentum, Darmstadt 1959⁴ (Cumont, Die orientalischen Religionen)

–, Il Sole Vindice Dei Delitti Ed Il Simbolo Delle Mani Alzate, Atti Della Pontificia Accademia Romana Di Archeologia, Serie III – Memorie, Vol I, Parte I (Miscellanea Giovanni Battista De Rossi, Parte I), Roma 1923, 65–80 (Cumont, Il Sole Vindice)

*Dalbert, P.,* Die Theologie der hellenistisch-jüdischen Missionsliteratur unter Ausschluß von Philo und Josephus (ThF 4), Hamburg-Volksdorf 1954

*Dalman, G.,* Die Worte Jesu. Mit Berücksichtigung des nachkanonischen jüdischen Schrifttums und der aramäischen Sprache. Bd. I: Einleitung und wichtige Begriffe. Mit Anhang, Leipzig 1930² (Dalman, Die Worte Jesu I)

*Decharme, P.,* La Critique des Traditions Religieuses Chez les Grecs des Origines au Temps de Plutarque, Paris 1904; Brüssel 1966 (Nachdruck)

*Deißmann, A.,* Licht vom Osten. Das Neue Testament und die neuentdeckten Texte der hellenistisch-römischen Welt, 4., neubearb. Aufl. Tübingen 1923

*Delling, G.,* ΜΟΝΟΣ ΘΕΟΣ, in: ders., Studien zum Neuen Testament und zum hellenistischen Judentum. Gesammelte Aufsätze 1950–1968, hrg. von F. Hahn/T. Holtz/N. Walter, Göttingen 1970, 391–400 (Delling, ΘΕΟΣ)

*Derchain, P.,* La Religion Égyptienne, in: H.-C. Puech (Hrg.), Histoire des Religions I: Les Religions Antiques – La Formation des Religions Universelles et les Religions de Salut en Inde et en Extrême-Orient (Encyclopédie de la Pléiade), Paris 1970, 63–140 (Derchain, Religion)

*des Places, E.,* Actes 17,27, Bib. 48, 1967, 1–6 (des Places, Actes 17,27)

*Deuse, W.,* Untersuchungen zur mittelplatonischen und neuplatonischen Seelenlehre (AAWLM.G, Einzelveröffentlichung 3), Mainz 1983

*Dibelius, M.*, Die Geisterwelt im Glauben des Paulus, Göttingen 1909 (Dibelius, Geisterwelt)

*Diels, H.*, De Galeni Historia Philosopha, Diss. Bonn 1870 (Diels, De Galeni Historia …)

*Dieterich, A.*, Abraxas. Studien zur Religionsgeschichte des spätern Altertums (Festschrift H. Usener), Leipzig 1891 (Dieterich, Abraxas)

–, Eine Mithrasliturgie, Leipzig / Berlin 1923[3] = Nachdruck Darmstadt 1966

*Dibelius, M.*, Paulus auf dem Areopag 1939, in: ders., Aufsätze zur Apostelgeschichte, hrg. von H. Greeven, Göttingen 1957[3], 29–70 (Dibelius, Apg)

–, Paulus in Athen 1939, in: ebd., 71–75 (Dibelius, Apg)

*Dihle, A.*, Art. ψυχή κτλ., A. ψυχή im Griechischen; C. Judentum, I. Hellenistisches Judentum; E. Gnosis, 1.–3., ThWNT IX, 605–614; 630–633; 657–659 (Dihle, Art. ψυχή)

–, Die griechische und lateinische Literatur der Kaiserzeit. Von Augustus bis Justinian, München 1989

*Dillon, J.M.*, Eudoros und die Anfänge des Mittelplatonismus (1976 / 77), in: C. Zintzen (Hrg.), Der Mittelplatonismus (WdF 70), Darmstadt 1981, 3–32 (Dillon, Eudoros)

*Dillon, J.*, Iamblichus of Chalcis (C. 240–325 A.D.), in: ANRW 36.2, Berlin / New York 1987, 862–909

–, The Middle Platonists. A Study of Platonism 80 B.C. to A.D. 220, London 1977 (Dillon, Middle Platonists)

*Dodd, C.H.*, The Bible and the Greeks, London 1954[2] (Dodd, Bible)

*Dodds, E.R.*, Numenius and Ammonius, in: Les Sources de Plotin (EnAC V), Genf 1960, 3–61 (mit Diskussion); auch in: C. Zintzen (Hrg.), Der Mittelplatonismus (WdF 70), Darmstadt 1981, 488–517

*Dörrie, H.*, Ammonios, der Lehrer Plotins, in: ders., Platonica Minora (STA VIII), München 1976, 324–360

–, Divers Aspects de la Cosmologie de 70 av. J.-C. a 20 ap. J.-C., in: ders., Platonica Minora (s.o.), 89–99

–, Besprechung: A.-J. Festugière OP, La Révélation d'Hermès Trismégiste, 4 Bände, Paris 1950–54, in: ders., Platonica Minora (s.o.), 100–111 (Dörrie, Rez. Festugière)

–, Die Erneuerung des Platonismus im ersten Jahrhundert vor Christus, in: ders., Platonica Minora (s.o.), 154–165 (Dörrie, Erneuerung)

–, Die Frage nach dem Transzendenten im Mittelplatonismus, in: Les Sources de Plotin (EnAC V), Genf 1960, 191–241 (mit Diskussion); auch in: ders., Platonica Minora (s.o.), 211–228 (hiernach zitiert durch: Dörrie, Mittelplatonismus)

–, Art. Hermetica, in: RGG[3], Bd. 3, Sp. 265

–, L. Kalbenos Tauros. Das Persönlichkeitsbild eines platonischen Philosophen um die Mitte des 2. Jahrh. n. Chr., in: ders., Platonica Minora (s.o.), 310–323

–, Kontroversen um die Seelenwanderung im kaiserzeitlichen Platonismus, Hermes 85, 1957, 414–435, auch in: ders., Platonica Minora (s.o.), 420–440 (Dörrie, Seelenwanderung)

–, Der Platoniker Eudoros von Alexandria, in: ders., Platonica Minora (s.o.), 297–309 (Dörrie, Eudoros)

–, Der Platonismus in der Kultur- und Geistesgeschichte der frühen Kaiserzeit, in: ders., Platonica Minora (s.o.), 166–210 (Dörrie, Platonismus)

–, Plotin. Philosoph und Theologe, in: ders., Platonica Minora (s.o.), 361–374

–, Rez.: Ph. Merlan, From Platonism to Neoplatonism, Den Haag 1953, in: ders., Platonica Minora (s.o.), 275–285 (Dörrie, Merlan)

–, Die Schultradition im Mittelplatonismus und Porphyrios, in: Porphyre (EnAC XII), Genf 1966, 3–22 (Dörrie, Schultradition, evtl. m. Diskussion); auch in: ders., Platonica Minora (s.o.), 406–419 (Dörrie, Schultradition)

–, Die platonische Theologie des Kelsos in ihrer Auseinandersetzung mit der christlichen Theologie auf Grund von Origenes C. Celsum 7,42ff., in: ders., Platonica Minora (s.o.), 229–262 (Dörrie, Kelsos)

–, Zum Ursprung der neuplatonischen Hypostasenlehre, in: ders., Platonica Minora (s.o.), 286–296 (Dörrie, Hypostasenlehre)

–/ M. Baltes, Der Platonismus im 2. und 3. Jahrhundert nach Christus (Der Platonismus in der Antike, Bd. 3), Stuttgart 1993 (Dörrie/Baltes, Der Platonismus)

–/ H. Dörries, Art. Erotapokriseis, RAC VI, Sp. 342–370 (Dörrie/Dörries, Art. Erotapokriseis)

*Drexler, U.,* Art. Imhotep, ALGM II, Leipzig 1890–1894, Nachdruck Hildesheim 1965, Sp. 123–124 (Drexler, Art. Imhotep, Roscher II)

*Dunand, F.,* Les Syncrétismes dans la Religion de l'Égypte Romaine, in: F. Dunand/P. Lévêque, Les Syncrétismes dans les Religions de l'Antiquité. Colloque de Besançon (22–23 Octobre 1973) (EPRO 46), Leiden 1975, 152–185

*Eisler, R.,* Weltenmantel und Himmelszelt. Religionsgeschichtliche Untersuchungen zur Urgeschichte des antiken Weltbildes, Bd. 1–2, München 1910 (Eisler I, II)

*Eltester, W.,* Gott und die Natur in der Areopagrede, in: Neutestamentliche Studien für Rudolf Bultmann, hrg. von W. Eltester (BZNW 21), Berlin 1954 (Eltester, Areopagrede)

*Erman, A.,* Die Ägyptische Religion, Berlin 1909[2]

–, Die Religion der Ägypter. Ihr Werden und Vergehen in vier Jahrtausenden, Berlin/ Leipzig 1934

*Fauth, W.,* Arktos in den griechischen Zauberpapyri, ZPE 57, 1984, 93–99

*Festugière, A.J.,* Études d'Histoire et de Philologie (BHPh), Paris 1975, daraus besonders:

–, Les premiers moteurs d'Aristote, 82–87

ders., Études de Philosophie Grecque (BHPh), Paris 1971, daraus besonders:

–, Sur le »De Vita Pythagorica« de Jamblique, 437–461

–, Le *Compendium Timaei* de Galen, 487–506 (Festugière, Compendium)

ders., Études de Religion Grecque et Hellénistique (BHPh), Paris 1972, daraus besonders:

–, À Propos des Arétalogies d'Isis, 138–163

–, L'Arétalogie Isiaque de la »Korè Kosmou«, 164–169

ders., La Religion Grecque à l'Age Hellénistique, REG LXIV, 1951, 314–324 (Festugière, Religion Grecque)

*Flamant, J.,* Macrobe et Le Néo-Platonisme Latin à la Fin Du IV[e] Siècle (EPRO), Leiden 1977

*Foakes-Jackson, F.J.,* The Acts of The Apostles (MNTC), London 1951 (Foakes-Jackson)

*Foerster, W.,* Art. δαίμων κτλ., ThWNT II, 1–21

–, Art. σῴζω, σωτηρία, A.1.–5.; C.1.–G.; σωτήρ, A. 1.–G.; σωτήριος, ThWNT VII, 967–970 und 981–1022

*Fortenbaugh, W./Sharples, R.W.* (Hrsg.), Theophrastus as Natural Scientist, Rutgers Studies in Classical Humanities 3, New Brunswick/London 1988

*Fraser, P.M.,* Ptolemaic Alexandria, Vol. I–III, Oxford 1972 (Fraser I–III)

*Frede, M.,* Numenius, in: ANRW II, 36,2 (hrg. von W. Haase), Berlin / New York 1987, 1034–1075

*Friedlaender, L.,* Darstellungen aus der Sittengeschichte Roms von August bis zum Ausgang der Antonine, Bd. 1–4 (besorgt bzw. hrg. von G. Wissowa), 9. Auflage (Bd. 4: 9. und 10. Auflage), Leipzig 1919–1921 (Friedlaender, Sittengesch. I–IV)

*Frohnhofen, H.,* Apatheia tou Theou. Über die Affektlosigkeit Gottes in der griechischen Antike und bei den griechisch-sprachigen Kirchenvätern bis Gregorios Thaumaturgos (EHS.T 318), Frankfurt a.M. 1987

*Froidefond, C.,* Plutarque et le Platonisme, ANRW 36,1, 184–233

*Früchtel, U.,* Die kosmologischen Vorstellungen bei Philo von Alexandrien. Ein Beitrag zur Genesisexegese (ALGHJ II), Leiden 1968

*Früchtel, L.,* Art. Attizismus, RAC I, Sp. 899–902

*Furley, D.,* Cosmic Problems. Essays on Greek and Roman Philosophy of Nature, Cambridge 1989

*Gärtner, B.,* The Areopagus Speech and Natural Revelation, Uppsala 1955 (Gärtner)

*Gaffron, H.-G.,* Studien zum koptischen Philippusevangelium unter besonderer Berücksichtigung der Sakramente, Diss. Bonn 1969

*Geffcken, J.,* Zwei Griechische Apologeten (Sammlung wissenschaftlicher Kommentare zu griechischen und römischen Schriftstellern), Leipzig / Berlin 1907 (Geffcken, Apologeten)

*van Geytenbeek, A.C.,* Musonius Rufus and Greek Diatribe, Assen 1963

*Gilmour, T.C,.*›Groping‹ and ›Boiling‹. Two Vivid Expressions in the Acts of the Apostles, Prudentia 9, 1977, 27–34 (Gilmour)

*Gnilka, J.,* Das Matthäusevangelium. Kommentar zu Kap. 14–28 mit Einleitungsfragen (HThK I / 2), Freiburg 1988 (Gnilka, MtEv II)

*Goudriaan, K.,* Ethnical Strategies in Graeco-Roman Egypt, in: P. Bilde u.a. (Hrsg.), Ethnicity in Hellenistic Egypt (Studies in Hellenistic Civilisation III), Aarhus 1992, 74–99

*Griggs, C.W.,* Early Egyptian Christianity from its Origins to 451 C.E., CopSt 2, Leiden u.a. 1990

*Grillmeier, A.,* Jesus der Christus im Glauben der Kirche, Bd. 1: Von der Apostolischen Zeit bis zum Konzil von Chalcedon (451), Freiburg 1982[2]

*Gruber, J.,* Kommentar zu Boethius, De Consolatione Philosophiae (TK 9), Berlin / New York 1978

*Grundmann, W.,* Art. στήκω, ἵστημι, ThWNT VII, 635–652

*Gundel, H.G.,* Weltbild und Astrologie in den griechischen Zauberpapyri (MBPF 53), München 1968 (Gundel, Weltbild)

*Gundel, W.,* Dekane und Dekansternbilder. Ein Beitrag zur Geschichte der Sternbilder der Kulturvölker (Studien zur Bibliothek Warburg XIX), Darmstadt 1967 (Nachdruck der Ausgabe Hamburg / Glückstadt 1936) (Gundel, Dekane)

–, Sternglaube, Sternreligion und Sternorakel, Heidelberg 1959[2] (Gundel, Sternglaube)

*Gundel, W. / Gundel, H.G.,* Astrologumena. Die Astrologische Literatur in der Antike und ihre Geschichte (SAGM.B 6), Wiesbaden 1966 (Gundel, Astrologumena)

*Guthrie, W.K.C.,* A History of Greek Philosophy, Vol. I–V, Cambridge 1962–1979 (Guthrie, Greek Philosophy …)

*Hackforth, R.,* Plato's Phaedo, Translated with an Introduction and Commentary, Cambridge 1972 (Hackforth, Phaedo)

*Hadot, P.,* Être, Vie, Pensée chez Plotin et avant Plotin, in: Les Sources de Plotin (EnAC V), Genf 1960, 105–157 (mit Diskussion) (Hadot, Être)

–, Philosophie als Lebensform. Geistige Übungen in der Antike, Berlin 1991[2] (Hadot, Philosophie als Lebensform)

–, Porphyre et Victorinus I (EAug), Paris o. J. (Hadot, Porphyre I)

*Haenchen, E.,* Gab es eine vorchristliche Gnosis? ZThK 49, 1952, 316–349 (Haenchen, Gnosis)

*Hahm, D.E.,* The Origins of Stoic Cosmology, Columbus (Ohio) 1977

*Hani, J.,* La Religion Égyptienne dans la pensée de Plutarque, Paris 1976

*Hardie, P.R.,* Plutarch and the Interpretation of Myth, ANRW 33.6, 4743–4787 (Hardie, Plutarch)

*von Harnack, A.,* Die Mission und Ausbreitung des Christentums in den ersten drei Jahrhunderten, 2. Bd.: Die Verbreitung, Leipzig 1924[4] (= Nachdruck Wiesbaden 1982) (Harnack, Mission und Ausbreitung II)

*Heath, T.,* A History of Greek Mathematics, Vol. II: From Aristarchus to Diophantus, Oxford 1960 (Nachdruck) (Heath II)

*Heinze, R.,* Xenokrates. Darstellung der Lehre und Sammlung der Fragmente, Hildesheim 1965 (Nachdruck)

*Hengel, M.,* Hadrians Politik gegenüber Juden und Christen, The Journal of the Ancient Near Eastern Society 16/17, 1984–1985 (Ancient Studies in Memory of Elias Bickerman), 153–182

–, Judentum und Hellenismus. Studien zu ihrer Begegnung unter besonderer Berücksichtigung Palästinas bis zur Mitte des 2. Jahrhunderts v. Chr. (WUNT 10), Tübingen 1988[3]

–, Messianische Hoffnung und politischer »Radikalismus« in der »jüdisch-hellenistischen Diaspora«. Zur Frage der Voraussetzungen des jüdischen Aufstandes unter Trajan 115–117 n. Chr., in: D. Hellholm (Hrg.), Apocalypticism in the Mediterranean World and the Near East. Proceedings of the International Colloquium on Apocalypticism, Uppsala, August 12–17, 1979, 655–686

*Hermann, A./Bardy, G.,* Art. ›Dialog‹, RAC III, Sp. 928–955 (Hermann/Bardy)

*Hijmans, B.L. Jr.,* Apuleius, Philosophus Platonicus, ANRW 36,1, 395–475

*Hirzel, R.,* Der Dialog. Ein literaturhistorischer Versuch, Bd. I–II, Leipzig 1895 (Hirzel, Dialog I, II)

*Hölbl, G.,* Andere ägyptische Gottheiten. Juppiter Ammon, Osiris, Osiris Antinoos, Nil, Apis, Bubastis, Bes, Sphinx, Hermes-Thot, Neotera-Problem, in: M.J. Vermaseren (Hrg.), Die orientalischen Religionen im Römerreich (OrRR) (EPRO 93), Leiden 1981, 157–192

*Hoffmann, E.,* Platonismus und Mystik im Altertum, Heidelberg 1935 (Hoffmann, Platonismus und Mystik)

*Hoffmann, P.,* Simplicius: Corollarium de loco, in: L'Astronomie dans L'Antiquité Classique, Actes du Colloque tenu à l'Université de Toulouse-le-Mirail, Paris 1979, 143–163

–, Simplicius' Polemics, in: R. Sorabji (Hrg.), Philoponus and the Rejection of Aristotelian Science, Ithaca 1987, 57–83 (Hoffmann, Polemics)

*Hommel, H.,* Neue Forschungen zur Areopagrede Acta 17, ZNW 46, 1955, 145–178 (Hommel, Forschungen)

*Hopfner, Th.,* Griechisch-Ägyptischer Offenbarungszauber (Studien zur Paläographie und Papyruskunde), Bd. I, Amsterdam 1974; Bd. II,1, Amsterdam 1983; Bd. II,2, Amsterdam 1990 (Hopfner, Offenbarungszauber I, II)

*Horn, F.W.,* Das Angeld des Geistes. Studien zur paulinischen Pneumatologie (FRLANT 154), Göttingen 1992

*Howald, E.,* Das philosophiegeschichtliche Compendium des Areios Didymos, Hermes 55, 1920, 68–98

*Hübner, H.,* Art. ἀλήθεια κτλ., EWNT 1, 138–145 (Hübner, Art. ἀλήθεια κτλ., EWNT)

*Jacoby, F.,* Art. Euemeros, PRE VI, Sp. 952–972 (Jacoby)

*Jaeger, W.,* Aristoteles. Grundlegung einer Geschichte seiner Entwicklung, Berlin 1955² (Jaeger, Arist.)

*Jonas, H.,* Delimitation of the Gnostic Phenomenon – Typological and Historical, in: U. Bianchi (Hrg.), The Origins of Gnosticism. Colloquium of Messina 13–18 April 1966, Leiden 1967, 90–104

–, Gnosis und spätantiker Geist,
Bd. 1: Die mythologische Gnosis. Mit einer Einleitung zur Geschichte und Methodologie der Forschung (FRLANT 33), Göttingen 1964³, 1988⁴
Bd. 2: Von der Mythologie zur mystischen Philosophie. Erste und zweite Hälfte, hrg. von K. Rudolph (FRLANT 159), Göttingen 1993

*Juster, J.,* Les Juifs Dans L'Empire Roman. Leur Condition Juridique, Économique et Sociale, Tome I–II, New York 1914 (Juster I, II)

*Käsemann, E.,* An die Römer (HNT 8a), Tübingen 1980⁴ (Käsemann, Rö.)

*Kerényi, K.,* Der göttliche Arzt. Studien über Asklepios und seine Kultstätten, Darmstadt 1964

*Kippenberg, H.G.,* Garizim und Synagoge. Traditionsgeschichtliche Untersuchungen zur samaritanischen Religion der aramäischen Periode (RVV XXX), Berlin / New York 1971

*Klauck, H.-J.,* 1. Korintherbrief (NEB.NT 7), Würzburg 1984 (Klauck, 1. Korintherbrief)

Der Kleine Pauly. Lexikon der Antike auf der Grundlage von Pauly's Realencyclopädie der classischen Altertumswissenschaft …, hrg. von K. Ziegler / W. Sontheimer, Stuttgart 1969 (KP)

*Kleinknecht, H.,* Art. πνεῦμα κτλ., A. I. 1–A. IV. 5, ThWNT VI, 333–357 (Kleinknecht, Art. πνεῦμα)

*Kneale, W. / Kneale, M.,* The Development of Logic, Oxford 1978

*Köster, H.,* Art. τόπος, ThWNT VIII, 187–208

–, Dialog und Spruchüberlieferung in den gnostischen Texten von Nag Hammadi, EvTh 34, 1979, 532–556 (Köster, Dialog und Spruchüberlieferung)

–, Einführung in das Neue Testament im Rahmen der Religionsgeschichte und Kulturgeschichte der hellenistischen und römischen Zeit, Berlin / New York 1980

*Koschorke, K.,* Die Polemik der Gnostiker gegen das kirchliche Christentum. Unter besonderer Berücksichtigung der Nag-Hammadi-Traktate »Apokalypse des Petrus« (NHC VII,3) und »Testimonium Veritatis« (NHC XI,3) (NHS XII), Leiden 1978

*Krämer, H.J.,* Platonismus und hellenistische Philosophie, Berlin / New York 1971

–, Der Ursprung der Geistmetaphysik. Untersuchungen zur Geschichte des Platonismus zwischen Platon und Plotin, Amsterdam 1964 (Krämer, Geistmetaphysik)

*Kraft, H.,* Gnostisches Gemeinschaftsleben. Untersuchungen zu den Gemeinschafts- und Lebensformen häretischer christlicher Gnosis des zweiten Jahrhunderts, Diss. Theol. (masch.), Heidelberg 1950

*Krause, M.,* Die Sakramente in der »Exegese über die Seele«, in: J.-É. Ménard (Hrg.), Les Textes de Nag Hammadi. Colloque du Centre d'Histoire des Religions (Strasbourg, 23–25 octobre 1974) (NHS VII), Leiden 1975, 47–55 (Krause, Sakramente)

–, Christlich-gnostische Texte als Quellen für die Auseinandersetzung von Gnosis und Christentum, in: ders. (Hrg.), Gnosis and Gnosticism. Papers read at the Eighth International Conference on Patristic Studies (Oxford, September 3rd–8th 1979) (NHS XVII), Leiden 1981, 47–65 (Krause, Christlich-gnostische Texte)

*Kretschmar, G.,* Zur religionsgeschichtlichen Einordnung der Gnosis, EvTh 13, 1953, 354–361 (Kretschmar, Gnosis)

*Lebreton, J.,* Histoire du Dogme de la Trinité des Origines au Concile de Nicée, Tome II: De Saint Clément à Saint Irenée, Paris 1928 (Lebreton, Histoire du Dogme II)

*Leipoldt, J./Grundmann, W.,* Umwelt des Urchristentums. Bd. I: Darstellung des neutestamentlichen Zeitalters, Berlin 1985[7] (Leipoldt/Grundmann I)

*Leisegang, H.,* Die Gnosis, Stuttgart 1985[5]

–, Der Heilige Geist. Das Wesen und Werden der mystisch-intuitiven Erkenntnis in der Philosophie und Religion der Griechen. Erster Band. Erster Teil: Die vorchristlichen Anschauungen und Lehren vom ΠΝΕΥΜΑ und der mystisch-intuitiven Erkenntnis, Stuttgart 1967

*Lewis, N.,* Life in Egypt under Roman Rule, Oxford 1983 (Lewis, Life in Egypt)

*Lewy, H.,* Chaldaean Oracles and Theurgy. Mysticism, Magic and Platonism in the Later Roman Empire (hrg. von M. Tardieu), Paris 1978

*Lietzmann, H.,* An die Korinther I/II, ergänzt von W.G. Kümmel (HNT 9), Tübingen 1969[5] (Lietzmann, Kor.)

–, Einführung in die Textgeschichte der Paulusbriefe. An die Römer (HNT 8), Tübingen 1971[5] (Lietzmann, Rö.)

*Lilla, S.R.C.,* Clement of Alexandria. A Study in Christian Platonism and Gnosticism (Oxford Theological Monographs), Oxford 1971

*Löhr, G.,* Das Problem des Einen und Vielen in Platons »Philebos« (Hyp. 93), Göttingen 1990

*Löhr, W.A.,* Basilides und seine Schule. Eine Studie zu Theologie und Kirchengeschichte des 2. Jahrhunderts (WUNT 83, Reihe 1), Tübingen 1996

*Loenen, J.H.,* Die Metaphysik des Albinos: Versuch einer gerechten Würdigung, in: C. Zintzen (Hrg.), Der Mittelplatonismus (WdF 70), Darmstadt 1981, 98–149 (Loenen)

*Long, A.A.,* Hellenistic Philosophy: Stoics, Epicureans, Sceptics, Berkeley 1986[2]

*Lüdemann, G.,* Zur Geschichte des ältesten Christentums in Rom. I. Valentin und Marcion. II. Ptolemäus und Justin, ZNW 70, 1979, 86–114 (Lüdemann, Geschichte)

–, Untersuchungen zur simonianischen Gnosis, Göttingen 1974 (Lüdemann)

*MacDonald, J.,* The Theology of the Samaritans, London 1964 (MacDonald, Theology)

*Mansfeld, J., Physikai doxai* et *Problemata physica* d'Aristote à Aétius (et au-delà), RMM 97, 1992, 327–363 (Mansfeld, *Physikai doxai*)

*Markschies, C.,* Die Krise einer philosophischen Bibeltheologie in der Alten Kirche oder: Valentin und die valentinianische Gnosis zwischen philosophischer Bibelinterpretation und mythologischer Häresie, in: A. Böhlig/C. Markschies, Gnosis und Manichäismus. Forschungen und Studien zu Texten von Valentin und Mani sowie zu den Bibliotheken von Nag Hammadi und Medinet Madi (BZNW 72), Berlin/New York 1994, 1–111 (Markschies, Krise)

–, Valentinus Gnosticus? Untersuchungen zur valentinianischen Gnosis mit einem Kommentar zu den Fragmenten Valentins (WUNT, Reihe 1, 65), Tübingen 1992

*Marmorstein, A.,* The Old Rabbinic Doctrine of God. I. The Names & Attributes of God (PJC 10), London 1927 (Marmorstein, Old Rabbinic Doctrine I)

*Marrou, H.-I.,* Geschichte der Erziehung im klassischen Altertum (hrg. von Richard Harder), Freiburg 1957 (Marrou, Erziehung)

*May, G.,* Schöpfung aus dem Nichts. Die Entstehung der Lehre von der Creatio ex Nihilo (AKG 48), Berlin/New York 1978

*McCasland, S. V,.* »Abba, Father«, JBL XLIII, 1953, 79–91 (McCasland)

*Méhat, A.,* Étude Sur Les ›Stromates‹ de Clément d'Alexandrie (PatSor 7), Paris 1966

*Moraux, P.,* Der Aristotelismus bei den Griechen von Andronikos bis Alexander von Aphrodisias, Erster Band: Die Renaissance des Aristotelismus im I. Jh. v. Chr. (Peripatoi 5), Berlin/New York 1973; Zweiter Band: Der Aristotelismus im I. und II. Jh. n. Chr. (Peripatoi 6), Berlin/New York 1984 (Moraux I, II)

*Morenz, S.,* Art. Ägypten IV, RGG³, Bd. I, 121–123

*Moreschini, C.,* Die Stellung des Apuleius und der Gaios-Schule innerhalb des Mittelplatonismus (1964), in: C. Zintzen (Hrg.), Der Mittelplatonismus (WdF 70), Darmstadt 1981, 219–274

*Mortley, R.,* Apuleius und die platonische Theologie (1972), in: C. Zintzen (Hrg.), Der Mittelplatonismus (WdF 70), Darmstadt 1981, 275–282 (Mortley, Apuleius)

*Müller, C.D.G.,* Art. Alexandrien I. Historisch, TRE II, 248–261

*Müller, D.,* Ägypten und die griechischen Isis-Aretalogien (ASAW.PH 53, Heft 1), Berlin 1961 (Müller, Isis-Aretalogien)

*Munier, C.,* Ehe und Ehelosigkeit in der Alten Kirche (1.–3. Jahrhundert). Aus dem Französischen ins Deutsche übertragen von A. Spoerri (TC VI), Bern 1987 (Munier)

*Nauck, W.,* Tradition und Komposition der Areopagrede. Eine motivgeschichtliche Untersuchung, ZThK 53, 1956, 11–52 (Nauck, Areopagrede)

*Neymeyr, U.,* Die christlichen Lehrer im zweiten Jahrhundert. Ihre Lehrtätigkeit, ihr Selbstverständnis und ihre Geschichte (SVigChr 4), Leiden/New York 1989

*Nilsson, M.P.,* Geschichte der griechischen Religion, Bd. 2: Die hellenistische und römische Zeit (HAW V,2), München 1961² (Nilsson, Griech. Religion)

–, Opuscula Selecta I–III, Lund 1951–1960 (Nilsson, Opuscula I–III); in Bd. III, 129–166: Die Religion in den griechischen Zauberpapyri

*Nock, A.D.,* Essays on Religion and the Ancient World, hrg. von Z. Stewart, Bd. 1 und 2, Cambridge (Mass.) 1972

–, Eunuchs in ancient religion, ARW 23, 1925, 25–33 (Nock, Eunuchs)

–, Art. Kornutos, PRE.S 5, Sp. 995–1005 (Nock, Art. Kornutos)

*Norden , E.,* Antike Kunstprosa vom VI. Jahrhundert v. Chr. bis in die Zeit der Renaissance. Erster Band, Darmstadt 1958⁵; Stuttgart/Leipzig 1993 (Nachdruck der Ausgabe von 1909) (Norden, Kunstprosa I)

–, Agnostos Theos. Untersuchungen zur Formgeschichte religiöser Rede, Leipzig/Berlin 1913 (Norden, Agnostos Theos); Darmstadt 1956⁴

*Owen, H.P.,* The Scope of Natural Revelation in Rom. 1 and Acts XVII, NTS 5, 1958/59, 133–143 (Owen)

*Pépin, J.,* Mythe et Allégorie. Les Origines Grecques et les Contestations Judéo-Chrétiennes, Paris 1958 (Pépin, Mythe)

–, Théologie Cosmique et Théologie Chrétienne (Ambroise, Exam. I 1,1–4) (BPhC), Paris 1964 (Pépin)

*Pesch, R.,* Die Apostelgeschichte, 1. Teilband, Apg 1–12, EKK V,1, Zürich/Neukirchen-Vluyn u.a. 1986; 2. Teilband, Apg 13–28, EKK V,2, Zürich/Neukirchen-Vluyn 1986 (Pesch I, II)

*Pétrement, S.,* Le Dieu Séparé. Les Origines du Gnosticisme, Paris 1984

*Pines, S.,* Omne quod movetur necesse est ab aliquo moveri: A Refutation of Galen by Alexander of Aphrodisias and the Theory of Motion, Isis 52, 1961, 21–54 (Pines)

*Pohlenz, M.,* Paulus und die Stoa, ZNW 42, 1949, 69–104 (Pohlenz, Paulus)

–, Philon von Alexandreia (NAWG.PH), Göttingen 1942 (Pohlenz, Philon)

*Pokorny, P.,* Der soziale Hintergrund der Gnosis, in: K.-W. Tröger (Hrg.), Gnosis und Neues Testament. Studien aus Religionswissenschaft und Theologie, Gütersloh 1973, 77–87 (Pokorny)

*Ponsing, J.-P.,* L'Origine égyptienne de la formule: Un-Et-Seul, RHPhR 60, 1980, 29–34

*Preisendanz, K.,* Art. Timoros, in: ALGM V, Sp. 965f. (Preisendanz, Art. Timoros)

*Prümm, K.,* Religionsgeschichtliches Handbuch für den Raum der altchristlichen Umwelt: Hellenistisch-römische Geistesströmungen und Kulte mit Beachtung des Eigenlebens der Provinzen, Rom 1954

*Puech, H.-C.,* Numenios von Apameia und die orientalischen Theologien im 2. Jh. n. Chr., in: C. Zintzen (Hrg.), Der Mittelplatonismus (WdF 70), Darmstadt 1981, 451–487 (Puech, Numenios)

*Rapp, A.,* Art. Helios, in: ALGM I, Sp. 1993–2026 (Rapp, Art. Helios)

*Rauschen, G.,* Das griechisch-römische Schulwesen zur Zeit des ausgehenden Heidentums, Bonn 1901

*Regenbogen, O.,* Art. Theophrastos, PRE.S VII, Sp. 1354–1562 (Regenbogen, Art. Theophrastos)

*Reinhardt, K.,* Art. Poseidonios, PRE XXII, Sp. 558–826 (Reinhardt, Art. Poseidonios)

–, Poseidonios, München 1921 (Reinhardt, Pos.)

*Reitzenstein, R.,* Die Areopagrede des Paulus, NJKA 16, Bd. 31, 1913, 393–422 (Reitzenstein, Areopagrede)

–, Die Hellenistischen Mysterienreligionen nach ihren Grundgedanken und Wirkungen, Leipzig / Berlin 1927[3] = Nachdrucke Darmstadt 1966; Stuttgart / Leipzig 1982 (Reitzenstein, Mysterienreligionen)

–, Das iranische Erlösungsmysterium: Religionsgeschichtliche Untersuchungen, Bonn 1921

*Reitzenstein, R. / Schaeder, H.H.,* Studien zum antiken Synkretismus aus Iran und Griechenland, Darmstadt 1965 = (Studien der Bibliothek Warburg 7), Leipzig / Berlin 1926 (Reitzenstein / Schaeder)

*Rengstorf, K.H.,* Die Anfänge der Auseinandersetzung zwischen Christusglaube und Asklepiosfrömmigkeit, Münster 1953 (Rengstorf)

*Rich, A.N.M.,* Die platonischen Ideen als die Gedanken Gottes, in: C. Zintzen (Hrg.), Der Mittelplatonismus (WdF 70), Darmstadt 1971, 200–211

–, Reincarnation in Plotinus, Mn. X, 1957, 232–238 (Rich, Reincarnation)

*Riedweg, C.,* Mysterienterminologie bei Platon, Philon und Klemens von Alexandrien (UALG 26); Berlin / New York 1987

*Rist, J.M.,* Albinos als ein Vertreter des eklektischen Platonismus, in: C. Zintzen (Hrg.), Der Mittelplatonismus (WdF 70), Darmstadt 1981, 212–216

–, Epicurus. An Introduction, Cambridge 1972 (Rist, Epicurus)

–, Plotinus. The Road to Reality, Cambridge 1988 (Rist, The Road)

*Roeder, G.,* Art. Sonne und Sonnengott, ALGM IV, Sp. 1155–1210

–, Art. Thoth, in: ALGM V, Sp. 825–863

*Rohde, E.,* Psyche. Seelencult und Unsterblichkeitsglaube der Griechen, Zweiter Band, Darmstadt 1961 (Reprint)

*Roloff, J.,* Die Apostelgeschichte (NTD 5), Göttingen 1981[17] (1. Aufl. dieser Ausg.) (Roloff)

*Ross, W.D.,* Aristotle's Metaphysics, Oxford 1924

*Rougier, L.,* Celse, Contre les Chrétiens (Théoriques, Vol. 1), Paris 1977

*Rudolph, K.,* Der gnostische ›Dialog‹ als literarisches Genus. In: Probleme der koptischen Literatur, hrg. vom Institut für Byzantinistik der Martin-Luther-Universität Halle-Wittenberg, bearbeitet von P. Nagel (Wissenschaftliche Beiträge der Martin-Luther-Universität Halle-Wittenberg), Halle 1968, 85–107 (Rudolph, Dialog)

–, Die Gnosis. Wesen und Geschichte einer spätantiken Religion, Göttingen 1980²; 1990

*Runia, D.T.,* Philo of Alexandria and the *Timaeus* of Plato (PhAnt XLIV), Leiden 1986 (Runia, Philo)

*Sabbe, M.,* The Son of Man Saying in Acts 7,56, in: J. Kremer (Hrsg.), Les Actes des Apôtres. Traditions, rédaction, théologie (BEThL XLVIII), Leuven/Louvain 1979, 241–279

*Saffrey, H.D.,* Le Père André-Jean Festugière, O.P. (1898–1982). Portrait, in: E. Lucchesi/H.D. Saffrey (Hrsg.), Mémorial André-Jean Festugière. Antiquité Paienne et Chrétienne (COr X), Genève 1984, VII–XV (Saffrey, Mémorial)

*Sagnard, F.-M.-M.,* La Gnose Valentinienne et le témoignage de Saint Irénée, Paris 1947 (Sagnard)

*Sambursky, S.,* The Concept of Place in Late Neoplatonism. Texts With Translation, Introduction and Notes, Jerusalem 1982 (Sambursky, Concept of Place)

–, Physics of the Stoics, London 1971 (Sambursky, Physics)

–, Das physikalische Weltbild der Antike, Zürich/Stuttgart 1965 (Sambursky, Physikalisches Weltbild)

–, The Physical World of the Greeks, London 1960

–, The Physical World of Late Antiquity, London 1987 (Reprint der Ausgabe von 1962) (Sambursky, Physical World)

*Sasse, H.,* Art. κοσμέω, κόσμος κτλ., ThWNT III, 867–898

*Sauneron, S.,* La Légende des Septs Propos de Methyer au Temple d'Esna, Bulletin Trimestriel de la Société Française d'Égyptologie 32, 1961, 43–48 (Sauneron, Légende)

–, Le Prêtre Astronome Du Temple d'Esna, Kêmi (Revue de Philologie et d'Archéologie Égyptiennes et Coptes 15, 1959, 36–41 (Sauneron, Prêtre Astronome)

*Schille, G.,* Die Apostelgeschichte des Lukas (THNT 5), Berlin 1984² (Schille)

*Schmid, W.,* Die Rede des Apostels Paulus vor den Philosophen und Areopagiten in Athen, Ph. XCV, 1942/43, 79–120 (Schmid)

*Schnackenburg, R.,* Die Johannesbriefe (HThK XIII, Fasz. 3) Freiburg 1984⁷

*Schneider, C.,* Kulturgeschichte des Hellenismus. Zweiter Band, München 1969 (Schneider, Kulturgeschichte II)

*Schneider, G.,* Die Apostelgeschichte. I. Teil: Einleitung. Kommentar zu Kap. 1,1–8,40 (HThK V/1), Freiburg/Basel/Wien 1980; II. Teil: Kommentar zu Kapitel 9,1–28,31 (HThK V,2), Freiburg/Basel/Wien 1982 (Schneider I, II)

*Schneider, J.,* Art. εὐνοῦχος, εὐνουχίζω, ThWNT II, 763–767

*Schrenk, G.,* Urchristliche Missionspredigt im 1. Jahrhundert, in: ders., Studien zu Paulus (AThANT 26), Zürich 1954 (Schrenk)

–, Art. πατήρ κτλ., A. I. 1–VI. 4, ThWNT V, 948–959

*Schroeder, F.M.,* Ammonius Sakkas, ANRW 36,1, 493–526 (Schroeder, Ammonius)

*Schürer, E.,* The History of the Jewish People in the Age of Jesus Christ (175 B.C.–A.D. 135), Vol. II, neu herausgegeben von G. Vermes/F. Millar/M. Black, Edinburgh 1979 (Schürer II)

–, The History of the Jewish People in the Age of Jesus Christ (175 B.C.–A.D. 135), Vol. III,1, neu herausgegeben von G. Vermes/F. Millar/M. Goodman, Edinburgh 1986 (Schürer III,1)

*Sethe, K.,* Imhotep, der Asklepios der Aegypter: Ein vergötterter Mensch aus der Zeit des Königs Doser (UGAÄ 2.4), Leipzig 1902 (Sethe, Imhotep)

*Sevrin, J.-M.,* Les Rites et la Gnose, D'Après Quelques Textes Gnostiques Coptes, in: J. Ries / Y. Janssens / J.-M. Sevrin (Hrsg.), Gnosticisme et Monde Hellénistique. Actes du Colloque de Louvain-la-Neuve (11–14 mars 1980) (PIOL 27), Louvain-la-Neuve 1982, 440–450 (Sevrin)

*Shorter, A.W.,* The Egyptian Gods. A Handbook, Thetford, Norfolk 1979 (Reprint von 1937) (Shorter)

*Siegert, F.,* Über die Gottesbezeichnung »wohltätig verzehrendes Feuer, (De deo). Rückübersetzung der Fragmente aus dem Armenischen, deutsche Übersetzung und Kommentar (WUNT 46), Tübingen 1988 (Siegert, Philon)

–, Drei hellenistisch-jüdische Predigten. Ps.-Philon, »Über Jona«, »Über Jona« (Fragment) und »Über Simson«, Bd. II: Kommentar nebst Beobachtungen zur hellenistischen Vorgeschichte der Bibelhermeneutik (WUNT 61, Reihe 1), Tübingen 1992 (Siegert, Predigten II)

*Solmsen, F.,* Aristotle's System of the Physical World. A Comparison With His Predecessors (CSCP XXXIII), Ithaca / New York 1960 (Solmsen)

*Sorabji, R.,* Matter, Space and Motion. Theories in Antiquity and Their Sequel, London 1988 (Sorabji, Matter)

*Soury, G.,* La Démonologie de Plutarque, Paris 1942

*Spoerri, W.,* Späthellenistische Berichte über Welt, Kultur und Götter (SBA 9), Basel 1959

*Stenzel, J.,* Studien zur Entwicklung der Platonischen Dialektik von Sokrates zu Aristoteles, 3. Aufl. (unveränderter Nachdruck der 2. Aufl. 1931), Darmstadt 1961 (Stenzel, Dialektik)

*Stettner, W.,* Die Seelenwanderung bei Griechen und Römern (Diss. Tübingen), Stuttgart 1933

*Strack, H.L. / Stemberger, G.,* Einleitung in Talmud und Midrasch, München 1982[7]

*Strecker, G.,* Die Johannesbriefe (KEK 14), Göttingen 1989 (Strecker, JohBr)

*Stricker, B.H.,* De Brief van Aristeas. De hellenistische Codificaties der praehelleense Godsdiensten (VNAW.L NR, Deel LXII, No. 4), Amsterdam 1956 (Stricker, De Brief van Aristeas)

*Stückelberger, A.,* Die Atomistik in römischer Zeit: Rezeption und Verdrängung, ANRW 36.4, 2561–2580 (Stückelberger, Atomistik)

–, Vestigia Democritea. Die Rezeption der Lehre von den Atomen in der antiken Naturwissenschaft und Medizin (SBA 17), Basel 1984 (Stückelberger, Vestigia Democritea)

*Taeger, F.,* Charisma. Studien zur Geschichte des antiken Herrscherkultes, Zweiter Band, Stuttgart 1960 (Taeger, Charisma II)

*Taylor, A.E.,* A Commentary on Plato's Timaeus, Oxford 1928 (Taylor, Timaeus)

*Theiler, W.,* Philo von Alexandria und der Beginn des kaiserzeitlichen Platonismus, in: Parusia. Studien zur Philosophie Platons und zur Problemgeschichte des Platonismus (Festgabe für Johannes Hirschberger), hrg. von K. Flasch, Frankfurt/Main 1965, 199–218 (hiernach zitiert); auch in: ders., Untersuchungen zur antiken Literatur, Berlin 1970, 484–501 (Theiler, Philo)

*Theiler, W.,* Plotin zwischen Platon und Stoa, in: Les Sources de Plotin (EnAC V), Genf 1960, 65–103 (mit Diskussion) (Theiler, Plotin)

–, Porphyrios und Augustin, in: ders., Forschungen zum Neuplatonismus (QSGP X), Berlin 1966, 160–248 (Theiler, Porphyrios)

–, Die Vorbereitung des Neuplatonismus (Problemata 1), Berlin 1930; Zürich 1964[2] (Theiler, Vorbereitung)

*Thraede, K.,* Art. Euhemerismus, RAC VI, Sp. 877–890 (Thraede)

*Thraemer, E.,* Art. Asklepios, in: ALGM I, Sp. 615–641 (Thraemer, Art. Asklepios, ALGM I)

*Todd, R.B.,* The Stoics and their Cosmology in the first and second centuries A.D., ANRW 36.3, 1365–1378 (Todd)

*Urbach, E.E.,* The Sages. Their Concepts and Beliefs, Bd. I–II, Jerusalem 1979[2] (Urbach I, II)

*Usener, H.,* Epicurea, Leipzig 1887

*Verbeke, G.,* L'Évolution de la Doctrine du Pneuma du Stoicisme à S. Augustin. Étude Philosophique (Bibliothèque de L'Institut de Philosophie, Université de Louvain), Paris / Louvain 1945 (Verbeke, Doctrine du Pneuma)

*Vlastos, G.,* On Plato's Oral Doctrine, in: ders., Platonic Studies, Princeton 1973, 379–398 (Vlastos, Oral Doctrine)

*Vollenweider, S.,* Neuplatonische und christliche Theologie bei Synesios von Kyrene (FKDG 35), Göttingen 1985 (Vollenweider)

*Waszink, J.- H.,* Porphyrios und Numenios, in: EnAC XII, Genf 1966, 33–83 (Waszink)

*Watterson, B.,* The Gods of Ancient Egypt, London 1984 (Watterson)

*Weiser, A.,* Die Apostelgeschichte, Bd. 1: Kapitel 1–12 (ÖTBK 5/1), Gütersloh 1989[2] (Weiser I); Kapitel 13–28 (ÖTBK 5/2), Gütersloh 1985 (Weiser II)

*Weiß, H.-F.,* Art. Alexandrien II. Judentum in Alexandrien, TRE II, 262–264

–, Der Brief an die Hebräer (KEK 13), Göttingen 1991[(15)] (Weiß, Heb)

*Weiss, H.-F.,* Untersuchungen zur Kosmologie des Hellenistischen und Palästinischen Judentums (TU 97), Berlin 1966 (Weiss)

*Wendland, P.,* Die hellenistisch-römische Kultur in ihren Beziehungen zu Judentum und Christentum, Tübingen 1907

*West, M.L.,* The Orphic Poems, Oxford 1983

*Whittaker, J.,* Ἄρρητος καὶ ἀκατονόμαστος, in: H.-D. Blume / F. Mann, Platonismus und Christentum. Festschrift H. Dörrie (JAC.E 10), Münster 1983, 303–306, auch in: ders., Studies in Platonism and Patristic Thought, London 1984, Kap. XII (Whittaker, Ἄρρητος)

–, Basilides on the Ineffability of God, HThR 62, 1969, 367–371, in: ders., Studies in Platonism and Patristic Thought, London 1984, Kap. X (Whittaker, Basilides)

–, Ἐπέκεινα νοῦ καὶ οὐσίας, VigChr 23, 1969, 91–104, in: ders., Studies in Platonism and Patristic Thought, London 1984, Kap. XIII (Whittaker, Ἐπέκεινα νοῦ)

–, Neopythagoreanism and Negative Theology, Symbolae Osloensis XLIV, 1969, 109–125, in: ders., Studies in Platonism and Patristic Thought, London 1984, Kap. IX (Whittaker, Neopythagoreanism); dt: Neupythagoreismus und negative Theologie (1969), in: C. Zintzen (Hrg.), Der Mittelplatonismus (WdF 70), Darmstadt 1981, 169–186 (Whittaker, Neupythagoreismus)

–, Platonic Philosophy in the Early Centuries of the Empire, ANRW 36.1, 81–123 (Whittaker, Platonic Philosophy)

*Whittaker, Th.,* The Neo-Platonists. A Study in the History of Hellenism, Hildesheim 1961[4] (Nachdruck der Ausg. Cambridge 1928)

*Widengren, G.,* The Ascension of the Apostle and the Heavenly Book (King and Saviour III) (AUU 7), Uppsala / Leipzig 1950 (Widengren)

*Wilckens, U.,* Der Brief an die Römer. 1. Teilband: Röm. 1–5 (EKK VI / 1), Zürich / Köln / Neukirchen-Vluyn u.a. 1987[2] (Wilckens, Rö.)

–, Die Missionsreden der Apostelgeschichte. Form- und traditionsgeschichtliche Untersuchungen (WMANT 5), Neukirchen-Vluyn 1974³ (Wilckens, Missionsreden)

*Wilken, R.L.,* Kollegien, Philosophenschulen und Theologie, in: W.A. Meeks (Hrg.), Zur Soziologie des Urchristentums. Ausgewählte Beiträge zum frühchristlichen Gemeinschaftsleben in seiner gesellschaftlichen Umwelt (TB 62), München 1979, 165–193

*Williams, M.A.,* The Immovable Race. A Gnostic Designation and the Theme of Stability in Late Antiquity (NHS XXIX), Leiden 1985 (Williams)

*Witt, R.E.,* Albinus and the History of Middle Platonism (Cambridge Classical Studies), Amsterdam 1971 (Reprint) (Witt)

*Wlosok, A.,* Laktanz und die philosophische Gnosis: Untersuchungen zu Geschichte und Terminologie der gnostischen Erlösungsvorstellung (AHAW.PH 1960, Nr. 2), Heidelberg 1960

*Wolfson, H.A.,* Albinos und Plotin über göttliche Attribute (1952), in: C. Zintzen (Hrg.), Der Mittelplatonismus (WdF 70), Darmstadt 1981, 150–168 (Wolfson, Albinos)

–, Philo. Foundations of Religious Philosophy in Judaism, Christianity and Islam, Vol. I, Cambridge (Mass.) 1948 (Wolfson I)

*Wyrwa, D.,* Die christliche Platonaneignung in den Stromateis des Clemens von Alexandrien (AKG 53), Berlin / New York 1983

*Zeller, E.,* Die Philosophie der Griechen in ihrer geschichtlichen Entwicklung. Dritter Teil, Zweite Abteilung: Die nacharistotelische Philosophie, zweite Hälfte, Darmstadt 1963⁶

*Ziebarth, E.,* Aus der antiken Schule. Sammlung griechischer Texte auf Papyrus, Holztafeln, Ostraka (KlT 65), Bonn 1910 (Ziebarth, Schule)

*Ziegler, K.,* Art. Timoros, PRE VI, 2. Reihe, Zwölfter Halbband, Sp. 1308–1309 (Ziegler, Art. Timoros)

*Zintzen, C.,* Art. Geister (Dämonen), siehe unter: C. Colpe, Art. Geister (Dämonen)

# Stellenregister (in Auswahl)

| | |
|---|---|
| I, 133,2–3 | 301 |
| I, 134 | 266, (134,1) 267, (134,1) 271, (134,1) 301 |
| I, 163,6 | 160–161 |
| II, 6,(1–)2 | 139, 140 |
| II, 52,2 | 162 |
| II, 54,1 | 301 |
| II, 72,2 | 147 |
| II, 138,2–6 | 237 |
| II, 139,3–5 | 237 |
| II, 140,1–2 | 237 |
| II, 141,2–142,2 | 237 |
| III, 43,1 | 226 |
| III, 45,1ff., bes. 6 | 237 |
| III, 67,1 | 237 |
| III, 86,1 | 139 |
| IV, 168,2 | 226, (–3) 231 |
| V, 14,2 | 108 |
| V, 32,3 | 140 |
| V, 71,4 | 160 |
| V, 75,2–3 | 181 |
| V, 81,2 | 149, 152 |
| VI, 35,3–37,3 | 270, 282, 284, 303 |
| VI, 58,1 | 301 |
| VI, 110,3 | 301 |
| VI, 138,2 | 185 |
| VII, 5,5 | 139 |
| VII, 13,1 | 139 |
| VII, 28,1 | 139 |
| VII, 43,6 | 226, 231 |
| VIII, 15,2–16,3 | 152 |
| VIII, 16,2 | 140 |

*Cornutus*

Ἐπιδρομή
| | |
|---|---|
| c. 1, p. 2,17–3,1 Lang | 166 |
| c. 2, p. 3,8–9 *Lang* | 166 |

*Cyrill*

Ador.
| | |
|---|---|
| IV, 135 (PG 68, 349B) | 144 |

C. Iul.
| | |
|---|---|
| I, 41 | 276 |
| I, 46 | 298 |
| I, 48 | 170 |
| II, 29 | 186 |
| VI, [200, nach PG 76] | 271 |

*Damaskios*

| | |
|---|---|
| Dub. Sol. 54 | 179 |
| Dub. Sol. 192 | 74 |
| Dub. Sol. 366 | 59 |

bei Simplikios, In Phys.
| | |
|---|---|
| 625,27–32 | 71 |
| 626,17–27 | 71 |
| 627,6–9 | 71 |
| 627,18ff. | 47 |

*Dio Chrysostomus = Dion von Prusa*

Or.
| | |
|---|---|
| I, 39 | 178 |
| I, 39–40 | 238 |
| III, 39 | 165 |
| XII, 22 | 178 |
| XII, 24 | 178 |
| XII, 28 | 212 |
| XII, 29 | 166 |
| XII, 60 | 156 |
| XII, 74 | 166, (74f.) 178 |
| XII, 75 | 238 |
| XXXVI, 55 | 238 |
| LXII, 4 | 165 |

*Diodorus Siculus*

| | |
|---|---|
| I, 7 | 86 |
| I, 7,1 | 87 |
| I, 7,3 | 87 |
| I, 7,3–4 | 87 |
| I, 7,3–6 | 86 |
| I, 7,5 | 87 |
| I, 7,6 | 87 |
| I, 7,7 | 87 |
| I, 11–13 | 267 |
| I, 13,1 | 61, (1ff.) 217, (1–2) 227, (1–2) 267 |
| I, 13,3–4 | 249 |
| I, 15,9 | 228 |
| I, 15,9–16 | 265 |
| I, 16 | 265 |
| I, 17,3 | 264, 267 |
| III, 2,2 | 228 |
| III, 9,1 | 61, 227, 228, 230 |
| III, 60,4 | 265 |
| VI, 1,2 | 61, 227, 228, 228 |
| VI, 1,4(ff.) | 217, 228 |

*Diogenes Laertius*

| | |
|---|---|
| II, 100 | 214 |
| III, 13 | 146, 159 |
| III, 15 | 159 |

*Homer*

Il.
I, 544     178
XVI, 136     52
XVI, 141     52
Odyss.
I, 28     178
V, 130     165
IX, 415–418     155

*Iamblichos*

bei Damascius, Dub. Sol.
54     179
bei Proklos, In Tim.
I, 307,14–309,13
  *Diehl*     200
bei Simplikios, In Categ.
361,33–362,4     71
362,21–27     71
362,33–364,6     68, 72
363,31–364,6     69
363,33–364,1     46, 70, 72
bei Simplikios, In Phys.
640,3–11     71
De myst.
I, 1     303
VIII, 1     270
VIII, 2     74, 204
VIII, 2–3     200
VIII, 4     278, 282
Fr.
29–33 *Dillon*     200
414 *Dillon*     200
417–419 *Dillon*     200

*Ignatius*

IgnPol 3,2     147, 148, 151, 155
IgnEph 7,2     147
IgnSm 3,2     155

*Inscriptiones Graecae*

Dittenberger I, p. 7     164
IG 2², 410     165
IG 4, 718     165

*Irenaeus*

Haer.
I, 1,1     74, 196
I, 6,1     177
I, 14,1     74, 75

I, 15,5     74, 75
I, 17–21     178
I, 30,1     170
II, 18,6     181
III, 8,3     181
III, 25,5     181

*2. Buch des Jeû*

c. 45, p. 309,2 *Schmidt* 169

*Johannes Chrysostomus*

In Epist. ad Heb. III,
  Hom. V, 2,
  PG 63,48     147
Olymp.
VIII, 5b     147
VIII, 7c     147
VIII, 11d     147

*Johannes Damascenus*

Expositio fidei
2; I, 2     149, 151
4; I, 4     48
8; I, 8     146, 147
12; I, 12b     74
Fid. 28     149, 157

*Josephus*

Bell. Jud.
VI, 161     52
VI, 293     52

*(Kaiser) Julian (genannt Apostata)*

Oratio
IV, 137d–138a     250
IV, 140a–b     250
IV, 151b–d     250
IV, 153b     250

*Justin*

Apol. I
25,1     186
25,2     147
29,1     242
Dial.
3,7     153
4,1     211

*Pseudo-Justin*

Quaest. 3,3, PG 6,

| | |
|---|---|
| I, 54,35–55,25 | 75 |
| I, 60,5 | 66 |
| I, 65,8 | 66 |
| I, 70,15–20 | 66, 161 |
| I, 92,23 | 161 |
| I, 92,24ff. | 66, 67 |
| I, 93,6 | 161 |
| I, 100,20–30 | 66 |
| I, 100,25–31 | 67 |
| I, 101,25–32 | 161 |

**Apokryphon des Johannes**
NHC

| | |
|---|---|
| II, 25,20–23 | 161 |

**Thomasevangelium**
Log.

| | |
|---|---|
| 24, NHC II, 38,4–6 | 66 |
| 60, NHC II, 43, 19–23 | 66, 161 |

**Über den Ursprung der Welt**
NHC

| | |
|---|---|
| II, 125,8–12 | 66 |

**Exegese der Seele**
NHC

| | |
|---|---|
| II, 134,7–15 | 66 |

**Ägypterevangelium**
NHC

| | |
|---|---|
| III, 59,13f. | 161 |
| III, 60,25–61,2 | 161 |
| III, 64,23f. | 161 |

**Sophia Jesu Christi**
NHC

| | |
|---|---|
| III, 97,9 | 161 |
| III, 113,23–114,2 | 161 |
| III, 117,8–118,2 | 161 |

**Dialog des Retters**
NHC

| | |
|---|---|
| III, 132,6–9 | 161 |
| III, 133,13–24 | 161 |

**Rede über die Achtheit und Neunheit**
(= Schrift ohne Titel)
NHC

| | |
|---|---|
| VI,6 | 9, 278, 286–288, 295, 296, 302–304 |
| VI,6, 52,11–14 | 295 |
| VI,6, 52,30–53,22 | 287 |
| VI,6, 54–57 | 284 |
| VI,6, 54,5–10 | 295 |
| VI,6, 54,6–30 | 302 |
| VI,6, 54,8–9 | 302 |
| VI,6, 54,11–13 | 302 |

| | |
|---|---|
| VI,6, 54,14–19 | 295 |
| VI,6, 54,23–25 | 302 |
| VI,6, 54, 29–30 | 296 |
| VI,6, 56,10–12 | 288 |
| VI,6, 56,17–22 | 288 |
| VI,6, 57,26f. | 287 |
| VI,6, 58,17–21 | 288 |
| VI,6, 61,18–30 | (302–) 303 |

**Notiz des Schreibers**
NHC

| | |
|---|---|
| VI,7, 65,4 | 287 |
| VI,7, 65,6f. | 288 |
| VI,7a, 65,8–14 (bes. 65,9) | 297–298 |

**Koptische Asklepiusversion**
NHC

| | |
|---|---|
| VI,8 ganz | 278 |
| VI, 78,27–43 | 245 |

**Paraphrase des Sem**
NHC

| | |
|---|---|
| VII, 11,24–28 | 66, 161 |
| VII, 14,26–29 | 66 |
| VII, 22,29–23,2 | 66 |
| VII, 35,25–36,1 | 66 |

**Zweite Abhandlung des Großen Seth**
NHC

| | |
|---|---|
| VII, 54,14–17 | 66 |
| VII, 66,4–5 | 66 |
| VII, 66,17f. | 66 |
| VII, 67,14 | 66 |
| VII, 67,19f. | 66 |

**Drei Stelen des Seth**
NHC

| | |
|---|---|
| VII, 118,12f. | 161 |
| VII, 124,9–10 | 161 |
| VII, 124,23–25 | 161 |

**Die Lehren des Silvanus**
NHC

| | |
|---|---|
| VII, 99,30–100,10 | 66 |
| VII, 100,32–101,11 | 66 |

**Zostrianos**
NHC

| | |
|---|---|
| VIII, 7,5–22 | 161 |
| VIII, 53,15–25 | 161 |
| VIII, 74,10–25 | 66 |
| VIII, 74,10–75,11 | 161 |
| VIII, 82,14–19 | 161 |
| VIII, 125,11–25 | 161 |

**Testimonium Veritatis**
NHC

| | |
|---|---|
| IX, 35,25–36,3 | 66 |

| 11,3 | 208 | 1. Klem. | |
| 12,18 | 158 | 28,4 | 139 |
| | | 52,1 | 181 |
| *Andere ur- und frühchristliche Schriften* | | 62,2 | 155 |

Diognetbrief 3,3f.    181

# Sachregister

## 1. Griechische Begriffe

## 2. Übrige Begriffe

Neupythagoreismus 58–59, 103–104, 164, 186, 187, 290
Nichtsein als Potentialität zum Sein in ägyptischer Lehre 209–210
niedere Elemente im Kosmos 87

Offenbarung(srede) 24, 195, 202–203, 266, 292, 296
Okkultismus, okkulte Gemeinschaften 3, 13, 298
olympische, mythologische, traditionelle Götter 60–61, 136, 165, 186, 214, 217–219, 225, 226
ontologisches Argument 31, 42, 129, 207
Opfer 290, 291
Orakel 285
Orakelliteratur 203
orakelnde Erotapokrisis 202
Ordnung des Kosmos ( z.B. als Hinweis auf den Schöpfer) 89, 106–108, 111–112, 120, 152–154, 191, (243), 303
Ordnung, Gerechtigkeit, Recht 265
Ordnung, Wohlgeordnetheit der Gestirnsbewegungen, der himmlischen Phänomene 106–107, 111–112, (243), 303
Ort s. τόπος
Osiris-Mythos 248–249
Ostraka 268, 285

pantheistische Auffassung(en), Pantheismus 15, 78, 222, 231–232, 261
Parousia-Tradition, -Vorstellung (im stoisch-platonischen Sinne) 153, 154, 179, 211–213, 216, 222–224, 231–232, 234, 243, 259
passiver Intellekt bei Aristoteles 68
Pest 248
Pflanzen (84), 85, 246, 264
pharisäische Kreise 64
Phasen der hermetischen Initiation 301–304
Phasen, Aufbau des Schulunterrichtes 293, 294
philosophische (»hohe«) Hermetik, Hermetica 5, 7, 11, 13, 14, 17–19, 263, 272–273, 275–278, 281–284, 286, 295, 296, 298, 303–304
Plagiatsvorwürfe gegen Plotin 280–281
Planetarien 103–104
planvolle Vorbereitung der Götterhierarchie in CH II 202
Platonanthologie(n) 185, 189
platonische Dämonenlehre 186–190, 217, 218, 221, 230, 244–246

platonische Gottesvorstellung 58, 172, 173, 179–180, 186
platonische Mythen 181, 190
platonische Raumanschauung 23, 24, 46 51, 55–59, 71, 72, 78–79, 149–150, 164, 168
platonisches Milieu 49, 66, 72, 79, 101, 105, 131, 148, 161, 163, 168, 170, 171
Plünderer und Räuber 249
Pneumatiker (= Techniker), alexandrinische 134–135
Polytheismus 214, 229
populäre, volkstümliche, »technische« Hermetica 5, 13–14
Poren von Körpern 134
Potentialität – Aktualität 79, 159, 209
Prädikationsaussagen 235
Predigt (in CH I) 287
Prostitution 239
protreptisch-missionarische Abzweckung von CH II (226), 256, 257, 296–297, 301
Prozessionen 270, 284
psychisch-geistiger Charakter der Ursache der Weltbewegung 117–120, 122, 126
Pythagoreismus, pythagoreische(s) Milieu, Lehren 47, 58–59, 70, 103–104, 164, 186, 187, 237, 244, 245, 290, 301

rabbinische Literatur 67
rabbinisches Denken, rabbinische Erörterungen, Parallelen 64–67, 69, 240–242, 247–250
rabbinisches Judentum 64
Rachegötter 246
Reaktion Festugières auf die Nag Hammadi-Funde 286
Realität / Nichtrealität der sichtbaren Welt (60), (91–92), 158–159, 191
Redaktion, redaktionelle Elemente, redaktionelle Schichten 7, 112, 115, 233, 281
Redaktor(en) (Korrektoren) in CH II, im Corpus Hermeticum 14, 32, 36
religionsgeschichtliche Schule 4, 9–10
Repaganisierungsthese (bzgl. CH I) 10–11
rettende Gottheit als »φῶς« 170
rituelle(r) Bruderkuß, Umarmung bei den Hermetikern 287–289
rituelles Schweigen bei den Hermetikern 288
Rückschluß von der Schönheit der Welt auf den Schöpfer und Ordner 106–107, (108–109), 111, 120, 153, 154, (157), 191, 243, 303

# Register antiker Eigennamen

(Namen werden nur genannt, soweit sie nicht im Stellenregister erschlossen sind. Die hermetischen Dialogpartner werden *als solche* nicht genannt.)

Abraham 147, 160, 161, 241
Achtmalgroßer (Hermes) 268
Adamas 159, 197
Agathodaimon 269
Ägypten 19, 65, 66, 111, 156, 161, 166, 168, 171, 239, 248, 250, 263, 267, 272, 275, 276, 278, 284
Ägypter 111, 214, 244, 250, 267, 271, 273, 276, 277
Albinos/Alkinoos 45
Alexander Polyhistor 186
Alexander von Aphrodisias 46, 48, 55, 145 (s. a. Stellenbelege)
Alexandria 65, 66, 106, 161, 168, 171, 272, 275–278, 280, 289, 292
Amasis (König) 271
Ammon (König) 263, 267, 273, (297), 302
Ammonios Sakkas 199
Anaxagoras 86, 145, 301 (s. a. Stellenbelege)
Antinoopolis 277
Apollon (Προστατήριος) 165
Apuleius 189–190 (s. a. Stellenbelege)
Aristokles (Philosophiegeschichtsschreiber) 201
Arius Didymus 99, 295 (s. a. Stellenbelege)
Artapanos 266
Asklepios (nicht als Dialogpartner) 111, 166, 186, 263, 267, (270), 271–272, 274, 284, 301
Ataranten 248
Atargatis 72
Athen 275–276
Attikos 201, 255 (s. a. Stellenbelege)
Augustus 99, 250, 267, 277, 278

Barbelo 197
Basilides 75, 211, 290, 295
Boethus von Sidon 129, 144
Boubastis 265

Caracalla 277
Chairemon 250, 278
China 283
Chronos 110
Cotta 128

Dendera 5
Derkylides 103–104
Diagoras 229
Diodorus Cronus 50–51
Diodorus von Tyros 145
Diogenes von Apollonia 132 (s. a. Stellenbelege)
Diotima 244
Druiden 301

Edfou 5, 271
Empedokles 244
Ennius 227
Epidauros 284
Epikur 23, 229
Epiphanius 237
Esna 5, 248, 268
Eubulides (megarischer Logiker) 50
Eudoros 200, 259
Eudoxos von Knidos 91
Euhemeros 214, 227, 229, 230, 256, 267

Fajjum 272, 275
Flora 293

Gaios 255
Galen 48, 235, 276, 280

Hekate 197
Heliopolis 249
Hephaestion 186
Hephaistos 271
Herakles 266
Hermes (als griechischer Götterbote) 265–267, 269, 270

# Wissenschaftliche Untersuchungen zum Neuen Testament

## Alphabetische Übersicht der ersten und zweiten Reihe

*Anderson, Paul N.:* The Christology of the Fourth Gospel. 1996. *Band II/78.*

*Appold, Mark L.:* The Oneness Motif in the Fourth Gospel. 1976. *Band II/1.*

*Arnold, Clinton E.:* The Colossian Syncretism. 1995. *Band II/77.*

*Avemarie, Friedrich* und *Hermann Lichtenberger* (Hrsg.): Bund und Tora. 1996. *Band 92.*

*Bachmann, Michael:* Sünder oder Übertreter. 1992. *Band 59.*

*Baker, William R.:* Personal Speech-Ethics in the Epistle of James. 1995. *Band II/68.*

*Bammel, Ernst:* Judaica. Band I 1986. *Band 37* – Band II 1997. *Band 91.*

*Bash, Anthony:* Ambassadors for Christ. 1997. *Band II/92.*

*Bauernfeind, Otto:* Kommentar und Studien zur Apostelgeschichte. 1980. *Band 22.*

*Bayer, Hans Friedrich:* Jesus' Predictions of Vindication and Resurrection. 1986. *Band II/20.*

*Bell, Richard H.:* Provoked to Jealousy. 1994. *Band II/63.*

*Bergman, Jan:* siehe *Kieffer, René*

*Betz, Otto:* Jesus, der Messias Israels. 1987. *Band 42.*

– Jesus, der Herr der Kirche. 1990. *Band 52.*

*Beyschlag, Karlmann:* Simon Magus und die christliche Gnosis. 1974. *Band 16.*

*Bittner, Wolfgang J.:* Jesu Zeichen im Johannesevangelium. 1987. *Band II/26.*

*Bjerkelund, Carl J.:* Tauta Egeneto. 1987. *Band 40.*

*Blackburn, Barry Lee:* Theios Anēr and the Markan Miracle Traditions. 1991. *Band II/40.*

*Bockmuehl, Markus N. A.:* Revelation and Mystery in Ancient Judaism and Pauline Christianity. 1990. *Band II/36.*

*Böhlig, Alexander:* Gnosis und Synkretismus. Teil 1 1989. *Band 47* – Teil 2 1989. *Band 48.*

*Böttrich, Christfried:* Weltweisheit – Menschheitsethik – Urkult. 1992. *Band II/50.*

*Büchli, Jörg:* Der Poimandres – ein paganisiertes Evangelium. 1987. *Band II/27.*

*Bühner, Jan A.:* Der Gesandte und sein Weg in 4. Evangelium. 1977. *Band II/2.*

*Burchard, Christoph:* Untersuchungen zu Joseph und Aseneth. 1965. *Band 8.*

*Cancik, Hubert* (Hrsg.): Markus-Philologie. 1984. *Band 33.*

*Capes, David B.:* Old Testament Yaweh Texts in Paul's Christology. 1992. *Band II/47.*

*Caragounis, Chrys C.:* The Son of Man. 1986. *Band 38.*

– siehe *Fridrichsen, Anton.*

*Carleton Paget, James:* The Epistle of Barnabas. 1994. *Band II/64.*

*Crump, David:* Jesus the Intercessor. 1992. *Band II/49.*

*Deines, Roland:* Jüdische Steingefäße und pharisäische Frömmigkeit. 1993. *Band II/52.*

*Dietzfelbinger, Christian:* Der Abschied des Kommenden. 1997. *Band 95.*

*Dobbeler, Axel von:* Glaube als Teilhabe. 1987. *Band II/22.*

*Du Toit, David S.:* Theios Anthropos. 1997. *Band II/91*

*Dunn, James D. G.* (Hrsg.): Jews and Christians. 1992. *Band 66.*

– Paul and the Mosaic Law. 1996. *Band 89.*

*Ebertz, Michael N.:* Das Charisma des Gekreuzigten. 1987. *Band 45.*

*Eckstein, Hans-Joachim:* Der Begriff Syneidesis bei Paulus. 1983. *Band II/10.*

– Verheißung und Gesetz. 1996. *Band 86.*

*Ego, Beate:* Im Himmel wie auf Erden. 1989. *Band II/34.*

*Ellis, E. Earle:* Prophecy and Hermeneutic in Early Christianity. 1978. *Band 18.*

– The Old Testament in Early Christianity. 1991. *Band 54.*

*Ennulat, Andreas:* Die ›Minor Agreements‹. 1994. *Band II/62.*

*Ensor, Peter W.:* Paul and His ›Works‹. 1996. *Band II/85.*

*Feldmeier, Reinhard:* Die Krisis des Gottessohnes. 1987. *Band II/21.*

– Die Christen als Fremde. 1992. *Band 64.*

*Feldmeier, Reinhard* und *Ulrich Heckel* (Hrsg.): Die Heiden. 1994. *Band 70.*

*Forbes, Christopher Brian:* Prophecy and Inspired Speech in Early Christianity and its Hellenistic Environment. 1995. *Band II/75.*

*Fornberg, Tord:* siehe *Fridrichsen, Anton.*

*Fossum, Jarl E.:* The Name of God and the Angel of the Lord. 1985. *Band 36.*

*Frenschkowski, Marco:* Offenbarung und Epiphanie. Band 1 1995. *Band II/79* – Band 2 1997. *Band II/80.*

*Frey, Jörg:* Eugen Drewermann und die biblische Exegese. 1995. *Band II/71.*

– Die johanneische Eschatologie. Band I. 1997. *Band 96.*

*Fridrichsen, Anton:* Exegetical Writings. Hrsg. von C. C. Caragounis und T. Fornberg. 1994. *Band 76.*

*Garlington, Don B.:* ›The Obedience of Faith‹. 1991. *Band II/38.*

– Faith, Obedience, and Perseverance. 1994. *Band 79.*

*Garnet, Paul:* Salvation and Atonement in the Qumran Scrolls. 1977. *Band II/3.*

*Gräßer, Erich:* Der Alte Bund im Neuen. 1985. *Band 35.*

*Green, Joel B.:* The Death of Jesus. 1988. *Band II/33.*

*Gundry Volf, Judith M.:* Paul and Perseverance. 1990. *Band II/37.*

*Hafemann, Scott J.:* Suffering and the Spirit. 1986. *Band II/19.*

– Paul, Moses, and the History of Israel. 1995. *Band 81.*

*Heckel, Theo K.:* Der Innere Mensch. 1993. *Band II/53.*

*Heckel, Ulrich:* Kraft in Schwachheit. 1993. *Band II/56.*

– siehe *Feldmeier, Reinhard.*

– siehe *Hengel, Martin.*

*Heiligenthal, Roman:* Werke als Zeichen. 1983. *Band II/9.*

*Hemer, Colin J.:* The Book of Acts in the Setting of Hellenistic History. 1989. *Band 49.*

*Hengel, Martin:* Judentum und Hellenismus. 1969, [3]1988. *Band 10.*

– Die johanneische Frage. 1993. *Band 67.*

– Judaica et Hellenistica. Band 1. 1996. *Band 90.*

*Hengel, Martin* und *Ulrich Heckel* (Hrsg.): Paulus und das antike Judentum. 1991. *Band 58.*

*Hengel, Martin* und *Hermut Löhr* (Hrsg.): Schriftauslegung im antiken Judentum und im Urchristentum. 1994. *Band 73.*

*Hengel, Martin* und *Anna Maria Schwemer* (Hrsg.): Königsherrschaft Gottes und himmlischer Kult. 1991. *Band 55.*

– Die Septuaginta. 1994. *Band 72.*

*Herrenbrück, Fritz:* Jesus und die Zöllner. 1990. *Band II/41.*

*Hoegen-Rohls, Christina:* Der nachösterliche Johannes. 1996. *Band II/84.*

*Hofius, Otfried:* Katapausis. 1970. *Band 11.*

– Der Vorhang vor dem Thron Gottes. 1972. *Band 14.*

– Der Christushymnus Philipper 2,6–11. 1976, [2]1991. *Band 17.*

– Paulusstudien. 1989, [2]1994. *Band 51.*

*Hofius, Otfried* und *Hans-Christian Kammler:* Johannesstudien. 1996. *Band 88.*

*Holtz, Traugott:* Geschichte und Theologie des Urchristentums. 1991. *Band 57.*

*Hommel, Hildebrecht:* Sebasmata. Band 1 1983. *Band 31* – Band 2 1984. *Band 32.*

*Hvlavik, Reidar:* The Struggle of Scripture and Convenant. 1996. *Band II/82.*

*Kähler, Christoph:* Jesu Gleichnisse als Poesie und Therapie. 1995. *Band 78.*

*Kammler, Hans-Christian:* siehe *Hofius, Otfried.*

*Kamlah, Ehrhard:* Die Form der katalogischen Paränese im Neuen Testament. 1964. *Band 7.*

*Kieffer, René* und *Jan Bergman (Hrsg.):* La Main de Dieu/Die Hand Gottes. 1997. *Band 94.*

*Kim, Seyoon:* The Origin of Paul's Gospel. 1981, [2]1984. *Band II/4.*

– »The ›Son of Man‹« as the Son of God. 1983. *Band 30.*

*Kleinknecht, Karl Th.:* Der leidende Gerechtfertigte. 1984, [2]1988. *Band II/13.*

*Klinghardt, Matthias:* Gesetz und Volk Gottes. 1988. *Band II/32.*

*Köhler, Wolf-Dietrich:* Rezeption des Matthäusevangeliums in der Zeit vor Irenäus. 1987. *Band II/24.*

*Korn, Manfred:* Die Geschichte Jesu in veränderter Zeit. 1993. *Band II/51.*

*Koskenniemi, Erkki:* Apollonios von Tyana in der neutestamentlichen Exegese. 1994. *Band II/61.*
*Kraus, Wolfgang:* Das Volk Gottes. 1996. *Band 85.*
- siehe *Walter, Nikolaus.*
*Kuhn, Karl G.:* Achtzehngebet und Vaterunser und der Reim. 1950. *Band 1.*
*Lampe, Peter:* Die stadtrömischen Christen in den ersten beiden Jahrhunderten. 1987, ²1989. *Band II/18.*
*Lau, Andrew:* Manifest in Flesh. 1996. *Band II/86.*
*Lichtenberger, Hermann:* siehe *Avemarie, Friedrich.*
*Lieu, Samuel N. C.:* Manichaeism in the Later Roman Empire and Medieval China. ²1992. *Band 63.*
*Löhr, Gebhard:* Verherrlichung Gottes durch Philosophie. 1997. *Band 97.*
*Löhr, Hermut:* siehe *Hengel, Martin.*
*Löhr, Winrich Alfried:* Basilides und seine Schule. 1995. *Band 83.*
*Maier, Gerhard:* Mensch und freier Wille. 1971. *Band 12.*
- Die Johannesoffenbarung und die Kirche. 1981. *Band 25.*
*Markschies, Christoph:* Valentinus Gnosticus? 1992. *Band 65.*
*Marshall, Peter:* Enmity in Corinth: Social Conventions in Paul's Relations with the Corinthians. 1987. *Band II/23.*
*Meade, David G.:* Pseudonymity and Canon. 1986. *Band 39.*
*Meadors, Edward P.:* Jesus the Messianic Herald of Salvation. 1995. *Band II/72.*
*Meißner, Stefan:* Die Heimholung des Ketzers. 1996. *Band II/87.*
*Mell, Ulrich:* Die »anderen« Winzer. 1994. *Band 77.*
*Mengel, Berthold:* Studien zum Philipperbrief. 1982. *Band II/8.*
*Merkel, Helmut:* Die Widersprüche zwischen den Evangelien. 1971. *Band 13.*
*Merklein, Helmut:* Studien zu Jesus und Paulus. 1987. *Band 43.*
*Metzler, Karin:* Der griechische Begriff des Verzeihens. 1991. *Band II/44.*
*Metzner, Rainer:* Die Rezeption des Matthäusevangeliums im 1. Petrusbrief. 1995. *Band II/74.*
*Mittmann-Richert, Ulrike:* Magnifikat und Benediktus. 1996. *Band II/90.*
*Niebuhr, Karl-Wilhelm:* Gesetz und Paränese. 1987. *Band II/28.*
- Heidenapostel aus Israel. 1992. *Band 62.*
*Nissen, Andreas:* Gott und der Nächste im antiken Judentum. 1974. *Band 15.*
*Noormann, Rolf:* Irenäus als Paulusinterpret. 1994. *Band II/66.*
*Obermann, Andreas:* Die christologische Erfüllung der Schrift im Johannesevangelium. 1996. *Band II/83.*
*Okure, Teresa:* The Johannine Approach to Mission. 1988. *Band II/31.*
*Park, Eung Chun:* The Mission Discourse in Matthew's Interpretation. 1995. *Band II/81.*
*Philonenko, Marc* (Hrsg.): Le Trône de Dieu. 1993. *Band 69.*
*Pilhofer, Peter:* Presbyteron Kreitton. 1990. *Band II/39.*
- Philippi. Band 1 1995. *Band 87.*
*Pöhlmann, Wolfgang:* Der Verlorene Sohn und das Haus. 1993. *Band 68.*
*Prieur, Alexander:* Die Verkündigung der Gottesherrschaft. 1996. *Band II/89.*
*Probst, Hermann:* Paulus und der Brief. 1991. *Band II/45.*
*Räisänen, Heikki:* Paul and the Law. 1983, ²1987. *Band 29.*
*Rehkopf, Friedrich:* Die lukanische Sonderquelle. 1959. *Band 5.*
*Rein, Matthias:* Die Heilung des Blindgeborenen (Joh 9). 1995. *Band II/73.*
*Reinmuth, Eckart:* Pseudo-Philo und Lukas. 1994. *Band 74.*
*Reiser, Marius:* Syntax und Stil des Markusevangeliums. 1984. *Band II/11.*
*Richards, E. Randolph:* The Secretary in the Letters of Paul. 1991. *Band II/42.*
*Riesner, Rainer:* Jesus als Lehrer. 1981, ³1988. *Band II/7.*
- Die Frühzeit des Apostels Paulus. 1994. *Band 71.*
*Rissi, Mathias:* Die Theologie des Hebräerbriefs. 1987. *Band 41.*
*Röhser, Günter:* Metaphorik und Personifikation der Sünde. 1987. *Band II/25.*
*Rose, Christian:* Die Wolke der Zeugen. 1994. *Band II/60.*
*Rüger, Hans Peter:* Die Weisheitsschrift aus der Kairoer Geniza. 1991. *Band 53.*

*Sänger, Dieter:* Antikes Judentum und die Mysterien. 1980. *Band II/5.*
– Die Verkündigung des Gekreuzigten und Israel. 1994. *Band 75.*
*Salzmann, Jorg Christian:* Lehren und Ermahnen. 1994. *Band II/59.*
*Sandnes, Karl Olav:* Paul – One of the Prophets? 1991. *Band II/43.*
*Sato, Migaku:* Q und Prophetie. 1988. *Band II/29.*
*Schaper, Joachim:* Eschatology in the Greek Psalter. 1995. *Band II/76.*
*Schimanowski, Gottfried:* Weisheit und Messias. 1985. *Band II/17.*
*Schlichting, Günter:* Ein jüdisches Leben Jesu. 1982. *Band 24.*
*Schnabel, Eckhard J.:* Law and Wisdom from Ben Sira to Paul. 1985. *Band II/16.*
*Schutter, William L.:* Hermeneutic and Composition in I Peter. 1989. *Band II/30.*
*Schwartz, Daniel R.:* Studies in the Jewish Background of Christianity. 1992. *Band 60.*
*Schwemer, Anna Maria:* siehe *Hengel, Martin*
*Scott, James M.:* Adoption as Sons of God. 1992. *Band II/48.*
– Paul and the Nations. 1995. *Band 84.*
*Siegert, Folker:* Drei hellenistisch-jüdische Predigten. Teil I 1980. *Band 20* – Teil II 1992. *Band 61.*
– Nag-Hammadi-Register. 1982. *Band 26.*
– Argumentation bei Paulus. 1985. *Band 34.*
– Philon von Alexandrien. 1988. *Band 46.*
*Simon, Marcel:* Le christianisme antique et son contexte religieux I/II. 1981. *Band 23.*
*Snodgrass, Klyne:* The Parable of the Wicked Tenants. 1983. *Band 27.*
*Söding, Thomas:* Das Wort vom Kreuz. 1997. *Band 93.*
– siehe *Thüsing, Wilhelm.*
*Sommer, Urs:* Die Passionsgeschichte des Markusevangeliums. 1993. *Band II/58.*
*Spangenberg, Volker:* Herrlichkeit des Neuen Bundes. 1993. *Band II/55.*
*Speyer, Wolfgang:* Frühes Christentum im antiken Strahlungsfeld. 1989. *Band 50.*
*Stadelmann, Helge:* Ben Sira als Schriftgelehrter. 1980. *Band II/6.*
*Strobel, August:* Die Stunde der Wahrheit. 1980. *Band 21.*
*Stuckenbruck, Loren T.:* Angel Veneration and Christology. 1995. *Band II/70.*
*Stuhlmacher, Peter* (Hrsg.): Das Evangelium und die Evangelien. 1983. *Band 28.*
*Sung, Chong-Hyon:* Vergebung der Sünden. 1993. *Band II/57.*
*Tajra, Harry W.:* The Trial of St. Paul. 1989. *Band II/35.*
– The Martyrdom of St. Paul. 1994. *Band II/67.*
*Theißen, Gerd:* Studien zur Soziologie des Urchristentums. 1979, [3]1989. *Band 19.*
*Thornton, Claus-Jürgen:* Der Zeuge des Zeugen. 1991. *Band 56.*
*Thüsing, Wilhelm:* Studien zur neutestamentlichen Theologie. Hrsg. von Thomas Söding. 1995. *Band 82.*
*Tsuji, Manabu:* Glaube zwischen Vollkommenheit und Verweltlichung. 1997. *Band II/93*
*Twelftree, Graham H.:* Jesus the Exorcist. 1993. *Band II/54.*
*Visotzky, Burton L.:* Fathers of the World. 1995. *Band 80.*
*Wagener, Ulrike:* Die Ordnung des »Hauses Gottes«. 1994. *Band II/65.*
*Walter, Nikolaus:* Praeparatio Evangelica. Hrsg. von Wolfgang Kraus und Florian Wilk. 1997. *Band 98.*
*Watts, Rikki:* Isaiah's New Exodus and Mark. 1997. *Band II/88.*
*Wedderburn, A. J. M.:* Baptism and Resurrection. 1987. *Band 44.*
*Wegner, Uwe:* Der Hauptmann von Kafarnaum. 1985. *Band II/14.*
*Welck, Christian:* Erzählte ›Zeichen‹. 1994. *Band II/69.*
*Wilk, Florian:* siehe *Walter, Nikolaus.*
*Wilson, Walter T.:* Love without Pretense. 1991. *Band II/46.*
*Zimmermann, Alfred E.:* Die urchristlichen Lehrer. 1984, [2]1988. *Band II/12.*

*Einen Gesamtkatalog erhalten Sie gern vom Verlag
Mohr Siebeck, Postfach 2040, D-72010 Tübingen.*